PUBLIÉ SOUS LA DIRECTION DE LA SECTION HISTORIQUE DE L'ÉTAT-MAJOR DE L'ARMÉE

MÉMOIRES ET JOURNAUX

DU

GÉNÉRAL DECAEN

Publiés avec Introduction, Notes et Cartes

PAR

ERNEST PICARD
LIEUTENANT-COLONEL D'ARTILLERIE BREVETÉ
CHEF DE LA SECTION HISTORIQUE DE L'ÉTAT-MAJOR DE L'ARMÉE

ET

VICTOR PAULIER
LIEUTENANT D'INFANTERIE

TOME SECOND
1800-1803

ARMÉE DU RHIN
BONAPARTE ET DECAEN
DÉPART POUR L'INDE

Deuxième édition

PARIS
LIBRAIRIE PLON
PLON-NOURRIT et Cie, IMPRIMEURS-ÉDITEURS
8, RUE GARANCIÈRE — 6^e

1911

MÉMOIRES ET JOURNAUX

DU

GÉNÉRAL DECAEN

DU MÊME AUTEUR, A LA MÊME LIBRAIRIE

Bonaparte et Moreau. *L'Entente initiale — Les Premiers dissentiments — La Rupture.* Un vol. in-8° accompagné de cinq cartes. 7 fr. 50
(Couronné par l'Académie française, prix Furtado.)

1870. La Perte de l'Alsace. Un vol. in-16. 4° édition. . . . 3 fr. 50

Mémoires et Journaux du Général Decaen. Tome I : 1793-1799 : *Siège de Mayence — Armée de Rhin-et-Moselle — Armées du Danube et du Rhin.* Un vol. in-8°. Prix. . . . . 7 fr. 50

PUBLIÉ SOUS LA DIRECTION DE LA SECTION HISTORIQUE DE L'ÉTAT-MAJOR DE L'ARMÉE

MÉMOIRES ET JOURNAUX

DU

GÉNÉRAL DECAEN

Publiés avec Introduction, Notes et Cartes

PAR

ERNEST PICARD

LIEUTENANT-COLONEL D'ARTILLERIE BREVETÉ
CHEF DE LA SECTION HISTORIQUE DE L'ÉTAT-MAJOR DE L'ARMÉE

ET

VICTOR PAULIER

LIEUTENANT D'INFANTERIE

TOME SECOND
1800-1803

ARMÉE DU RHIN
BONAPARTE ET DECAEN
DÉPART POUR L'INDE

Deuxième édition

PARIS

LIBRAIRIE PLON

PLON-NOURRIT ET Cⁱᵉ, IMPRIMEURS-ÉDITEURS

8, RUE GARANCIÈRE — 6ᵉ

1911

Droits de reproduction et de traduction
réservés pour tous pays.

INTRODUCTION [1]

Le second volume de ces *Mémoires et Journaux* s'ouvre le 4 juin 1800, à l'armée du Rhin. Decaen, qui a commencé la campagne sous les ordres de Souham, vient d'être promu divisionnaire à l'âge de trente et un ans, et placé à la tête d'une des divisions du centre. En cette qualité, il prend une part importante et brillante aux opérations militaires de l'an VIII et du début de l'an IX. Dans la relation des événements dont il a été le témoin en Allemagne et en Autriche, Decaen apporte les mêmes remarquables qualités de sincérité, d'exactitude et de modestie, qui font le charme et l'autorité de ses précédents récits. Par la haute situation qu'il occupe désormais, par les confidences qu'il reçoit de Moreau, par ses relations amicales avec Lahorie, le chef d'état-major du corps du centre, ses

---

[1] On se reportera avec intérêt à deux excellentes notices biographiques que nous avons signalées et utilisées dans le tome 1er : celle de M. G. LAVALLEY (*Catalogue des Manuscrits de la Bibliothèque municipale de Caen*, p. 118-130) et celle de M. PRENTOUT (*l'Ile de France sous Decaen*, préface, p. XIV-XXIV).

souvenirs acquièrent une valeur documentaire particulièrement précieuse, et l'intérêt de ce volume croît, pour ainsi dire, de chapitre en chapitre. Après les opérations autour d'Ulm, c'est tour à tour la bataille de Höchstädt, l'occupation de Munich, l'excellente organisation administrative de cette capitale, les projets d'établissement d'une république formés par certains Bavarois, qui veulent échapper à l'alliance autrichienne et obtenir un régime meilleur; ce sont des renseignements de premier ordre sur l'état matériel et moral de l'armée de l'archiduc Jean.

Après la rupture de l'armistice de Parsdorf, commence la campagne d'hiver qui consacre définitivement la réputation de Decaen. On connaît la part importante que sa division prend à la bataille de Hohenlinden, où elle est chargée par Moreau d'appuyer le mouvement tournant de Richepance qui détermine le succès éclatant de la journée. Les *Mémoires et Journaux* fournissent une preuve irréfutable de ce fait que, dès la veille, Moreau avait assigné leurs rôles respectifs aux divisions Richepance et Decaen; ils démontrent aussi péremptoirement combien Napoléon a été injuste, à Sainte-Hélène, en déclarant que cette victoire « ne doit être attribuée à aucune manœuvre, à aucune combinaison, à aucun génie militaire (1) ».

Après le récit de ce magnifique succès, Decaen relate la poursuite de l'armée ennemie et la marche sur Vienne. Lecourbe franchit l'Inn de vive force; les Autrichiens lui

---

(1) Gourgaud, *Mémoires de Napoléon*, II, 52. — Cf. commandant Ernest Picard, *Hohenlinden*, 172-174 et 242 et suiv.

présentent une résistance acharnée à Salzbourg et tiennent en échec l'impétueux général qui s'obstine dans une série d'attaques de front. Heureusement, Decaen surprend le passage de la Salzach à Laufen, remonte la rivière par la rive droite et, obligeant ainsi l'archiduc Jean à abandonner Salzbourg, entre le premier dans la ville, non sans quelque désappointement de la part de Lecourbe.

* * *

Dès son retour à Paris, à l'issue de cette glorieuse campagne, Decaen est présenté à Bonaparte par Dessolle. Fort bien accueilli par le Premier Consul, il lui expose en détail le plan de Moreau pour la journée de Hohenlinden et les opérations de sa division. Bientôt il devient un des familiers de Bonaparte; mais il sait conserver aux Tuileries « ses manières simples et ouvertes de soldat républicain (1) ».

Chargé, en 1801, d'une des inspections des troupes d'infanterie, il propose, pour la comptabilité du service de l'habillement, des modifications importantes qui, chose curieuse, ont été remises en vigueur de nos jours.

Decaen admire profondément le Premier Consul qui, de son côté, lui témoigne une grande estime et lui confie maintes fois ses idées sur le futur Concordat, sur la situa-

---

(1) H. Prentout, *l'Ile de France sous Decaen*, préface, xxii.

tion du pays, sur la politique coloniale. Loin de s'incliner en courtisan, Decaen, avec sa franchise habituelle, présente des objections, des critiques même, au chef du gouvernement. Il nous conte l'origine de la mésintelligence entre Bonaparte et Moreau : ce serait, à son avis, le refus un peu brutal de ce dernier d'épouser Hortense de Beauharnais, puis des susceptibilités féminines de la part de Mme Moreau et de sa mère Mme Hulot. Il voit avec tristesse des dissentiments plus sérieux s'élever et grandir entre le Consul et le vainqueur de Hohenlinden. Decaen s'efforce de les faire cesser : il représente à son ancien chef combien son attitude est nuisible aux véritables intérêts de la République et à ceux de ses subordonnés de l'armée du Rhin ; auprès du Consul, il prend en main la cause de Moreau dont il fait valoir la droiture de caractère, la loyauté, les services éminents, le désintéressement politique, et qu'il défend, avec une respectueuse et digne fermeté, contre les reproches et les accusations parfois injustes de Bonaparte.

Nommé, sur sa demande, capitaine général des établissements français dans l'Inde, Decaen organise avec le plus grand soin l'expédition qui lui est confiée, et vient à bout des difficultés opposées par le ministre de la Marine, auquel il tient tête avec la conscience de son bon droit. Il quitte Brest le 15 ventôse an XI et, après un court séjour au Cap de Bonne-Espérance, il arrive en vue de Pondichéry le 22 messidor suivant (11 juillet 1803). Apercevant au mouillage une escadre anglaise, Decaen a un « défavorable pressentiment » qui s'accentue encore lorsqu'en approchant de la côte, il constate que la frégate la *Belle-Poule*, qui a devancé l'expédition, est encadrée entre deux bâtiments anglais, et que le pavillon britannique n'a pas cessé de flotter sur la ville (1).

Decaen écrit alors immédiatement à Lord Clive, gouverneur de Madras, pour lui demander, aux termes du traité d'Amiens, de faire restituer Pondichéry. Mais Lord Clive en réfère au marquis de Wellesley, le futur Wellington. La réponse tarde. Sur ces entrefaites, une lettre de Decrès avertit Decaen que l'Angleterre fait des armements extraordinaires et lui annonce que le contre-amiral Linois reçoit l'ordre de conduire l'expédition à l'île de France. Déjouant pendant la nuit la surveillance de l'amiral anglais, la division de Linois parvient à gagner cette île où elle jette l'ancre, le 26 thermidor, après trente-quatre jours de traversée.

Dès son arrivée, Decaen constate la nécessité d'une réforme dans l'administration de la colonie; il fait partir pour Mascate Cavaignac, nommé par Bonaparte résident auprès de l'Iman, afin de se créer des intelligences dans ces régions; enfin son esprit d'entreprise lui fait, dès ce moment, entrevoir la possibilité de porter la guerre dans l'Inde, l'année suivante, « avec une certitude de succès » si, outre un crédit de 4 millions et 6 vaisseaux de ligne, il peut disposer encore de 3 000 hommes de troupes choisies,

---

(1) H. Prentout, *l'Ile de France sous Decaen*, p. 33-34.

dont 500 cavaliers et 2 compagnies d'artillerie légère (1). Avec une grande profondeur de vues, il juge que c'est là qu'il faut frapper l'Angleterre; il sent qu'en la blessant « mortellement dans ses colonies », elle sera « bientôt réduite à l'impuissance sur le continent (2) ».

*
* *

Dans cette période de trois années, on se plaît à constater chez Decaen, d'une manière plus complète peut-être qu'auparavant, les mérites éminents de l'homme et du soldat, mérites qui expliquent largement son rapide avancement, les amitiés et l'estime qu'il a su acquérir, et le choix dont l'honora le Premier Consul en lui confiant les fonctions importantes de capitaine général dans l'Inde.

Sens tactique développé, connaissance approfondie du terrain, coup d'œil prompt et sûr, esprit d'offensive, énergie dans l'exécution, initiative toujours opportune et réfléchie, commandement à la fois ferme et bienveillant, abnégation constante, talents rares d'organisateur minutieux et d'administrateur intègre, le jeune divisionnaire a affirmé pleinement toutes ces qualités professionnelles et toutes ces vertus militaires. Celle qui prédomine en lui et, comme on

---

(1) Decaen au ministre de la Marine, île de France, 28 fructidor an XI.
(2) G. Lavalley, *loc. cit.*, p. 122.

l'a fait justement observer (1), doit le signaler particulièrement à l'admiration, c'est la plus noble de toutes, la plus indispensable aussi à l'homme de guerre, le caractère, — et Decaen l'eut toujours au suprême degré, loyal, énergique et digne.

(1) H. Prentout, *loc. cit.*, préface, xxi.

ARMÉE DU RHIN

ARMÉE DU RHIN

Journal de mes campagnes comme général de division dans l'an VIII et l'an IX (1800-1801) (1).

CHAPITRE PREMIER

Decaen nommé divisionnaire. — Il succède à Richepance à la tête d'une division de la réserve. — Un commissaire des guerres fusillé. — Vandamme et Gouvion Saint-Cyr quittent l'armée. — Rôle de Gouvion Saint-Cyr à Messkirch. — Composition et emplacements de la division Decaen le 18 prairial. — Le quartier général à Kettershausen. — Decaen relève Montrichard vers Krumbach et Nieder-Raunau. — Debilly attaqué à Deisenhausen. — Decaen perd 143 hommes à Krumbach. — Il se porte sur Ettenbeuren. — Combats d'avant-postes. — Decaen s'avance sur Burgau. — Lecourbe tente le passage du Danube. — Decaen, chargé de le soutenir, est irrité de ses procédés. — La division Decaen franchit le Danube à Dillingen. — Succès des Français. — Decaen s'établit à Ober-Medlingen.

15 prairial. — Je quittai le commandement de ma brigade pour celui d'une division de la réserve sous les ordres directs du général en chef.

Le général Sainte-Suzanne, avec sa bonté accoutumée, m'en avait donné le premier avis, le 14, en me faisant son compliment de ma nomination au grade de général de division.

Il m'avait annoncé cette bonne nouvelle en post-scriptum d'une lettre par laquelle il m'informait de quelques dispositions qu'il

---

(1) L'original des *Mémoires et Journaux du général Decaen* présente une lacune du 8 frimaire au 15 prairial an VIII.

Après avoir servi sous les ordres de Tharreau, Decaen fut appelé à commander une brigade de la division Souham. Cette division fit partie du corps de Sainte-Suzanne, qui formait l'aile gauche de l'armée du Rhin.

Pour donner le change aux Autrichiens, Sainte-Suzanne passe le pont de Kehl avec ses trois divisions, le 5 floréal an VIII, et bouscule les troupes de Kienmayer. Puis il repasse sur la rive gauche du Rhin, en ne laissant qu'un rideau sur la rive droite, remonte jusqu'à Brisach, où il franchit de nouveau le Rhin, et arrive à la tête du Val d'Enfer.

Le 11 floréal (1ᵉʳ mai), Lecourbe passe le Rhin à Paradies et Rheinklingen, et bientôt avait ordonnées pour aider à la défense de la position que je tenais à Schwendi, Wain et Balzheim, à la gauche de l'Iller, information dont je fus d'abord surpris puisque, ordinairement, je ne recevais d'ordres que du général Souham. Mais, ayant reçu du chef de l'état-major de l'armée l'ordre pour mon nouveau commandement ainsi qu'une lettre du général Souham dans laquelle il me félicitait de mon avancement, je me rendis auprès de ce général. Il avait aussi reçu l'ordre de quitter le commandement de sa division. Il m'apprit que, d'après de nouvelles dispositions du général en chef, le général Colaud devait aller avec le général Sainte-Suzanne qui se rendait à Strasbourg pour organiser et commander un corps d'armée qui devait agir dans le Wurtemberg et en Franconie.

Je me rendis ensuite à Memmingen, au grand quartier général, avec le général Souham qui obtint de servir de nouveau avec le général Sainte-Suzanne. Je reçus du général Moreau ma nomination provisoire de général de division et l'ordre de prendre le commandement de la division [du général] Richepance qui avait passé à celui des flanqueurs de gauche de l'armée, nom substitué à celui d'aile gauche que venait de quitter le général Sainte-Suzanne.

J'appris que le général Gouvion Saint-Cyr quittait aussi son commandement, soi-disant pour cause de maladie (1), et qu'il était

---

toute l'armée française se trouve réunie entre Thaingen et Schaffhouse, sauf son aile gauche restée vers Neustadt, Fribourg et le Val d'Enfer.

Les opérations se précipitent : les Autrichiens sont battus à Stockach et Engen (13 floréal), Messkirch, Biberach (19 floréal) et Memmingen.

Sainte-Suzanne, resté vers Neustadt, a poussé vers Donaueschingen, le 14 floréal (4 mai). Après Messkirch, il s'avance par la rive gauche du Danube vers Geisingen, se met en ligne avec le général Gouvion Saint-Cyr, et, le 18 floréal, se porte à Riedlingen sur le Danube.

Quelques jours après, Kray se retire sous Ulm.

Le 26 floréal (16 mai), Sainte-Suzanne se trouve assailli par une grande partie des forces de Kray, vers Erbach et Blaubeuren. A la suite de ce combat, sur la proposition de Sainte-Suzanne, Decaen fut nommé par Moreau général de division, le 26 floréal an VIII, « en récompense de son zèle, de ses connaissances militaires et de sa bravoure dans toutes les occasions qui ont eu lieu depuis l'ouverture de la campagne ».

(1) C'est la raison que donne l'ordre du jour du 16 prairial an VIII, daté de Memmingen (A. H. G.). D'autre part, Gouvion Saint-Cyr dit dans ses *Mémoires*, 1799-1800, à la date du 31 mai-11 prairial : « ... le général en chef persistait dans le faux système qu'il avait adopté dès le début des opérations. Saint-Cyr vit avec beaucoup de peine qu'on oublierait les promesses qui lui avaient été faites pour le déterminer à commencer la campagne ; ce fut alors qu'il se décida à quitter l'armée, et qu'il se promit de ne plus servir sous les ordres de Moreau. » Cf. GOUVION SAINT-CYR, *Mémoires*, 1799-1800, p. 110 à 114, 129, 130 et 291.

remplacé par le général Grenier (1); mais, la vérité, c'est que le général Saint-Cyr avait donné au général en chef divers sujets de mécontentement.

Le général Vandamme avait aussi quitté l'armée. Il commandait une des divisions de l'aile droite. Son départ fut une conséquence du jugement du commissaire des guerres Pommier, condamné par un conseil de guerre à être fusillé. Ce malheureux commissaire fut accusé d'avoir levé des contributions dans le pays au lieu de pourvoir à la subsistance des troupes qui, ne recevant point de distributions, se livraient au pillage, ce qui avait obligé les chefs de corps à porter des plaintes graves et fondées.

Cependant on croyait que le jugement ne serait pas exécuté parce qu'on savait que le général Vandamme non seulement n'ignorait pas la conduite de son commissaire, mais encore qu'il l'avait autorisée. On disait même qu'il en retirait la meilleure part, et qu'alors il viendrait implorer la clémence du général en chef dont le caractère bon n'aurait probablement pas refusé cette grâce, puisque l'effet pour réprimer le désordre pouvait être considéré comme suffisamment produit par le jugement exemplaire qui venait d'être rendu. Mais le général Vandamme resta tranquille!... Et le malheureux commissaire, qui avait sans doute compté sur la protection de ce général qu'il savait très ami du général en chef, et qui n'avait pas voulu, pour sa défense, compromettre le général Vandamme, reçut la mort avec courage et résignation.

Cette exécution fit une grande sensation dans l'armée.

16 prairial. — Dès le matin, je fus pour prendre les ordres du général Moreau, arrivant au moment où il montait en voiture pour se rendre à Babenhausen. Alors il me dit que je le verrais à cet endroit, en y passant pour me rendre à ma division qu'il m'engageait à rejoindre au plus tôt. Je montai de suite à cheval.

---

(1) Grenier (Paul), né le 29 janvier 1768, à Sarrelouis; engagé volontaire au régiment de Nassau, le 21 décembre 1784; caporal, le 16 octobre 1788; sergent, le 26 mars 1789; sergent-major, le 1er août 1791; adjudant, le 12 mars 1792; lieutenant, le 26 juillet 1792; capitaine, le 1er décembre 1792; adjudant général chef de bataillon, le 24 vendémiaire an II; chef de brigade, le 21 nivôse an II; général de brigade, le 10 floréal an II; général de division, le 20 vendémiaire an III; gouverneur de Mantoue, le 4 décembre 1806; inspecteur général d'infanterie à l'armée d'Italie, le 12 janvier 1810; chef d'état-major de l'armée de Naples, le 22 mars 1810; commandant le corps d'observation d'Italie, le 9 mai 1813; retraité, le 27 janvier 1815 (A. A. G.).

Arrivé à Babenhausen, je me présentai chez le général en chef.

Le général Delmas était alors avec lui. Je m'aperçus qu'il y avait entre eux de l'humeur. J'ai su, depuis, que le général Delmas, un des plus anciens généraux de division de l'armée, n'avait pas été satisfait qu'on ne lui eût pas donné un des deux commandements que quittaient les généraux Saint-Cyr et Sainte-Suzanne, et surtout de recevoir l'ordre de faire un mouvement avec sa division pour être prêt à soutenir le général Richepance, que le général Moreau avait présumé pouvoir être incessamment attaqué et qui, même, l'était déjà.

Le général Kray avait fait marcher environ 40 000 hommes pour enlever le corps de flanqueurs placé sur la rive gauche de l'Iller. Notre armée était à la droite de cette rivière; mais le général Richepance ayant exactement suivi ses instructions de refuser sa gauche et d'appuyer fortement à droite pour défendre les ponts et de ne combattre que faiblement jusqu'à ce qu'il fût soutenu, il fut possible au général en chef de lui donner protection en effet, quoique cette division eût été coupée en trois parties, dès le commencement de l'attaque, par la seule marche des colonnes ennemies. Ces colonnes furent repoussées par les habiles manœuvres ordonnées par le lieutenant général Grenier, par la valeur des troupes et par les vigoureuses attaques conduites par les généraux Ney et Bonet. Alors, ces secours ayant fourni au général Richepance l'occasion de reprendre l'offensive, l'armée ennemie fut forcée à la retraite, laissant environ 2 000 prisonniers dont un général, le général Spork, huit pièces d'artillerie avec leurs caissons et bagages (1).

Peu de jours après, le général Delmas quitta l'armée.

J'appris aussi, quelque temps après, que le général Moreau ayant envoyé un de ses aides de camp prévenir le général Saint-Cyr de ce qu'il savait des projets de l'ennemi et l'engager, en conséquence, à garder encore son commandement, celui-ci répondit qu'il avait son congé.

---

(1) Cinq pièces, selon Moreau (Moreau au Premier Consul, Memmingen, 20 prairial, A. H. G.). Le général Spork et une douzaine d'officiers étaient au nombre des prisonniers faits dans la journée par la division Richepance (Richepance à Moreau, Gutenzell, 16 prairial, A. H. G.). Le nombre total des prisonniers s'élevait à 2 000 (Dessolle à Lecourbe, Kellmünz, 17 prairial, A. H. G.). Moreau proposa à Kray d'échanger Spork pour le général Colli, détenu en Autriche (Moreau à Kray, Memmingen, 18 prairial, A.H.G.)

Le général Moreau n'aurait probablement pas fait faire cette démarche, s'il se fût alors ressouvenu que, le jour de la bataille de Messkirch, le général Saint-Cyr aurait pu prononcer un mouvement pour contribuer à décider plus tôt du sort de cette bataille, puisque, dès les 4 heures après midi, il avait pris sans obstacles la position qui lui avait été ordonnée; et ce ne fut qu'à la nuit que le succès de notre armée fut assuré. Le général Moreau savait pourtant bien que son aide de camp Delelée (1), le seul officier qui avait pu arriver jusqu'au général Saint-Cyr pendant cette bataille, avait été extrèmement surpris de l'entendre répondre à ce qu'il lui disait (que le général Moreau avait envoyé vers lui plusieurs officiers qui n'avaient pas pu passer et que, comme il n'était pas fort éloigné du champ de bataille et qu'entendant le canon et la fusillade, il avait espéré qu'il avancerait probablement vers Messkirch) : « Ah! je suis resté tranquille parce que j'étais persuadé que le général Moreau saurait bien se tirer d'affaire. »

Si l'attaque de la part de l'ennemi, dans cette circonstance de changement qui venait d'avoir lieu dans une partie des commandements, fut, pour le général Moreau, un surcroît d'embarras, et s'il éprouva des contrariétés, il en fut bien dédommagé par le brillant succès obtenu dans cette journée.

J'ai cru devoir faire cette digression avant de dire que je ne restai qu'un instant avec le général en chef, et que le général Lahorie (2), chef d'état-major du corps de réserve, me donna l'ordre verbal que, dès que je serais arrivé à Kettershausen, quartier général de ma division placée en avant de ce village, la droite au Hasel

---

(1) Delelée (Jacques-François-Nicolas), né le 17 septembre 1761, à Prez-en-Pail (Mayenne); soldat au régiment de Maine, de 1781 à 1783; volontaire au 1er bataillon de la Mayenne, le 18 septembre 1791; sous-lieutenant, le 24 février 1793; lieutenant, le 1er germinal an II; aide de camp de Moreau, le 4 thermidor an IV; capitaine, le 14 vendémiaire an V; chef de bataillon, le 12 thermidor an VII; colonel, le 15 ventôse an IX; réformé par suite de l'affaire de Moreau, il fut remis en activité en 1810; il mourut le 15 décembre de la même année à l'armée de Portugal (A. A. G.).

(2) Lahorie (Victor-Claude Fanneau), né le 5 janvier 1766, à Javron (Mayenne); volontaire, le 5 mars 1793; sous-lieutenant, le 1er juillet 1793; adjudant général, le 17 pluviôse an VII; général de brigade, le 21 floréal an VIII; en non-activité, le 1er vendémiaire an X; retraité, le 9 fructidor an XI, avec une pension de 2 500 francs (A. A. G.). Impliqué dans le procès de Moreau et condamné au bannissement, il était revenu à Paris, et y avait vécu pendant six ans, réfugié dans la famille Hugo et se dérobant aux recherches de la police. En 1810, il se livra à Savary : celui-ci le fit arrêter et conduire à Vincennes, puis à la Force où Lahorie connut Malet qui l'entraîna dans son équipée (*Lettres et documents pour servir à l'histoire de Joachim Murat*, III). Convaincu de conspiration, Lahorie fut condamné à mort et fusillé le 28 octobre 1812 (A. A. G.).

Bach, et la gauche à la Günz, de faire occuper Krumbach par un fort détachement, et de faire occuper la route de Babenhausen à Kirchhaslach. Il m'annonça que ma division serait augmentée du 6ᵉ régiment de chasseurs à cheval, et que le général de brigade Debilly (1) viendrait servir sous mes ordres.

L'adjudant général Plauzonne (2) était le chef d'état-major de cette division. Pour exécuter cet ordre, j'ordonnai que deux bataillons et quatre compagnies de la 100ᵉ demi-brigade, avec deux escadrons du 13ᵉ de cavalerie, le tout sous les ordres du chef de brigade Ritay (3), se dirigeraient sur Babenhausen et que ce commandant appuierait la droite de sa ligne à l'enceinte de la ville, la droite à la route de Babenhausen à Kirchhaslach, et la gauche à la route de Babenhausen à Krumbach, un escadron en avant de son centre pour se lier avec l'autre escadron et trois compagnies d'infanterie qu'il établirait sur la rive gauche du ruisseau qui traverse Kirchhaslach, faisant occuper par ses postes ce village ainsi que les débouchés sur Loppenhausen en avant de son front.

En rendant compte de cette disposition et qu'on n'avait pu rien apprendre de l'ennemi dans le courant de la journée, n'ayant vu que quelques patrouilles dans les environs de Blaichen, je fis l'observation que j'avais jugé Krumbach comme trop avancé pour le faire occuper par le fort détachement que j'y avais envoyé, vu le mouvement que j'avais fait faire sur Babenhausen qui m'avait été désigné comme point de réunion. Je proposai de n'occuper Krumbach que faiblement et comme point d'observation (4).

---

(1) Debilly (Jean-Louis), né le 31 juillet 1763, à Dreux; servit dans la garde nationale parisienne; employé à l'état-major de l'armée des côtes de Brest, en 1793; adjudant général chef de bataillon, le 1ᵉʳ juillet 1793: chef de brigade, le 15 pluviôse an III; général de brigade, le 12 thermidor an VII; mort à Auerstaedt, le 14 octobre 1806 (A. A. G.). Voir, au sujet de ce général, l'intéressante étude publiée par le lieutenant Lottin, *Un chef d'état-major sous la Révolution*.

(2) Plauzonne (Louis-Auguste-Marchand), né le 7 juillet 1774, à Fontainebleau; sous-lieutenant, le 1ᵉʳ janvier 1790; lieutenant, le 4 mai 1792; capitaine, le 10 juin 1792; chef de bataillon, le 29 floréal an V; adjudant commandant, le 20 floréal an VIII; colonel du 5ᵉ de ligne, le 5 août 1806; général de brigade, le 5 juin 1809; chef d'état-major de l'armée de Catalogne, le 17 septembre 1811; tué le 7 septembre 1812 à la Moskowa (A. A. G.).

(3) Ritay (Jean-Marie), né le 25 octobre 1761, à Portet (Haute-Garonne); soldat au 3ᵉ régiment d'infanterie, le 19 juillet 1781; sergent, le 19 mars 1785; adjudant, le 15 septembre 1791; lieutenant, le 1ᵉʳ mai 1792; adjudant-major, le 29 juin 1792; chef de bataillon, le 28 frimaire an III; chef de brigade, le 8 thermidor an VII; général de brigade, le 3 nivôse an XIV; retraité, le 19 octobre 1808; mort à Portet, le 12 avril 1819 (A. H. G.).

(4) Decaen demandait en même temps à Lahorie de presser l'arrivée du 6ᵉ de chasseurs (Plauzonne à Lahorie, Kettershausen, 16 prairial, A. A. G.).

17 prairial. — Je fus prévenu par le chef d'état-major que la division Delmas repasserait l'Iller, le lendemain, pour prendre position en arrière d'Ober-Roth, et que les divisions Ney et Legrand repasseraient aussi l'Iller; que ma division devait rester en position à Ebershausen où je devais concentrer mes forces; et que je devais replier le poste de Krumbach pour faire place au corps du général Lecourbe.

Ces dispositions furent exécutées.

18 prairial. — Le général Debilly étant arrivé, j'organisai la division.

La 1re brigade, aux ordres de ce général, fut composée : de la 100e demi-brigade (2 300 hommes), 3e bataillon de la 50e (650 hommes), 17e de dragons (550 hommes, 590 chevaux), deux pièces de 4.

La 2e brigade, commandée par le général Durutte (1) : de la 4e demi-brigade de ligne (2 260 hommes), deux escadrons du 13e de cavalerie (160 hommes, 180 chevaux), deux pièces de 4.

La réserve : une compagnie d'artillerie légère commandée par le capitaine Valée (2), 2e compagnie du 3e régiment (149 hommes, 206 chevaux), un escadron du 13e de cavalerie (80 hommes, 90 chevaux).

Cette division se composait alors d'environ 6 000 combattants. Peu de jours après, elle fut augmentée du 6e régiment de chasseurs à cheval ayant plus de 600 chevaux (3), ce qui lui donnait environ 1 500 hommes de cavalerie, et d'un bataillon de grenadiers d'environ 500 hommes. C'étaient plus de 7 000 combattants.

---

(1) Durutte (Joseph-François), né le 14 juillet 1767, à Douai; volontaire, le 1er avril 1792; sous-lieutenant, le 28 août 1792; capitaine au 19e dragons, le 20 avril 1793; adjudant général chef de brigade, le 9 vendémiaire an II; général de brigade, le 4 vendémiaire an VIII; général de division, le 9 fructidor an XI; employé à l'île d'Elbe en l'an XIII, à l'armée d'Italie en 1809, en Hollande en 1810, à la Grande Armée en 1813; retraité, le 1er août 1815 (A. A. G.).

(2) Valée (Sylvain-Charles), né le 18 décembre 1773, à Brienne-le-Château; élève d'artillerie, le 6 octobre 1792; lieutenant, le 1er juin 1793; capitaine au 3e d'artillerie à cheval, le 8 floréal an III; chef d'escadrons, le 10 vendémiaire an XI; colonel, le 12 janvier 1807; général de brigade, le 18 juillet 1809; général de division, le 6 août 1811; gouverneur général par intérim, puis effectivement, de l'Algérie de 1837 à 1841; maréchal de France depuis le 11 novembre 1837, il mourut à Paris, le 15 août 1846 (A. A. G.).

(3) Decaen rendait compte de l'arrivée du 6e chasseurs 'e 18 prairial (Decaen à Lahorie, Kettershausen, 18 prairial, A. H. G.).

Elle se trouva alors placée, la droite dans la direction d'un village entre Waltenhausen et Ebershausen, et la gauche à la route de Kettershausen à Mohrenhausen, dans la direction de Tafertshofen, ayant des postes à Nattenhausen et au pont de Seifertshofen, ainsi qu'à Waltenberg, pour se lier avec Krumbach (1).

19 et 20 prairial. — La division garda sa position. Le 6ᵉ chasseurs étant arrivé, il fit partie de la brigade Debilly; le 17ᵉ dragons, de celle de Durutte; et le 13ᵉ de cavalerie forma la réserve (2).

21 prairial. — J'exécutai l'ordre, qui m'avait été adressé la veille, de relever à la pointe du jour les troupes du général Montrichard sur Krumbach et Nieder-Raunau qu'elles devaient abandonner pour se porter sur Mindelheim, et de prolonger ma droite en remontant la Kammlach ou, du moins, m'éclairer jusqu'à Aletshausen.

A cet effet, le général Durutte reçut l'ordre de relever les troupes du général Montrichard aux postes de Krumbach et de Nieder-Raunau, ainsi que de placer sa brigade, la gauche à Ebershausen, occupant ce village, ayant un bataillon en réserve à la tête du bois entre Ebershausen et Olgishofen; et, en outre, de faire occuper par un escadron et quelque infanterie le village de Waltenhausen, avec un avant-poste vers Aletshausen, sur la Kammlach, pour éclairer son flanc droit, ainsi que de pousser des reconnaissances au delà de la Kammlach sur la route de Kirchheim; enfin, de former une avant-garde pour couvrir le front de sa brigade, ayant sa droite au village d'Ebershausen et sa gauche en arrière de Krumbach, se liant avec la droite de la brigade Debilly, cette avant-garde chargée d'éclairer les débouchés en avant de Krumbach, principalement ceux d'Ebershausen et de Deisenhausen, ainsi que de tenir en avant-poste Nieder-Raunau, et de couvrir les routes de Babenhausen et de Mindelheim.

---

(1) « La division est concentrée à la position indiquée, et, afin d'avoir mes postes liés avec ceux de la division Montrichard, ils sont avancés jusqu'à Deisenhausen... » (Decaen à Lahorie, 18 prairial, A. H. G.).

(2) « La reconnaissance poussée aujourd'hui par le général Debilly a déposté l'ennemi d'Ober-Blaichen. Elle l'a suivi jusqu'à Unter [Blaichen] où elle a trouvé son infanterie qui s'est mise en mesure de défendre le village. On a vu environ un escadron de hussards de Blankenstein et une quarantaine de Tyroliens » (Decaen à Lahorie, Kettershausen, 19 prairial, A. H. G.).

En rendant compte de ces dispositions, je dis que j'avais cru devoir appuyer davantage vers la droite, ignorant la nouvelle position occupée par les troupes du général Lecourbe.

Le chef d'état-major de la réserve me manda que la division resterait encore le lendemain en position; mais qu'il devait être poussé des reconnaissances un peu fortes sur les routes de Günzburg, Thanhausen et de Burgau, avec recommandation expresse de ne pas se compromettre; que le général Lecourbe marchait sur Augsbourg et se rapprocherait en même temps de Zusmarshausen, et que le mouvement ne serait achevé que le 23; qu'il me transmettrait les ordres du général en chef pour ce jour, et que, si ma division était attaquée sur Krumbach, je devais me retirer d'abord sur Ebershausen et, de là, en avant de Babenhausen où le général Grandjean (1), qui avait remplacé le général Delmas, recevrait les troupes en retraite.

22 prairial. — Les reconnaissances ordonnées allaient partir lorsque l'ennemi attaqua vivement le poste du pont de Deisenhausen et força tous les avant-postes de la brigade Debilly de se replier. Je lui avais recommandé de ne rien engager entre Deisenhausen et Seifertshofen. L'ennemi suivit leur mouvement avec deux pièces de canon, deux bataillons d'infanterie et deux divisions de hussards. J'arrivai sur le terrain au moment où l'ennemi, qui s'était enfilé dans le chemin creux entre Nattenhausen et Seifertshofen, venait d'être chargé par un piquet du 6e de chasseurs, deux compagnies de la 100e et une de la 50e, qui lui tuèrent trois hommes et lui firent une quinzaine de prisonniers.

Nous eûmes, dans la journée, trois hommes tués, 32 blessés et un prisonnier (2). Le capitaine Pierre d'Hoüy, officier de correspondance du général Debilly, eut un cheval tué sous lui; un brigadier

---

(1) Grandjean (Charles-Louis-Dieudonné), né le 29 décembre 1768, à Nancy; sous-lieutenant au 105e, le 11 mai 1792; adjoint à l'état-major de l'armée du Rhin, le 21 mai 1793; adjudant général chef de bataillon, le 23 prairial an II; réformé, le 25 prairial an III; réintégré comme adjudant général chef de brigade, le 24 germinal an IV; général de brigade, le 6 germinal an VII; général de division, le 12 pluviôse an XIII, servit aux armées d'Espagne en 1808, d'Allemagne en 1809; mis en non-activité en 1815, en disponibilité en 1818, il fut retraité en 1826 (A. A. G.).

(2) Cependant un rapport de Gyulai, daté de Neuburg, 12 juin 1800 (K. K. A., VI ad 186, c), dit que les Français laissèrent, dans cette journée, 130 prisonniers aux mains des Autrichiens

de chasseurs du 6ᵉ eut aussi deux chevaux tués sous lui. Le chef de bataillon de la 50ʳ, qui commandait les avant-postes, se distingua en tenant tête toute la journée à l'ennemi qui lui était bien supérieur et auquel on ne montra que ce bataillon, une compagnie de la 100ᵉ et un piquet de chasseurs à cheval.

Je rendis compte que l'ennemi avait fait sa retraite et que la brigade de gauche avait repris ses positions; que la brigade de droite observait seulement Krumbach par des avant-postes car, ainsi que je l'avais déjà annoncé, ce poste n'était point tenable, vu sa position et celle de l'ennemi. Je dis aussi que j'avais cru, pendant assez longtemps, que l'ennemi ne voulait pas s'en tenir à une simple reconnaissance; qu'il était venu devant notre gauche avec le 5ᵉ bataillon d'infanterie légère, un bataillon de Valaques, trois escadrons de Ferdinand, un de Blankenstein et deux pièces de canon; que le général Gyulai commandait l'attaque et que, voyant de la résistance, il s'était déterminé à la retraite.

J'informai qu'une reconnaissance du 13ᵉ régiment de cavalerie, dirigée sur la droite, avait trouvé l'ennemi de l'autre côté de la Mindel, et que les paysans avaient assuré qu'il occupait Kirchheim.

Je reçus l'ordre de quitter, le lendemain, ma position entre 10 et 11 heures du matin pour aller me placer en arrière de Krumbach, couvrant la route de cette ville à Babenhausen, appuyant ma droite à Nieder-Raunau et éclairant par des postes le cours de la Kammlach. Je fus prévenu que le général Leclerc (1), qui commandait aussi une division de la réserve, prendrait position en avant de Breitenthal, la droite à la Günz, et que le général Grandjean prendrait la sienne en avant de Kettershausen; que le général en chef aurait son quartier général à Babenhausen; et il me fut recommandé de pousser des reconnaissances sur les routes de Günzburg et de Burgau et sur Thanhausen (2).

---

(1) Leclerc (Victor-Emmanuel), né le 17 mars 1772 à Pontoise; lieutenant au 2ᵉ bataillon de Seine-et-Oise, le 19 octobre 1791; sous-lieutenant au 12ᵉ régiment de cavalerie, le 1ᵉʳ décembre 1792; adjudant général chef de bataillon, le 28 frimaire an II; chef de brigade, le 30 germinal an II; général de brigade, le 17 floréal an V; général de division, le 9 fructidor an VII; commandant en chef l'armée de Saint-Domingue, le 3 brumaire an X; mort à Saint-Domingue, le 11 brumaire an XI (A. A. G.).

(2) L'ordre ne parle pas de Thanhausen (Lahorie à Decaen, Memmingen, 22 prairial, A. H. G.).

23 prairial. — D'après cet ordre, j'ordonnai au général Debilly de prendre position en arrière de Krumbach et de le garder en avant-poste, et de placer deux bataillons et deux escadrons en arrière de Deisenhausen qui serait aussi gardé en avant-poste. J'ordonnai au général Durutte de prendre position avec toute sa brigade à Hohen-Raunau, laissant l'escadron placé à Waltenberg et les postes de cavalerie et d'infanterie sur la route de Babenhausen à Krumbach. Je lui recommandai d'éclairer la rive droite de la Kammlach par des reconnaissances sur la Mindel dans la direction de Mindelzell.

Je me portai à la brigade Debilly pour être présent au mouvement que ce général était chargé d'opérer sur Krumbach. Les postes ennemis, repoussés, se retirèrent sur la droite de la Kammlach. Mais, vers les 3 heures, à la hauteur de Billenhausen, il s'engagea, d'une rive à l'autre de la Kammlach, une canonnade qui dura jusqu'au soir. Ayant d'abord pensé que cette dispute ne durerait pas longtemps et que, d'ailleurs, elle avait peu d'importance, je ne jugeai pas à propos d'envoyer informer le général en chef de ce qui se passait (1). Mais le bruit du canon l'ayant engagé à se rendre sur les lieux, je fus étonné de le voir arriver vers les 7 heures du soir, dans le moment même où deux compagnies de la 100e demi-brigade, qui avaient reçu ordre de passer la Kammlach et de se porter sur les hauteurs en avant de Krumbach, pour couvrir le chemin d'Augsbourg dont elles avaient déposté l'ennemi qui s'y était établi, furent ensuite attaquées par une nombreuse cavalerie dont elles repoussèrent trois fois la charge, mais qui, n'ayant point reçu de secours des hommes de leur corps qui, au lieu de les défendre à l'entrée de Krumbach, s'étaient amusés à piller, furent obligées de céder au nombre (2).

(1) « Le général en chef est prévenu indirectement, citoyen général, que la division du général Decaen est aux prises avec l'ennemi. Il a donné ordre au général Grandjean, qui est en position en avant de Kettershausen, de le soutenir; mais pour mettre le général Decaen pleinement en mesure de se maintenir, le général en chef vous invite à tenir à sa disposition deux bataillons et deux escadrons avec deux pièces, pour l'assurer dans sa position, si cela devenait nécessaire. Ce détachement sera disposé de manière à passer la Günz avec célérité sur la demande du général Decaen que je vous prie d'instruire directement de cette disposition » (Lahorie à Leclerc, Babenhausen, 23 prairial, A. H. G.).

(2) « D'après les rapports de quelques prisonniers, nous avions devant nous trois divisions de Ferdinand, un bataillon de Mihanovich, un régiment de Bannal, deux compagnies de chasseurs wurtembergeois, cinq pièces de canon; le général Gyulai commandait l'attaque... » (Plauzonne à Lahorie, Ebershausen, 23 prairial, A. A. G.).

J'éprouvai un bien vif déplaisir de voir ainsi tomber au pouvoir de l'ennemi ces braves dignes d'un meilleur sort. Cent quarante-trois furent faits prisonniers par la faute de ceux qui devaient les soutenir. Je fus d'autant plus peiné de cet événement que je le regardai comme un mauvais début dans mon nouveau commandement, et que j'avais compté sur un meilleur résultat, à la fin d'une journée pendant laquelle l'ennemi n'avait pas eu le moindre avantage, et surtout que cela se fût passé presque sous les yeux du général en chef. Nous eûmes, en outre, huit hommes tués et trente-huit blessés.

Le chef de brigade Laffon (1), commandant le 6ᵉ de chasseurs, qui s'était porté sur Deisenhausen, en avait chassé l'ennemi et lui avait fait cinq prisonniers.

Le général en chef m'ordonna de garder ma position le lendemain et de me borner à la rectifier.

24 prairial. — J'établis mon quartier général à Ebershausen. Je rendis compte que l'ennemi avait gardé les mêmes positions que le général en chef lui avait reconnues la veille, ayant seulement rapproché ses avant-postes à la hauteur de l'endroit d'où des pièces faisaient feu sur Krumbach; que le village d'Ober-Blaichen et celui de Billenhausen étaient également occupés par lui, d'après le rapport du chef de brigade du 6ᵉ de chasseurs qui avait été chargé d'occuper ces villages en avant-postes; que les reconnaissances dirigées sur Mindelzell n'avaient point rencontré l'ennemi, mais que celles envoyées sur Ursberg avaient rencontré ses patrouilles à la hauteur d'Edenhausen; que les troupes ennemies qui s'étaient opposées à notre établissement à Ober-Blaichen étaient, en infanterie, le 5ᵉ bataillon d'infanterie de chasseurs et un autre de Hongrois, et environ 600 chevaux, tant de hulans que de Ferdinand-hussards; et qu'on avait fait à l'ennemi sept prisonniers.

Le bataillon de grenadiers commandé par le chef de bataillon Fririon (2) arriva à la division : il fut placé à Waltenberg.

---

(1) Laffon (Joseph), né le 2 octobre 1759, à Souilhe (Lot-et-Garonne) (?); dragon au régiment de Languedoc, le 1ᵉʳ avril 1777; adjudant, le 28 avril 1788; lieutenant, le 22 mai 1792; capitaine, le 15 août 1792; chef d'escadrons, le 14 germinal an II; chef de brigade, le 1ᵉʳ floréal an II; retraité, le 9 mai 1808 (A. A. G.).

(2) Fririon (François-Joseph), né le 12 septembre 1771, à Pont-à-Mousson; volontaire

25 prairial. — Je reçus l'ordre de réunir ma division, à 3 heures après midi, sur les hauteurs du village de Billenhausen et de me porter sur Ettenheuren, en jetant un parti sur Burtenbach, ce parti devant éclairer sa droite vers Zusmarshausen. Je devais aussi envoyer des reconnaissances sur Jettingen (1).

Je fus prévenu d'avoir soin, avant de prendre position à Ettenheuren, d'attendre à la hauteur de Neuburg que le général Leclerc, qui devait s'y placer, y fût arrivé, et qu'il avait ordre d'y être rendu à 4 heures précises; que les troupes du général Lecourbe, avec lesquelles je devais faire communiquer les miennes par des reconnaissances, passeraient ce même jour la Zusam et prendraient position à droite et à gauche de Zusmarshausen, peut-être même en avant; que la division du général Grandjean viendrait prendre position en avant de Ingstetten et qu'elle y serait rendue à 5 heures; que le parc de réserve serait placé sur les hauteurs en arrière d'Ebershausen; que le général en chef s'établirait à Krumbach.

Je fus prévenu que le corps de réserve porterait, de ce jour, le nom de centre de l'armée, et que les divisions qui composaient cette réserve prendraient le nom des généraux qui les commandaient.

Je fus aussi prévenu que le corps de troupes du lieutenant général Grenier devait se mettre en marche dans la journée pour porter sa droite sur Ichenhausen; que, comme il était à croire qu'il n'arriverait qu'assez tard à cette position, cette circonstance ne devait retarder mon mouvement qu'autant que j'aurais devant moi des forces qui nécessiteraient un engagement incertain.

Les reconnaissances envoyées le matin sur la route de Burgau avaient rapporté que l'ennemi était à Wettenhausen.

Toutes les troupes de la division reçurent l'ordre de se réunir à

---

au 48e d'infanterie, le 1er février 1791; sous-lieutenant, le 15 septembre 1791; lieutenant, le 13 mai 1792; capitaine, le 3 nivôse an III; chef de bataillon, le 16 floréal an VIII; major au 39e d'infanterie, le 30 frimaire an XII; colonel du 69e, le 10 février 1807; général de brigade, le 22 juin 1811; retraité, le 1er août 1815; commandant le département de l'Allier, puis de la Haute-Saône, en 1831; retraité, le 1er octobre 1833 (A. A. G.). Ne pas confondre avec l'adjudant général Fririon qui servait à l'état-major général (Cf. la situation donnée par CARRION-NISAS, *Campagne des Français en Allemagne, 1800*, page 232).

(1) « Lauingen » d'après le registre de correspondance de Moreau. Le manuscrit de Decaen porte « Iatingen ».

3 heures de l'après-midi sur les hauteurs de Billenhausen, à la rive droite de la Kammlach. M'étant rendu au lieu du rassemblement et, de là, aux avant-postes, et n'apercevant plus de vedettes ennemies, je demandai alors depuis quand les ennemis étaient disparus; et, d'après la réponse qu'il y avait plus de deux heures, je recommandai au général Debilly qu'il faudrait, à l'avenir, que les commandants [de] sa ligne d'avant-postes ne négligeassent pas, en pareille circonstance, non seulement de prévenir des mouvements de l'ennemi, mais même de ne pas attendre d'ordres pour faire suivre un mouvement, parce qu'il était essentiel de savoir toujours, autant que possible, la direction qu'il prenait et sur quel point il prenait poste.

Ma division étant réunie, et dès que je fus informé que les troupes du général Leclerc étaient en position à Neuburg, je donnai l'ordre au général Debilly de diriger sa brigade sur Ettenbeuren, en suivant la route de Burgau et de s'éclairer sur sa droite.

Je le prévins qu'il faudrait pousser l'ennemi autant qu'il ne présenterait pas de forces trop nombreuses; à cet effet, je mis trois pièces d'artillerie légère à sa disposition. Je lui recommandai le plus grand ordre dans la marche des troupes, et que son infanterie marchât toujours par section autant que le terrain le permettrait.

Je lui donnai l'ordre de prendre position en avant d'Ettenbeuren, sa gauche dans la direction d'Ichenhausen où les troupes du général Grenier devaient, le soir, prendre position, et d'avoir sa droite vers la Mindel dans la direction de Burtenbach qui serait occupé par un parti de la brigade Durutte, ainsi que de pousser ses avant-postes jusqu'à Klein-Beuren, s'éclairant sur Burgau et sur Jettingen, se liant par sa gauche avec les avant-postes du général Grenier.

Le général Durutte reçut l'ordre de suivre, avec sa brigade, le mouvement de Debilly, de prendre position en arrière d'Ettenbeuren, la gauche dans la direction d'Ichenhausen, et la droite vers Burtenbach; et, lorsque sa brigade serait à Langenhaslach, de détacher cent chevaux pour se rendre à Burtenbach, où le commandant prendrait poste militairement, et d'où le commandant enverrait des partis jusqu'à Jettingen, ainsi que vers Zusmarshausen pour se lier avec les troupes du général Lecourbe.

La brigade Debilly arriva à Ettenbeuren en poussant devant elle les ennemis qu'elle rencontra et qui ne firent point de résistance; mais lorsque l'avant-garde de cette brigade déboucha de ce village, l'ennemi tira sur elle avec cinq pièces de canon. Cependant, dès qu'il vit les dispositions que je faisais pour l'éloigner, il s'empressa de se retirer, par le pont de Wettenhausen, sur la route de Günzburg. Alors je fis prendre à la division la position qui m'avait été prescrite par l'ordre du jour. J'établis mon quartier à Ettenbeuren et, dans mon rapport, j'annonçai que, d'après le dire des déserteurs, nous avions devant nous les hussards de Ferdinand, ceux de Blankenstein, des cuirassiers et 200 hommes d'infanterie du régiment de Mihanovich; que nos avant-postes étaient à la hauteur de Wettenhausen et que nous étions liés par notre gauche avec les troupes du général Grenier.

26 prairial. — L'officier commandant la découverte envoyée dès le matin sur Knöringen rendit compte qu'il avait appris que, dans cet endroit, 350 hommes du régiment de Ferdinand et de Blankenstein-hussards et de chasseurs de Le Loup y avaient passé la nuit et en étaient partis de bonne heure; que l'ennemi avait des postes aux villages d'Hammerstetten et Anhausen sur la gauche de la rivière, et qu'ils s'étaient retirés à l'approche de notre parti de chasseurs; mais que, dès qu'il avait quitté Knöringen pour revenir à Klein-Beuren, il avait aperçu descendre dans le premier de ces villages environ 200 hommes de cavalerie (1).

Le général Durutte m'informa que, s'étant avancé sur la route de Knöringen à Günzburg, il avait vu des partis ennemis dans les bois à droite et à gauche de Leinheim; que, près de Reisensburg, il avait vu une redoute à laquelle les habitants lui avaient dit qu'on travaillait depuis un mois, qu'il n'y avait point de canons, et qu'il avait aussi vu environ deux escadrons de hussards sur ce point, dont la moitié avaient monté à cheval dès qu'ils l'avaient aperçu.

Vers les 11 heures du matin, l'ennemi entreprit de repousser mes avant-postes de gauche : je les fis soutenir (2). Alors il

---

(1) Deux cent cinquante, selon Plauzonne (Plauzonne à Lahorie, Ettenbeuren, 26 prairial, A. H. G.).

(2) « L'ennemi se présente avec deux bataillons, cinq pièces de canon et près de

s'engagea une assez vive canonnade qui n'eut d'autre effet que le bruit; j'en donnai avis au général en chef (1).

Je reçus l'ordre de mettre ma division en marche à 4 heures précises de l'après-midi et d'aller prendre position en arrière de Knöringen et de Burgau. Je fus prévenu que la division Grandjean arriverait ce même jour avant 5 heures à Ettenbeuren, et que le général Grenier porterait sa droite en avant de Hochwang.

Par post-scriptum, on me mandait que, d'après l'avis d'une attaque de l'ennemi sur ma gauche, le général Grandjean recevait l'ordre de marcher de suite à mon appui; et que, dans la supposition que ce mouvement de la part de l'ennemi ne serait qu'une reconnaissance, je devais prendre la position indiquée, et que le général Grenier recevait l'ordre de faire appuyer sa droite sur Wettenhausen.

Après la réception de cette lettre, j'écrivis au général Lahorie que nous étions toujours en présence, l'ennemi, d'un côté de Wettenhausen, et nous, de l'autre, ayant la Kammlach pour ligne de séparation, et que je faisais l'observation au général en chef que je ne pourrais exécuter le mouvement qui m'était ordonné qu'autant que le général Legrand pousserait ce qu'il avait devant lui, ne pouvant m'engager dans la vallée de la Kammlach si ma gauche ne se trouvait pas dégagée.

Mais en attendant que les troupes du général Grenier eussent opéré leur mouvement pour s'appuyer sur Wettenhausen, afin que l'ennemi fût forcé de l'abandonner, je m'avançai moi-même avec un parti, au travers des bois, dans la direction de Burgau. Ne rencontrant point d'ennemis, j'arrivai jusqu'à la grande route d'Augsbourg à Ulm. Cependant, comme il faisait nuit et que je n'avais pas de guide, je ne pus pas juger dans quelle position je me trouvais relativement à Burgau, ni de combien j'en étais éloi-

---

4 000 chevaux. Il attaque Wettenhausen. Nous ne pouvons pas encore juger si c'est une attaque positive. Les dispositions sont prises pour le recevoir » (Plauzonne à Lahorie, Ettenbeuren, 26 prairial, A. H. G.).

(1) « L'ennemi met beaucoup de lenteur et de mollesse dans son attaque : il fait feu de cinq pièces de la hauteur en arrière de Wettenhausen. Il s'est porté entièrement sur notre gauche (rive gauche de la Kammlach). On n'aperçoit rien sur la droite ni en avant de la vallée. Le général pense que, si le général Legrand faisait un mouvement devant lui, on pourrait bientôt connaître quelle est l'intention de l'ennemi et le forcer à se déterminer. Les partis poussés par notre cavalerie ne rapportent rien de l'ennemi » (Plauzonne à Lahorie, Ettenbeuren, 26 prairial, A. H. G.).

gné. Je revins alors sur mes pas et je laissai un fort poste à quelque distance du point jusqu'où j'étais allé ; je donnai ordre au commandant de bien se garder, d'envoyer de fréquentes patrouilles et de prendre, dès le point du jour, une connaissance parfaite de l'endroit où nous nous étions avancés, ainsi que de s'approcher de Burgau le plus près qu'il lui serait possible et de m'en rendre compte. Je retournai à Klein-Beuren, où je passai le reste de la nuit et où je reçus une lettre, datée de Krumbach à 11 heures du soir, par laquelle le général en chef me faisait prévenir qu'il venait d'envoyer l'ordre au lieutenant général Lecourbe de venir prendre position de suite, la gauche à Burgau et la droite près du Danube, à la hauteur de Lauingen ; qu'au moyen de ce mouvement, qui ne pourrait peut-être se faire que le lendemain un peu tard, je me trouverais bien couvert et que j'aurais, en cas où l'ennemi viendrait m'attaquer, un renfort puissant qui me mettrait à même de seconder le général Legrand s'il était attaqué ; que le général en chef serait bien aise de recevoir de mes nouvelles et d'apprendre de moi tous les mouvements que l'ennemi pourrait faire et que je serais à même de découvrir et d'apprendre.

27 prairial. — Le mouvement de la division Legrand pour s'approcher de Wettenhausen ayant déterminé l'ennemi à la retraite pendant la nuit, alors, dès le jour, je mis ma division en marche pour aller prendre la position qu'elle devait occuper la veille et je m'avançai sur Burgau.

L'officier auquel j'avais recommandé d'envoyer des reconnaissances, dès le point du jour, sur cette ville, me rendit compte que, dès que l'ennemi avait aperçu nos troupes, il l'avait évacuée. J'en informai de suite le général Lahorie, lui annonçant que j'allais la faire occuper, que je n'avais pas pu rendre compte la veille au soir que j'étais près de Burgau, car l'obscurité ne m'avait pas permis d'apercevoir que j'en étais aussi rapproché. Je rendis compte que la division prenait position, la gauche en arrière de Knöringen et la droite à la Mindel, ayant une avant-garde en avant de Burgau, sur la route de Günzburg.

Dès que je fus arrivé à Burgau, j'écrivis de nouveau au général Lahorie que ma division était établie en arrière de Burgau et de Knöringen, ayant un corps d'avant-garde sur la rive gauche de la

Kammlach, placé en avant de Knöringen pour observer et défendre les débouchés de Günzburg et d'Offingen ; que, ne voyant point appuyer à ma hauteur les divisions de ma droite et de ma gauche, je n'avais pas cru convenable de m'établir en avant de Burgau et de Knöringen, étant d'ailleurs favorisé par les avantages du terrain ; mais que je m'empresserais de me placer en avant de ces endroits dès que les divisions voisines seraient en ligne, si cela entrait dans les dispositions du général en chef. En finissant cette lettre, j'appris que les troupes du général Lecourbe étaient à une lieue de Burgau ; alors je transmis cet avis et je donnai l'ordre au général Durutte de faire passer tous ses avant-postes vers notre droite, sous les ordres du général Debilly, chargé de l'avant-garde sur la route de Burgau à Günzburg.

Je rendis compte encore au général Lahorie qu'en visitant les avant-postes, j'avais reconnu par moi-même que l'ennemi avait totalement abandonné Günzburg ; qu'on n'avait aperçu qu'environ cent chevaux de l'ennemi sur la rive gauche de la Günz ; que le général Legrand s'était avancé avec appareil et lui avait envoyé plusieurs volées de canon.

J'écrivis en outre que les dispositions de l'ennemi à la hauteur de Leinheim démontraient qu'il avait l'intention d'accepter une bataille en avant de Günzburg ; qu'il avait établi trois redoutes pentagonales disposées pour recevoir chacune cinq à six bouches à feu, liant le village de Leinheim avec des bois qui s'étendaient à gauche vers la Kammlach ; que cette position, perpendiculaire à la chaussée de Burgau sur Günzburg, était appuyée par sa droite à d'autres bois qui se prolongeaient le long de la Günz et qui nous l'auraient rendue accessible ; qu'une autre redoute, plus grande que les autres, était établie en seconde ligne entre Burgau et Reisensburg ; que je me proposais de les faire détruire à moins que, d'après les reconnaissances que le général en chef en pourrait ordonner, elles ne fussent jugées nécessaires.

28 prairial. — Je reçus deux lettres du général Dessolle (1), chef de l'état-major général. Par l'une, il m'annonçait l'envoi d'un

---

(1) Dessolle (Jean-Joseph-Paul-Augustin), né le 3 octobre 1767, à Auch ; capitaine au 1er bataillon de la légion des Montagnes, en 1792 ; adjudant général chef de bataillon, le 11 vendémiaire an II ; chef de brigade, le 25 prairial an III ; général de brigade, le

brevet d'une grenade d'honneur que le général en chef avait accordée, sur ma demande, au citoyen Denis, brigadier de la 2ᵉ compagnie du 3ᵉ régiment d'artillerie légère ; et l'autre, l'envoi d'un brevet de sous-lieutenant pour le maréchal des logis Coffin, du 6ᵉ régiment de chasseurs à cheval, avec recommandation de leur témoigner la satisfaction du général en chef de la manière distinguée avec laquelle ils servaient.

Je reçus l'ordre d'envoyer le 17ᵉ de dragons pour être momentanément aux ordres du lieutenant général Grenier, et je fus prévenu que le 6ᵉ de hussards, qui arrivait à l'armée, suppléerait au besoin à remplacer le 17ᵉ de dragons.

Je fus aussi prévenu que la division resterait en position ce même jour (1).

29 prairial. — Ayant reçu, à 6 h. 30 du matin, une lettre du chef de l'état-major de l'aile droite pour me prévenir que le général Lecourbe commencerait son attaque sur Höchstädt et Dillingen, et qu'il m'invitait à me tenir prêt à marcher pour le soutenir, et que j'en recevrais sans doute l'ordre du général en chef s'il ne m'était déjà parvenu, j'écrivis sur-le-champ au général Lecourbe que j'allais de suite faire part au général en chef de ce qu'il me mandait ; et que, d'après ses ordres, je marcherais pour remplir ses intentions.

Ayant transmis de suite au général en chef ce que m'avait écrit le général Lecourbe et demandé ses ordres, le général Lahorie me répondit que l'intention du général en chef était effectivement que je me tinsse prêt pour me porter, à la première demande du général Lecourbe, sur Dillingen ou Höchstädt, pour le soutenir sur le

---

12 prairial an V ; général de division, le 24 germinal an VII ; conseiller d'État ; employé à l'armée d'Espagne en 1808, à la Grande Armée en 1812 ; retraité, le 19 août 1812 ; commandant en chef de la garde nationale de Paris ; destitué en 1815 ; mort à Paris en 1828 (A. A. G.).

(1) A cette date, Decaen rendait compte à Moreau qu'il avait exécuté la reconnaissance que celui-ci avait ordonnée, et indiquait différentes positions que pourrait occuper sa division. Il ajoutait : « L'officier du 6ᵉ de chasseurs, que vous avez vu hier et qui a été accusé d'avoir pris un cheval et de l'argent, se trouve coupable. Le chef, auquel j'avais renvoyé cet officier, a porté lui-même la plainte pour qu'il soit traduit à une commission. Mais les officiers l'ont engagé à faire ses efforts pour que le coupable ne soit pas jugé. Ils lui ont fait donner sa démission. Je vous demande pour ces officiers, s'il est possible, que vous l'acceptiez. J'attendrai votre réponse... » (Decaen à Moreau, Burgau, 28 prairial, A. H. G.). La démission fut acceptée par Moreau (Lahorie à Decaen, Dillingen, 3 messidor, A. H. G.).

point où le passage serait forcé par ses troupes; que, dans ce moment, je devais réunir ma division dans la direction de Dillingen, en la rapprochant de ce point; et que, dans la supposition où le général Lecourbe ne me préviendrait d'aucun mouvement à faire dans la journée, de me mettre en marche le lendemain, à 2 heures du matin au plus tard, pour arriver à une demi-lieue au plus de Dillingen, disposé à marcher sur ce point ou sur Höchstädt.

Je fus prévenu que le général Grandjean se mettrait en marche à 2 heures précises du matin, pour se porter par Aislingen, la droite à la route de Dillingen, à la hauteur d'Aislingen (1).

Il me fut recommandé d'instruire fréquemment des événements qui arriveraient dans la soirée, et surtout, si le général Lecourbe me demandait de marcher avant 2 heures du matin, afin de faire exécuter au général Grandjean son mouvement aussitôt que je commencerais le mien.

J'annonçai de suite au général Lecourbe que, d'après l'ordre que je venais de recevoir du général en chef, je me porterais avec ma division, à sa première demande, sur Dillingen ou sur Höchstädt; mais que, dans le cas où, dans la journée, je ne serais pas par lui appelé (faisant l'observation qu'il était 10 heures du matin), je ne me mettrais en marche que le lendemain à 2 heures du matin, pour arriver sur un point d'où je pourrais me porter ou sur Dillingen ou sur Höchstädt; que j'avais désigné Aislingen pour lieu de rassemblement puisque, de là, je pouvais me rendre sur celui qu'il me désignerait. Je le prévins que, si je n'avais pas de ses nouvelles dans la soirée encore, je serais à Aislingen, de ma personne, le lendemain à 4 heures du matin.

A la fin du jour, j'écrivis au général Lahorie qu'il n'avait point eu de moi de rapport le matin parce que je n'avais rien à lui mander, mais que, depuis midi, l'ennemi avait établi sur la rive gauche du Danube, en face d'Offingen et en remontant le fleuve, quelques postes de Manteaux-Rouges et de dragons de Wurtemberg.

N'ayant point reçu de nouvelles du général Lecourbe, je donnai ordre au général Debilly de réunir son avant-garde au pont d'Offingen afin d'en partir à 2 heures du matin pour se rendre à Baumgarten, où il devait réunir toute sa brigade, et de partir de cet endroit

---

(1) L'adjudant général Perrin, chef d'état-major de Grandjean, dit : « Sur les hauteurs d'Aislingen » (Perrin à Lahorie, 29 prairial, A. H. G.).

pour se rendre à Aislingen où il recevrait de nouveaux ordres.

Le général Durutte reçut l'ordre de réunir sa brigade près de Burgau et d'en partir à 2 heures précises du matin, pour se rendre aussi à Aislingen en suivant la marche du général Debilly par Baumgarten.

La réserve, avec l'artillerie et les équipages, reçurent l'ordre de se rendre aussi sur Aislingen, en passant par Röfingen et Mehrenstetten, et j'envoyai un officier d'état-major au quartier général pour prévenir que j'avais dirigé toute ma division sur Aislingen et que j'y serais rendu de ma personne à 4 heures du matin, ainsi que je l'avais mandé au général Lecourbe. Mon officier d'état-major me rapporta, le lendemain matin, à Aislingen une lettre du général Lahorie, datée du 29 à minuit, dans laquelle il me mandait qu'il venait de recevoir à l'instant mon avis de la marche de ma division et du lieu que j'avais choisi pour son rassemblement ; que, d'après l'heure à laquelle je serais rendu sur Aislingen, je me trouverais pleinement en mesure de soutenir le général Lecourbe ; mais qu'il était indispensable que la division dépasse Aislingen dans sa position pour arriver sur la route de Dillingen parce que le général Grandjean, avec ses cinq bataillons et ses deux régiments de cavalerie, se placerait entre Aislingen et Weisingen pour y attendre les ordres de son mouvement ultérieur sur Dillingen. Il me prévint que le général en chef allait se rendre à Aislingen même.

30 prairial. — Cette nouvelle disposition fut exécutée, et la division prit sa position en masse de manière à pouvoir se mettre en marche au premier ordre ; et des reconnaissances furent envoyées pour s'approcher des ponts de Lauingen et de Dillingen, afin de reconnaitre dans quel état ils étaient et travailler à leur réparation aussitôt que cela serait possible.

Ne recevant pas de nouvelles du général Lecourbe et ayant entendu une canonnade du côté de Blindheim, entre les 5 et 6 heures du matin, j'envoyai aussitôt un de mes aides de camp pour informer ce général de la position que je tenais et pour lui demander ses ordres.

Quelque temps après, je reçus une lettre du général Lahorie, dans laquelle il me mandait que le général en chef venait d'être prévenu par le général Lecourbe que son passage avait manqué sur Dillingen (1) et qu'il se portait sur Blindheim pour en tenter un nouveau sur ce point; et que l'intention du général en chef était que je me tinsse prêt à soutenir le mouvement du général Lecourbe et de me diriger, sur sa demande, vers le point où il aurait forcé le passage, s'il était assez heureux pour y parvenir; et il me fut répété que le général en chef allait venir me voir et qu'il allait s'établir à Burgau.

Mon aide de camp, de retour de sa mission et qui, par sa prompte diligence, avait fait crever son cheval, m'annonça que le général Lecourbe ne lui avait pas donné d'ordre à me transmettre. Comme il était alors en plein succès, il ne voulut probablement pas qu'on eût à dire qu'il avait été secondé dans son opération. Ce singulier procédé me donna un peu d'humeur. J'en informai de suite le général en chef par un officier que j'envoyai vers lui, ainsi que pour le prévenir que, d'après le succès du passage et en attendant ses ordres, puisque le général Lecourbe n'avait pas jugé à propos de m'en donner, j'avais fait travailler à réparer les ponts de Lauingen et de Dillingen et que j'allais toujours faire rapprocher une partie de mes troupes du pont de Dillingen qu'on m'avait annoncé pouvoir être réparé vers les 6 heures du soir, s'il n'arrivait pas d'événements contraires aux travaux.

Enfin le général en chef étant arrivé, il m'ordonna de faire avancer le reste de ma division vers le pont de Dillingen où je me rendis de suite avec lui. Nous arrivâmes au moment où les réparations venaient d'être terminées, entre 6 et 7 heures du soir.

Comme le général Lecourbe, en poursuivant l'ennemi en remontant la rive gauche du Danube, avait dépassé Dillingen, le général en chef passa sur-le-champ de l'autre côté du fleuve. Je le passai avec lui. Mais dès que nous fûmes de l'autre côté du pont, on entendit le canon. Alors, d'après les ordres du général en chef, je fis avancer au trot, pour nous suivre, le 6e régiment de chasseurs, le 13e de cavalerie et ma compagnie d'artillerie légère; et mon infanterie reçut l'ordre de marcher avec diligence.

A une lieue environ de Dillingen, nous rencontrâmes le général Lecourbe dans sa voiture et qui revenait vers nous. Il rendit compte au général en chef de sa position et de celle de l'ennemi

---

(1) Decaen, qui s'était porté vers Dillingen, avait pris l'échec de Lecourbe pour une fausse attaque (Plauzonne à Lahorie, Aislingen, 30 prairial, A. H. G).

qui, ayant reçu un renfort considérable de cavalerie envoyé d'Ulm, avait repris l'offensive. Nous continuâmes d'avancer pour aller au soutien des troupes du général Lecourbe.

Lorsque nous fûmes arrivés sur le terrain, que le général en chef eut vu l'état des choses, et que la cavalerie de la division Grandjean (le 4e de hussards et le 11e de dragons) eut rejoint, il prit la résolution non seulement d'arrêter le mouvement de l'ennemi, mais encore de le rejeter au delà de la Brenz : en conséquence, il ordonna une nouvelle attaque.

Ce que m'avait fait, le matin, le général Lecourbe, me fit demander au général en chef si c'était de lui-même ou de ce général que je recevrais des ordres. Le général en chef m'ordonna de me placer à la gauche de notre ligne et, quand elle s'ébranlerait pour se porter en avant, de marcher rapidement avec mes deux régiments de cavalerie et mon artillerie légère pour combattre l'ennemi sur son flanc droit. Au moment opportun, j'exécutai cet ordre avec célérité et, lorsque ma colonne fut arrivée à la proximité de l'ennemi, j'en ordonnai le déploiement. Bientôt après, mon artillerie eut commencé son feu. Cette manœuvre audacieuse et promptement exécutée contribua beaucoup au succès qui couronna cette glorieuse journée; car, malgré les efforts de l'ennemi contre les charges vigoureuses que le général en chef, qui se trouva plusieurs fois dans la mêlée, dirigea contre lui, il fut partout culbuté. On lui prit plus de quatre cents chevaux sans ceux qui restèrent sur le champ de bataille. Pendant cette action, la 37e demi-brigade d'infanterie s'empara de Gundelfingen. On combattait encore à 11 heures du soir. Enfin l'ennemi, jeté au delà de la Brenz, nous abandonna ses positions.

Après le combat, je m'établis à Ober-Medlingen avec toute ma division ayant des avant-postes pour se garder sur la Brenz (1).

(1) « Le général Decaen a appris ce soir par les habitants du pays que le général Sztaray avait son quartier général établi à Gundelfingen depuis quatre jours, et que le parc de réserve de l'artillerie autrichienne est à Nördlingen. Le général Decaen me charge encore de vous prévenir qu'il a sa division assemblée près de Gundelfingen, une brigade en avant de cette ville, et l'autre à droite, éclairant les routes de Langenau et de Stotzingen et provisoirement celle qui conduit sur Giengen. Il vous prie de faire porter le plus tôt possible la division Leclerc pour garder cette dernière route. Les avant-postes de la division sont placés vers la Brenz et s'en rapprocheront le plus possible. On aperçoit, dans ce moment-ci, l'ennemi en mouvement devant ses feux en filant sur sa droite. Le général Sztaray et le général Nauendorf sont partis hier de Gundelfingen pour Dillingen » (Hamelinaye à Laborie, Gundelfingen, 30 prairial, A. H. G.).

CHAPITRE II

Le 6ᵉ chasseurs enlève deux colonnes d'équipages autrichiens. — L'armée du Rhin à la poursuite de l'ennemi. — Elle se porte sur Neresheim. — Lecourbe attaque l'arrière-garde autrichienne. — Kray propose un armistice. — Moreau le refuse. — Decaen, chargé d'aller occuper Munich, s'y rend à marches forcées. — Entrée de Decaen à Augsbourg. — Le corps de Merveldt refoulé. — Debilly enlève Dachau. — Les Autrichiens se retirent vers Munich. — La population de cette capitale se porte au-devant des Français. — Entrée de Decaen à Munich. — Il prend possession de la ville. — Ses égards pour le gouvernement provisoire laissé par l'Électeur. — Decaen établit son quartier général à Nymphenburg.

1ᵉʳ messidor. — Au jour, le 6ᵉ régiment de chasseurs fut envoyé à la reconnaissance de l'ennemi sur la grande route d'Ulm. Dans la matinée, ce régiment fit son retour : il était tombé sur une colonne d'équipages de l'ennemi et s'en était emparé. On me fit le rapport qu'il avait ses avant-postes au village de Sontheim et, à une demi-lieue en arrière, environ quatre escadrons et trois pièces de canon, et qu'à 8 heures du matin, ils avaient fait leur retraite, excepté huit hommes. Ce convoi se retirait sur Ulm par les communications entre le Danube et la chaussée d'Ulm. Le premier rapport de cette capture annonça la prise de plus de 400 voitures chargées d'avoine et de divers effets. Ayant de suite transmis cette nouvelle au général Lahorie, il m'écrivit que l'intention du général en chef était que je prisse les moyens nécessaires pour que les chevaux, voitures et denrées qui avaient été pris fussent mis en réserve jusqu'à ce que le général en chef eût déterminé l'emploi qu'il voulait en faire; et que le prix de ces divers objets serait payé de suite au régiment d'après la taxe qui serait déterminée.

Je reçus l'ordre de tenir la division réunie prête à marcher au moment où le général Grenier, qui était en marche pour Lauingen et Gundelfingen, serait arrivé sur ce point; et qu'aussitôt que ses troupes arriveraient sur Gundelfingen, je devais me mettre en marche pour aller prendre position, la gauche à Brenz que j'occuperais, prolongeant ma droite dans la direction d'Hermaringen (1), et que je pourrais occuper Kloster-Medlingen. Mon quartier général resta dans ce village. Je fus prévenu que le général Grandjean prendrait position, la gauche en arrière de Hermaringen, la droite vers Sachsenhausen, et que le général Leclerc prenait position sur Wittislingen et Frauenriedhausen; que le corps du général Grenier venait occuper Lauingen, Gundelfingen et se prolongerait sur la Brenz vers Brenz.

En rendant compte de l'exécution de cet ordre, je dis que nos avant-postes couvraient Sontheim et qu'au moment où ils se plaçaient, l'ennemi dirigeait par la route d'Ulm une faible reconnaissance.

J'annonçai la marche sur Dillingen des voitures prises sur l'ennemi, qu'il n'y en avait que 160, nombre infiniment moins considérable qu'on ne l'avait supposé et que 50, toutes chargées d'avoine, étaient demeurées embourbées dans les marais entre la Brenz et le Danube, et que le général Legrand en était prévenu; qu'on m'avait aussi fait le rapport que 2 000 sacs de grain et plusieurs caisses d'habillements étaient abandonnés sur la grande route d'Ulm, à une lieue et demie de Brenz; que j'allais m'entendre avec le général Legrand pour les faire enlever.

Le chef de l'état-major du centre me manda que des renseignements parvenus au général en chef lui annonçaient que l'ennemi, après avoir repassé en grande partie le Danube, marchait sur nous, ce qui donnait à supposer une attaque de sa part pour le lendemain matin; que, quel que fût le but de l'ennemi dans ce mouvement, il importait d'être en mesure devant lui, de manière non seulement à le recevoir, mais encore à suivre sa retraite si sa marche sur la Brenz n'avait d'objet que de la couvrir, comme il était probable; que l'intention du général en chef était que mes troupes fussent sous les armes à la pointe du jour, et qu'à la même heure, des reconnaissances fussent envoyées pour rapporter des nouvelles de l'ennemi.

2 messidor — Le général Debilly me rendit compte que, dans la reconnaissance qu'il avait faite lui-même le matin, l'ennemi

---

(1) L'ordre signé Lahorie dit «... de Lauingen » (Lahorie à Decaen, Dillingen, 1er messidor, A. H. G.).

n'avait présenté que quelques patrouilles; qu'on s'était tiraillé un instant; qu'il en avait été de même sur le front de la division de gauche; que l'ennemi avait repris ses postes de la veille en avant de Stotzingen; que, pour essayer d'obtenir des renseignements, il allait envoyer un parlementaire pour réclamer un officier de santé qui, quelques jours avant, avait été fait prisonnier.

J'informai le général en chef que l'officier envoyé en parlementaire avait vu sortir de Stotzingen un bataillon qui se dirigeait vers le Danube dans la direction de Schwarzenwang et une division de cavalerie qui marchait par sa gauche sur le Lonthal; que je pensais que l'ennemi, ayant un aussi fort détachement à Stotzingen, voulait établir sa ligne, la droite au Danube, à la hauteur de Riedhausen, la gauche passant par Stotzingen, au Lonthal, en avant de Stetten et à la hauteur d'Ulrich (1); que j'avais reconnu moi-même un camp d'infanterie assez considérable à la hauteur et à droite d'Eschingen (2), et un de cavalerie sur la lisière du bois à gauche; que je supposais que l'ennemi n'avait pas autant de forces à Stotzingen sans avoir établi un échelon considérable à la hauteur d'Albeck ou de Langenau; que les découvertes avaient reconnu un poste de cavalerie et d'infanterie à Oberberg (3); que, le matin, il n'y en avait pas; que, sur la route de Stotzingen, à une lieue d'Ober-Weiler (4), on avait aperçu des vedettes ennemies et, à la droite du premier de ces villages, environ 600 chevaux.

Je fus prévenu, de la part du général en chef, que ma division serait remplacée dans sa position de Brenz par les troupes du lieutenant général Grenier, et de la mettre en marche pour aller prendre position, la gauche à Sachsenhausen qu'elle devait occuper, et la droite se prolongeant vers Burghagel, où appuierait la division Grandjean par sa gauche; que ce général partirait de sa position actuelle de manière à être rendu à 6 heures du soir à la nouvelle qu'il devait prendre; que je devais exécuter mon mouvement pour la même heure; que je devais laisser mon cordon d'avant-postes, si le lieutenant général Grenier se trouvait dans le cas de retarder son mouvement.

---

(1) Peut-être faut-il lire Hürben.
(2) Ce nom n'a pu être identifié.
(3) Oberberg se trouvait à 300 mètres au nord de Burgberg.
(4) Ce nom n'a pu être identifié.

J'annonçai au général en chef que j'avais pris la position ordonnée, mais seulement avec une partie de mon infanterie, trois bataillons étant restés avec le général Debilly pour garder Brenz, Sontheim et Bergenweiler ainsi que le débouché d'Hermaringen, puisque le général Grandjean l'avait laissé ouvert sans m'en prévenir, de sorte qu'il avait fallu l'attaquer et le reprendre à l'ennemi qui l'avait défendu un instant avec deux pièces de canon; qu'on lui avait tué cinq hommes et pris un Manteau-Rouge; que je venais d'écrire aux généraux Ney et Grenier pour que mes troupes fussent relevées et qu'ils se lient avec moi vers Sachsenhausen.

Je prévins que je n'avais pas pris exactement ma position dans la direction de Sachsenhausen à Burghagel, le terrain ne me le permettant point; que ma droite était refusée dans la direction d'Ober-Bechingen et que j'étais à cheval sur le chemin de Burghagel à Lauingen, Sachsenhausen étant fortement occupé, et gardant les différentes routes qui conduisaient sur Giengen; que l'ennemi n'avait qu'une observation en arrière de cet endroit et des tirailleurs en avant; que j'avais aperçu des feux de l'ennemi au delà de la Brenz vers Stetten.

Je fis l'observation que le 6ᵉ de chasseurs diminuait beaucoup; que, fatiguant extrêmement, il ne suffisait pas à faire le service des avant-postes. Je redemandai le 17ᵉ ou un autre régiment (1).

3 messidor. — J'avais établi mon quartier général à Haunsheim. Ma division resta dans sa position le 30.

Je reçus une lettre du général Lahorie. Il me mandait qu'il avait reconnu que la position qui m'avait été indiquée la veille n'était pas tenable et qu'il s'était proposé de me faire prévenir de la prendre en refusant la droite comme je l'avais prise; que ce qui l'en avait empêché, c'était la persuasion où il était que le général Moreau était avec moi; qu'il prévenait le général Leclerc de se porter en arrière d'Ober-Bergheim pour me soutenir en cas d'attaque; que le général Grandjean, de son côté, se replierait sur ce

---

(1) Decaen ajoutait : « J'ai demandé au général en chef si, au lieu du bataillon de la 50ᵉ, il voulait me donner un bataillon d'infanterie légère. Faites en sorte d'obtenir ce bataillon, car mon infanterie de ligne, avec la meilleure volonté, n'entend point ce service » (Decaen à Lahorie, Haunsheim, 2 messidor, A. H. G.).

point, ce qui me permettrait de soutenir plus fortement le point de Sachsenhausen qui était mauvais par la nature du terrain.

Le général Debilly rejoignit Sachsenhausen avec ses troupes. Il en fit le rapport que ses avant-postes avaient été attaqués, la veille au soir, par deux divisions de hussards de Blankenstein et Ferdinand ; que l'ennemi, qui n'avait d'abord montré que deux compagnies d'infanterie, en avait fait déboucher six autres par le village de Stotzingen ; qu'elles s'étaient avancées par la gorge à la tête de laquelle il avait placé, le matin, quatre compagnies de la 50ᵉ ; qu'elles avaient chargé une fois sans pouvoir arriver jusqu'à la hauteur de nos troupes, mais qu'à la seconde charge, elles commençaient à atteindre la sommité du bois lorsque le chef de bataillon Gengoult (1) avait marché sur elles et, par un feu très vif, les avait forcées de rentrer dans le défilé ; que la cavalerie ennemie, qui avait paru d'abord vouloir se retirer, s'était ensuite avancée d'environ 200 toises vers l'escadron du 6ᵉ, mais voyant que son infanterie n'avait pas pu percer, elle avait tourné bride ; que la 50ᵉ avait eu deux hommes blessés et un prisonnier, et que l'ennemi avait eu deux hommes tués et trois chevaux.

Le premier rapport du général Durutte m'annonça que l'ennemi avait peu de monde dans Giengen ; qu'on n'avait aperçu que quelques petits pelotons de cavalerie. Peu de temps après, il me fit prévenir que Giengen était abandonné de l'ennemi et, par un troisième rapport, que, d'après les renseignements qu'il avait pu prendre dans cet endroit, l'ennemi faisait un grand mouvement sur sa gauche ; qu'ayant cependant appris qu'une partie des troupes qui étaient dans les environs de Giengen s'étaient retirées par Herbrechtingen, il avait envoyé une reconnaissance sur cet endroit, et que le chef d'escadrons Montaulon (2), qui la commandait, lui

---

(1) Gengoult (Louis-Thomas), né le 21 décembre 1767, à Toul ; soldat au 8ᵉ d'infanterie, le 11 juillet 1784 ; congédié comme fourrier ; soldat au 7ᵉ bataillon de la Meurthe, le 20 juillet 1792 ; capitaine, le 28 juillet 1792 ; chef de bataillon, le 11 nivôse an IV ; major, le 30 frimaire an XII ; colonel du 56ᵉ, le 13 mai 1806 ; général de brigade, le 6 août 1811 ; disponible, le 1ᵉʳ janvier 1819 ; retraité, le 1ᵉʳ janvier 1825 ; lieutenant général, le 19 novembre 1831 ; retraité, le 1ᵉʳ janvier 1833 ; décédé à Toul, le 13 juin 1846 (A. H. G.).

(2) Montaulon (Jean), né le 19 janvier 1754, à Servian (Hérault) ; dragon au régiment de Languedoc, le 1ᵉʳ mars 1774 ; maréchal des logis chef, le 1ᵉʳ septembre 1784 ; sous-lieutenant, le 30 mars 1791 ; lieutenant, le 1ᵉʳ janvier 1792 ; capitaine, le 2 juin 1792 ; chef d'escadrons, le 12 nivôse an IV ; major au 8ᵉ chasseurs, le 6 brumaire an XII ; retraité, le 12 septembre 1806 (A. A. G.).

avait rapporté qu'en approchant de ce village, il avait aperçu à peu près deux escadrons de cavalerie et un camp dont il n'avait pu juger la force.

Le général Durutte ajoutait qu'on venait de l'assurer que l'ennemi s'était retiré devant Hermaringen; qu'il semblait que cette armée se portait, une partie sur Neresheim, et une autre, sur Ulm, car il avait rencontré un guide qui avait assuré avoir conduit 400 hommes de Giengen à Oggenhausen.

Je transmis ces rapports au général en chef dont je reçus l'ordre de me mettre en marche le lendemain, à 8 heures précises du matin, pour me porter par Landshausen et Fleinheim sur Auernheim et de prendre position à gauche de ce village, parallèlement à la route de Neresheim; que, dans la supposition où je ne rencontrerais pas l'ennemi sur ce chemin, je me porterais sur Neresheim où je prendrais position, la droite à la route qui y conduit, la gauche refusée suivant la nature du terrain.

Je fus prévenu que le général Leclerc partirait aussi à 8 heures du matin pour se porter par Zöschingen et Fleinheim sur Auernheim, où il prendrait position, la droite au village, la gauche dans la direction de Neresheim; et qu'au cas où il ne trouverait pas l'ennemi, il se porterait sur Neresheim, la gauche à la chaussée, et la droite vers les hauteurs.

4 messidor. — Les découvertes envoyées dès le jour sur Herbrechtingen reconnurent que le camp ennemi subsistait toujours et qu'il paraissait même avoir été renforcé, car on y avait aperçu plus de fumée que la veille; et elles avaient appris qu'il y avait une cavalerie considérable à Anhausen et que les avant-postes ennemis, qui étaient la veille sur la gauche de la Brenz, avaient été, vers le matin, sur la droite.

La division fut mise en marche à 8 heures du matin. Après avoir débouché des hauteurs entre le Danube et la plaine de Neresheim, je lui fis faire une halte, ne pouvant avancer dans cette plaine avant l'attaque du général Lecourbe sur l'arrière-garde de l'armée ennemie faisant sa retraite de Neresheim sur Nördlingen.

La route traversant une forêt, ce corps d'arrière-garde, composé d'une nombreuse cavalerie et de quelque infanterie, défendait l'entrée de ce défilé et fit d'abord résistance; mais [il fut] vigoureusement attaqué par les troupes du général Lecourbe soutenues d'une division du centre et de la réserve de cavalerie de l'armée.

Au moment de cette attaque, le lieutenant général Grenier ayant aussi débouché des hauteurs avec tout son corps, je me remis en marche avec ma division pour chasser un parti ennemi qui, à la faveur de bouquets de bois, couvrait la droite de son arrière-garde. Ce mouvement, avec celui du général Grenier à ma gauche et de la division Leclerc qui s'ébranla également à ma droite, favorisèrent essentiellement l'attaque du général Lecourbe, et bientôt l'arrière-garde ennemie fut obligée d'abandonner sa forte position. La majeure partie, faisant sa retraite sur Nördlingen par la route de la forêt, y fut poursuivie jusqu'à 9 heures du soir par les troupes de ce général qui débouchèrent de l'autre côté de cette forêt malgré le feu d'une nombreuse artillerie et qui, ensuite, prirent leur position devant le plateau de Nördlingen où l'armée autrichienne s'était placée. On fit à l'ennemi 150 prisonniers.

La marche de presque toutes les divisions de l'armée française, descendant simultanément des hauteurs dans la plaine de Neresheim et s'avançant ensuite dans le plus bel ordre, fut un magnifique spectacle qui excita parmi les troupes les plus vifs sentiments de joie et de satisfaction.

D'après de nouveaux ordres du général en chef, je donnai ordre à la brigade Debilly de s'établir, la gauche à Ober-Riffingen, et la droite dans la direction d'Unter-Riffingen, se gardant sur les routes d'Aalen et de Bopfingen, se liant par la gauche à la division Ney et par la droite, à celle du général Leclerc.

La brigade Durutte fut placée en seconde ligne, à la lisière du bois. J'établis mon quartier général à Auernheim.

5 messidor. — Je fus prévenu que, d'après l'ordre du général en chef, les divisions Leclerc et Grandjean relèveraient, devant Nördlingen, les troupes du général Lecourbe qui se portait sur Harburg; que le général Grenier marcherait dans la journée sur Bopfingen et, par les hauteurs en avant d'Herdtfeldhausen, sur les hauteurs qui dominent Nördlingen dans la direction de ces deux points, et qu'il éclairerait en même temps les routes de Lauchheim et d'Ellwangen; que ce mouvement devait commencer à 8 heures du matin et que, dès que les troupes du général Grenier arriveraient à la hauteur de la position que j'occupais, je devais marcher par ma droite pour venir l'appuyer à la chaussée de Neresheim à Nördlingen, à une lieue et demie en arrière de cette ville.

Le général Debilly m'informa que l'ennemi avait tenu poste toute la nuit à Trochtelfingen, que les patrouilles qu'il y avait envoyées, tant la veille au soir que le matin, avaient fait le coup de fusil avec le régiment de Kinsky, et que deux déserteurs avaient dit que tout leur régiment était dans Trochtelfingen; que la reconnaissance poussée sur Hohenberg avait vu, en arrière de cet endroit, de forts postes d'infanterie et de cavalerie; que celle qui avait été envoyée vers Aalen n'avait rien vu, mais qu'elle avait appris, de l'avant-garde du général Ney à Beuren, que l'on avait aperçu beaucoup d'équipages ennemis filer sur Ellwangen.

Le 17ᵉ de dragons rentra à la division et, lorsqu'elle eut pris sa nouvelle position, je fus voir ce qui se passait de l'autre côté de la forêt, entre les deux armées qui se fusillaient et se canonnaient, principalement à notre gauche.

Le soir, à mon retour à Neresheim où j'avais établi mon quartier général, je fus chez le général en chef qui venait de faire son retour de devant Nördlingen. Il m'apprit que le général Kray lui avait envoyé un parlementaire pour lui annoncer la conclusion d'un armistice entre les deux armées d'Italie, laissant cependant ignorer, dans sa dépêche, ce qui avait amené cette suspension (1), et qu'il lui en avait proposé une pour les deux armées du Rhin. Le général Moreau ajouta : « J'ai refusé cette proposition, voulant attendre des dépêches du gouvernement qui m'instruiront de ce qui s'est passé d'extraordinaire en Italie, et qui ne peuvent pas tarder d'arriver. »

Ensuite, il me dit : « Decaen, vous sentez-vous de force pour aller à Munich? » Je repartis : « Mon général, de quelle mission voulez-vous me charger? — Mais, y aller avec votre division parce que, si l'ordre m'arrive de suspendre les hostilités, il est d'un grand intérêt pour l'armée que nous ayons la Bavière pour avoir de bons cantonnements et pour les contributions. » Je répondis que j'étais flatté de cette mission et que j'étais prêt à exécuter ses

---

(1) La bataille de Marengo, livrée dix jours auparavant.

ordres, en faisant néanmoins l'observation que ma division était bien faible pour m'éloigner à une aussi grande distance. Alors il me dit que son intention était de l'augmenter d'une partie de la réserve de cavalerie, ce qui donnerait probablement lieu à l'ennemi, quand il connaîtrait ce mouvement, de penser que c'était la plus grande partie de l'armée qui avait passé le Lech, et que j'aurais, en outre, à ma disposition les troupes qui étaient à Friedberg, au delà d'Augsbourg.

Il me fit ensuite cette question : « Dans combien de jours comptez-vous pouvoir arriver à Munich? — Cela, dis-je, dépendra de la distance et des obstacles que je pourrai rencontrer. Et en combien de jours jugez-vous, mon général, que je doive y arriver? — Il faut, me répondit-il, que dans quatre jours, quatre jours et demi, vous soyez dans cette capitale. » J'assurai que je mettrais la plus grande célérité, et je priai le général en chef de désigner le 2ᵉ de carabiniers dans le détachement, parce que je chargerais son chef, le colonel Caulaincourt, du commandement de ma réserve de cavalerie, ce qui me fut accordé; et, sur-le-champ, le général en chef m'expédia l'ordre suivant :

Le général de division Decaen partira dans la journée pour se diriger à marches forcées sur Munich par Höchstädt et Augsbourg.

Il sera renforcé d'un escadron du 8ᵉ de cavalerie, du 2ᵉ de carabiniers et du 9ᵉ régiment de cavalerie avec trois pièces d'artillerie légère.

Le général Decaen aura à sa disposition le détachement laissé sur le Lech au-dessus d'Augsbourg, mais il sera chargé de couvrir ce point.

Il lui est particulièrement recommandé de se couvrir, sur sa gauche, contre les partis qui viendraient d'Ingolstadt et du bas Lech et de la Paar, et sur sa droite, contre les partis qui viendraient du Tyrol.

Arrivé à Munich, il y recevra des instructions ultérieures et jugera s'il lui est possible de prendre position en avant de cette ville, ou s'il ne serait pas préférable de la prendre en arrière. Il se réglera, à cet égard, sur la nature du terrain et les forces qu'il pourra avoir à combattre.

Le général en chef :
Signé : Moreau.

Je reçus du général Lahorie la lettre suivante :

Par la nature de votre destination et passant, avec le corps de troupes que vous commandez, sur le terrain occupé par celles du lieutenant général Lecourbe, il devient important et nécessaire, mon cher général, que vous entreteniez avec lui des relations continuelles sur les différents événements militaires que vous pourrez avoir. C'est l'intention du général en chef. Je m'empresse de vous la transmettre.

6 messidor. — Les troupes de la division et celles qui devaient y être réunies reçurent de suite l'ordre de leur marche et de recevoir leurs vivres pour deux jours. La brigade Debilly commença le mouvement vers minuit (1). La division, passant par Neresheim et Wittislingen, arriva à Höchstädt entre 10 et 11 heures du matin.

La brigade Durutte, avec le parc et les équipages, furent placés en échelons en arrière d'Höchstädt; et, pour que les troupes puissent faire la soupe et se reposer, elles furent prévenues que la halte serait de quatre heures.

A trois heures après midi, tout le détachement se mit en marche pour passer le Danube et se rendre à Wertingen. La tête de la colonne y arriva vers 8 heures du soir. Le général Debilly reçut l'ordre d'envoyer le 6ᵉ de chasseurs jusqu'à Rieblingen, sur la grande route d'Augsbourg, et de placer ses autres troupes en avant de Wertingen, dans les villages à une demi-lieue et à un quart de lieue à droite et à gauche de cette route. Il fut prévenu que sa brigade devait être réunie, le lendemain à 3 heures du matin, à Rieblingen et d'en partir pour marcher sur Augsbourg. La brigade Durutte resta à Wertingen, ainsi que le parc et les équipages. J'y établis aussi mon quartier général, et la réserve occupa les villages en arrière et les plus rapprochés de cet endroit.

7 messidor. — Le lendemain, à 3 heures du matin, cette brigade avec le parc, les équipages et la réserve se mirent en marche pour suivre le mouvement du général Debilly.

Je me portai à la tête de la colonne, et quand elle eut débouché dans la plaine d'Augsbourg, à environ quatre lieues de cette ville, je lui fis faire une halte. Toutes les troupes, en arrivant successivement sur ce point, reçurent une distribution d'eau-de-vie (on en avait fait conduire à la suite de l'avant-garde), et je donnai l'ordre qu'après deux heures de repos, tout le détachement se mettrait en marche pour arriver à Augsbourg.

(1) «... La division du général Decaen... partit d'Ohmenheim à 2 heures du matin et arriva dans la journée à Wertingen, se dirigeant sur Munich... » (Rapport signé Lahorie, Nördlingen, 6 messidor, A. H. G.).

La réunion sur le même point de toutes les troupes qui le composaient causa une vive satisfaction et fit oublier la fatigue. On fit alors des conjectures sur la cause de ces marches forcées et de la réunion d'une partie de la réserve de cavalerie à la division. La parfaite intelligence des soldats français leur fit préjuger qu'ils allaient à Munich.

Vers les 9 heures du matin, je partis du lieu de rassemblement avec un piquet de chasseurs pour me rendre à Augsbourg. J'y entrai entre 10 et 11 heures. Aussitôt mon arrivée, je donnai l'ordre aux autorités de cette ville de faire transporter sur-le-champ, entre Augsbourg et Friedberg, du pain, de la viande, de la bière et de l'eau-de-vie pour 10 000 hommes, et de l'avoine et du foin pour 3 000 chevaux. Cette demande excita la plus grande surprise. On n'avait pas eu la moindre nouvelle de notre marche. On ne voulait pas croire que tant de troupes arriveraient aussi promptement. On fit des représentations qu'il y avait impossibilité de satisfaire à une pareille demande, et on finit par m'envoyer une députation.

Je dis à cette députation que, dans une grande ville comme Augsbourg, les difficultés présentées devaient facilement s'aplanir. Je lui notifiai que, si, à 1 heure, ce que je leur avais fait requérir n'était point arrivé sur le lieu indiqué, à 1 heure et demie 10 000 hommes entreraient dans la ville, et que je les mettrais à discrétion chez l'habitant. Cette déclaration mit fin aux remontrances et on s'occupa avec la plus grande activité de faire ce que j'avais demandé.

A 2 heures, la tête de la colonne arriva à la porte d'Augsbourg (1). Elle fut aussitôt dirigée en dehors de la ville pour aller prendre sa position de l'autre côté, avec défense à qui que ce soit d'y entrer. Toutes les troupes, dont le nombre causait le plus grand étonnement aux habitants qui les voyaient passer autour de leurs remparts, furent prendre leur position entre cette ville et Friedberg. Elles furent prévenues qu'elles y resteraient jusqu'à 6 heures du soir; et, comme on avait mis toute célérité à conduire au camp tout ce qui avait été demandé, les troupes reçurent leurs distributions sans le moindre retard.

---

(1) «... La division du général Decaen, qui continuait de marcher sans autre repos que des haltes de quatre heures par jour, arriva à Augsbourg à 2 heures du matin... » (Rapport signé Lahorie, Donauwörth, 7 messidor, A. H. G.).

Aussitôt après le renvoi de la députation des autorités d'Augsbourg, j'écrivis au général de brigade Boyé (1), commandant des troupes qui gardaient Friedberg, que, le général en chef les ayant mises à ma disposition, je le prévenais que ma division prendrait position à la fin du jour en deçà et au delà de la Paar, à cheval sur la chaussée de Friedberg à Dachau, poussant des avant-postes au delà de la Glon s'il était possible; que, pour correspondre à ce mouvement, je l'engageais à pousser sa ligne jusqu'en arrière de Dasing sur la route de Friedberg à Aichach, avançant des hussards sur Aichach et qui pousseraient de fréquentes reconnaissances qui puissent observer l'ennemi sur le débouché d'Ingolstadt. Je l'engageai aussi à porter un corps à Stätzling, couvrant le pont de Lechhausen et observant Aichach. Je mis à sa disposition deux escadrons du 17e de dragons.

J'écrivis au général Lecourbe que, la mission dont j'étais chargé me mettant dans le cas de m'entretenir avec lui sur les événements militaires, je le prévenais que, le soir, le corps que je commandais prendrait position sur la Paar, et que mon avant-garde passerait au delà. Je l'informai de ce que j'avais ordonné au général Boyé. Je l'engageai à me faire part s'il avait marché vers Neuburg et à quelle hauteur ses troupes étaient dans cette partie, ainsi que du point où il croyait pouvoir les avancer le lendemain, ajoutant que les avis qu'il me donnerait me seraient utiles.

J'écrivis aussi au général Nansouty (2) qui commandait un petit corps d'observation à Landsberg, sur le haut Lech. Je le prévins que j'allais prendre position sur la Paar; que, le lendemain,

---

(1) Boyé (Charles-Joseph), né le 11 février 1762, à Ehrenbreitstein; hussard au régiment de Conflans, le 12 février 1778; fourrier, le 2 juillet 1780; adjudant, le 7 juin 1785; sous-lieutenant, le 18 septembre 1791; lieutenant, le 17 juin 1792; capitaine, le 29 octobre 1792; chef d'escadrons, le 21 mai 1793; chef de brigade, le 6 floréal an II; général de brigade, le 22 prairial an III; démissionnaire, le 24 floréal an IV; remis en activité, le 12 thermidor an VII; employé à la Grande Armée en l'an XIII; à l'armée d'Espagne en 1808; retraité en 1812; naturalisé Français par ordonnance du 2 janvier 1817; mort le 16 mai 1832 (A. A. G.).

(2) Nansouty (Etienne-Marie-Antoine-Champion de), né le 30 mai 1768, à Bordeaux; cadet, puis sous-lieutenant au régiment de Bourgogne, le 26 mars 1785; capitaine, le 6 avril 1788; lieutenant-colonel, le 4 avril 1792; chef de brigade, le 19 brumaire an II; général de brigade, le 12 fructidor an VII; général de division, le 3 germinal an XI; employé à la Grande Armée en l'an XIV; Écuyer de l'Empereur; colonel général des dragons, le 16 janvier 1813; commandant la cavalerie de la Garde, le 29 juillet 1813; commissaire dans la 18e division, en avril 1814; capitaine lieutenant de la 1re compagnie de mousquetaires, en 1814; mort à Paris, le 12 février 1815 (A. A. G.).

j'avancerais sur Dachau et même plus loin, si je le pouvais; et je lui demandai de pousser quelques partis sur ma droite, si cela lui était possible, ainsi que de me donner quelques renseignements sur la force des ennemis dans la partie qu'il gardait et vers Munich.

Enfin j'écrivis au général Moreau :

Ma division est arrivée hier à Wertingen, mon général, l'avant-garde à Rieblingen. Aujourd'hui, à 2 heures, elle est entrée à Augsbourg. Elle va prendre quelques heures de repos; ensuite, elle passera la Paar. L'avant-garde, soutenue par un échelon, avancera encore, s'il est possible jusque sur la Glon. Je compte être demain en position à Dachau et, le soir, être peu éloigné de Munich, pour y entrer le lendemain de bonne heure et même plus tôt s'il n'y a pas d'obstacles majeurs.

Je préviens le général Nansouty pour qu'il pousse quelques partis sur ma droite. Je charge le général Boyé, auquel je laisse deux escadrons de dragons, de me couvrir vers Aichach et Pöttmes et d'avancer vers Aichach, en raison des mouvements de l'ennemi.

J'ai prévenu le général Lecourbe, selon vos intentions. L'on m'a dit que l'ennemi avait montré, dans la partie que je vais parcourir, environ 1 000 chevaux, 9 pièces d'artillerie avec peu d'infanterie. Ce sont des hussards de Meszaros, de Grenz, et des hulans du 2ᵉ régiment. Ils sont venus, il y a trois jours, attaquer Friedberg.

Vers les 6 heures du soir, je me rendis au camp. J'ordonnai la marche de mes troupes. Je recommandai au général **Debilly**, quand il aurait passé la Paar, de s'avancer au delà, le plus loin qu'il lui serait possible, mais surtout ses avant-postes, ayant égard à la fatigue des troupes, et de prendre la position qu'il jugerait la plus convenable.

Le général Durutte reçut l'ordre de suivre ce mouvement avec sa brigade, la réserve, le parc et les équipages, de passer aussi tout au delà de la Paar, et d'y prendre sa position en arrière du général Debilly, et de placer ses troupes en raison de la localité et de l'espace qu'il y aurait entre cette rivière et la brigade Debilly.

Les corps furent prévenus de laisser, en passant à Friedberg, leurs éclopés et leurs hommes fatigués. Mais aucun soldat n'y voulut rester, tant il y avait de courage et d'ardeur et de désir d'arriver au but où on devait atteindre.

Je rentrai à Augsbourg pour y passer la nuit et pour y recevoir plus tôt les ordres que le général en chef pourrait m'envoyer, ainsi que les lettres ou avis que les généraux Lecourbe, Boyé et Nansouty pourraient m'adresser.

Entre 11 heures et minuit, un officier envoyé par le général Debilly m'annonça que ce général avait forcé l'ennemi à lui céder le village de Rinenthal, qu'il aurait pu pousser encore plus loin, mais que, d'un côté, la fatigue extrême des troupes et, de l'autre, la nature du terrain l'avaient déterminé à tenir ses troupes au bivouac en arrière de Rinenthal, en faisant occuper ce village par quelques compagnies d'infanterie et en le couvrant de postes de cavalerie; et qu'il attendait mes ordres dans cette position.

Je reçus aussi un rapport du général Durutte. Il m'informait que la division avait passé la Paar, ainsi que je l'avais désiré, et avait placé ses troupes entre Rinenthal, que le général Debilly avait fait occuper, et le village de Hügelshart; que l'ennemi avait un peu tiraillé dans un bois au delà de Rinenthal, mais qu'il lui avait paru qu'il n'y avait que peu de monde.

Il me fut aussi apporté une lettre du général Boyé, écrite à 10 heures du soir. Il me mandait qu'à l'instant il recevait un courrier du lieutenant général Lecourbe qui lui annonçait que son quartier serait, le lendemain, à Rain, que sa droite serait portée vers Pöttmes et Schrobenhausen, et qu'il l'avait chargé de prévenir le général Nansouty de mon mouvement et de l'engager à faire quelque tentative sur l'Ammer See.

Le général Boyé m'annonçait, en outre, qu'il tâcherait de se rendre maître d'Aichach, le lendemain, où il établirait son avant-garde, en gardant toujours les points de Friedberg et de Lechhausen; enfin que le général Lecourbe l'avait prévenu de mon mouvement; et il me demanda de lui laisser, pour quelques jours, les deux escadrons du 17e de dragons (1).

8 messidor. — J'expédiai l'ordre au général Debilly de se mettre en marche à 3 heures du matin et de continuer à s'avancer sur Dachau. Je lui recommandai d'attaquer vivement

---

(1) « Vers minuit, 200 hussards de Ferdinand voulurent surprendre Rehrosbach, croyant ne rencontrer qu'un faible parti : ils furent reçus par le 3e bataillon de la 50e qui leur tua 5 hommes et 5 chevaux. Ils se retirèrent en désordre et laissèrent un prisonnier... » (Decaen à Lahorie, marche sur Munich, 7 messidor, A. H. G.).

l'ennemi et de le pousser vigoureusement ; que le reste de la division le suivrait ; et il fut prévenu que je n'allais pas tarder à monter à cheval pour aller le rejoindre.

En marchant pour me rendre à la tête de la colonne, je reçus une lettre du général Debilly dans laquelle il répétait ce qu'il m'avait fait dire, le soir, par l'officier qu'il m'avait envoyé ; et il ajoutait que ses reconnaissances lui faisaient dire qu'elles rencontraient l'ennemi, qu'il paraissait en force à Rossbach, qu'il montrait du monde et qu'on ne savait ce qui pouvait se trouver en arrière du bois ; que, d'après le rapport des prisonniers, il y avait un fort détachement de cavalerie aux ordres d'un général ; qu'il y avait des hussards de Meszaros, de Blankenstein et de Grenz, ainsi que des hulans.

Lorsque j'eus rejoint le général Debilly, je fis serrer sur l'ennemi en faisant soutenir le piquet d'avant-garde et les éclaireurs par le 6ᵉ de chasseurs, deux escadrons du 17ᵉ de dragons, trois pièces d'artillerie légère et le 13ᵉ de cavalerie, marchant en échelons, à l'appui les uns des autres, avec ordre à toute la colonne de suivre ce mouvement.

Lorsque nous approchâmes de Rossbach (1), l'ennemi, qui était posté sur la hauteur en arrière, sur un plateau découvert mais environné de bois, prétendit arrêter notre marche en nous tirant quelques coups de canon. Alors, trois pièces d'artillerie légère furent mises en batterie pour lui répondre et deux bataillons d'infanterie furent envoyés pour s'emparer des bois sur sa droite et sur sa gauche. Mais, dès que l'ennemi aperçut l'infanterie, il se décida à la retraite et il se jeta dans le défilé qu'il avait derrière lui. Il fut poursuivi vivement par le 6ᵉ de chasseurs pendant une demi-lieue. Je fis ensuite prendre position à toute la division sur le terrain d'où on venait de chasser l'ennemi.

Le général Merveldt, qui commandait ce détachement, était

---

(1) Rossbach se trouve à un peu plus de 2 kilomètres au nord-ouest d'Orthofen. Decaen écrit d'autre part : « La division, réunie à Rehrosbach, se mit en mouvement à 4 heures du matin, son avant-garde chassant devant elle 400 chevaux du 2ᵉ régiment de hulans et de Ferdinand-hussards, en arrière d'Odelzhausen. M. de Merveldt, qui y était établi, voulut disputer la position avec 800 chevaux et quatre pièces de canon. Il s'engagea, pendant une demi-heure, une canonnade assez vive ; mais l'arrivée de l'infanterie et les dispositions prises le déterminèrent à une retraite précipitée jusqu'au delà du village d'Orthofen, où la division fit halte en arrière de cet endroit... » (Decaen à Lahorie, marche sur Munich, 8 messidor, A. H. G.).

sorti si précipitamment de son logis qu'il avait laissé, entre autres choses, une bonne carte de la Bavière qui me fut ensuite très utile.

Une brasserie qui était à Rossbach, bien approvisionnée, donna le moyen de faire faire une distribution de bière à toute la division et, après quelques heures de repos, nous reprimes notre marche et la poursuite de l'ennemi.

Il s'était établi à Ober-Roth, croyant sans doute que nous n'avancerions pas sur lui aussi promptement; mais il fut bientôt forcé de déguerpir et nous le suivimes sur la route de Dachau.

Nous ne pûmes arriver en vue de cette ville que vers la fin du jour, car une forte pluie qui tombait depuis midi avait ralenti la marche de la division.

L'ennemi fut de nouveau rencontré devant Dachau, paraissant disposé à nous empêcher d'y entrer, et on me rapporta qu'il avait quelques postes d'infanterie. Les chasseurs à cheval, en éclaireurs, soutenus de quelques pelotons, s'approchèrent le plus près possible de l'ennemi et tiraillèrent avec lui pour faciliter de reconnaître si je pouvais me rendre maître de cette ville sans attendre au lendemain. Après cette reconnaissance, je me déterminai à faire faire cette attaque, parce que je ne voulais pas laisser à l'ennemi le temps de recevoir des renforts qui pouvaient lui venir de Munich pendant la nuit, ni de couper le pont sur l'Amper, sur lequel je devais passer le lendemain. Je m'y déterminai encore parce qu'il aurait fallu faire rétrograder la division de plus d'une lieue pour être à la proximité d'un village pour avoir de l'eau. Alors j'ordonnai au général Debilly d'attaquer Dachau avec la 100e demi-brigade et de l'enlever de vive force.

L'ennemi fit une faible résistance. Il fit sa retraite sur la route de Munich, n'ayant pas eu le temps d'endommager le pont; notre avant-garde passa aussitôt de l'autre côté de la rivière et y établit ses postes. On ne fit que quelques prisonniers. J'entrai dans la ville à 11 heures du soir, et toute la division prit position derrière Dachau.

9 messidor. — Le lendemain, vers 4 heures du matin, un courrier m'apporta une lettre du général Moreau. Il me mandait :

Je suis à Augsbourg, mon cher général, et j'attends avec impatience de vos nouvelles. Il paraît qu'on n'aura pas pu vous opposer une grande résistance; alors je m'attends qu'on aura voulu entrer en négociation, et je viens pour cet objet. D'après votre rapport, je m'acheminerai demain vers Munich ; peut-être même ne l'attendrai-je pas. Le général Lecourbe doit se porter aujourd'hui sur Schrobenhausen ; le général Nansouty aura poussé sur l'Ammer See. Cela vous couvre autant que possible. Il est inutile de vous dire combien il importe que vos troupes se conduisent bien. Si, en attendant l'issue des négociations, on vous demandait avec grande instance à ne pas occuper la ville avec beaucoup de troupes, il ne faut pas insister là-dessus, mais seulement vous assurer une porte et le pont de l'Isar. Le reste sera l'objet d'une négociation. Vous avez fait bonne diligence et il paraît que vous n'avez pas de traînards.

Salut et attachement.

Signé : Moreau.

Augsbourg, le 8 messidor an VIII,
aux Trois Maures.

Je remis au courrier un accusé de réception de la lettre du général en chef auquel j'annonçai que je me conformerais à ce qu'il me prescrivait. Je joignis à ma lettre un duplicata du rapport déjà envoyé au général Lahorie par mon chef d'état-major qui lui avait écrit que j'avais mandé au général en chef que j'espérais être arrivé à Dachau à 2 heures après midi et que je n'avais pu y arriver qu'à 11 heures du soir (1), empêché par le mauvais temps et occupé à chasser à peu près 900 chevaux et trois pièces de canon avec lesquels le général Merveldt avait essayé de me disputer le terrain, depuis la Paar jusqu'à Dachau ; que, l'ennemi, qui avait cédé partout, paraissant vouloir défendre Dachau, le général Debilly, avec la 100ᵉ demi-brigade, l'avait emporté de vive force ; que les habitants assuraient qu'il n'y avait pas d'Autrichiens à Munich ; que j'espérais me mettre en marche à 8 heures du matin

---

(1) « ... (L'avant-garde) arriva devant Dachau entre 7 et 8 heures du soir. Tout devait faire présumer que l'ennemi passerait l'Amper sans résistance ; mais les approches difficiles de Dachau, à cause d'un terrain très marécageux devenu encore plus impraticable par une pluie extrêmement abondante qui durait depuis les 2 heures après midi, engagèrent sans doute l'ennemi à s'opposer ou au moins à retarder l'entrée dans Dachau : il mit cinq pièces de canon en batterie. On se canonna assez vivement de part et d'autre. Mais, ayant reconnu de l'infanterie à l'ennemi, il fallut attendre, et dès que les premiers bataillons de la division eurent débouché, les dispositions d'attaque furent faites : on marcha sur Dachau qui ne fut emporté que vers les 11 heures du soir. Il fallut enfoncer les portes à coups de hache. On n'y fit qu'une vingtaine de prisonniers de l'infanterie bavaroise et des hulans. L'ennemi avait profité de l'obscurité pour faire sa retraite, mais l'attaque faite par le général Debilly fut tellement brusque que ce qui restait d'ennemis ne put achever de couper le pont de l'Amper... » (Marche de la division Decaen sur Munich, A. H. G.).

pour Munich; que la grande fatigue des troupes m'empêchait d'y arriver plus tôt.

La position de Dachau permettant, au jour, de découvrir fort loin dans la plaine de Munich, l'ennemi n'y étant pas aperçu, la division ayant à sa suite du pain, de l'eau-de-vie et de l'avoine, on en fit des distributions pour deux jours, et toutes les troupes reçurent l'ordre de se mettre en marche à 8 heures, excepté un bataillon et 50 chevaux que je laissai à Dachau pour me couvrir de ce côté.

Le général Debilly, qui s'était porté en avant avec le 6ᵉ régiment de chasseurs, m'envoya prévenir, par un officier qui me rencontra à une lieue de Dachau, que son avant-garde avait trouvé au village de Moosach un piquet de l'ennemi laissé en observation et que, d'après une conférence avec le commandant de ce piquet, il avait été convenu qu'il allait se retirer de suite au delà de l'Isar, ce qui s'était exécuté sur-le-champ. Le général Debilly me mandait qu'il avait fait suivre l'ennemi par un escadron de chasseurs commandé par le chef Montaulon. Je ne tardai pas à rejoindre ce général.

Peu de temps après mon arrivée à la tête de la colonne, se présenta un député envoyé par les magistrats chargés provisoirement du gouvernement pour demander, au nom de l'Électeur, protection pour la ville de Munich. (C'était M. de Cetto (1), ex-ambassadeur de Bavière auprès du Directoire). Je lui dis que je prendrais toutes les dispositions convenables pour assurer la tranquillité de cette capitale; que ses habitants, qui n'étaient pas coupables de ce que leur souverain s'était mis à la solde de l'Angleterre, pouvaient se reposer sur la générosité de la nation française et de son gouvernement, sur l'ordre et la discipline de l'armée, ainsi que sur la bienveillance du général en chef, et que je comptais, de mon côté, sur la loyauté des Bavarois qui avaient beaucoup plus d'intérêt à être nos amis que nos ennemis.

Lorsque nous approchâmes de Munich, je fus agréablement surpris de rencontrer sur la route trois à quatre mille personnes des deux sexes; beaucoup s'étaient avancées à plus d'une demi-

---

(1) Cetto, conseiller du duc de Deux-Ponts, puis son chargé d'affaires, reçut en 1800 le titre d'envoyé de l'électeur Palatin à Paris (*Inventaire sommaire des Archives du département des Affaires étrangères*, Correspondance politique, II. p. 73).

lieue au-devant de nous. La plus grande confiance, je pourrais même dire la joie se peignait sur toutes les figures. Arrivant dans une ville française, nous n'aurions certainement pas vu plus de curieux venir ainsi à notre rencontre.

A un quart de lieue de Munich, je fis faire une halte. J'ordonnai que la brigade Debilly traverserait la ville pour aller prendre position, une partie sur la rive droite de l'Isar, et l'autre, sur la gauche, afin de défendre le pont; que le général Durutte établirait le bataillon de grenadiers dans la ville avec un bataillon de la 4e de ligne, et que le reste de sa brigade serait placé en avant de Munich, la droite vers l'Isar et de manière à couvrir les routes de Freising, d'Ingolstadt et de Ratisbonne; que deux pièces d'artillerie légère seraient envoyées à chaque brigade qui avaient chacune deux pièces de 4.

Le chef de brigade Caulaincourt (1), commandant la réserve eut l'ordre de se placer en arrière de Munich, de manière à pouvoir se porter au soutien des deux brigades, si cela devenait nécessaire.

J'entrai ensuite en ville, suivi d'un escadron de cavalerie. La garde bourgeoise qui était à la porte ayant présenté les armes et les ayant ensuite déposées, je les fis reprendre en leur faisant dire que je ne voulais pas qu'ils fussent désarmés, qu'ils feraient leur service conjointement avec les troupes françaises pour maintenir le bon ordre et assurer la tranquillité de leurs concitoyens. Ils reprirent leurs armes en me faisant leurs remerciements et en me témoignant la plus vive satisfaction. Je fus au pont de l'Isar que je voulais reconnaître, et, à la porte par laquelle je devais sortir, il se passa la même chose qu'à celle par laquelle j'étais entré.

Après avoir passé le pont de l'Isar, traversé le faubourg sur la rive droite et reconnu le terrain au delà, je rentrai dans Munich au moment où la brigade Debilly se trouvait déjà au milieu de la ville.

---

(1) Caulaincourt (Armand-Augustin-Louis de), né à Caulaincourt (Aisne), le 9 décembre 1772; cavalier au 7e régiment, le 8 décembre 1788; sous-lieutenant, le 7 juillet 1789; aide de camp du général Caulaincourt, le 23 décembre 1791; volontaire au 17e bataillon de Paris, le 24 août 1793; passé au 16e chasseurs; maréchal des logis, le 16 floréal an II; capitaine et aide de camp d'Aubert-Dubayet, le 8 germinal an III; chef d'escadrons, le 5 nivôse an IV; chef de brigade, le 11 thermidor an VIII; aide de camp du Premier Consul, le 12 thermidor an X; général de brigade, le 11 fructidor an XI; général de division, le 12 pluviôse an XIII; grand écuyer cavalcadour de l'Empereur, duc de Vicence; retraité, le 1er août 1815; mort en 1827 (A. A. G.).

Je fus flatté de voir toutes les croisées garnies de spectateurs et l'empressement avec lequel on arrivait de tous les côtés pour voir les Français. A ce ravissant spectacle, il semblait que nous étions plutôt des libérateurs que des ennemis.

Je fus descendre à l'auberge du Grand-Cerf. J'écrivis sur-le-champ au général Moreau :

Je vous annonce, mon général, que j'ai pris possession de Munich aujourd'hui à midi. Les Autrichiens avaient laissé un seul piquet pour nous attendre.

Sans doute que, par cet arrangement, ils avaient été chargés de faire notre avant-garde jusqu'au delà de l'Isar car, après une conférence avec mon officier d'avant-poste, ils sont partis sans faire le coup de pistolet.

D'après les renseignements que j'ai pris, M. de Merveldt n'avait pas, dans la partie de pays que j'ai parcourue hier, plus de troupes que celles que j'ai chassées.

Toutes les troupes bavaroises sont au delà de l'Isar, je ne sais pas encore sur quel point.

Les magistrats chargés du gouvernement provisoire ont seulement envoyé un député pour demander, au nom de l'Électeur, protection pour Munich. J'appelle à l'instant ces messieurs pour leur demander quelles ont été les dernières volontés de leur maître à son départ.

Mon avant-garde occupe le faubourg en avant de l'Isar. Demain, je pousserai des partis pour avoir des nouvelles de l'ennemi qui s'est retiré sur Landshut.

J'ai pris position de manière à couvrir les différents débouchés qui arrivent sur Munich, surtout du côté du Danube.

En attendant le moment où j'aurai le plaisir de vous voir, je vous salue respectueusement.

Cette lettre n'était pas encore fermée, lorsque les membres du gouvernement se présentèrent. Ils se firent annoncer avec le titre de membres composant le gouvernement intérimistique (1). Ils renouvelèrent, au nom de l'Électeur, la demande de protection pour la ville. Je leur demandai en quel lieu était leur souverain. (Je savais déjà qu'il n'avait quitté Munich que pendant la nuit précédente.) Ils répondirent qu'ils l'ignoraient. « Mais, » leur dis-je, « puisque vous me demandez protection en son nom, et que vous vous dites gouvernant en son absence, il a dû vous laisser des instructions? Et il vous a sans doute fait part s'il voulait continuer la

---

(1) « Interimistisch. » C'étaient le comte Marawitzky, le baron d'Hertling et le comte de Törring (Le gouvernement intérimistique au général Decaen, 4 juillet 1800. Papiers Decaen, in-f. 77, 36, p. 3).

guerre ou bien prendre un parti plus convenable aux intérêts de la Bavière, celui d'abandonner la coalition et surtout de cesser de vendre aux Anglais, pour de l'or, le sang de ses sujets pour combattre contre les Français, vos alliés naturels, conduite fort extraordinaire de sa part, laquelle, avec ce qui s'est passé en 1796, après la visite que nous étions déjà venus vous faire, l'exposent personnellement à tout perdre en même temps qu'il fait le malheur du pays, tandis qu'en abandonnant la coalition le plus promptement possible, il peut, non seulement prévenir cette catastrophe, mais encore recueillir, par l'effet de cet abandon, des avantages précieux tant pour lui que pour le peuple bavarois. »

D'après leur réponse négative, je leur dis : « Puisque vous n'avez pas d'instructions, vous ne pouvez pas prendre le titre que vous prenez. Vous ne voulez pas non plus me dire où est, en ce moment, votre Électeur. Je veux bien que vous ayez quelques motifs d'en faire mystère; cependant il n'est point sans vous indiquer en quel lieu vous pourrez communiquer avec lui, ne serait-ce que pour l'informer du résultat de la demande faite en son nom pour la protection de sa capitale. Alors comment pourrez-vous lui transmettre ma réponse ainsi que les conditions que je puis vous imposer? » A ces arguments, ces messsieurs déclarèrent qu'ils s'en rapportaient à la générosité française, qu'ils mettaient toute leur confiance dans la bonté du général en chef de l'armée. Ils ajoutèrent : « Nous vous donnons l'assurance que notre Électeur a fait tous ses efforts, mais vainement, pour ne pas reprendre les armes contre la France, et que c'est avec le plus vif désir et la plus grande impatience qu'il espérait l'heureux moment où il lui serait possible de reformer de nouveaux liens de paix et d'amitié avec le Premier Consul, chef de votre gouvernement. »

D'après cette déclaration, je leur dis : « Puisque vous me parlez ainsi et que je crois pouvoir compter sur votre assertion, vous pouvez avoir toute confiance dans la garantie que je vous donne d'une parfaite protection non seulement pour la ville de Munich, mais encore pour tout le pays que j'occupe avec mes troupes et que je ferai occuper, parce que je suis persuadé que vous ferez, de votre côté, tout ce qu'il sera possible de faire pour contribuer à alléger les maux de la guerre qui pèsent sur votre pays. Je vous promets, d'ailleurs, de rendre au général en chef un compte exact de vos bonnes dispositions. Je vous préviens que votre bourgeoisie ne sera pas désarmée, et que, même, j'ai déjà exprimé aux postes des portes par lesquelles j'ai passé, qu'elle participerait aux mesures que je vais ordonner pour le maintien de l'ordre et de la tranquillité de votre cité. » Ces messieurs s'en retournèrent alors fort satisfaits.

Après leur départ, j'ajoutai à ma lettre au général en chef :

Les magistrats viennent de m'annoncer que l'Électeur avait toutes les dispositions pour renouer avec le gouvernement français ; ils m'ont demandé de pouvoir envoyer un député pour avoir ses pouvoirs, ce que j'ai accordé.

Ensuite, des ordres furent donnés pour que les troupes destinées à rester dans la ville fussent casernées. Le colonel de la 100e demi-brigade fut nommé commandant de la place. Les postes des portes et de l'intérieur furent composés de troupes françaises et de bourgeois, et une proclamation annonça aux habitants que leurs personnes et leurs propriétés seraient respectées, qu'ainsi ils pouvaient se livrer à leurs occupations avec sécurité.

Il fut recommandé aux avant-postes de ne laisser passer qui [que] ce soit voulant aller du côté de l'ennemi. Comme il y avait quelques émigrés restés en ville, ils furent prévenus de ne pas avoir d'inquiétude.

Je fis écrire au général Nansouty pour le prévenir de mon entrée à Munich. Il fut informé de la position donnée aux troupes de la division et il fut invité de communiquer fréquemment avec moi.

Des ordres furent donnés pour mettre des gardes à l'arsenal, à l'hôpital militaire, aux archives, aux magasins et aux principaux établissements, ainsi que de s'emparer des lettres de la poste. Dès l'instant de l'arrivée des troupes dans un endroit où il y avait des bureaux de poste, j'ai toujours eu le soin d'y faire prendre les lettres qui pouvaient s'y trouver parce que, fort souvent, on y trouve de fort bons renseignements sur l'ennemi, car il y a toujours des indiscrets, et on remettait aux directeurs, après la visite, celles qui n'étaient pas utiles.

Il me fut offert de prendre mon quartier au palais de l'Électeur, ce que je refusai. Alors on me désigna l'hôtel du comte de Tattenbach où, après le dîner, un courrier du général en chef m'apporta la lettre ci-après :

> Lecourbe a un très vigoureux combat du côté de Neuburg. L'armée s'y porte, ce qui m'empêche de me rendre à Munich où je présume que vous êtes arrivé. Gardez bien votre gauche, surtout : il paraît que l'ennemi marche en Bavière par Ingolstadt et Neustadt. Ne vous entêtez pas à tenir Munich si vous trouviez des forces trop considérables. Nous y reviendrons toujours quand nous voudrons : mais si l'ennemi veut tenir, il faut le battre, et je tiens surtout à ce qu'aucun corps de l'armée n'éprouve d'échec.
>
> Comme Sainte-Suzanne doit actuellement être en pleine marche, je ne me presserai pas beaucoup, à moins que je ne trouve très beau jeu puisque, dans les cinq ou six jours, son corps peut être assez avancé pour donner beaucoup d'inquiétude à l'ennemi. Surtout, placez-vous bien, et ne vous compromettez pas.
>
> Salut et attachement.
>
> *Signé :* MOREAU.

Je répondis sur-le-champ au général en chef :

> Par l'annonce que je vous ai faite de la prise de possession de Munich, mon général, je vous ai prévenu que je me suis particulièrement occupé de ma gauche dans la position que j'ai donnée à mes troupes. J'ai même laissé à Dachau un bataillon et 50 chevaux pour me couvrir.
>
> Je ferai tout pour que vos intentions soient remplies.
>
> Comme vous ne me parlez pas de contributions et que vous êtes incertain du moment que vous viendrez ici, j'ai demandé deux millions à Munich, 300 000 francs pour demain, 700 000 francs dans vingt-quatre heures et le surplus dans quatre jours.
>
> Je présume que je recevrai une réponse à ma lettre de ce matin et que vous me ferez connaître vos intentions dans le cas où vous resteriez quelque temps avant de venir à Munich.

Je prévins que j'allais prendre mon quartier général à Nymphenburg.

Vu ce que m'avait mandé le général Moreau dans sa lettre, dont je reçus le duplicata quelques heures après lui avoir envoyé son courrier avec ma réponse, j'ordonnai la plus grande surveillance et que toutes les troupes fussent sous les armes à 2 heures du matin ; et, après avoir envoyé ma réquisition pour la contribution de deux millions, je partis pour Nymphenburg, avec une compagnie de grenadiers et un escadron de cavalerie, pour y établir mon quartier général.

CHAPITRE III

Moreau félicite Decaen de son rapide succès. — Réquisitions imposées à la ville de Munich. — Sur l'invitation de Moreau, Decaen retire une contribution en argent. — Moreau arrive à Nymphenburg. — La brigade Debilly sur la rive droite de l'Isar. — Merveldt pousse 600 chevaux à Parsdorf. — Leur attaque sur Riem échoue. — La division Decaen s'étend, au sud, jusque vers Schäftlarn. — Merveldt reste vers Oberndorf. — L'armée autrichienne en retraite. — La division Decaen passe en entier sur la rive droite de l'Isar. — Mauvais traitements infligés par les Autrichiens à des officiers français. — Plaintes de Moreau à Kray à ce sujet.

10 messidor. — Le lendemain, dans la matinée, je reçus, par un courrier, une lettre du général Lahorie datée de Donauwörth le 9, à 11 heures du soir.

Il m'écrivait :

Le général en chef a reçu votre lettre de ce jour (1). On ne pourrait pas mettre plus de célérité que vous en avez apporté dans votre marche sur Munich. Le général Moreau me charge de vous prévenir qu'il se rendra demain matin à Augsbourg, d'où il partira pour vous rejoindre. Si l'on vous proposait des négociations, prévenez-le de suite et entamez-les jusqu'à son arrivée.

Cette lettre, sans me faire connaître le résultat du combat de Neuburg, me faisant préjuger qu'il avait été à notre avantage, je ne pressai pas le premier paiement de la contribution que j'avais imposée, lorsque les membres du gouvernement me firent demander, par M. de Cetto, un passeport pour le député qu'ils voulaient envoyer à l'Électeur. Mais je demandai la communication de la dépêche qu'on voulait lui envoyer. M. de Cetto me fit diverses observations afin d'éluder cette communication, et il fut jusqu'à me dire qu'elle était écrite en langue allemande. Je lui représentai que ses observations n'étaient pas raisonnables, et qu'il fallait agir avec moi de bonne foi; que je ne pouvais pas permettre des communications du côté de l'ennemi sans en connaître les motifs,

(1) « C'était celle écrite le matin, de Dachau » (Note de Decaen).

et que je n'aurais pas même dû avoir la peine de demander ce qu'on mandait à l'Électeur dans une dépêche qu'on lui adressait dans ces circonstances, surtout lorsque je donnais un passeport au porteur. « Enfin, pour vous prouver, lui dis-je, combien je suis loin de chercher à contrarier vos communications, et que je suis plutôt porté à les favoriser, il ne faut écrire, dans cette lettre, que ce qu'on veut que je sache; pour le surplus, comme c'est une personne de confiance qui est envoyée, eh bien! qu'on la charge de dire verbalement ce qu'on ne veut pas qui vienne à ma connaissance. » M. de Cetto trouva ce moyen on ne peut pas meilleur. Il retourna faire part de mes observations. La dépêche me fut ensuite adressée, et, après avoir pris connaissance de son contenu, je la renvoyai avec le passeport.

J'écrivis au général en chef :

Je vous adresse, mon général, différentes lettres dont plusieurs ont été interceptées, les autres prises à la poste (1). Celles qui sont dans le petit paquet avec les gazettes sont celles qui m'ont paru donner le plus de renseignements sur la marche de l'armée autrichienne et les intentions du général Kray. Vous y trouverez aussi un ordre donné à un officier d'aller faire couper le pont de Freising. Cet officier, qui a été pris en faisant son retour à Munich, m'a dit que les troupes bavaroises étaient à Landshut.

Mes reconnaissances d'hier et d'aujourd'hui n'ont plus trouvé d'Autrichiens. Comme j'avais de l'argent et des lettres à faire remettre pour des officiers prisonniers de guerre, j'envoie mon aide de camp qui me donnera des nouvelles du lieu où a pris poste M. de Merveldt.

Je vous ai prévenu, mon général, que j'avais permis aux membres du gouvernement provisoire d'envoyer auprès de l'Électeur. Ils m'ont communiqué leur demande qui porte le caractère de la bonne foi et des instances assez vives pour que l'Électeur s'occupe d'une pacification.

On a trouvé à l'arsenal 15 000 fusils dont 12 000 bons et de calibre, 6 000 pistolets dont le calibre est petit, 300 sabres pour la cavalerie, 200 pour l'infanterie, 10 000 livres de poudre de guerre. Il y a quelques

(1) Parmi ces lettres interceptées, l'une était particulièrement intéressante pour le général Moreau. Elle était adressée par un M. Wolf à l'Électeur de Bavière et datée d'Ingolstadt le 28 juin, à 10 heures du matin. D'après sa lettre, les Français s'étaient retirés le 27, à la nuit tombante, d'une partie de Neuburg, mais malgré cela, l'armée autrichienne se retirait, le 28, jusque sous les murs d'Ingolstadt sur trois colonnes. Le camp se trouvait devant Ingolstadt où le général Kray n'était pas encore arrivé le 27, mais devait y être certainement avant 11 heures, le 28... Enfin il ajoutait que le plan du général Kray était d'occuper Rain, de gagner le Lech, et de se joindre aux généraux Merveldt et Reuss; mais que les Français l'avaient prévenu et avançaient sur la route de Donauwörth jusqu'à Neuburg, et que la communication entre Ingolstadt et Munich serait bientôt interceptée, l'avant-garde des Français ayant dépassé Lichtenau... (Extrait de lettres saisies à Munich, 28 juin 1800, A. H. G.).

pièces de canon et des affûts de rechange. Veuillez me marquer, mon général, si vous voulez, et sur quel point, que j'ordonne l'évacuation.

J'ai laissé les gardes armées. Ce sont des Suisses et la bourgeoisie.

On est maintenant à prendre connaissance de l'hôpital. Je vous préviens que j'ai fait une réquisition de 4000 paires de souliers, 2 000 paires de bottes, 1 200 aunes de drap tant bleu que vert et blanc (1).

Je me propose de vous demander votre agrément pour les distributions en gratification aux officiers de la division.

Il me parvint un rapport du chef de bataillon Link que j'avais laissé à Dachau. Il rendait compte qu'on l'avait informé que l'ennemi se rassemblait à Fürstenfeld et à Bruck, sur l'Amper, et qu'il y avait envoyé une découverte d'infanterie et de cavalerie pour en être assuré; que les ponts sur la route de Munich, qui avaient été rompus, seraient, le lendemain, parfaitement rétablis; et que le parc, qui était resté à Dachau, en était parti pour arriver sur Munich. Il annonçait qu'il avait dix-neuf prisonniers de guerre, dont deux blessés, et qu'il demandait des ordres à leur égard.

Je reçus, dans l'après-midi, du général Moreau, une lettre datée d'Augsbourg, le 10 messidor.

Il m'écrivait :

Il est très probable que je vous verrai ce soir à Nymphenburg. L'ennemi s'est retiré de Neuburg. Le général Grenier l'occupe, les généraux Leclerc et Grandjean sont à Pöttmes et Schrobenhausen.

J'attends vos rapports sur la retraite de l'ennemi et les forces qui restent encore à l'Électeur.

Je ne vous avait donné aucune instruction sur les contributions, car je ne voulais pas qu'on en lève sur Munich. C'est sur la Bavière qu'il faut les avoir et non sur une ville qui ne peut me donner que fort peu de chose. Ainsi arrangez-vous pour retirer votre demande car, si on adoptait ce système, il nous ferait perdre 8 à 10 millions.

Vous pouvez dire aux magistrats que je vous ai chargé de retirer votre demande parce que je veux traiter directement avec les agents de l'Électeur. Vous vous bornerez à faire fournir à vos troupes les subsistances.

Salut et attachement.

Signé : Moreau.

P.-S. — Mon courrier était de retour ici à 3 heures avec l'officier que vous m'avez envoyé.

---

(1) Le gouvernement provisoire de Munich décida, comme il n'y avait pas de magasins de bottes et de souliers à Munich, de faire travailler à leur confection tous les cordonniers de la ville (Le gouvernement intérimistique à Decaen, 4 juillet 1800, Papiers Decaen in-f° 77, 39, p. 3). Decaen avait aussi demandé 3 000 chapeaux (Relevé des réquisitions, Papiers Decaen in-f° 77, 39, p. 9).

Cet officier était celui envoyé pour porter ma dépêche annonçant mon entrée à Munich.

Je répondis sur-le-champ :

Comme j'ai eu l'honneur de vous le dire hier, mon général, en vous annonçant la contribution que j'avais imposée, c'est que, n'ayant point d'instructions à cet égard, l'annonce que vous me faisiez de la marche de l'ennemi en Bavière pouvant me priver de vous voir ici, et supposant le cas d'une marche rétrograde, alors j'avais cru devoir rapporter quelque chose pour les besoins de l'armée. Cette contribution ne fut imposée qu'après l'arrivée de votre courrier. Je n'ai encore rien reçu ; je ne recevrai rien. Je vais retirer toutes les demandes que j'ai faites.

Je vous ai dépêché un officier pour vous faire mes rapports ; mais, comme vous ne paraissiez pas décidé à vous rendre ici encore aujourd'hui, je joins à la présente une note que j'ai fait tirer d'une correspondance que je vous ai envoyée.

Je donnai, dans cette lettre, une analyse de la dernière que j'avais écrite ; et j'y ajoutai que M. de Merveldt s'était retiré sur la route de Schleissheim, qu'environ 250 chevaux avaient pris la route du Tyrol, que d'autres avaient passé sur la droite de l'Isar pour aller vers Freising.

Le même courrier m'apporta une lettre du général Lahorie dans laquelle il me faisait son compliment de mon entrée à Munich. « Nous voilà », disait-il, « assurés d'un charmant quartier général de plus, pendant les loisirs d'un armistice, quand il aura lieu. »

Il me demandait de lui faire part de la position de mes troupes, et il m'informait que le général Grandjean avait pris la sienne, dans la journée, à Schrobenhausen, et qu'il enverrait des partis sur Pfaffenhofen et sur la route de Geisenfeld ; que le général Gudin était placé en arrière de lui sur la route de Munich ; que la droite du général Lecourbe dépassait la route d'Augsbourg ; que le général Leclerc était placé sur Pöttmes et qu'on tenait Neuburg.

Il me recommandait d'envoyer des partis sur Pfaffenhofen et de tâcher d'avoir des renseignements positifs sur les mouvements de l'ennemi et sa marche.

Le même courrier m'apporta aussi une lettre d'un des aides de camp du général en chef pour m'annoncer son départ d'Augsbourg, le lendemain, de grand matin, et que le général en chef me priait de faire établir des escortes sur la route jusqu'à Eurasburg.

Les reconnaissances envoyées pendant la journée ne trouvèrent de postes ennemis que sur la route de Landshut.

Je donnai l'ordre au chef de brigade Caulaincourt de se rendre, avec le 2ᵉ régiment de carabiniers et une compagnie d'infanterie, à Unter-Sendling. Il fut chargé de garder et d'éclairer les débouchés du Tyrol.

11 messidor. — Le général en chef arriva à Nymphenburg dans la matinée. Il me témoigna sa satisfaction de la célérité avec laquelle j'avais marché sur Munich. Il ne me donna point d'ordre concernant la division.

12 messidor. — Ayant présumé que le général Lahorie accompagnerait le général Moreau, je n'avais pas répondu à sa dernière lettre pour l'informer de ma position qu'il m'avait mandé de lui indiquer. Je lui fis part de ce que j'avais rapporté verbalement au général en chef, que la brigade Debilly était chargée de la défense du pont de l'Isar, occupant en avant-poste le faubourg ou village de Haidhausen, ayant ses avant-postes au delà du village pour éclairer les différents débouchés, et notamment celui de Landshut; que l'ennemi avait encore, dans la journée du 11, sur cette route, à quelque distance, des postes fournis par trois divisions de hussards de Meszaros, de Grenz et du 2ᵉ de hulans (1); que la brigade Durutte gardait la route de Freising et de Pfaffenhofen sur laquelle on n'avait pas trouvé d'ennemis; que mon aide de camp était allé, le 10, jusqu'au delà de Bruck et que, partout, il avait appris que les ennemis étaient très éloignés; que ma réserve, établie en arrière de Munich, dont l'infanterie qui était en ville faisait partie, formait ma ligne, la droite vers l'Isar à Settingen (2), le centre à Neuhausen, la gauche vers Moosach qui était occupé, ainsi que Dachau où j'avais toujours un bataillon et un escadron.

Je lui mandai que j'avais fait garder et éclairer les débouchés du Tyrol; qu'on n'y avait pas non plus rencontré l'ennemi, mais qu'il était arrivé trois déserteurs du corps de Salis à la solde de l'Angleterre, désertés de leur dépôt établi à Wolfratshausen, et

---

(1) Il ajoutait qu'un déserteur du 2ᵉ hulans avait dit avoir déserté à sept lieues de Nymphenburg (Decaen à Lahorie, Nymphenburg, 12 messidor, A. H. G.).

(2) Peut-être Sendling.

qui en étaient partis dans la nuit de notre entrée à Munich pour se diriger sur le Tyrol.

Je lui dis qu'ayant écrit au général Nansouty, dès mon arrivée à Munich, il m'avait répondu, la veille, de Landsberg, qu'il avait fait rétablir les ponts sur l'Amper, et qu'il avait envoyé un poste sur Diessen, à l'extrémité supérieure du lac ; que l'ennemi avait abandonné cette partie et qu'il croyait qu'il avait pris poste à Weilheim.

Je l'informai qu'un envoyé de Hesse-Darmstadt, qui avait passé par Munich dans la journée du 11, avait assuré avoir vu l'armée autrichienne dans la plus grande confusion vers Ingolstadt, et qu'elle faisait route pour Braunau (1).

13 messidor. — Le général en chef repartit pour Augsbourg. Pendant son court séjour, il avait reçu une députation du gouvernement provisoire de Bavière.

Il avait vu avec plaisir tout ce qu'il y a de curieux dans les beaux jardins de Nymphenburg, et, dans la matinée du 12, nous avions, pendant quelques heures, chassé le cerf et le sanglier.

Je l'avais informé que le chef de brigade Caulaincourt m'avait confirmé son premier rapport, que l'ennemi qui était devant le général Nansouty avait repassé l'Isar. Le général en chef, avant son départ, me donna l'ordre de faire occuper Baierbrun et de garder le pont de Schäftlarn sur l'Isar, et, en outre, de communiquer fréquemment avec les troupes du général Nansouty, établi à Landsberg qui gardait cette partie. Il me recommanda aussi de faire faire une forte reconnaissance à la droite de l'Isar, et principalement sur la route de Munich à Vienne. Il m'avait prévenu que le général Lecourbe ferait occuper Freising.

En conséquence, toute ma réserve de cavalerie reçut l'ordre d'occuper les villages de Laim, Pasing, Fürstenried (2), Unter-

---

(1) Decaen ajoutait : « Voilà tout ce que je puis te dire pour satisfaire à ta demande. Fais en sorte de venir bientôt me voir dans le beau château dont je suis commandant. J'ai fait établir une correspondance à Ober-Roth. Si on établissait un poste à Eurasburg, alors nous pourrions communiquer bien plus facilement » (Decaen à Lahorie, Nymphenburg, 12 messidor, A. H. G.).

(2) Fürstenried se trouve à 1 300 mètres au nord-ouest de Forstenried indiqué sur le 1/100 000e allemand.

Sendling et autres villages sur la route de Munich à Landsberg ou à sa promixité. Un bataillon et un escadron de dragons furent mis à la disposition du chef de brigade Caulaincourt pour faire occuper Baierbrun. Il lui fut recommandé de pousser ses avant-postes jusqu'à Schäftlarn pour garder le pont de l'Isar et les chemins aboutissant sur ce village; et d'avoir aussi des avant-postes à la hauteur de Schäftlarn sur la route de Munich à Starnberg (1), s'éclairant vers le lac de Würm See; enfin, d'envoyer fréquemment des partis sur la route de Landsberg pour communiquer avec les troupes du général Nansouty.

Toute ma réserve de cavalerie, ainsi placée à quelques lieues de Munich vers le Tyrol, était plutôt pour faciliter la nourriture des chevaux et ménager les ressources des environs de cette ville que pour s'opposer à l'ennemi qui ne pouvait pas se présenter fort nombreux en cavalerie en venant du Tyrol.

Je donnai l'ordre au général Debilly de passer avec sa brigade sur la droite de l'Isar pour y prendre position et de pousser, le lendemain à la pointe du jour, une reconnaissance appuyée d'infanterie et d'artillerie en avant de lui et principalement sur la route de Vienne. Il lui fut recommandé de chasser l'ennemi assez loin pour avoir des renseignements positifs et de faire soigneusement observer sa gauche. Il fut prévenu que le général Durutte, qui garderait sa position jusqu'à nouvel ordre, mettrait à sa disposition, pour la journée, deux escadrons du 13ᵉ de cavalerie, et qu'ensuite de sa reconnaissance, ses avant-postes devraient être établis depuis Giesing, à sa droite, jusqu'en avant de Bogenhausen à sa gauche, leur ligne passant par Ramersdorf, Josephsbürg, Baumkirchen et Zamdorf.

14 messidor (3 juillet). — Je rendis compte au général Moreau que la reconnaissance envoyée sur la route de Vienne avait trouvé 600 chevaux du corps de Merveldt, qu'ils avaient été poussés jusqu'à Parsdorf sur la route de Braunau; qu'ayant voulu venir à Riem, ils avaient eu trois hommes et six chevaux tués et plusieurs blessés; qu'un dragon du 17ᵉ avait été grièvement blessé et que son cheval avait été tué; qu'un parti envoyé sur la route de

---

(1) Decaen fait ici une erreur. Hohen Schäftlarn se trouve sur la route de Munich à Wolfratshausen.

Freising jusqu'à Ismaning n'avait trouvé qu'une faible patrouille; que celui envoyé sur la route de Landshut jusqu'à Aschheim n'avait aussi vu qu'une patrouille de l'ennemi; que les troupes envoyées à Baierbrun s'y étaient établies, et qu'on occupait Schäftlarn pour la garde du pont; qu'on gardait et éclairait aussi la route de Starnberg à Munich; que dix hussards ennemis étaient venus, la veille, à Schäftlarn; que je venais d'avoir avis qu'un corps de 3 000 à 4 000 hommes des troupes du prince de Reuss arrivait aujourd'hui à Tölz pour chercher à se joindre au général Merveldt; que ce mouvement, me paraissant relatif à la position que l'armée autrichienne venait prendre sur l'Isar, ne me donnait point d'inquiétude; que, comme j'étais aussi établi au-dessous de Munich de manière à faire observer l'Isar jusqu'à Dietersheim et communiquer avec les troupes du général Lecourbe qui seraient à Freising, je le priais d'ordonner qu'elles communiquent avec les miennes. Je lui adressai plusieurs demandes pour des officiers qui méritaient d'être élevés en grade et que je lui avais recommandés.

Je fis écrire au général Nansouty pour le prévenir de l'occupation de Baierbrun et de Schäftlarn, ainsi que du placement de la réserve de cavalerie sur la route de Starnberg à Munich, et de l'ordre donné de communiquer fréquemment avec ses troupes; et il fut invité à faire de même de son côté.

15 messidor (4 juillet). — Il fut écrit au général Lahorie pour l'informer des nouvelles positions occupées, le 14, par une partie des troupes de la division. Il n'y avait eu rien de nouveau dans la journée.

16 messidor (5 juillet). — Je rendis compte au général en chef que le détachement envoyé sur Baierbrun, après avoir établi ses avant-postes à Schäftlarn, avait poussé, le 15, une reconnaissance sur Wolfratshausen; qu'à trois quarts de lieue de cet endroit, elle trouva 60 hussards ennemis qu'elle chassa vigoureusement jusqu'à Wolfratshausen; qu'elle en avait tué six et blessé plusieurs, et que nous n'avions eu qu'un cheval de blessé; qu'il était arrivé un déserteur du 1er bataillon de Manfredini, lequel avait rapporté que, depuis deux jours, deux bataillons de son régiment, avec un régiment de Croates de nouvelles levées, s'étaient établis à Benedictbeuern ; qu'ils avaient six pièces d'artillerie et que c'était le général Grünne qui commandait ; que ses troupes étaient, dix jours avant, à Schongau où était resté le 3ᵉ bataillon de Manfredini.

Je dis au général en chef que, si j'étais plus fort en infanterie, je lui proposerais de prolonger ma droite jusqu'à Wolfratshausen pour être plus à même de surveiller les mouvements de l'ennemi vers le Tyrol, parce qu'en même temps je ferais avancer sur Starnberg jusqu'à la Würm, à la partie supérieure du lac ; qu'alors, avec une réserve établie à Baierbrun et un échelon à Schäftlarn, je serais en mesure et solidement appuyé, et qu'avec un bataillon de plus, je pourrais faire ce que je proposais ; que, la veille, il était arrivé à mes avant-postes sur la rive droite quatre hussards et un brigadier ; qu'ils avaient rapporté que le 2ᵉ régiment de hulans, deux divisions de hussards de Barco, deux de Kaiser, avec 2 000 hommes d'infanterie bavaroise aux ordres de M. de Merveldt, étaient établis vers Oberndorf, au delà de la forêt d'Ebersberg ; que les reconnaissances envoyées sur les différentes routes pour arriver à Munich n'avaient vu que des patrouilles ennemies qui s'étaient retirées ; mais que celle des dragons qui était allée sur Perlach était tombée dans une embuscade et y avait perdu trois dragons et trois chevaux ; que, ramenée jusqu'aux avant-postes, les hussards avaient été poussés à leur tour ; que quelques-uns avaient été blessés et qu'on en avait fait un prisonnier avec son cheval.

Je fis l'observation que ce régiment était médiocre pour le service des avant-postes, qu'il n'avait pas d'officiers et qu'il serait nécessaire d'y faire passer quelques jeunes gens vigoureux.

Je reçus une lettre du général Lahorie, datée le 15, de Pörnbach, par laquelle il m'informait que, d'après les rapports des reconnaissances dirigées sur Landshut, il paraissait que l'ennemi se retirait décidément sur Passau et Braunau, et qu'il avait dirigé un assez fort détachement de Landshut sur la route de Munich ; qu'il m'en prévenait pour que je me misse bien en mesure sur ma gauche que je pouvais renforcer sans inquiétude, et que le général Lecourbe devait marcher avec une division de Pfaffenhofen à Freising où l'ennemi n'avait pas même d'infanterie ; que **tout cela prouvait bien sa retraite au delà de l'Isar.**

17 messidor (6 juillet). — Je rendis compte au général en chef que la lettre pour le général Kray qu'il m'avait envoyée avait été, aussitôt qu'elle m'avait été remise, portée aux avant-postes; que l'officier chargé de cette mission avait été jusqu'à Riem où on n'avait trouvé qu'un faible poste de hussards de Kaiser; que l'ennemi avait retiré, dans l'après-midi, ses hulans (1) sur la ligne devant moi, et que c'était tout ce que j'allais lui annoncer si, à l'instant, il ne m'était pas arrivé un homme d'Erching qui m'avait rapporté que des chevau-légers y avaient pris poste dans la nuit du 15 au 16; qu'à Ismaning, où nous n'avions trouvé personne, il y avait des hussards et des chevau-légers; que M. de Kray était à Erding avec un corps de 15 000 hommes; que M. Gyulai était à Pliening avec 7 000 hommes, et que le bruit était répandu dans le pays que les Bavarois, sous les ordres de M. de Birkenfeld, devaient arriver à Landshut pour se réunir à M. de Kray; que cet homme paraissait de bonne foi; qu'il avait déjà servi les généraux Férino et Abbatucci; au surplus, que j'étais en mesure et me tenais sur mes gardes; cependant, que je lui demandais ses instructions dans le cas où ces messieurs viendraient m'attaquer; que les dragons du 17e s'étaient encore fait prendre quatre hommes, par leur faute, en allant sur Wolfratshausen.

Le général en chef me manda, dans une lettre de ce jour, que la division Montrichard allait se placer entre Freising et Munich; qu'ainsi je pouvais être sans nulle inquiétude à gauche; de bien veiller [sur] ma droite jusqu'à ce qu'il m'eût fait soutenir plus fortement, et que, le lendemain ou après, le quartier général serait aux environs de Munich; de tâcher d'avoir des nouvelles de mon front et du corps de M. de Reuss, et de les lui faire passer, le soir, à Freising.

Cette lettre étant arrivée peu de temps après celle que je venais d'envoyer, et n'ayant pas d'autres renseignements à faire parvenir, je ne fis pas de nouveau rapport (2).

18 messidor (7 juillet). — Je rendis compte au général en chef qu'un déserteur de Kaiser, arrivé le matin, avait rapporté que le

---

(1) «... Le 2e régiment de hulans a été relevé par les hussards de Kaiser... » (Plauzonne à Lahorie, Nymphenburg, 16 messidor, A. H. G.).

(2) Le général Decaen fit, ce même jour, arrêter une réquisition de 24 000 rations de pain que le général Montrichard avait frappée sur Munich Plauzonne à Lahorie, Nymphenburg, 17 messidor, A. H. G.).

général Merveldt était parti pour le Tyrol avec le corps à ses ordres; qu'il était remplacé devant moi par le général de Rosenberg qui avait avec lui trois divisions de Kaiser, deux divisions de dragons (1) et six pièces d'artillerie sans infanterie; que je n'avais pas pu acquérir la certitude que M. de Kray fût à Erding; que j'avais seulement appris qu'il était, il y a trois jours, à Landshut; que ce déserteur avait aussi rapporté que son régiment avait quitté Landshut pour venir vers Munich; que les cuirassiers de Lorraine, avec de l'infanterie, avaient marché sur Braunau.

Je l'informai que les ennemis avaient occupé, la veille, Wolfratshausen avec 600 hommes d'infanterie et quelques hussards; que mes découvertes avaient trouvé, le matin, beaucoup de patrouilles en campagne, et qu'on avait tiraillé pendant environ une heure à l'entrée du bois de Bogenhausen que les hussards ennemis voulaient fouiller.

Je fis l'observation que j'étais bien faible en infanterie, que j'avais au plus 4000 combattants de cette arme.

Je prévins le général en chef que mon chef d'état-major avait fait part au général Lahorie des désordres qui se commettaient sur les derrières de l'armée; que les assassinats s'y manifestaient d'une manière effrayante, et que le 8ᵉ de hussards était particulièrement désigné pour commettre ces affreux excès.

Je reçus une lettre du général Lahorie, datée de Freising le 17, pour m'annoncer que le général en chef, en approuvant mes dispositions, l'avait chargé de me prévenir que, le lendemain, les divisions Montrichard et Grandjean seraient en arrière de Munich pour me soutenir, au besoin, et que toute l'infanterie de ma division, à l'exception de la garde de la ville, pourrait passer l'Isar, ce qui me mettrait à même de bien recevoir le général Kray s'il se présentait devant moi.

Sur les plaintes qui me furent faites que les autorités de Munich mettaient beaucoup de lenteur et peu de bonne volonté à satisfaire aux demandes qui leur avaient été faites pour les besoins de la division et de l'armée, j'écrivis aux membres du gouvernement provisoire que, jusqu'à ce moment, j'avais pris les moyens les plus convenables envers eux et leurs administrés, persuadé qu'ils

---

(1) La lettre originale porte : Ferdinand-Dragons (A. H. G.).

s'empresseraient de me mettre dans le cas de continuer à agir de la même manière; mais que le retard, le défaut même de satisfaire aux réquisitions qui leur avaient été faites, m'obligeait de leur notifier que j'allais user strictement des droits dont jusqu'à présent je n'avais pas voulu faire usage.

19 messidor (8 juillet). — Je fus informé par le général Durutte que la division Montrichard, qui était à sa gauche jusqu'à Dietersheim, était partie pendant la nuit.

Une lettre du général Lahorie, datée de Freising le 19, m'annonça que le général en chef l'avait chargé de me prévenir que je pouvais faire rentrer les détachements qui étaient à Schäftlarn et à Dachau.

Le général en chef et son quartier général arrivèrent à Nymphenburg. Je voulus porter le mien à Munich, mais le général Moreau voulut que je restasse avec lui.

Je lui rendis compte que le chef de brigade Caulaincourt m'avait informé que l'ennemi avait attaqué, à 1 heure du matin, le poste du pont de Schäftlarn; que sa force consistait en cavalerie qui avait été repoussée par notre infanterie et avec perte; qu'il n'était point arrivé d'autres forces à Wolfratshausen que celle précédemment annoncée; que, selon le dire de deux espions, l'ennemi aurait reçu un grand renfort de cavalerie dont la principale force était établie au couvent de Beuren (1), à neuf lieues de Baierbrun, et prolongeait sa gauche vers l'Ammer See; qu'il annonçait aussi qu'un escadron de hussards du 9ᵉ et deux compagnies de notre infanterie légère étaient arrivés à 2 heures du matin à l'abbaye de Schäftlarn et qu'ils s'y étaient établis; qu'il faisait l'observation que le mouvement de nos troupes chassait l'ennemi de Wolfratshausen; [que] cela lui ôterait une de ses communications les plus essentielles avec la rive droite de l'Isar et le forcerait nécessairement à s'éloigner, et qu'alors nous aurions un front plus resserré et moins difficile à garder; que la division Montrichard avait fait halte sur la route de Landsberg, vis-à-vis Laim.

Je fus prévenu par le général Lahorie que la division aux ordres

---

(1) Peut-être Benedictbeuren. Il y a neuf lieues de cette localité à Baierbrun.

du général Leclerc viendrait, le lendemain, prendre position sur Freising, éclairant en même temps le cours de l'Isar jusqu'à Garching; que la division Grandjean partirait de Freising à 2 heures du matin au plus tard et viendrait se placer sur la rive gauche de l'Isar sur Unter-Sendling et Ober-Sendling, avec une réserve sur la Würm, vers Steinkirchen ; que cette division serait en réserve de la mienne et qu'elle arriverait en position vers les 9 heures du matin; que, d'après ces dispositions, la rive gauche de l'Isar étant gardée, je ferais passer cette rivière à toutes mes troupes, à l'exception de la réserve de cavalerie qui resterait jusqu'à nouvel ordre en deçà de l'Isar, et que je ferais exécuter mon mouvement à 9 heures du matin au plus tard (1).

20 messidor (9 juillet). — En conséquence de cet ordre, la brigade Durutte passa l'Isar à 7 heures du matin et prit position à la tête du village de Haidhausen, la droite à la route de Bogenhausen, et la gauche vers l'Isar, s'éclairant devant elle.

La brigade Debilly prit position, sa gauche dans la direction de la droite de la position du général Durutte, et sa droite vers l'Isar, se gardant et s'éclairant également devant son front.

Le chef de brigade Caulaincourt, auquel on avait déjà mandé de faire rapprocher de lui le bataillon et l'escadron de dragons établis à Baierbrun et à Schäftlarn, eut l'ordre de les diriger, avec la compagnie de la 100e qu'il avait aussi à sa disposition, pour venir passer l'Isar au pont de Munich pour rejoindre leur brigade.

---

(1) Decaen écrivait à Moreau, le 19 messidor :

« Croyant avoir le plaisir de vous voir hier soir, mon général, je ne vous avais point fait part des renseignements que m'avaient procurés trois déserteurs bavarois qui avaient quitté leur corps dans la marche d'Erding sur Wasserburg. La colonne dont ils faisaient partie n'était composée que d'infanterie bavaroise avec de la cavalerie autrichienne et de l'infanterie (ils n'ont pu me désigner les corps).

« Ils ont dit qu'en partant de Landshut, on avait répandu le bruit qu'on marchait sur Munich, mais que, depuis Erding, on a annoncé que c'était sur Braunau.

« Quatre autres déserteurs, canonniers bavarois, désertés de Hohenlinden, route de Wasserburg, ont fait le même rapport. Ils ont ajouté que la désertion était très grande parmi les Bavarois, qui ne sont pas contents d'aller vers l'Autriche.

« Comme la division de Montrichard marche vers le haut Isar, je présume, mon général, que je serai dans le cas de rappeler les troupes que j'ai établies vers Schäftlarn. Cependant, mon général, je ne donnerai l'ordre de rentrer que d'après votre approbation.

« Ne pourrai-je pas aussi faire rentrer ce que j'ai à Dachau?

« Je vous salue respectueusement. »

(Decaen à Moreau, Nymphenburg, 19 messidor an VIII, A. H. G.).

Il fut prévenu que, jusqu'à nouvel ordre, la réserve de cavalerie resterait dans les villages qu'elle occupait.

L'ordre fut aussi donné au bataillon établi à Dachau d'en partir pour venir passer l'Isar. L'artillerie légère, l'ambulance et tout ce qui appartenait à la division, excepté le parc de réserve qui resta à Neuhausen, passèrent aussi cette rivière et furent placés au village de Haidhausen, à la tête du pont.

21 messidor (10 juillet). — Je rendis compte au général en chef que la division avait été placée de manière à couvrir et éclairer toutes les avenues sur Munich à la droite de l'Isar; que le général Durutte m'avait fait le rapport que tout annonçait la retraite de l'armée autrichienne; que trois déserteurs avaient assuré que, la veille, elle avait marché sur la route de Braunau, ne laissant que de la cavalerie devant nous; que c'était une partie des dragons légers de Kinsky et des hussards de Kaiser; enfin que le général Durutte avait reconnu les avant-postes ennemis à Kirchtrudering (1), à Riem et dans les bois devant Eglfing, mais qu'ils n'avaient aucun poste près de l'Isar; que le général Debilly annonçait, dans son rapport, qu'il avait eu avis que le corps d'émigrés, fort de 3 000 hommes environ, avait passé l'Inn à Rosenheim, il y avait deux jours, et s'étendait maintenant d'Aibling jusqu'à la forêt d'Anzing, couvrant les routes d'Innsbruck; qu'en avant d'Anzing, il y avait un camp de 5 000 à 6 000 hommes, en grande partie Bavarois; que c'était une arrière-garde; que les principales forces de l'ennemi étaient sur l'Inn; que le mouvement fait par la division avait amené de l'infanterie sur tous les villages en avant du bois qu'occupait le bataillon de la 50º.

Le général en chef me donna l'ordre de mettre en marche ma division à 5 heures du soir pour la porter en avant, et de lui faire prendre position, la droite en arrière de Haar sur la chaussée de Wasserburg, d'occuper Feldkirchen, route de Braunau, et de couvrir la route d'Erding et de faire passer l'Isar à ma réserve de cavalerie. Je fus prévenu que la division Grandjean passerait l'Isar pour aller se placer entre cette rivière et la chaussée de Wasserburg et qu'elle devait occuper Perlach.

---

(1) A environ 2 kilomètres au sud-ouest de Riem.

DECAEN S'ÉTABLIT A KIRCHTRUDERING 63

Le général en chef me remit une lettre adressée au général Kray, pour être remise aux avant-postes.

J'ordonnai au général Debilly de rassembler sa brigade en avant de Strasstrudering, ne laissant à la position qu'il tenait que des postes de cavalerie en observation jusqu'à l'arrivée des troupes du général Grandjean, et de se mettre en marche à 5 heures précises pour aller prendre position en arrière du village de Haar, chaussée de Wasserburg, gardant cette route et tous les débouchés sur le front de sa ligne passant par Gronsdorf et Salmdorf, et ayant sa gauche vers la ferme d'Oberndorf. Il lui fut recommandé de pousser ses avant-postes le plus loin possible sur la route de Zorneding selon les localités et les ennemis qu'il rencontrerait, et d'éclairer sa droite qu'il pourrait lier avec les postes du général Grandjean qui occuperait Perlach, et par sa gauche, avec ceux du général Durutte, dont une partie de la brigade prendrait position à Feldkirchen, et qui pousserait ses avant-postes vers Parsdorf.

Il fut ordonné au général Durutte de rassembler sa brigade sur la route de Braunau entre Riem et Zamdorf pour 5 heures du soir et, aussitôt après, de se mettre en marche, en suivant cependant le mouvement du général Debilly qui serait à sa droite, et d'aller prendre position en éclairant sa gauche, la droite vers la ferme d'Oberndorf et sa gauche à la tête du village de Feldkirchen, poussant ses avant-postes jusqu'à Parsdorf, s'il était possible, et, vers sa gauche, jusqu'à Kirchheim, et de se lier avec les troupes à sa droite.

Il fut prévenu que les grenadiers réunis resteraient à Riem et que la réserve de cavalerie serait en arrière, chargée d'éclairer jusqu'à Aschheim sur la route d'Erding.

Je partis de Nymphenburg pour suivre le mouvement de mes troupes devant lesquelles les ennemis se replièrent dès qu'ils les aperçurent en marche. J'établis mon quartier général à Kirchtrudering.

Je rendis compte que la division avait pris la position qui m'avait été prescrite et que les avant-postes avaient été poussés le plus loin possible. J'annonçai que la lettre du général en chef pour M. de Kray serait portée à ses avant-postes le lendemain de grand matin.

22 messidor (11 juillet). — Je reçus, pendant la nuit, une dépêche du général en chef. Elle contenait une autre lettre pour M. de Kray, et le général Moreau m'écrivait :

> Je vous envoie ci-joint, mon cher général, un billet doux pour M. de Kray, je le mets sous cachet volant pour que vous le lisiez. Vous le cachèterez ensuite et le ferez passer demain matin de très bonne heure à vos avant-postes : cela sera à l'appui de l'autre.

Le général Moreau se plaignait amèrement, dans ce billet doux, des mauvais traitements et des actes de barbarie exercés sur nos prisonniers (plusieurs officiers avaient été sabrés cruellement; il y en avait même eu de tués après avoir rendu leurs armes); et il demandait énergiquement à M. de Kray de faire cesser de telles horreurs; autrement, que le salut de son armée l'obligerait à ordonner des représailles (c'était principalement à l'affaire de Neuburg que ces atrocités avaient été commises).

Lorsque les officiers envoyés aux avant-postes de l'ennemi furent de retour, j'écrivis au général en chef que l'une des lettres avait été remise à Zorneding à un lieutenant-colonel de hussards de Blankenstein qui avait aussi des hulans avec lui; et que l'autre avait été portée à Parsdorf, occupé par des dragons de Ferdinand. Je l'informai que trois déserteurs, un hulan, un Manteau-Rouge et un Bavarois, avaient fait la même déclaration que l'armée autrichienne était derrière l'Inn, que seulement l'arrière-garde était de ce côté.

J'annonçai que j'allais rectifier ma position jusqu'à ce que je reçusse des instructions pour passer outre, et que le pays que j'occupais était absolument sans ressources.

J'ordonnai, dès le matin, que les grenadiers réunis et le 9ᵉ de cavalerie fussent occuper Aschheim et Kirchheim, route de Munich à Erding; que l'escadron de cuirassiers allât s'établir à Dornach.

Il fut ordonné au général Durutte de faire occuper Parsdorf.

Le général Debilly me dit, dans son rapport, que l'ennemi avait, la veille, dans le village de Haar, 100 hommes d'infanterie et 300 chevaux; qu'il avait rectifié sa position, prise assez tard, et qu'il avait maintenant un bataillon en avant de Haar et un poste de cavalerie jusqu'au delà de l'embranchement du chemin de Vaterstetten à la route de Zorneding; qu'il allait chasser l'ennemi de Weissenfeld, ainsi que ses vedettes placées sur d'autres points.

Il ajoutait qu'il était bien lié avec les troupes de sa gauche et qu'il avait envoyé un parti reconnaître le premier poste, à sa droite, de la division Grandjean, et qu'il m'avait envoyé trois déserteurs.

Le rapport du général Durutte informait que, les ennemis ayant quelques hussards à Weissenfeld, il les en avait fait partir en leur montrant un peloton de dragons, et que l'ennemi occupait encore Kirchheim et Parsdorf, et que la patrouille qu'il avait envoyée à Aschheim y avait trouvé le 9ᵉ de cavalerie.

Je fus prévenu, par une lettre du général Lahorie, que la division garderait sa position pendant la journée.

CHAPITRE IV

Le quartier général autrichien établi à Haag. — Kray demande une suspension d'armes. — Moreau l'accorde. — Armistice de Parsdorf. — Satisfaction des troupes françaises à cette nouvelle. — L'armée du Rhin occupe la Bavière. — Decaen reste à Munich où il réprime des abus. — Singulière demande de Lecourbe à Moreau. — Decaen conseille à Moreau de la refuser. — Néanmoins Moreau cède aux instances de Lecourbe. — Le gouvernement pourvoit aux emplois vacants à l'armée du Rhin. — Cette mesure indispose Moreau qui entend les réserver aux officiers qui ont fait la campagne. — Certains émigrés demandent à rentrer en France. — On le leur refuse. — Emplacements des troupes françaises. — Renseignements recueillis par Decaen sur l'armée de Kray.

23 messidor (12 juillet). — Je rendis compte au général en chef que, d'après les rapports de trois grenadiers désertés le 20 de Haag, les huit bataillons qui étaient campés dans cet endroit avaient dû faire une marche pour se porter sur Isen; qu'ils disaient que M. de Kray avait son quartier général à Haag, et qu'ils n'avaient connaissance que d'un bataillon de Ferdinand et d'un de Manteaux-Rouges qui étaient dans cette partie; que six autres déserteurs n'avaient donné aucune nouvelle; qu'un dragon de La Tour, parti la veille d'Erding, avait dit avoir entendu la fusillade de ce côté; que les ennemis avaient quitté Zorneding où mes troupes avaient pris poste; qu'un nombre de trente chevaux et 150 Manteaux-Rouges s'étaient retirés sur Eglharting; qu'ils devaient avoir un corps de troupes à Ebersberg; qu'ils occupaient aussi Eggelburg, Kirchseeon et Berghofen.

Une lettre du général Kray, remise aux avant-postes, m'ayant été apportée, je l'envoyai de suite par un officier au général Moreau. Cet officier revint dans l'après-midi avec une réponse que je fis passer de suite.

Le général Lahorie arriva le lendemain matin à mon quartier général et m'apprit que M. de Kray avait demandé une suspension d'armes pour traiter d'un armistice, et qu'il allait à Parsdorf pour cet effet; que, par ordre du général en chef, je devais faire prévenir sur ma ligne qu'il y avait suspension d'hostilités ; qu'ainsi je pouvais rétablir mon quartier général à Munich.

25 messidor (14 juillet). — Le lendemain, l'adjudant commandant Hamelinaye (1), que j'avais laissé à Kirchtrudering, m'adressa un rapport du chef de brigade Caulaincourt informant que les Autrichiens avaient inquiété nos vedettes, sur la route d'Erding, et après la suspension d'hostilités ; et que ce chef allait se transporter aux avant-postes pour s'en plaindre.

Cet adjudant général m'informait aussi qu'il était arrivé six déserteurs pendant la nuit ; que trois de ces déserteurs avaient déclaré que le général de Rosenberg était arrivé dans la matinée du 24 à Riexing, route d'Erding, avec deux divisions de dragons de Ferdinand, deux de hussards du même nom, un bataillon d'infanterie et six pièces de canon ; qu'une compagnie d'infanterie, une division de hussards et une de dragons, avec deux pièces d'artillerie, s'étaient portées en avant et avaient pris position à Gelting et à Pliening.

Ce rapport fut de suite transmis au général en chef, à Munich. Je fis prévenir les généraux Debilly, Durutte et le chef Caulaincourt que mon quartier général s'établissait à Munich.

26 messidor (15 juillet 1800). — Je rendis compte au général en chef qu'on avait été aux avant-postes autrichiens à Pliening afin de savoir la cause de l'agression commise par les avant-postes ennemis ; que les officiers, dont un lieutenant-colonel de hulans, un lieutenant de Kinsky et un capitaine de Ferdinand (ce qui confirmait les rapports des déserteurs, que M. de Rosenberg s'était rapproché de Freising), s'étaient excusés en disant qu'ils n'avaient été informés qu'à 9 heures du matin de ce jour de la suspension qui avait lieu et qu'ils avaient été prévenus que cette suspension était indéfinie.

---

(1) Hamelinaye (Jacques-Félix-Ian de la), né le 22 février 1769, à Montauban (Ille-et-Vilaine) ; sous-lieutenant, le 12 octobre 1791 ; lieutenant, le 30 vendémiaire an II ; capitaine, le 19 ventôse an II ; chef de bataillon, le 8 thermidor an VII ; aide de camp de Bernadotte, le 6 floréal an VIII ; adjudant commandant, le 16 prairial an VIII ; aide de camp du maréchal Bernadotte, le 24 février 1807 ; général de brigade, le 12 juin 1809 ; chef d'état-major du général Decaen en Hollande, le 7 décembre 1813 ; général de division, le 15 janvier 1814 ; retraité, le 2 décembre 1833 ; mort à Rennes, le 14 avril (1861 A. A. G.).

J'annonçai au général en chef qu'il était arrivé treize déserteurs depuis le 25 au soir, et qu'on avait trouvé, dans une chapelle à la droite de la route qui conduit à Riem, 52 caisses remplies d'obus, et que le nombre [des obus?] était d'environ 1 200 ; que les reconnaissances envoyées sur la route de Wasserburg avaient été jusqu'auprès d'Ebersberg ; qu'elles n'avaient trouvé que de faibles postes de hussards de Blankenstein.

Ce même jour, le général en chef m'écrivit :

> Je vous préviens, citoyen général, que je viens de conclure un armistice avec M. de Kray. Veuillez suspendre en conséquence toute hostilité. Je vous ferai connaître incessamment la ligne que doit occuper l'armée.
>
> Munich, le 26 messidor.

Copie de cette lettre fut envoyée aux généraux de brigade et au chef de brigade Caulaincourt pour qu'ils fissent connaître aux troupes sous leurs ordres la conclusion de l'armistice dont la convention fut mise, le lendemain, à l'ordre de l'armée et à l'ordre de la division.

Cette nouvelle fut reçue avec joie par les troupes qui, quoique victorieuses depuis l'ouverture de la campagne, étaient bien aises de cesser de combattre et de prendre du repos ; et surtout parce qu'on espérait que cet armistice serait bientôt suivi d'un traité de paix. Autrement, il aurait beaucoup mieux valu profiter de suite de notre position, de nos succès, ainsi que de l'ascendant que nous avions pris sur l'ennemi que nous n'aurions pas probablement eu beaucoup de peine à rejeter encore loin de l'Inn, tant il y avait de découragement dans son armée.

Le premier article de la convention énonçait qu'en cas de reprise d'hostilités, elle ne pourrait avoir lieu sans être précédée d'un avertissement de douze jours à compter de l'heure où la notification en serait parvenue au quartier général de l'armée opposée.

Le général en chef ayant limité l'espace de terrain que chacun des corps occuperait pendant la durée de l'armistice, l'arrondissement de Munich fut destiné à ma division, chargée de garder par des postes la partie de la ligne de démarcation déterminée par l'article 2 de la convention, partant du village de Helfendorf, sur la chaussée d'Aibling, et se prolongeant à gauche par Ebersberg,

Isen, Lengdorf, et allant de là vers les sources de la Vils dont elle descendait la rive gauche jusqu'à Vilsbiburg.

En me faisant connaître ces dispositions, le général en chef me chargea d'envoyer un officier d'état-major pour s'entendre avec ceux de l'armée autrichienne ;... qu'il avait été convenu que M. de Kray ferait envoyer, de son côté, afin de s'accorder sur la cession qui devait nous être faite des villages qui devaient être compris dans notre ligne, ainsi que pour fixer le moment où nos avant-postes pourraient s'avancer sur cette ligne.

Je chargeai de cette mission l'adjudant commandant Plauzonne, mon chef d'état-major.

Je reçus l'ordre de faire diriger sur le corps de réserve de cavalerie, commandé par le général d'Hautpoul, le détachement de ce corps de réserve qui avait été réuni à ma division pour marcher sur Munich.

Je fus prévenu que les divisions Grandjean et Leclerc devaient se mettre en marche pour aller prendre leurs cantonnements de l'autre côté du Danube, et que je devais attendre jusqu'au 30 pour envoyer des troupes de ma division à Freising et Moosburg (1).

28 messidor (17 juillet). — Il me fut annoncé que le général Leclerc avait reçu l'ordre de laisser à Freising les deux bataillons de la 14ᵉ d'infanterie légère qui étaient sous son commandement et qui passaient sous le mien avec un des régiments de chasseurs de sa division ; que ce régiment lui serait remplacé par le 13ᵉ de cavalerie auquel je devais donner des ordres de partir de suite pour se rendre à Zusmarshausen où il recevrait ceux de son emplacement ; que le bataillon de la 14ᵉ d'infanterie légère détaché à la division Grandjean serait aussi envoyé à Freising.

Mon chef d'état-major, ayant fait son retour, annonça qu'il avait rencontré à Parsdorf deux officiers envoyés par le général de Rosenberg ; qu'il était convenu avec eux que, le lendemain 29, dès la pointe du jour, il dirigerait nos avant-postes sur divers

---

(1) « D'après l'ordre du général en chef, le général de division Decaen donnera ordre au 2ᵉ régiment de carabiniers, au 9ᵉ de cavalerie et à l'escadron du 8ᵉ régiment de cavalerie, lesquels ont été détachés à sa division, d'en partir demain à 3 ou 4 heures du matin, avec la demi-compagnie d'artillerie légère qui était attachée à ce détachement, pour se rendre à Dachau, où ils resteront aux ordres du général d'Hautpoul... » (Moreau à Decaen, Munich, 26 messidor, A. H. G.).

points de la ligne de démarcation; qu'il avait écrit à ce général pour le prévenir de ce mouvement; qu'il lui avait envoyé la nomenclature des villages dont l'occupation par nous avait été convenue avec ses officiers, et qu'il l'avait invité de donner des ordres pour que ces villages soient cédés; qu'il avait aussi écrit au général de Rosenberg qu'étant également chargé de faire occuper Lengdorf et de diriger notre ligne en descendant la Vils jusqu'à Vilsbiburg, il le priait d'inviter M. le général de Gyulai à nous céder aussi ce terrain à notre gauche.

L'adjudant commandant Plauzonne avait aussi prévenu le commandant du 6ᵉ de chasseurs de faire avancer quelques postes sur divers points de la ligne à l'heure convenue.

D'après ce rapport, je donnai des ordres pour le placement des troupes de la division et l'établissement des postes sur la ligne de démarcation.

Il fut ordonné au général Debilly de fournir des troupes de sa brigade pour la garnison de Munich et d'avoir des postes sur la ligne, ayant leur droite à Helfendorf, route d'Aibling, et leur gauche vers Isen; et au général Durutte, de s'établir à Freising avec une partie de ses troupes et d'avoir des postes sur la ligne, depuis Isen pour sa droite presqu'à Vilsbiburg exclusivement.

Les noms des villages inclus dans chaque partie de la ligne qu'ils devaient faire occuper par leurs troupes leur furent indiqués.

Il leur fut recommandé d'avoir des noyaux de troupes, soit d'infanterie, soit de cavalerie, selon la nature du pays, dans les principaux endroits de cette ligne, lesquels auraient des postes d'observation sur les principales communications, et de ne faire occuper que par quelques hommes les villages intermédiaires afin de s'en assurer la possession.

Il leur fut dit aussi de mettre quelques troupes en cantonnement dans les meilleurs endroits, entre la ligne de démarcation et l'Isar, pour former une espèce de deuxième ligne, choisissant de préférence ceux placés sur les grandes communications. Ils furent prévenus que les troupes de leur première ligne vivraient chez l'habitant, à moins que les ressources du pays ne le permissent pas; et, en cas d'impossibilité, de m'en informer; et qu'aussitôt après l'établissement des troupes, auxquelles il serait recommandé de respecter les personnes et les propriétés, les chefs de corps devraient s'occuper de la tenue et de l'instruction, et de défendre toute communication entre leurs troupes et les Autrichiens.

Les compagnies de grenadiers réunies en bataillon reçurent l'ordre de rentrer à leurs corps respectifs ; le bataillon de la 50e, celui de tenir garnison à Munich jusqu'à nouvel ordre.

29 messidor (18 juillet). — Il fut expédié l'ordre aux deux bataillons de la 14e et le 10e de chasseurs, que le général Leclerc avait dû laisser à Freising pour faire partie de ma division, de se mettre en marche, le 30, pour arriver à Munich.

Le général en chef me dit que ma division avait encore à garder la partie de la ligne de démarcation depuis Valley, passant par Gmund, en suivant la rive droite du Tegern See, traversant l'Isar à la hauteur de son confluent avec le Jachen et, de là, vers la Loisach et Murnau, liant mes postes avec ceux des troupes du général Lecourbe avec lequel je devais me concerter.

Alors je convins avec ce général, qui était venu voir le général en chef, que mes postes ne dépasseraient pas la Loisach.

30 messidor (19 juillet). — Je fis donc partir un bataillon de la 14e légère et deux escadrons du 10e de chasseurs pour aller occuper cette autre partie de la ligne de démarcation, et j'envoyai mon chef d'état-major établir ces troupes, le général Debilly, qui devait en avoir la surveillance, étant alors occupé à placer ses autres postes.

Le bataillon de la 50e eut ordre de partir le lendemain de Munich pour se rendre à Augsbourg.

La garnison de Munich resta composée de deux bataillons de la 100e et de deux de la 14e et de deux escadrons du 10e de chasseurs. Toutes ces troupes furent casernées.

Le matériel de l'artillerie, ainsi que celui des équipages, des vivres et de l'ambulance, furent placés à Haidhausen, sur la gauche de l'Isar. Les canonniers, les hommes du train de ces différents services furent cantonnés dans cet endroit et dans les villages aux environs.

Les officiers de la garnison de Munich étant logés chez l'habitant, où ils devaient avoir la table, je recommandai au commandant de la place de convenir, avec les magistrats, des lieux où les officiers pourraient se réunir par corps ou bataillon pour manger ensemble, que ces tables seraient présidées par des chefs, et que ce serait moins onéreux pour les particuliers et plus convenable pour les officiers.

L'armistice avait fait affluer à Munich beaucoup d'officiers de tous grades et de toutes armes et surtout des employés des administrations qui s'y faisaient donner le logement et des tables dont plusieurs étaient assez splendides, et qui, même, en allant visiter Nymphenburg, quoique ce fût le quartier du général en chef, s'y faisaient servir à manger à toute heure dans les dépendances du château, se disant attachés au grand quartier général, et en si grand nombre que le grand maréchal de la cour, que l'Électeur avait fait rester à Munich, vint me représenter qu'on ne pourrait pas suffire aux consommations à Nymphenburg, s'il fallait que le maître d'hôtel eût à fournir journellement à plus de 800 personnes comme cela était arrivé le jour précédent, et qu'il me priait de prendre en toute considération ses représentations, ainsi que pour Munich où il était aussi obligé de faire fournir pour un grand nombre de tables.

D'abord, je lui dis que le général en chef n'entendait pas qu'il y eût de tels abus à son quartier général et qu'il ignorait complétement qu'on y servît d'autres tables que la sienne, et qu'il fallait demander des ordres à ce sujet à un de ses aides de camp; au surplus, que je ferais part de ses représentations au général en chef lorsque j'aurais le plaisir de le voir.

Étant allé à Nymphenburg, je parlai au général Moreau de ces abus. Il me chargea de les faire cesser et de débarrasser Munich de son encombrement, et il me dit de revenir avec lui à Nymphenburg où, le lendemain, j'établis mon quartier général.

Alors je donnai des ordres qui mirent une fin aux abus dans cet endroit, et je notifiai au commandant de Munich de prendre les mesures les plus strictes pour que toutes les personnes qui n'étaient pas attachées à ma division ou qui ne seraient pas munies d'un ordre du général en chef et qui seraient établies en ville, eussent à en sortir sans retard et que, désormais, les magistrats n'expédieraient de billets de logement que lorsqu'il aurait autorisé ceux qui en réclameraient.

1er thermidor (20 juillet). — Ayant appris que l'officier autrichien qui occupait Isen prétendait y rester, sous le prétexte qu'on avait déterminé une autre ligne de démarcation, je fis envoyer au chef du 17e de dragons, chargé des avant-postes dans cette partie, un extrait de la convention, et il fut mandé au général Durutte, si on faisait encore la moindre difficulté pour céder ce village, de s'adresser au général Gyulai; et que, si ce général ne faisait pas droit, je réclamerais du général Kray l'exécution de la convention.

En me promenant avec le général Moreau, il me fit part que le général Lecourbe, ayant été visiter le palais de l'Électeur à Munich, lui avait demandé la permission d'y prendre six tableaux pour ajouter à sa collection. Fort étonné de cette communication, je dis au général Moreau que je trouvais une pareille demande bien singulière et que je pensais qu'elle devait être refusée; que, si le général Lecourbe aimait les tableaux, on ne pouvait pas lui permettre de se satisfaire d'une manière aussi inconvenante; d'ailleurs que, s'il y avait lieu d'extraire quelques objets d'art de la Bavière, comme on l'avait fait en Italie, ce ne pourrait être que pour enrichir les musées de la France et d'après des conventions. Le général Moreau parut goûter mes observations. Mais, sollicité de nouveau, il ne put pas se décider à un refus. Alors le général Lecourbe, muni d'une autorisation, fit enlever les tableaux qu'il avait choisis d'après les conseils du docteur Percy, son guide essentiel dans la recherche, l'examen et l'appréciation des objets d'histoire naturelle, de médailles, de tableaux, d'ouvrages scientifiques, etc., dont ce général était devenu un très grand amateur.

Quelques jours après, je fus, pour la première fois, visiter le palais de l'Électeur et je vis que, dans chacune des six places restées vides, on avait eu le soin d'en faire remarquer la cause par ce très gracieux souvenir : « Ce tableau a été enlevé par le général Lecourbe. »

J'écrivis à MM. les membres du gouvernement provisoire qu'ayant besoin d'avoir des renseignements sur les localités du pays occupé par ma division, je les invitais de nommer, pour être à ma disposition, MM. Gazzi, Schneider et Wolf. Ils étaient employés dans les eaux et forêts et m'avaient été désignés comme très dévoués aux Français.

Ma demande ne plut pas à MM. du gouvernement électoral.

Ils m'adressèrent une note pour m'annoncer qu'on avait fait connaître mon désir aux personnes indiquées; néanmoins, qu'on ne pouvait se dispenser d'observer que, ces personnes étant en activité de service, leur présence à Munich était de moment à autre indispensable pour les objets mêmes qui intéressaient les besoins de l'armée, de manière que leur déplacement ne pourrait avoir lieu sans beaucoup d'inconvénients; qu'on avait l'honneur de me prévenir que je trouverais, dans chaque chef-lieu de bailliage, des hommes capables de me fournir sur les localités tous les renseignements que je pourrais désirer, et qu'on avait eu l'attention, pour la facilité du service de l'armée française, de leur adjoindre des interprètes pour les deux langues.

Je ne donnai point de suite à ma demande parce que le général en chef, auquel je communiquai cette réponse, devait ordonner, dans peu de temps, l'organisation d'une commission de routes qui produirait les renseignements dont on aurait besoin.

Je fus invité par le général Dessolle, chef de l'état-major général, de lui adresser les ordres que je pourrais recevoir du ministre de la Guerre pour faire reconnaître quelque officier que ce fût dans un des corps sous mon commandement avant de les faire mettre à exécution.

Cette disposition avait été ordonnée par le général en chef parce que plusieurs officiers avaient été envoyés de Paris à différents corps pour y remplir des emplois vacants auxquels le général en chef désirait lui-même pourvoir, soit en y nommant provisoirement, soit en proposant les sujets au gouvernement, « parce que », disait-il avec raison, « il n'était pas juste que ces places fussent données à d'autres officiers que ceux qui servaient directement sous ses ordres et qui méritaient de l'avancement pour s'être distingués en diverses occasions pendant la campagne; que, d'ailleurs, c'était nuire à l'émulation dans son armée et y causer du mécontentement. » Ces envois du ministre lui donnèrent de l'humeur et il fit, à ce sujet, de vives représentations.

5 thermidor (24 juillet). — J'ai déjà dit qu'il y avait à Munich des émigrés et qu'ils n'avaient été nullement inquiétés. Après l'armistice, plusieurs demandèrent des passeports pour aller en France. Mais, d'après les ordres du général en chef, je refusai de les viser. Les moins raisonnables vinrent me faire leurs réclamations, en manifestant d'une manière fort singulière leur surprise de mon refus et alléguant que leurs affaires les appelaient en France, et qu'alors on ne pouvait pas leur refuser de passeport. Je me bornai d'abord à leur répondre qu'on ne pouvait pas leur en donner. Mais, voyant leur persévérance à me faire des observations déplacées, je fus obligé d'ajouter qu'il y avait de leur part trop d'indiscrétion car, quand bien même le général en chef signerait leurs passeports, ils ne pourraient mettre le pied sur le territoire français sans s'exposer à être arrêtés et à être condamnés à la peine capitale puisque, sous cette peine, une loi leur en défendait l'entrée. Ceci mit fin à toute réclamation; seulement, un d'entre eux me dit : « Eh bien! j'irai en France sans passeport et il en arrivera ce qui pourra. »

Le général Durutte me prévint que les Autrichiens avaient cédé Isen. Ils abandonnèrent aussi plusieurs autres villages de notre ligne que le général Debilly fit occuper.

Je donnai des ordres pour qu'on ne pût passer au delà de mes avant-postes sans un permis d'un chef militaire français, et pour que les personnes qui viendraient du côté de l'ennemi ne fussent pas non plus empêchées de passer cette ligne, mais en recommandant de les faire escorter jusqu'au quartier général le plus voisin de l'endroit où elles se présenteraient (1).

7 thermidor (25 juillet). — Les membres du gouvernement électoral m'ayant demandé un passeport pour un envoyé auprès de l'Électeur, je leur fis réponse que j'allais en référer au général en chef qui, jusqu'alors, avait donné à ce sujet une autorisation spéciale; et, en informant le général Moreau (2) de cette nouvelle

---

(1) « Veuillez bien, mon cher général, me dire si le parc d'artillerie du centre, laissé à Dachau, doit faire momentanément partie de ma division, pour que j'en fasse surveiller la police, et que j'en ordonne l'établissement en distribuant les hommes et les chevaux dans les environs de Dachau, car cette commune, par les passages fréquents et par le séjour des troupes, est extrêmement fatiguée.

« Comme il y avait une compagnie de la 50e attachée à la garde de ce parc où il se trouve une compagnie de canonniers, j'ai ordonné que cette compagnie de la 50e se rende à Augsbourg; elle partira demain » (Decaen à Dessolle, Nymphenburg, 6 thermidor, A. H. G.).

(2) La lettre de Decaen est peut-être du 10 thermidor. Moreau lui écrivit en effet, le 18 : « J'ai reçu, citoyen général, votre lettre du 10 et la réclamation des magistrats de Munich qui y était jointe. Je vous autorise à délivrer tous les passeports que vous jugerez nécessaires pour faciliter le commerce et l'approvisionnement de la ville de Munich; vous n'en

demande, je lui dis que je l'aurais prié de l'accorder si, entre autres choses, je n'avais pas été informé que l'Électeur avait donné l'ordre qu'on recueillît ses revenus pour les lui envoyer.

Je reçus de l'état-major général, établi à Augsbourg avec le général en chef, un tableau de l'emplacement des divisions ou corps de l'armée. Il indiquait ce qui suit :

La droite, sous les ordres du général Lecourbe, occupe le Splügen, dans les Grisons. Son front se prolonge vers la gauche, le long de la ligne de démarcation, jusque sur Ettal, vers la haute Loisach. Sa ligne de profondeur, depuis Ettal au Staffel See ; de ce lieu à Weilheim, elle longe la rive gauche de l'Ammer, jusqu'à la tête de l'Ammer See ; de Diessen, elle se dirige sur Landsberg, Mindelheim, Kellmünz, sur l'Iller, et Ehingen, sur le Danube ; remontant ensuite le Danube, elle occupe tout le pays de la rive droite de ce fleuve, tenant cependant sur la rive gauche Riedlingen et Fridingen ; de ce point, elle s'éloigne du Danube en suivant la route de Tuttlingen à Rottweil ; elle occupe ce dernier point inclusivement, en retombant sur Geisingen, Engen et Stockach jusqu'au lac de Constance (1).

La division aux ordres du général Decaen occupe le terrain compris entre la ligne de démarcation et la rive droite de l'Isar. Son extrême droite s'étend jusqu'à Murnau, entre la Loisach et le Staffel See, pour se lier au corps du général Lecourbe. La gauche appuie à Vilsbiburg, sur la route de Landshut à Braunau, pour se lier à la droite du corps d'armée du général Grenier. Tout le pays entre la rive gauche de l'Isar et la partie du Lech non comprise dans l'arrondissement du lieutenant général Lecourbe ne devra pas être occupé, afin de ménager les ressources d'un terrain où l'armée aurait à se rassembler en cas d'hostilités.

L'aile gauche, sous les ordres du lieutenant général Grenier, appuie sa droite à Vilsbiburg ; elle prolonge son front le long de la ligne de démarcation déterminée par l'armistice, jusqu'aux sources de la Rednitz. Elle occupe tout le terrain compris entre cette ligne de démarcation et la ligne de profondeur qui, partant

---

accorderez aucun aux émigrés. Le général d'Hautpoul ne peut frapper aucune imposition partielle ; quant aux contributions en denrées, elles doivent toutes être adressées aux baillis par le commissaire ordonnateur » (Moreau à Decaen, Augsbourg, 18 thermidor, A. H. G.).

(1) Voir les cartes du volume I*er* des *Mémoires et Journaux du général Decaen.*

de Landshut, passe à Mainburg, Geisenfeld, Schrobenhausen, Neuburg, Monheim, et remonte la rive gauche de la Wörnitz, se dirige vers les sources de la Rednitz.

La division aux ordres du général Leclerc prend ses cantonnements sur la Zusam, depuis Zusmarshausen jusqu'à Donauwörth inclusivement, comprenant l'espace entre le Danube et la Zusam depuis Zusmarshausen jusqu'à la Mindel, ainsi que la plaine sur la rive gauche du Danube.

L'espace compris entre les routes de Wertingen et Zusmarshausen, l'Iller et la route de Mindelheim à Kellmünz restera sans troupes, ayant eu à nourrir une partie de l'armée pendant un mois.

La division de cavalerie aux ordres du général d'Hautpoul a pour arrondissement la rive gauche de l'Eger en le remontant jusqu'à Klosterzimmern; de là, prenant la direction de Birkhausen et Wengenhausen, en suivant la route de Dinkelsbühl. Cette division occupe, depuis Wengenhausen, tous les cantonnements sur cette route jusqu'à Dinkelsbühl inclusivement.

La division aux ordres du général Grandjean cantonne sur Nördlingen, Bopfingen, Lauchheim et Ellwangen, embrassant dans son arrondissement l'espace compris entre ces villes, celle d'Aalen et la rive gauche du Danube.

Le corps de flanqueurs de gauche, sous les ordres du général Richepance, formant le blocus d'Ulm, occupe les positions qui environnent cette place. Il prend ses cantonnements dans le pays compris entre Gmünd, Schorndorf, Cannstatt, Urach et Blaubeuren, occupant les vallées de la Fils et de la Rems dans cet intervalle, et tenant Stuttgart par un piquet de police.

Le corps du bas Rhin, sous les ordres du lieutenant général Sainte-Suzanne, prend ses cantonnements dans la Franconie, le long de la ligne de démarcation.

Ayant reçu, avec cette indication d'emplacement, une lettre par laquelle on me mandait que, n'ayant porté ma droite que jusqu'à Helfendorf, je devais la prolonger jusqu'à Murnau et me lier avec la gauche des postes du général Lecourbe, j'écrivis que je ferais ce qui me concernait dans les dispositions générales, mais en faisant l'observation que, si ma droite n'avait pas été placée à Murnau, c'est qu'il avait été convenu que ce serait à la Loisach qu'il appuierait sa gauche; cependant que, puisqu'il faisait occuper Ettal et Weilheim, il était plus naturel que ses troupes gardassent le débouché par lequel on arrivait sur Murnau, puisqu'à Ettal, elles n'en étaient qu'à une petite lieue, et que moi, faisant garder ce débouché, ma ligne serait prolongée de cinq lieues.

11 thermidor (30 juillet). — Ayant donné ordre au général Debilly de prolonger par sa droite la ligne d'avant-postes de la division jusqu'à Murnau, selon les dispositions qui m'avaient été transmises, ce général, étant allé sur les lieux pour l'exécution de cet ordre, me rendit compte que les Autrichiens avaient élevé des difficultés pour l'occupation de Gmund et de Tegernsee. Je lui fis donner par mon chef d'état-major, qui était allé précisément placer des troupes sur cette partie de la ligne, une explication des arrangements qui avaient eu lieu alors entre lui et les officiers autrichiens, ainsi que des ordres qu'il avait donnés en conséquence au commandant des troupes françaises qui devaient occuper les endroits au sujet desquels il s'élevait une nouvelle contestation. Le général Debilly, ainsi informé, fit abandonner aux Autrichiens leurs prétentions (1).

15 thermidor (3 août). — Cet officier m'ayant adressé des rapports d'émissaires qu'il avait employés pour avoir des nouvelles de ce qui se passait du côté de l'ennemi, et ces rapports ne donnant que de faibles renseignements, je lui fis l'observation que les dires de la plupart était bien vagues, ou bien que ce n'étaient que des répétitions des nouvelles des gazettes ou apprises très facilement et que, néanmoins, ils faisaient valoir, en exprimant que, pour les recueillir, ils avaient couru les plus grands dangers.

Je lui recommandai donc de faire en sorte d'obtenir de ces émissaires de meilleures informations et qu'elles fussent du moins une compensation de l'argent qu'on leur donnait; qu'à cet effet, il fallait leur déterminer un ou plusieurs objets sur lesquels on voulait être informé; que, pour le surplus, c'était à leur désir d'obliger ou

---

(1) À la date du 11 thermidor, l'armistice ne semblait pas devoir se prolonger bien longtemps : Moreau rendait compte au ministre que, dès qu'on voudrait reprendre les hostilités, l'armée serait prête à marcher, et qu'il vallait mieux le faire « plus tôt que plus tard » (Moreau au ministre, Augsbourg, 11 thermidor, A. H. G.).

de la récompense qu'on s'en rapportait pour avoir des nouvelles sur des choses récemment faites ou sur des projets qu'on devait exécuter.

« Par exemple », lui disais-je, « dans le moment présent que ces émissaires rapportent qu'on travaille jour et nuit sous la conduite d'ingénieurs, il faut qu'ils disent d'une manière positive que c'est là et là qu'on s'occupe de travaux, si c'est sur la rive droite ou la rive gauche de l'Inn, si les troupes travaillent, ou seulement les paysans » ; qu'il fallait se servir de leurs déclarations pour établir des séries de faits sur lesquels on voulait être instruit.

Je lui renouvelai aussi ma recommandation d'avoir des émissaires sédentaires dans plusieurs endroits, tels que Innsbruck, Alt-Oetting et Passau car, rarement, les émissaires ambulants faisaient quelque chose essentiellement utile.

Je lui demandai aussi de m'informer quelles étaient les troupes autrichiennes placées devant la ligne de ses postes et comment elles étaient établies sur celle qu'ils devaient garder; depuis quel point jusqu'à tel autre il y avait des troupes de tel régiment et quels étaient les officiers généraux qui commandaient. Enfin, je lui mandai de recommander à ses avant-postes de l'informer lorsqu'ils apercevraient des changements de troupes sur la ligne de l'ennemi. Une note semblable fut adressée au général Durutte.

16 thermidor (4 août). — J'informai le général en chef que j'avais appris que 14 bataillons étaient arrivés des États héréditaires ; qu'on disait qu'ils avaient servi à compléter les différents régiments de l'armée du général Kray, que l'on portait à 40 000 hommes; qu'on avait annoncé l'arrivée d'un corps de 30 000 hommes pour le Tyrol; que déjà, 7 000 avaient rejoint les troupes aux ordres du prince de Reuss dont le quartier général était à Lesins (1), ce qui lui donnait une force active de 15 000 hommes; qu'on ajoutait que l'Électeur de Bavière réunissait ses troupes dans le Haut-Palatinat et que ce corps serait de 30 000 hommes, tout entier à la solde de l'Angleterre; enfin qu'il y aurait, en outre de ces forces, un corps de réserve vers Enns; que les émigrés étaient toujours au delà de Rosenheim; que

---

(1) Peut-être Lienz, aux confins du Tyrol et de la Carinthie.

d'autres rapports d'Innsbruck m'annonçaient que des forces autrichiennes se concentraient vers Schwaz et Braunegken (1); que tous les officiers pensionnés mais encore en état de servir et une partie des officiers des gardes du corps allemands et hongrois avaient reçu l'ordre de se rendre à l'armée; que le parc d'artillerie et l'équipage de ponts étaient en arrière de Braunau; qu'on approvisionnait cette place; qu'on travaillait avec beaucoup d'activité à rétablir et construire des ponts sur l'Inn, depuis les montagnes jusqu'au Danube; et que beaucoup d'habitants étaient employés à ces travaux; que, quoiqu'on dît dans l'armée autrichienne (d'après tous les travaux, les renforts reçus et à recevoir, l'arrivée de quelques remontes de cavalerie) que, si la guerre recommençait, l'Inn devait être le tombeau des Français, il continuait cependant de régner, dans cette armée, un très grand mécontentement et la désertion y était toujours considérable; que les Autrichiens, n'ayant point de confiance dans la levée en masse du Tyrol, l'avaient congédiée à l'exception des corps de chasseurs; qu'on prétendait que la cause de ce renvoi venait de ce que cette masse avait exercé des vengeances contre des pillards de l'armée impériale, et parce que ce qu'on appelait Tyroliens allemands et Tyroliens bavarois paraissaient unis pour ne faire, autant que possible, que leurs volontés; qu'on répandait dans le pays d'Innsbruck que si les généraux Mélas et Kray avaient mis de la sincérité à traiter, il n'en était pas de même du ministre Thugut qui, très mécontent, mettait tout en œuvre pour servir et faire servir le parti anglais.

17 thermidor (5 août). — Les membres du gouvernement électoral m'ayant fait la demande de faciliter le commerce, afin de contribuer à l'approvisionnement de Munich, en permettant le libre passage de notre ligne d'avant-postes, j'avais soumis cette réclamation au général en chef qui, dans sa réponse, m'autorisa à délivrer tous les passeports que je jugerais nécessaires pour cet objet, mais de n'en accorder aucun aux émigrés (2).

Les magistrats bavarois furent de suite informés que leur demande avait été octroyée.

---

(1) Peut-être s'agit-il de Bruneck, au sud de Rattenberg, et à 70 kilomètres environ au sud-est d'Innsbruck, dans le Puster Thal.

(2) La lettre de Moreau est du 18 thermidor. (Voir la note 2 p. 75).

Le chef de l'état-major général me fit connaître que l'intention du général en chef était que je donnasse des ordres pour que les diligences qui se rendraient d'Augsbourg à Innsbruck, Salzburg et Linz, fussent favorisées, comme les courriers destinés pour ces endroits, de passer librement en se conformant aux dispositions prescrites pour les passeports.

Il me manda aussi que, le général en chef ayant considéré que les charges que supportaient les communes désignées pour lieux d'étapes [étaient trop grandes], j'étais invité à ménager ces communes situées dans l'arrondissement de mes cantonnements.

29 thermidor (17 août). — Ayant eu l'avis que le général en chef était pour quelques jours absent, je rendis compte au général Dessolle, chef de l'état-major général de l'armée, que j'avais appris que les ennemis avaient beaucoup de forces dans le Tyrol, une partie venue de l'Autriche et l'autre d'Italie; que les principaux rassemblements étaient vers Innsbruck, Schwaz et Kufstein; que le général Mélas quittait le commandement de l'armée d'Italie et était remplacé par le général Kray qu'on disait déjà parti d'Alt-Oetting, et que c'était M. de Roveredo (1) qui avait pris son commandement, mais que je croyais que c'était M. de Klenau, et que le prince de Reuss avait donné sa démission; que les habitants du Tyrol, fatigués d'être constamment sous les armes depuis quatre ans, avaient envoyé le baron de Reinhart à Vienne pour solliciter afin d'avoir la paix; que, provisoirement, ils étaient rentrés dans leurs foyers, laissant seulement, dans quelques cantons, une compagnie pour les ordonnances.

---

(1) Ce nom, s'il est exact, est peut-être un titre, car il ne figure pas dans l'annuaire militaire autrichien de 1800.

CHAPITRE V

Moreau veut faire lever la carte de la Bavière. — Il décide la formation d'une commission de routes. — Decaen notifie cette décision au gouvernement électoral provisoire. — Mauvaise volonté des membres de ce gouvernement. — La mission du commissaire Neveu. — Protestation du gouvernement électoral. — Fermeté de Decaen. — Les membres du gouvernement électoral s'exécutent. — On prévoit la rupture de l'armistice. — Decaen chargé de reconnaître un camp pour l'armée entre l'Isar et l'Inn. — Il rend compte de sa mission à Moreau. — Il propose la position de Hohenlinden. — Ses raisons. — Les troupes de Decaen s'établissent vers Helfendorf. — L'armistice prolongé. — L'empereur cède Ulm, Philippsburg et Ingolstadt. — Renseignements fournis par Decaen sur les Autrichiens. — La reprise des hostilités semble probable. — Une adresse somme l'Électeur de mettre un terme à la guerre.

3 fructidor (21 août). — Je reçus une lettre du chef de l'état-major général m'annonçant que le général en chef, ayant l'intention de profiter du repos dont nous laissait jouir l'armistice pour se procurer, sur les pays qui avaient été le théâtre de ses campagnes, les renseignements topographiques les plus exacts et les plus détaillés, venait de distribuer sur le territoire de la Souabe la plus grande partie des officiers du génie et ingénieurs géographes pour faire lever les parties les plus intéressantes de ce cercle sous les rapports militaires, telles que le cours des fleuves et les chaînes de montagnes qui les traversent; qu'il désirait opérer le même travail sur la Bavière; mais que, comme le nombre des officiers aptes à cette opération se trouvait épuisé, il avait pensé d'utiliser les officiers et employés dont le gouvernement électoral se servait pour ce genre de travail; qu'après avoir pris des renseignements, il avait décidé qu'il serait formé à Munich, sous la direction de l'adjudant général d'Abancourt (1), une commission de routes formée de MM. Müller, Grunberg, Gazzi et Urschneider (2) qui possédaient les talents y requis; qu'à la diligence de cette commission serait

---

(1) D'Abancourt mourut à Munich le 27 nivôse an IX.
(2) Ces noms diffèrent un peu de ceux qui sont cités page 73 et plus loin.

organisé un bureau géotopographique, auquel seraient attachés les dessinateurs nécessaires pour fournir, aux demandes du général en chef ou du chef de l'état-major général, des cartes et autres renseignements relatifs à l'électorat de Bavière et Haut-Palatinat; que cette commission serait également chargée d'indiquer, par district, les guides les plus intelligents et les plus sûrs pour la conduite des colonnes, supposé que les hostilités dussent recommencer; que les fonds nécessaires à cet établissement seraient à la charge du gouvernement électoral; qu'il lui serait libre d'attacher près de cet établissement un commissaire chargé de surveiller l'emploi des fonds et de tenir la correspondance; que le général en chef s'en reposait sur mon zèle du soin d'organiser ce bureau de manière à ce qu'il pût procurer des résultats satisfaisants. Enfin on m'annonçait l'envoi de l'adjudant général d'Abancourt, chargé de se concerter avec moi et le gouvernement pour cet objet.

Aussitôt la réception de cette lettre, je notifiai aux membres du gouvernement électoral que, le général en chef ayant décidé qu'il serait établi à Munich une commission de routes sous la direction de l'adjudant général d'Abancourt, cette commission serait composée de MM. Grunberg, etc...; de vouloir bien, à cet effet, leur donner les ordres convenables; et que l'adjudant général d'Abancourt leur communiquerait ses instructions; que, cette commission ayant besoin, pour ses travaux, de former un bureau topographique, on mettrait à sa disposition les personnes instruites dans cette partie et qu'elle indiquerait, ainsi que les cartes, documents et autres objets utiles à son établissement et à ses travaux dont l'adjudant général d'Abancourt ferait la demande.

Je notifiai aussi aux membres du gouvernement électoral qu'ils pourvoiraient aux dépenses en argent que cet établissement exigerait, qu'ils pourraient y avoir une commission chargée de surveiller l'emploi des fonds et même de tenir la correspondance.

Ce même jour, je reçus une note des membres du gouvernement électoral dans laquelle on disait :

La nomination d'une commission composée de personnes employées au service de l'État pour l'établissement d'un bureau topographique entraîne nécessairement l'insuffisance de ces mêmes individus pour vaquer aux fonctions auxquelles ils sont attachés. Un changement de cette nature tient plus ou moins à la forme établie pour l'administration du pays et, sous ce rapport, le gouvernement électoral se trouve d'autant moins autorisé à seconder la décision du général en chef que le général Decaen vient de lui notifier, par sa lettre du 3 fructidor, que l'article 8 de la convention concernant un armistice entre les armées respectives porte expressément que le maintien des formes actuelles établies dans les Etats compris dans la ligne de démarcation est mis sous la sauvegarde de la loyauté française.

Le gouvernement électoral se voit, en conséquence, dans le cas de faire passer sous les yeux de Son Altesse Électorale la susdite lettre du général Decaen et d'attendre les instructions que ce souverain lui fera parvenir à ce sujet. Il croit, en même temps, devoir observer que les frais que l'établissement d'un bureau topographique occasionnera, et qui doivent être à la charge du pays, seraient une nouvelle contribution qui surpasse les moyens dont le gouvernement peut disposer lorsqu'il a les plus grandes difficultés à vaincre pour remplir celle des six millions.

Le gouvernement électoral se flatte que le général Decaen, avant de prendre des mesures ultérieures, ne se refusera pas de communiquer au général en chef les motifs qui l'empêchent de remplir immédiatement ses vues.

4 fructidor (22 août). — Je fis à cette note la réponse suivante :

La série d'observations que présente le gouvernement électoral pour ne pas satisfaire à la demande relative à l'établissement d'une commission de routes, décidé par le général en chef, prouve sans restriction que c'est une absolue mauvaise volonté.

Le général Decaen a à se ressouvenir que, déjà, on lui a fait des observations sur cet objet, observations qu'il crut alors ne pas devoir relever. Mais aujourd'hui, cet établissement doit avoir lieu et le général ne peut concevoir comment on regarde qu'un bureau topographique pour l'utilité d'une armée qui a conquis un pays soit un changement dans une administration qu'on a bien voulu laisser subsister; enfin que, pour appuyer de telles objections, on ait recours à un article de convention auquel on donne une interprétation qu'on croit applicable.

Le général Decaen ne peut différer l'exécution des ordres qui lui ont été transmis et, certes, le général en chef, auquel il ne manquera pas de communiquer les réponses du gouvernement électoral, sera loin d'être satisfait.

En même temps que j'avais notifié au gouvernement électoral la décision du général en chef pour la formation d'une commission de routes, etc., j'avais écrit aux membres de ce gouvernement :

Je vous préviens, Messieurs, que le citoyen Neveu, commissaire spécialement nommé par le gouvernement français et accrédité auprès de moi par le général en chef Moreau, est chargé de choisir, dans les différentes demeures de l'Électeur et dans les établissements publics de la ville de Munich, les objets d'art et de science qui peuvent servir à compléter et embellir les musées et bibliothèques de la République française.

Vous voudrez donc bien donner des ordres pour que les objets qu'il demandera lui soient remis sans délai; il en sera fait un état double qui sera de lui signé et par une personne que vous désignerez à cet effet.

Il sera aussi nécessaire que vous fassiez procurer au citoyen Neveu tout ce qui pourra lui être utile et dont ce commissaire pourra faire la demande.

Faites, Messieurs, que la galerie Électorale, par laquelle doit commencer ce commissaire, soit à sa disposition sans retard, et qu'il n'éprouve aucun empêchement dans l'exécution prompte de la mission dont il est chargé, car vous en seriez personnellement responsables.

Cette communication donna encore plus d'humeur à ces messieurs. Voici leur note :

Le gouvernement électoral a reçu la lettre par laquelle le général Decaen lui fait part de la commission spéciale dont le citoyen Neveu est chargé par le gouvernement français relativement aux objets d'art et science dans les demeures de l'Électeur et dans les établissements publics de la ville de Munich.

La nature de cette commission est d'autant plus inattendue que les objets en question entrent incontestablement dans la catégorie des propriétés dont l'article 8 de la convention concernant un armistice entre les armées respectives garantit le maintien, en les mettant sous la sauvegarde de la loyauté française.

Le gouvernement électoral a pensé en outre que, moyennant la contribution de six millions imposée sur la Bavière, ce pays avait acquis une sûreté de plus pour le respect des propriétés publiques et particulières.

L'on ne se permet pas de douter que ces considérations, si elles avaient été connues du gouvernement français à l'époque de la mission du citoyen Neveu, ne lui eussent paru suffisantes pour ne point l'ordonner et l'on ne saurait se refuser à la conviction que le gouvernement français voudra bien la retirer, dès qu'il sera informé des motifs qui s'y opposent, à moins de blesser les engagements les plus sacrés et de traiter la Bavière avec une rigueur à laquelle elle ne doit pas s'attendre, après tous les efforts qu'elle vient de faire pour l'armée française.

Le gouvernement électoral se flatte que le général en chef voudra bien appuyer l'exposé ci-dessus près du gouvernement français et, à cet effet, le général Decaen est prié de le communiquer au général en chef.

Munich, 21 août.

J'envoyai sur-le-champ, en réponse à cette note, celle ci-après :

Le général de division Decaen pense que le gouvernement électoral a donné à l'article 8 de l'armistice arrêté entre le général en chef de l'armée française et celui de l'armée autrichienne une toute autre interprétation que celle qui lui est convenable. Il observe au gouvernement électoral que c'est le général Moreau, auquel la réclamation sera adressée, qui a conclu cet armistice, que c'est lui qui, depuis, lui a donné l'ordre de protéger le commissaire Neveu dans l'exécution de la mission dont il a été chargé par le gouvernement français.

Ainsi, le général Decaen ne peut se permettre le moindre retard à l'exécution de ces ordres.

Il invite les membres du gouvernement électoral de ne pas l'obliger de recourir aux voies de rigueur : elles ne lui sont point agréables.

Après avoir fait expédier cette dernière note, j'écrivis au général Dessolle :

Voyez, mon cher général, par les pièces ci-jointes une discussion qui s'établit entre le gouvernement électoral et moi. Je me dispense de vous faire aucune réflexion à cet égard, mais vous verrez, par mes réponses, à quel parti je suis décidé et certes, je suivrai la marche que j'ai promis de tenir, à moins que vous ne me disiez d'en user autrement.

6 fructidor (24 août). — Je reçus la réponse du général Dessolle, datée du 5 (1). Elle n'était relative qu'à la commission de routes, mais elle suffisait pour mettre fin aux observations présentes et futures du gouvernement électoral. Il m'écrivait :

Je reçois, mon cher général, votre lettre et la note du gouvernement électoral de Bavière relative à la création d'une commission de routes. Pour toute réponse, le général en chef vous ordonne d'avoir à faire exécuter ses dispositions sur-le-champ. Veuillez, par un reste d'intérêt, ôter de la tête de Messieurs composant le gouvernement électoral que les ordres du général en chef aient besoin de la sanction de l'Électeur de Bavière. Une pareille opinion pourrait leur être nuisible. Veuillez me rendre compte dans les vingt-quatre heures de l'exécution de cet ordre. Vous pouvez communiquer ma lettre à ces messieurs.

Salut et amitié.

7 fructidor (25 août). — Je lui écrivis :

Les membres du gouvernement électoral n'ont point attendu, mon cher général, que je sois dans le cas de leur communiquer votre réponse pour exécuter ce qu'ils avaient comme refusé par leurs notes autant indiscrètes que maladroites. Ils se sont effectués aussitôt après avoir reçu les

---

(1) Le ministre de la guerre, à ce moment, avait prévenu Moreau que les hostilités recommenceraient du 4 au 9 septembre ; Moreau chargea Dessolle d'en informer le général de l'armée ennemie, et l'invita à se préparer sans bruit (Moreau à Dessolle, Strasbourg, 6 fructidor, A. H. G.).

réponses à leurs notes. Je vous l'aurais dit plus tôt si l'adjudant général d'Abancourt, qui avait à vous communiquer ses premières opérations, n'était point parti pour aller vous voir. J'aime à croire que MM. les membres du gouvernement électoral ne s'écarteront plus de la voie qu'ils doivent tenir; autrement, je vous promets qu'ils y seront bientôt ramenés (1).

10 fructidor (28 août). — Je reçus du général Dessolle une lettre datée du 9, dans laquelle il me mandait :

Le général en chef vous invite à reconnaître le plus tôt possible, entre l'Isar et l'Inn, un camp pour l'armée sur les communications de Braunau et de Wasserburg. Veuillez m'accuser la réception de cette lettre...

Et par post-scriptum :

Cette disposition vous fait connaître qu'il pourrait se faire que les hostilités recommençassent; mais le général en chef vous invite à ne pas ébruiter les causes de la reconnaissance que vous allez faire.

Aussitôt la réception de cette dépêche, je me rendis sur les lieux pour remplir la mission dont j'étais chargé. Pendant que je m'en occupais, il me parvint une autre lettre du général Dessolle, datée du 11. Il m'écrivait.

Je vous préviens que l'armée a ordre de se réunir pour prendre position du 22 au 23 en avant de Munich.
Le corps du lieutenant général Lecourbe prendra position sa gauche appuyée à l'Isar et sa droite à Reutte. En conséquence, vous replierez toutes les troupes sous vos ordres qui sont sur la rive gauche de l'Isar à proportion qu'elles seront relevées. Vous vous lierez par votre droite à la gauche du général Lecourbe et renforçant votre ligne depuis cette rivière principalement sur le débouché du Tegern See et de Rosenheim.
Vous donnerez au général Gudin tous les renseignements que vous aurez pu acquérir sur la partie de la ligne que vous lui abandonnerez. Vous mettrez vos troupes en mouvement de manière à être réuni le 20 en avant de Munich, prêt à occuper la droite du camp que le général en chef vous a chargé de reconnaître.
Il est nécessaire que vous activiez tous vos moyens d'espionnage pour connaître les mouvements de l'ennemi et les points de ses principaux rassemblements afin de faire juger quels sont les points offensifs et défensifs.
L'ordonnateur en chef va prendre des mesures pour les subsistances de

---

(1) A la date du 7 fructidor, Moreau annonçait à Augereau, commandant l'armée gallo-batave, la rupture de l'armistice (Moreau à Augereau, sans indication de lieu, 7 fructidor, A. H. G.).

l'armée; je le préviens de s'adresser à vous pour appuyer toutes ses demandes près du gouvernement électoral.

Le général en chef vous recommande aussi de ne pas tolérer, dès ce moment, d'autres communications avec l'armée ennemie que celles établies quand les hostilités sont en pleine activité (1).

14 fructidor (1er septembre). — Rentré le 14 à mon quartier général à Nymphenburg (2), j'annonçai au général Dessolle que j'adressais au général en chef mon rapport sur la reconnaissance qui m'avait été ordonnée; que, d'après la lettre du 11, j'avais fait cesser toute communication avec l'armée ennemie; que les ordres étaient donnés pour quitter la ligne que je tenais sur la rive gauche de l'Isar et la céder aux troupes du général Gudin.

Je lui fis l'observation que, mes troupes devant être réunies le 20 en avant de Munich, il ne m'avait pas marqué quel jour la partie de la ligne depuis Isen jusqu'à Vilsbiburg, que je tenais, serait occupée par une autre division.

Je lui adressai une note de ce qui se trouvait en magasin à Munich, ce qui pouvait nourrir, en pain, 50 000 hommes pendant dix jours et 5 000 chevaux, en avoine, pendant le même temps; mais qu'en foin, le magasin n'était pas aussi bien fourni. Je lui fis l'observation que, malgré mes demandes au commissaire, je n'en savais point le motif et que, comme il n'était pas de la division, je n'avais pas autant exigé.

Je lui mandai que je n'avais encore vu aucune personne envoyée par l'ordonnateur en chef, ainsi qu'il me l'avait annoncé; qu'il était cependant essentiel de s'occuper de cette partie parce que le pays que devait occuper l'armée offrait peu de ressources, surtout en foin, puisque la majeure partie du terrain était couverte de bois.

Je lui dis qu'Erding pouvait être un excellent endroit de manutention intermédiaire et qu'entre Munich, Ebersberg et Helfendorf, il n'y avait pas d'endroit susceptible d'un tel établissement; qu'il

---

(1) Pour ce dernier paragraphe, le registre de correspondance de Moreau donne une légère variante : « Veuillez donner des ordres pour que toutes communications entre les deux armées soient tout à fait interrompues, excepté celles du général en chef Moreau et du général Kray » (Registre de correspondance de Moreau, sans indication de lieu, 11 fructidor, f° 115, A. H. G.).

(2) Le 13 fructidor, Moreau rendait compte au Premier Consul qu'il serait en mesure d'attaquer le 24 fructidor (11 septembre) si l'empereur n'avait pas ratifié les préliminaires de paix (Moreau à Bonaparte, sans indication de lieu, 13 fructidor, A. H. G.).

faudrait que le pain vînt de Munich, pour la droite du corps d'armée qui serait sur la rive droite de l'Isar, c'est-à-dire depuis Valley jusqu'au fleuve ; enfin que, pour une partie de la division Gudin, Wolfratshausen pourrait être un point convenable en raison de sa grande communication avec Munich.

J'écrivis au général en chef que je désirais que le lieu que j'avais choisi pour la position de l'armée sur les débouchés de Braunau et de Wasserburg fût tel qu'il le désirait ; qu'ayant pensé qu'il n'avait pas entendu que je m'occupasse de tous les débouchés qui menaient à Braunau, je n'avais bien fait attention qu'à ceux par lesquels on pouvait se diriger sur cet endroit et sur Wasserburg en partant de Munich et de Freising ; que le camp que j'avais jugé convenable d'être occupé sur les débouchés de ces deux points avait sa droite sur la hauteur d'Ebersberg, vers Grafing, son centre à Hohenlinden, et sa gauche en arrière d'Isen, vers Forstern, laquelle on pourrait cependant prolonger aux sources de la Vils, pour avoir bien tous les débouchés par lesquels on arrive par Dorfen sur la grande communication de Braunau.

Je n'entrerai pas, lui dis-je, dans les détails des avantages que donne cette position, soit pour l'offensive, soit pour la défensive. Il faudrait pour cela avoir des données sur les opérations à entreprendre ou faire des suppositions.

La droite du camp, sur la hauteur d'Ebersberg, est une excellente position. Il y a un champ de bataille, et on ne peut y arriver du côté de l'ennemi, sur le flanc et sur le front, que par des défilés.

De cette position, on peut très bien, par des chemins praticables, manœuvrer ou sur le débouché de Rosenheim ou sur celui de Haag, Mailetskirchen, entre Ebersberg et Hohenlinden. C'est un point intéressant si, absolument, on voulait agir sur Wasserburg. Je dis : absolument, car les approches de cet endroit, d'après les renseignements, sont assez difficiles.

Pour l'offensive et la défensive, le point de Hohenlinden est très essentiel, car c'est un point central de communication pour Ebersberg, Wasserburg, Haag et Dorfen. C'est aussi à Hohenlinden que se réunissent les chaussées de Munich et d'Erding à Braunau. Il y a aussi d'assez bonnes communications en arrière de cette position pour longer le camp.

En avant de Munich et aux environs d'Erding, les localités sont convenables pour faire le rassemblement des troupes qu'on destinerait à occuper la position de Hohenlinden (c'est ainsi que je la nomme), et pour les y diriger. Comme il y a sept lieues de Munich à Ebersberg et à Hohenlinden, et que, le jour où l'armée prendrait cette position, les avant-gardes se porteraient plus en avant pour éloigner l'ennemi à qui, je crois, il serait difficile d'en prendre une parallèle, en avant de l'Inn, sans courir de grands risques, on pourrait très bien prendre des positions de marche aux lieux ci-après : pour la colonne marchant sur Ebersberg, à Zorneding ; pour celle sur Hohenlinden, entre Anzing et Parsdorf ; enfin, pour la gauche, qui partirait d'Erding, vers Hörlkofen et Walpertskirchen.

Je ne parle pas des débouchés de Rosenheim, n'ayant point eu l'ordre d'en prendre une connaissance relative à la position de Hohenlinden. Demain, j'irai sur les lieux pour en faire une reconnaissance exacte.

17 fructidor (4 septembre). — Aussitôt mon retour, je fis au général en chef le rapport suivant :

Si la position de Hohenlinden présente des avantages pour agir sur Wasserburg et Braunau, celle de Helfendorf, de laquelle on peut assez facilement communiquer à Hohenlinden par Ebersberg, n'en offre pas moins, pour agir sur Rosenheim et le Tyrol, soit pour l'assiette du camp, soit pour les mouvements de troupes qu'on voudrait faire exécuter sur Rosenheim et Kufstein ou sur le Tegern See, ou pour repasser l'Isar à Tölz pour opérer sur Innsbruck par le débouché de Mittenwald.

Du camp de Helfendorf, on peut se porter sur Rosenheim par la grande chaussée et par un chemin qui, de Helfendorf, passe par Ober-Laus, etc... Cependant, cette communication, ainsi qu'une autre qu'on trouve à Valley, en passant la Mangfall, débouche sur la grande chaussée aux environs d'Aibling.

La communication par Valley est peu praticable pour les voitures ; mais, comme la nature du pays présente une position assez forte pour empêcher l'approche d'Aibling, cette communication de Valley pourrait faciliter l'entreprise qu'on voudrait faire sur Aibling qui est, en outre, couvert par la Glonn dont les bords sont très marécageux.

J'ai aussi remarqué que le terrain entre la Glonn et la Moosach présenterait une position défensive assez favorable à l'ennemi, si les communications avec Rosenheim et Wasserburg sont aisées, ou s'il y avait un pont jeté sur l'Inn devant l'abbaye de Rott. On ne communique de Rott sur la rive droite de l'Inn que par un bac.

On ne peut bien communiquer avec Kufstein que par la grande chaussée qui part d'Aibling, y passe la Mangfall et suit l'Isar parallèlement. Il en est bien une autre à travers les montagnes, mais bien difficile ; d'après les renseignements, on ne peut même être encore assuré si ce chemin est praticable pour les voitures depuis Fischbachau où il passe la Leizach, jusqu'à Kufstein. Ce chemin passe à Weyarn où, avant d'arriver, il y a un pont sur la Mangfall, et ensuite par Miesbach. Tout le terrain en arrière de la Mangfall, dans une profondeur assez étendue, présente la plus belle assiette d'un camp de rassemblement, soit qu'on veuille agir ou sur Rosenheim ou sur le Tyrol en passant l'Isar à Tölz, parce qu'il ne faut guère compter sur une principale opération par la route du Tegern See sur

Innsbruck ou Hall, puisque l'Achen See présente un obstacle qu'on peut dire insurmontable. Lorsqu'on approche de l'Achen See, on ne trouve point de moyen pour vaincre cet obstacle qui consiste dans une interruption de communication, la route n'étant point praticable pour des chariots de guerre ; car, étant arrivé à Achensee, on est obligé d'embarquer les voitures sur le lac qui a plus d'une lieue et demie de longueur ; et, dans les montagnes, il règne une chaussée par laquelle on ne peut passer qu'avec des voitures du pays, et la sortie de ce défilé, ainsi que le point de débarquement, sont défendus par une trentaine de pièces de canon. Ces batteries sont établies depuis longtemps.

Ce camp, qui serait établi sur le beau plateau de Valley, avec l'avantage des communications précitées, avec de beaux appuis pour les flancs, aurait tout son front couvert par la Mangfall qui n'est abordable, quoique avec les plus grandes difficultés, que par Valley, Weyarn et Gmund. C'est auprès de ce village qu'elle sort du Tegern See. Ce serait pourtant à Gmund qu'il serait plus facile de déboucher : il y a un chemin qui conduit sur Kufstein par Fischbachau.

Les communications de Valley sur Munich et Helfendorf sont d'excellentes chaussées. Elles sont également bien bonnes de Valley et de Weyarn sur Tölz. On a bientôt gagné la grande route qui conduit de Rosenheim à Tölz en passant à Holzkirchen. La communication de Gmund à Tölz, quoique de village à village, est très praticable ; de Tölz, il y a une communication qui remonte l'Isar et qu'on dit praticable avec des voitures jusqu'à Riss, en passant par Lenggries où il y a un pont sur l'Isar et une communication peu commode avec Benedictbeuern.

De Riss, on va par un chemin assez difficile à la maison dite Hagelhausen (1). Cette communication pourrait bien faciliter les approches de Hall et surtout servir à tourner le débouché de Mittenwald qu'on dit être très difficile. Il serait peut-être possible que cette communication offrît quelques facilités pour vaincre les obstacles que donne l'Achen See.

La communication de Tölz à Benedictbeuern, où se trouvent les grandes routes qui conduisent à Innsbruck, soit en passant entre l'Achen See et le Walchen See, est praticable. La communication en passant par Murnau sur Mittenwald est la plus belle. Ce pays est plat et ouvert, tandis que celle par les lacs est un défilé continuel. Mais celle-ci est plus courte que l'autre de quatre lieues, car de Benedictbeuern à Innsbruck, il y a seize lieues, et, par Murnau, il y en a vingt. Benedictbeuern, au lieu de Wolfratshausen, que j'avais indiqué comme pouvant servir de point pour une manutention, etc.., présente beaucoup plus d'avantages par sa situation et ses bonnes communications.

Au surplus, mon général, l'adjudant général Guyot (2), qui a fait avec

---

(1) Hagelhütte sur le 1/300 000ᵉ de Liebenow, Purschhütte sur le 1/100 000ᵉ allemand et le 1/75 000ᵉ autrichien.

(2) Guyot (Étienne), né le 1ᵉʳ mai 1767, à Mantoche (Haute-Saône) ; volontaire au 1ᵉʳ bataillon de la Haute-Saône, en août 1791 ; lieutenant, le 6 septembre 1791 ; aide de

moi cette reconnaissance, répondra très bien aux questions que vous pourrez lui faire sur les objets que j'ai traités ou que j'aurais omis.

Une lettre du chef de l'état-major général, sous la date du 14, m'informa que, d'après les ordres du général en chef, les troupes du lieutenant général Grenier relèveraient les miennes, du 20 au 21, vers Vilsbiburg; que le général Grenier serait, vers le 20, sur Freising; qu'il avait adressé à l'ordonnateur en chef copie de tout le paragraphe de ma lettre relatif aux approvisionnements.

18 fructidor (5 septembre) (1). — Je mandai au général Debilly de se préparer à faire faire un mouvement à sa brigade du 20 au 21, mais de donner préalablement des ordres pour que ce qu'il avait d'infanterie et de cavalerie cantonné sur la route de Munich à Hohenlinden et à la gauche de cette route, quittât ses cantonnements, excepté ce qui formait la ligne et qui resterait jusqu'à ce qu'il fût remplacé, et qui, au fur et à mesure, appuierait sur sa droite; que, comme il était présumable que la division marcherait vers Helfendorf, il serait convenable que les troupes dont je lui ordonnais le mouvement fussent rapprochées de ce point et prissent leurs cantonnements entre la chaussée qui conduit à Ebersberg et celle qui va à Helfendorf.

Le général Durutte fut prévenu que le général Grenier devait faire relever sa ligne d'avant-postes du 20 au 21 (ces postes appuieraient vers leur droite lorsqu'ils seraient remplacés); que la portion de ses troupes qui était entre l'Isar et la ligne de démarcation devait cantonner, le lendemain, à Erding et environs, ainsi qu'à Hohenlinden et environs; que, le 20, les troupes qui occupaient Freising viendraient à Erding et celles qui seraient à Erding cantonneraient à Schwaben et environs.

Le général en chef arriva à Nymphenburg. Le chef de l'état-major m'avait donné avis que, le 16, le quartier général viendrait

---

camp du général Bourcier, le 27 octobre 1793; chef d'escadrons, le 17 pluviôse an VII; adjudant général, le 25 messidor an VII; chef de brigade, le 15 nivôse an IX; général de brigade, le 3 nivôse an XIV; tué sur le champ de bataille de Kleinenfeld (Prusse), le 8 juin 1807 (A. A. G.).

(1) A cette date, le gouvernement électoral prévint Decaen qu'il venait d'expédier les commissions qui lui avaient été demandées pour MM. Grunberger, Müller, Gazzi et Urschneider par une lettre de Plauzonne en date du 18 fructidor (Le gouvernement électoral à Decaen, Munich, 5 septembre 1800, Papiers Decaen, in-f° 77, 39, p. 25).

à Munich et que l'état-major général resterait à Augsbourg jusqu'à nouvel ordre.

20 fructidor (7 septembre). — En conséquence d'un ordre verbal que me donna le général en chef, les généraux de brigade de ma division reçurent celui de faire partir leurs troupes de leurs cantonnements le 21, pour aller occuper la position de Helfendorf où elles devaient arriver successivement le 22 et le 23 (1).

La brigade Debilly devait garder et défendre la chaussée de Rosenheim et la communication qui conduit de cette chaussée à Valley et se lier vers ce dernier endroit avec la gauche du lieutenant général Lecourbe. Il devait aussi couvrir, avec ses troupes légères, la brigade du général Durutte qui devait aussi camper près de Helfendorf, la droite vers la chaussée de Rosenheim et la gauche vers Zinneberg. Les avant-postes de la 1re brigade devaient se lier, à leur gauche, avec ceux de la division Richepance qui devait prendre sa position vers Ebersberg.

Le quartier général de la division devait être à Höhenkirchen (2).

21 fructidor (8 septembre). — Après quelques communications par écrit entre les généraux en chef des deux armées, le général Moreau me fit part que l'armistice était prolongé de plusieurs jours (3). Alors, d'après ses intentions, je mandai au général Debilly que les troupes de sa brigade qu'il avait encore à Munich y resteraient jusqu'à nouvel ordre, que celles qui étaient sur la rive gauche de l'Isar seraient relevées par celles du général

---

(1) « La division aux ordres du général Decaen se rassemblera à mesure qu'elle sera relevée dans les postes qu'elle occupe sur la ligne de démarcation et ira camper, en partie, le 22, et en totalité, le 23, vers la position d'Helfendorf, la droite à Valley inclusivement ; sa gauche appuiera à la Glonn et communiquera par Zinneberg avec la droite de la division du général Richepance qui prendra, le 21, la position d'Ebersberg.

« Le général Decaen est prévenu que le général Grandjean prendra, le 22, position sur Zorneding entre les routes de Munich à Wasserburg et à Rosenheim, en réserve des deux autres divisions du centre, et que le corps du général Lecourbe aura sa gauche sur la Mangfall vers Darching... » (Ordre de mouvement de Moreau aux trois divisions du centre, 19 fructidor, A. H. G.).

(2) La carte de Joseph Dirwald, de 1813, de même que le 1/300 000e de Liebenow, porte Hechenkirchen, comme l'avait orthographié Decaen.

(3) C'est à cette date que Moreau avisait le général en chef de l'armée impériale que, d'après la demande du comte de Lehrbach, ministre plénipotentiaire de l'empereur, les troupes françaises s'abstiendraient, jusqu'à nouvel ordre, de toute hostilité (Moreau au général en chef de l'armée impériale, Nymphenburg, 21 frutidor, A. H.G .).

Lecourbe et que la ligne que devait garder la division s'étendrait depuis la droite de l'Isar jusqu'à la route de Rosenheim à Munich. Il lui fut prescrit des dispositions pour la garde de cette ligne ainsi que pour celle de la chaussée de Helfendorf à Rosenheim.

Le général Durutte reçut l'ordre de cantonner sa brigade dans plusieurs villages entre Zinneberg et Helfendorf.

Les communications se continuèrent entre les commandants des deux armées. Mais, le 1ᵉʳ jour complémentaire, le général en chef me dit que je devais préparer ma division à faire un mouvement. En conséquence de cet avis et de ses intentions, je mandai au général Debilly que le général Lecourbe devait faire relever les troupes de sa brigade placées vers Valley et sur le débouché de Helfendorf à Rosenheim, et de donner des ordres pour que ces troupes appuyassent à gauche au fur et à mesure qu'elles seraient relevées et de rassembler, le lendemain, toute l'infanterie auprès de Helfendorf et la cavalerie entre cet endroit et Zinneberg.

Il fut mandé au général Durutte de rassembler son infanterie et cavalerie aux environs de Lindach, etc... On resta ainsi, en attendant le résultat des négociations, jusqu'au 2ᵉ jour complémentaire (1).

2ᵉ jour complémentaire (19 septembre). — Le général en chef me désigna alors une nouvelle position que devait prendre ma division. D'après quoi, j'ordonnai au général Debilly de placer sa brigade, le lendemain avant midi, sur la hauteur en arrière de Grafing, la gauche à la chaussée d'Ebersberg à Wasserburg, occupant Grafing et gardant les débouchés conduisant à Wasserburg, Rott et Rosenheim; et il fut prévenu que la grande chaussée de Wasserburg à Munich serait gardée par le général Richepance.

J'avais composé la brigade du général Debilly du 6ᵉ régiment de chasseurs à cheval, du 2ᵉ bataillon de la 14ᵉ d'infanterie légère (2), de la 100ᵉ d'infanterie de ligne, de deux pièces de canon de 4.

Le général Durutte reçut l'ordre de placer aussi, ce même jour avant midi, sa brigade composée du 10ᵉ de chasseurs à cheval, de

---

(1) Le 27 fructidor, le ministre de la guerre écrivait à Moreau de reprendre les hostilités si l'empereur ne cédait pas (Le ministre à Moreau, 27 fructidor, A. H. G.).

(2) Decaen donne la même indication, cinq lignes plus bas, dans la composition de la brigade Durutte.

la 4ᵉ d'infanterie de ligne, du 2ᵉ bataillon de la 14ᵉ légère, de deux pièces de 4, sur les hauteurs en arrière de Grafing, la droite vers Alxing et Bruck, dans la position la plus convenable.

Il lui fut recommandé de laisser un demi-bataillon d'infanterie légère avec un escadron de chasseurs entre sa droite et Glonn, établis de manière à garder cette partie et à se lier avec les troupes du général Lecourbe qui devaient appuyer leur gauche vers Zinneberg, ainsi que de garder, sur l'étendue de son front, les chemins conduisant sur Rott et Rosenheim.

Le chef de brigade Saint-Dizier, commandant le 17ᵉ de dragons auquel fut réuni le 1ᵉʳ bataillon de la 14ᵉ légère, reçut l'ordre de prendre position en avant de Zorneding, près le village d'Eglharting, la gauche à la chaussée de Munich à Ebersberg et la droite vers Ilching.

Il fut ordonné au capitaine Valée, commandant la compagnie d'artillerie légère, de se rendre à Zorneding, lieu aussi désigné pour le quartier général de la division. L'artillerie de position, le parc et les équipages furent placés à Haar, village en arrière de Zorneding.

Le général en chef étant allé à Hohenlinden pour reconnaître cette position et voir en même temps les troupes du lieutenant général Grenier arrivées vers ce point, je reçus une lettre du chef de l'état-major général. Il m'annonçait l'envoi de plusieurs exemplaires du *Moniteur*, contenant les préliminaires de paix signés à Paris par le comte de Saint-Julien, et que l'empereur avait refusé de ratifier.

Il me recommandait de les faire connaître de suite à tous les corps de ma division pour qu'ils puissent juger de la modération du gouvernement français et par conséquent de son désir bien prononcé de faire la paix.

Le général Dessolle avait ajouté en post-scriptum :

Le général Lahorie, que le général en chef a envoyé pour faire une dernière proposition, sera de retour ce soir ou demain matin, et, comme il est à présumer que ses propositions ne seront pas acceptées, on sera dans le cas de recommencer de suite les hostilités et vous en serez prévenu.

Le général en chef revint le soir à Nymphenburg.

3ᵉ *jour complémentaire* (20 septembre). — Le lendemain matin, pour passer le temps, en attendant le résultat de ce dont il avait chargé le général Lahorie, il monta à cheval. L'ayant accompagné, nous allâmes au travers la plaine de Munich jusqu'à la grande route où il voulait voir passer la division de réserve de cavalerie; et lorsqu'elle fut passée, il voulut faire forcer quelques lièvres. C'était pendant cet amusement qu'un courrier lui apporta la dépêche du général Lahorie pour lui rendre compte qu'il venait de signer une convention d'une nouvelle suspension d'armes.

La prolongation de l'armistice avait été fixée à 45 jours, à compter du 3ᵉ jour complémentaire (20 septembre), y compris 15 jours d'avertissement pour la reprise des hostilités si elles devaient avoir lieu.

Le général en chef rentra de suite à Nymphenburg. Dans la soirée, le général Lahorie lui apporta la convention dont suit le premier article.

Sa Majesté Impériale et Royale, sur la demande du Premier Consul de la République française, et dans la vue de donner une preuve de son désir d'arrêter le fléau de la guerre, consent à ce que les places de Philippsburg, Ulm, avec les forts qui en dépendent, et Ingolstadt, lesquelles sont comprises dans la ligne de démarcation qui a été fixée par la convention du 17 juillet dernier (26 messidor), soient remises à la disposition de l'armée française comme gage de ses intentions (1).

D'autres articles concernaient l'exécution de celui ci-dessus.

Par l'article 7, le général en chef de l'armée du Rhin s'engageait à faire cesser sur-le-champ les hostilités à l'armée de la République française en Italie dans le cas où la reprise en aurait eu lieu.

La ligne de démarcation restait la même que celle fixée par la précédente convention.

L'article 9 annonçait que l'armée française du Rhin reviendrait et s'arrêterait sur les deux rives de l'Isar et l'armée impériale d'Allemagne sur les deux rives de l'Inn, chacune à une distance de 3 000 toises, soit de ces rivières ou des places de leur cours; et qu'il serait seulement placé une chaîne d'avant-postes sur la ligne de démarcation.

Cette prolongation d'armistice, consentie par l'empereur qui

---

(1) La remise des places d'Ulm, Philippsburg et Ingolstadt avait été consentie par l'empereur, représenté par le comte de Lehrbach et le général Lauer (Moreau au ministre, Nymphenburg, 3ᵉ complémentaire an VIII, A. H. G.).

n'avait pas voulu ratifier les préliminaires de paix et qui, dans cette circonstance, sacrifiait trois places de guerre, fut attribuée à ce que non seulement son armée n'était pas en mesure de recommencer les hostilités, mais encore à ce qu'étant venu la voir, il ne l'avait pas trouvée en bon esprit. Cette armée était mécontente. Quelques révoltes partielles s'y étaient manifestées.

Lorsque cette nouvelle convention fut connue de notre armée, les soldats disaient qu'ils venaient de faire une campagne de vingt-quatre heures.

Dès ce même jour, le chef de l'état-major général m'écrivit que, d'après les dispositions du général en chef, je continuerais à occuper Munich et à former le cordon des troupes sur la ligne de démarcation en avant de l'Isar, passant ce fleuve pour m'étendre par la droite jusqu'à la rivière l'Ammer dont j'occuperais les deux rives, liant ma droite à la gauche du lieutenant général Lecourbe qui continuerait à couvrir le débouché de Reutte; que j'étendrais ma gauche jusqu'à Freising que j'occuperais; que je devais commencer mon mouvement le lendemain.

Aussitôt la réception de ces dispositions, je donnai les ordres convenables pour leur exécution et de même pour celles qui étaient à exécuter, selon la convention d'armistice, relativement au cordon de troupes que je devais former sur la partie de la ligne de démarcation que je devais garder ainsi que pour le placement des troupes, ayant égard à la distance déterminée par ladite convention.

Pendant le mois de vendémiaire et jusqu'au moment où il fut question de se préparer à recommencer les hostilités, je m'occupai de ce qui était relatif à l'administration, selon les ordres transmis par le chef de l'état-major général de l'armée, ainsi qu'à faire recueillir des nouvelles de ce qui se passait dans l'armée autrichienne et donner des indices sur les intentions du cabinet de Vienne de vouloir traiter de la paix ou de recommencer les hostilités lorsque le délai fixé par la dernière convention d'armistice serait expiré.

Comme quelques-uns des renseignements obtenus faisaient conjecturer que ce cabinet n'avait pas l'intention de faire la paix, quoiqu'il eût fait traiter d'une nouvelle suspension d'hostilités, je vais transcrire des extraits de quelques rapports qui me parvinrent pendant la durée de ce nouvel armistice.

16 vendémiaire (8 octobre). — 1° Des lettres authentiques de Prague et de Vienne portent que l'empereur a fait de nouvelles proclamations en Hongrie et en Bohême pour exciter, dans ces deux royaumes, à hâter l'insurrection, d'un côté, et le rassemblement des volontaires, de l'autre. On porte à 30 000 hommes le nombre des volontaires en Bohême, dont une grande partie se porte déjà vers les frontières. La capitale est absolument sans garnison : ce sont les bourgeois qui montent la garde ; on travaille dans l'arsenal avec beaucoup d'activité.

L'ennemi poursuit ses travaux interrompus ; les habitants des bords de l'Inn sont employés derechef à travailler aux retranchements de Kraiburg.

On écrit de Vienne que, malgré le changement de ministère, M. de Thugut continue non seulement d'influer sur les affaires, mais de les diriger comme auparavant, d'autant plus que M. de Lehrbach est sa créature.

20 vendémiaire (12 octobre). — 2° On confirme la nouvelle que les Autrichiens font une tête de pont devant Kraiburg, en deçà de l'Inn. Ils emploient journellement à cet ouvrage 1 200 paysans. Ils ont mis en réquisition 57 000 arbres, ce qui causera la dévastation de presque toutes les forêts dans les environs de Neu-Oetting.

A Mühldorf, on fait de pareils retranchements. L'ennemi se prépare, à Deggendorf, à jeter sur un pont le Danube.

Les ennemis réunissent des forces dans les environs de Rosenheim. Le corps de Condé se concentre davantage. Son quartier général s'est établi de nouveau dans cet endroit dont il s'était éloigné de douze lieues après la dernière convention.

On écrit de Passau que, d'après un nouvel ordre de l'empereur, toute communication est sévèrement défendue avec l'armée française ; qu'on n'y doute plus de la guerre (1).

23 vendémiaire (15 octobre). — 3° L'ennemi fait aussi faire des retranchements à Kraiburg, sur la rive droite de l'Inn. On y

---

(1) Le 21 vendémiaire, Moreau frappa sur la Bavière une réquisition de 27 600 quintaux de froment, 9 200 quintaux de seigle, 57 000 quintaux de foin, 57 000 quintaux de paille, et 32 000 sacs d'avoine (Le gouvernement électoral provisoire à Decaen, 25 octobre 1800, Papiers Decaen, in-f° 77, 39, p. 33).

travaille avec beaucoup d'activité. 3 000 paysans y sont employés journellement, ainsi que des soldats, à l'exception des troupes hongroises.

On répare avec beaucoup de diligence, à Wasserburg, les retranchements qui ont été beaucoup endommagés par les pluies continuelles.

L'ennemi fait, dans tout le pays, des réquisitions immenses en tous genres et ne paye rien. Les paysans employés aux ouvrages devant Wasserburg, Kraiburg et Mühldorf ne sont pas payés non plus. Le corps de Condé fait de même. Les environs d'Aibling et de Rosenheim sont presque entièrement dépouillés. Ce corps quitte l'habit russe le 1er du mois de novembre et prendra l'uniforme anglais. Toute exportation est défendue; on ne laisse même plus passer du sel.

L'Électeur a ordonné, il y a quatre jours, une nouvelle levée de recrues dans le haut Palatinat et dans le pays bavarois occupé par l'armée autrichienne.

26 vendémiaire (18 octobre). — On vient d'arrêter à Straubing le nommé Kienmayer, libraire, parce qu'on a trouvé chez lui une brochure ayant pour titre *la Voix de l'opinion publique sur Maximilien-Joseph, Électeur de Bavière,* avec une adresse de l'armée autrichienne à l'empereur François II.

La traduction de cette adresse était jointe au rapport. Voici cette pièce :

C'est avec une surprise mêlée de douleur que nous avons appris que tu ne veux toi-même donner à nous et à la Patrie cette paix dont nous sommes depuis si longtemps privés.

Permets-nous, du moins, de t'exprimer là-dessus nos sentiments d'une manière pleine de la vénération qui t'est due, mais en même temps de te parler à cœur ouvert.

Nous combattons depuis neuf ans contre une nation qui, loin de nous avoir jamais offensés, a si souvent, au contraire, mérité et notre estime et notre admiration. Jusqu'à présent, personne d'entre nous ne s'est avisé de demander quelle est la raison qui nous força de poursuivre cette nation et de sacrifier, sur les champs de bataille, la vie de 100 000 des nôtres. Nous obéissons parce que nous sommes accoutumés à obéir, et nous ne nous embarrassions pas du reste.

Mais, peu à peu, le bandeau tombe de dessus nos yeux. Nous voyons que nous ne versons notre sang que pour l'or des Anglais qui tombe dans la poche de tes ministres. Nous voyons que tu fais un jeu de notre vie et que tu veux te précipiter toi-même, nous et tes provinces dans une ruine entière, avec une cécité inconcevable.

Tu n'as qu'à le faire quant à toi ; nous ne voulons pas t'en empêcher. Mais de nous entraîner, nous et nos compatriotes, dans ton abîme, oh ! pour le coup, tu n'y réussiras pas.

De continuer la guerre dans ce moment-ci ne veut dire autre chose que d'abîmer l'Autriche. Considère les choses dans leur véritable point de vue et tu concevras cette vérité avec nous.

En Italie, les fruits d'une campagne entière sont perdus. Une armée éparpillée (la sixième qu'on a détruite en Italie) y fait seule ton espoir ; et c'est avec celle-ci que tu comptes conquérir treize forteresses bien défendues et de battre une armée supérieure et victorieuse ? Il est impossible que tu puisses avoir cette idée.

Ce serait donc en Allemagne que tu voudrais renaître ? Regarde autour de toi. Ton armée mécontente, vaincue et mal menée, n'est éloignée de toi que de quelques journées. Vis-à-vis d'elle se trouvent campés 100 000 Français pleins de courage et animés du désir de se battre. 50 000 hommes de troupes fraîches arrivent du Main. Elles peuvent, en peu de jours, pénétrer de la Franconie en Bohême. Le Tyrol sera la première victime de la campagne rouverte. Masséna et Moreau s'uniront et inonderont tes États héréditaires avec une force irrésistible. Si le héros Bonaparte commande l'armée en personne, certes, le sort de l'Autriche sera entre ses mains en peu de semaines, et tu seras alors obligé de demander une paix plus que déshonorante.

Mais supposons qu'il nous réussira de repousser les Français jusqu'au Rhin ; qu'auras-tu gagné pour lors ? Toute une campagne sera encore pour rien ; tu auras perdu 100 000 sujets pour essayer, dans le printemps prochain, un nouveau passage du Rhin.

Tu ne peux pas t'attendre à une nouvelle coalition ; et puis, quel avantage te porterait-elle ? Il t'en résulterait ce que tu as eu des précédentes. Nous avons combattu à côté des Prussiens, des Russes et des Bavarois sans succès. Il nous en reste la triste expérience que des armées combinées ne valent rien.

Réfléchis donc bien à ce que tu veux entreprendre. Tu cours risque de nous voir retirer, fatigués d'une éternelle guerre, jusqu'aux portes de la résidence... Alors le peuple te commandera la paix. Rappelle-toi Louis Capet, et prends garde, d'empereur François II, de ne pas devenir François de Habsbourg. Quant à ta vie, tu peux être tranquille ; on te connaît assez pour croire d'avoir mérité la mort. Mais ton Thugut, Lehrbach, Saurau, ton conseil aulique de guerre, oui, même ton impératrice, pourraient, en cas d'une plus longue manie pour la guerre, devenir victimes de sa fureur.

1ᵉʳ brumaire (23 octobre). — 4° Plusieurs lettres arrivées par le dernier courrier de Prague, Passau et Vienne, disent que jamais l'armement n'a été plus sérieux dans les États autrichiens, ni sa force, pendant tout le cours de ces neuf ans de guerre, plus imposante qu'elle l'est aujourd'hui. La plus grande force de l'ennemi est dirigée vers l'Allemagne. On la porte, en Italie, à 60 000 hommes, outre les insurgés toscans et la nouvelle armée napolitaine qui doit être encore renforcée par les Russes dont le nombre est porté à 14 000 hommes.

Les vœux des habitants et de l'armée sont toujours pour la paix. Ce n'est que la force qui fait prendre les armes aux peuples en Hongrie, en Bohème, dans la Moravie et dans le Tyrol. Ce n'est plus le même enthousiasme qui les animait avant le traité de Léoben.

On assure qu'il y a un mécontentement général dans la Dalmatie ex-vénitienne, qui se communique par la Dalmatie autrichienne jusque dans la Croatie. Les uns sont agités du désir de se défaire de leur nouveau maître; les autres ne peuvent plus supporter la dure nécessité de voir emmener de force une multitude d'habitants pour l'armée et d'être chargés d'éternelles réquisitions pour le transport des vivres destinés pour l'armée d'Italie.

D'après tous les avis, on doute de la paix, malgré le congrès de Lunéville. La cour de Vienne montre beaucoup d'assurance (1).

8 brumaire (30 octobre). — 5° On doute que le congrès ait lieu. On allègue à ce sujet que le comte de Cobenzl, qui doit se rendre à Paris, doit demander que l'armée française se retire d'abord derrière le Rhin, et, vu la lenteur qu'il mit à son voyage, on en conclut le peu d'empressement de l'Autriche à faire la paix.

Il y avait cependant quelques jours, — je ne me rappelle pas

---

(1) Le 1er brumaire, Dessolle écrivait à Decaen : « L'évêché de Freising, citoyen général, et la seigneurie de Frauenhausen, faisant partie du cercle de Bavière, ont été taxés par la commission électorale, le premier à 172 190 francs, et la seconde à 21 548 francs. D'après une note remise au payeur général, l'un paraîtrait avoir donné en acompte 64 231 francs, et l'autre, s'être acquittée en entier. Cependant, les recherches faites à cet égard n'ayant donné aucune certitude, le général en chef vous invite à vous faire représenter, sous quarante-huit heures, les quittances des sommes qu'on prétend avoir été payées, et, dans le cas où on ne se conformerait pas à la demande que vous en ferez, vous enverrez à l'évêché de Freising et à la seigneurie de Frauenhausen les exécutions militaires suffisantes pour les contraindre à payer sans retard les sommes auxquelles ils ont été taxés.

« Je vous invite à m'accuser la réception de la présente et à me faire part des dispositions que vous aurez prises pour remplir les intentions du général en chef » (Dessolle à Decaen, Augsbourg, 1er brumaire, A. H. G.).

exactement le jour, — que le comte de Cobenzl avait passé par Munich. Lorsque j'appris qu'il y était arrivé, je recommandai de faire tout ce qui serait possible pour savoir ce qu'il pourrait dire sur le sujet de sa mission. Il ne s'arrêta qu'environ deux heures dans une auberge de cette ville. On ne put rien savoir. Mais à Augsbourg, où on le suivit, on apprit que, quelqu'un lui ayant demandé si on pouvait se flatter que la paix serait bientôt conclue, il avait répondu qu'il ne pouvait rien dire à ce sujet, attendu qu'on ne pouvait pas traiter sans le concours de leurs amis les Anglais. Lorsque ceci me fut rapporté, je l'écrivis sur-le-champ au général Moreau. Il était alors à Paris, et j'ajoutai que, d'après ce dire de M. de Cobenzl et les nouvelles qui m'étaient déjà parvenues, il y avait tout lieu de présumer que le cabinet autrichien n'était point disposé pour la paix, qu'il ne la signerait que lorsqu'il y serait absolument forcé.

On parle d'une descente des Anglais en Égypte.

La partie du Tyrol qu'on appelle communément le Tyrol allemand est toute en armes. Les volontaires reçoivent journellement trente kreuzer en monnaie de cuivre, ce qu'on payait auparavant en papier. Malgré leur ferme résolution de défendre leur pays, les États du Tyrol ont envoyé plusieurs députés à Vienne pour y solliciter la conclusion de la paix. On assure très positivement que les habitants ont juré de ne point laisser entrer les Français dans le pays, vu le ressentiment qu'ils gardent encore contre eux pour avoir incendié quelques villages en 1796 ; et cette résolution ne dérive nullement de [l'idée de] défendre l'empereur, mais tout uniment leurs propriétés, ce qu'ils prouvent en disant : « Il nous importe peu que les Français aillent à Vienne, pourvu qu'ils ne passent pas par notre pays. »

Le Tyrol italien pense tout différemment. Il paraît qu'il penche beaucoup à voir arriver un changement dans le pays. Les habitants ont refusé [de répondre] à l'invitation de l'empereur de se lever en masse, sous prétexte qu'ils n'ont pas d'armes ; mais que, si on leur fournissait des armes, des munitions et des vivres, ils ne manqueraient pas de voler à la défense du pays. La cour de Vienne n'a trouvé ni praticable ni avantageux de nourrir un peuple si nombreux.

La disette dans tout le Tyrol est extrême. Une chopine de vin, qui coûtait dix sous il y a quelques mois, se vend aujourd'hui trente-cinq sous ; et ainsi, tout à proportion. Cette disette est augmentée par la présence et le passage continuels des troupes nombreuses et par la défense d'exportation en tout genre faite par les Cisalpins. Pour y remédier, l'empereur a permis, en Hongrie, l'exportation libre du vin, du blé et des bœufs pour l'armée d'Italie.

Il ne cesse pas d'arriver des troupes fraîches dans le Tyrol. Les régiments y sont tous au complet, ce qui est d'autant plus surprenant qu'il y avait des régiments, il y a quatre mois, réduits à soixante hommes, nommément celui de Spleny.

Si la guerre continue, il serait très essentiel de gagner les Tyroliens en faveur des Français ; il faudrait, pour cela, suivre l'exemple du général français qui, avant le premier armistice, avait permis d'exporter une certaine quantité de blé pour les habitants de Reutte. Cet acte de bienveillance s'est répandu dans le Tyrol, et on en parle encore avec une vive reconnaissance, et on ne manque pas de dire, de bonne foi, que les Français ne sont pourtant pas si méchants comme les Autrichiens cherchent à le leur persuader. Il est certain qu'en les traitant avec douceur, ils déposeront cette haine qu'ils portent contre eux aujourd'hui.

CHAPITRE VI

Decaen chargé de fournir de nouveaux renseignements. — La guerre va recommencer. — Des rapports précis et détaillés ne permettent plus d'en douter. — Préparatifs des Autrichiens. — Ils fortifient la ligne de l'Inn. — Emplacements de leurs troupes. — Les hostilités doivent reprendre le 7 frimaire. — Pour presser la rentrée des réquisitions, Decaen place des garnisaires chez dix notables de Munich. — Le gouvernement électoral lui fait des représentations. — Decaen en reconnaît le bien fondé. — Son irritation contre le commissaire Mathieu-Faviers. — Les troupes de Montrichard appuient vers leur gauche. — La division Decaen se resserre. — Les rapports annoncent de constants mouvements des Autrichiens vers l'Inn. — Le mécontentement en Bavière. — On y est disposé à un soulèvement contre l'Électeur. — Projet d'une république bavaroise sous l'égide de la France. — On demande à Decaen de le favoriser. — Il refuse. — Raisons qu'il en donne. — Moreau les approuve. — Composition de la division Decaen au 1er frimaire. — L'aile droite française serre sur le gros de l'armée. — Légers dissentiments entre Decaen et Debilly.

10 brumaire (1er novembre). — Je reçus une lettre du général Dessolle, datée de Ratisbonne le 9. Il me mandait :

N'ayant pas encore reçu d'ordres du gouvernement (1) pour prolonger l'armistice, il est important que je connaisse, mon cher général, tous les mouvements que peut faire l'ennemi. Je vous prie donc d'envoyer des émissaires et de prendre tous les moyens pour découvrir ce qui se passe au delà de l'Inn. Si vous êtes averti de quelque mouvement de troupes, veuillez me le faire connaître. Je compte avoir le plaisir de vous voir après-demain.

Pour satisfaire à cette invitation, des émissaires furent de suite expédiés sur divers points, avec les instructions ci-après :

1° Désigner la force des troupes qu'ils rencontreraient sur leur route, avec les noms des régiments ;

2° S'informer des endroits où les magasins sont établis ;

3° Si l'ennemi fait des mouvements et dans quelles directions ; s'il arrive des troupes, soit de la Bohème, soit de la Hongrie, et en quel nombre :

4° En quel état sont les retranchements auxquels on travaille à

---

(1) « Le général en chef était encore à Paris » (Note de Decaen).

Kraiburg, Mühldorf et Wasserburg; s'ils sont pourvus d'artillerie; quel est le nombre de pièces et leur calibre;

5° Remarquer si on construit de nouveaux ouvrages et sur quels points;

6° S'informer du lieu où se trouve le parc d'artillerie, et dans quels endroits sont établis les hôpitaux;

7° Apprendre, si cela est possible, qui commandera l'armée autrichienne d'Allemagne, et si on espère que ce sera le prince Charles; et qui commandera l'armée d'Italie;

8° Ce qu'on dit de la paix et de la guerre; quelle est l'opinion à l'égard du congrès de Lunéville; enfin s'informer de l'esprit qui règne dans les États de l'Autriche, c'est-à-dire s'il y aurait mécontentement ou indifférence dans le cas où les hostilités se renouvelleraient.

11 brumaire (2 novembre). — Le général Dessolle arriva à Munich comme il me l'avait annoncé. Le lendemain était le terme des quarante-cinq jours de suspension d'hostilités selon la convention du 3ᵉ jour complémentaire (20 septembre). Ainsi nous attendions des ordres du gouvernement pour traiter d'une nouvelle prolongation d'armistice ou bien, selon ladite convention, pour prévenir l'ennemi de la reprise des hostilités, ou enfin à recevoir de sa part cet avertissement. Nous restâmes dans cette attente jusqu'au 20 brumaire qu'il arriva au général Dessolle une dépêche du général en chef dans laquelle il lui annonçait que, d'après les ordres du Premier Consul, il fallait se préparer à recommencer la guerre, l'Autriche se refusant à faire une paix séparée de ses amis les Anglais, tandis que ceux-ci la poussaient à la guerre.

20 brumaire (11 novembre). — Alors le général Dessolle, conformément aux instructions du général en chef, expédia un officier pour le quartier général de l'armée autrichienne, porteur de la notification que les hostilités recommenceraient après quinze jours expirés, à dater de l'heure à laquelle cette notification serait remise.

D'après les instructions que me donna verbalement le général Dessolle, je mandai aux généraux de brigade de ma division qu'à compter du 22 courant, toutes communications devraient cesser aux avant-postes, et de prescrire à leurs avant-postes qu'on devait s'en tenir strictement à celles usitées lorsque les hostilités étaient en pleine activité; cependant, qu'il n'était rien changé à l'ordre relatif aux officiers autrichiens ou courriers porteurs de dépêches; mais de faire recommander aux officiers et sous-officiers chargés de les escorter de ne les laisser communiquer avec qui que ce soit qu'avec des officiers de l'armée.

Le général Debilly reçut en outre l'ordre de renforcer sa [ligne] et de la prolonger par sa gauche jusqu'à Zinneberg exclusivement où appuierait la droite du général Durutte. Il lui fut recommandé de porter son attention surtout sur le débouché d'Ettal sur Murnau; de concentrer ses troupes de manière à ce qu'en six heures de temps chaque bataillon pût être réuni à chaque point central, ces points devant être Murnau, Weilheim et Tölz pour une partie, et Holzkirchen et Wolfratshausen pour l'autre partie; que ce qui lui resterait de cavalerie non employée sur la ligne d'avant-postes sur la gauche de l'Isar ne devrait pas être éloigné de Tölz de plus de deux marches.

Ce général fut invité d'établir son quartier au centre de sa brigade pour être en mesure de pouvoir surveiller sa ligne. Il fut prévenu que deux pièces de 4, et des caissons de munitions et de cartouches lui étaient envoyés. Il lui fut recommandé de se faire rendre compte sans retard de l'état de l'armement, et que, s'il manquait des armes, les chefs de corps devaient sur-le-champ adresser leurs états de demandes pour qu'ils fussent envoyés au général Eblé, commandant en chef l'artillerie de l'armée.

Ces dernières dispositions furent mandées au général Durutte auquel il fut aussi ordonné d'établir ses avant-postes de la manière la plus convenable pour garder tous les débouchés depuis la droite du lieutenant général Grenier jusqu'à Zinneberg.

Un des émissaires envoyés aux nouvelles était de retour le 18 et, par son rapport, que je communiquai au général Dessolle, on apprit que le régiment de hussards des frontières était à Haag; que le baron Daniel, colonel de ce régiment, commandait provisoirement toute la chaine de postes jusqu'à Wasserburg, montant à 6 000 hommes, dont 2 000 de cavalerie; qu'à Ampfing, il avait trouvé deux escadrons de Kinsky; qu'à Mühldorf et dans les environs, il y avait 3 000 à 4 000 hommes récemment arrivés de la

Bohême et de la Hongrie et qui devaient être incorporés dans plusieurs régiments; que la garnison était d'environ 500 hommes; qu'on y attendait le prince Ferdinand qui commanderait le centre; que 3000 hommes travaillaient aux retranchements qui ceignaient toute cette ville dont on pouvait parcourir la circonférence dans une demi-heure; qu'il y avait aussi beaucoup d'ouvriers employés à faire des chevaux de frise; qu'il y avait, à Mühldorf, un immense magasin rempli de foin, d'avoine et de farine, et il assurait que le bâtiment avait 180 pas de longueur et 68 pas de largeur; que, dans Alt-Oetting, il y avait des Bavarois, notamment le régiment de dragons de Heidelberg et le régiment d'infanterie de Rothenhausen; que le quartier général du duc de Deux-Ponts était dans cet endroit; que le corps bavarois, depuis Alt-Oetting jusqu'à Marktl, montait à 6000 hommes; qu'il avait parlé à plusieurs officiers bavarois qui affirmaient que l'Électeur avait, dans ce moment, 30 000 hommes à la solde de l'Angleterre; que, d'après leur assertion, il régnait dans l'armée palatine un mécontentement général surtout contre les Autrichiens; qu'à Marktl, il avait trouvé les chevau-légers de Fugger au nombre de 500; qu'il était arrivé le 15 à Braunau; que la tête de pont de ce côté-ci de l'Inn était déjà achevée; que les retranchements étaient garnis de chevaux de frise; qu'il y avait aperçu 12 à 15 pièces de canon du calibre de 18; que, de l'autre côté de l'Inn, en sortant de la ville, à gauche du chemin de Schärding, il avait vu environ 150 pièces de canon qu'on disait destinées pour les retranchements qui étaient très considérables, sur la rive droite de l'Inn, et que 15 000 à 20 000 hommes pourraient aisément s'y défendre; qu'il n'y avait que 500 hommes à Braunau; que c'était le général Colloredo qui y commandait; qu'il n'y avait point de magasins; mais qu'à Ried, il y en avait de très considérables, remplis de foin, d'avoine et de farine; qu'il avait appris qu'il y en avait aussi à Neumarkt, au delà de Salzburg; que les deux bataillons de chasseurs qui se trouvaient à Braunau avaient été rappelés en Bohême pour se joindre à leurs compatriotes, chaque seigneur ou propriétaire fournissant des chasseurs en proportion du nombre de leurs sujets; [qu'] on prétendait que la levée en Bohême, en Silésie et en Moravie s'élèverait à 60 000 hommes qui seraient commandés par le prince Charles; qu'il avait appris à Altheim, où le prince de Ligne était avec deux bataillons de son régiment et une division de La Tour-dragons, que trois régiments d'infanterie devaient y arriver incessamment; que, vers Schärding, sur le territoire bavarois, il y avait 1 500 hulans, et que les habitants de cette contrée se plaignaient beaucoup de leurs excès; que, depuis Braunau jusqu'à Schärding, l'ennemi avait élevé une vingtaine de batteries toutes prêtes à recevoir des canons; que, dans Schärding, il y avait 400 hommes de différents régiments d'infanterie et quelques détachements de chevau-légers; que, dans Passau, où il était arrivé le 15, à 9 heures du soir, était le quartier général Kollowrat, il n'y avait que 400 hommes d'infanterie du régiment de Wenkheim; mais que, dans les environs, il y avait 4 000 hommes; qu'il était revenu de Passau par Vilshofen et Landshut; qu'à Vilshofen, l'ennemi avait enlevé le pont sur le Danube.

Dans toute sa route depuis Haag jusqu'à Passau, il n'avait rencontré aucune troupe en marche, ni aperçu aucune trace des mouvements d'une armée.

On doutait partout de la paix, et les Autrichiens eux-mêmes prétendaient que le congrès de Lunéville n'était qu'un prétexte pour gagner du temps, l'intention de l'empereur n'étant que de calmer les esprits avec l'apparence de désirer la paix.

On lui avait dit, à Passau, qu'on y préparait des quartiers pour un corps considérable de la levée hongroise. On y disait aussi que le quartier général autrichien, qui était encore à Wels, devait se porter en avant. Il y avait aussi appris que le parc d'artillerie et les pontons étaient encore dans les environs de Wels. Il avait observé que le mécontentement chez les sujets autrichiens, aussi bien que dans l'armée, était au plus haut point. On se déchaînait contre la disparition entière du numéraire et contre les maux de la guerre.

Dans la partie de la Bavière où il avait passé, les habitants détestaient jusqu'à la mémoire de l'Électeur et disaient des injures contre les Autrichiens.

Dans les pays héréditaires de l'Autriche, le bruit y était répandu au sujet de l'assassinat tenté sur le Premier Consul, et, en général, **les habitants disaient que, si les Français estimaient le prince Charles, ils n'aimaient pas moins Bonaparte.**

D'un autre émissaire, qui fit son retour à Munich dans la soirée du 20, on eut les renseignements ci-après :

On travaillait toujours aux retranchements de Wasserburg, mais il y a seulement 300 ouvriers, paysans et soldats. La garnison est composée du régiment de milices wurtembergeois. C'est le colonel Mixich qui commande à Wasserburg où on attend le contingent de Souabe d'environ 3 000 hommes.

Six compagnies de chasseurs wurtembergeois occupent la ligne depuis Wasserburg jusqu'à Rosenheim. A une lieue de la première ville, il y a une batterie construite au bord de l'Inn, sur la rive droite.

Le corps de Condé, fort encore de 3 500 hommes, occupe Rosenheim, Aibling et l'étendue de pays jusqu'à Fischbachau, en deçà de l'Inn, et jusqu'à Marquartstein vers Salzburg. La chaîne des avant-postes est gardée par des hussards des frontières et par des fantassins de Gradisca.

Le prince de Condé a son quartier général à Rosenheim. La garnison est composée de 1 200 hommes. Le duc d'Enghien est à Aibling et commande la cavalerie; mais il n'a avec lui que 300 hommes. Le corps de Condé a son magasin à Brannenburg. A Kufstein, il y a deux compagnies de Bender commandées par un colonel. Les habitants ne permettent à aucun individu du corps de Condé d'y entrer.

A Wörgl, quatre lieues de Kufstein, il y a un magasin rempli de blé et de fourrage. Le principal magasin de l'ennemi est à Hall, qu'on augmente journellement au moyen d'une quantité de bateaux chargés de blé arrivant par l'Inn. On a fait, le 16 brumaire (7 novembre), à Wörgl, une réquisition de 36 000 quintaux de foin. Ce même jour, trois compagnies de chasseurs tyroliens ont passé par Wörgl pour aller prendre poste au défilé d'Achen-Thal. On a appris de ces Tyroliens que le nombre des chasseurs de leur pays organisés et armés montait à 13 000 hommes qui avaient reçu ordre de se porter sur différents points indiqués. La levée en masse est ordonnée.

Quinze bataillons de troupes de ligne avaient passé, il y avait quinze jours, par le Tyrol pour se rendre en Italie.

Cet émissaire avait rencontré à Mühlthal (1) des quartier-

---

(1) Mühlthal, qui ne figure plus sur les cartes modernes, est porté sur la carte de la

maîtres qui arrivaient pour préparer des logements; d'après leurs assertions, 12 bataillons étaient attendus successivement. On avait mis, dans cet endroit, 12 000 bottes de foin en réquisition parce qu'on y attendait aussi de la cavalerie et des équipages.

Il avait rencontré 150 bas-officiers détachés de l'armée d'Italie, destinés partie pour la Bohême, partie pour la Hongrie, pour l'instruction des levées.

On disait le général Mack déjà arrivé en Italie.

Les soldats se flattaient que le prince Charles commanderait l'armée d'Allemagne.

21 brumaire (12 novembre). — Le général Dessolle retourna à Augsbourg. Je partis aussi de Munich pour aller vers les frontières du Tyrol. Pendant ce voyage, je reçus deux lettres de ce général. Il me mandait, dans l'une, que le commissaire ordonnateur en chef m'avait transmis, par l'intermédiaire du commissaire des guerres de ma division, l'état des denrées à fournir par différents états occupés par les troupes à mes ordres, pour la formation des magasins de réserve indiqués par l'ordre général de l'armée du 1er brumaire; que le salut de l'armée commandait de grandes précautions, pour assurer les subsistances dans tous les cas.

Profitez donc, (me disait-il) des derniers moments que vos troupes occuperont les États pour que, d'ici au 1er frimaire prochain, les deux tiers des denrées qui y ont été requises soient rentrées dans les magasins désignés dans l'ordre précité.

Je crois inutile de vous déduire d'autres raisons pour vous prouver que l'exécution de cette mesure est de la plus grande importance pour les succès de l'armée. Je connais votre prévoyance. Cela me suffit pour me convaincre que vous ne négligerez aucun des moyens qui sont en votre pouvoir afin de remplir le but que s'est proposé le général en chef en prenant ces dispositions.

Par l'autre lettre, le général Dessolle me disait qu'il m'avait écrit de profiter des derniers moments où je devais rester dans mes cantonnements pour faire rentrer les denrées mises en réquisition; que, s'étant fait représenter à l'instant l'état de situation des magasins, il s'était aperçu que l'article des avoines était bien au-dessous

---

Bavière de Joseph Dirwald, de 1813, à 800 mètres environ à l'est de Saint-Peter, à 10 kilomètres environ au S.-S.-E. d'Innsbruck.

des quantités qu'il avait lieu d'espérer être rentrées à cette époque ; qu'il donnait ordre à l'ordonnateur en chef de faire partir à l'instant des agents sur tous les points pour faire rentrer, par tous les moyens, les avoines qui avaient été mises en réquisition. Enfin il me recommandait d'aider ces agents de toute mon autorité.

Comme j'avais autorisé d'ouvrir les lettres qui m'arriveraient du quartier général pendant mon absence, ces deux lettres avaient été de suite communiquées au commissaire des guerres de la division qui avait aussitôt transmis au gouvernement bavarois ce qu'exprimait le général Dessolle sur le peu d'approvisionnement en avoine ; et ce commissaire avait ajouté :

Ces deux lettres ne sont que confirmatives des plaintes que je vous ai manifestées plusieurs fois sur la lenteur des versements et notamment par ma lettre du 21 de ce mois. Il n'est donc plus temps de recourir à aucune réclamation. Le contingent auquel le gouvernement bavarois a été imposé, doit être fourni sans délai ni restriction, et c'est là où mes prétentions se bornent (1). Le général Decaen, à son retour, ne pourra que partager avec moi un sentiment de sévérité que commande l'intérêt de l'armée.

26 brumaire (17 novembre). — De retour à Munich, ayant appris que les demandes réitérées du commissaire des guerres étaient restées sans effet, j'ordonnai des exécutions militaires pour le lendemain.

Je reçus une lettre du général Dessolle. Il me mandait :

Je n'ai pas reçu d'autres nouvelles du général en chef depuis mon départ de Munich. Ainsi nous en sommes toujours à nos premières instructions. J'ai reçu réponse de l'archiduc Jean. Chouard (2) n'a pu arriver à lui que le 22 à 6 heures du matin. Ainsi c'est pour le 7 frimaire, à la même heure, qu'il faudra recommencer d'en découdre, s'il ne survient rien de nouveau. Nos magasins en grains sont assez bien approvisionnés.

---

(1) « Ce commissaire avait reçu une réponse hautaine, on peut même dire impertinente, à sa lettre du 21 » (Note de Decaen).

(2) Chouard (Louis), né le 15 août 1771, à Strasbourg ; aspirant au corps royal d'artillerie, le 28 septembre 1789 ; lieutenant au 1er bataillon du Bas-Rhin en 1791 ; sous-lieutenant au 9e de cavalerie, le 25 janvier 1792 ; lieutenant, le 1er avril 1793 ; capitaine, le 29 brumaire an II ; aide de camp du général Delmas, le 15 brumaire an VII ; nommé chef d'escadrons sur le champ de bataille, le 16 germinal an VII ; aide de camp du général Moreau, le 22 floréal an VII ; colonel du 2e cuirassiers, le 6 nivôse an XIV ; général de brigade, le 6 août 1811 ; commandant l'arrondissement de Huningue, le 5 septembre 1814 ; retraité, le 1er août 1815 ; commandant le département de la Marne, le 14 janvier 1831 ; commandant le département de la Meurthe et une brigade de cavalerie, le 27 juin 1833 ; retraité, le 1er octobre 1833 (A. A. G.).

Pressez le gouvernement électoral de verser autant d'avoine qu'il le pourra. Pour le foin, nous verrons de nous aider avec de la paille.

27 brumaire (18 novembre). — J'écrivis au général Dessolle :

J'étais allé vers les frontières du Tyrol lorsque vos lettres relatives aux approvisionnements sont arrivées. Pendant mon absence, on a renouvelé à MM. du gouvernement électoral les instances les plus vives pour qu'on accélère les rentrées des avoines et fourrages. A mon retour, n'ayant trouvé que des promesses ou des observations pour résultat, puisque nous n'avons pas pour plus de 10 000 chevaux pendant trois ou quatre jours, j'ai ordonné qu'il y ait aujourd'hui des exécutions militaires chez dix des principaux de Munich et surtout chez les membres du gouvernement. Ma rigueur va sans doute me faire recevoir une de leurs lettres où, de nouveau, ils vont répéter que je suis difficile à satisfaire et surtout que leur grandeur magistrale a été froissée, s'ils n'en disent pas plus. Mais je vais en rire, et j'aurai de l'avoine. Vous allez, je crois bien, recevoir leurs plaintes. Ils vont exposer qu'ils ont déjà rempli plus de la moitié de la réquisition, ce qui est vrai. Mais comme on a mangé sur ces rentrées, puisqu'il n'y avait en magasin qu'au jour le jour, il n'en reste plus qu'un tiers, et il faut encore que les distributions soient faites jusqu'au 1er frimaire.

Dans ma tournée, qui avait pour but de reconnaître le débouché de la Loisach et du Walchen See, j'ai reconnu que les routes étaient en bon état, ce qui n'est pas ainsi entre Augsbourg et Munich. J'ai ordonné qu'un officier d'état-major se rende aujourd'hui sur cette route et mette en réquisition tous les paysans des villages pour travailler aux réparations faites à cause de la proximité des bois. Si vous ordonniez, mon cher général, qu'il en fût fait autant du côté d'Augsbourg, cela serait plus vite terminé.

D'après le dire des habitants de la haute Bavière, l'hiver ne sera pas rigoureux. Ils m'ont assuré que les grandes communications ne sont jamais impraticables.

Ne serait-il pas possible que l'aile droite vînt relever mes avant-postes à Ettal et même dans la vallée de la Loisach? Encore ma ligne serait-elle très longue à replier lorsqu'il faudra que je me réunisse.

Les garnisaires qui avaient été placés pour forcer l'exécution des versements déterminèrent les membres du gouvernement électoral à m'adresser une note qui me fut présentée par l'un d'eux, et qu'ils appuyèrent de la réquisition qui leur avait été faite par le commissaire ordonnateur en chef, ainsi que de la correspondance réciproque à ce sujet. Ce commissaire s'étant écarté des dispositions prescrites par le général en chef, il en résultait que le gouvernement électoral n'était point en retard pour les versements qu'il devait faire opérer. Alors, je répondis à cette note par la suivante :

D'après la connaissance prise par le général de division Decaen du contenu de la note de MM. les membres du gouvernement électoral en date du... et des pièces à l'appui, pour démontrer qu'il y a une erreur pour l'exécution militaire ordonnée : puisqu'il n'y a point eu de retard apporté pour remplir la réquisition du 21 vendémiaire, le général Decaen a arrêté les suites de cette exécution militaire. Mais il prévient MM. les membres du gouvernement électoral que le commissaire Mathieu-Faviers, qui a causé cet acte de rigueur par la manière dont il a tenu sa correspondance avec le gouvernement électoral, n'avait pas le droit de rien changer aux ordres du général en chef comme il l'a fait par cette correspondance en tout contraire aux dispositions de l'arrêté dont il a été donné communication.

Ainsi MM. les membres du gouvernement électoral doivent regarder toutes les dispositions contraires à cet arrêté comme non avenues et exécuter celles qu'il prescrit, dont les principales sont que la réquisition frappée doit être remplie indépendamment de la subsistance journalière qui a été fournie dans le mois de brumaire, et que, pour le troisième tiers à effectuer, il ne sera point pris en compte des versements des bons antérieurs à l'arrêté.

Le général Decaen aime à croire que MM. les membres du gouvernement électoral feront tout ce qu'il est convenable pour qu'il n'y ait point de retard dans le complément des approvisionnements demandés et nécessaires aux besoins de l'armée.

Après l'envoi de cette note, j'écrivis au général Dessolle :

Si j'avais quelque autorité sur le commissaire Mathieu-Faviers, je vous assure que je le ferais prendre par quatre gendarmes pour le faire jeter hors de l'armée, si je ne me décidais pas à le mettre à une commission militaire, que personne n'a jamais mieux méritée que lui.

Si l'armée manque de fourrages et d'avoine, c'est au commissaire Mathieu seul qu'il faut en attribuer la cause : les pièces que je vous adresse avec la présente le démontrent évidemment. L'arrêté du général en chef pour la formation des magasins de réserve n'a point été suivi par ce commissaire pour frapper ses réquisitions : il ne faut que le lire, et, surtout, sa lettre d'envoi aux membres du gouvernement bavarois.

Le commissaire Mathieu a fait plus encore... Dans le moment où ces magasins ne sont pas en état de fournir à nos besoins et que vous recommandez de presser les versements, le commissaire Mathieu s'est permis d'accorder une prime, en disant au gouvernement électoral que s'il fournit deux tiers de la réquisition au 1er frimaire, il prendra en compte, pour le troisième tiers, les réquisitions partielles antérieures à la date de l'arrêté du général en chef, tandis que l'article 6 de cet arrêté dit très clairement que les bons des troupes ne peuvent être remis en paiement de cette réquisition. Quelle conduite inconcevable!... Aussi les membres du gouvernement électoral, auxquels j'avais envoyé des exécutions militaires, comme je vous l'ai annoncé ce matin, de me démontrer que mon exécution était illégale, puisque, d'après la manière d'agir du commissaire Mathieu, au 1er frimaire ils auront fait les versements qu'il leur a demandés et qu'ils auront des bons à représenter pour le troisième tiers. Et pourtant, nous n'aurons presque rien en magasin puisque un tiers au moins a déjà été consommé et qu'un autre ne sera fourni qu'en bons, si, de suite, mon cher général, vous n'ordonnez pas que la réquisition du commissaire Mathieu est annulée et, en même temps, que vous ne fassiez frapper une autre réquisition dans la forme prescrite par l'arrêté du général en chef.

J'ai prévenu les membres du gouvernement que cette mesure allait être prise et qu'ils aient à faire leurs dispositions de sorte que, quoique le commissaire Mathieu soit sorti des bornes qui lui étaient prescrites, il n'arrive point que l'armée éprouve la moindre difficulté pour ces besoins.

29 brumaire (20 novembre). — En réponse à cette lettre, le général Dessolle m'écrivit que l'ordonnateur lui avait répondu que ce n'était point les bons de troupes qu'il admettrait en réduction de paiement du troisième tiers de la réquisition, mais seulement les réquisitions partielles des commissaires des guerres pendant l'intervalle entre la consommation de la réquisition de l'avant-dernier trimestre et l'établissement de celle du 21 vendémiaire pour le trimestre actuel ; qu'il lui avait défendu, vu les circonstances où nous nous trouvions, d'accepter de pareilles compensations qui, d'ailleurs, étaient légitimes, et qu'il l'avait en même temps autorisé à frapper sur la Bavière une réquisition de 15 000 quintaux d'avoine et de plusieurs milliers de quintaux de foin et de paille en avance sur la réquisition à frapper sur le trimestre prochain, et lui avait dit de motiver cette mesure sur la rapidité des mouvement de l'armée et sur les obstacles provenant des mauvais chemins qui ne permettaient pas d'amener sur la première ligne, assez à temps, les magasins que nous avions en arrière.

Il m'annonçait qu'il allait donner des ordres pour la réparation des chemins depuis Augsbourg jusqu'à l'endroit où j'avais fait commencer ; mais qu'il attendait que la division Richepance eût passé.

Il me mandait aussi qu'il avait donné l'ordre au général Montrichard de relever mes postes depuis la Loisach jusqu'à l'Isar.

Le général Debilly fut prévenu de cet avis, et des ordres lui furent donnés pour faire passer sur la rive droite de l'Isar ce qu'il avait des troupes de sa brigade sur la rive gauche, ainsi que ses postes quand ils seraient relevés, et de les placer dans les nouveaux cantonnements qui lui furent indiqués.

30 brumaire (21 novembre). — Les renseignements qui me parvinrent à la fin de brumaire apprirent, entre autres choses, que l'artillerie qui avait été envoyée des bords de l'Inn en Bohême, après le premier armistice, était en mouvement pour se porter, une partie vers Straubing et Ratisbonne ; et l'autre, renforcée par trois bataillons, se portait vers Schärding, Braunau et Wasserburg ; [que] les batteries le long de l'Inn, depuis Passau jusqu'à Mühldorf, venaient d'être garnies avec des pièces de différents calibres et que tous les ouvrages de Braunau, en deçà et au delà de l'Inn, étaient achevés et garnis d'artillerie ; qu'auprès de Straubing, on formait en toute diligence un grand magasin de farine, avoine, etc...

Les divers rapports annonçaient des mouvements de troupes se dirigeant sur différents points ainsi que des transports de vivres et de munitions.

Le quartier général était toujours à Wels. Cependant plusieurs généraux et officiers supérieurs avaient rejoint leurs corps respectifs.

L'archiduc Charles, disait-on, commanderait indubitablement la levée en masse de la Bohême. Les troupes paraissaient très animées par la gratification de deux mois de gages accordée par l'empereur.

Un grand corps de cavalerie se portait au delà de l'Eger.

Les dernières recrues qui manquaient encore pour compléter les différents corps venaient d'arriver de la Moravie, et l'armée d'Allemagne serait de 100 000 hommes.

On présumait que les Autrichiens dirigeraient leurs plus grandes forces sur Würzburg et que c'était là qu'ils voulaient attaquer avec vigueur.

L'armée n'était pas contente de l'archiduc Jean, et il n'était pas encore décidé qui commanderait l'armée d'Allemagne.

Les officiers sont très mécontents. Ils jurent contre la guerre, les généraux et les ministres, et disent qu'il faudrait que les Français allassent à Vienne pour faire revenir l'empereur de son égarement où l'ont conduit des ministres mal intentionnés.

Les Bavarois, sous les ordres du duc de Deux-Ponts, étaient placés entre Mühldorf et Oetting.

L'Électeur continuait la levée extraordinaire pour former son armée.

Le peuple bavarois commence à manifester un esprit mutin, ce qui est excité par les charges de guerre qu'ils ont à supporter.

L'état-major général de l'armée autrichienne est composé des généraux Schmidt, Lutz, Kouheics (1), Weyrother, Stipsics et Lauer. Ces deux derniers sont constamment auprès de l'archiduc Jean.

On a été fort étonné, au quartier général, à l'arrivée de la dénonciation de l'armistice. On a expédié des courriers et des estafettes sur-le-champ.

Le sentiment de plusieurs officiers est que leur armée n'agira que défensivement sur le centre, et qu'elle attaquera avec vigueur les Français du côté du Tyrol et par la Franconie pour les tourner. On porte leur armée du Tyrol à 60 000 combattants.

On répand, dans l'armée autrichienne, que 40 000 Russes sont déjà arrivés dans la Galicie.

Les officiers autrichiens comptent sur un nouvel armistice. Ils disent que l'empereur ne tardera pas à céder encore quelques places.

Les habitants de l'Autriche, poussés à bout par le manque de numéraire, les contributions, les prestations de vivres et fourrages, les logements et les transports, etc., sont fort indifférents sur ceux qui remporteront la victoire, soit Autrichiens ou Français, pourvu que la guerre finisse.

La Révolution française avait, dès son commencement, jeté des germes de liberté dans les divers états de l'Allemagne. Les invasions des armées françaises dans ce pays, leurs victoires, la conquête de l'Italie et la création de la République cisalpine avaient beaucoup contribué à faire désirer un tout autre système de gouvernement que celui qui existait pour l'Allemagne en général

---

(1) Peut-être faut-il lire Juerczick.

et d'après lequel on gouvernait les divers états de l'empire germanique.

Tous les hommes instruits considéraient qu'un changement indispensable devait incessamment s'opérer, parce qu'ils jugeaient, par l'opinion qui régnait alors, produite par les lumières qui s'étaient répandues, que les esprits y étaient fort bien disposés et qu'ils y étaient même excités par tout ce qu'on avait souffert depuis plusieurs années pendant lesquelles la plus grande partie de l'Allemagne avait été le théâtre d'une guerre dont les peuples de cet empire étaient, de toute manière, les victimes.

D'ailleurs, les Allemands, qui étaient fort loin de considérer comme pernicieux les principes de la nation française, voulaient, comme cette grande nation, l'abolissement des privilèges et des droits féodaux et être gouvernés par des lois et non par l'arbitraire, et ils espéraient bientôt jouir de ce bonheur qu'ils considéraient comme un grand dédommagement des maux en tous genres qu'ils avaient soufferts avec résignation.

Non seulement ils ne voyaient plus avec indifférence comme par le passé les ventes d'hommes que plusieurs de leurs petits princes faisaient à l'Angleterre, mais encore ils en étaient très irrités.

Le mécontentement excité en Bavière par les maux de la guerre et parce que son Électeur avait reçu un subside des Anglais, à l'imitation de l'Autriche qu'alors on détestait, était porté à un tel point que, pendant la première suspension d'armes, on vint m'informer qu'on était disposé à un soulèvement contre l'Électeur et son gouvernement; que, si je voulais favoriser le mouvement, on allait tout préparer pour l'entreprendre, et que l'étendard de la liberté bavaroise serait arboré à Munich et dans toute la partie de la Bavière occupée par l'armée française (1).

Je répondis alors que je ne pensais pas qu'il fût dans l'intention du gouvernement français qu'il fût donné une protection apparente à une pareille entreprise, d'autant plus que je croyais que son système était d'atteindre à la paix générale le plus tôt que cela lui serait possible; qu'il s'écarterait donc de ce système s'il

---

(1) La république que l'on se proposait alors de fonder à Munich, sous les auspices de la France, aurait compris la Franconie, la Souabe, la Bavière (Lettre au général en chef de l'armée du Rhin, 8 août 1800, A. H. G.).

protégeait une insurrection en Bavière où les Autrichiens avaient encore leur armée. J'ajoutai qu'il fallait réfléchir sur un tel projet et surtout considérer les suites et les effets de la Révolution française; que, si l'anéantissement des abus, l'abolition des privilèges et des droits féodaux, la liberté des cultes, etc., ainsi que le désir de voir exister un meilleur gouvernement, étaient des motifs bien puissants pour engager à marcher vers le but qu'on s'était proposé, il fallait aussi mettre en balance tout ce qui pourrait arriver d'une révolution qu'on ne pourrait peut-être pas conduire comme on le voudrait; ainsi, qu'il faudrait plutôt tâcher de remédier à ce dont on se plaignait par des mesures qui, avec le temps, amélioreraient le gouvernement actuel de la Bavière au lieu d'agir pour le renverser; que, d'un autre côté, il fallait aussi faire attention que, si le gouvernement français ne voulait pas accorder sa protection, je trouvais que la population de la Bavière était trop faible pour agir seule, et le pays étant surtout en contact avec la Prusse et l'Autriche qui feraient certainement tous leurs efforts pour y comprimer toute entreprise en faveur de la liberté.

On ne fut pas satisfait de ma réponse et de mes observations. Néanmoins on revint, quelques jours après, me faire de nouvelles sollicitations auxquelles je mis fin en disant que le général en chef était à Augsbourg; qu'on allât vers lui, et que, s'il accueillait les propositions, il m'ordonnerait ce qu'il jugerait convenable; et qu'alors je ferais ce qu'il me prescrirait.

Quand j'eus l'occasion de parler de ces propositions au général Moreau, il me dit que j'avais bien répondu et que, lui-même, avait fait entendre que ce qu'on demandait ne pouvait pas se faire; qu'il fallait donc rester tranquille.

Je dois dire aussi que ceux qui désiraient un nouvel ordre de choses en Bavière, et qui agissaient pour pouvoir parvenir à l'établir, étaient tous distingués par leur mérite personnel, leur instruction, la considération dont ils jouissaient dans la société, et qu'en outre ils étaient tous propriétaires.

Le non-succès de leurs premières démarches leur fit beaucoup de peine, car ils croyaient bien sincèrement mettre à exécution, sous l'égide de l'armée française, tout ce qu'ils avaient prémédité.

Cependant ils ne désespérèrent pas que l'avenir pourrait être plus favorable à leur patrie et à leurs desseins. On continua de répandre des pamphlets et il en parut plusieurs dans le moment où il fut question que les hostilités allaient probablement recommencer.

Entre autres brochures, on remarqua l'adresse des députés des États de Bavière à l'Électeur, dans laquelle toutes les voix réunies demandaient la convocation des États encore dans le courant de l'année.

Un autre ouvrage, attribué au comte de Rieg (1), ayant pour titre : *Un mot à l'oreille et au cœur de Maximilien-Joseph II*, était un libellé contre les patriotes qui, pour y riposter, publièrent *l'Agonie de la noblesse et des prêtres dans la Bavière*, et un autre, *le Baiser fraternel républicain, l'an Ier de la liberté germanique*.

Depuis la notification faite aux Autrichiens que la suspension des hostilités devait cesser le 7 frimaire, tous les corps de notre armée cantonnés dans la Souabe, le Wurtemberg et la Franconie avaient reçu l'ordre de marcher en Bavière.

Dès le jour de cette notification, les troupes de ma division avaient reçu l'ordre de se préparer à se mouvoir au premier ordre. La ligne d'avant-postes avait été renforcée et la surveillance avait été recommandée.

Cette division se composait alors de 8 044 combattants.

Demi-brigades :

14e d'infanterie légère	2 202
4e de ligne	1 844
100e de ligne	2 083
	6 129

Cavalerie :

6e régiment de chasseurs	654
10e régiment de chasseurs	608
17e régiment de dragons	514

Artillerie :

3e compagnie du 5e d'artillerie à pied	62
2e du 3e à cheval	77
	8 044

---

(1) Peut-être faut-il lire Rieger.

Pour pouvoir diriger cette division avec plus de facilité sur le point qui me serait désigné, j'avais fait passer l'Isar à la majeure partie des troupes.

2 frimaire (23 novembre). — La brigade du général Debilly fut réunie vers Tölz, Wolfratshausen et dans l'espace compris entre la rive droite de l'Isar et la chaussée de Munich à Tölz par Holzkirchen. Celle du général Durutte fut concentrée sur Erding et environs, excepté les troupes en garnison à Munich qui devaient y rester jusqu'à nouvel ordre.

3 frimaire (24 novembre). — Le général Debilly fut prévenu que, les troupes de l'aile droite ayant reçu l'ordre d'occuper tous les débouchés de la rive gauche de l'Isar, il devait, en conservant sa ligne d'avant-postes sur la rive droite, concentrer sa brigade à Holzkirchen et s'y établir lui-même, et qu'il recevrait des ordres, le lendemain, pour se rendre à la position qui serait indiquée pour la division.

Il fut ordonné au général Durutte de placer ses troupes à Riem et environs, sans rien changer à ses avant-postes sur la ligne, qui le rejoindraient lorsqu'ils seraient relevés par les troupes des autres divisions de l'armée.

4 frimaire (25 novembre). — Le général Lahorie, chef de l'état-major du centre de l'armée, m'adressa l'ordre du général en chef daté du 4, que je vais transcrire :

La division du général Decaen se mettra en marche de manière à être arrivée, le 6, dans la position suivante : une faible brigade sera placée, jusqu'à l'arrivée des troupes de l'aile droite, à la position de Helfendorf pour couvrir le débouché de Rosenheim ; elle étendra sa gauche jusqu'à Zinneberg. Le surplus de la division, à l'exception de quelques compagnies (qui resteront jusqu'à nouvel ordre pour la garnison de Munich), prendra position à Zorneding, en réserve de la division aux ordres du général Richepance qui prendra, le 6, position sur Ebersberg avec deux brigades et qui sera réunie en entier, le 7, sur cette position dont la gauche appuiera à Mailetskirchen et la droite s'étendra jusqu'à la Moosach, vers Alxing.

Le général Decaen est prévenu que le général commandant l'aile droite a ordre de diriger des troupes sur la position d'Helfendorf, pour couvrir la route de Rosenheim. A leur arrivée, qui probablement aura lieu le 7, le général Decaen fera replier par Moosach sur Zorneding, à moins d'ordres ultérieurs.

Le général Decaen est invité à prévenir du lieu où s'établira son quartier général. Celui du général Moreau s'établira après-demain matin à Anzing, sur la route de Munich à Hohenlinden.

Le général Decaen est prévenu que le général Grandjean prendra aujourd'hui position en avant de Parsdorf, la gauche à la chaussée de Hohenlinden, la division placée perpendiculairement à la route, et que la réserve de cavalerie se placera en arrière de Parsdorf, en avant de Munich.

En conséquence de ce qui m'était prescrit, le capitaine Valée, commandant l'artillerie, reçut l'ordre de faire partir de Bruck (1) et environs, où ils étaient cantonnés, l'artillerie légère et le parc de la division pour se rendre, le 5 à Haidhausen, et le 6 à Zorneding et Haar.

Il fut mandé au général Durutte qu'il devait, le 6, faire occuper Neukirchen et plusieurs autres villages aux environs de Zorneding ; qu'il tiendrait seulement, avec les troupes à ses ordres, les avant-postes entre la gauche du général Debilly, qui appuyait à la Glonn, et la droite du général Richepance qui devait appuyer à Alxing.

Ce qu'il y avait de troupes de cette brigade à Munich devait en partir le 5 pour être aussi cantonné, le 6, aux environs de Zorneding.

Le général Durutte fut prévenu que le quartier général de la division serait établi, le 6, dans ce village.

Mon chef d'état-major écrivit au général Debilly :

Le général de division me charge de vous transmettre les dispositions suivantes :

Vous prendrez position avec votre brigade à Helfendorf, chaussée de Munich à Rosenheim, gardant les débouchés qui conduisent sur Rosenheim et Rott, et vous liant par votre gauche avec les troupes qui seront établies à Zinneberg. Vous vous mettrez en marche demain 5, et vous vous établirez après-demain 6 en position.

Les troupes de l'aile droite devant vous relever dans cette position, dès qu'elles arriveront, vous vous formerez sur la route de Zorneding, et vous vous dirigerez sur ce point, à moins que vous ne receviez un ordre contraire. Vous avertirez le général de division à Zorneding dès que les troupes de l'aile droite se présenteront pour vous relever. Le général de

---

(1) A 25 kilomètres à l'ouest de Munich.

division attend de vous un rapport sur les troupes ennemies qui se trouvent devant vous.

Dans l'ordre du 3, le chef d'état-major avait prévenu le général Debilly que les distributions se feraient le lendemain, en pain et en viande, jusqu'au 8, et que les ordres avaient été donnés en conséquence au commissaire des guerres. Une lettre de ce général au chef d'état-major lui annonça :

Je reçois l'ordre du 4 pour rassembler mes troupes à Helfendorf le 6, et couvrir les débouchés de Rosenheim et Rott. Il sera ponctuellement exécuté.

Les troupes qui sont devant moi sont les mêmes que celles dont je vous ai parlé dans mon dernier rapport. C'est toujours Bender-Infanterie et quelques hussards de Grenz.

Montaulon me mande à l'instant que l'ennemi est maintenant retiré à deux lieues en arrière la ligne. Les fourriers de toutes armes sont ici depuis ce matin pour recevoir les vivres jusqu'au 8 inclus. Il ne s'est encore présenté aucun administrateur. Je les retiendrai jusqu'à demain et je vous dirai si on s'est conformé à vos dispositions.

Le chef de l'état-major reçut une autre lettre du général Debilly datée du 5. Il lui mandait :

Après avoir fait attendre les troupes pendant 24 heures, les préposés sont enfin arrivés ce matin. Celui aux viandes fait abattre en ce moment, et il est 4 heures. Vous verrez, par la copie de l'ordre ci-joint, comment ce service est organisé. Vous devez mieux savoir que moi à qui vous en prendre d'un retard si long et si fatigant.

Je vous ai mandé hier que les avant-postes autrichiens s'étaient retirés à deux lieues en arrière. Ils sont revenus ce matin à la pointe du jour, chantant et portant lauriers en tête (1). Les paysans montrent aussi beaucoup de gaîté. Ils donnent des nouvelles si diverses que je ne puis ajouter foi à aucune. Les officiers autrichiens ont ramené leurs équipages sur la ligne.

Les émigrés suisses sont à Rosenheim.

Le débouché sur lequel les ennemis ont jeté le plus de monde est sur le Tegern See. On fait nombre de 6 000 à 8 000 hommes chargés de le défendre.

Le premier paragraphe de cette lettre manifestait de l'humeur. Le retard dont se plaignait le général Debilly était effectivement fâcheux; mais le chef d'état-major, qui avait donné ses ordres, n'était pas la cause s'ils n'avaient pas été ponctuellement exécutés. Ce général savait fort bien qu'il survient des obstacles imprévus qui contrarient et retardent l'exécution des dispositions les mieux

---

(1) « Les Autrichiens ont l'usage de porter une branche de buis, laurier ou autre rameau vert à leur coiffure lorsqu'ils sont en guerre » (Note de Decaen).

ordonnées. Mais comme je savais qu'il avait été mécontent de n'avoir plus son quartier général à Munich depuis la seconde suspension d'hostilités, changement qui n'avait eu lieu qu'en raison de l'ordre qui m'avait fait occuper plus de terrain à ma droite, j'attribuai cette observation inconvenante à un reste de mauvaise humeur : cependant, j'étais loin de penser que ce général me donnerait lieu, dès le lendemain, de lui écrire moi-même que je n'étais pas satisfait de sa manière d'agir.

6 frimaire (27 novembre). — Ayant attendu à Munich les ordres du général en chef avant de partir pour me rendre à mon quartier général, mon chef d'état-major, d'après l'instruction qui venait de m'être donnée verbalement, écrivit de suite au général Debilly :

> Le général de division me charge de vous mander sur-le-champ les dispositions suivantes :
> Vous ne vous dirigerez pas sur Zorneding comme il avait été précédemment convenu ; mais, aussitôt que vos troupes auront été relevées à Helfendorf, vous vous établirez à Lindach, Münster et Schlacht. Vous ferez relever les postes du général Durutte à Zinneberg et à la droite du général Richepance. Vous lierez vos postes par la droite avec ceux de l'aile droite.
> Cette position vous est indiquée, plus pour servir de réserve à la gauche de l'aile droite, qu'à tout autre service. Vous ferez vos dispositions en conséquence ; et surtout, vous ferez reconnaître les débouchés par lesquels vous pourriez vous rendre, pour être utile à l'aile droite, sur Helfendorf, au premier ordre que vous recevrez.
> Vous préviendrez le général à votre droite de ces dispositions et, aussitôt votre établissement, vous en ferez le rapport au général de division à Zorneding.
> J'ordonne au commandant d'artillerie de diriger sur-le-champ quatre caissons de cartouches et de pierres à feu en suffisante quantité sur Schlacht par Zorneding. Ils ont ordre de marcher jusqu'à votre brigade en relayant dans les villages. Envoyez au-devant pour leur direction à chacun de vos bataillons. Si les caissons de votre brigade fussent venus étant vides au parc, les bataillons en eussent eu une suffisante quantité.

Après cet ordre expédié, je partis pour me rendre à mon quartier général. Pendant la route, mon chef d'état-major reçut du général Debilly l'avis suivant :

> Il est 10 heures, et toute ma brigade se trouve réunie à Helfendorf. J'ai vu hier le général Roussel, et je sais que je ne serai relevé qu'à midi dans ma position. J'en partirai aussitôt pour Zorneding.

L'ordonnance qui apporta cette lettre ayant dit que le général Debilly était arrivé de sa personne à Zorneding, ce qui faisait juger que l'officier qui lui avait été envoyé le matin lui porter des ordres ne l'avait pas rejoint, mon chef d'état-major me précéda pour informer ce général des dispositions qui lui avaient été envoyées, ainsi que pour arrêter le mouvement des troupes de sa brigade. Mais, lors de mon arrivée à Zorneding, il me rendit compte que le général Debilly prétendait avoir raison, « parce qu'il s'était conformé ponctuellement », disait-il « à l'ordre qu'il avait reçu », et qu'en outre il lui avait fait quelques observations fort déplacées.

De suite, j'écrivis à ce général :

Informé que vous étiez de votre personne à Zorneding, je vous avais envoyé le chef de l'état-major de la division pour vous prévenir qu'un officier vous avait été envoyé sur Helfendorf pour vous donner de nouveaux ordres. Je devais croire que votre brigade devait être encore à Helfendorf car, d'après les instructions qui vous ont été adressées le 4, vous auriez dû apercevoir que je n'avais pas présumé que les troupes de l'aile droite arriveraient aussi tôt à leur position, puisque je vous avais dit que ce serait le 6 que vous vous établiriez à Helfendorf. D'un autre côté, mon instruction vous disait de vous diriger sur Zorneding aussitôt que vous seriez relevé ; je vous disais aussi de me prévenir aussitôt que les troupes de l'aile droite se présenteraient.

Vous auriez dû juger, citoyen général, que, vous demandant d'être prévenu, c'était afin de vous indiquer l'emplacement de votre brigade. Je n'entre dans ces détails que pour vous prouver que l'ordre que je vous avais donné était très clair et que, si vous l'eussiez suivi, vous vous seriez trouvé dans le cas d'exécuter le nouveau que je vous ai adressé et dont je joins une copie à la présente.

Cependant comme il ne faut pas que les troupes souffrent de cette manière d'agir, établissez-les pour la nuit le plus convenablement. Informez-moi du lieu où elles seront ; et demain, une heure avant le jour, vous rassemblerez votre brigade, pour aller prendre l'établissement qui vous a été indiqué par l'ordre précité.

Au contenu de cette lettre, qui ne pouvait pas être autrement, surtout d'après ce qui m'avait été rapporté des mauvaises observations faites par le général Debilly, au lieu de se rendre auprès de moi dès qu'il avait appris mon arrivée, ce qui m'aurait sans doute évité de lui écrire, il me fit une réponse dans laquelle il s'écarta de toutes convenances. Voici cette réponse :

Si vous aviez eu la bonté, citoyen général, de m'indiquer, dans chacun de vos ordres, le point où je devais communiquer avec vous, vous auriez été informé de bonne heure de l'arrivée des troupes du lieutenant général Lecourbe à Helfendorf. J'ai dû, puisque vous ne m'annonciez aucun changement dans votre établissement, vous écrire à Munich, et j'ai textuellement suivi ce que vous me dites dans l'instruction du 4 : *Vous avertirez le général de division dès que les troupes de l'aile droite se présenteront pour vous relever dans votre position.*

Ci-joint la copie de la lettre que je vous ai écrite ce matin d'Helfendorf.

Quand votre adjudant commandant est venu près de moi, il était trop tard de m'apprendre que vous m'aviez expédié un officier de l'état-major. Si je l'avais reçu, je me serais conformé aux dispositions dont il était porteur; ne l'ayant pas vu, je n'ai eu rien de mieux à faire que de mettre à exécution l'ordre du 4 : *Les troupes de l'aile droite devant vous relever dans cette position, dès qu'elles arriveront, vous vous formerez sur la route de Zorneding, et vous vous dirigerez sur ce point à moins que vous ne receviez un ordre contraire.* Vous ne vous êtes pas ménagé le moyen de savoir promptement quand je serais relevé à Helfendorf. Il est possible que vous n'ayez pas dû compter sur une marche aussi rapide de la part de la division Roussel; mais ce calcul m'est étranger et les présomptions, en service militaire, se taisent devant un ordre aussi formel que celui dont je suis porteur.

Je me suis établi le 6, à 9 heures, sans que vous m'ayez désigné celle à laquelle je devais me réunir : c'était cependant un article essentiel dans votre instruction. Elle était assurément très claire et je prouverai devant qui de droit que je l'ai suivie avec la plus grande exactitude. Ne me dites pas que les troupes sont exposées, ce soir, à souffrir de ma manière d'agir : c'est votre manière de commander qui les exposera, ce soir, à quelques désagréments.

Jusqu'à ce que je prenne demain, à 5 heures, la position que vous m'assignez par l'ordre dont je reçois une copie (l'original m'arrivera peut-être demain), voici l'établissement de ma troupe pour ce soir :

Deux escadrons du 6ᵉ à Zorneding, deux autres à Ober-Pframern, le 1ᵉʳ bataillon d'infanterie légère et l'artillerie à Zorneding.

La 100ᵉ bivouaquera en arrière de ce village.

J'aime mieux, d'accord avec les chefs, la tenir là que de faire faire encore quelques heures de chemin à des troupes qui ont déjà, pour la plupart, dix à douze heures de marche par une journée aussi affreuse.

J'ai l'honneur de vous prévenir que les avant-postes d'infanterie du Walchen See ne sont pas encore rentrés; ceux d'infanterie et de cavalerie depuis Lenggries jusqu'à Grub ne sont pas relevés. Le général Roussel n'a relevé ceux sur la Glonn que jusqu'à Ober-Laus.

Salut et fraternité

Signé : Debilly.

D'après le style de cette lettre, qui me donnait la mesure de ce que je devais attendre du général Debilly pendant la campagne qui allait s'ouvrir, je considérai qu'il valait mieux m'abstenir de lui écrire pour lui en faire sentir toute l'impertinence, ainsi que pour lui démontrer que, quoiqu'on lui eût mandé que, s'il ne recevait pas de nouveaux ordres, il devait quitter sa position d'Helfendorf quand il y serait relevé par les troupes de l'aile droite, s'il eût fait la moindre réflexion sur l'ensemble de cet ordre d'après lequel il ne devait prendre cette position que le 6, il se serait certainement déterminé, vu la marche qu'il avait fait faire le matin à sa brigade et vu le mauvais temps et le chemin qu'il avait encore à parcourir, à ne pas pousser son infanterie jusqu'à Zorneding, mais plutôt à la cantonner entre cet endroit et Helfendorf, puisqu'il avait bien pris cette résolution pour une partie de sa cavalerie. J'aurais aussi pu lui donner l'ordre de se rendre de suite au quartier général de l'armée, ce qu'il aurait sans doute préféré à toute autre mesure; mais j'aimai mieux prendre le parti de former ma division d'une autre manière pour le décider à demander lui-même d'aller servir dans une autre division.

Il fut donc ordonné au général Durutte d'occuper, le lendemain matin, avec sa brigade, la position que devait prendre celle du général Debilly selon l'ordre qui lui avait été adressé à Helfendorf. Je formai une avant-garde du 6ᵉ régiment de chasseurs et du 3ᵉ bataillon de la 14ᵉ d'infanterie légère, qui faisaient partie de la brigade Debilly. Le commandement de cette avant-garde fut donné au chef de brigade Laffon, commandant le 6ᵉ de chasseurs. D'ailleurs cette disposition ne pouvait être que favorable au bien du service.

Cet excellent officier de troupes légères reçut l'ordre de prendre le commandement des avant-postes établis entre l'aile droite, vers la Glonn, et la division Richepance vers Alxing, et de s'occuper principalement du débouché de Moosach. Il fut prévenu que c'était sur ce point qu'il devait concentrer le plus son infanterie. Il lui fut recommandé d'envoyer à Schlacht pour prévenir le général Durutte du lieu où il s'établirait de sa personne, de lui donner avis des mouvements de l'ennemi sur son front ainsi qu'au général de division à Zorneding; enfin que, s'il n'avait rien de nouveau à 10 heures, il devrait pousser des partis pour avoir des **nouvelles de l'ennemi.**

CHAPITRE VII

La brigade Debilly placée en seconde ligne. — La légion polonaise de Kniaziewicz est mise sous les ordres de Decaen. — Reconnaissance de Montrichard sur Aibling. — Pointe poussée par Laffon sur Beibarting. — Les Autrichiens sont fort peu nombreux devant Decaen. — La reconnaissance de Montrichard s'arrête à un quart de lieue d'Aibling. — Les troupes du corps de Condé signalées vers Rosenheim. — La gauche de l'armée doit se porter en avant le 10 frimaire. — L'arrivée de la légion polonaise porte l'effectif de la division Decaen à 10 000 hommes. — Decaen chargé de reconnaître l'Inn et ses points de passage. — Combat d'Ampfing. — Decaen sans nouvelles. — Son inquiétude. — Des ordres lui arrivent enfin. — Cause de ce retard. — Decaen doit se rassembler sur Zorneding. — Il se rend à Anzing auprès de Moreau. — Accueil flatteur de ce dernier. — Decaen mis sous les ordres de Grenier. — Ses observations. — Il est chargé de suivre, le lendemain, le mouvement de Richepance sur Hohenlinden. — Confiance des généraux français dans le succès. — Bataille de Hohenlinden. — Rapport de Decaen. — Decaen chargé d'envelopper la tête de pont de Wasserburg.

7 *frimaire* (28 novembre). — Le général Debilly reçut des ordres pour le placement de sa brigade en seconde ligne de la brigade Durutte.

Le quartier général de la division resta à Zorneding.

Je fus prévenu par le général Lahorie, chef d'état-major des trois divisions du centre de l'armée et de la réserve, sous les ordres immédiats du général Moreau, que la légion polonaise du Danube (1), composée de trois bataillons d'infanterie, quatre escadrons de cavalerie (2) et une compagnie d'artillerie légère, était destinée pour faire partie de ma division; que cette légion arriverait dans la journée et le lendemain à Munich, et d'adresser des ordres à son commandant, le général Kniaziewicz (3).

(1) Il avait été question, quelque temps auparavant, d'envoyer la légion polonaise en Italie. Mais le 12 fructidor précédent (30 août), le chef de brigade de la cavalerie polonaise, Albert Turski, avait écrit au ministre de la guerre que les officiers polonais préféraient donner leur démission plutôt que de partir pour l'armée d'Italie et de servir sous Dombrowski. Albert Turski commandait alors la légion en l'absence du général Kniaziewicz, qui faisait une cure à Baden (Turski au ministre, Gengenbach, 12 fructidor, A. H. G.).
(2) « Cinq cents chevaux » (Lahorie à Decaen, Munich, 7 frimaire an IX, A. H. G.)
(3) Kniaziewicz (Charles), né en Courlande en 1762, général de brigade commandant

Il me manda que l'intention du général en chef était que j'envoie, le lendemain, un bataillon de la 4ᵉ d'infanterie légère au général Richepance, pour faire partie de sa division; et par post-scriptum : « Bonaparte est parti pour l'Italie; ainsi, en Italie comme ici, on peut espérer guerre courte et bonne. »

Je fis prévenir le général Richepance que le 1ᵉʳ bataillon de la 14ᵉ d'infanterie légère serait dirigé, le lendemain matin, sur Ebersberg pour être mis à sa disposition.

Il fut adressé des ordres au général Kniaziewicz pour diriger les colonnes de sa légion, les 8 et 9, sur Zorneding.

Je rendis compte au général en chef que les partis qui avaient été envoyés pour avoir des nouvelles de l'ennemi avaient trouvé des postes de hussards de Meszaros et de Grenz et d'infanterie légère; que le terrain entre la gauche de l'aile droite et la division Richepance était couvert par un petit corps d'avant-garde dont j'avais donné le commandement au chef de brigade Laffon. J'informai des positions que j'avais fait prendre aux deux brigades de la division dont une, concentrée sur Lindach, était à même de se porter sur Helfendorf au premier avis. Je fis l'observation que les communications pour s'y rendre de Zorneding étaient difficiles mais cependant praticables, et qu'on s'occupait de les réparer (1).

8 frimaire (29 novembre). — Je reçus, pendant la nuit, une lettre du général Lahorie datée d'Anzing, le 7. Il me mandait :

> Les reconnaissances poussées aujourd'hui sur les routes de Rosenheim, de Wasserburg et de Haag ne laissent guère de doute sur les dispositions de l'ennemi à ne pas recevoir d'efforts en avant de l'Inn. Le général Richepance est arrivé à une lieue de Wasserburg, et le général Grenier, près de Haag.
>
> Le général Moreau, pour s'assurer positivement encore de la position et des desseins des ennemis, a cru devoir ordonner demain de nouvelles reconnaissances plus rapprochées de l'Inn avant de changer la position de l'armée.
>
> En conséquence, le général Montrichard poussera demain une forte reconnaissance sur Aibling et même établira son avant-garde vers ce point

la 1ʳᵉ légion polonaise en juillet 1797; commandant la légion polonaise dite du Danube, le 28 novembre 1799; démissionnaire, le 3 mai 1801; commandant la 18ᵉ division d'infanterie (5ᵉ corps de la Grande Armée), en 1812; blessé grièvement à la jambe droite, le 28 novembre 1812, au passage de la Bérésina (A. H. G.).

(1) Plauzonne à Lahorie, Zorneding, 7 frimaire (A. H. G.).

si l'ennemi n'y forme pas d'obstacle sérieux. Pour le seconder dans ce mouvement, l'intention du général en chef est que tu fasses marcher ta brigade de droite sur la Glonn; elle longera ce ruisseau et suivra la route qui conduit à Aibling. L'objet de ce mouvement est de soutenir, par une diversion, les troupes qui se dirigeront d'Helfendorf sur Aibling. Il n'est pas à croire que l'ennemi y soit très en force.

Au reste, le général Montrichard a ordre de ne pas se compromettre. Tu donneras la même instruction. Ton avant-garde pourrait s'établir entre la Glonn et la Moosach, vers Beiharting, si l'ennemi a abandonné cette partie.

Aussitôt la réception de cette lettre, il fut mandé au chef Laffon de marcher, à 8 heures du matin, avec les troupes à ses ordres, pour faire une reconnaissance sur Beiharting, en se dirigeant par Rohrsdorf, laissant un escadron et deux compagnies d'infanterie au débouché de Moosach sur Bruck dont il pourrait cependant se faire flanquer sur sa gauche jusqu'à la hauteur qu'il jugerait convenable; qu'il devrait essayer, sans se compromettre, d'établir ses avant-postes sur Beiharting, se liant par sa droite avec le général Montrichard et observant les débouchés sur Wasserburg, Rott et Rosenheim.

Il fut prévenu que le mouvement qui lui était prescrit avait pour but de soutenir une reconnaissance sur Aibling que devait faire le général Montrichard, ainsi que pour s'y établir si l'ennemi n'y apportait pas d'obstacles sérieux; et que j'avais donné ordre au général Durutte d'envoyer un bataillon à Zinneberg pour être utile, s'il y avait lieu, soit à lui, soit au général Montrichard.

Le général Durutte fut prévenu de ce qui avait été ordonné au commandant de l'avant-garde. Il fut adressé un ordre au commandant de la légion polonaise de la cantonner à Zorneding et dans les villages aux environs.

Je partis dès le matin pour me rendre à Zinneberg, afin de reconnaître les localités et suivre le mouvement de mon avant-garde.

De retour dans cet endroit, j'informai le général Lahorie que cette avant-garde était totalement arrivée à Beiharting à 3 heures après midi, et qu'elle n'avait vu que huit à dix hussards de l'ennemi; que les paysans avaient dit au chef Laffon qu'il y avait tout au plus 200 hommes, tant infanterie que cavalerie, dans l'étendue de pays qu'il avait parcourue et que c'était le cordon qui avait été établi durant l'armistice; que ces hommes s'étaient retirés sur Rott, et que plusieurs postes étaient partis dès 4 heures du matin.

Je mandai que j'étais moi-même, à 3 heures après midi, à Beiharting, et qu'on n'avait alors encore rien vu ni entendu de la division Montrichard, et que c'était seulement à mon retour à Zinneberg que j'avais trouvé une lettre dont je lui envoyais copie. (Cette lettre informait que des troupes de cette division avaient trouvé l'ennemi à une demi-lieue en deçà d'Aibling, qu'elles s'étaient avancées jusqu'à un quart de lieue de cet endroit, d'où elles étaient revenues établir leurs postes en avant de Feldkirchen).

Je dis que l'ennemi me paraissait être absolument en arrière de l'Inn puisque, de la hauteur de Jakobsberg, d'où l'on voyait très bien Aibling et presque tout le pays jusqu'à Rosenheim, je n'avais aperçu aucun ennemi. J'annonçai que j'avais poussé des partis sur Rott et sur Rosenheim par le chemin qui passe au village de Schmidhausen où se trouvaient mes postes les plus avancés; qu'on pouvait y passer avec de l'artillerie et d'autant mieux que les Autrichiens avaient bien fait réparer le chemin de Beiharting; qu'une partie de la brigade Durutte avait été placée vers Zinneberg et Rohrsdorf, de manière à soutenir au besoin l'avant-garde.

Plus tard, je fis rendre compte au général Lahorie que le chef Laffon m'avait informé de Beiharting, à 7 heures du soir, que les avant-postes ennemis étaient encore, à 5 heures du soir, à Högling, sur la route de Rosenheim (ce village ne se trouvait pas sur nos cartes), à peu près deux escadrons de Condé et un piquet de Grenzhussards; que l'ennemi avait également des postes à Bruckhausen (1).

9 frimaire (30 novembre). — Je reçus, pendant la nuit, une lettre du général Lahorie datée d'Anzing, le 8, à 11 heures du soir. Il me mandait :

D'après les mouvements de l'ennemi, il est probable que nous ne l'attendrons pas de ce côté de l'Inn.

Dans cet état de choses, la droite devant être refusée à cause du Tyrol, tu n'auras d'autre mouvement à faire demain que de jeter une partie de ta division à la hauteur d'Aibling entre la Glonn et l'Attel.

(1) Probablement Bruckmühle, du 1/100 000e allemand, sur le Mangfall, à 3 kilomètres environ à l'ouest-sud-ouest de Högling.

Le général Montrichard prendra position avec quelques troupes à Aibling même.

Le général Richepance se placera devant Wasserburg, de manière à contenir ce qui pourrait en sortir, tant sur la route d'Ebersberg que sur celle de Rosenheim et de Haag.

Le général Grandjean se portera sur Hohenlinden, avec un détachement sur Haag, et le général d'Hautpoul sur Anzing.

Le général Moreau s'établira demain matin à Haag. Tu pourras envoyer là tes ordonnances.

Je fis donner des ordres pour l'exécution de ce qui était prescrit dans cette lettre pour ma division; et je fis adresser aux généraux de brigade et au commandant de l'avant-garde des exemplaires d'une proclamation du général en chef à l'armée, avec recommandation de la faire lire aux troupes. (Je n'en ai point conservé d'exemplaire). Mon quartier général resta établi à Zinneberg.

Mon chef d'état-major rendit compte au général Lahorie de l'établissement de la division, en lui annonçant qu'une brigade était établie en échelon entre Hohenthann et Mailling, en soutien de l'avant-garde postée à Beiharting et environs; qu'une autre brigade avait Zorneding pour centre de ses cantonnements; que la légion polonaise occupait Moosach, Buch, ayant un bataillon et 100 chevaux sur Dorfen, Loitersdorf et Niclasreuth; qu'une reconnaissance avait rencontré l'ennemi à une lieue et demie au delà de Beiharting, l'avait poussé et avait occupé Aibling jusqu'au moment où les troupes de la division Montrichard y étaient arrivées. Il fut exposé que la légion polonaise avait un besoin urgent de chaussures et de vêtements, et il fut demandé qu'il y fût satisfait incessamment.

La légion polonaise, forte de 2 200 hommes d'infanterie, 480 hommes de cavalerie et une compagnie d'artillerie légère, réunie à la division, celle-ci se trouva composée de 10 000 combattants, non compris le 4e bataillon de la 4e de ligne, resté à Munich, et le 1er bataillon de la 14e d'infanterie légère envoyé à la division Richepance, douze pièces d'artillerie légère et six pièces de 4 de bataille.

10 frimaire (1er décembre). — Il était 10 heures du matin lorsque je reçus une lettre du général Lahorie, datée de la veille à 10 heures du soir. Il était noté en marge qu'elle était partie de Haag le 10 au matin.

On m'annonçait, par cette lettre :

Demain, le général Lecourbe doit se porter sur Aibling et même s'approcher davantage de Rosenheim. Il est en même temps chargé de reconnaître le cours de l'Inn au-dessus et au-dessous de Rosenheim. Il le remontera aussi loin que cela sera possible.

L'intention du général en chef est que tu portes le corps de Laffon très près de l'Inn ou plutôt sur l'Inn même, pour en reconnaître le cours, afin de juger bien exactement du point susceptible d'un passage.

L'importance de cette reconnaissance, qui devra avoir lieu entre Rosenheim et Wasserburg, particulièrement depuis Rott, a déterminé le général en chef à t'inviter à la faire toi-même sur les points principaux afin de fixer davantage ses idées sur cette partie du cours de l'Inn.

Le général Richepance enveloppe sur cette rive la tête de pont de Wasserburg. Le général Grenier est placé entre Ampfing et Haag. L'ennemi a encore des forces en avant de Haag.

Tu peux placer tes troupes entre l'Attel et la Glonn... (1).

Aussitôt la réception de cette lettre, il fut mandé au chef Laffon d'envoyer sur-le-champ à Rain un escadron et deux compagnies d'infanterie (ce détachement devait pousser, de Rain vers Hochstätt, Schechen et Marienberg, des partis sur l'Inn, le plus près possible, et s'y établir s'il ne rencontrait pas d'obstacles) ; d'envoyer également un escadron et deux compagnies sur Lampferding, qui enverraient de même des partis sur l'Inn vers Rott.

Le général Lahorie fut informé par mon chef d'état-major que j'avais concentré aux environs de Zinneberg la brigade qui était cantonnée vers Zorneding ; que celle établie en échelon entre Hohenthann et Mailling avait été placée à Beiharting ; que l'avant-garde était établie en arrière de Rott et que la légion polonaise occupait le terrain entre Alxing et Ilching ; qu'un détachement de l'avant-garde occupait en remontant l'Inn, Hochstätt, Schechen et Marienberg, et se liait avec les troupes du général Lecourbe ; qu'on n'avait vu, dans toute la journée, qu'une patrouille de l'ennemi sur la rive gauche de l'Inn que nos troupes garnissaient à présent ; que l'ennemi avait brûlé le pont de Rosenheim vers 4 h. 30.

---

(1) « ... cantonnées en arrière de Beiharting » (Lahorie à Decaen, Haag, 9 frimaire, 10 heures du soir, A. H. G.).

J'écrivis en outre au général Lahorie :

Il était plus de 10 heures lorsque j'ai reçu ta lettre pour faire approcher Laffon de l'Inn et m'y rendre moi-même pour en faire la reconnaissance.

Malgré toute ma diligence, je n'ai pu y arriver qu'au soleil couchant, et je n'ai donc pu faire grande besogne. Demain, dès le jour, je ferai la reconnaissance que le général en chef désire, et j'en ferai le rapport au plus tôt. Ce soir, j'ai abordé l'Inn devant Rott et je l'ai remonté jusqu'à Feldkirchen. On m'a dit qu'il y a un gué dans cette partie; mais je n'ai pas encore acquis assez de détails pour m'en expliquer.

L'Inn coule dans un vallon de 600 à 700 toises de largeur. Les bords de ce vallon sont assez escarpés. La rive droite domine, et le fleuve coule à peu près au pied de cet escarpement. La largeur du fleuve peut être de 60 à 70 toises. Je m'arrête sur ces détails parce que je n'en suis pas encore assez sûr. J'ai vu les feux d'environ trois bataillons sur la rive droite devant Rosenheim.

Il n'y a que quelques postes devant moi. Ce matin, des Wurtembergeois qui étaient devant Rott sont descendus vers Wasserburg.

Les chemins de Beiharting à Rott, sans être impraticables, sont difficiles.

J'avais gardé, ce matin, le courrier, parce que j'avais cru pouvoir faire un rapport ce soir, et il l'aurait rapporté; demain, je l'en chargerai.

Plauzonne te fait connaître, par une lettre, la position donnée aujourd'hui à la division.

Dis-moi quel résultat vous avez de l'affaire d'aujourd'hui. A en juger par le feu, elle paraît bien sérieuse.

J'ai établi le quartier général de la division à Beiharting; mais, ce soir, je couche ici. Berckheim (1) te dira la route qu'il aura tenue pour arriver à Haag; on y compte, d'ici, cinq lieues.

11 frimaire (2 novembre). — Dès le matin, je montai à cheval pour faire la reconnaissance qui m'avait été recommandée. Cependant, j'étais étonné de n'avoir pas encore reçu de lettre du général Lahorie pour ce que je devais faire pendant cette journée. D'ailleurs, je désirais d'apprendre quel avait été le résultat de l'affaire de la veille (2), dont j'avais entendu la vive canonnade, et

---

(1) Berckheim (Sigismond-Frédéric), né à Ribeauvillé (Haut-Rhin), le 9 mai 1775; sous-lieutenant dans le régiment de La Marck, infanterie allemande, le 12 mai 1789; lieutenant, le 8 avril 1792; adjoint à l'adjudant général Plauzonne, le 30 prairial an VIII; capitaine, le 20 messidor an VIII; chef d'escadrons, le 3 thermidor an XIII; major, le 9 mai 1806; colonel, le 1er avril 1807; général de brigade, le 12 juillet 1809; général de division, le 3 septembre 1813; inspecteur général de cavalerie en 1818; décédé à Paris, le 28 décembre 1819 (A. A. G.).

(2) Le combat d'Ampfing.

j'éprouvais de vagues inquiétudes. Mais, comme j'avais fait partir une reconnaissance pour savoir où se trouvaient les postes de la droite du général Richepance, et qu'en descendant la rive gauche de l'Inn, je me rapprochais de cette division, je comptais que je ne tarderais pas à recevoir quelques nouvelles, soit par le rapport que ferait le commandant de cette reconnaissance que je devais rencontrer à son retour, soit par ce que pourrait me dire le chef d'un parti que le général Richepance aurait envoyé pour communiquer avec mes postes, qui devaient se lier avec les siens.

Je fus donc bien surpris lorsque, vers midi, étant alors à près de deux lieues de Rott, l'officier envoyé aux nouvelles m'apprit qu'étant allé jusqu'à la vue de Wasserburg, il n'avait trouvé aucun poste de la division Richepance, et qu'on l'avait informé, dans un des villages qu'elle avait occupés, que les troupes en étaient parties à minuit.

D'après cette information et l'incertitude ou plutôt l'inquiétude qu'elle me donnait, je m'acheminai sur-le-champ pour retourner à Rott, présumant que, s'il n'y était pas arrivé d'ordre pour moi, il ne pouvait pas tarder à en parvenir. J'y trouvai effectivement une lettre qui venait d'y être apportée : mais, à sa suscription, fort mal mise, puisqu'on avait écrit *Decean* pour *Decaen*, et *Zimubeg* pour *Zinneberg*, je ne pensai pas, en l'ouvrant, qu'elle pouvait être du général Lahorie.

Sous la date de Haag, à 6 heures du soir, il me mandait :

L'ennemi ayant rassemblé une partie considérable de son armée sur la route de Mühldorf à Haag, le général Grenier a été obligé de se replier sur Haag, mon cher Decaen. Cette disposition de l'ennemi donnant à supposer au général en chef que l'archiduc est disposé à combattre entre l'Inn et l'Isar, il se décide à rassembler l'armée pour lui livrer bataille.

D'après cela, il donne ordre au général Richepance d'arriver demain de bonne heure sur Ebersberg.

Tu quitteras aussi demain ta position pour venir te rassembler sur Zorneding où je te transmettrai les intentions ultérieures du général en chef.

L'armée se formera sur Anzing, suivant les apparences, pour, de là, aller combattre l'ennemi.

Le général Hardy a été blessé.

Je recevais donc, à une heure après midi, un ordre de mouvement pour ma division dont les troupes avaient à faire au moins cinq à huit heures de marche, et qui ne pouvait commencer à s'opérer qu'au moment où elle aurait dû, presque totalement, être réunie à la nouvelle position indiquée.

Heureusement encore que j'avais recommandé, la veille, en partant de Beiharting pour me rendre à Rott, de m'y adresser toutes les lettres qui pourraient arriver pour moi, et sans retard, car certainement, d'après la suscription extraordinaire de celle que je venais de recevoir, on aurait pu, sans conséquence, différer d'expédier un exprès pour me l'apporter.

Je fis sur-le-champ expédier des ordres qui furent portés par des officiers, avec la recommandation de faire la plus grande diligence pour faire marcher toutes les troupes sur Zorneding.

Il fut mandé au général Durutte de faire placer sa brigade à la gauche de la chaussée de Munich à Ebersberg, la droite à Zorneding, occupant ce village, et de laisser, cependant, un escadron et deux compagnies d'infanterie pour garder le débouché de Beiharting jusqu'à nouvel ordre (ce détachement vint plus tard se joindre à la brigade); au général Debilly, de placer sa gauche à Zorneding, ayant sa droite vers Buch; au général Kniaziewicz, de faire prendre position à sa légion à Neukirchen, sur la chaussée de Munich à Ebersberg; et au chef Laffon, de quitter les bords de l'Inn et de concentrer ses troupes à Alxing et Moosach, et de prévenir, à Zorneding où le quartier général de la division serait établi, du moment où il serait rassemblé.

Aussitôt mes ordres expédiés, je remontai à cheval, afin d'arriver le plus tôt possible à Zorneding, espérant que j'y trouverais de nouvelles instructions qui m'y auraient été adressées, et pour informer, de là, où je serais plus à la proximité du quartier général de l'armée, de la cause qui avait donné lieu au retard mis à prendre la position qui m'avait été indiquée.

Entre Rott et Beiharting, je reçus une lettre du général **Lahorie**, encore datée de Haag le 11. Il m'écrivait :

> J'imagine, mon cher Decaen, que tu auras reçu l'ordre de ton mouvement sur Zorneding, avec l'avis de la retraite du général Richepance sur Ebersberg. L'armée ennemie a débouché presque entière de Mühldorf sur la division du général Grenier, sur la route de Haag et sur l'Isen.
> Le général en chef n'a pas cru devoir laisser échiner sans objet ce **corps de troupes**; il l'a fait replier sur Haag et, de là, sur Hohenlinden.

Il réunit l'armée à Anzing pour combattre l'archiduc puisqu'il est disposé à se battre entre l'Inn et l'Isar. C'est le moyen d'en finir promptement.

Si tu n'avais pas reçu encore l'ordre de venir reprendre la position de Zorneding, ceci t'en servirait.

Tu vois qu'aujourd'hui tes troupes doivent être réunies sur ta gauche plutôt que sur ta droite.

Arrivé à Zorneding vers les 5 heures, je pris des informations s'il y avait une communication de cet endroit à Anzing où je présumais que le quartier général de l'armée pourrait être établi, d'après ce qui m'avait été mandé, qu'elle devait se rassembler sur ce point; ou bien que, là, je saurais le lieu où serait le général en chef.

Comme il y avait un chemin assez praticable à travers la forêt, et que le maître de la poste aux chevaux m'assura qu'un de ses postillons pourrait, avec une petite voiture, me conduire à Anzing, alors, au lieu d'écrire pour rendre compte, je préférai me rendre auprès du général en chef, attendu, d'ailleurs, que, mes troupes ne pouvant prendre que fort tard leur position et qu'il serait possible qu'on m'eût expédié des ordres pour un mouvement le lendemain, avant d'être informé de ce retard et de ce qui y avait donné lieu, et qu'en outre, dans la supposition que les troupes seraient arrivées de bonne heure à Zorneding, on pourrait me prescrire de me rendre, avec toute ma division, à une distance un peu forte de cet endroit, ainsi que d'arriver sur le point indiqué d'assez bonne heure; enfin que, lorsque je recevrais cet ordre, il ne serait peut-être plus temps d'adresser des observations pour démontrer les difficultés de la ponctuelle exécution, je partis pour Anzing où j'arrivai vers les 7 heures du soir.

Le général Moreau y étant, je me rendis de suite auprès de lui. Me voyant entrer, il manifesta sa surprise d'une manière bien flatteuse en disant : « Ah! voilà Decaen; la bataille sera gagnée demain! » et il m'embrassa. En s'exprimant ainsi, le général Moreau pensait certainement aux 10 000 combattants dont je venais lui annoncer la prochaine arrivée pour participer à l'exécution de ses projets. Cependant je dis : « Qu'aurai-je donc le bonheur de faire pour contribuer à ce brillant succès? » Le général me répondit : « Votre division sera réunie demain au corps du général Grenier » qui était alors à écrire ses ordres d'après ceux que lui avait donnés le général en chef, avec lequel étaient aussi le général Dessolle et Grouchy, qui venait d'arriver à l'armée et qui devait prendre, le lendemain, le commandement de la première division du centre, déjà depuis longtemps sous les ordres du général de brigade Grandjean.

Je témoignai au général Grenier combien j'étais flatté de servir sous ses ordres et je lui demandai sur quel point ma division devait marcher le lendemain. Il me répondit que c'était sur la gauche de Hohenlinden et qu'il fallait que j'y fusse arrivé au plus tard vers 11 heures du matin. J'observai que, pour cette heure, cela était impossible. Le général en chef m'en ayant demandé la cause, je lui rendis compte que, n'ayant pu diriger mes troupes que fort tard sur Zorneding, parce que je n'avais reçu l'ordre de mon mouvement qu'à une heure après midi, tandis qu'il aurait dû être alors presque totalement opéré, et que ce retard provenait sans doute de la suscription de la lettre que je lui montrai ; qu'ainsi, ma division ne serait probablement rassemblée à la position de Zorneding, qu'entre 10 et 11 heures du soir, ayant, pour s'y rendre, des chemins de traverse étroits, dans un pays montueux et difficile ; que les troupes seraient extrêmement fatiguées ; que je ne pourrais donc pas les mettre en marche de très grand matin, comme cela devait se faire, pour être rendues à l'heure fixée sur le terrain indiqué ; que, le chemin qu'elles avaient à parcourir étant fort mauvais et un défilé continuel, je prévoyais que, vers 2 heures, au plus tôt, la tête de ma colonne pourrait bien y arriver, et dans le moment où l'on serait sans doute le plus fortement aux prises ; mais que ce n'était pas cela qu'il fallait ; que c'était au contraire toute la division, pour pouvoir, au besoin, contribuer à porter le coup décisif.

Le général Moreau, entendant ces observations et y ayant égard, me fit cette question : « Mais vous pouvez suivre le mouvement de Richepance? — Sur quel point, mon général, le dirigez-vous? — Mais je le fais partir d'Ebersberg pour se porter par Christoph sur Maitenbeth. — Dans ce cas, je suis on ne peut mieux placé pour suivre ce mouvement : mes troupes les plus éloignées ne sont qu'à trois lieues au plus d'Ebersberg, et j'ai la chaussée pour m'y rendre, ce qui me facilitera de marcher avec plus de rapidité et avec tout l'ensemble possible. »

Après m'avoir demandé si toute ma division serait réunie dans la soirée et que j'eus répondu affirmativement, mais à 500 hommes près qui, ayant été placés à des avant-postes éloignés, ne rejoindraient que le lendemain, le général Moreau dit : « Eh bien ! Je voulais faire tourner l'ennemi par 10 000 hommes. Il le sera alors par 20 000. Mais, à quelle heure croyez-vous pouvoir arriver sur Christoph ? » Je dis que je ne pouvais pas bien le préciser ; cependant que je ferais mon possible pour que la plus grande partie de mes troupes y fût arrivée avant midi. Le général Moreau fut satisfait. Ensuite le général Lahorie me remit l'ordre ci-après :

La disposition de l'ennemi donnant à présumer, mon cher Decaen, que son intention est d'attaquer demain, ce qui, probablement, aura lieu sur Isen et sur la route de Haag à Hohenlinden, le général en chef me charge de te prévenir que le général Richepance a ordre de quitter sa position d'Ebersberg de manière à être rendu à 8 heures du matin sur Christoph pour, de là, recevoir et combattre l'ennemi qui, de Haag, se dirigerait sur Hohenlinden. Tâche, mon ami, d'envoyer sur Ebersberg, de très bonne heure, un détachement pour couvrir le débouché de Wasserburg. Avec le reste de ta division, tu suivras le mouvement du général Richepance. Le général Lecourbe a ordre d'envoyer demain, dans la journée, des troupes pour couvrir Ebersberg, ce qui te laissera toute ta division disponible pour le mouvement sur la route de Haag.

Le général Moreau, en cas d'attaque, se rendra demain de bonne heure à Hohenlinden où tu le préviendras de ta position.

Je remis au général en chef une note sur la reconnaissance que j'avais faite le matin sur la rive gauche de l'Inn, entre Rott et Wasserburg. L'Inn, dans cette partie, offre la plus grande difficulté pour un passage. Il coule dans un vallon qui se maintient dans une largeur de 1 000 à 1 200 toises, et dont les escarpements sont très rapides ; son cours se soutient constamment vers la partie Est du vallon, en sorte que la rive droite domine de beaucoup la rive opposée et rendrait bien difficile tout rassemblement. Je n'ai pu m'assurer précisément s'il existait des gués ; sa largeur est de 60 à 70 toises, et le courant très rapide. Le point d'Attel, où la rivière de ce nom se jette dans l'Inn, m'a paru le moins désavantageux de ceux que j'ai observés.

Je fus invité à rester à souper. En l'attendant, l'on causait et l'on faisait des conjectures : entre autres, que l'ennemi serait sans doute fort étonné en apercevant, le lendemain, notre armée en mouvement pour recevoir son attaque, ou plutôt pour l'attaquer nous-mêmes; que si, dans sa confiance que nous étions en pleine retraite, il s'était engagé avec sécurité dans le défilé de la forêt, entre Maitenbeth et Hohenlinden, comme l'espérait le général en chef, nous devions nous attendre à un grand résultat des dispositions qu'il avait ordonnées.

On appréhendait même que quelque circonstance ne déterminât l'ennemi à mettre de la circonspection et, pour peu qu'il fît la réflexion qu'il n'avait combattu, le 10, avec des forces très supérieures, que contre une portion d'une armée toujours victorieuse pendant toute la campagne, et qui n'avait alors pour but que de reconnaître sa position et quels étaient ses desseins.

Mais, durant cette conversation, on vint annoncer au général en chef qu'il venait d'arriver des fuyards qui rapportaient qu'à la nuit close, l'ennemi avait fait une attaque sur Hohenlinden. Le général Moreau les fit venir pour les interroger lui-même. C'étaient deux musiciens qui avaient pris la fuite dès les premiers coups de fusil et qui répondirent à ses questions que, comme cela ne les regardait pas, tout ce qu'ils avaient à dire, c'est que, l'ennemi ayant attaqué, et ayant même entendu le canon, ils s'étaient empressés de s'éloigner du feu.

Loin que cette nouvelle excitât la moindre inquiétude, elle ajouta à notre espoir que l'ennemi s'était aussi bien engagé que le général en chef le désirait. Aussi, pendant le souper, on ne s'entretint que du bon succès qu'on se flattait d'obtenir, le lendemain; et même quelqu'un dit: « Il faut, d'avance, rédiger le bulletin : 10 000 prisonniers, 50 pièces de canon et l'archiduc Jean, général en chef de l'armée autrichienne. » De mon côté, je dis au général Grouchy : « C'est toi, mon ami, qui es destiné à recevoir le premier choc de l'ennemi qui mettra sans doute de l'ardeur et de l'acharnement à vouloir s'emparer de Hohenlinden, ainsi que du point de section des routes de Munich et de Freising. Mais comme, avec tes troupes, et le lieutenant général Grenier avec les siennes, vous serez encore plus tenaces et plus vigoureux, j'espère bien que le général Richepance et moi nous arriverons au moment opportun pour seconder vos efforts et pour faire décider la victoire en faveur de notre armée. »

Je repartis du quartier général à 11 heures. A mon arrivée à Zorneding, j'appris que, vers 10 heures, toutes mes troupes étaient arrivées à leurs positions.

Je fis de suite expédier l'ordre au chef Laffon d'être réuni, le lendemain 12 frimaire, à 5 heures du matin, et de se mettre en marche pour Ebersberg où il devait être rendu à 7 heures.

L'ordre de se former en colonne sur la chaussée et de se mettre en marche à la même heure, pour arriver successivement à Ebersberg, fut envoyé aux généraux de brigade.

Il fut notifié, dans ces ordres, que toutes les voitures, hors celles essentielles des services de l'artillerie et de l'ambulance, devaient être renvoyées au parc, en arrière de Zorneding.

Il fut mandé au commissaire des guerres de faire diriger de l'eau-de-vie sur Ebersberg, pour qu'il en fût fait une distribution aux troupes dès qu'elles y arriveraient.

Mon chef d'état-major écrivit au général Richepance pour le prévenir, de ma part, qu'en conséquence des ordres du général en chef, je serais rendu, le lendemain vers les 7 heures du matin, à Ebersberg, et que je suivrais son mouvement sur Christoph ; que je l'invitais à laisser des avant-postes en avant d'Ebersberg, sur le débouché de Wasserburg, et que mon avant-garde les relèverait.

12 frimaire (3 décembre). — On m'apporta une lettre du général Richepance, datée du 11 à minuit. Il m'écrivait :

Vous êtes sans doute prévenu, mon cher général, que la division que je commande doit se porter sur Christoph, ce qui, devant être exécuté pour 7 heures du matin, me met en marche dès les 4 ou 5 heures, et me fait abandonner, dès ce moment, la grande route de Wasserburg sur Ebersberg que je vous crois destinée.

Je pense que vous devez être prévenu que l'ennemi, qui occupe les bois en avant de Tulling, est venu, ce soir, à la nuit tombante, montrer à mes avant-postes qui occupent ce village un corps de 500 à 600 chevaux, avec quelque infanterie. Je les crois destinés à agir demain et, par conséquent, soutenus par d'autres troupes plus en arrière. Voyez, mon général, pesez dans votre sagesse s'il ne convient pas que vous occupiez le terrain à mesure que je l'abandonnerai.

La réponse à la lettre que j'avais fait écrire au général Richepance m'arriva vers 4 heures. Elle était datée du 12, à 2 h. 30. En voici la teneur :

J'ai reçu, mon cher général, l'ordre d'attaquer aussitôt mon arrivée à Christoph : en laissant mes avant-postes, ce serait m'affaiblir d'autant, et je pense, d'ailleurs, qu'ils seraient compromis. Je vous prie donc de les faire relever par des troupes de la division que vous commandez, le plus tôt possible.

Cette réponse me donna un peu d'humeur, car il n'y avait aucun inconvénient pour le général Richepance de s'affaiblir momentanément du nombre d'hommes qui gardaient les avant-postes et que je lui avais demandé d'y laisser, puisque je devais suivre de près son mouvement afin de le soutenir; tandis qu'il importait pour nos deux divisions que le débouché sur Wasserburg restât gardé; d'ailleurs ces postes couvraient son flanc droit ainsi que la queue de sa colonne et ils empêchaient les partis ennemis de pénétrer dans l'intervalle qui se trouverait entre les deux divisions jusqu'à ce que j'eusse opéré ma jonction. D'un autre côté, en levant ces postes, c'était faire trop tôt connaître à l'ennemi qu'on était en mouvement, ce qui pouvait le déterminer à s'y mettre lui-même, soit pour attaquer directement, soit pour se borner seulement à vouloir s'assurer de la direction qu'on aurait pu prendre. Enfin, il pourrait arriver qu'obligé de repousser l'ennemi qui se serait avancé sur le terrain abandonné par la division Richepance, il en pourrait résulter un retard d'opérer ma jonction avec lui.

Cependant, je ne lui adressai point d'observations qui auraient été inutiles puisqu'il m'avait annoncé, dans sa première lettre, que, se mettant en marche dès 4 à 5 heures du matin, il aurait, dès ce moment, abandonné la grande route de Wasserburg qu'il me croyait destinée. Alors je m'attendis à faire repousser l'ennemi qui me présenterait un obstacle; cependant, je fis écrire au général Richepance par mon chef d'état-major :

> Je vous ai mandé aujourd'hui que la division du général Decaen serait rendue à 7 heures à Ebersberg. Il est impossible qu'elle y soit rendue plus tôt.

Avant de partir de Zorneding, je reçus une lettre du général Lahorie. Il me mandait :

> L'ennemi s'est effectivement porté hier au soir sur Hohenlinden avec un corps assez nombreux d'infanterie, cavalerie et artillerie. Le général Grandjean a ordre de tenir jusqu'à la dernière extrémité en arrière de Hohenlinden pour couvrir la chaussée; il éclairera en même temps sa droite pour couvrir la route de Hohenlinden à Zorneding et même, s'il le peut, celle d'Ebersberg. Néanmoins le général en chef te laisse à juger s'il ne te conviendrait pas de couvrir un peu ces débouchés. Au reste, le général Richepance a ordre d'attaquer de bonne heure et avec la plus grande

vigueur par Christoph sur Maitenbeth, et de faire tous ses efforts pour être maître de la communication de Haag sur Hohenlinden.

Je n'ai pas besoin, mon ami, de t'engager à presser ton mouvement et à suivre avec la plus grande vigueur celui du général Richepance; la brièveté des jours oblige de combattre de bonne heure.

Si votre mouvement combiné réussit, l'ennemi payera cher sa tentative sur la chaussée de Hohenlinden. Donne le plus souvent possible de tes nouvelles au général en chef qui sera à Hohenlinden. Je t'embrasse!

Comme il est possible que le général Richepance ne puisse pas déboucher par Christoph sur Maitenbeth, il a ordre de prendre, à gauche de ce point, un débouché plus rapproché de Hohenlinden, s'il s'en trouve; il t'en préviendra. Tu suivras alors son mouvement; mais il a ordre de faire d'abord tous ses efforts pour déboucher par Maitenbeth.

Arrivé vers 7 heures à Ebersberg, je fis continuer la marche à la colonne jusqu'au delà du village d'Oberndorf, où se trouve le chemin qui vient joindre la chaussée de Wasserburg à Ebersberg et qui conduit à Maitenbeth, passant par Abersdorf et Christoph; et l'avant-garde reçut l'ordre d'éclairer particulièrement sa droite et de faire halte près Oberndorf pour reposer un moment ses troupes et serrer la colonne.

Le général Debilly reçut l'ordre de faire suivre à sa brigade le mouvement de la brigade Durutte, mais de laisser à Ebersberg un bataillon de la 100ᵉ avec les deux pièces de canon attachées à cette demi-brigade et deux escadrons du 17ᵉ de dragons, pour couvrir le débouché de Wasserburg et tenir la communication avec Hohenlinden. Il fut prévenu qu'un escadron du 10ᵉ et deux compagnies de la 14ᵉ allaient arriver de leurs cantonnements à Ebersberg et qu'ils seraient sous ses ordres, ainsi que deux pièces de 8 que le commandant d'artillerie avait reçu l'ordre de lui laisser.

Il fut observé à ce général qu'il était essentiel qu'il eût une partie de ses troupes sur la hauteur d'Oberndorf, pour couvrir le chemin qui conduit sur Steinhöring, et qu'il envoyât des partis sur la route de Wasserburg, sur Christoph, ainsi que de faire éclairer la route de Wasserburg sur Grafing; qu'il devait plus particulièrement s'occuper du point d'Ebersberg que du surplus de sa brigade, dont il donnerait la direction au chef de brigade Saint-Dizier, commandant le 17ᵉ de dragons; que, lorsque les troupes du général Lecourbe, qui marchaient sur Ebersberg, y seraient arrivées, il ferait alors replier sa troupe sur la division qui se dirigeait sur

Christoph pour soutenir celle du général Richepance qui devait attaquer l'ennemi. Il fut recommandé au général Debilly de me tenir informé, sur la route de Christoph à Maitenbeth, de ce qui pourrait arriver de nouveau.

Vers 8 heures, j'envoyai un officier porter l'ordre au chef de brigade Laffon de marcher sur Christoph, et aux généraux Kniaziewicz et Durutte ainsi qu'au commandant des troupes de la brigade Debilly, qui devaient accompagner la division, de suivre successivement l'avant-garde et sans laisser le moins possible d'intervalle entre chaque corps.

La légion polonaise se trouvait, après l'avant-garde, avoir la droite de la division, par l'effet du prompt mouvement opéré la veille pour revenir prendre la position de Zorneding. Je ne changeai pas cet ordre, préférant engager un des premiers ce corps étranger de nouvelle formation, plutôt que de le garder comme réserve.

Nous finissions le déjeuner et nous allions prendre le café, quand le premier coup de canon se fit entendre; il était un peu plus de 8 heures. Laissant le café, je montai vite à cheval, et je me rendis rapidement à Oberndorf. Toutes les troupes étaient en marche.

Les éclaireurs envoyés sur la droite avaient trouvé quelques ennemis au delà du village de Steinhöring. Je fis détacher sur-le-champ un escadron et une compagnie d'infanterie légère de la brigade Debilly pour observer l'ennemi de ce côté.

Comme la canonnade et la fusillade me faisaient juger qu'on était fortement aux prises sur Christoph et sur Hohenlinden, je fis dire au chef Laffon de presser sa marche, et que je ne tarderais pas à le rejoindre; et que, s'il trouvait l'ennemi, de l'aborder franchement et avec vigueur.

En avançant dans la colonne pour arriver à la tête, je recommandai au chef Saint-Dizier et au général Durutte, si, pendant leur marche, l'ennemi se présentait sur l'un ou sur l'autre de leurs flancs, de lui faire face et de le combattre vigoureusement.

En passant dans les rangs des Polonais, je fus très satisfait de l'ardeur que manifestaient les officiers et les soldats. Ne parlant pas leur langue, je leur exprimai par mes regards que je comptais sur leur valeur et que, bientôt, ils allaient avoir l'occasion d'en donner des preuves.

Le chemin que nous suivions ne permettait de marcher que sur trois de front, ce qui prolongeait infiniment la colonne. Nous approchions de Christoph lorsqu'il survint un obstacle : c'était la rencontre de voitures de vivandiers, d'artillerie et autres équipages de la division Richepance qui rétrogradaient par ce chemin. Mais ayant reconnu qu'à la gauche, la localité permettait d'y faire marcher la troupe en faisant faire par les sapeurs les ouvertures et passages nécessaires, l'embarras ne dura qu'un instant.

La légion polonaise quitta subitement le chemin, se forma aussitôt par section et ensuite par pelotons, et continua d'avancer. Le reste de la colonne suivit la même direction dans le même ordre.

Afin de débarrasser le chemin, il fut indiqué un terrain pour parquer d'abord les voitures de la division Richepance et l'ordre fut donné pour qu'elles fussent dirigées sur Ebersberg lorsque la queue de la colonne serait passée.

Peu de temps après ce dégagement, j'arrivai sur le plateau de Christoph ; il tombait alors beaucoup de neige. J'y trouvai le général de brigade Sahuc (1), commandant la réserve de cavalerie du général Richepance, et le capitaine Reiset (2), aide de camp de ce dernier. Celui-ci m'informa que la seconde brigade de cette division était postée un peu plus loin, ayant été empêchée par l'ennemi de suivre la première, à la tête de laquelle était son général (3). Survint ensuite le général Drouet qui me dit qu'il ne pourrait, ainsi que le général Sahuc, rejoindre le corps qui les précédait que lorsque je les aiderais. Je leur dis que bientôt j'allais pouvoir les satisfaire.

---

(1) Sahuc (Louis-Michel-Antoine), né le 7 janvier 1755, à Mello (Oise) ; cavalier au Royal-Lorraine, le 2 août 1772 ; maréchal des logis chef, le 1er mai 1779 ; quartier-maître trésorier avec rang de lieutenant, le 30 août 1789 ; lieutenant-colonel, le 22 juillet 1792 ; chef de brigade, le 20 messidor an II ; général de brigade, le 4 fructidor an VII ; général de division, le 3 nivôse an XIV ; mort à Francfort-sur-le-Main, des suites d'une maladie de nerfs, le 24 octobre 1813 (A. A. G.).

(2) Reiset (Marie-Antoine), né le 29 novembre 1775, à Colmar ; dragon au 14e régiment, le 8 avril 1794 ; sous-lieutenant, le 26 décembre 1795 ; lieutenant, le 25 décembre 1796 ; aide de camp de Richepance, le 30 avril 1800 ; capitaine, le 18 juin 1800 ; chef d'escadrons, le 15 juin 1801 ; colonel, le 31 mars 1809 ; général de brigade, le 8 février 1813 ; lieutenant des gardes du corps du roi, le 1er juin 1814 ; lieutenant général, le 30 juillet 1823 ; commandant la division de Catalogne, le 22 septembre 1824 ; mort à Rouen, le 25 mars 1836 (A. A. G.).

(3) Cf. *Souvenirs du lieutenant général vicomte de Reiset*, t. I, p 96-98.

La neige qui tombait m'empêchait de voir ce qui se passait et de juger la localité; je ne pouvais me régler que d'après le feu que j'entendais et sur les renseignements qu'on pouvait me donner. Entendant aussi la fusillade à ma droite, je demandai ce que c'était. Quelqu'un ayant dit : « Oh! c'est l'ennemi qui nous tourne », je repartis de suite : « Eh bien! s'il nous tourne, nous le tournerons à notre tour. » Mais, pendant ce court entretien, la tête de la légion polonaise arrivait et, en même temps, le chef de bataillon Delelée, aide de camp du général en chef, envoyé d'Hohenlinden pour avoir des nouvelles. Je le fis retourner de suite pour dire au général Moreau qu'en arrivant sur le plateau de Christoph, j'avais trouvé les choses un peu embrouillées, mais qu'il n'eût pas d'inquiétude; que j'espérais que, bientôt, tout irait au mieux.

Pour représenter l'ensemble des opérations de ma division durant cette brillante journée, je ne puis mieux faire que de répéter ce que j'écrivis, le lendemain, au général en chef, auprès duquel j'avais aussitôt après le dénouement de l'affaire, envoyé mon frère, alors mon aide de camp, pour l'informer de ce qui venait de se passer et lui annoncer que j'allais continuer d'agir selon les circonstances. Voici donc ce rapport :

D'après vos ordres, mon général, de suivre, le 12, le mouvement de la division Richepance qui devait attaquer l'ennemi sur Maitenbeth, je me suis mis en mouvement de Zorneding à 5 heures du matin, suivant la chaussée de Wasserburg jusqu'au delà du village d'Oberndorf, en avant d'Ebersberg, où se trouve le chemin qui conduit à Maitenbeth passant par Abersdorf et Christoph.

L'avant-garde ayant reçu l'ordre d'éclairer particulièrement sa droite, les flanqueurs avaient trouvé quelques ennemis au delà du village de Steinhöring. La division Richepance n'ayant laissé aucune troupe pour couvrir le débouché de Wasserburg, j'ai envoyé un escadron et une compagnie d'infanterie légère pour observer sur Steinhöring, et le mouvement n'a point été retardé. Je l'ai même pressé, car on était alors fortement aux prises sur Christoph et sur Hohenlinden.

Mon avant-garde, aux ordres du chef de brigade Laffon, arrivant sur le plateau de Christoph (il pouvait être 10 h. 30) trouva la brigade aux ordres du général Drouet et la réserve du général Richepance aux ordres du général Sahuc.

L'ennemi, étonné du mouvement du général Richepance, en même temps qu'il était attaqué vers Hohenlinden, en avait fait un autre pour pointer vers Wasserburg afin de se rejoindre à un corps de plus de

3 000 hommes qui avait sans doute marché d'Albaching vers Zell et Wall. Ce mouvement avait séparé la brigade du général Drouet du général Richepance; et, en même temps, les tirailleurs d'un autre corps ennemi débouchaient des bois sur le plateau de Christoph où la réserve de la division Richepance se trouvait sans pouvoir agir, vu la proximité des bois, n'ayant point de terrain en arrière d'elle, et la neige tombant en grande quantité. Une réserve de munitions et quelques équipages qui suivaient cette division, par leur marche rétrograde dans des chemins très difficiles, auraient pu être bien nuisibles, si le chef Laffon n'avait point franchi vigoureusement cet obstacle. Il n'y avait pas un instant à perdre : le chef Laffon, auquel j'avais recommandé d'aborder franchement l'ennemi, mit toute la vigueur qu'exigeait une telle circonstance. Il donna l'ordre au 3e bataillon de la 14e, commandé par le chef Massard, et à un escadron de son régiment, commandé par l'intrépide Montaulon, d'attaquer l'ennemi, ce que cette troupe fit aussitôt, et le repoussa vivement. Mais la force de l'ennemi obligeait déjà les nôtres à la retraite lorsque je les fis soutenir par un bataillon de la légion polonaise, tandis que le général Kniaziewicz déboucha du défilé de Christoph pour seconder le général Drouet afin qu'il puisse se joindre au général Richepance qui avait pénétré sur Maitenbeth. Ce mouvement, également exécuté avec vigueur, procura les plus grands avantages. Le général Drouet opéra sa jonction; le bataillon de la 14e, soutenu par le bataillon de la légion polonaise dirigé par le chef Laffon, mit l'ennemi dans une telle situation que, bientôt en déroute, on amena de toutes parts des prisonniers et des canons.

Ce spectacle de succès fut d'autant plus ravissant qu'à ce beau moment la neige cessa de tomber et que le soleil se montra dans toute sa splendeur. Il semblait que cet astre divin avait voulu éclairer notre triomphe.

Le surplus de la division avait été formé en échelons, et j'avais laissé un corps de 1 200 hommes d'infanterie, 600 chevaux et quelques pièces d'artillerie aux ordres du général Debilly, sur le point d'Ebersberg, chargé d'éclairer la route de Wasserburg, couvrir le mouvement que je faisais sur Christoph, et tenir la communication entre Ebersberg et Hohenlinden jusqu'à ce que des troupes de l'aile droite, qui devaient venir le remplacer sur ce point, y fussent arrivées; mais elles n'y vinrent point.

M'apercevant que l'ennemi mettait de l'opiniâtreté vers la gauche, je donnai l'ordre au général Durutte de mettre sa brigade en mouvement et de la diriger sur le point où le feu me paraissait le plus vif. Déjà le général Durutte, qui avait été informé qu'un corps ennemi d'environ 900 hommes était à sa proximité et cherchait à se faire jour, envoya deux compagnies du 2e bataillon de la 14e, dont les carabiniers, pour seconder ceux qui étaient aux prises avec une partie de ce corps ennemi. Ces compagnies étaient dirigées par l'adjudant-major Cornille qui, aussitôt qu'il aperçut l'ennemi, et le voyant disposé à se défendre, s'avança seul, et cria en allemand, à l'aide de camp du général Spannochi de se rendre avec cette troupe; que, si elle faisait feu, elle serait passée au fil de l'épée. Les ennemis mirent bas les armes.

Le général Durutte avait exécuté son mouvement, que j'avais suivi, et il allait déboucher sur la grande chaussée de Hohenlinden à Haag; mais ayant trouvé la division Grouchy s'avançant sur Haag, et jugeant, par le mouvement de cette division, que la gauche pouvait se passer de mon renfort, je pris la résolution de diriger la plus grande partie de mes troupes sur Haag, passant par Albaching, afin de couper autant que possible les communications de l'ennemi avec Wasserburg.

Tandis que j'ordonnais ce mouvement, — il était alors environ 3 h. 30, — le général Kniaziewicz, que j'avais chargé de rester sur le point de Christoph pour couvrir mon flanc droit, me fit prévenir qu'il était attaqué vivement par ce corps de 3 000 hommes qu'il avait eu tout le jour devant lui. L'affaire s'engageait. Le général Kniaziewicz soutenait très bien l'attaque; mais la marche que je faisais faire sur Albaching, menaçant la droite de ce corps ennemi, l'obligea bientôt à la retraite. Il fut poursuivi; mais la nuit, qui empêcha de profiter de sa fuite, empêcha aussi aux troupes que je dirigeais, excepté à quelques tirailleurs, de déboucher dans la plaine d'Albaching. L'ennemi avait alors cinq escadrons de cavalerie et trois pièces d'artillerie qui battaient à mitraille le débouché.

Le résultat de la journée a donné à la division plus de 3 000 prisonniers, 50 officiers dont 2 colonels, et 7 pièces de canon; et elle n'a perdu que 286 hommes, tant tués que blessés, dont six officiers.

Les 2e et 3e bataillons de la 14e, le 1er bataillon de la 4e d'infanterie de ligne, la légion polonaise et un escadron du 6e régiment de chasseurs se sont conduits avec la plus grande bravoure. Si les autres troupes eussent eu l'occasion de donner, on doit croire, par le zèle qu'elles ont montré, qu'elles auraient imité ceux qui ont combattu l'ennemi.

Parmi tous les officiers qui se sont distingués, mon général, je vous recommande particulièrement le chef d'escadrons Montaulon, pour que vous lui accordiez la récompense que ses belles actions lui méritent et surtout sa conduite à la bataille du 12 : ayant eu son cheval tué, à pied, il s'est mis à la tête de l'infanterie. Ce grand dévouement, avec les dispositions du chef Laffon et la conduite distinguée du général Kniaziewicz, ont fait beaucoup aux succès de cette journée.

Un chasseur du 6e, nommé Côtebœuf, et un hulan de la légion polonaise nommé Ivisen, se trouvant ensemble dans le bois au commencement de l'affaire, ayant aperçu une cinquantaine d'hommes, se sont concertés pour les charger. Le chasseur, fort avancé, leur criant de se rendre, et criant : « En avant, la 4e! » cette troupe a mis bas les armes. Mais l'ennemi, ne voyant que ces deux hommes, reprenait ses armes pour s'en servir lorsque le hulan, reconnaissant de ses compatriotes, leur a parlé dans sa langue et leur a dit de le suivre, ce qu'ils ont fait aussitôt.

L'adjudant commandant Plauzonne et les officiers de l'état-major se sont particulièrement distingués dans cette journée.

Les troupes aux ordres du général Debilly, restées sur le point d'Ebersberg, en communiquant avec Hohenlinden, ont dégagé une compagnie de la 108e enveloppée par l'ennemi, et ont fait 300 prisonniers.

J'ai, ci-devant, énoncé le motif qui m'a fait anticiper de citer mon rapport au général en chef. Il me reste donc à dire que, la nuit ayant empêché d'ajouter au succès de la journée, j'ordonnai que les troupes resteraient à leurs emplacements respectifs, d'allumer leurs feux et d'établir leurs gardes.

Je crus devoir retourner à Ebersberg pour être plus à proximité de recevoir des ordres pour ce qu'il y aurait à faire le lendemain et, dès mon arrivée, entre 10 et 11 heures, je fis écrire au général Lahorie que ma division avait pris position en avant de Maitenbeth, et la droite en avant de Christoph, poussant des avant-postes à une lieue de Haag; que j'aurais voulu aller jusque-là; mais que la nuit m'avait empêché de forcer un corps de quatre bataillons qui, avec quelques pièces d'artillerie et de la cavalerie, avait attaqué vers les 3 h. 30 le général Kniaziewicz; que j'adresserais le lendemain le rapport de la journée; que la division avait fait plus de 3000 prisonniers dont 50 officiers et 7 pièces de canon; que le général Montrichard n'était point arrivé à la position qu'il devait prendre (1).

13 frimaire (4 décembre). — Pendant la nuit, je reçus du général Lahorie l'ordre ci-après, daté d'Anzing :

Le général Moreau me charge de te prévenir, mon cher Decaen, de te porter demain, vers midi, sur Haag pour le couvrir sur la route de Wasserburg, ayant une brigade de disponible pour être portée au besoin sur la route de Mühldorf où se portent les divisions Richepance et Grouchy.

Cet ordre est subordonné à l'arrivée des troupes du général Lecourbe pour couvrir le débouché d'Ebersberg.

Le général Moreau sera demain à Haag.

Le général Richepance prendra position en avant de Ramering, et le général Grouchy, sur Reichertsheim et Aschau.

L'officier envoyé au quartier général me rapporta une lettre du général Lahorie. Il me marquait :

Je reçois à l'instant le rapport de l'adjudant général Plauzonne sur ta belle affaire d'hier, mon cher Decaen. Je te fais avec grand plaisir mon compliment sur ton brillant succès.

---

(1) Plauzonne à Lahorie, Ebersberg, 12 frimaire, A. H. G.

Je t'ai envoyé cette nuit les intentions du général en chef pour ta position d'aujourd'hui qui est absolument celle que tu te proposais de prendre, c'est-à-dire sur Haag et en avant de cette ville, une partie sur la route de Wasserburg, le reste en réserve vers Ramsau, prêt à soutenir les divisions Grouchy et Richepance, si elles étaient ramenées des positions qu'elles doivent prendre, la dernière, sur Ramering, et l'autre, sur Reichertsheim et Aschau.

Le général Moreau sera aujourd'hui à Haag où j'espère te voir.

Ainsi, d'après ces ordres, la division se mit en marche entre 11 heures et midi sur Haag, y prit position, le général Durutte, ayant sa gauche à la route qui conduit à Wasserburg; la légion polonaise y appuyait sa droite, la gauche vers l'Inn, l'avant-garde couvrant le front de la division sur les différents débouchés de Wasserburg, éclairant par la gauche vers l'Inn, par la droite, vers Albaching, et poussant ses postes en deçà de l'Achenbach (1), se liant avec le détachement aux ordres du général Debilly qui avait gardé sa position à Ebersberg, ayant ses avant-postes à Tulling, attendu que les troupes de l'aile droite, qui avaient dû le relever dès la veille, n'étaient pas encore arrivées.

La division se trouva disposée de manière à pouvoir marcher par sa gauche sur la route de Mühldorf, où le général Richepance poursuivait l'ennemi.

Avant de partir d'Ebersberg pour me rendre à Haag, un rapport du chef Laffon m'informa que l'ennemi s'était retiré d'Albaching vers minuit et demi; que ce village était celui où l'ennemi était, la veille au soir, en position, et d'où il nous avait tiré plusieurs coups de canon; que cet endroit avait été pillé par lui et qu'il y avait laissé beaucoup de blessés français et autrichiens. Lorsque je passai dans ce village, je donnai des ordres pour les soins à donner à ces blessés, ainsi que pour leur transport; les Français provenaient de l'affaire du 10. Beaucoup de ces malheureux blessés n'avaient pas encore été pansés. C'était un spectacle bien pénible! Cependant, dès que nos troupes étaient entrées dans ce village, on avait commencé par leur procurer tous les secours qu'il était alors possible de leur donner; on s'était surtout empressé de faire extraire du milieu d'eux les cadavres des malheureux qui avaient déjà succombé.

(1) C'est le nom que donne le 1/50 000ᵉ bavarois. Decaen avait écrit l'Ach. Le 1/100 000ᵉ allemand dit : Nasenbach.

Arrivé au quartier général, je reçus du général en chef des témoignages de sa satisfaction. Il m'écrivit en outre la lettre suivante :

Au quartier général, à Haag.
Le 16 frimaire an IX de la République.

Le général en chef Moreau au général de division Decaen.

Je vous prie, citoyen général, de témoigner à votre division combien j'ai à me louer de sa conduite à l'affaire du 12. Sa récompense la plus douce sera sûrement la reconnaissance nationale pour les services importants que l'armée vient de rendre à la République. Veuillez joindre à votre rapport le nom des braves qui ont mérité des récompenses pour des actions distinguées ; je m'empresserai de les faire connaître au gouvernement. Salut et attachement !

Signé : MOREAU

... et de nombreuses félicitations pour la part que ma division avait prise à la grande victoire remportée la veille. Elle était vraiment éclatante, cette victoire, tant par ses trophées que par les résultats qu'on devait en espérer.

Plus de... (1) prisonniers et plus de 100 pièces de canon étaient tombés en notre pouvoir.

J'appris aussi les détails qui suivent (2) : .....

... Ayant demandé au général en chef ce que j'avais à faire le lendemain, il me chargea d'envelopper la tête de pont de Wasserburg.

En conséquence, il fut mandé au général Debilly de rassembler ses troupes à la pointe du jour sur Tulling, et de se diriger sur la route de Wasserburg jusqu'à Edling, sur l'Ebrach, où il se tiendrait en observation, gardant les débouchés de Wasserburg, éclairant sa gauche ; que, lorsque les troupes aux ordres du chef Laffon, arrivant de Haag sur Edling, se présenteraient, il ferait un mouvement par sa droite et irait prendre position derrière l'Attel, la droite vers l'Inn, ayant une avant-garde sur cette rivière ; que, s'il

---

(1) Le chiffre manque dans le manuscrit. Dessolle dit : 11 000 prisonniers dont 179 officiers, entre autres les généraux Deroy et Spannochi. Moreau dit : 10 000 prisonniers, 200 caissons et 80 bouches à feu. Cf. commandant E. PICARD, *Hohenlinden*, p. 236.

(2) Suivent trois pages pages blanches dans le manuscrit.

éprouvait des obstacles pour arriver à Edling, il ne s'engagerait pas, et en donnerait avis au général de division; mais que, quand il serait informé de l'arrivée de la colonne venant de Haag, alors il prendrait les mesures nécessaires pour favoriser le débouché de cette colonne sur Edling, laquelle devait pousser des avant-postes sur les points les plus convenables en approchant de Wasserburg.

Il fut recommandé à ce général de lier ses postes par leur gauche avec ceux du chef Laffon, et de faire surveiller les bords de l'Inn depuis ses postes sur Wasserburg jusqu'à la Rott et de communiquer avec les troupes de l'aile droite qui devaient être au delà de cette rivière.

CHAPITRE VIII

La division Decaen investit la tête de pont de Wasserburg. — Emplacement des troupes de cette division. — Decaen reçoit l'ordre de se porter sur la Glonn. — Lecourbe va tenter le passage de l'Inn. — Les divisions Decaen et Grouchy sont mises à sa disposition. — Debilly observe Wasserburg. — Decaen se rend d'Ebersberg à Beiharting. — En attendant les ordres de Lecourbe, il fait rassembler sa division dès le lever du jour. — Il ne reçoit des nouvelles de Lecourbe qu'à midi. — Lecourbe lui annonce qu'il va tenter le passage de l'Inn vis-à-vis Neubeuern. — Il juge inutile que Decaen le suive vers Neubeuern. — Decaen se porte sur Aibling. — Sur l'ordre de Moreau, il va passer l'Inn à Neubeuern, derrière Lecourbe. — Decaen chargé de se placer en réserve de Lecourbe. — Debilly quitte la division Decaen. — Lacour le remplace. — Lecourbe marche sur la Salzach. — Decaen arrive à Waging. — Moreau fait protéger les salines.

14 frimaire (5 décembre). — Des ordres furent expédiés au chef Laffon et aux généraux Durutte et Kniaziewicz, qui leur indiquaient les positions qu'ils devaient prendre dans la journée, ainsi que les directions qu'ils devaient suivre pour aller s'y établir afin de compléter l'investissement de la tête de pont de Wasserburg.

Les détachements qui avaient passé d'une brigade à l'autre, les jours précédents, durent rentrer dans leurs corps respectifs.

On prévint que le quartier général de la division serait à Ebersberg, ainsi que le parc et les équipages, et que le pain et la viande seraient distribués pour deux jours.

Le général Kniaziewicz m'annonça que sa troisième colonne l'avait rejoint. Dans l'après-midi, je me rendis à Edling pour connaître le résultat du mouvement que j'avais ordonné et, le soir, je fus à Ebersberg.

Je fis écrire au général Lahorie que la division était placée comme suit : la légion polonaise, en arrière de l'Achenbach, couvre Haag, ayant, sur la route de Wasserburg, une forte avant-garde qui pousse ses avant-postes le plus près possible de Wasserburg; le chef Laffon, établi à la hauteur d'Edling, couvre la chaussée de Wasserburg à Ebersberg, ayant ses avant-postes jusqu'à Reitmehring; le général Debilly, en arrière de l'Attel, pousse en avant de cette rivière une avant-garde dont les avant-postes gardent tous les débouchés de Wasserburg et observent l'Inn depuis l'Attel jusqu'à la Rott; le général Durutte est établi à Tulling, sur la route de Wasserburg à Ebersberg, avec trois bataillons et quatre escadrons; l'avant-garde a poussé l'ennemi jusqu'au delà de Reitmehring, chaussée de Wasserburg à Ebersberg (ce village, à une lieue de Wasserburg, en est séparé par un bois peu profond, mais dont le débouché paraît avantageux à l'ennemi qui nous a fait feu, sur ce point, avec trois pièces de canon); que j'étais dans l'intention de ne point forcer ce point et de ne rien tenter jusqu'à ce que je connusse les intentions du général en chef à cet égard; qu'un paysan qui disait avoir été enfermé, pour les travaux de la tête de pont de Wasserburg, pendant six semaines, avait rapporté que les ouvrages étaient défendus par 3000 hommes et 50 bouches à feu; qu'il avait vu passer, pendant la nuit du 12 au 13, 700 blessés venant de Haag et Mehring (1) pour entrer à Wasserburg; que je priais le général Lahorie, dans le cas où il y aurait un mouvement d'ordonné à la division, de donner directement des ordres au général Kniaziewicz établi de sa personne à Haag, afin qu'il se réunisse promptement à la division.

Il lui fut aussi annoncé que les troupes du général Montrichard, arrivées en position à Ebersberg à 11 heures du matin (2), y étaient encore à 10 heures du soir, l'heure à laquelle on écrivait cette lettre.

15 frimaire (6 décembre). — La division resta dans ses positions, excepté une partie de la légion polonaise qui revint de Haag à Ebersberg.

Une lettre du général Lahorie m'annonça :

Le général Lecourbe a achevé ses reconnaissances et compte être prêt pour le 17 à faire son passage, qu'il tentera au-dessus de Rosenheim.

La nécessité, pour lui, de laisser beaucoup de troupes depuis Feldkirch jusqu'à son point de passage a déterminé le général en chef à mettre à sa disposition, pour son premier mouvement, deux divisions du centre, la tienne

---

(1) Rechtmehring ou Freimehring, à environ 5 kilomètres au S.-S.-O. de Haag.
(2) A midi, d'après une lettre de l'adjudant commandant Plauzonne à Lahorie, Ebersberg, 14 frimaire, 10 heures du soir (A. H. G.).

et celle du général Grouchy. Ce dernier est en marche aujourd'hui pour arriver demain soir en avant de Zinneberg, passant par Ebersberg.

Tu mettras, de ton côté, ta division en marche de manière à arriver aussi, demain 16, au soir, sur la Glonn à Beiharting et Tuntenhausen; mais il est nécessaire que tu continues à masquer par un détachement la tête de pont de Wasserburg. Je suppose qu'il te faudra laisser pour cela deux bataillons, trois escadrons et deux pièces. La connaissance que tu as du pays ne me permet pas de rien fixer à cet égard.

C'est avec regret que je vois la nécessité de morceler ainsi ta division, mon ami. Mais la longueur et la rapidité des marches des autres divisions ne permet pas de faire autrement; au reste, tu juges bien que ce détachement ne tardera pas à te rejoindre.

Donne, je te prie, ordre de suite à une compagnie d'artillerie légère de ta division de partir pour Aibling, où elle sera à la disposition du général Lecourbe qui paraît avoir besoin de nombreuses batteries pour l'établissement de son pont.

La légion polonaise ayant deux marches à faire, j'ai cru utile, ainsi que me le demandait Plauzonne, de lui donner ordre directement de se mettre en marche aujourd'hui pour Ebersberg, où elle prendra tes ordres ultérieurs.

Bonjour, mon ami! Si l'opération du passage de l'Inn réussit, j'espère que notre campagne sera bientôt finie. Le général Moreau sera probablement encore aujourd'hui à Haag.

Je fis à cette lettre la réponse suivante :

Je viens de recevoir, mon cher Lahorie, ta lettre d'aujourd'hui. Mes reconnaissances sur la route de Wasserburg ont rapporté que l'ennemi paraissait avoir un assez bon nombre d'infanterie dans le bois en avant de la tête de pont; c'est sans doute pour protéger les abatis qu'il fait faire. Il a tiré le canon sur les reconnaissances qui se sont avancées sur la route d'Ebersberg.

J'ai cru, mon cher Lahorie, que, pour ne pas donner à l'ennemi l'idée d'un mouvement de troupes, il fallait laisser à l'observation des détachements des mêmes corps, et, comme le pays est très coupé, l'enceinte de la tête du pont assez étendue, et qu'il y a deux grands débouchés à observer, que trois bataillons seraient nécessaires pour cette observation. Je laisserai le général Debilly devant Wasserburg avec un bataillon de la légion polonaise, un bataillon de la 14e et un de la 100e avec deux pièces d'artillerie légère, un escadron du 6e de chasseurs, un du 17e dragons et 150 hussards; au besoin, on pourrait disposer du bataillon de la 100e qui est établi entre la Rott et l'Attel.

Si je donne au général Lecourbe une compagnie d'artillerie légère, il ne me restera rien; mais je lui envoie, pour arriver demain de bonne heure à Aibling, quatre pièces de 8 et deux obusiers servis par l'artillerie à pied, ce qui, pour le but qu'il a à remplir, fera encore un meilleur effet.

Je fis ensuite mander au général Debilly de prendre, au reçu de l'ordre, le commandement des troupes qui devaient rester pour l'observation de la tête de pont de Wasserburg. Elles lui furent désignées ainsi qu'il est dit ci-dessus, et leur emplacement lui fut indiqué. Comme, d'après ces dispositions, les troupes de sa brigade non employées devant Wasserburg devaient suivre le mouvement du surplus de la division, on lui écrivit de [leur] donner des ordres de partir le lendemain à la pointe du jour, sous le commandement du chef Saint-Dizier, pour aller cantonner dans les villages aux environs de Beiharting où serait établi le quartier général de la division.

Il lui fut dit de faire, d'après sa reconnaissance des localités, telles dispositions qu'il jugerait nécessaires, tant pour l'observation de la tête de pont que pour repousser les attaques de l'ennemi ; cependant, si l'ennemi sortait avec des forces trop considérables, de ne point s'engager, mais de faire ce que les circonstances prescriraient de plus favorable.

J'écrivis au général Lecourbe pour le prévenir que j'envoyais, pour être à sa disposition, une batterie de quatre pièces de 8 et deux obusiers servis par une compagnie d'artillerie à pied.

Le chef Laffon et le général Durutte reçurent l'ordre de partir le lendemain, à 8 heures du matin, pour aller cantonner à Tuntenhausen et Beiharting et autres villages qui leur furent désignés.

Il fut mandé au général Kniaziewicz que, si le général Lahorie avait omis, en lui donnant l'ordre de se rendre à Ebersberg, de le prévenir de laisser ses avant-postes devant Wasserburg, il fallait de suite faire reprendre ces postes et qu'il fallait qu'un des bataillons de la légion avec 150 uhlans restassent sur le point qu'il occupait et fussent établis pour tenir l'observation devant la tête de pont de Wasserburg ; que le général Debilly leur donnerait des ordres, et que ce détachement ne tarderait pas à le rejoindre ; enfin, qu'aussitôt après les distributions faites à la légion à Ebersberg, il devait en partir pour aller cantonner dans les villages de Weiching, Holzen et autres, sur la route et en arrière de Beiharting.

Le général Debilly me rendit compte de la position de ses troupes devant Wasserburg, et que, sur sa droite, l'ennemi avait jeté une trentaine de chevaux et quelques hommes d'infanterie qui s'étaient avancés tout près d'Ober-Rott; qu'on avait marché sur eux et qu'on les avait poursuivis sans pouvoir les atteindre; mais que les postes qui, maintenant, observaient l'Inn du plus près possible empêcheraient de pareils passages.

16 frimaire (7 décembre). — Je partis d'Ebersberg pour me rendre à Beiharting, m'attendant à faire un mouvement le lendemain, de bonne heure, selon l'avis que devait me transmettre le général Lecourbe. Je fis donner des ordres pour que la division fût rassemblée en avant et en arrière de Beiharting à 7 heures du matin.

17 frimaire (8 décembre). — Ce ne fut qu'à midi que je reçus de ce général la lettre suivante :

Je vous préviens, citoyen général, que, demain, à la pointe du jour, j'effectue un passage de l'Inn, vis-à-vis *Neubeuern*. Votre division étant destinée à seconder mon corps, je pense que vous aurez des ordres de vous tenir prêt à suivre mon mouvement.

Mais je ne crois pas qu'il soit nécessaire que vous le suiviez sur Neubeuern : je pense, après avoir balayé la rive droite, faire promptement réparer le pont de Rosenheim. Tenez-vous en mesure à cet effet.

Vous feriez bien, je pense, de faire tirer quelques coups de canon sur les camps ennemis, qui se trouvent vis-à-vis de *Kobel* et *Thann* où existent des gués.

Je fis envoyer sur-le-champ une copie de cette lettre au général Lahorie, et lui fis écrire (1) qu'ayant compté de marcher sur Aibling, mes troupes avaient été rassemblées au point du jour, et que, d'après cette lettre, j'allais m'y diriger avec la division; qu'elle y serait formée de manière à pouvoir agir sur le point convenable, d'après les ordres que j'attendais du général en chef.

La division, mise de suite en marche, fut entièrement établie aux environs d'Aibling vers 4 heures de l'après-midi. L'avant-garde fut placée en avant de cet endroit, ayant sa droite à la

---

(1) Dans cette lettre, se trouvait le passage suivant : « ... Le général Lecourbe dit de tirer des coups de canon vis-à-vis Kobel et Thann, et aucune carte n'indique ces points. D'un autre côté, il sera tard quand il [Decaen] arrivera sur l'Inn, le mouvement ne pouvant être plus prompt puisque ce n'est qu'à midi que le général Lecourbe lui a écrit » (Plauzonne à Lahorie, Beiharting, 17 frimaire, A. H. G.).

chaussée de Rosenheim, et les autres brigades échelonnées en arrière et à peu de distance de ce corps.

Avant de partir de Beiharting, j'avais donné avis de ma marche et de la position que j'allais prendre au général Grouchy à Zinneberg. J'en reçus cette réponse :

Mon cher Decaen, le général Lecourbe m'a marqué de prendre position avec ma division, demain 18 à 9 heures du matin, à la croisée du chemin de Kufstein à Rosenheim. En conséquence, je me mets en mouvement, afin d'aller bivouaquer pendant quelques heures en arrière d'Aibling et me rendre ensuite au point indiqué. J'imagine que je recevrai de lui ou du général en chef de nouveaux ordres sur ce que j'aurai à faire pendant la journée de demain. Ce soir, vers 10 heures, je serai de ma personne à Aibling. Ainsi j'espère, mon ami, que j'aurai le plaisir de vous y embrasser. Nous nous concerterons, en outre, relativement à notre manière d'agir. Je vous embrasse bien amicalement et vous remercie de m'avoir instruit de votre position.

Le général Debilly, établi à Edling, m'écrivit :

Il y a eu quelques engagements de postes, ce matin, sur la ligne, à droite; ils ont été suscités par l'ennemi; mais ils n'ont pas eu de suites. Les vedettes ont fini par rester à leur emplacement.

La brigade du général Bonet vient, ce soir, de lier ses postes avec la légion polonaise. Les vivres manquent à la troupe et on ne m'annonce aucune distribution.

Il s'est fait toute la journée beaucoup de mouvements de troupes et voitures sur la droite de l'Inn, soit pour remonter, soit pour descendre la rivière. Un bataillon, que l'on croit bavarois, est venu camper ce soir dans les bois en face de l'abbaye d'Attel; il a avec lui une pièce de canon.

J'ai devant moi, en avant de Wasserburg, sur la chaussée d'Ebersberg, de l'infanterie et de la cavalerie wurtembergeoises. Les Polonais, du côté de Gars, ont devant eux des Szekler-hussards.

Le général Lahorie m'ayant fait dire verbalement, par l'officier d'état-major qui lui avait porté la copie de la lettre du général Lecourbe, que le général Grenier donnerait des ordres aux troupes que j'avais devant Wasserburg, et que, le lendemain, de bonne heure, le général en chef serait à Aibling, j'écrivis au général Debilly :

Vous rendrez compte directement au lieutenant général Grenier, établi à Haag, de ce qui pourrait vous arriver sur le point de Wasserburg où vous êtes en observation. Vous lui ferez part de votre établissement. Le chef de l'état-major prévient le général Grenier pour qu'il donne des ordres afin qu'il soit pourvu à la subsistance de vos troupes, pendant qu'elles vont être partagées de la division.

18 frimaire (9 décembre). — N'ayant reçu, pendant la nuit et surtout le lendemain matin, ni ordres, ni avis du général Lecourbe, je n'en fus nullement surpris; car lors du passage du Danube, il avait agi de la même manière. Il avait la manie de ne pas vouloir être secondé, afin de se réserver à lui et à son corps d'armée la gloire du succès des entreprises dont il était chargé. Mais le général Moreau, arrivé à Aibling, ayant été informé que le général Lecourbe avait effectué son passage sans obstacles à Neubeuern, nous donna l'ordre, au général Grouchy et à moi, de marcher sur ce point avec nos divisions.

Vers midi, toutes les troupes du général Lecourbe étant passées sur la rive droite de l'Inn, ma division passa sur le pont de bateaux immédiatement après.

Deux bataillons de Kaunitz, deux de Bender, plusieurs corps d'émigrés sous les ordres du prince de Condé et du duc d'Enghien, les dragons de Münster, arrêtèrent pendant quelques heures l'avant-garde du général Montrichard.

La position de l'ennemi était avantageuse; le plateau était escarpé. Mais les troupes qui avaient passé l'Inn, étant arrivées successivement, repoussèrent bientôt l'ennemi et le suivirent au delà de la hauteur de Rosenheim.

Les troupes de ma division n'eurent aucun engagement. Celles du général Lecourbe firent... (1).

Le général en chef me donna l'ordre de m'établir parallèlement à la chaussée de Rosenheim à Salzburg, la gauche vers Rosenheim, la droite vers Stephanskirchen, poussant en avant du front de la division de forts détachements sur tous les débouchés qui conduisent sur Wasserburg.

Cette position, prise à la hâte, n'était que provisoire. La difficulté des chemins, la fréquence des défilés dans un pays montueux et marécageux qui, même, eût été impraticable sans la gelée,

---

(1) La phrase est inachevée. Peut-être Decaen voulait-il indiquer ici le nombre de prisonniers faits par Lecourbe. Celui-ci déclare n'avoir « pas perdu un seul homme pendant le passage » et avoir fait « de 500 à 600 prisonniers » (Lecourbe à Molitor, Rosenheim, 19 frimaire an IX, A. H. G.).

n'avaient permis aux troupes que d'arriver fort tard aux points qui leur avaient été désignés; mon quartier général fut établi à Gehering.

19 frimaire (10 décembre). — Dès le matin, je rectifiai cette position en portant la division à la hauteur de Graben, sur la route de Rosenheim à Wasserburg; l'avant-garde fut placée en avant de Zaisering, et la réserve, à Gehering. De forts partis furent envoyés sur divers points.

Mon chef d'état-major ayant envoyé au général Lahorie le rapport indiquant les mouvements de la division le jour précédent, ainsi que les positions que ses troupes avaient successivement occupées, et demandé qu'un convoi de pain qui était resté sur la gauche de l'Inn fût dirigé sur la division lorsque le pont de Rosenheim serait rétabli, vers 2 heures après midi arriva la réponse ci-après, datée de Rosenheim.

Je vous renvoie, mon cher Plauzonne, le maréchal des logis qui m'a remis votre rapport; il dirigera lui-même votre convoi de pain.
Aujourd'hui la division du général Richepance se porte sur la route de Wasserburg; le général Grouchy, à la croisée du chemin de Rosenheim à Wasserburg et Salzburg. Le général Lecourbe doit suivre le mouvement de l'ennemi sur Salzburg.
Comme la journée se passera à se former, le général Decaen se placera sur la route de Salzburg, à la gauche, ou plutôt en réserve du général Lecourbe; car je suppose les mouvements de l'ennemi sur les routes de Wasserburg et de Salzburg.
Dans la supposition où, entre ces deux communications, il y aurait une position et une route qui vienne couper la route de Wasserburg à Salzburg, vers Obing par exemple, le général Decaen y jettera son avant-garde. Il liera sa gauche avec le général Richepance, si la nature du pays le permet. Ce dernier doit marcher sur la route de Wasserburg aussi loin qu'il le pourra sans obstacle et sans se compromettre. Son mouvement, quand même il serait un peu décousu du reste de l'armée, ne peut présenter d'inconvénient. Je vous prie de mettre cette note sous les yeux du général Decaen.

Je fis de suite mettre en marche la division, et je lui fis prendre position en arrière de Schwabering. L'avant-garde fut dirigée sur Halfing. Pendant sa route, elle devait rallier à Mühldorf un parti commandé par le chef d'escadrons Montaulon, détaché dès le matin pour aller éclairer le pays et avoir des nouvelles.

Le général Lecourbe eut une division à Seebruck, la droite au lac de Chiem See.

Quand je fus arrivé à Schwabering, où le quartier général de la division fut établi, j'écrivis au chef Laffon :

> Je pense que votre jonction s'est effectuée et que vous avez établi vos troupes comme nous en sommes convenus.
>
> Le chemin qui conduit de Mühldorf sur Obing n'est guère praticable, d'après les renseignements que je me suis procurés; mais il existe une assez bonne communication passant par Halfing, Amerang et de là, à Frabertsham, où l'on trouve la grande chaussée qui conduit de Wasserburg à Salzburg. C'est sur ce point qu'il est intéressant de pousser un parti, le plus tôt possible, afin d'intercepter cette communication à l'ennemi.

Le chef Laffon m'informa que sa jonction s'était opérée à Mühldorf avec Montaulon, et qu'il allait envoyer des postes ainsi que je le lui avais recommandé.

Mon chef d'état-major fit connaître au général Lahorie le placement de la division, et il lui fit part de ce qui avait été recommandé au commandant de l'avant-garde, ainsi que des renseignements obtenus sur les meilleurs chemins pour arriver sur la chaussée de Salzburg.

20 frimaire (11 décembre). — Pendant la nuit, je reçus du général Lahorie la lettre ci-après, datée de Rosenheim, à 11 heures du soir :

> Le général Richepance est arrivé ce soir jusqu'à Holzhausen sans rencontrer l'ennemi et il a ordre de se porter demain sur Wasserburg (il avait passé l'Inn à Rosenheim). L'intention du général en chef est que tu marches avec ta division sur Frabertsham. Il paraît que tu préféreras de te diriger par Halfing et Amerang qui offrent une bonne communication ; ce sera en même temps un avantage pour le général Richepance dont tu te trouveras plus rapproché.
>
> Si le général Richepance peut rétablir la communication de Wasserburg avec la rive gauche de l'Inn, il fera partir de suite pour te rejoindre toutes les troupes de Wasserburg moins une compagnie d'infanterie française et le bataillon polonais qui y resteront jusqu'à l'arrivée du général Grenier qui a ordre de marcher de suite sur Wasserburg aussitôt qu'il pourra y passer la rivière.
>
> Le général en chef me charge de te recommander de ne pas te commettre avec des forces supérieures si, contre toute apparence, l'ennemi se trouvait en forces trop considérables devant toi. Le général Richepance a ordre de jeter des partis jusque sur Frabertsham pour communiquer avec toi.

Le général Lecourbe, qui a passé l'Alz aujourd'hui à Seebruck, marche demain sur Traunstein, et le général Grouchy se portera en réserve sur Seebruck, en échelon sur la route de Salzburg.

Vu ce qui m'était recommandé, les commandants de brigade reçurent l'ordre d'avoir leurs troupes rassemblées entre 9 et 10 heures du matin à Halfing, et de les y conduire par les chemins les plus courts et les plus praticables.

De ce lieu de rassemblement, la division marcha par Amerang sur Obing, chaussée de Wasserburg à Salzburg, où elle prit position en avant et en arrière de ce village, ayant une avant-garde de la brigade Durutte placée à la hauteur de Rabenden, qui devait envoyer un parti sur Altenmarkt et des patrouilles vers la division Grouchy.

Le chef Laffon, avec toutes ses troupes, fut chargé de flanquer la gauche de la division, et d'aller prendre position à Feldkirchen, endroit vers lequel Montaulon avait à l'avance été dirigé, d'envoyer un parti sur Trostberg et d'éclairer sur la rive gauche de l'Alz jusqu'à Tacherting.

Le quartier général de la division fut établi à Obing.

Un premier rapport du chef Laffon m'apprit qu'il était arrivé à la position de Feldkirchen à 9 heures du soir, que les chemins étaient assez mauvais surtout pour l'artillerie; que, n'ayant pas trouvé le chef d'escadrons Montaulon, qui était devant lui, il y avait apparence qu'il s'était porté à Trostberg et que, selon mes instructions, il allait envoyer un parti sur Tacherting et se lier par des patrouilles avec les avant-postes du général Durutte; qu'il n'avait trouvé aucun parti ennemi; qu'il paraissait qu'il n'avait passé par Feldkirchen que très peu de monde; que, d'après les renseignements qu'il avait pris, l'ennemi était à dix lieues sur la route de Salzburg.

Le général Durutte me rendit compte que l'ennemi n'occupait pas Altenmarkt; qu'il y était allé avec 25 chevaux; qu'il avait appris que l'ennemi tenait un poste à Stein, au delà d'Altenmarkt, sur la route de Salzburg; que la colonne ennemie qui s'était retirée la nuit précédente et le matin par Altenmarkt s'était divisée en deux corps qui avaient marché, l'un directement sur Traunstein, l'autre sur Waging, route de Salzburg; qu'Altenmarkt était sur la rive droite de l'Alz, que cette rivière lui avait paru torrentueuse et peu profonde; que, le lendemain matin, il enverrait trois ou quatre compagnies d'infanterie avec un escadron de chasseurs s'emparer du pont d'Altenmarkt et qu'il ferait pousser des reconnaissances en avant de la rivière sur les routes de Traunstein et de Salzburg.

Je fis mander sur-le-champ au général Durutte qu'étant allé lui-même jusqu'à Altenmarkt, il aurait dû laisser un poste pour la garde du pont sur l'Alz et, dès son retour à Rabenden, envoyer des troupes sur Altenmarkt, afin de pouvoir garder l'embranchement des deux routes ci-dessus, ce qu'il lui était recommandé de faire le plus tôt possible.

Il fut rendu compte au général Lahorie de l'emplacement de la division ainsi que des renseignements qu'on avait eus pendant la journée; et que le parti de Montaulon et d'autres détachements de l'avant-garde avaient fait une centaine de prisonniers (1).

J'avais appris, pendant la journée, que l'ennemi avait quitté Wasserburg la veille au soir.

Les troupes laissées en observation devant cette ville avaient reçu l'ordre de passer l'Inn, dès que la communication avait été rétablie, pour rejoindre la division.

Le général Debilly leur avait fait prendre position à Pfaffing (2), entre Wasserburg et Obing. Il m'en fit informer par son aide de camp qui me remit de sa part la lettre suivante :

> Je vous préviens, citoyen général, qu'en vertu de ma demande au générale Dessolle, j'obtiens de passer à d'autres ordres qu'aux vôtres.
>
> Veuillez bien me dire si je dois attendre, pour partir, l'arrivée du général Lacour.
>
> Malgré tous les désagréments que j'ai éprouvés à votre division et qui ne peuvent rester ignorés, je tiendrai ma brigade tant que je pourrai y être utile et, tout ressentiment cessant, je ferai à sa tête tout ce que comportent mes faibles talents et ma bonne volonté.
>
> J'ai l'honneur de vous saluer.

Le général Dessolle m'avait prévenu que le général Lacour (3)

---

(1) « ... Son avant-garde (celle de Decaen) a fait une quarantaine de prisonniers de la garnison de Wasserburg qui s'est retirée hier sur Salzburg par Altenmarkt... » (Plauzonne à Lahorie, Obing, 20 frimaire, A. H. G.).

(2) Pfaffing se trouve à 800 mètres à peine au N.-N.-E. d'Obing.

(3) Lacour (Bernard-Nicolas), né le 25 janvier 1771, à Ivoy (Ardennes); soldat au 18e régiment, le 20 septembre 1789; sergent, le 11 mai 1790; sous-lieutenant, le 15 novembre 1791; adjudant général chef de bataillon, le 21 nivôse an II; chef de bri-

viendrait remplacer le général Debilly, auquel je fis cette réponse :

Il n'est pas nécessaire, citoyen général, que le général Lacour soit arrivé à la division pour vous rendre à votre nouvelle destination. Quant aux désagréments que vous dites avoir éprouvés et qui ne peuvent rester ignorés, si vous pensez que ce soit pour votre avantage, je vous engage à leur donner toute la publicité que vous jugerez convenable.

Il fut ordonné aux troupes composant le détachement de rejoindre, le lendemain, leurs corps respectifs. La brigade du général Debilly fut provisoirement commandée par le chef de brigade Saint-Dizier.

21 frimaire (12 décembre). — Un nouveau rapport du chef Laffon me parvint le matin : il m'apprenait que Montaulon s'était porté, dans la soirée, avec les troupes sous ses ordres, à Heretsham ; qu'il avait rendu compte que l'ennemi était toujours en pleine retraite, et qu'à Schnaïtsee, il y avait une vingtaine d'hommes à pied qui en étaient partis à 4 heures de l'après-midi.

Il annonçait qu'il avait ordonné à cet officier supérieur d'envoyer des patrouilles sur tous les points pour tâcher de ramasser les traînards; qu'il paraissait, d'après tous les rapports, que l'ennemi se retirait sur Salzburg, et que les dernières troupes avaient couché à Tittmoning ; qu'un déserteur des dragons de La Tour, qui venait d'arriver, avait dit que 100 hommes de son régiment étaient partis à 2 heures du matin de cet endroit, d'où il avait déserté ; qu'il m'observait que les chemins étaient extrêmement mauvais surtout pour l'artillerie.

Le général Durutte rendit compte que la croisière des routes en avant d'Altenmarkt était gardée; que, si elle ne l'avait pas été dès le soir, c'est que je lui avais prescrit d'établir son avant-garde à la hauteur de Rabenden; qu'il avait envoyé un bataillon jusqu'à Schwarzau pour garder les débouchés venant de Trostberg et Feldkirchen, aboutir à la grande route; qu'il n'avait pas envoyé, la veille, vers la division Grouchy, car le 10ᵉ de chasseurs, à cheval depuis 7 heures du matin, n'était arrivé à sa position qu'à la nuit,

gade, le 25 prairial an III; général de brigade, le 15 thermidor an VIII; général de division, le 12 juillet 1809; mort le 28 juillet 1809, à Gaudensdorf, faubourg de Vienne, des suites de blessures reçues à Wagram (A. A. G.).

et que les chevaux étaient trop fatigués ; mais qu'un détachement, commandé par un officier, était parti dès le matin et qu'il m'en donnerait des nouvelles à son retour ; qu'il envoyait un Autrichien qui se disait déserteur et que, pendant la nuit, il avait envoyé quatre prisonniers.

Je reçus, entre 8 et 9 heures, une lettre du général Lahorie, encore datée de Rosenheim, à 1 heure du matin. Il m'écrivait :

Le général en chef me charge de te prévenir, mon cher Decaen, que le général Lecourbe s'est porté hier en avant de Traunstein, et qu'il marche aujourd'hui sur la Salzach. Il n'a rencontré qu'une faible arrière-garde qu'il a repliée avec le 8e de hussards.

Le général Grouchy se porte aujourd'hui sur Traunstein pour le soutenir.

Le général Richepance a ordre de se porter sur Altenmarkt. L'intention du général en chef est que tu passes l'Alz et que tu prennes position en avant de cette rivière, sur la route de Salzburg ; tu seras soutenu, au besoin, par le général Richepance. Ton avant-garde éclairera aussi loin qu'elle le pourra le pays entre la route de Salzburg et la Salzach, et approchera de cette rivière dans la direction de Laufen particulièrement, mais sans se compromettre.

L'ennemi a évacué les têtes de pont de Mühldorf et de Kraiburg. Le général Grenier se portera aujourd'hui dans la direction de Burghausen et Salzburg.

Prends, mon ami, tous les renseignements possibles sur la nature des communications qui mènent de la route de Salzburg, à ta hauteur, sur Laufen et la Salzach entre Burghausen et Salzburg.

Le général Moreau se rend aujourd'hui à Traunstein pour suivre le mouvement du général Lecourbe. Il paraît que l'ennemi se concentre derrière la Salzach ; mais je le crois parti un peu tard.

Aussitôt la réception de cette lettre, des ordres furent donnés pour l'exécution de ce qui m'était prescrit. Arrivé à Waging, je remis à l'adjudant commandant Normand (1), qui m'avait apporté le matin des ordres, le rapport ci-après adressé au général Lahorie :

Ayant reçu mon ordre de mouvement très tard (il était plus de 8 heures, mon cher Lahorie), je n'ai pu arriver de bonne heure en posi-

---

(1) Normand (Jean-François-Gaspard), né en 1772 à Nantes ; capitaine, puis chef de bataillon à la légion nantaise depuis l'an II ; chef de brigade, le 14 thermidor an VI ; député au Conseil des Cinq Cents, en germinal an V ; adjudant commandant, le 15 thermidor an IX ; destitué le 17 messidor an XII ; réintégré, le 25 février 1809 ; général de brigade, le 30 août 1811 ; mort à Vilna, le 17 janvier 1813 (A. A. G.).

tion. Enfin je suis établi, à 7 heures, une brigade en avant de Waging, ayant une avant-garde à Petting qui doit pousser ses postes à Schönram où se trouve l'embranchement des routes qui conduisent à Laufen et à Teisendorf, avec ordre de pousser des partis le plus près possible de Salzburg.

Laffon a marché de Feldkirchen pour passer l'Alz au delà de Harting (1), et venir à Altering (2) afin de pousser des partis sur la Salzach, Laufen et Tittmoning, et prendre des renseignements sur la nature des communications. Le surplus de ma division est en arrière de Waging.

Je n'ai point vu d'ennemi. Mes rapports m'annoncent que toutes ses troupes ont marché sur Laufen et Salzburg. Il en est passé à Waging environ 20 000, avec les généraux Hohenlohe, Baillet, Roschowsky, Hesse-Homburg, Eszterhazy, et deux autres dont on n'a pu me dire les noms.

Les régiments de La Tour, Waldeck, Herzog Ferdinand-hussards et cuirassiers sont les seuls régiments qu'on ait pu me désigner et vingt pièces d'artillerie. Les Bavarois et les Wurtembergeois faisaient partie de ces troupes. Les dernières troupes ennemies sont parties ce matin à 8 heures d'ici, et de Tittmoning, pendant la nuit.

Le passage de l'ennemi à Waging a commencé avant-hier, la nuit, jusqu'à 3 heures hier après-midi.

Les ennemis, officiers et soldats, sont d'une humeur du diable contre l'archiduc Jean qui a dû être hier à Teisendorf. Ils estiment leurs pertes à 15 000 hommes et 100 pièces de canon.

Ils ont fait une tête de pont à Laufen, commencée dès le mois de juillet.

La Salzach est peu large, mais profonde.

Je vais te dire ce que j'ai appris sur la nature des communications, selon que tu me les demandes.

De Waging à Tittmoning, il n'existe qu'une mauvaise communication passant par Mauerham et Tengling. Les habitants du pays y passent rarement avec leurs charrettes; ils embarquent sur le lac à une demi-lieue de Waging et débarquent au-dessus de Lampoding où il se trouve un assez bon chemin.

De Tittmoning à Burghausen, il y a une chaussée qui règne le long de la Salzach et qui remonte de Tittmoning à Laufen. Il y a une bonne communication de Harting (3) à Tittmoning.

De Waging à Laufen, il faut suivre la chaussée de Salzburg jusqu'à Schönram; il y a une grande route qui conduit, de là, à Laufen; c'est la seule communication.

De Waging à Traunstein, il n'y a de communication que pour passer à pied et à cheval; les transports qu'on a à faire de Waging à Traunstein se font préférablement à bras.

---

(1) Peut-être faut-il lire Gainharting, à 1 800 mètres au N.-O. de Trostberg.
(2) Peut-être Alterfing, à 5 kilomètres à l'ouest de Tittmoning.
(3) Voir la note 1 ci-dessus. Le registre de Decaen, conservé aux Archives de la Guerre, porte : « ... de Trostberg à Tittmoning » (Correspondance des divisions du centre et de la réserve, A. H. G.).

Je te ferai part de ce que j'aurai de nouveau, si cela en vaut la peine. Fais en sorte que je reçoive mes ordres de bonne heure. J'ai trouvé ici un espion envoyé hier par Claparède (1). Il ne sait rien. Sa manière de répondre aux interrogations qui lui ont été faites m'a paru louche; il sera envoyé demain à l'état-major. (2)

Je fus prévenu par une lettre de l'état-major général que l'intention du général en chef était qu'à l'instant où les troupes occuperaient un terrain où se trouveraient des salines, il y fût placé des sauvegardes ayant les ordres de s'opposer aux moindres dégradations et de protéger les propriétés des personnes chargées de la surveillance de ces salines. Cet ordre fut de suite transmis à tous les chefs de corps.

---

(1) Claparède (Michel), né le 28 août 1770, à Gignac (Hérault); capitaine au 4ᵉ bataillon de l'Hérault, le 5 février 1793; chef de bataillon, le 26 messidor an VII; nommé général de brigade par le commandant en chef de l'armée de Saint-Domingue, le 17 thermidor an X; général de division, le 8 octobre 1808; employé en Espagne en 1808, à l'armée du Rhin en 1809, en Espagne en 1810 et 1811, à la Grande Armée en 1812; commandant la place de Paris, le 15 juillet 1815; inspecteur général d'infanterie de 1815 à 1818; en disponibilité, le 1ᵉʳ octobre 1830; mort à Montpellier, le 23 octobre 1842 (A. A. G.).

(2) Decaen ajoutait dans sa lettre : « J'apprends que le général Galiani [peut-être Candiani] était du nombre des généraux et que les cuirassiers [étaient ceux] d'Anspach et de Zeschwitz, des Bavarois et Wurtembergeois » (Correspondance des divisions du centre et de la réserve, A. H. G.).

CHAPITRE IX

Decaen chargé de reconnaître la Salzach vers Laufen. — Son initiative est couronnée de succès. — Ses troupes franchissent la Salzach à Laufen. — Le pont est réparé pendant la nuit. — Moreau à Laufen. — Canonnade violente vers Salzburg. — Inquiétude de Moreau. — La brigade Durutte sur la rive droite de la Salzach. — Elle est dirigée immédiatement sur Salzburg. — Combat d'Anthering. — Decaen pousse un détachement vers Seekirchen. — Il est arrêté par la nuit devant Bergheim. — Des rapports annoncent la retraite des Autrichiens. — Dès le jour, Montaulon se porte vers Salzburg. — L'armée autrichienne se retire sur Neumarkt. — Decaen lance à sa poursuite Laffon avec tout son régiment. — Il entre à Salzburg avant Lecourbe, et le fait sentir à ce dernier. — Durutte nommé commandant de Salzburg. — Devant Moreau, Decaen se fait un malin plaisir de confondre Lecourbe.

22 frimaire (13 décembre). — L'adjudant commandant Guyot, de l'état-major général, m'apporta, pendant la nuit, la lettre du général Lahorie, ci-après transcrite, datée de Traunstein, le 21 frimaire :

L'intention du général en chef, mon cher Decaen, est que tu te portes demain devant Laufen. Peut-être seras-tu forcé à prendre la chaussée de Salzburg jusqu'à Teisendorf. Tu te règleras à cet égard sur les renseignements que tu te seras procurés pour les communications.

Le général Richepance viendra se placer sur la route de Teisendorf à Laufen, en réserve, et prêt à te soutenir au besoin, mais aussi disposé à marcher sur Salzburg en cas d'événement.

La division du général Grouchy suivra le mouvement du général Lecourbe sur Salzburg. Ce dernier n'a pu passer aujourd'hui la Saalach, l'ennemi ayant détruit le pont sur cette rivière. Il a pris deux pièces de canon à la faible arrière-garde qu'il a eu à pousser pour arriver sur la Saalach.

P.-S. — L'intention du général en chef est que tu fasses demain des reconnaissances sur la Salzach, soit pour découvrir un point de passage le plus commode, soit pour en trouver un pour jeter un équipage de pont qui est à ce moment à la suite de l'armée. Informe-toi aussi des gués qui peuvent exister sur cette rivière.

Pour accomplir les intentions du général en chef, je fis donner l'ordre au général Durutte de se mettre en marche à la pointe du jour, de se diriger sur Petting, occupé par son avant-garde, et de porter cette avant-garde à l'embranchement des routes de Laufen et Teisendorf, poussant des partis sur Laufen.

Il fut ordonné aux deux autres brigades de la division, placées en arrière de Waging, de partir aussi à la pointe du jour, et de se diriger sur cet endroit où il serait donné de nouveaux ordres.

Un rapport du chef Laffon m'informa que, la veille, il n'était arrivé à sa position à Altering (1) qu'à 11 heures du soir; qu'il avait eu des chemins très mauvais; que l'infanterie avait eu de la peine à marcher tant il y avait de glace; qu'il n'avait pu envoyer sur-le-champ des partis sur les points que je lui avais désignés, les troupes étant trop fatiguées; cependant qu'avant le jour, il en enverrait. Il annonçait qu'environ 60 hommes de cavalerie de l'ennemi étaient encore à Altering (2), à 3 heures de l'après-midi; que le chemin de ce village à Tittmoning, selon les renseignements qu'il s'était procurés, n'était pas bon; que ceux pour aller à Laufen étaient passables; que, pendant sa marche, il n'avait pas rencontré un seul ennemi; que, suivant les renseignements, l'ennemi avait passé la Salzach à Laufen, et qu'il avait des postes en avant de cet endroit.

Le maréchal des logis qui m'avait apporté ce rapport fut chargé de reporter de suite au chef Laffon l'ordre de ce qu'il avait à faire.

Il lui fut mandé que, la division devant se porter dans la journée devant Laufen, il devait se mettre en marche au reçu de cet ordre, poussant un fort détachement devant lui, et d'aller prendre position vers Längdorf (3), la gauche vers la Salzach et la droite vers le petit lac d'Abtsdorfer See; de jeter des postes en avant de lui de manière à pousser autant que possible, mais sans se compromettre, l'ennemi dans la tête de pont de Laufen; d'envoyer un détachement vers Friedolfing, chargé d'observer le cours de la Salzach depuis sa gauche jusque vers Tittmoning; de charger l'officier commandant ce détachement de prendre, sur la nature de cette rivière, sur les gués, etc..., tous les renseignements qu'il pourrait recueillir et de me les faire parvenir le plus tôt possible.

Lorsque les deux brigades furent arrivées à Waging, je leur fis

---

(1) Voir la note 2 page 165.
(2) *Ibid.*
(3) Peut-être Leobendorf.

continuer leur marche pour rejoindre les troupes qui s'avançaient vers Laufen.

En me rendant à la tête de la division pour la diriger suivant les circonstances, on m'apporta un rapport adressé au général Durutte par le commandant de son avant-garde, annonçant qu'il était allé, le soir, placer un poste au village de Schönram où se trouve la croisière des routes de Salzburg et de Laufen; qu'il y avait trouvé le détachement qui avait été envoyé vers Salzburg pour avoir des nouvelles, et qu'il y avait aussi, dans ce village, un officier général avec un escadron du 9ᵉ de hussards, des troupes du général Lecourbe; que cet officier général était allé jusque devant Laufen; qu'il y avait vu l'ennemi en force, tant en cavalerie qu'en infanterie, la cavalerie composée de dragons de La Tour et de hussards. Ce rapport énonçait, en outre, que les postes ennemis sur la route de Salzburg étaient à un demi-quart de lieue de Schönram; que l'officier général devait partir avec l'escadron pour rejoindre son corps d'armée; que des reconnaissances seraient envoyées, à la pointe du jour, sur les deux routes de Laufen et de Salzburg.

Lorsque je fus arrivé au village de Schönram, je me dirigeai, à la tête de la division, sur Laufen. Il était environ midi lorsque mon avant-garde arriva devant cette ville. J'avais déjà appris par le retour des patrouilles que le pont était coupé et que l'ennemi était sur la droite de Salzach.

Je désignai alors les positions que devaient occuper les troupes. J'en fis entrer dans Laufen. Je chargeai les généraux Durutte et Kniaziewicz de faire faire et de faire eux-mêmes des reconnaissances de la Salzach pour y chercher des endroits guéables ou quelques points de passage favorables.

Je fus moi-même reconnaître dans quel état était le pont et quelle était la position que l'ennemi occupait.

La perspective de réussir à faire passer la Salzach, m'étant offerte par un concours de circonstances favorables et inattendues, me fit prendre la résolution de tenter l'entreprise, qui fut couronnée du plus grand succès.

Cependant à tous les motifs qui me déterminèrent à cette opération, dont l'heureux résultat devait être du plus grand avantage pour l'armée et très glorieux pour les troupes de la division et pour moi, j'opposais intérieurement qu'on ne m'avait ordonné que des reconnaissances et non un passage, et que, par conséquent, je m'exposais à de très sévères reproches si cette opération ne réussissait pas et surtout, s'il arrivait qu'un nombre d'hommes y fussent sacrifiés par un revers. Mais excité par ma confiance que, si un tel événement arrivait, le général Moreau ne m'en saurait pas mauvais gré, persuadé que j'avais voulu faire pour le mieux, alors je ne pensai plus qu'à faire tout ce qui était possible pour atteindre le but que je m'étais proposé.

Lorsque je pus me flatter que les troupes qui étaient passées sur l'autre rive de la Salzach pouvaient s'y maintenir, je chargeai l'adjudant commandant Guyot, qui avait vu tout ce qui s'était passé, de se rendre auprès du général en chef pour lui en rendre compte et pour lui dire qu'en attendant ses ordres, j'allais employer tous les moyens pour faire passer de nouvelles troupes de l'autre côté de la Salzach, et que j'allais faire travailler à la réparation du pont de Laufen.

En réponse à mon message, je reçus une lettre du général Lahorie, datée de Teisendorf. Il me mandait :

Guyot m'a appris ton heureux passage à Laufen, mon cher Decaen; je m'en réjouis pour l'armée dont cela couronne la campagne. Tu permettras bien aussi à mon amitié de trouver un plaisir particulier à ce que cette expédition soit ton ouvrage. Il paraît que l'ennemi a fait bien des sottises et qu'il en fallait beaucoup de sa part pour réussir. Mais il ne faut plus songer aujourd'hui qu'au résultat.

On t'envoie douze pontons pour jeter un pont. Je suppose, d'un autre côté, que celui de Laufen sera rétabli demain matin.

Le général Richepance a ordre de marcher pour se mettre en ligne avec toi, ou, du moins, aussitôt le rétablissement du pont. La division Grouchy, moins son avant-garde, arrivera aussi demain à Laufen. Elle y sera avant 9 heures du matin, s'il est possible.

L'intention du général en chef est que tu prennes position en avant de Laufen, sur les principaux débouchés, aussitôt que tu pourras passer ta division. A l'arrivée du général Richepance, tu te resserreras sur ta droite.

Demain matin, le général Moreau ira de bonne heure à Laufen.

P. S. — Les pontonniers qui te conduisent un équipage de pont n'ont pas eu de pain du tout, aujourd'hui, ni aucune espèce de subsistance. On ne leur a même pas laissé le temps de se reposer. Je les recommande à ta sollicitude. Je crains que l'équipage de pontons n'arrive un peu tard. Fais tout le possible pour le rétablissement du pont de Laufen avant le jour. Écris-moi dès qu'il sera rétabli.

Pour faire connaître comment ce passage fut entrepris et mené à bien, je ne puis mieux l'exposer qu'en transcrivant dans son entier le rapport écrit que, deux jours après, j'adressai au général en chef :

Mon général,

Je devais faire prendre position à la division, le 22, devant Laufen, et faire des reconnaissances, pour parvenir au passage de la Salzach. Les reconnaissances et le passage se sont faits en même temps. La vigueur des troupes, l'intrépidité de quelques braves, l'activité des généraux Durutte et Kniaziewicz et des officiers de l'état-major m'ont fait effectuer, comme par enchantement, un passage difficile tant par les obstacles de la nature que par la présence de trois bataillons autrichiens du régiment de Gmund (1), six pièces d'artillerie et plus de 400 chevaux, partie des cuirassiers, l'autre de Grenz-hussards, tous commandés par le général Löpper.

Ma division était partie de sa position de Waging à 7 heures du matin ; je l'avais dirigée sur Laufen en passant par Längendorf (2).

Une colonne aux ordres du chef de brigade Laffon qui, depuis quelques jours, m'avait servi à flanquer la division, était partie d'Altering (3) pour se porter sur la Salzach, remonter cette rivière jusqu'à Laufen et laisser un détachement à Friedolfing pour éclairer sur cette rivière jusqu'à Tittmoning.

Il était environ midi lorsque mon avant-garde arriva en avant de Laufen ; des patrouilles avaient déjà annoncé que le pont était coupé, mais que l'ennemi était placé sur la rive droite. L'ennemi, qui avait son artillerie sur une position très avantageuse, n'avait fait aucune disposition pour nous empêcher l'approche de la rivière, au-dessus et au-dessous de Laufen ; il n'avait pas même daigné nous honorer d'un coup de canon. J'ai donc eu la facilité de reconnaître l'état du pont dont on avait détruit quatre arches, de faire garnir d'infanterie tout ce qui l'exigeait, de placer l'artillerie et de déployer la division sur les hauteurs au débouché des bois. Je ne sais pas si ces dispositions ont effrayé l'ennemi car, au premier coup de canon qui a été tiré et qui était le signal pour engager la fusillade et canonner sur la tête de pont, la cavalerie ennemie fit un mouvement de retraite très précipité. Le feu de l'artillerie la gênait beaucoup sur la route de Salzburg où elle se dirigeait.

Beaucoup de barques retirées par l'ennemi sur la rive droite me tentaient bien ; mais la saison ne permettait pas d'exciter de se mettre à la nage pour s'en emparer.

J'étais pourtant à la recherche des moyens qui pourraient me procurer

---

(1) On n'a pu identifier ce nom. Le registre 74 (correspondance des divisions du centre et de la réserve, A. H. G.) porte : le régiment de Mund.
(2) Peut-être Leobendorf.
(3) Peut-être Alterfing.

quelques-uns de ces bateaux lorsque le général Durutte, que j'avais chargé de faire remonter la Salzach afin de reconnaitre quelque endroit guéable ou quelque point de passage favorable, me fit annoncer que trois intrépides chasseurs de la 14ᵉ d'infanterie légère s'étaient déterminés à se jeter à la nage pour aller prendre une barque qui avait été aperçue à une demi-lieue au-dessus du pont de Laufen ; que c'était le nommé Bernard, tambour, qui leur avait donné l'exemple. Les deux autres sont Lemâle et Perrin, du même bataillon. Ces intrépides soldats, ayant à lutter contre la rigueur de la saison, eurent encore plus à faire contre le courant de la Salzach qui les reporta deux fois à la rive d'où ils étaient parvenus, avec toutes les peines possibles, à arracher leur bateau ; enfin ils ne purent achever leur pénible tâche que lorsque deux d'entre eux se furent jetés de nouveau à la nage et, au moyen d'une corde qui était à la barque, ils parvinrent à arriver à la rive gauche.

Ce trait de courage, auquel on ne peut donner de nom, inspira le plus grand enthousiasme. Bientôt un grand nombre de chasseurs de la 14ᵉ, à la tête desquels se mirent le capitaine Jean et l'adjudant major Cornille, entra dans la rivière pour passer un de ses bras qui n'avait que deux pieds d'eau, s'embarqua et descendit ensuite sur l'autre rive.

Je saisis avec empressement ce trait de dévouement. Je me déterminai à jeter 300 ou 400 hommes sur la rive droite, dont deux compagnies de la 4ᵉ de ligne, commandés par le capitaine Cazeneuve et le lieutenant Duvaldreux, qui se mirent la plus grande partie à l'eau, comme les soldats de la 14ᵉ légère, quoique des chasseurs du 10ᵉ voulussent les passer au delà du premier bras de la rivière sur leurs chevaux ; et je fis des dispositions pour leur protection, et surtout en faisant fusiller et canonner fortement l'ennemi qui était placé et embusqué à la tête du pont. On s'empara encore de quelques autres bateaux.

L'adjudant commandant Plauzonne passa la rivière pour aller prendre la direction des troupes qui n'étaient pas même au nombre de cent, s'emparèrent bientôt d'un petit village par lequel passe la route de Salzburg, barricadèrent les débouchés par lesquels on pouvait venir sur eux, y laissèrent quelques hommes et s'avancèrent ensuite, en échelons et dans le plus grand silence, jusqu'à la tête du pont. L'ennemi, qui ne s'occupait que de ce point, — le jour finissait, — attaqué à l'improviste par des cris et les baïonnettes d'une poignée d'hommes, fut mis en fuite. On fit plus de cent prisonniers dont quatre officiers (1).

---

(1) Decaen ne dit pas que son jeune frère, alors sous-lieutenant au 6ᵉ chasseurs, accompagnait Plauzonne dans ce hardi coup de main. Voici d'ailleurs le rapport de Durutte (sans date ni lieu) sur ce passage :

« Mon général, je ne vous fais point de rapport sur l'attaque de Laufen parce que je n'ai fait qu'exécuter vos ordres ; mais la justice que je dois aux troupes que j'ai l'honneur de commander m'impose le devoir de vous faire un rapport particulier sur le passage de la Salzach.

« Lorsque vous me prescrivîtes de tâcher de trouver le gué que nous présumions devoir exister à une demi-lieue à droite de Laufen et de le passer avec de la cavalerie et

Ce succès ne fut point troublé. Il fut possible de faire passer des bateaux à la rive droite et bientôt plus de 800 hommes furent de l'autre côté et bien établis, de sorte qu'on put bientôt s'occuper de travailler à la réparation du pont.

de l'infanterie en croupe, je pris avec moi des bateliers qui, disait-on, devaient connaître très bien ce gué. Je leur offris en vain des sommes considérables; mais les menaces les plus violentes ni l'attrait des récompenses les plus grandes ne purent jamais les engager à me dire autre chose que le fond de cette rivière était tellement mobile qu'il leur était impossible de me désigner des endroits guéables.

« Ne pouvant alors exécuter vos ordres, je réfléchissais aux moyens de passer cette rivière, lorsque je vis plusieurs bateaux vers la position de l'ennemi, qu'il avait retirés de son côté, et un autre plus loin, à droite, qui n'était pas gardé.

« Je demandai alors au 2ᵉ bataillon de la 14ᵉ légère si, parmi les soldats de ce bataillon, il n'y avait pas quelques bons nageurs qui voulussent bien passer la Salzach à la nage pour aller prendre le bateau qui était isolé sur la rive droite. On garda un moment le silence. L'approche de la nuit et la rigueur de la saison rendaient cette entreprise aussi difficile que dangereuse; mais, ayant réitéré une seconde fois cette proposition, le nommé Bernard, tambour, sortit des rangs et me dit que, s'il était suivi par quelques camarades, il irait prendre ce bateau; et il excita aussitôt plusieurs volontaires qui savaient nager à le suivre.

« Deux chasseurs du même bataillon, nommés Lemâle et Perrin, se jetèrent aussitôt à la nage avec lui et traversèrent la rivière. Ils tentèrent en vain deux fois d'amener ce bateau sur la rive gauche; la violence du courant les rejetait sur la rive droite. Je leur conseillai alors de se jeter de nouveau à la nage et de tirer ce bateau avec la corde qui s'y trouvait attachée vers la rive gauche, ce qui fut aussitôt heureusement exécuté.

« Dès que j'eus ce bateau, je fis passer cette rivière, en deux traversées, à une trentaine d'hommes du 2ᵉ bataillon de la 14ᵉ demi-brigade légère, **commandés par le capitaine Jean et le citoyen Cornille**, adjudant major de ce bataillon, auxquels j'ordonnai d'aller s'emparer des bateaux qui étaient près de la ville sur la rive droite.

« Vous êtes alors arrivé. Vous avez vu ainsi que moi que, malgré tous leurs efforts, ils ne purent les mettre à flot parce qu'ils étaient à sec sur le rivage, et tous très pesants. Ce détachement se jeta alors dans un petit hameau pour faire face à des hussards qui venaient les attaquer; ils les repoussèrent et se maintinrent jusqu'à la nuit dans cette position qui était protégée par le feu de notre artillerie.

« Quoique tout devait nous présager que ce détachement aurait été pris, l'adjudant commandant Plauzonne et le jeune Decaen, sous-lieutenant au 6ᵉ régiment de chasseurs à cheval, vous offrirent d'aller joindre ce détachement pour l'exciter à attaquer le pont de Laufen par la rive droite. En applaudissant à leur zèle, vous m'ordonnâtes de faire soutenir cette attaque par deux compagnies du 1ᵉʳ bataillon de la 4ᵉ demi-brigade; elles furent commandées par le capitaine Cazeneuve qui leur montra l'exemple de passer un bras de la rivière dans l'eau jusqu'à la ceinture.

« Dès que l'adjudant commandant Plauzonne et le jeune Decaen furent de l'autre côté, ils marchèrent aussitôt avec les trente hommes de la 14ᵉ vers le pont de Laufen qui était défendu par deux cents hommes et soutenu, sur la hauteur, par trois bataillons d'infanterie et deux pièces de canon. Le citoyen Flandre, sergent, marchait à la tête de ce détachement : il parlait allemand aux Autrichiens pour leur faire croire qu'ils étaient des leurs, de sorte que nos troupes se trouvèrent au milieu d'eux sans qu'ils s'en aperçussent. Dès qu'ils firent feu, une grande partie des troupes qui défendaient le pont se rendit et l'autre se sauva.

« Les bataillons qui étaient sur la hauteur, étonnés de cette attaque, se retirèrent avec leur artillerie. C'est ainsi que nous devons au dévouement d'une centaine de braves le passage heureux de la Salzach.

« Je dois des éloges particuliers au citoyen Cornille, adjudant major du 2ᵉ bataillon de la 14ᵉ demi-brigade légère : cet officier a passé la rivière avec ce détachement sans être

Le général Durutte, le chef de brigade Mortières (1), le capitaine d'artillerie Valée, le lieutenant du génie Michaud, qui passèrent sur la rive droite, mirent tout le zèle et toute l'activité qu'exigeaient les circonstances.

Pendant la nuit, on construisit un pont volant. Le capitaine Dattessen, de la 14ᵉ, et mon aide de camp Labisse en accélérèrent la construction de manière qu'au point du jour il commença à servir pour passer l'artillerie et une partie de la cavalerie de la division. Le grand pont fut praticable pour l'infanterie et la cavalerie entre 9 et 10 heures du matin.

Le général Kniaziewicz, qui avait été chargé de faire reconnaître la Salzach au-dessous de Laufen, n'avait pas trouvé d'endroit guéable. Si ses troupes avaient aperçu quelques bateaux, sans doute qu'elles auraient cherché à les posséder; car plusieurs Polonais s'étaient avancés pour sonder la rivière et la passer à la nage au besoin. Un sergent-major nommé Gzyszkowski leur en a donné l'exemple : il se jeta à l'eau pour voir si la rivière était praticable au gué; mais elle avait plus de huit pieds de profondeur.

Je vous demande, mon général, des récompenses distinguées pour les officiers et soldats dont je vous ai cité les noms. J'ai aussi beaucoup à me louer de l'adjudant commandant Guyot qui est resté avec moi pendant toute cette opération et qui, par son zèle et son exemple, a beaucoup contribué au succès de cette journée.

J'ajouterai, mon général, que les officiers qui ont passé les premiers sur la rive droite m'ont fait le rapport que mon frère, qui était avec eux, avait bien fait son devoir.

23 frimaire (14 décembre). — Je fus prévenu, entre 4 et 5 heures du matin, que l'équipage de pontons était arrivé. Alors, avec le chef de bataillon d'artillerie Neigre (2) qui le comman-

---

commandé. Son intelligence à disposer les postes de son bataillon est aussi précieuse que son activité et sa bravoure.

« Mes éloges n'ajouteront rien sans doute à votre estime pour l'adjudant général Plauzonne; depuis longtemps le général en chef a su l'apprécier, et il a prouvé dans cette journée qu'aux connaissances militaires il savait à propos [...] être téméraire.

« Permettez-moi aussi de vous faire observer que votre jeune frère a su prouver à notre division qu'il ne voulait pas vous le céder en bravoure.

« *Signé* : Durutte. »

(1) Laplanche-Mortières (Claude-Joseph Delaplanche de Morthières, d'après l'acte de naissance), né le 28 juin 1772 à Aulnay (Aube); page à la Grande Écurie, le 25 avril 1785; sous-lieutenant, le 6 février 1788; lieutenant, le 20 mars 1791; capitaine, le 9 juillet 1792; lieutenant-colonel, le 27 mai 1793; chef de brigade, le 28 fructidor an IV; général de brigade, le 11 fructidor an XI; mort de maladie à Chieti, le 28 octobre 1806 (A. A. G.).

(2) Decaen fait une erreur : Neigre était alors seulement capitaine. Neigre (Gabriel), né le 28 juillet 1774, à la Fère; enfant de troupe au 2ᵉ d'artillerie en 1780; enrôlé volontaire audit régiment, le 14 juillet 1790; sergent en 1793; capitaine, le 10 janvier 1794; capitaine au 1ᵉʳ bataillon de pontonniers, le 2 avril 1797; chef de bataillon, le 2 octobre 1802; colonel, le 12 janvier 1807; général de brigade, le 10 janvier 1813;

dait, je me rendis sur le bord de la Salzach pour lui indiquer l'endroit que j'avais reconnu, la veille, fort peu éloigné et au-dessus du pont qu'on réparait, et qui m'avait paru offrir le plus de possibilité et de commodité pour y jeter les pontons (1).

Éclairés avec des fanaux, nous fîmes cette nouvelle reconnaissance sur les deux rives de la Salzach. Le point le plus favorable étant déterminé, les pontonniers travaillèrent avec le plus grand zèle et la plus grande activité ; néanmoins, l'obscurité et le courant rapide de la Salzach rendaient le travail difficile, et ces contrariétés ne permirent pas que le nouveau pont fût praticable avant 10 heures du matin.

Le général Moreau arriva à Laufen entre 8 et 9 [heures]. Il me fit des compliments sur le succès de mon opération. Je lui rendis compte qu'au moyen du petit pont volant que j'avais pu faire établir, on avait déjà pu faire passer une partie de l'artillerie et un peu de cavalerie, et, avec les bateaux, l'infanterie de la brigade du général Durutte qui, pendant la nuit, avait fait garder tous les débouchés qui viennent sur Laufen, particulièrement ceux de Salzburg et de Neumarkt; que le passage des troupes se continuait; qu'on travaillait avec activité à établir les pontons ; qu'on ne tarderait pas à pouvoir passer, mais seulement avec l'infanterie et la cavalerie, sur le pont à la réparation duquel on n'avait pas discontinué de travailler pendant toute la nuit.

J'accompagnai le général en chef qui se rendit au pont pour voir par lui-même où les choses en étaient. On entendait une très vive canonnade du côté de Salzburg. Le général Moreau me dit qu'il avait fait prévenir le général Lecourbe que, d'après le succès inattendu de mon heureux passage, c'était sur Laufen qu'il allait faire agir l'armée et que, dès les premiers coups de canon qu'il avait entendus depuis qu'il était parti de Teisendorf, il avait envoyé

---

général de division, le 25 novembre 1813 ; inspecteur général d'artillerie en 1814, puis, comme lieutenant général, membre du comité de l'artillerie ; inspecteur général de cette arme jusqu'en 1839 et 1840; décédé le 8 août 1847, à Nogent-sur-Marne (A. A. G.).

(1) La veille, Decaen avait écrit à Lahorie : « Il serait bien nécessaire, mon cher Lahorie, qu'on m'envoie des sapeurs et [que] quelques officiers entendus viennent pour la réparation du pont de Laufen, dont quatre arches sont coupées. Les charpentiers de la ville sont du côté de l'ennemi et se sont évadés pendant la discussion. Mes sapeurs et un officier du génie de la division sont restés à Rosenheim. Je n'ai qu'un officier du génie ici qui fait ce qu'il peut, mais je prévois que ce sera très long à réparer si tu n'envoies pas de suite à mon aide. Guyot t'a déjà rendu compte. Je ferai demain mon rapport » (Decaen à Lahorie, Laufen, 22 frimaire, A. H. G.).

un de ses aides de camp auprès du général Lecourbe pour lui dire de ne pas s'engager et surtout de ne pas se compromettre.

Enfin, entre 9 et 10 heures, on put se servir du pont, mais réparé à la hâte et pendant la nuit; et, vu les largeurs entre les piles, on n'avait pu rétablir qu'une partie de ce qui avait été détruit. Cette reconstruction, faite avec des longerons jetés d'une arche à l'autre et recouverts de planches, ne permettait pas, à cause du peu de largeur et surtout du balancement, qu'on pût passer facilement et rapidement; mais c'était toujours un nouveau moyen pour améliorer le passage des troupes de l'autre côté de la rivière, en attendant que le pont de pontons fût achevé.

Ainsi on fit passer, d'abord pour l'essai, un cavalier à pied tenant son cheval par la bride, et, successivement et de cette manière, la cavalerie ainsi que l'infanterie défilèrent par un. Ce qui appartenait à l'artillerie et aux ambulances continua à se servir du pont volant. Les autres équipages vinrent plus tard rejoindre la division.

La canonnade continuait à se faire entendre toujours très vivement du côté de Salzburg. Le général en chef, à qui cela donnait quelque inquiétude, renvoya de nouveau auprès du général Lecourbe pour lui annoncer que ma division se mettait en marche pour aller vers Salzburg par la rive droite de la Salzach.

Dès que la cavalerie de la brigade Durutte eut rejoint son infanterie, je quittai le général Moreau qui me recommanda de faire marcher avec le plus de célérité possible et de faire faire un grand feu d'artillerie dès que je rencontrerais l'ennemi, ce qui contribuerait à produire une diversion favorable au général Lecourbe contre lequel, d'après les rapports qui étaient déjà parvenus, l'ennemi avait déployé la plus grande partie de ses forces et qui étaient plus nombreuses que celles aux ordres de ce général.

Je donnai donc l'ordre au général Durutte de diriger sa brigade sur la chaussée de Salzburg, et aux autres corps de la division, à fur et à mesure qu'ils seraient formés sur la droite de la Salzach, celui de suivre en échelons son mouvement, éclairant et couvrant successivement les communications à leur gauche; à la droite, on trouve la rivière toujours très rapprochée de la route jusqu'à Salzburg.

Le général Durutte s'avança sans rencontrer d'ennemi jusqu'à la tête du défilé qui existe depuis Laufen jusqu'à une demi-lieue d'Anthering où le terrain, ouvert dans une largeur d'environ 800 toises, facilite l'action de toutes les armes. L'ennemi avait une observation d'environ 600 chevaux, des cuirassiers de Mack et de Grenz-hussards, avec une pièce de canon et environ 200 hommes d'infanterie qui voulurent contester le débouché, à quoi ils ne réussirent pas, quoique le général Durutte n'eût alors avec lui qu'un escadron du 10e régiment de chasseurs et une pièce de 4. Il poussa l'ennemi même au delà d'Anthering, après lui avoir démonté son canon et sabré quelques hommes. Il attendit ensuite que la division fût serrée et que l'artillerie fût arrivée.

Le feu du combat du général Lecourbe était toujours très vif. Je désirais pouvoir faire au plus tôt la diversion qui m'avait été recommandée; mais, malgré la plus grande célérité, ce ne fut que vers les 3 h. 30 (1) que j'eus suffisamment de moyens pour engager une affaire qui pouvait devenir sérieuse par le rapprochement qu'on faisait de l'armée ennemie qui devait mettre tous ses efforts pour [m'] empêcher de pénétrer jusqu'au village de Bergheim; car alors sa retraite de Salzburg et surtout de la rive gauche de la Salzach, où il était pour la plus grande partie engagé avec le général Lecourbe, lui serait devenue très difficile, surtout pour l'opérer par la chaussée de Neumarkt (2).

Aussitôt que l'avant-garde aux ordres du chef Laffon qui, après avoir passé au pont de Laufen, avait suivi immédiatement la brigade Durutte, fut arrivée devant Anthering, je lui fis reprendre la tête de la division et marcher de suite en avant, soutenue par la brigade Durutte et par la légion polonaise.

J'avais fait rester en réserve, près de ce village, la brigade commandée par le général Lacour (il était arrivé la veille à la division), en attendant l'arrivée des troupes du général Richepance. J'avais donné ordre au général Lacour de détacher un bataillon et 200 chevaux, et de les envoyer sur Seekirchen, pour menacer la droite de l'ennemi et, en outre, gagner l'avantage du terrain en s'emparant des hauteurs.

---

(1) La copie du rapport de Decaen du 2 nivôse qui est aux Archives de la Guerre porte « 7 h. 30... » Il y a là probablement un lapsus.

(2) Jusqu'ici, cette narration cite presque textuellement le rapport de Decaen à Moreau, daté, le 2 nivôse, de Neuhofen, et qui est aux Archives de la Guerre.

L'avant-garde, après avoir chassé l'ennemi depuis Anthering, le trouva formé en arrière du ruisseau qui coule du Waller See à la Salzach, au village de Bergheim, à l'embranchement de la route de Salzburg à Mattsee et à Laufen. Il occupait une belle et forte position (1). La canonnade s'engagea vivement des deux côtés, mais la nuit empêcha de faire plus que de le repousser au delà du ruisseau du Waller See.

Quand le feu eut cessé, on plaça les avant-postes, et les troupes restèrent au bivouac sur le lieu qu'elles occupaient.

Un officier que j'avais envoyé informer le général en chef de mon arrivée à Anthering et de ce qui s'était passé m'avait dit, à son retour, qu'il avait annoncé que j'occupais Bergheim; mais, lorsque je fus revenu à Anthering, où je pris mon quartier, j'écrivis au général Lahorie :

C'est une erreur qui a été commise, mon cher Lahorie, que d'avoir annoncé que mes troupes s'étaient emparées de Bergheim. L'ennemi a défendu ce village avec six pièces de canon et de l'infanterie. La fin du jour a empêché de faire les dispositions convenables pour l'attaquer. La position est favorable à l'ennemi : Bergheim est sur une hauteur peu éloignée de la Salzach, et un marais devant le front. Mais demain, au jour, on reconnaîtra mieux la position.

Mes avant-postes ont été établis à peu de distance de ceux de l'ennemi. On le fera observer pendant la nuit. La division est établie en échelons depuis ce point jusqu'au village d'Anthering. Le général Lacour a poussé un bataillon sur Seekirchen avec de la cavalerie; il doit pousser des postes jusqu'à cet endroit.

J'apprends que le général Richepance n'a pas suivi mon mouvement. Il aurait cependant été utile qu'il eût avancé quelques troupes, afin qu'on puisse éclairer les débouchés qui viennent de Neumarkt sur la route de Laufen à Salzburg. On a fait une centaine de prisonniers des régiments de Stain et Benyowsky, dont deux officiers, et pris un drapeau.

Je n'ai pu avoir de renseignements sur les projets de l'ennemi. On m'a appris seulement que les petits postes établis sur le débouché où je me trouve avaient reçu l'ordre de se retirer sur Neumarkt, s'ils étaient forcés.

Un bataillon de Stain et un escadron de cavalerie sont à Burghausen (2).

(1) « ... Il avait sept pièces de canon en batterie, avec plusieurs bataillons, dont deux de Stain, les autres de Benyowsky, Wenkheim et Ferdinand. A la nouvelle de mon mouvement, ces corps, qui formaient une réserve à Salzburg, étaient venus prendre cette position... » (Decaen à Moreau, Neuhofen, 2 nivôse, A. H. G.).

(2) Le renseignement était exact (L'archiduc Jean à Kienmayer, Teisendorf, 11 décembre, K. K. Archiv, XII, 200).

On a tué quelques cuirassiers de Mack avec des hussards de Grenz. Mon artillerie n'a aucunement souffert. J'ai eu peu de blessés (1).

Les prisonniers ont dit que les régiments d'infanterie de Benyowski, Stain, Wenkheim et Ferdinand devaient être devant moi (2).

La réponse, datée de Laufen à minuit, m'annonça :

J'attendais ton rapport avec bien de l'impatience, mon cher Decaen, pour en faire part au général en chef qui est parti pour Teisendorf et que je vais rejoindre pour le mouvement de l'armée.

On t'a trompé quand on t'a assuré que le général Richepance ne marchait pas pour te soutenir (3). Il a une brigade sur la route de Salzburg ; il en a jeté une autre sur celle de Burghausen, dont on n'a pas encore de nouvelles de ce point. Je lui écris de se diriger de manière à couvrir les débouchés de Neumarkt, disposé en même temps à te soutenir sur la route de Salzburg. Il est à croire que cette division sera dirigée sur Neumarkt ; alors Grouchy la remplacera sur la route de Salzburg, en réserve de ta division.

Fais faire, je te prie, des reconnaissances demain au point du jour et envoies-en le résultat à Laufen où sûrement le général en chef viendra de bonne heure.

24 frimaire (15 décembre). — Les rapports qui me furent faits pendant la nuit présagèrent que l'ennemi s'occupait de sa retraite ; et que, sur Seekirchen, on avait trouvé peu de troupes. Les feux qui avaient été allumés en assez grande quantité ne furent point entretenus.

Toutes les troupes de la division avaient reçu l'ordre d'être sous les armes une heure avant le jour. Dès qu'il parut, le commandant de l'avant-garde me fit annoncer que ses avant-postes l'avaient prévenu que l'ennemi avait abandonné sa position ; et que, sur-le-champ, il avait envoyé le chef d'escadrons Montaulon avec un détachement vers Salzburg. Je fis de suite mettre en marche la division et je fis dire au chef Laffon d'appuyer son détachement avec toute sa cavalerie.

On prit quelques traîneurs qui déclarèrent que toute l'armée autrichienne se dirigeait sur Neumarkt.

---

(1) « Une vingtaine de chasseurs des 6e et 10e avaient reçu des coups de sabre » (Note de Decaen).

(2) Decaen ajoutait : « ... Le général Fririon et son cheval sont tellement fatigués que Fririon me fait l'honneur de passer la nuit avec moi. Fais-moi passer au plus tôt ce que le général en chef veut que je fasse demain » (A. H. G.).

(3) La transcription de cette lettre qui existe aux Archives de la Guerre (1800, *Armée du Rhin*, Registre 73, fo 153, verso) porte : « ... marchait pour te soutenir... » ; c'est une erreur de copie.

Le parti envoyé sur Salzburg y entra entre 8 et 9 heures du matin. J'avais rejoint le chef Laffon auprès de Salzburg. Je l'envoyai avec tout son régiment à la poursuite de l'ennemi sur la route de Neumarkt où il fit quelques centaines de prisonniers (1), et, sans un fort brouillard qui, pendant la nuit et dès le matin, avait empêché de s'apercevoir du moment où les postes ennemis avaient fait leur retraite, on aurait eu sans doute l'occasion de lui faire beaucoup plus de mal.

Comme je présumais que le général Richepance avait reçu l'ordre de se diriger par Seekirchen sur Neumarkt, je fis placer ma division en avant de Salzburg, la droite en avant de Neuhaus où se trouve la route de Rottenmann. Je fis envoyer un parti sur cette route jusqu'à l'Aber See : j'avais appris que le corps de Condé y faisait sa retraite. La gauche de la division fut appuyée à la Salzach au village de Bergheim.

Lorsque je fus entré à Salzburg, je traversai cette ville pour aller reconnaître l'état du pont sur la Salzach. L'ennemi l'avait laissé intact. Alors j'envoyai mon aide de camp Labisse pour annoncer au général en chef mon entrée à Salzburg, et que toute l'armée autrichienne faisait sa retraite sur la route de Neumarkt; qu'en attendant ses ordres, j'avais envoyé à sa poursuite toute la cavalerie de mon avant-garde; que j'avais aussi envoyé un parti sur l'arrière-garde du corps de Condé qui s'était retiré à Rottenmann (2); que mes troupes placées en avant de Salzburg avaient leur droite à Neuhaus et leur gauche à Bergheim; et que mon intention était de faire entrer seulement un bataillon et un escadron dans la ville; que je n'avais fait mettre que des gardes aux portes, avec celle de la bourgeoisie à laquelle j'avais fait laisser les armes.

Je chargeai aussi mon aide de camp de dire au général en chef que je le priais de se rendre le plus tôt possible à Salzburg, parce que cela empêcherait toute discussion avec le général Lecourbe qui

---

(1) « ... J'ai fait conduire au moins trois cents prisonniers que nous avons faits sur Salzburg. Je crois n'avoir perdu qu'un chasseur de mon régiment, qui a été haché par des dragons de La Tour... » (Laffon à Decaen, Seekirchen, 24 frimaire, A. H. G.).

(2) Le renseignement était exact. L'archiduc Jean, mécontent des Condéens, à la négligence desquels il attribuait les revers de la journée du 9 décembre, les avait renvoyés à Rottenmann (L'archiduc Jean à l'empereur, Teisendorf, 10 décembre, K. K. Archiv, XII, 173.)

aurait sans doute de l'humeur de ce que j'y fusse entré avant lui qui avait combattu, la veille, toute la journée, voulant y entrer le premier.

Comme je m'attendais que les troupes du général Lecourbe, au travers desquelles mon aide de camp allait passer pour remplir sa mission, ne tarderaient pas à se présenter, puisque ce passage indiquerait l'entrée des troupes de ma division dans la ville, je fis donner la consigne de n'en laisser entrer aucune des premières avant l'arrivée du général en chef; et, si le général Lecourbe se présentait, de ne lui faire aucune observation, et de me faire prévenir sur-le-champ de son arrivée.

Je me rendis ensuite aux portes de la ville afin de reconnaître le pays à l'extérieur sur chacun de ces points. Je trouvai à ces portes, comme aux deux premières par lesquelles j'étais déjà entré et sorti, un député des magistrats et des gardes bourgeoises. On m'y présenta aussi des suppliques réclamant la protection du général en chef et celle de l'armée française. J'en donnai l'assurance.

J'étais rentré dans l'intérieur vers 11 heures pour descendre de cheval lorsqu'on me prévint de l'arrivée du général Lecourbe. Nous nous rencontrâmes sur la place de l'évêché. Il m'aborda assez froidement et me témoigna sa surprise qu'on eût dit à ses premières troupes qu'elles ne pouvaient pas entrer; que, Salzburg étant devant son front, c'était à son corps d'armée de l'occuper. Je lui répondis que les circonstances avaient changé cette disposition ordinaire et que, mes troupes y étant entrées les premières, il était tout naturel que j'eusse pris des mesures pour le maintien du bon ordre; que, jusqu'alors, il n'y était encore entré que des troupes de ma division que pour la garde des portes; au reste, que le général en chef, que j'avais fait prévenir, n'allait sans doute pas tarder à arriver et qu'il donnerait sa décision; et que, quoiqu'il fût présumable qu'il me donnerait l'ordre de marcher sur les traces de l'ennemi, je ne voulais pas céder, quant à présent, un droit acquis par ma division; cependant que, pour mettre une fin convenable à cette contestation, je lui proposais de faire entrer seulement un bataillon et un escadron; qu'il occuperait la moitié de la ville du côté de la Salzach; que je ferais la même chose dans l'autre moitié, et que le général Durutte, que j'avais désigné pour commander à Salzburg, commanderait le tout. Le général Lecourbe accepta cette proposition. Nous nous séparâmes et je fus à mon quartier où, de suite, je fis écrire aux magistrats :

> Le général Decaen, dont les troupes occupent Salzburg, vous prévient, Messieurs, qu'il a nommé commandant de la ville le général de brigade Durutte. C'est avec ce général que vous devez entrer en relations pour la police intérieure et généralement tout ce qui concerne les intérêts de votre ville.

L'ordre ci-après fut adressé au général Durutte.

> Le général Durutte prendra position de la manière ci-après :
> Il portera sa brigade sur la route de Linz passant par Neumarkt jusqu'au village de Neuhaus. Il occupera ce village et celui de Söllheim. Il placera son bataillon d'infanterie légère sur la route qui conduit à Ischl. Ses avant-postes s'avanceront jusqu'à Hamschof (1). Il enverra des partis sur cette route pour avoir des nouvelles de l'ennemi dans cette partie et, s'il est possible, jusqu'au lac Aber See. Il laissera un bataillon en ville, et il y aura un escadron de dragons.
> Jusqu'à nouvel ordre, le général Durutte prendra le commandement de Salzburg. Il est prévenu que le général Lecourbe aura aussi un bataillon et un escadron en ville; mais c'est le général Durutte qui sera chargé de maintenir l'ordre. Les portes de Hallein et de Teisendorf seront occupées par les troupes du général Lecourbe.

Il ne s'était passé que fort peu de temps, et des plaintes m'étaient déjà faites que des officiers du corps d'armée du général Lecourbe avaient fait diverses réquisitions.

Pour y mettre fin, j'écrivis au général Lecourbe :

> Nous sommes convenus, mon cher général, de tenir garnison par moitié à Salzburg jusqu'à l'arrivée du général en chef. Mes troupes ne se sont permis aucune réquisition. J'ai chargé le général Durutte du maintien de l'ordre; de tous côtés, il m'arrive des plaintes pour des réquisitions partielles faites par des officiers particuliers. Je vous engage de faire que ces désordres n'existent pas. S'il y a quelques ressources à Salzburg, il faut qu'elles soient pour l'armée et non pour quelques individus. Je pense que vous ne voulez pas en agir autrement.

Mon chef d'état-major écrivit de ma part au général Durutte :

> Le général Decaen me charge de vous mander, mon général, d'adresser une proclamation aux habitants pour les assurer des mesures de police qui seront prises pour la sûreté et la tranquillité intérieures de la ville.

---

(1) Peut-être faut-il lire Am Hofe, ou Hof, à 10 kilomètres à l'est de Neuhaus, sur la route de Salzburg à Ischl.

Il vous charge de mander à toutes les autorités de n'obtempérer à aucune espèce de réquisitions, quelles qu'elles soient, si elles ne sont visées du chef d'état-major ou de lui.

Enfin le général en chef ariva à Salzburg vers une heure de l'après-midi. Lorsque j'en fus informé, je me rendis auprès de lui. Le général Lecourbe m'avait précédé. Il prétendit que ses troupes étaient arrivées à Salzburg d'un côté en même temps que les miennes y entraient de l'autre. Alors je lui dis : « Si cela était, vos premières reconnaissances n'auraient pas trouvé la porte fermée et un de mes postes en avant, et on n'aurait pas eu la peine de vous l'ouvrir lorsque vous vous êtes présenté. » C'était une espièglerie que j'avais voulu faire pour lui faire sentir que sa trop vive impatience pendant la journée de la veille ne l'avait pas servi à souhait. Je dirai plus loin ce que j'appris à ce sujet. Après cette première réponse, je tirai de ma poche toutes les suppliques que j'avais reçues aux portes, et je les présentai au général en chef, en disant au général Lecourbe : « Si vous êtes entré comme moi, vous devez en présenter les mêmes preuves. » Cela ne fut pas poussé plus loin. Le général en chef approuva et ne changea rien aux dispositions qui avaient été convenues.

Lorsque le général Lecourbe fut sorti, j'entretins le général Moreau de ce que j'avais fait depuis que je l'avais quitté à Laufen, et je lui dis que je souhaitais qu'il entrât dans ses vues de me détacher pour aller communiquer avec l'armée d'Italie dont je présumais que les heureux succès de ses opérations ne pouvaient pas tarder de la faire avancer vers Klagenfurt, et que je pensais qu'il suffirait de me donner seulement une brigade d'infanterie de plus. Le général Moreau me répondit que cela ne se pouvait pas, car ce serait encore traverser le front du général Lecourbe qui avait été assez mécontent que, dans la campagne précédente, j'eusse été détaché sur Munich.

Je ne tardai pas à apprendre que, malgré que le général Moreau eût prévenu le général Lecourbe de ne pas engager d'affaire devant Sazlburg, puisqu'il allait faire manœuvrer par Laufen, son désir ardent d'entrer à Salzburg l'avait emporté ; et qu'à cet effet, il avait voulu tâter l'ennemi qu'il rencontra avec l'intention de combattre et qui avait des forces supérieures ; que cet essai avait amené l'engagement qui s'était ensuite soutenu de part et d'autre avec la plus grande opiniâtreté et dont l'avantage aurait été probablement en faveur de l'ennemi, sans la diversion que le général en chef m'avait ordonné de faire et qui produisit un tel effet sur l'armée autrichienne que, dès qu'elle entendit les coups de canon tirés en débouchant sur Anthering, elle ne soutint plus le combat que pour couvrir la retraite de ses troupes par le pont de Salzburg.

Il était d'autant plus fâcheux ou plutôt très pénible pour le général en chef et pour toute l'armée que le général Lecourbe se fût ainsi engagé qu'il perdit plus de 1 500 braves en tués et blessés, parmi lesquels d'excellents officiers, seulement par ambition de vouloir entrer un jour plus tôt dans une ville, tandis que le passage de la Salzach à Laufen en avait fait présumer la possession sans coup férir ou, du moins, avec une perte beaucoup moins considérable. Aurait-elle même été plus grande, elle n'aurait pas été jugée inutile et intempestive comme celle faite par l'entêtement du général Lecourbe, et qui excitait les plus vifs regrets.

CHAPITRE X

Durutte reste à Salzburg. — Decaen suit Richepance sur Vöcklamarkt. — Decaen à Vöcklamarkt. — La poursuite des Autrichiens continue. — Richepance culbute leur arrière-garde à Schwanenstadt. — Decaen se dirige sur Wels. — Combat de Wels. — Succès de Laffon. — Decaen passe sur la rive droite de la Traun. — L'archiduc Charles propose à Moreau une suspension d'hostilités. — Decaen conseille à ce dernier de la refuser et de marcher sur Vienne. — Belle réponse de Moreau. — La marche vers l'est continue. — Decaen à Kremsmünster. — Il y apprend la suspension des hostilités. — Excès de confiance de Richepance. — Decaen à Neuhofen. — L'archiduc Charles tardant à répondre, l'armée française continue son mouvement en avant. — Grünne, Weyrother et Lahorie discutent les conditions d'un armistice. — Convention de Steyr. — Decaen s'établit à Enns. — Il va passer quelques jours à Munich.

25 frimaire (16 décembre). — Ayant reçu l'ordre de diriger ma division sur Neumarkt, mise en marche à 10 heures du matin, elle y fut cantonnée et dans les villages aux environs.

Deux escadrons et un bataillon restèrent à Salzburg avec le général Durutte. Dans la soirée, je reçus du général Lahorie la lettre ci-après :

> Tu sais sans doute, mon cher Decaen, que le général Richepance a pris position en avant de Strasswalchen.
> Demain, il marchera sur Vöcklamarkt, éclairant en même temps la route de Frankenburg. L'intention du général en chef est que ta division marche sur Frankenmarkt. L'ennemi opposera peut-être une résistance un peu soutenue sur ce point; alors tu te mettras en ligne à droite du général Richepance et vous pousserez l'ennemi de concert.
> Le général Grouchy marchera pour prendre position sur Strasswalchen, en réserve de vos deux divisions.
> La réserve de cavalerie arrivera à Neuhaus. Une division de l'aile droite longe l'Aber See pour se porter sur Gmunden.
> La brièveté des jours oblige à des marches un peu courtes (1).

26 frimaire (17 décembre). — La division, rassemblée en avant de Strasswalchen (2), suivit le mouvement de la division Riche-

---

(1) « La terre était couverte de neige » (Note de Decaen).
(2) « A 11 heures du matin... » (Decaen à Moreau, Neuhofen, 2 nivôse, A. H. G.).

pance qui avait trouvé une forte arrière-garde en avant de Frankenmarkt et qu'elle poussa jusqu'au delà de Vöcklamarkt.

L'opposition de cette arrière-garde n'exigea cependant pas que j'entrasse en ligne; mais la brièveté du jour ne permit pas à cette division de se porter en entier au delà de Frankenmarkt; la mienne prit position entre cette ville et Strasswalchen.

J'envoyai mon rapport, et le général Lahorie m'écrivit de Neumarkt :

> Je te préviens, mon cher Decaen, que le général Richepance a ordre de se mettre en marche demain à 11 heures précises du matin pour se porter par Redl sur les hauteurs en avant de Ungenach, couvrant en même temps la communication d'Ainwalding sur Wolfsegg.
>
> Le général Grenier arrivera avec la tête de sa division en arrière de Haag et Unterhaag, et le général Grouchy, en réserve sur Bierbaum. L'intention du général en chef est que tu marches directement par Bierbaum sur Vöcklabruck et que tu forces cette position de front, en même temps qu'elle sera débordée par le mouvement du général Richepance.
>
> Tu enverras des partis sur ta droite vers Gmunden pour communiquer avec le corps du général Lecourbe qui se portera en partie sur ce point.
>
> Le général Moreau sera demain à Frankenmarkt. Règle ton mouvement, pour l'heure, sur celui du général Richepance (1).

27 frimaire (18 décembre). — La division, rassemblée à 11 heures du matin à Bierbaum, fut dirigée sur Vöcklabruck, d'où je fis écrire au général Lahorie :

> Le général Decaen est arrivé à Vöcklabruck sans avoir eu rien à faire. Le général Richepance a poussé l'ennemi jusqu'à deux lieues au-delà de cette ville sur la route de Schwanenstadt. La division a pris position à Vöcklabruck, ayant son corps d'avant-garde à Regau, à l'embranchement des deux routes sur Gmunden et Schwanenstadt.
>
> Il a poussé un parti sur Gmunden pour avoir des nouvelles du général Montrichard. Il vous fera part de ce qu'il pourra savoir d'intéressant.
>
> Le général Richepance paraît avoir fait beaucoup de mal à l'ennemi : il a pris le général Löpper. Sa division est toujours suivie d'un train considérable des équipages qui nous gêne dans nos marches. Ne pourrait-il pas les diminuer?

---

(1) Le 26, Kniaziewicz écrivait à Decaen : « Je vous fais remettre, en même temps que ma lettre, général, un drapeau wurtembergeois qui, après le passage de la Salzach, fut pris, à l'aile gauche, par mes tirailleurs, au moment où l'ennemi, voulant cacher sa lâcheté, le séparait du bâton » (Kniaziewicz à Decaen, Grosskissendorf [?], 26 frimaire, A. H. G.).

Le général Durutte rejoignit la division avec le détachement qui avait été laissé avec lui à Salzburg.

Le parti qui avait été envoyé sur Gmunden apprit, à son retour, qu'il y avait trouvé l'ennemi et rencontré les avant-postes de la division Montrichard dans les environs de cette ville.

Je reçus du général Laborie une lettre datée de Frankenmarkt. Il me mandait :

Il faut achever l'armée ennemie par des marches non interrompues, mon cher Decaen. En conséquence, le général Richepance reçoit l'ordre de marcher demain de concert avec toi sur Wels.

Il est possible que vous ne puissiez pas arriver, mais vous prendrez position le plus près possible de ce point. Je suppose que vous arriverez au moins à la hauteur de Falspach.

Le général Grouchy viendra se placer en réserve sur Lambach. Le général Moreau s'établira à Schwanenstadt. Il ira demain suivre le mouvement des divisions du centre sur Wels.

28 frimaire (19 décembre). — La division fut mise en marche à 9 heures du matin sur la route de Schwanenstadt pour atteindre le but indiqué dans l'ordre ci-dessus; mais les Autrichiens, dont l'archiduc Charles était venu prendre le commandement et dont sa présence avait ranimé le courage, s'obstinèrent à défendre Lambach. Cependant, le général Richepance, auquel j'avais seulement envoyé un régiment de chasseurs, les culbuta et fit encore un assez grand nombre de prisonniers, au nombre desquels le prince de Liechtenstein et le général Meczery; et, comme les Autrichiens passèrent la Traun pour aller sur Kremsmünster, la division Richepance les y suivit. Alors je dirigeai la mienne sur Wels, dont mes avant-postes s'avancèrent à trois quarts de lieue, mais un peu tard dans la soirée.

La division fut placée en arrière de Gunskirchen, la droite à la Traun et la gauche dans la direction de Irnharting. L'avant-garde, qui s'était établie dans ce premier village, y avait fait **22** prisonniers.

Je revins à Lambach d'où j'envoyai un officier au quartier général pour informer de ma position et qui me rapporta la lettre ci-après, datée de Schwanenstadt :

L'intention du général en chef, mon cher Decaen, est que tu te portes demain sur Wels où tu passeras la Traun pour, de là, te diriger sur Kremsmünster. La distance et la nécessité de t'éclairer sur ta gauche ne te permettraient probablement pas d'arriver au delà de Taxelberg. Le général Grenier arrivera dans la journée avec une division en réserve de la tienne, en avant de Wels.

Le général Richepance, soutenu du général Grouchy, se portera de Lambach sur Kremsmünster où arrivera le général Lecourbe par Gmunden.

Le général Moreau sera demain à Wels.

Je préviens le général Richepance de te renvoyer ton régiment à Gunskirchen.

29 frimaire (20 décembre). — A la pointe du jour, la division fut rassemblée et marcha sur Wels. Il était 9 heures du matin lorsque l'avant-garde entra dans cette ville. Elle s'approcha de suite du pont sur la Traun; l'ennemi l'avait coupé (1). Il avait laissé une cinquantaine d'hommes pour l'observer et en retarder la réparation. Il fallut éloigner ces ennemis pour travailler au pont. Les chasseurs du 3e bataillon de la 14e légère y mirent tout le zèle et toute l'intelligence possibles. Plusieurs d'entre eux parvinrent à l'autre rive en descendant et grimpant d'une arche à l'autre à la faveur des longerons qui avaient été jetés du pont. Le capitaine Schmidt, de la 3e compagnie, qui fut blessé d'un coup de feu en abordant à l'autre rive, fut un des premiers qui donna l'exemple.

Un carabinier de ce bataillon, nommé Jean Masse, se conduisit avec bien de la bravoure. Ce fut lui qui, le premier, avait trouvé ce moyen de passage. Quoique seul pour arriver à l'autre rive, il n'en courut pas moins sur les Autrichiens qui s'y trouvaient. Il fit mettre bas les armes à huit d'entre eux et cassa leurs fusils. Il les amenait prisonniers lorsque ceux-ci, s'apercevant, auprès du pont,

---

(1) Voici le compte-rendu de Decaen :

« Mes premières troupes sont entrées à Wels à 9 heures du matin, mon général, mais je n'ai pu aller plus loin, l'ennemi ayant beaucoup endommagé le pont. Je m'empresse de le faire réparer. Il est midi : et ce ne sera que vers les 2 heures que je pourrai m'en servir. L'ennemi avait laissé quelques postes qui sont partis après quelques coups de fusil. J'ai déjà de l'infanterie qui a passé avec quelques bateaux sur la rive droite. J'ai poussé sur Linz un parti qui n'est pas rentré ; mais, d'après les rapports qui me sont procurés, l'ennemi a fait remonter, pour passer la Traun hier, les carabiniers d'Albert, avec 5 000 hommes d'infanterie et plus de 1 000 voitures.

« J'ai trouvé à la poste différentes lettres que je vous envoie, mon général; quelques-unes sont intéressantes.

« L'armée ennemie se concentre sur Steyr. Aussitôt que j'aurai d'autres renseignements, mon général, je vous en ferai part » (Decaen à Moreau, Wels, 29 frimaire, A. H. G.).

qu'il était seul et voyant quelques hussards qui s'avançaient pour les délivrer, s'échappèrent de lui qui, aussitôt, ne manqua pas de leur tirer quelques coups de fusil.

Le chef de bataillon Massard, que je chargeai de faire passer son bataillon aussitôt que des bateaux qui étaient à l'autre rive seraient à sa disposition, fit bien son devoir. Il arriva que, la première barque dont on avait pu disposer étant petite, il s'y était mis trop de monde et qu'elle fit naufrage. Ce chef de bataillon était du nombre des embarqués ; mais, heureusement, il n'y eut aucun accident.

J'avais ordonné au chef de brigade Laffon d'envoyer, dès le matin, un parti sur la route de Linz, et Montaulon fut chargé de cette mission. Il trouva l'ennemi qui protégeait un convoi. Il en fit attaquer la queue par vingt hommes à la tête desquels étaient les sous-lieutenants Rignier et Gillard, soutenus par le surplus de leur escadron. L'ennemi fut aussitôt mis en déroute. Plus de 600 prisonniers, tant infanterie que cavalerie, furent amenés avec plus de 200 chevaux. Au moins 80 hommes de cavalerie, qui ne furent point pris, furent sabrés (1).

Le général Grenier arriva vers une heure avec une division qui fut se placer en avant de Wels, sur la route de Linz. Pendant qu'on travaillait aux réparations du pont, je fis ouvrir et traduire quelques lettres qu'on avait prises au bureau de la poste. Il y en avait plusieurs de Vienne qui annonçaient qu'on y était dans de vives alarmes et qu'on n'y doutait pas d'y voir bientôt arriver l'armée française.

On trouva dans une de ces lettres cette singulière phrase : « La Sybille a dit qu'après une longue guerre, les Français viendraient jusque dans la plaine de Wels, et qu'alors on ferait la paix. »

On trouva aussi une pièce signée de plusieurs archevêques et émigrés qui résidaient alors à Vienne ; je ne me souviens point de leurs noms.

C'était une délibération pour servir de réponse à des questions

---

(1) Dans son rapport, Decaen ajoutait : « ... Ce nouvel acte d'intrépidité de Montaulon avec ses braves ajoute, mon général, aux autres traits rapportés dans l'état des services de ce chef d'escadrons que je vous adresse... » (Decaen à Moreau, Neuhofen, 2 nivôse, A. H. G.).

qui leur avaient été soumises par des curés français sur le serment prescrit par la constitution de l'an VIII.

Je me rappelle, entre autres choses, qu'on disait, dans cette pièce : « Les soussignés, consultés pour savoir si, dans l'état actuel des choses en France, on peut prêter le nouveau serment exigé pour remplir publiquement les fonctions sacerdotales, sont d'avis que, dans aucun temps, la puissance temporelle ne peut rien prescrire à la puissance spirituelle. Mais, dans les circonstances où l'Église est militante, s'il y a cas de nécessité, on peut se soumettre, mais avec la *restriction mentale;* et nous appuyons cette opinion de celle de saint Thomas de Cantorbery durant le schisme d'Angleterre. » Je remis cette pièce avec les autres lettres au général Moreau qui arriva à Wels dans l'après-midi.

Le pont ne put être rétabli qu'à 3 heures (1), malgré l'activité des officiers du génie Bodson et Michaud.

Dès que la réparation fut achevée, je fis passer la division sur la rive droite de la Traun, et chaque brigade formée fut aussitôt dirigée sur Kremsmünster; mais l'avant-garde ne put arriver que pour avoir ses avant-postes sur Sipbachzell où elle trouva l'ennemi, quoique la division Richepance fût déjà arrivée à Kremsmünster.

La nuit avait empêché le chef Laffon de juger que c'était fort peu de monde qui n'avait pu se retirer sur Steyr et qui occupait Sipbachzell pour, de là, se diriger sur Neuhofen.

Alors la division prit sa position, placée en échelons depuis Leombach jusqu'à la Traun, et des partis furent envoyés sur Neuhofen et sur Ebersberg.

J'étais rentré à Wels et je me trouvais avec le général en chef quand on lui apporta une lettre de l'archiduc Charles. Cette lettre annonçait que, d'après les égards et les témoignages d'estime dont ils s'étaient donné des preuves pendant la campagne de l'an IV, il était persuadé que le général Moreau accueillerait favorablement la proposition qu'il lui faisait d'une suspension d'hostilités, d'autant mieux qu'il lui donnait l'assurance que sa démarche n'avait d'autre but que de pouvoir enfin parvenir à traiter de la paix.

Je demandai au général Moreau, qui m'avait fait part de cette proposition, s'il était dans son intention d'y avoir égard, tandis que

---

(1) « ... après midi... » (Decaen à Moreau, Neuhofen, 2 nivôse, A. H. G.).

nous étions aussi rapprochés de Vienne où nous avions la perspective d'arriver sous peu de jours, puisque le reste de l'armée autrichienne ne pouvait plus être un obstacle, et qu'il serait bien glorieux pour lui et pour son armée de faire cette conquête; que, déjà deux fois, on avait ainsi interrompu le cours de nos succès.

Le général Moreau me répondit : « Mais, Decaen, la conquête de la paix vaut encore mieux, et je suis persuadé que le prince Charles ne se serait pas autant avancé qu'il le fait dans cette circonstance s'il n'avait pas la certitude que l'empereur ne désavouera pas le motif de sa proposition. D'ailleurs, dans ce moment où l'armée du Rhin est déjà très avancée, je n'ai encore aucune nouvelle des opérations de l'armée d'Italie commandée par Brune, qui peut être encore sur le Mincio. J'ignore si celle des Grisons, commandée par Macdonald, a pu pénétrer dans le Tyrol; celle d'Augereau n'est encore qu'à Würzburg. Ainsi, plus nous avancerons et plus nous nous engagerons sans appui dans les États de l'Autriche, et plus nous nous rapprocherons des forces qu'elle peut encore réunir et concentrer pour arrêter nos succès. Or, puisqu'ils veulent enfin la paix, il vaut beaucoup mieux en traiter au plus tôt que de les réduire au désespoir et nous exposer nous-mêmes aux chances de la guerre qui peuvent aussi nous devenir contraires. »

Auparavant que le général en chef eût reçu la lettre de l'archiduc, je l'avais informé que, depuis son premier rapport, Laffon m'avait mandé que la division Richepance n'était pas entrée à Kremsmünster; que l'ennemi l'occupait.

Le général en chef m'avait aussi indiqué le mouvement que ma division devait faire le lendemain, et j'avais, en conséquence, fait donner l'ordre à Laffon de se diriger sur Kremsmünster et d'y forcer l'ennemi s'il n'opposait pas trop d'obstacle, ce qui était présumable, car la division Richepance devait aussi s'y diriger. Je lui fis mander, si cette division y était arrivée avant lui, de faire de suite un à gauche et de marcher sur Neuhofen où il recevrait de nouveaux ordres; mais que, dans le cas où la division Richepance n'aurait pas encore pris poste à Kremsmünster, il l'y attendrait, en observation, en éclairant particulièrement la route de Steyr; et qu'aussitôt qu'il apercevrait la tête de la division Richepance, il devait exécuter son mouvement sur Neuhofen. Il lui fut recommandé de prendre des renseignements sur les communications, surtout sur celles qui partent sur l'Enns et au delà ; qu'en faisant sa marche sur Neuhofen, il devait jeter un fort parti en infanterie et cavalerie à sa droite, qui se dirigerait sur la rivière d'Enns, en passant par Wolfern, Gleimk et Stein, sans se compromettre, et prendrait poste à ce dernier endroit, s'il était possible.

Il fut prévenu que la division marcherait de Leombach sur Neuhofen, si la communication le permettait, et de prendre des informations si, du village de Sipbachzell à Neuhofen, le chemin était passable, et de faire en sorte que, le lendemain à 7 heures, son rapport fût arrivé à Leombach.

Le général Lacour, qui était dans ce village avec sa brigade, eut l'ordre d'en partir à 7 heures du matin, de marcher sur Neuhofen et de forcer l'ennemi s'il le rencontrait. Il fut informé de l'ordre de marche du chef Laffon et que le surplus de la division serait aussi dirigé sur Neuhofen ; il lui fut aussi recommandé de prendre des renseignements sur les communications et d'en laisser une note à Leombach où j'arriverais de bonne heure.

Lorsque je quittai le général Moreau, il me dit qu'ayant chargé le général Lahorie de conférer avec le général-major comte de Grünne, qui avait apporté la lettre de l'archiduc Charles, le mouvement qui avait été décidé pour ma division ne s'exécuterait pas jusqu'à nouvel ordre. Je fis donner avis de cette suspension au chef Laffon et aux généraux ; mais, le lendemain matin, le général Lahorie m'écrivit :

> Exécute, de suite, mon cher Decaen, le mouvement qui avait été arrêté hier pour ta division et que les circonstances avaient fait suspendre. L'intention du général en chef est qu'il se fasse sans retard et avec vigueur.

30 frimaire (21 décembre). — Aussitôt la réception de cet ordre, des officiers furent envoyés pour faire mettre toutes les troupes en marche et pour exécuter ce qui avait été ordonné.

En partant de Wels, je fus à Leombach où, d'après les renseignements que j'y trouvai sur les communications, la légion polonaise et la brigade Durutte furent dirigées sur Kremsmünster, pour suivre ensuite les troupes de Laffon sur le chemin de Neuhofen, la brigade Durutte devant prendre sa position à Kematen.

Lorsque j'arrivai à Kremsmünster vers les 4 heures de l'après-midi, j'appris qu'il y avait suspension d'hostilités; que les ennemis s'en étaient prévalu d'avance, et qu'ils en avaient tiré un grand avantage pour faire passer par le pont de Kremsmünster un assez grand nombre de troupes et de l'artillerie qui seraient indubitablement restées en notre pouvoir par le résultat des mouvements combinés sur ce point, si le général Richepance n'avait pas été trop confiant à croire à cette nouvelle qui n'était encore alors que prématurée et qui ne lui avait été donnée que par un général ennemi. Cependant le général Richepance ne fut pas, jusqu'à la fin du passage des Autrichiens, dupe de la ruse dont on s'était servi pour se sauver; car il arrêta subitement la marche d'une partie de leur colonne qu'il retint prisonnière.

J'écrivis de Neuhofen au général Lahorie :

> Ma division est en position la droite à Kematen, la gauche à Neuhofen, ayant une brigade à cheval sur la chaussée qui conduit à Enns, poussant des partis sur cette ville et sur la rivière, ainsi que sur Ebelsberg. Mon avant-garde est placée à une lieue et demie en avant de Neuhofen, sur le chemin qui conduit de cet endroit à Steyr et qu'on m'a assuré être praticable pour les voitures, poussant des partis sur Steyr et sur la rivière, vers Dietach et Stein.
>
> Le chef Laffon, qui avait marché ce matin sur Kremsmünster pour se diriger ensuite sur Neuhofen, n'ayant pas encore appris la suspension d'armes, a chassé devant lui environ 200 hommes, tant infanterie que cavalerie; il leur a même fait tirer trois à quatre coups de canon. Le général Lacour, qui avait marché par la traverse de Leombach à Neuhofen, par un chemin assez difficile pour l'artillerie, a coupé la retraite à ces messieurs qui sont de différents corps. Nous avons aussi deux officiers du régiment du prince Charles.
>
> Je m'attendais, ce matin, à une trêve. Mais les derniers mots sont-ils dits?

Pendant la nuit, je reçus du général Lahorie la lettre suivante, datée de Wels :

> Je te préviens, mon ami, que le général en chef, sur la demande d'un armistice par l'archiduc, a cru devoir borner le mouvement de demain et d'après-demain à se trouver maître des ponts sur l'Enns à Steyr et à Enns. Cela a lieu en attendant des pouvoirs que l'archiduc Charles doit demander à Vienne et obtenir ou non dans quarante-huit heures.
>
> D'après cette convention, le général Lecourbe tiendra le pont de Steyr, le général Richepance cantonnera sa division aux environs de Steyr, et le général Grouchy, sur Kremsmünster. Cantonne aussi ta division sur l'Enns.

1ᵉʳ nivôse (22 décembre). — Je transmis de suite le premier paragraphe de cette lettre aux généraux de brigade, ainsi qu'au chef Laffon auquel je mandai de mettre ses troupes en marche pour aller cantonner à Thann, Pühring et dans d'autres villages, et de placer seulement de simples postes d'observation sur l'Enns.

Le général Durutte fut prévenu qu'il devait rester à Kematen et d'y cantonner sa brigade et dans les villages à une lieue aux environs, et de préférer ceux les plus rapprochés de l'Enns.

Il fut annoncé au général Lacour de s'établir à Sankt-Marien et de faire aussi cantonner ses troupes dans les villages qu'il avait déjà à sa disposition, et qu'il pouvait étendre surtout sa cavalerie vers Kremsdorf et Hargelsberg, et de faire observer par des postes les routes d'Ebelsberg; et au général Kniaziewicz, d'établir sa légion en cantonnement à Alendorf, Holzing, Matzelsdorf et autres endroits en avant de Neuhofen, les plus près du chemin conduisant de ce lieu à Steyr.

2 nivôse (23 décembre). — Le quartier général de la division resta établi à Neuhofen. Je reçus, dans la matinée, un billet du général Lahorie. Il me mandait :

Reste en position jusqu'à nouvel ordre, mon cher Decaen. Établis tes troupes aujourd'hui comme tu pourras.

On a envoyé m'annoncer qu'un officier général viendra traiter d'un armistice et qu'un courrier est parti pour faire conclure la paix par M. Cobenzl.

Je lui écrivis dans l'après-midi :

Je t'adresse, mon cher Lahorie, mon rapport sur le passage de la Salzach. Les marches de l'armée m'ont empêché de faire cet envoi plus tôt. Je reste encore en retard pour faire parvenir les rapports sur les autres opérations de la division depuis ce passage. Je vais me hâter afin qu'ils te parviennent au plus tôt.

Il n'existe pas de ponts sur l'Enns entre Steyr et Enns. La position que tient la division Richepance, la situation des villages et surtout la manière dont les maisons qui en dépendent sont dispersées, me demanderont quelque temps pour me former si les circonstances veulent que je passe à Steyr ou à Enns : je suis à peu près au centre pour l'un et l'autre. Ainsi, mon cher Lahorie, préviens-moi de bonne heure s'il arrive qu'on soit obligé de donner suite aux hostilités, afin que je mette le moins de retard possible pour effectuer le passage de l'Enns. Je t'envoie un maréchal des logis.

Je t'envoie un drapeau et la lettre qui annonce sa capture. Je te serais obligé de me dire si vous l'avez reconnu pour être de l'uniforme wurtembergeois.

Je reçus du général en chef la lettre ci-après :

Je reçois à l'instant, citoyen général, votre rapport sur le passage de Laufen et le drapeau que vous avez envoyé. Recevez mes félicitations sur cette affaire brillante : elle couvre votre division d'une gloire nouvelle. Veuillez lui faire connaître combien je sais l'apprécier et quels éloges une conduite aussi distinguée lui vaudra de la République entière. Je me hâterai de faire connaître au gouvernement les braves qui se sont particulièrement distingués. Nul doute qu'ils ne reçoivent les récompenses qu'ils méritent. Salut et attachement !

Signé : Moreau.

P.-S. — Lahorie est à Steyr. Votre division passera probablement dans cette ville.

Le général Dessolle me fit la demande d'envoyer un détachement de 25 hommes de cavalerie avec un officier pour aider à escorter près de 3 000 prisonniers réunis à Wels.

Je reçus, dans la soirée, la lettre ci-après que le général en chef m'avait fait écrire par l'adjoint Rapatel, datée de Wels.

Le général en chef me charge, mon cher général, de vous prévenir que le général Lahorie est parti cet après-midi pour Steyr et que, si demain il ne traite pas définitivement avec l'ennemi, votre division passera l'Enns à Steyr. Le général Lahorie vous écrira de cette ville (1).

Vu le contenu de cette lettre, je mandai au général Lacour que l'incertitude dans laquelle j'étais si la division ferait une marche le lendemain me faisait le prévenir, surtout d'après ce qu'il m'avait annoncé des difficultés de se réunir promptement, de donner des ordres pour que chaque corps qu'il commandait fût rassemblé, le lendemain à 8 heures du matin, sur un des points qu'il occupait, le plus rapproché de Steyr, pour le mettre ensuite en marche au premier ordre pour se rendre au lieu de rassemblement de la division, qui lui serait indiqué si elle devait passer l'Enns.

3 *nivôse* (24 décembre). — Vers 8 heures du matin, je reçus du général Lahorie la lettre suivante, datée de Steyr :

Le délai accordé est expiré, mon cher Decaen, et l'on n'a encore aucune nouvelle de l'ennemi. D'après cela, le général Richepance qui, déjà, s'était

---

(1) La lettre portait en post-scriptum : « J'ai reçu votre lettre et le paquet pour le général Lahorie » (A. H. G.).

établi à une lieue d'ici avec son avant-garde, reçoit l'ordre de passer l'Enns avec toute sa division et de se porter sur Sankt-Peter et Seitenstetten, ayant, s'il est possible, son avant-garde sur l'Ybbs.

La division du général Montrichard passera l'Enns après lui pour remonter la rive droite de cette rivière.

Ta division devra déboucher de Steyr après ces deux divisions. La brièveté des jours et la distance ne te permettront probablement que de te former en avant de Steyr, à gauche du général Richepance, c'est-à-dire sur Salaberg.

Est-ce qu'il n'existe pas de pont à Plaick, vis-à-vis de Cabin (1)? Cela t'abrégerait bien du chemin.

Je présume que tu pourras passer à midi.

Des ordres furent sur-le-champ donnés pour mettre en marche la division. Le passage des deux divisions qui la précédaient sur Steyr ne permit que de porter l'avant-garde vers Salaberg. Le surplus de la division fut placé en avant et en arrière de Steyr. J'y établis mon quartier général.

On vit enfin arriver le comte de Grünne, général-major, accompagné du colonel de Weyrother, envoyé par l'archiduc Charles pour traiter d'un armistice. Le général Lahorie en régla avec eux les dispositions.

4 nivôse (25 décembre). — La division fut cantonnée à Steyr et dans les villages aux environs.

J'adressai au général Moreau le rapport des opérations de la division depuis le moment où, après le passage de la Salzach, elle avait marché sur Salzburg, jusqu'à celui de son arrivée à Steyr. Mais, attendu que si je transcrivais ici ce rapport, ce ne serait que répéter ce que j'ai énoncé déjà, jour par jour, je me borne donc à dire que je le terminai en recommandant au général en chef tous ceux qui s'étaient distingués pendant cette glorieuse campagne et dont les noms avaient été cités.

Une convention d'armistice fut signée dans la journée et envoyée au général Moreau.

5 nivôse (26 décembre). — Les troupes séjournèrent dans leurs cantonnements. Elles se réjouirent à la nouvelle de cette conclu-

---

(1) **La lettre de Lahorie porte « Cabin ».** Il faut peut-être lire Gaissing, sur l'Enns même, ou plus vraisemblablement Kanning, à 4 kilomètres à l'est de Gaissing. (V. plan autrichien au 1/28 800° de la basse Autriche, Archives des Cartes, A. H. G.).

sion qui leur assurait le repos au moins pour le reste de l'hiver.

Je reçus du général Dessolle la lettre ci-après, datée de Kremsmünster :

> Le général en chef, désirant distribuer à chacun des militaires qui se sont particulièrement distingués depuis l'ouverture de la campagne les récompenses auxquelles ils ont droit, conformément à l'arrêté des Consuls du 4 nivôse an VIII, je vous invite, mon cher général, à m'adresser dans le plus bref délai le rapport particulier des traits de bravoure qui ont eu lieu depuis la reprise des hostilités, dans la division à vos ordres, et désigner, dans ce rapport, d'une manière claire et précise, les sous-officiers et soldats que vous croyez les plus dignes de ces récompenses, ainsi que les officiers qui, par leur conduite dans les différentes affaires, vous auront paru mériter de l'avancement. Déjà plusieurs rapports sont parvenus au général en chef; mais il attend, pour statuer sur les demandes qu'elles contiennent, la réception de ceux qui lui manquent. Je ne puis donc trop vous engager, mon cher général, à n'apporter aucun retard à l'envoi de ce travail.

Les intentions du général en chef furent remplies. Les rapports demandés lui furent envoyés peu de jours après la réception de cette lettre.

6 nivôse (27 décembre). — Le général Lahorie, resté à Steyr, m'adressa la lettre suivante :

> Ci-joint, mon ami, un exemplaire de la convention d'armistice entre les deux armées pour être mis à l'ordre de la division. Ta division occupera le canton de la Traun sans passer la rivière de ce nom. Indépendamment de cet arrondissement, elle aura, au delà de l'Enns, tous les cantonnements compris dans le triangle formé par le confluent de l'Enns dans le Danube et une ligne tombant de Cabin (1) sur le Danube à la hauteur de Weinberg, passant par Cabin, Guttenhofen et Ober Walling.
>
> A l'exception de cet arrondissement, tout le pays désigné sur la carte de l'Autriche sous la dénomination de Viertel Ob dem Wienerwald jusqu'à la ligne de démarcation sera occupé par le général Richepance.
>
> Le général Grouchy occupera, avec sa division, le quartier connu sous la dénomination de Lansrucht (?) qu'il partagera en partie avec le général Grenier.
>
> Ton mouvement pourra être complété après-demain pour l'établissement de tes cantonnements.
>
> Les troupes devront vivre dans le pays. Peut-être, cependant, se trouvera-t-on forcé de faire faire des distributions régulières de pain.

---

(1) Voir la note de la page précédente.

En même temps que les troupes seront réparties chez les habitants, les mesures les plus sévères devront être prises pour arrêter le cours des exactions particulières et de la dévastation auxquelles ont pu servir d'excuse, pendant cette campagne, les marches, les besoins, les combats multipliés et la rigueur de la saison.

Le matériel entier de l'artillerie devra être envoyé à Wels où sera réunie toute l'artillerie du centre sous la direction du commandant du parc de cette partie de l'armée, pour la réparation dont le matériel peut être susceptible. Les chevaux, après cette marche, devront rentrer dans l'intérieur de ta division.

Je suppose, mon ami, que tu as donné des ordres pour le renvoi des chevaux et voitures que le besoin de ta division avait fait prendre ou requérir sur nos derrières, et que tu as pris des mesures pour l'enlèvement des chevaux volés ou inutiles à la suite des corps, du parc, etc.., dans ta division.

Nous nous établirons à Salzburg.

Bonjour, mon cher Decaen, je t'embrasse.

Tu m'enverras l'état de tes cantonnements dès qu'il sera achevé.

Voici la convention :

Sa Majesté l'Empereur et Roi voulant traiter de suite de la paix avec la République française, quelle que soit la détermination de ses alliés, les généraux en chef des armées française et impériale en Allemagne désirant arrêter, autant qu'il est en leur pouvoir, les maux inséparables de la guerre, sont convenus de traiter d'un armistice et suspension d'armes ; et, à cet effet, ont chargé respectivement de pouvoirs spéciaux, savoir le général en chef Moreau : le général de brigade Victor Fanneau Lahorie ; et S. A. R. l'archiduc Charles, le général-major comte de Grünne et le colonel de Weyrother, de l'état-major, lesquels ont arrêté ce qui suit :

Article premier.

La ligne de démarcation entre la position de l'armée gallo-batave en Allemagne, sous les ordres du général Augereau, dans les cercles de Westphalie, du Haut Rhin, et de Franconie jusqu'à Baiersdorf, sera déterminée particulièrement entre ce général et celui de l'armée impériale et royale qui lui est opposée.

De Baiersdorf, cette ligne passe à Erlangen et Nuremberg, Neumarkt, Parsberg, Laaber, Stadt am Hof et Ratisbonne, où elle passe le Danube dont elle longe la rive droite jusqu'à l'Erlauf qu'elle remonte jusqu'à sa source, passe à Markt Gaming, Kogelsbach, Göstling, Steibsbach (1), Mändling, Leopoldstein, Eisenerz, Vordernberg et Leoben, sur la rive gauche de la Mur jusqu'au point où cette rivière coupe la route de Salzburg à

---

(1) Martens et Hüffer (*Quellen zur Geschichte des Zeitalters der französischen Revolution*, I, p. 508) indiquent : Hemmen. Le manuscrit de Decaen porte Steibsbach. Il faut peut-être lire · Steinbachschlag, à environ 2 300 mètres au sud-est de Göstling.

Klagenfurt qu'elle suit jusqu'à Spittal, remonte la chaussée de Vérone par Lienz et Brixen jusqu'à Botzen ; de là, passe à Meran, Glurns et Sankt-Marin, et arrive, par Bormio, dans la Valteline où elle se lie avec l'armée d'Italie.

Article 2.

La carte d'Allemagne par Chauchard servira de règle dans les discussions qui pourraient s'élever dans la ligne de démarcation ci-dessus.

Article 3.

Sur les rivières qui sépareront les deux armées, la cession ou la conservation des ponts sera réglée par des arrangements particuliers suivant que cela sera jugé utile soit pour les besoins des armées, soit pour ceux du commerce ; les généraux en chef des deux armées respectives s'entendront sur ces objets, ou en délégueront le droit aux généraux commandant les troupes sur ces points. La navigation des rivières restera libre, tant entre les armées que pour le pays.

Article 4.

L'armée française non seulement occupera exclusivement tous les points de la ligne de démarcation ci-dessus déterminés, mais encore, pour mettre un intervalle combiné entre les deux armées, la ligne des avant-postes de l'armée impériale sera, dans toute son étendue à l'exception du Danube, à un mille d'Allemagne au moins de distance de celle de l'armée française.

Article 5.

A l'exception des sauvegardes ou gardes de police qui seront laissées ou envoyées dans le Tyrol par les deux armées respectives et en nombre égal mais qui sera le moindre possible (ce qui sera réglé par une convention particulière), il ne pourra rester aucune autre troupe de Sa Majesté l'Empereur dans l'enceinte de la ligne de démarcation.

Celles qui se trouvent en ce moment dans les Grisons, le Tyrol et la Carinthie devront se retirer immédiatement, par la route de Klagenfurt, sur Bruck pour rejoindre l'armée impériale d'Allemagne sans qu'aucune puisse être dirigée sur l'Italie.

Elles se mettront en route, des points où elles sont, aussitôt l'avis donné de la présente convention, et leur marche sera réglée sur le pied d'une poste et demie d'Allemagne par jour.

Le général en chef de l'armée française du Rhin est autorisé à s'assurer de l'exécution de cet article par des délégués chargés de suivre la marche des troupes impériales jusqu'à Bruck.

Les troupes autrichiennes et les troupes impériales qui pourraient avoir à se retirer du Haut Palatinat, de la Souabe, de la Franconie, se dirigeront par le chemin le plus court au delà de la ligne de démarcation.

L'exécution de cet article ne pourra être retardée, sous aucun prétexte, au delà du temps nécessaire, eu égard aux distances.

Article 6.

Les forts de Kufstein et de Scharnitz et les autres points de fortification permanente dans le Tyrol seront remis en dépôt à l'armée française pour être rendus dans le même état où ils se trouvent à la conclusion et ratification de la paix, si elle suit cet armistice sans reprise d'hostilités. Les débouchés de Finstermünz, Nauders et autres points de fortification de campagne dans le Tyrol seront mis à la disposition de l'armée française.

Article 7.

Les magasins appartenant, dans ce pays, à l'armée impériale sont laissés à sa disposition.

Article 8.

La forteresse de Würzburg, en Franconie, la place de Braunau, dans le cercle de Bavière, seront également remises en dépôt à l'armée française pour être rendues aux mêmes conditions que les forts de Kufstein et de Scharnitz.

Article 9.

Les troupes tant de l'Empire que de Sa Majesté Impériale et Royale qui occupent ces places les évacueront, savoir la garnison de Würzburg, le 16 nivôse (6 janvier 1801); celle de Braunau, le 14 nivôse (4 janvier), et celles des forts du Tyrol, le 18 nivôse (8 janvier).

Article 10.

Toutes les garnisons sortiront avec les honneurs de la guerre et se rendront avec armes et bagages par le chemin le plus court à l'armée impériale.

Il ne pourra être rien distrait par elles de l'artillerie, des munitions de guerre ou de bouche et d'approvisionnements de tout genre de ces places, à l'exception des subsistances nécessaires pour la route jusqu'au delà de la ligne de démarcation.

Article 11.

Des délégués seront respectivement nommés pour constater l'état des places dont il s'agit, mais sans que le retard qui serait apporté à cette mission puisse en entraîner dans l'évacuation.

Article 12.

Les levées extraordinaires ordonnées dans le Tyrol seront immédiatement licenciées et les habitants renvoyés dans leurs foyers. L'ordre et l'exécution de ce licenciement ne pourront être retardés sous aucun prétexte.

Article 13.

Le général en chef de l'armée du Rhin voulant, de son côté, donner à S. A. R. l'archiduc Charles une preuve non équivoque des motifs qui l'ont déterminé à demander l'évacuation du Tyrol, déclare qu'à l'exception des forts de Kufstein, Scharnitz et Finstermünz, il se bornera à avoir, dans le Tyrol, les sauvegardes ou gardes de police déterminées dans l'article 5 pour assurer les communications. Il donnera, en même temps, à tous les habitants du Tyrol toutes les facilités qui sont en son pouvoir pour leur subsistance ; et l'armée française ne s'immiscera en rien dans le gouvernement du pays.

Article 14.

La portion du territoire de l'Empire et des États de S. M. l'Empereur comprise dans la ligne de démarcation est mise sous la sauvegarde de l'armée française pour le maintien du respect des propriétés et des formes actuelles du gouvernement des peuples.

Les habitants de ces pays ne seront point recherchés pour raisons des services rendus à l'armée impériale, ni pour opinions politiques, ni pour avoir pris une part active à la guerre.

Article 15.

Au moyen des dispositions ci-dessus, il y aura, entre l'armée gallo-batave, celle du Rhin et l'armée de Sa Majesté Impériale et Royale et de ses alliés dans l'empire germanique, un armistice et suspension d'armes qui ne pourra être moindre de trente jours.

A l'expiration de ce délai, les hostilités ne pourront recommencer qu'après quinze jours d'avertissement, comptés de l'heure où la notification de rupture sera parvenue ; et l'armistice sera prolongé indéfiniment jusqu'à cet avis de rupture.

Article 16.

Aucun corps ni détachement, tant de l'armée du Rhin que de celle de Sa Majesté Impériale en Allemagne, ne pourra être envoyé aux armées respectives en Italie tant qu'il n'y aura pas d'armistice entre les armées française et impériale dans ce pays.

L'inexécution de cet article serait regardée comme une rupture immédiate de l'armistice.

Article 17.

Le général en chef de l'armée du Rhin fera parvenir le plus promptement possible la présente convention aux généraux en chef des armées gallo-batave, des Grisons et d'Italie, avec la pressante invitation, particulièrement au général en chef de l'armée d'Italie, de conclure de son côté une suspension d'armes. Il sera donné en même temps toute facilité pour le passage des officiers ou courriers que S. A. R. l'archiduc Charles croira devoir envoyer soit dans les places à évacuer ou dans le Tyrol et, en général, dans les pays compris dans la ligne de démarcation, durant l'armistice.

Fait double à Steyr, le 4 nivôse an IX (25 décembre 1800).

Signé : le général-major comte DE GRÜNNE, le colonel DE WEYROTHER et le général de brigade LAHORIE.

Ainsi se termina cette belle campagne, si courte par sa durée et si grande par ses résultats, et qui offrit à ma division différentes occasions de se distinguer.

Je ne puis m'empêcher de dire que j'éprouve encore une bien vive satisfaction en écrivant en ce moment, quoique vingt-quatre ans soient expirés, que, comme réserve, on admira la justesse de ses mouvements et que, dans les attaques, on lui sut gré de sa conduite.

La précision et la hardiesse de ses manœuvres à la bataille de Hohenlinden, sa célérité et son audace au passage de la Salzach lui valurent les louanges de l'armée et les témoignages de la satisfaction particulière du général en chef.

Plus de 4 000 prisonniers dont 70 officiers, sept pièces de canon enlevées sur le champ de bataille et un drapeau, beaucoup d'équipages, des magasins considérables pris à Salzburg, à Wels, furent, pour cette division, les avantages de cette campagne qui ne lui coûta pas 300 hommes.

Aussitôt la réception de la lettre précédente, je fis mettre le contenu de la convention à l'ordre du jour de la division et je donnai les ordres ci-après :

Au chef de brigade Laffon.

Les cantonnements qui vous sont désignés, mon cher Laffon, sont la ville d'Enns et ses environs. Mais, comme le corps du général Grenier, qui occupe cette contrée, ne l'a pas totalement abandonnée, vous ne pourrez y faire votre établissement que lorsque les troupes de ce général auront fait leur mouvement, qu'il faut faire de suite observer pour occuper, à fur et à mesure qu'ils seront abandonnés, les villages qui sont sur la rive droite de l'Enns compris dans la ligne ci-après.

Cette ligne part de Kanning, près l'Enns, tombant directement sur le Danube, et dans laquelle sont compris Kanning, Guttenhofen, Ober-Walling et Mitter-Au.

Venez demain soir à Enns où sera établi le quartier général de la division. Je règlerai définitivement vos quartiers.

Au général Durutte.

Aussitôt que les troupes qui environnent Steyr et qui occupent cette ville, autres que celles de votre brigade, mon cher général, en seront parties, vous les cantonnerez dans le terrain compris dans la ligne ci-après tracée :

Toute la vallée de la Steyr, depuis Sierning jusqu'à Grünburg, le terrain compris entre la Steyr et l'Enns, celui compris sur la rive droite de cette rivière jusqu'aux limites du canton de l'Ybbs, enfin ce qui est entre l'Enns depuis Steyr jusqu'à Kronstorf exclusivement, et une ligne tirée de ce village passant par Losensteinleiten, Matzelsdorf; ces deux villages ne sont point à votre disposition.

Le quartier général sera établi à Enns. Je vous informerai de la manière dont il sera pourvu à la subsistance de vos troupes.

Au général de brigade Lacour.

Votre brigade devra partir demain de sa position, mon cher général, pour aller prendre ses cantonnements dans le pays compris dans la ligne de démarcation ci-après tracée :

La rive droite de la Traun depuis Weisskirchen jusqu'au Danube, et de Weisskirchen, tirant une ligne droite sur Sankt Wolfang (1), passant ensuite à Matzelsdorf, Losensteinleiten, Hofkirchen et Sankt Florian, et, de là, suivant la gauche du ruisseau qui passe devant Sankt Florian jusqu'au Danube. Tous les lieux par où passera la ligne feront partie de vos cantonnements.

Vous ferez votre établissement le plus tôt possible ; en raison de la marche que votre troupe doit faire pour s'y rendre, vous laisserez votre artillerie légère à Steyr : l'officier qui la commande en préviendra l'état-major.

Le quartier général de la division sera établi à Enns.

Au général Kniaziewicz.

Le général Kniaziewicz cantonnera sa légion dans la ligne de démarcation ci-après : tout le pays entre la Traun et l'Alm, tout celui compris entre l'Alm et la chaussée qui conduit de Wels à Steyr passant par Kremsmünster et Hall, jusqu'à Sierning exclusivement, d'où il sera tiré une ligne droite passant par Adlwang, Voitsdorf, Vorchdorf, jusqu'à l'Alm.

Le général Kniaziewicz aura à sa disposition tous les villages compris dans cette ligne de démarcation et tous ceux par lesquels traverse la ligne qui en forme les limites, excepté le village de Schergendorf et ce qui se trouve en avant de ce village vers Wels, entre la Traun et la chaussée de Kremsmünster.

Le général Kniaziewicz établira ses troupes dans leurs cantonnements le plus tôt possible, et de la manière la plus convenable en raison des localités.

Le quartier général de la division sera établi à Enns, et il sera indiqué la manière dont il sera pourvu à la subsistance des troupes.

7 nivôse (28 décembre). — Je partis de Steyr pour me rendre à Enns, où je résidai presque constamment jusqu'au départ de l'ar-

---

(1) Wolfangstein sur le 1/75 000ᵉ autrichien.

mée pour retourner en France, après la ratification du traité de paix de Lunéville.

Comme je n'ai entrepris de rédiger ce journal que pour me créer de l'occupation, je me suis décidé à le continuer, quoiqu'il ne s'agisse plus que de dispositions relatives aux intérêts de l'armée et pour la maintenir dans le meilleur état sous tous les rapports ; et ensuite de sa marche de retour, après avoir séjourné pendant plus de trois mois pour ainsi dire aux portes de la capitale des États autrichiens, où elle n'était pas entrée parce que son chef, qui n'en avait pas eu l'ambition, avait généreusement suspendu ses armes dès que les ennemis lui avaient déclaré qu'enfin ils demandaient la paix.

9 nivôse (30 décembre). — Je fus informé par le général Durutte qu'à Steyr on avait trouvé des grains dans plusieurs magasins ; mais que la plus forte partie était réclamée pour appartenir à la compagnie des mines de Styrie, pour la subsistance des ouvriers ; cependant que, vu les circonstances, les magistrats de cette ville en disposaient pour la nourriture des habitants. J'ordonnai qu'ils en eussent la libre disposition et qu'on ne mît la main que sur ce qui appartenait à l'armée autrichienne.

10 nivôse (31 décembre). — Le général Kniaziewicz envoya l'état des villages dans lesquels sa légion était cantonnée et m'annonça que, dans peu de jours, il m'adresserait les renseignements que je lui avais recommandé de prendre, ainsi qu'aux autres généraux de brigade, sur la population et les ressources dans leurs arrondissements.

11 nivôse (1er janvier 1801). — Je reçus du général Lahorie une lettre datée de Salzburg, le 9. Il me mandait (1) :

La rentrée des contributions de l'Autriche éprouvera, à ce qu'il paraît, beaucoup d'obstacles, tant par la rareté du numéraire que par la mauvaise volonté du pays. Je n'ai pas besoin de t'engager à faire connaître que tu traiteras le pays avec la dernière sévérité en cas du moindre retard

---

(1) Cette lettre débutait ainsi : « Je te préviens, mon cher Decaen, que le payeur et la poste du centre s'établiront à Linz au lieu de Wels. La rentrée des contributions de l'Autriche éprouvera, etc... » (Lahorie à Decaen, Salzburg, 9 nivôse, A. H. G.).

pour le paiement des contributions ou pour des arrangements avec le payeur général. L'intention du général en chef est que tu donnes à ce dernier toutes les facilités possibles en force armée, etc... (1).

Il me fut annoncé par le général Durutte que le capitaine d'artillerie Mathieu était parvenu à établir à Steyr un atelier pour la réparation des armes. En conséquence de cet avis, des ordres furent donnés pour que les corps de la division y envoyassent les armes qui avaient besoin d'être réparées.

Le chef de l'état-major de la division transmit à chacun des corps l'extrait ci-après d'une dépêche du chef de l'état-major général, datée de Salzburg, le 9 nivôse :

Le général en chef, désirant connaître la situation de l'armée au moment de la cessation des hostilités, me charge de vous écrire pour que vous ayez à prévenir tous les corps d'adresser un état de situation exact de tous les hommes présents sous les armes, au moment actuel.

Ces états, par vos soins, devront être rendus au quartier général dans huit jours à dater de la réception de la présente.

Le général en chef pourra ainsi s'occuper à réparer de suite les pertes que les corps ont essuyées pendant la campagne, en ordonnant aux généraux inspecteurs, soit d'infanterie, soit de cavalerie, de diriger sur les corps les plus faibles les recrues ou remontes nécessaires pour les porter au complet. Les corps feront ensuite dresser successivement l'état de leurs besoins, soit en armement, habillement et équipement pour que le général d'artillerie ou l'ordonnateur en chef puissent s'occuper de suite des moyens d'y pourvoir.

Par le dernier paragraphe, il était dit :

J'espère que vous voudrez bien mettre tous vos soins à l'exécution des dispositions contenues dans cette lettre et que vous partagerez l'intérêt qu'y met le général en chef.

Malgré le besoin que la cour de Vienne a de la paix, son obstination à faire la guerre jusqu'à ce jour doit nous engager à nous préparer à la continuer avec avantage, s'il était nécessaire, en nous préparant pendant l'armistice.

12 nivôse (2 janvier). — Le général Durutte annonça l'arrivée à Steyr du 1er bataillon de la 14e d'infanterie légère qui avait été

---

(1) Lahorie ajoutait, en post-scriptum : « Fais-moi le plaisir de faire remettre cette lettre ci-jointe au général Richepance. Fais établir une correspondance entre Linz et ton quartier général. J'écris aux généraux Grouchy et Richepance pour que cette chaîne soit formée sans interruption » (Lahorie à Decaen, Salzburg, 9 nivôse, A. H. G.).

détaché à la division Richepance à l'ouverture de la campagne; qu'il n'avait point encore envoyé un état exact de ses cantonnements parce que, la plupart des habitants du pays ayant abandonné leurs foyers, ils n'y rentraient que peu à peu et qu'autant qu'ils étaient instruits des mesures prises pour assurer leur tranquillité; et que, pour ne point les effrayer, il ne faisait faire que des mouvements partiels; qu'il y avait encore quelques bailliages où il ne pouvait envoyer personne, tels que celui de Steinbach qui avait été en partie brûlé parce que les habitants avaient eu l'imprudence de faire feu sur les troupes du général Lecourbe; que je verrais, par un tableau qu'il m'adressait, à lui remis par le capitaine du cercle, que la population du pays était assez considérable, mais qu'il était rare d'y trouver vingt maisons réunies (1).

19 nivôse (9 janvier). — Par une lettre de l'état-major général, je fus prévenu que le général en chef avait décidé que les troupes qui se rendraient de Linz à Munich seraient dirigées par Wels, Schwanenstadt, Frankenmarkt, Neumarkt, Salzburg, Waging, Stein, Wasserburg et Ebersberg; mais que, comme il n'existait d'établissements militaires que dans les places de Munich, Wasserburg, Salzburg, Wels et Linz, il devenait indispensable que les troupes marchant en corps prissent, dans ces places, les subsistances nécessaires pour les jours où elles logeraient dans les communes où il n'existait point de magasins.

20 nivôse (10 janvier). — Le général Durutte annonça que la compagnie des sapeurs qui était à Steyr avait reçu ordre du général du génie Clémencet (2) de se rendre à Salzburg.

---

(1) La répartition en cantonnements du pays occupé n'allait pas toujours sans certains tiraillements entre les généraux français, témoin la lettre suivante de Lahorie à Decaen :

« Le général Grouchy se plaint que tu aies laissé les chevaux de ton parc dans son canton. Cependant, il était convenu que le matériel de l'artillerie seul resterait à Wels; le général Grouchy ne peut effectivement nourrir cette grande quantité de chevaux, ayant déjà tous ceux du parc général du centre. Donne des ordres, mon ami, pour faire rentrer dans ton canton les chevaux de ton parc. Je sais bien que tes cantonnements en seront un peu foulés, mais nous ne devons pas vieillir dans ce pays; aussi il n'y a pas grand mal à le gruger un peu » (Lahorie à Decaen, Salzburg, 18 nivôse an IX, A. H. G.).

(2) **Clémencet** (Louis), né le 30 janvier 1747, à Mâcon; lieutenant en 1770; capitaine, le 5 décembre 1782; lieutenant-colonel, le 8 novembre 1792; général de brigade, le 10 frimaire an III; mort à Paris, le 3 prairial an XIII (A. A. G.).

21 nivôse (11 janvier). — Le chef de l'état-major de la division reçut du général Lahorie, remplissant par intérim les fonctions de chef de l'état-major général, l'ordre suivant :

Le général en chef de l'armée du Rhin, à la prière de la plupart des officiers, sous-officiers et soldats prisonniers de guerre blessés de l'armée de Sa Majesté Impériale et Royale qui se trouvent encore, dans l'étendue de la Bavière, de l'Autriche et de l'évêché de Salzburg, dans l'arrondissement de l'armée française, a ordonné que tous ces prisonniers de guerre seraient immédiatement renvoyés à l'armée impériale et dirigés par Enns sur la route de Vienne. Le chef de l'état-major de l'armée du Rhin a l'honneur de prévenir M. le chef de l'état-major de l'armée de Sa Majesté Impériale et Royale, en l'invitant à donner des ordres immédiatement pour que ces prisonniers soient reçus aux avant-postes.

L'état des prisonniers de guerre envoyés sera dressé par duplicata dont un sera signé par l'officier de l'armée impériale chargé de les recevoir aux avant-postes.

Cet ordre était accompagné d'une lettre d'envoi dans laquelle étaient indiquées les dispositions d'exécution qui furent remplies exactement (1).

23 nivôse (13 janvier). — Il arriva une lettre du général Lahorie, datée de Salzburg, le 21 nivôse, pour le chef de l'état-major de la division, énonçant ce qui suit :

Le général en chef, voulant connaître les consommations de denrées qui ont lieu à l'armée, me charge de vous inviter à m'adresser dans le plus bref délai, et à dater du 1er frimaire dernier, un état par décade des denrées en pain, viande, liquides, foin, paille et avoine, qui ont été reçues et distribuées dans la division du corps d'armée dont le détail vous est confié.

Ces états indiqueront sommairement les denrées reçues pendant la décade et d'où elles proviennent, celles qui auront été distribuées et versées sur d'autres divisions, avariées, etc..., et ce qu'il en reste de disponible le dernier jour de la décade.

Vous continuerez à m'adresser ces états jusqu'à nouvel ordre, en y joignant ceux des magasins des places occupées par les troupes de la division dont le détail vous est confié.

---

(1) Un Hongrois du nom de Charles Bironÿ, qui avait été lieutenant-colonel, et employé par le roi de Naples à diverses missions diplomatiques auprès de la cour de Vienne, s'était présenté à Decaen quand celui-ci était entré à Munich, quelques mois plus tôt... « La nécessité m'a forcé de recourir directement au général Decaen qui, par sa bonté ordinaire, me présenta au général Dessolle..., » écrivait-il ; et il proposait de lever un corps hongrois afin, disait-il, « de pouvoir être utile à l'armée, d'une part, et pour ranimer l'espoir de mes compatriotes en Hongrie... » Cette proposition n'avait pas abouti (Bironÿ au général en chef, Munich, 21 nivôse an IX, A. H. G.).

En m'envoyant les états particuliers des gardes-magasins visés des commissaires des guerre ou commandants de place, en l'absence des commissaires des guerres, vous serez dispensé de m'adresser un état général.

Le général en chef compte sur votre exactitude dans l'exécution des présentes dispositions.

Quelques jours auparavant, le 17 nivôse, j'avais écrit au commissaire des guerres de la division, Maljean, de me faire un rapport, le lendemain matin, de quels moyens il avait pourvu à la subsistance des troupes de la division depuis qu'elle était établie dans le canton de la Traun, à dater du 2 nivôse; que ce rapport devait faire connaître les quantités consommées, quelles denrées, d'où elles étaient provenues, si c'étaient des ressources du pays ou des magasins pris sur l'ennemi, et de déterminer les quantités fournies par l'un et l'autre; enfin ajouter, pour tout ce qui avait été requis aux différents baillis, le nom de la commune où il avait frappé la réquisition, et, en donnant une note des réquisitions, dire si elles avaient été acquittées ou ce qu'il fallait encore verser pour les compléter; d'ajouter à ce rapport une note qui me fît connaître l'état des magasins de l'armée autrichienne dont il avait dû prendre la surveillance depuis l'établissement de la division.

Il fut prévenu que j'avais fait donner ordre aux gardes établies à chaque magasin pris sur l'armée autrichienne de n'en laisser rien distraire, ni même d'y laisser entrer qui que ce soit jusqu'à nouvel ordre.

J'avais écrit cette lettre et j'avais pris cette mesure parce que j'avais été informé qu'il s'était commis des abus et des dilapidations préjudiciables aux intérêts de l'armée.

26 nivôse (16 janvier). — Les troupes de la division étant alors bien établies dans leurs cantonnements, et toutes les dispositions ayant été prises pour assurer leur subsistance, j'avais prévenu le général en chef que je me proposais d'aller passer quelques jours à Munich. Je me mis donc en route pour y aller directement en passant par Braunau.

CHAPITRE XI

Decaen va voir Moreau à Salzburg. — Visite à la saline de Hallein. — La légion polonaise dirigée sur Strasbourg.. — Moreau et Decaen visitent la mine de sel de Berchtesgaden. — Une agréable surprise. — Une chasse au cerf sur le Königs See. — Comment s'était conclu le mariage de Moreau. — Un *on-dit* tendancieux. — Remarques blessantes de Moreau sur la famille du Premier Consul. — Un propos de la belle-mère de Moreau sur les Bonaparte. — Decaen retourne à Enns. — L'armée se prépare à rentrer en France. — On attend les ordres du gouvernement à ce sujet. — La division Decaen se dirige sur Munich. — Gratifications accordées aux généraux. — Durutte demande à rester à la division Decaen. — Demande peu délicate de l'Électeur de Bavière. — Sur les instances de Decaen, elle est rejetée par Moreau. — Laffon refuse le brevet de général de brigade pour conserver son régiment. — Les troupes françaises vont repasser le Rhin. — Decaen à Ulm. — Il se dirige sur Strasbourg par Sigmaringen, Tuttlingen, Donaueschingen, Villingen et la vallée de la Kinzig. — Il va rendre compte à Moreau, dès son arrivée à Strasbourg, de l'exécution des ordres qu'il avait reçus.

Mois de pluviôse. — Pendant que j'étais à Munich, je reçus une lettre du général Lahorie, du 3 pluviôse. Il m'apprenait qu'on attendait, à Salzburg, pour le lendemain ou le surlendemain, un courrier venant de Lunéville, et que toutes les chances étaient à la paix. Quelques jours plus tard, il m'envoya une copie de la convention d'armistice entre les armées française et autrichienne en Italie, signée à Trévise, le 26 nivôse, par le comte de Hohenzollern, lieutenant général, et le baron de Zach, d'une part, et par le général Marmont et le colonel Sébastiani, de l'autre.

Je reçus encore à Munich, du général Lahorie, [une lettre] du 11. Il me disait que, deux jours avant, il m'avait envoyé le modeste armistice de Brune et que je verrais, par celui joint à sa lettre, que nos négociateurs avaient mieux jugé que les généraux Brune et Marmont la position de l'armée autrichienne en Italie, et que cela n'était pas flatteur pour deux militaires conseillers d'État.

N'ayant pas retrouvé dans mes papiers cet armistice de Lunéville que je crois être les préliminaires de paix, je ne puis me ressouvenir de ce qui avait donné lieu à cette critique.

Peu de jours après la réception de cette lettre, quoique le général Lahorie m'eût engagé à rester encore à Munich, puisque nous avions un nouvel armistice, je quittai cette ville pour aller à Salzburg voir le général Moreau.

Durant mon séjour, je l'accompagnai dans la visite qu'il voulut faire à la saline de Hallein. Arrivés à Hallein, nous fûmes, de là, transportés sur la sommité de la montagne qui renferme la mine, montés sur une voiture traînée par deux chevaux et construite pour porter au moins une douzaine de personnes enfourchées et placées les unes derrière les autres.

Parvenus à l'ouverture de la mine, nous entrâmes dans un local destiné à des logements de mineurs et à d'autres usages. Là, on nous fit prendre des vêtements de mineurs par-dessus nos habits, leur coiffure et leur petit tablier de cuir; ensuite, nous descendîmes par des rampes successives jusqu'à une certaine profondeur, tenant à la main une bougie allumée que l'on nous avait remise à chacun à l'instant du départ.

Mais, pour arriver plus bas, un des mineurs qui nous guidaient s'asseyait, ayant sous lui son tablier, sur deux pièces de bois placées parallèlement à peu de distance l'une de l'autre et disposées presque verticalement, et l'un de nous prenait sa place derrière ce mineur et s'appuyait sur lui à le toucher, puisqu'il fallait que les jambes dépassent le corps de celui qui le précédait. On se mettait ainsi cinq à six et même plus, les uns derrière les autres; le mineur s'avançait, en raison du nombre, pour laisser derrière lui la place suffisante pour ceux dont il était chargé d'[assurer] la conduite.

Lorsque chacun de nous avait fait sa disposition, mis sous lui son tablier et fait passer sous son bras droit un cordage qui servait de conducteur, alors, le mineur, prévenu, abandonnait son point d'appui et, dans la minute, en glissant sur le derrière, nous nous trouvions avoir atteint le but. Cette manière singulière et non dangereuse de se précipiter ainsi à une grande profondeur, plus de cent pieds, nous amusa beaucoup et d'autant plus que, pour arriver aux galeries inférieures, nous eûmes à répéter trois fois ce nouvel exercice.

Une autre surprise aussi fort agréable, ce fut d'entrer dans des **chambres spacieuses de forme ronde, ayant sept à huit pieds d'élévation**, et de les trouver illuminées au moyen de lampions tout autour. On nous dit que, dans ces chambres, dont la partie basse était soigneusement glaisée pour empêcher les infiltrations, on introduisait, au moyen de pompes et de conduits, la quantité d'eau suffisante pour les remplir; que l'eau devait y séjourner au moins durant six semaines; que, pendant ce temps (égal à celui qu'il fallait pour remplir la chambre), cette eau dissolvait le sel, qui se détachait de la partie supérieure de cette chambre où il se trouvait mélangé d'une certaine quantité de terre. On voyait cependant une grande quantité de sel pur, mais divisé en fragments de diverses formes et grosseurs, et dont les couleurs variées, qui se trouvaient alors frappées de la lumière, produisaient un assez bel effet.

On nous dit aussi que, pendant que l'eau séjournait dans ces chambres, elle s'élevait en proportion de ce qu'elle détachait elle-même [de sel] de la partie supérieure, lequel, précipité au fond, contribuait à son élévation; enfin que, quand cette eau était suffisamment saturée, elle était, par des canaux, conduite aux chaudières dans lesquelles, après avoir bouilli pendant quelques heures, le sel se cristallisait.

Nous ressortîmes de l'intérieur de cette mine par une galerie longue de plus de 800 toises, ouverte pour en faciliter l'exploitation.

Il avait fallu, nous dit-on, quarante années pour la rendre praticable et utile, puisqu'il n'y avait qu'un seul homme de front qui y travaillait pour la percer. Elle traverse une masse de marbre rouge; elle n'a que six pieds d'élévation et n'en a pas quatre de large. Elle a été percée en ligne droite, ce qui fait apercevoir bientôt le jour extérieur et ce qui cause une nouvelle surprise, car il ne produit que l'effet d'une étoile. La pente de cette galerie est bien ménagée dans toute sa longueur pour faciliter les transports de ce que l'on fait sortir de l'intérieur de la mine; et on y a seulement pratiqué quelques évasements ou gares pour faciliter le passage des mineurs qui vont et viennent dans cette galerie, avec des petites voitures dans la forme de celle qui nous avait transportés sur la montagne, mais très légères, traînées par un mineur et poussées par un autre. Nous nous plaçâmes plusieurs sur une de ces voitures et nous fûmes menés avec assez de célérité jusqu'à l'extérieur de la montagne dans l'intérieur de laquelle nous étions entrés par le sommet pour descendre à au moins 600 pieds de profondeur.

Nous reprîmes, à la sortie, nos chapeaux et nos armes qu'on y avait apportés et, après avoir quitté notre uniforme de mineurs, nous fûmes visiter le local où l'on cuisait le sel ainsi que toutes les dépendances de cet établissement; ensuite nous retournâmes à Salzburg.

18 pluviôse (7 février). — Le général Lahorie m'écrivit que l'intention du général en chef était que je donnasse ordre à la légion polonaise de partir sans délai pour Strasbourg pour y tenir garnison, etc., etc... Mais, d'après quelques observations que je fis, je ne donnai que le 21 l'ordre suivant :

> La légion polonaise, selon les intentions du général en chef, devant être réunie à Strasbourg pour qu'il soit plus facilement pourvu à son entière organisation ainsi qu'à l'ensemble de son administration, elle partira de ses cantonnements en deux colonnes, le 25 et le 27 pluviôse. Elle sera dirigée sur Strasbourg par Braunau, Munich, Augsbourg, Ulm, Stockach et Villingen. La première colonne sera formée de la cavalerie, de la compagnie d'artillerie légère, dont tout le matériel restera à Wels jusqu'à nouvel ordre, et d'un bataillon de la légion. La deuxième colonne sera composée du surplus de la légion.
>
> Chaque colonne aura ses logements, ses subsistances et voitures pour transport d'équipages aux lieux marqués dans la feuille de route jointe au présent.
>
> A son départ, chaque colonne aura ses subsistances jusqu'à Braunau.
>
> Un officier sera envoyé quarante-huit heures d'avance pour prévenir aux lieux de passage pour les logements, les subsistances, etc...
>
> Le général Decaen, en témoignant toute sa satisfaction à la légion polonaise, lui annonce, de tout son cœur, que, s'il fallait encore combattre les ennemis de son pays, il la reverrait avec le plus grand plaisir faire partie de ses compagnons d'armes.
>
> Il recommande au chef de chaque colonne de maintenir pendant la marche l'ordre, la discipline et le respect aux propriétés, devoirs qui doivent toujours être familiers aux corps distingués.

Le général Moreau ayant voulu visiter aussi la mine de sel de Berchtesgaden, exploitée d'une autre manière que celle de Hallein, je l'accompagnai. Nous y allâmes par la vallée de l'Alm.

Le lendemain de notre arrivée, nous fûmes voir la mine. Nous y entrâmes sans le cérémonial de travestissement de mineur. Mais en arrivant au lieu d'exploitation qu'on avait illuminé, nous eûmes la surprise d'entendre une musique guerrière. Cette charmante surprise avait été préparée par le chef de brigade Gautier (1) en cantonnement à Berchtesgaden avec quelques troupes et son état-major.

La musique, l'illumination, les mineurs aux travaux et la détonation des mines chargées auxquelles l'on mit successivement le feu, nous offrirent un spectacle intéressant et qu'on ne peut dépeindre. Nous vîmes ensuite briser et réduire en morceaux portatifs pour un seul homme les éclats détachés par l'effet de la poudre. Les fragments, de la mine, sont ensuite transportés à l'extérieur et jetés dans l'eau afin de s'y dissoudre, parce qu'ils contiennent des parties terreuses de quatre à cinq sur cent, et, quand l'eau est suffisamment imprégnée de sel, elle est conduite à la bouilloire.

Pendant notre dîner avec l'évêque de Berchtesgaden, Son Éminence nous fit la galanterie de faire faire de la musique. Il faudrait l'avoir entendue et vu les musiciens qui l'exécutaient pour se faire une idée de cette singulière parade; car, parmi de jeunes musiciens qui jouaient avec des instruments ordinaires, on avait intercalé des hommes d'une cinquantaine d'années, portant perruque, ayant une mise assez bizarre, faisant leur partie avec des jouets d'enfant et gardant un sérieux inexprimable.

Nous séjournâmes à Berchtesgaden pour avoir le plaisir de chasser le cerf. Le lendemain, et pour cette chasse, nous allâmes sur le bord du Königs See pour nous y embarquer afin de poursuivre sur le lac les cerfs qui devaient s'y jeter, du côté où ils seraient forcés par les paysans, pour se sauver sur l'autre rive. Nous ne tardâmes pas à voir descendre de la montagne où l'on faisait la battue une douzaine de cerfs et biches qui, bientôt, entrèrent dans le lac. Nos bateaux furent aussitôt dirigés pour les poursuivre. Mais, de ces animaux à la nage dont on n'apercevait que la tête et sur lesquels nous ne pûmes tirer que de fort loin, aucun ne reçut le coup fatal.

---

(1) Gautier (Nicolas-Hyacinthe), né le 5 mai 1774, à Loudéac ; lieutenant au 4ᵉ bataillon des Côtes-du-Nord, le 23 septembre 1792; capitaine, le 14 vendémiaire an V; chef de bataillon aide de camp de Masséna, le 17 pluviôse an VII ; nommé adjudant général chef de brigade sur le champ de bataille par le général commandant en chef l'armée du Danube, le 3 vendémiaire an VIII; général de brigade, le 12 pluviôse an XIII; décédé à Vienne, le 14 juillet 1809, des suites de blessures reçues à l'affaire du 6 (A. A. G.).

Après cette chasse, pour nous, d'un nouveau genre, nous revînmes déjeuner à Berchtesgaden. On nous servit du poisson du Königs See. Ce poisson, un peu plus gros que la grosse sardine, mais rouge et qui est très délicat, est la seule espèce qui soit pêchée dans ce lac qu'on dit avoir plus de mille pieds de profondeur; et on ne le pêche que pendant quelques mois de l'année, car il disparait.

Nous fûmes, le soir, de retour à Salzburg.

Le général Moreau, qui était allé à Paris pendant la suspension d'armes qui avait eu lieu pendant notre campagne d'été, s'y était alors marié. En causant de diverses choses dans la voiture où nous étions seuls, je lui en témoignai mon étonnement en lui disant que je n'aurais pas pensé qu'il eût formé ce nœud pendant la guerre et que, fait pendant le peu de temps qu'il était demeuré à Paris lors de son dernier voyage, ce ne pouvait être que la suite d'un projet bien antérieur. Il me dit qu'il n'avait vu que quelques fois dans le monde la personne avec laquelle il s'était marié, Mlle Hulot, fille du trésorier général de l'île de France, et que ses amis lui avaient conseillé de se marier. Surpris de cette fin de réponse, je ne pus m'empêcher de répliquer : « Je ne croyais pas que le général Moreau se fût marié par le conseil d'amis. — Ils m'ont représenté, » dit-il, « que cela était nécessaire pour mes intérêts ; car, tant que je resterais garçon, je n'y songerais pas. Croiriez-vous que, lorsque j'ai pris le commandement de cette armée, je devais 30 000 francs ? » Il n'en fut pas dit davantage sur ce sujet, mais cela amena le général Moreau à me dire : « Bonaparte et sa femme ont voulu me faire entrer dans leur famille, et j'ai bien su l'éviter. J'avais été dîner avec eux à la Malmaison. Après le dîner, ayant trouvé le journal du soir sur la cheminée du salon, je voulus le parcourir; mais y ayant trouvé : *On dit que le général Moreau doit épouser Mlle Hortense Beauharnais,* je glissai vite le journal sous la pendule. Mais, peu de temps après, Bonaparte, qui avait tourné dans le salon, s'approcha de la cheminée, retira le journal de dessous la pendule, et à peine avait-il jeté les yeux dessus qu'il éleva la voix et dit : « On parle de vous dans ce journal. » Quelqu'un lui ayant demandé ce que l'on disait, alors il avait lu la nouvelle ».

En écoutant, j'éprouvai une vive sensation de curiosité d'apprendre la suite du dialogue et surtout la réponse du général Moreau qui venait de se vanter d'avoir bien paré ce coup qui n'était plus, pour lui, inattendu. Mais je fus extrêmement étonné quand j'entendis qu'il avait répondu : « Je ne veux pas me marier. Cela porte malheur. Voyez Joubert », et qu'alors on ne lui avait plus rien dit.

Que le général Moreau n'ait pas voulu épouser Hortense, c'était une chose toute simple; mais il me semble qu'il devait s'abstenir de faire une réponse aussi brusque et aussi singulière, tandis que, prévenu de l'attaque qu'on pouvait lui faire, il devait éluder cette proposition d'une manière honnête et plus satisfaisante. Il le devait et le pouvait d'autant plus que, peu de jours après cette scène et avant de revenir à l'armée, il contracta son mariage.

Lorsqu'il était arrivé à Paris, Bonaparte, Premier Consul, lui avait offert une paire de pistolets enrichis de diamants en lui adressant les compliments les plus flatteurs.

Mais son plus grand tort, au sujet de cette adroite proposition de mariage, qu'il avait si singulièrement repoussée, c'est que je lui ai entendu répéter publiquement, plusieurs fois, qu'on avait voulu le faire entrer dans cette f... famille, mais qu'il avait bien su s'en débarrasser.

J'appris aussi, dans le temps, et même à l'armée, que la dame Hulot, sa belle-mère, ayant lu cet *On dit*, etc... dans le journal, s'était servie de cette expression triviale : « Ah! ce n'est pas pour eux que le four chauffe! »

Comme ces deux traits de mépris n'ont pu rester ignorés de Bonaparte et de toute sa famille, en raison de leur grande publicité, il est assez probable qu'ils ont pu être la cause première de ce qui est arrivé ensuite au général Moreau.

26 pluviôse (15 février). — Je partis de Salzburg pour retourner à Enns où j'arrivai le même jour (1). Le général Moreau devait aller incessamment à Strasbourg chercher Mme Moreau, et je fus informé, le 30, qu'il était parti le matin du 28.

---

(1) Il y a environ 120 kilomètres de Salzburg à Enns, par Wels et Ebersberg. « Je fis mon voyage très heureusement, mon cher Laborie. Je te remercie bien de ton attention. J'arrivai le même jour à Enns. Je rencontrai au relai de Kleinmünchen (?) le marquis de Gallo que tu auras peut-être reçu à Salzburg. Voilà mon voyage!... » (Decaen à Laborie, Enns, 29 pluviôse an IX, A. H. G.).

Je reçus du général Kniaziewicz la lettre ci-après, écrite de Munich. Elle était sans date.

Ayant appris, citoyen général, que la légion a reçu ordre de se rendre à Strasbourg, je m'empresse d'arriver à Salzburg, croyant, mon général, de vous y trouver encore pour pouvoir vous témoigner en personne et au nom de mes compatriotes les sentiments d'estime qu'ils vous portent, ayant eu l'avantage d'être sous vos ordres dans une campagne qui a couvert de nouveaux lauriers les armées françaises et leurs chefs. Agréez donc, citoyen général, par la présente, l'aveu sincère de ces sentiments dont sont pénétrés mes compatriotes et surtout moi qui ai l'honneur de vous assurer de la parfaite considération avec laquelle, etc., etc...

1ᵉʳ ventôse (20 février). — Je reçus une lettre du général Lahorie, datée du 29. Il m'écrivait :

Les États de la Haute Autriche montrent, de toute manière, tant de mauvaise volonté, particulièrement relativement à nos magasins que, peut-être, il sera nécessaire, mon ami, d'en venir à des exécutions militaires pour les moyens de transport. J'ai donné là-dessus des instructions à l'ordonnateur Nourry, en le prévenant que tu lui donnerais, dans ton cercle, toutes les facilités possibles ou plutôt tous les moyens de sévérité qu'il te demanderait.

J'espère que nous tirerons parti de la marine d'Enns. Fais-la garder soigneusement. Il faut rassembler de l'argent pour les gratifications et celui qui proviendra de ces objets sera le premier à donner.

En réponse j'écrivis :

D'après les ordres du chef de l'état-major de l'artillerie, mon cher Lahorie, on avait fait partir de l'arsenal de la marine d'Enns une vingtaine de voitures chargées des meilleurs cordages et quelques caisses de clous, etc... Cette évacuation a fait paraître un des négociants avec lesquels tu as traité à Amstetten, car il a un laisser-passer signé de toi. C'est celui qui est de Fribourg. Il a demandé qu'on suspende cette évacuation, disant qu'il voulait faire l'acquisition de tous les bateaux et de leurs agrès. Je lui ai répondu que je ne pouvais acquiescer à sa demande qu'autant qu'il ferait une soumission convenable, et pour cela, je l'ai adressé au commissaire Nourry, le prévenant que le départ d'un nouveau convoi, prêt à se mettre en route, serait différé jusqu'à ce matin ; que je devrais avoir un avis du commissaire qui m'informerait si on était entré en arrangement. Je n'ai aucune nouvelle.

Mais, d'après ce que tu me dis du retard apporté par les États, on n'enlèvera plus rien jusqu'à ce que tu donnes un nouvel avis. Préviens-en le général Eblé, vu que si on se trouve réduit à la nécessité de se servir des bateaux, il est indispensable d'avoir ce qui est utile à leur manœuvre (1)...

---

(1) Dans cette lettre, dont Decaen n'a reproduit que la première partie dans ses

Je fis donner des ordres pour l'exécution du contenu de la circulaire ci-après, datée du 5 ventôse :

> Le général en chef désirant, mon cher général, avoir un travail complet, sur les opérations et marches de l'armée pendant la dernière campagne, je vous prie, en conséquence, de vouloir bien donner des ordres pour que les officiers du génie attachés à votre division soient chargés d'une partie de ce travail, savoir : les communications détaillées dans l'instruction ci-jointe.
>
> Les circonstances exigeant que cette opération soit terminée sous peu de jours, il est important de prescrire à ces officiers d'y mettre la plus grande activité.

9 ventôse (27 février). — Je reçus du général Lahorie la lettre circulaire ci-après, datée du 7 :

> Le général en chef vient de me prévenir, mon cher général, de préparer l'armée à son mouvement qui, probablement, aura lieu incessamment. Il a pensé que la première chose à faire était de se débarrasser des hôpitaux et des parcs d'artillerie. En conséquence, son intention est que toute l'artillerie de l'armée (à l'exception de l'artillerie qui restera avec les divisions) soit réunie de suite au parc central de chaque corps de troupe avec tous les caissons de cartouches des demi-brigades ; et que les chefs de corps fassent retirer et encaisser les cartouches en distribution et celles restantes pour les envoyer de suite à la même destination.

21 ventôse (12 mars). — Je fus informé, par une lettre du général Lahorie du 19, que, plusieurs demandes d'autorisation d'aller à Vienne lui ayant été adressées, il ne voulait point se mêler d'en faire la demande au prince Charles ; qu'il avait laissé cette faculté au général Grouchy, et que je pouvais aussi demander des passeports pour Vienne, à l'archiduc, pour les officiers auxquels je croirais pouvoir sans inconvénient accorder cette faveur, mais seulement pour très peu de jours et de suite ; qu'il estimait que ma division ne se mettrait en marche que vers le 25 ou 30 ; que la division Richepance la précéderait peut-être, comme plus éloignée.

---

mémoires, il disait encore à Lahorie : « ... Je puis, si je veux, avoir une correspondance de facteur avec un philosophe ! Oui, mon cher Lahorie, me voilà lancé pour la recherche des matériaux scientifiques ! A cet égard, je ne voudrais pas faire autre chose, car je ne me sens pas digne de feuilleter un incunable. Je te donne ma parole que la charge sera complète ! Je ne puis agir différemment d'après les démarches qu'on vient de faire... Aussi, par une circulaire, j'invite tous ceux qui sont à inviter de m'aider de tous leurs moyens pour que je puisse prouver à mon commettant que j'étais digne de sa confiance. J'ai déjà un catholicon. Adieu, je t'embrasse de tout mon cœur » (Decaen à Lahorie, Enns, 1er ventôse, A. H. G.).

Il me donnait avis qu'il attendait le général Moreau pour le 20. A cette lettre était jointe une circulaire du général en chef, datée de Munich, le 17 ventôse, dont suit le contenu :

Le général en chef au général de division Decaen.

Le traité de paix de Lunéville, citoyen général, qui vient de mettre le gouvernement français en relations d'amitié avec tous les peuples du continent, lui impose de quitter avec tous les ménagements possibles le pays occupé par les armées de la République.

J'ai reçu, à cet égard, les ordres les plus positifs. Les désordres qui auraient lieu seraient nécessairement l'objet d'une foule de réclamations et forceraient le gouvernement à des mesures sévères contre les chefs, seule réparation qu'il serait en son pouvoir de donner.

Veuillez donc, citoyen général, prendre tous les moyens qui seraient en votre pouvoir pour que la discipline la plus exacte soit maintenue pendant toutes les marches. Vous exigerez que tous vos subordonnés ne s'écartent pas de leur poste, sous quelque prétexte que ce soit. Vous voudrez bien également établir votre quartier général au centre des troupes à vos ordres et être à portée de faire droit à toutes les plaintes qui pourraient vous être adressées.

Je ne doute pas, citoyen général, de votre empressement à me seconder pour que la rentrée de l'armée du Rhin en France soit aussi honorable que ses campagnes ont été glorieuses. Vous sentez combien il m'en coûterait d'avoir à désigner au gouvernement des vexations ou des désordres qu'il ne pourrait plus se dispenser de réprimer, comme une satisfaction due à des peuples amis.

Je vous salue,

Signé : Moreau.

4 ventôse (15 mars). — Je reçus du général Lahorie la lettre ci-après, datée du 22 :

Mon cher Decaen,

Le général Moreau est enfin arrivé; mais on ne sait encore rien du départ de l'armée. Cependant il y a beaucoup à croire que l'armée recevra des ordres de mouvement avant la fin du mois.

Je donne aujourd'hui ordre à la division Richepance de se rassembler par brigades en avant de la Traun; ci-joint copie de ma lettre à ce sujet. Je t'engage à replier sur la rive gauche de la Traun, le 25, les troupes de ta division sur la route de Vienne.

Je t'écrirai probablement sur tout le mouvement dans trois jours. Je vois que le temps qui nous reste ne permettrait pas d'accorder des permissions pour Vienne; il m'a paru même que ces permissions n'entraient qu'à demi dans l'opinion du général Moreau. Ainsi regarde comme non avenu ce que je t'ai écrit à cet égard.

Dans la copie de la lettre au général Richepance, il était dit :

L'intention du général en chef, citoyen général, est que, laissant un escadron seulement sur la ligne de démarcation, vous repliiez vos troupes sur la rive droite de la Traun, resserrées par brigades, de manière à être prêtes à passer la Traun, partie sur Steyr et partie sur Enns, si vous en recevez l'ordre.

Cet ordre ne changeant rien à l'arrondissement de la division aux ordres du général Decaen, je suppose que votre quartier général restera établi à Seitenstetten. Je vous prie de m'en prévenir.

Le service des vivres et fourrages de votre division devra être assuré jusqu'au 30.

Pour copie conforme, *signé* : LAHORIE.

D'après ce qui m'était mandé, je fis donner ordre aux généraux de brigade de lever leurs cantonnements, et qu'immédiatement après avoir rassemblé leurs troupes, ils devaient les mettre en marche et les conduire sur la rive gauche de la Traun où elles devaient arriver le 27 et être placées jusqu'à nouvel ordre, savoir : la brigade Durutte, entre Lambach et Schwanenstadt, occupant ces deux endroits et les villages circonvoisins, l'autre brigade, à Wels et dans les villages entre cette ville et Lambach.

L'infanterie de l'avant-garde fut dirigée par Neuhofen sur Lambach pour faire partie de la brigade Durutte, et le 6ᵉ de chasseurs, commandé par le chef de brigade Laffon, vint occuper Enns ainsi que plusieurs villages des environs sur la rive gauche de l'Enns.

Le commissaire des guerres reçut l'ordre d'assurer les vivres pour leur marche au delà de la Traun et pendant qu'elles pourraient séjourner sur la rive gauche de cette rivière.

26 ventôse (17 mars). — Je reçus l'ordre de marche du centre de l'armée, daté de Salzburg le 25, dans lequel il était énoncé :

La division aux ordres du général Decaen se mettra en marche le 28, pour arriver par Lambach, Laufen, Waging, Wasserburg et Ebersberg ur Munich où elle devra être arrivée le treizième jour de sa marche, c'est-à-dire le 9 germinal, y compris un séjour, le troisième jour de sa marche, et un second séjour sur Wasserburg.

Le 10 germinal, cette division continuera son mouvement pour arriver le 11 sur Friedberg et environs, où elle séjournera le 12 ; elle y recevra des ordres ultérieurs.

Dans l'établissement de ses cantonnements, elle appuiera constamment à gauche en retraite.

Le mouvement de retraite du centre de l'armée des états de la Haute Autriche devant occasionner, dans la Souabe, une prolongation de séjour, les divisions des généraux Grouchy et Richepance, au passage de l'Inn, devront être toutes pourvues de subsistances en tous genres pour quatre jours, à leur départ de Braunau.

Celle du général Decaen en sera pourvue pour deux jours à sa sortie du territoire de l'Autriche.

Pour rendre moins onéreuse cette disposition au pays, les magasins d'armée réunis à Braunau sont mis à la disposition du commissaire ordonnateur du centre de l'armée pour contribuer à assurer le service.

La régence de la Haute Autriche devant se charger d'assurer le service des subsistances, les généraux de division du centre sont invités à envoyer, au reçu du présent, un officier d'état-major avec leur commissaire des guerres à Linz pour s'entendre avec le commissaire ordonnateur du centre de l'armée afin que les troupes soient pourvues de tout ce qui leur est nécessaire, de manière à ce que tous les désordres qui se commettraient ne puissent être excusés par des prétextes de besoins auxquels il n'aurait pas été pourvu. Une disposition principale sera le renvoi exact des voitures de transport dont le nombre devra d'ailleurs être réduit autant que possible.

Les généraux de division du centre prendront, à cet égard, ainsi que pour ce qui tient au maintien de l'ordre et d'une discipline sévère dans la marche, toutes les mesures qu'ils jugeront les plus sûres pour parvenir à ce but.

Cet ordre était accompagné d'une lettre du général Lahorie. Il me mandait :

Ci-joint, mon cher Decaen, l'ordre de marche du centre de l'armée. Tu y prendras ce qui concerne ta division. Dans six jours, le général Moreau sera à Munich. Je t'envoie, mon ami, deux bons de gratification du général en chef pour toi.

Celui de 10 000 francs est la gratification accordée aux généraux de division. Je n'ai pas besoin de te dire que l'autre (1) est une marque particulière de l'estime du général Moreau pour toi. Il désire que ce sentiment donne à cette gratification son principal prix à tes yeux ; je t'embrasse, etc...

Les dispositions antécédentes que j'avais fait exécuter à la division l'ayant mise en mesure d'opérer ce mouvement de retraite au premier ordre, je n'eus autre chose à faire, en le recevant, que d'ordonner ce qui était à faire pour lui assurer ses subsistances

(1) « Il était de 15 000 francs » (*Note de Decaen*).

pendant sa route (1), et à prescrire ce qui était convenable pour le maintien de l'ordre et de la discipline ainsi que pour le renvoi exact des voitures de transport requises pour les besoins du service et qu'on remplacerait à mesure qu'on entrerait dans un pays d'une autre souveraineté.

28 ventôse (19 mars). — Je partis d'Enns avec mon état-major et une partie du 6e régiment de chasseurs pour me rendre à Kremsmünster, après avoir fait expédier l'ordre au général Durutte de se mettre en marche le lendemain pour aller cantonner à Vöcklabruck et environs, et à la brigade Lacour, de se placer à Schwanenstadt, Lambach et environs.

L'autre partie du 6e de chasseurs, avec le chef Laffon, faisant notre arrière-garde, vint cantonner dans les environs de Kremsmünster.

29 ventôse (20 mars). — Je marchai de Kremsmünster, avec l'arrière-garde, sur Lambach où fut établi le quartier général de la division. Le 6e de chasseurs y fut cantonné, et dans les environs. J'envoyai l'ordre au général Durutte d'arriver avec ses troupes à Frankenmarkt et de répartir sa brigade dans cette ville et dans les villages voisins, et à l'autre brigade, de s'établir à Vöcklabruck et autres endroits peu éloignés.

30 ventôse (21 mars). — L'arrière-garde reçut l'ordre de marcher de Lambach sur Schwanenstadt et de cantonner entre cette ville et l'Ager.

En me rendant de Lambach à Vöcklabruck, je reçus la lettre ci-après du général Lahorie, datée de Salzburg, le 29 :

Que diras-tu du gouvernement qui n'a encore envoyé aucun ordre, mon cher Decaen? Je te suppose demain sur Frankenmarkt où tu seras peut-être arrivé dès aujourd'hui. Séjournes-y encore après-demain en t'étendant un peu jusque vers Strasswalchen.

Le silence du gouvernement va obliger de suspendre le départ d'une partie du centre; car enfin il vaut encore mieux résider en Autriche que d'achever de ruiner la Bavière. Envoie-moi une ordonnance pour m'indi-

(1) Decaen rendait compte, le 27 nivôse, qu'il avait pourvu aux moyens de faire subsister la division jusqu'à la Salzach et qu'il arriverait lui-même à Munich le 7 germinal (Decaen à Lahorie, Enns, 27 nivôse, A. H. G.)

quer ton quartier général. Je ne te parle point du service de tes subsistances dans l'évêché de Salzburg parce que la régence m'a assuré t'avoir envoyé un agent pour cela.

En réponse à cette lettre, j'écrivis :

Ma division cantonnera aujourd'hui entre l'Ager et la frontière de l'évêché de Salzburg, ayant mon arrière-garde de l'autre côté de l'Ager.

J'avais ordonné mon séjour pour demain; ainsi, mon cher Lahorie, tes intentions seront remplies.

Demain, je prendrai mon quartier général à Neumarkt, où j'attendrai tes ordres que je te prie de m'adresser de bonne heure, parce que si le séjour n'est pas prolongé, alors je continuerai mon mouvement déjà ordonné pour le 2. Je verrai sans doute à Neumarkt le commissaire de la régence de Salzburg. Ce silence du gouvernement a quelque chose de singulier; il conduit à faire bien des réflexions.

Si le mouvement est suspendu, j'aurai le plaisir de te voir après-demain.

1er germinal (22 mars). — Le général Lahorie m'écrivit de Salzburg, le 1er germinal :

Le silence du gouvernement a définitivement déterminé le général en chef à suspendre le mouvement du centre, mon cher Decaen. En conséquence, tu laisseras une brigade dans la partie de la Haute Autriche qui confine à l'évêché de Salzburg vers Gmunden, Schörfling, Frankenmarkt, etc., sur la route de Laufen.

Tu pourras envoyer au besoin dans deux jours, ici ou environs, un bataillon et un escadron, et tu établiras le reste de ta division sur Laufen et arrondissement, dans l'évêché.

Ton quartier général sera à Laufen.

Envoie-moi l'état de l'emplacement que tu donneras à ta division. Je ne sais quand nous partirons d'ici. Je suppose que ce ne sera qu'à l'arrivée de l'ordre d'évacuation.

Dans la journée, je reçus la lettre suivante :

Mon cher Decaen,

Tu pourras conserver, dans la Haute Autriche, pour la moitié de ta division qui doit y rester, tout l'arrondissement qu'occupait hier la totalité.

En conséquence de ces nouvelles dispositions, le général Durutte reçut l'ordre de marcher, le lendemain, sur Laufen avec sa brigade et de s'y établir en cantonnement et dans les environs; cependant de laisser un bataillon et un escadron qui recevraient des ordres pour une autre destination.

Il fut mandé au général Lacour de faire occuper par une partie de ses troupes les cantonnements que devait quitter la 1re brigade, et au commandant de l'arrière-garde, d'étendre les siens vers Gmunden et Schörfling.

2 germinal (23 mars). — Je partis de Neumarkt pour me rendre à Laufen où fut établi le quartier général de la division. Le bataillon et l'escadron qui devaient aller sur Salzburg y furent envoyés.

3 germinal (24 mars). — Je séjournai à Laufen.

4 germinal (25 mars). — Je reçus du général Lahorie la lettre ci-après :

L'ordre du gouvernement est enfin arrivé, mon cher Decaen. Le général en chef part demain pour Munich. Son intention est que tu viennes t'établir ici. Mets-toi en route de ta personne au reçu de cette lettre pour venir dîner avec nous. Le général en chef aura plusieurs choses à te communiquer.

Je partis de suite pour Salzburg. Le général Moreau me fit l'honneur de me présenter à Madame.

Il me répéta qu'il partirait le lendemain pour Munich. Il me dit que je devrais rester encore plusieurs jours à Salzburg et que ma division resterait dans l'évêché et dans la Haute Autriche qu'elle occupait encore ; qu'à ce sujet, le général Lahorie me transmettrait ses ordres ; qu'il me recommandait particulièrement la ville de Salzburg où il avait voulu que je vienne le remplacer, pendant que les troupes de l'aile droite achèveraient leur mouvement pour repasser la Salzach, et jusqu'au jour où les troupes de l'armée devaient définitivement, selon le traité de paix, quitter le territoire autrichien ; qu'il ne partirait pas de Munich que je n'y fusse arrivé.

Le général Lahorie me remit l'ordre ci-après :

D'après l'échange des ratifications du traité de Lunéville et l'ordre de détail de dislocation de l'armée par le ministre de la guerre, le général Decaen est prévenu que la 100e demi-brigade doit passer à l'aile gauche de l'armée.

Il est prévenu, en même temps, que le général Richepance a ordre d'envoyer, pour le 7, sur Schwanenstadt, la 48e demi-brigade pour se réunir à la 100e et suivre son mouvement.

Le général Decaen mettra ces deux demi-brigades sous les ordres du général Durutte et les fera diriger par Freising, Rain, Donauwörth, Nördlingen et Hall sur Mergentheim où cette brigade devra arriver le 30 germinal précis. Elle y sera sous les ordres du lieutenant général Grenier, qui commande l'aile gauche de l'armée.

Le général Decaen, avec le reste de sa division, continuera à occuper l'évêché de Salzburg et la portion du territoire de l'Autriche où elle se trouve, de manière, cependant, à avoir évacué le territoire autrichien le 14.

Le général Decaen disposera la totalité de sa division pour passer l'Inn dans la journée du 15 germinal et se dirigera sur Munich. La colonne qui aura évacué l'Autriche pourra passer l'Inn à Mühldorf. L'autre passera ce fleuve à Wasserburg.

Le général Decaen se mettra en marche sur Munich et Augsbourg de manière à arriver à Munich en trois jours et à Augsbourg en trois jours. Il y séjournera le septième jour de sa marche de l'Inn.

Arrivé à Augsbourg, le général Decaen recevra des ordres de mouvements ultérieurs. Il est prévenu que le général Moreau s'établira demain, pour quelques jours, à Munich.

Le général Decaen laissera les troupes bavaroises prendre possession de Burghausen, Reichenhall, et se cantonner dans la Bavière, le général en chef ayant accordé cette autorisation.

5 germinal (26 mars). — Pour l'exécution de cet ordre, j'écrivis d'abord au général Durutte :

D'après les instructions que j'ai reçues du général en chef, mon cher général, vous devez faire partie de l'aile gauche de l'armée commandée par le lieutenant général Grenier, dont vous recevrez des ordres à Mergentheim, en Franconie, pour votre brigade qui va être composée des 48e et 100e demi-brigades, laquelle doit être arrivée à Mergentheim le 30 germinal précis en suivant l'itinéraire de marche ci-joint.

Ces demi-brigades arriveront à Burghausen le 12 et le 13 de ce mois. C'est là qu'elles sont prévenues de recevoir vos ordres. J'en ai donné pour qu'elles reçoivent, à cet endroit, le pain pour quatre jours, etc., etc...

Renouvelez aux corps mes recommandations pour le maintien de l'ordre et de la discipline, et le renvoi des voitures.

Vous savez, mon cher général, que c'est par l'effet de la nouvelle composition de l'armée, en suite des ordres du ministre que vous vous trouvez séparé de la division. Ne doutez pas que j'aurais eu la plus grande satisfaction si, ensemble, nous eussions reconduit les troupes dans notre patrie après les avoir fait combattre pour la gloire de la République et pour lui donner la paix.

Je vous embrasse, etc...

Le général Durutte m'ayant témoigné qu'il serait bien plus satisfait de rester à la division et qu'il me priait de l'obtenir du général en chef, je lui adressai cette réclamation et je lui demandai avec instance de l'accueillir favorablement. Comme le général Lacour avait quitté la division depuis plusieurs jours, des ordres furent envoyés au commandant de la 48ᵉ demi-brigade pour les recevoir à son arrivée à Schwanenstadt. Ces ordres lui prescrivaient de s'établir à Vöcklabruck et environs jusqu'au 11 qu'il devait en partir pour arriver, le 13, à Burghausen où il recevrait de nouveaux ordres.

Il fut mandé au commandant de la 100ᵉ de céder Vöcklabruck à la 48ᵉ, de replier ses troupes sur Frankenmarkt qui était à sa disposition, et d'étendre ses cantonnements vers la route de cette ville à Burghausen où il devait arriver le 12; et qu'il y trouverait des ordres.

9 germinal (30 mars). — Je reçus de Munich, sous la date du 8, une lettre du général Lahorie. Il m'écrivait :

D'après la répugnance qu'a témoignée le général Durutte de suivre la destination des 100ᵉ et 48ᵉ demi-brigades, le général en chef s'est déterminé, mon cher Decaen, à confier ce commandement au général Lacour qui ira prendre ces corps à leur passage à Mühldorf.
Le général Durutte reste à ta division.

Je m'empressai d'annoncer cette nouvelle à ce général et je fis sur-le-champ expédier l'ordre aux commandants des 100ᵉ et 48ᵉ de continuer leur marche de Burghausen sur Mühldorf, pour y passer l'Inn, la première, le 14, et l'autre, le 15; et ils furent prévenus que, dans cette ville, le général Lacour leur donnerait des ordres.

Le 17ᵉ de dragons, faisant partie de la brigade qui quittait la division, reçut l'ordre de prendre, le 11, ses cantonnements à Neumarkt et environs, et le 12, près de Salzburg, sur les deux rives de la Salzach.

Il fut mandé au chef Laffon, commandant l'arrière-garde, d'établir, le 11, ses cantonnements en échelons depuis Vöcklabruck jusqu'à Frankenmarkt, et le 12, depuis cette ville jusqu'à Neumarkt.

12 germinal (2 avril). — Je fis donner l'ordre au général Durutte de lever ses cantonnements le lendemain, de rassembler ses troupes et de se diriger sur Waging où il placerait sa brigade, et dans les villages au delà. Il fut prévenu que le 17ᵉ de dragons serait, ce même jour, dirigé pour le rejoindre ; qu'il devait marcher, le 14, sur Altenmarkt et, le jour suivant, sur Wasserburg, et y passer l'Inn.

13 germinal (3 avril). — Les dernières troupes de l'aile droite étant arrivées à Salzburg, il fut ordonné au commandant de l'arrière-garde de quitter, le lendemain, le territoire autrichien, de se replier sur Neumarkt et de s'établir, depuis cette ville, dans les villages sur la route de Salzburg où il enverrait un escadron.

14 germinal (4 avril). — Aussitôt le départ des dernières troupes de l'aile droite, la garnison de Salzburg fut dirigée sur Waging pour rejoindre ensuite la brigade Durutte.

Je fis donner l'ordre au commandant de l'arrière-garde de se mettre en marche de bonne heure, le lendemain, pour arriver à Salzburg et y passer la Salzach.

15 germinal (5 avril). — Je quittai Salzburg avec les dernières troupes de l'arrière-garde dont la tête arriva sur Waging. L'autre partie prit ses cantonnements en arrière sur la rive gauche de la Saalach. Je donnai des ordres au commandant de l'arrière-garde pour la continuation de sa marche jusqu'à Wasserburg et Munich. Monté en voiture et mené par des chevaux de poste, j'arrivai ce même jour, mais assez tard, à Wasserburg.

16 germinal (6 avril). — Après avoir donné des ordres au général Durutte pour marcher sur Munich, je montai en voiture pour m'y rendre. A mon arrivée, je rendis compte au général en chef que les dernières troupes de l'aile droite n'étaient arrivées que le 13 à Salzburg ; que mon arrière-garde avait quitté le territoire de l'Autriche le 14 ; que je n'étais parti de Salzburg que le 15 avec mes dernières troupes qui ne passeraient l'Inn que le 17 et n'arriveraient sur Munich que le 20.

17 germinal (7 avril). — Je dînai avec le général Moreau. On lui apporta une lettre. Après l'avoir lue, il me dit : « Decaen, on m'informe que l'Électeur, désirant rentrer incessamment dans sa capitale, a fixé le jour de cette rentrée ; mais que, comme la totalité des troupes françaises n'auront pas encore passé l'Isar et au delà de Munich, on me demande que leur passage ait lieu en dehors de cette ville. Qu'en pensez-vous ? »

Je répondis que j'étais fort étonné d'une aussi singulière demande et que je pensais que l'Électeur pouvait fort bien attendre que nous fussions partis ; qu'il ne lui fallait plus que quelques jours de patience. « Mais ce qui m'étonne davantage et qui me détermine à vous prier de ne pas accorder une pareille demande, c'est qu'elle est inconvenante. Je dois même dire que c'est une insulte pour les troupes de ma division qui, depuis leur entrée dans cette capitale, au mois de juin dernier, et pendant qu'elles y ont séjourné, ainsi que dans plusieurs parties de la Bavière, n'ont donné aucun sujet de plainte. »

J'ajoutai : « Monsieur l'Électeur ne se montre pas fort reconnaissant de tout l'intérêt que je n'ai cessé de porter aux Bavarois, surtout aux habitants de Munich, je puis dire, même, à ce qui l'intéressait personnellement. »

[Et je dis] d'ailleurs que les vainqueurs ne devaient pas être assimilés aux vaincus. A ce sujet, je rappelai qu'en marchant sur Munich, lorsque j'eus promis aux agents de l'Électeur de faire respecter sa capitale dont il venait de fuir avec la plus grande précipitation, le commandant de mon avant-garde avait obligé les Autrichiens à passer en dehors de la ville pour aller de l'autre côté de l'Isar ; que c'était ce même commandant qui était chargé de l'arrière-garde, et que c'était Montaulon.

Le général Moreau m'accorda la satisfaction de ne pas accorder ce qu'on lui avait demandé.

18 germinal (8 avril). — Le général Moreau partit de Munich pour se rendre à Augsbourg.

Les troupes de la division arrivèrent à Munich où je les fis loger et dans les faubourgs.

Je donnai les ordres pour leur départ le lendemain et pour continuer leur marche sur Augsbourg où elles devaient arriver le 21.

19 germinal (9 avril). — Un bataillon de la 4ᵉ demi-brigade était resté à Munich pour la garde de cette ville, des magasins et des hôpitaux, etc... Il était caserné. Ayant appris qu'on voulait le loger chez l'habitant sous un autre prétexte que celui de rendre libre la caserne qu'il occupait afin de la préparer pour les troupes bavaroises, j'écrivis au commandant de ce bataillon que je venais d'être informé que le gouvernement bavarois se disposait à lui annoncer, s'il ne l'avait pas déjà fait, que, pour témoigner combien il avait à se louer de la bonne conduite de la 4ᵉ demi brigade pendant qu'elle avait tenu garnison à Munich, il consentait que ce bataillon loge chez l'habitant pendant les deux jours qu'il avait encore à y rester; mais, attendu que, depuis le moment où les troupes françaises étaient entrées dans cette ville, il n'avait pas dépendu de ce gouvernement de désigner tel ou tel logement pour les soldats de la République, et que, si elles avaient été casernées, c'était à cause de la discipline et pour la facilité du service, ce bataillon ne devait donc quitter son quartier qu'à l'instant de son départ. Et [j'ajoutai] que je rendais ce chef de bataillon responsable de l'exécution de mes ordres.

20 germinal (10 avril). — L'arrière-garde étant arrivée sur Munich, je fis donner l'ordre au chef Laffon d'y faire entrer un escadron avec son état-major, et de cantonner le surplus sur la rive droite de l'Isar; de se mettre en marche, le lendemain, pour arriver une partie sur Dachau et l'autre, en arrière, dans les villages sur la route de Munich, et de continuer ensuite sa marche pour arriver le 23 sur Augsbourg.

Après avoir fait donner l'ordre au commandant du bataillon de la 4ᵉ de précéder, le lendemain, l'arrière-garde pour se rendre aussi à Dachau et, de là, à Augsbourg, je montai en voiture à 8 heures du soir et quittai Munich.

21 germinal (11 avril). — J'arrivai à Augsbourg. Le général Moreau en était parti de la veille; mais j'y trouvai l'ordre ci-après :

La division du général Decaen est composée des corps ci-après : 14ᵉ demi-brigade d'infanterie légère; 4ᵉ demi-brigade d'infanterie de ligne; 16ᵉ demi-brigade d'infanterie de ligne; 27ᵉ demi-brigade d'infanterie de ligne; 1ᵉʳ bataillon de la 65ᵉ, à Ulm; 17ᵉ de dragons; 1ᵉʳ de chasseurs à cheval; 6ᵉ de chasseurs à cheval; 10ᵉ de chasseurs à cheval; 20ᵉ de chasseurs à cheval; avec les 2ᵉ, 4ᵉ et 6ᵉ compagnies du 3ᵉ régiment d'artillerie à cheval.

Les généraux de brigade Sahuc et Durutte sont attachés à cette division avec l'adjudant commandant Plauzonne.

Cette division s'établira d'abord entre le Lech et le Danube. La division se mettra ensuite en marche pour arriver sur la rive droite du Rhin.

L'époque de l'arrivée des troupes près de ce fleuve ainsi que les points où elles devaient effectuer leur passage ayant été changés par un ordre ultérieur, je ne les énonce point. Les régiments de chasseurs 1er et 20e, qui passaient à la division avec le général Sahuc, étaient déjà cantonnés entre Günzburg et Augsbourg. La 27e tenait garnison dans cette ville. Je fixai les cantonnements du surplus de la division entre Batzenhofen et Augsbourg.

23 germinal (13 avril). — Mon arrière-garde arriva à **Friedberg**. Elle reçut l'ordre d'y cantonner et dans les environs jusqu'à nouvel ordre (1).

25 germinal (15 avril). — J'adressai au général Lahorie le brevet d'un sabre d'honneur accordé au digne Montaulon. Le chef de brigade Laffon, en me présentant ce brevet, exprimait une joie et une satisfaction plus vives que si ce titre eût été pour lui-même, tant il avait d'amitié pour son brave camarade. Je demandai que cette récompense fût annoncée par l'ordre de l'armée.

Précédemment, l'excellent chef Laffon avait encore refusé une fois le brevet de général de brigade, préférant rester au commandement de son 6e de chasseurs qu'il regardait comme sa famille. Quel rare et bel exemple!

Je mandai au général Lahorie (2) qu'il avait dû recevoir une

---

(1) Le 24 germinal, Decaen écrivait à Lahorie :

« Je t'adresse, mon cher Lahorie, une réclamation que m'avait renvoyée le général en chef : tu verras, au bas, la réponse du chef de brigade qui est suffisante pour faire droit à la demande du réclamant.

« L'adjudant général Bertrand a dû te remettre ta carte et l'itinéraire de marche de la division. Je resterai ici jusqu'au 4; le 5, je serai à Ulm, le 6 à Biberach, le 9 à Donaueschingen et, vers le 12 ou le 13, à Offenburg. Je t'indique les lieux où on me trouverait si tu avais quelque ordre à m'adresser.

« Les Bavarois étaient si impatients d'entrer à Munich qu'à peine ils ont pu attendre qu'on ait relevé les postes pour entrer, et si je n'avais pas fait une erreur, ils auraient langui jusqu'au 23, puisqu'il est arrivé que le 6e aura fait la route de Salzburg à Augsbourg sans séjour... Je crois, du coup, avoir acquis des droits à la reconnaissance bavaroise. Adieu, mon cher Lahorie. Veux-tu m'obliger de me dire quand tu seras à Strasbourg? Adieu, je t'embrasse » (Decaen à Lahorie, Augsbourg, 24 germinal, A. H. G.).

(2) Decaen à Lahorie, Augsbourg, 25 germinal an IX (A. H. G.).

demande, afin qu'il me fût donné des ordres de fournir des troupes pour des exécutions militaires relativement à des voitures dont les administrations disaient avoir besoin (le nombre de ces voitures était de 880 à quatre colliers, et 12 sacs dans chacune), pour transporter des denrées s'élevant, en grains, à 17 000 quintaux et 5 000 sacs d'avoine ; et que j'avais répondu qu'on s'adressât directement à lui pour cet objet, car la manière de présenter cette demande ne m'avait pas paru aussi claire que je l'aurais désiré ; qu'on m'avait parlé des grands intérêts du gouvernement, de conférence sans résultat, de consignation de 1 200 à 1 500 louis pour faire une chose plutôt qu'une autre dont je n'avais pas voulu entendre les détails, me résumant à demander une note officielle à laquelle on joindrait un arrêté du général en chef qu'on m'avait cité et qui devait autoriser une pareille mesure.

J'annonçai que mes dernières troupes quitteraient le lendemain Friedberg.

J'écrivis aux magistrats d'Augsbourg la lettre suivante :

J'ai déjà reçu beaucoup de plaintes sur ce qu'en plusieurs endroits du territoire qui dépend de votre souveraineté, Messieurs, et encore aujourd'hui, auprès de Langweid, on y attaque à main armée les hommes et les équipages de l'armée française. Comme on ne doit accuser de ces délits que les habitants mêmes du pays, puisqu'il n'est point encore arrivé que ces excès aient été commis envers d'autres individus, je vous engage à prendre des mesures pour que ces crimes ne se répètent plus ; car je vous préviens qu'il sera infligé, pour le moindre événement de ce genre, les peines les plus exemplaires ; et je tiens parole. Prévenez vos administrés que les communes sur le territoire desquelles se commettront les délits seront, par leurs habitants et leurs propriétés, responsables.

Je vous préviens encore que si je reconnais la moindre négligence dans l'autorité supérieure à mettre un frein à cette conduite déloyale, ce sera particulièrement elle qui en supportera la punition.

26 germinal (16 avril). — Je reçus du général Lahorie la lettre ci-après, datée de Stuttgart, le 23 :

Je te préviens, mon cher Decaen, que, d'après les ordres du gouvernement, la 4ᵉ demi-brigade de ligne devra passer le Rhin à Strasbourg le 15 floréal, pour continuer sa marche le même jour sur Nancy ; le bataillon du 65ᵉ devra passer le 15 pour se rendre à Metz ; la 14ᵉ légère devra passer le 19 ou le 20, à Huningue ; la 16ᵉ légère devra passer le 17 ou le 18, à Brisach ; le 17ᵉ de dragons, à Strasbourg le 14, pour Pont-à-Mousson ;

le 20e de chasseurs, à Strasbourg le 16, pour Arras; le 1er de chasseurs, à Strasbourg le 26, pour Commercy; le 6e de chasseurs, à Strasbourg le 26, pour Strasbourg; et le 10e de chasseurs, à Strasbourg le 30, pour Stenay.

La 27e demi-brigade de ligne devra continuer, dès ce moment, sa marche pour arriver à Strasbourg où je suppose qu'elle arrivera vers le 10 floréal.

Le pays entre le Rhin et les montagnes étant épuisé, il est nécessaire, mon cher Decaen, que tu combines ton mouvement de manière que les troupes n'aient qu'un séjour près du Rhin sur la rive droite.

Le général Sainte-Suzanne a reçu du gouvernement les ordres de route de tous les corps; ainsi il sera bon que tu lui envoies d'avance ainsi qu'à moi l'itinéraire des troupes de ta division.

L'artillerie légère entrera à Strasbourg avec le 6e de chasseurs.

Le caissier du payeur Labouillerie est chargé de te remettre un effet sûr pour 25 000 francs.

29 germinal (19 avril). — Un courrier m'apporta la réponse à ma lettre du 25, au sujet des magasins. Le général Lahorie, sous la date du 28, m'adressait la copie d'une lettre du général en chef aux membres du comité de Souabe, datée de Stuttgart, le 27. En voici le contenu :

Je vous préviens, Messieurs, que je donne ordre au général Decaen de rester cantonné avec les troupes sous ses ordres à Augsbourg et environs jusqu'à ce que les magasins de l'armée qui existent dans cette ville soient totalement évacués. J'autorise, pour cet effet, une réquisition de voitures à frapper sur les bailliages de la Souabe les plus voisins d'Augsbourg, à moins que les administrateurs généraux ne trouvent des acquéreurs qui veuillent acheter les dits magasins.

Je compte assez sur votre attachement à votre pays pour être persuadé que vous seconderez de tout votre pouvoir l'exécution de la réquisition de voitures pour l'objet ci-dessus désigné, comme étant le moyen le plus sûr d'accélérer le départ de l'armée française de vos contrées.

Signé : MOREAU.

Pour copie conforme.

Signé : l'adjudant commandant : BERTRAND.

30 germinal (20 avril). — Le général Lahorie m'ayant annoncé, dans sa lettre d'envoi, qu'il partait le lendemain pour Strasbourg, j'écrivis au général en chef :

Votre lettre du 27 germinal relative à la vente des magasins d'Augsbourg, mon général, a produit le meilleur effet. Le marché s'est passé de suite. Depuis, j'ai appris que les entraves qu'on a apportées ne sont point, autant qu'on l'a exposé, du fait du comité car, dès l'instant qu'il a eu connaissance de vos intentions, ses membres ont agi avec la meilleure volonté.

Comme la 27ᵉ avait reçu l'ordre pour se mettre en marche le 29 (1) et que j'ai différé son départ jusqu'à aujourd'hui, parce que ce départ devait avoir lieu dans le moment même où ces messieurs recevaient votre arrêté, je vous préviens, mon général, que la 27ᵉ ne peut arriver à Strasbourg que le 14. Lahorie me l'avait demandée pour le 10 floréal.

Mes dernières troupes quitteront Augsbourg le 6 floréal, à moins d'ordres contraires, et Ulm, le 13. Comme ces troupes ne doivent entrer à Strasbourg que le 26 et le 30, elles séjourneront encore quelques jours aux sources du Neckar avant de repasser le Rhin.

En conséquence de l'ordre du 23 qui fixait les jours où les différents corps devaient repasser le Rhin, j'avais donné des ordres de marche au général Durutte, qui commandait ceux désignés pour passer ce fleuve le 14 et le 15, et au général Sahuc pour les autres, qui devaient effectuer ce passage du 16 au 20.

6 floréal (26 avril). — J'avais fait cantonner en échelons, depuis Augsbourg jusqu'à Ulm et Erbach, les trois régiments de chasseurs qui me restaient avec l'artillerie légère. Je partis d'Augsbourg pour me rendre à Ulm et je fis avancer successivement ces troupes vers cette ville (2).

7 floréal (27 avril). — A mon arrivée à Ulm, je reçus la lettre ci-après du général Lahorie, datée de Stuttgart, le 6 :

Tu sais, mon cher Decaen, que, d'après les ordres du gouvernement, le Brisgau doit être occupé par des troupes françaises jusqu'à l'arrivée du duc de Modène. Ces troupes sont la 16ᵉ de ligne et le 23ᵉ régiment de cavalerie. Tu dirigeras, en conséquence, la 16ᵉ demi-brigade sur Fribourg et environs pour le 18 et le 20.

Comme le bataillon de la 65ᵉ qui est en garnison à Stuttgart doit en partir le 10 pour se rendre à Strasbourg, donne des ordres à un des bataillons de la 16ᵉ de ligne de se rendre à Stuttgart pour y tenir garnison. Le chef de ce bataillon remplira les fonctions de commandant d'armes. Donne-lui l'ordre d'arriver de sa personne à Stuttgart le 9 de ce mois, pour qu'il puisse recevoir de l'adjudant commandant Rapatel les instructions néces-

---

(1) « J'en avais prévenu Lahorie » (Note de Decaen). Cette lettre qui prévenait Lahorie est du 27 germinal (A. H. G.).

(2) « ... La lenteur qui a été apportée pour la vente des magasins fait retarder l'évacuation d'Augsbourg... » (Decaen à Lahorie, Ulm, 5 floréal, A. H. G.). Cette lettre est datée d'Ulm le 5, alors que Decaen, dans ses mémoires, semble dire qu'il ne quitta Augsbourg que le 6.

saires. Ce bataillon restera à Stuttgart jusqu'au 24 de ce mois, époque à laquelle il recevra de l'état-major général l'ordre direct de se rendre à Fribourg, les régiments de cavalerie de la réserve devant avoir passé à Stuttgart pour le 24 de ce mois.

Des ordres furent aussitôt expédiés directement au commandant la 16e demi-brigade, qui ne devait être alors éloignée d'Ulm que de deux jours de marche, de diriger sur Stuttgart un de ses bataillons, par le chemin le plus court, du point où il serait rencontré, et de le faire devancer, selon l'ordre, par le chef de bataillon; et il fut prévenu que, de Donaueschingen, où il devait se séparer de la brigade dont il faisait partie, il devait aller cantonner jusqu'à nouvel ordre à Fribourg et environs, où le bataillon qu'il devait détacher le rejoindrait plus tard.

Pendant mon séjour à Ulm, je fis cantonner les trois régiments de chasseurs et l'artillerie légère sur la rive gauche du Danube depuis cette ville jusqu'à Sigmaringen, le 10e de chasseurs, désigné pour passer le Rhin le 30, formant l'arrière-garde (1).

13 floréal (3 mai). — Je quittai Ulm pour me rendre à Sigmaringen. Toutes les troupes de la colonne avaient reçu l'ordre de se mettre en marche le même jour, pour arriver successivement sur Tuttlingen, d'où elles devaient se diriger sur Rottweil et Villingen et y cantonner dans les environs jusqu'à nouvel ordre.

Pendant qu'elles opéraient leur mouvement, je restai deux jours à Sigmaringen; de là, je me rendis à Villingen en passant par Tuttlingen et Donaueschingen (2), attendu qu'il n'y avait pas de relais de poste de Tuttlingen à Rottweil et Villingen.

21 floréal (11 mai). — Je fis entrer dans la vallée de la Kinzig le 1er et le 6e régiments de chasseurs et les compagnies d'artillerie

---

(1) Le 8 floréal, Decaen se trouvait à Stockach où il était venu pour plusieurs causes, « entre autres pour faire le commissaire des guerres, car quand on se repose, comme d'usage, sur ce que ces messieurs doivent faire, on ne trouve rien. J'avais pourtant donné assez tôt l'itinéraire de la marche des troupes qui devaient trouver de l'avoine et du fourrage à Messkirch pour quatre jours, et le commissaire Giroux m'avait garanti que je ne devais point avoir d'inquiétude. D'après la preuve que j'ai du contraire, il serait bien possible que Villingen et Rottweil ne soient pas mieux approvisionnés que Messkirch... » (Decaen à Lahorie, Stockach, 8 floréal, A. H. G.).

(2) Le 8, Decaen écrivait, cependant, de Stockach : « ... Demain, je serai à Donaueschingen... » (Decaen à Lahorie, Stockach, 8 floréal A. H. G.).

légère qui devaient repasser le Rhin sur le pont de Kehl, le 26 ; et le 10ᵉ vint de Rottweil à Villingen. Toutes ces troupes continuèrent leur mouvement les jours suivants.

24 floréal (14 mai). — Les premières arrivèrent à Offenburg et furent cantonnées entre cette ville et le Rhin, sur la route de Strasbourg, et y séjournèrent le lendemain.

25 floréal (15 mai). — Je leur ordonnai, de Gengenbach (1), où j'avais établi mon quartier général, de passer le Rhin le 26, sur le pont de Kehl, pour se rendre à Strasbourg, où elles devaient recevoir de nouveaux ordres. Le 10ᵉ de chasseurs, qui ne devait y arriver que le 30, resta dans ses cantonnements dans la vallée de la Kinzig à Gengenbach et environs.

28 floréal (18 mai). — Je me rendis à Offenburg avec ce régiment qui y cantonna et dans les villages sur la route de Kehl.

30 floréal (20 mai). — Je partis d'Offenburg après avoir fait mettre en marche le 10ᵉ de chasseurs pour repasser le Rhin et se rendre à Strasbourg afin de recevoir de nouveaux ordres.

Aussitôt mon arrivée dans cette ville, je fus rendre compte au général en chef de l'exécution de ses derniers ordres, et je lui dis que je n'avais jamais eu qu'à me louer de la bonne conduite de ma division car elle n'avait donné lieu à aucune plainte.

Je lui dis aussi que les habitants des lieux où j'avais passé, surtout depuis Augsbourg, m'avaient témoigné la plus vive satisfaction que l'armée française leur eût donné la paix.

---

(1) Voir les cartes du volume I.

BONAPARTE ET DECAEN

BONAPARTE ET DECAEN

Mémorial de ma vie militaire depuis le retour de l'armée du Rhin sur le territoire français, après la paix de Lunéville, jusqu'en mars 1803, que je quittai la France pour aller reprendre possession de nos établissements dans l'Inde, rendus par le traité d'Amiens, et les gouverner en qualité de capitaine général.

Je rends compte ensuite de mon voyage jusque devant Pondichéry; des causes qui m'empêchèrent de débarquer et m'obligèrent à me replier sur l'île de France; enfin de mon séjour dans cette île jusqu'au moment où j'en pris le commandement, ainsi que des autres établissements français à l'est du cap de Bonne-Espérance.

CHAPITRE PREMIER

De Strasbourg, Decaen se rend à Paris. — Dessolle le présente à Bonaparte. — Sur la demande de celui-ci, Decaen expose à sa façon la bataille de Hohenlinden. — Il fait ressortir les talents et la sagacité de Moreau. — Moreau tient un conseil de guerre avant la bataille. — On y prédit la victoire. — Rôle de la division Decaen. — Conduite peu politique de Moreau à l'égard de Bonaparte. — Origine des dissentiments entre Bonaparte et Moreau. — Susceptibilités et jalousies féminines. — Decaen cherche à rapprocher Moreau du Premier Consul. — Singulières objections de Moreau. — Decaen les réfute avec sa brusquerie et sa franchise habituelles. — Un dîner aux Tuileries le 14 juillet. — De fougueux Vendéens y coudoient de purs républicains. — Prévenances de Bonaparte pour les officiers de l'armée du Rhin. — Appréciations de Bonaparte sur les émigrés et les prêtres. — Decaen lui cite un exemple frappant de restriction mentale. — Il se montre surtout hostile aux grands prélats et aux hauts fonctionnaires ecclésiastiques de l'ancien régime. — Decaen exprime à Bonaparte le désir d'aller dans l'Inde. — Appréciations de Moreau et de Bonaparte sur Leclerc. — Démarche loyale de Decaen auprès de Bernadotte. — Réflexions de Decaen sur la perte de Saint-Domingue et la cession de la Louisiane. — Moreau fête par un dîner l'anniversaire de Hohenlinden. — Decaen en profite et fait une nouvelle tentative pour le rapprocher du Premier Consul.

A mon arrivée à Strasbourg, le 1ᵉʳ prairial an IX (20 mai 1801), j'informai verbalement le général Moreau, que je n'avais pas vu depuis Munich, de l'exécution de ses ordres concernant les troupes formant l'arrière-garde de l'armée, auxquelles je venais de faire repasser le Rhin, sur le pont de Kehl, pour aller ensuite dans les garnisons fixées par le ministre de la guerre.

Le gouvernement, en ordonnant la dislocation de l'armée, ayant en même temps autorisé les officiers généraux de résider où bon leur semblerait en attendant de nouvelles lettres de service, je ne fis qu'un court séjour à Strasbourg. Je me mis en route pour Paris.

Le général Moreau devant tarder à s'y rendre, je demandai au général Dessolle, chef de l'état-major de l'armée du Rhin, qui était alors parfaitement avec le Premier Consul, de vouloir bien me présenter à ce grand général, que je ne connaissais encore que par sa haute réputation.

Nous allâmes à la Malmaison. J'exprimai au général Bonaparte tout le plaisir que j'éprouvais de le voir et de le connaître, et que, depuis bien longtemps, je désirais jouir de cette satisfaction. Il me dit, avec beaucoup d'amabilité : « Il y a longtemps que je vous connais, moi! » Et, de suite, il me demanda de lui donner une explication sur le mouvement d'une des divisions autrichiennes, à la bataille de Hohenlinden, contre laquelle j'avais encore combattu à la fin de la journée, parce qu'il n'avait pas conçu le mouvement de cette division et quel avait été son but. Je dis : « Si j'avais une carte, il me serait plus facile de vous le faire juger. — Non, cela n'est pas nécessaire. » Alors, je lui demandai de commencer mon récit par l'énoncé de quelques antécédents. Je pensai à cela, parce que j'avais appris qu'il avait été dit qu'on devait plus au hasard qu'aux combinaisons la grande victoire de Hohenlinden, et j'étais bien aise, puisque l'occasion s'en présentait, d'exposer que le gain de cette bataille décisive était dû aux talents militaires et à la sagacité du général Moreau, ainsi qu'aux dispositions qu'il avait ordonnées, et [qui furent] exécutées par son armée avec la plus grande précision de la part de ses généraux et avec la plus haute valeur par les autres officiers et par les soldats.

J'énonçai, le plus brièvement possible, les mouvements de notre armée et leur but avant de recommencer les hostilités. Je dis quelque chose des projets qu'on supposait aux Autrichiens. J'ajou-

tai que le général en chef avait prescrit, dans les ordres à ses
généraux pour marcher à l'ennemi, qui n'avait alors que des
postes en avant de l'Inn et dont on ignorait les points de rassemblement de ses principales forces, de ne pas engager avec lui
d'affaires sérieuses si on le rencontrait supérieur, parce qu'en ce
cas, il voulait le combattre avec toute l'armée; qu'en conséquence, l'aile gauche, commandée par le lieutenant général
Grenier, s'était avancée par la vallée d'Isen et par la route de Haag,
et que le 10 frimaire (1er décembre 1800), elle avait rencontré
l'armée ennemie qui avait débouché presque en entier par Mühldorf; qu'alors, un combat opiniâtre s'était engagé, et que le
général Moreau, qui avait suivi cette affaire, ayant jugé les intentions de l'ennemi, avait ordonné un mouvement rétrograde à son
aile gauche, ainsi qu'aux trois divisions du centre qui s'étaient aussi
avancées vers l'Inn et qui agissaient immédiatement sous les ordres
du général en chef; que je m'étais porté, avec l'avant-garde de ma
division, jusqu'à l'abbaye de Rott, sur le bord de l'Inn, pour y
chercher dans ses environs si on pourrait entreprendre d'y passer
ce fleuve; que le général Lecourbe, commandant l'aile droite,
avait aussi fait faire des reconnaissances sur plusieurs autres points
pour le même objet; que, n'étant arrivé qu'à la fin du jour,
j'avais été obligé de remettre au lendemain matin pour faire ma
reconnaissance, de laquelle je m'occupais, lorsqu'un officier, que
j'avais envoyé avec un parti pour communiquer avec la division
du général Richepance qui avait marché sur Wasserburg, me fit
le rapport vers midi (j'étais alors à deux heures de Rott) que les
troupes de cette division avaient fait leur retraite à minuit; et
qu'aussitôt cette nouvelle, j'étais retourné à l'abbaye, espérant y
trouver des ordres, ayant recommandé à mon chef d'état-major,
que j'avais laissé à Beiharting avec la division, de m'envoyer toutes
les lettres qui arriveraient pour moi; qu'en arrivant, on m'en
avait remis une qui venait d'être apportée, datée de Haag, et que,
dans cette lettre, il m'était prescrit d'aller prendre position à Zorneding avec ma division; qu'on m'y annonçait que, le mouvement
de l'ennemi donnant à supposer au général en chef que l'archiduc Jean était disposé à combattre entre l'Inn et l'Isar, il se déci-
dait à rassembler l'armée pour lui livrer bataille; que, selon cet
ordre, j'aurais dû commencer mon mouvement pendant la nuit;

qu'après avoir ordonné la marche de mes troupes et recommandé la plus grande célérité, j'étais allé de suite à Zorneding, pour informer, de là, où je serais plus à la proximité du quartier général de l'armée, de ce qui avait donné lieu au retard de mon mouvement; qu'en route, j'avais reçu une lettre encore datée de Haag, par laquelle j'étais prévenu qu'une partie de l'armée devait se rassembler près d'Anzing; qu'alors je n'avais pas perdu de temps pour me rendre dans ce village, comptant y trouver le général en chef afin de le prévenir que mes troupes n'arriveraient que fort tard à leur position, ce qui pourrait peut-être faire changer les dispositions que l'on me chargerait d'exécuter le lendemain; que le général Moreau m'avait témoigné sa satisfaction de me voir en disant : « Ah! voilà Decaen! La bataille sera gagnée demain » (En s'exprimant ainsi, le général Moreau pensait aux 10 000 hommes que je rapprochais de lui; néanmoins, je fus très flatté de ce bon accueil et très content d'être venu moi-même rendre compte); qu'ayant demandé au général Moreau, avec lequel étaient les généraux Grenier, Dessolle et Grouchy, ce que j'aurais à faire pour contribuer au gain de la bataille, il m'avait dit : « Votre division passe sous les ordres du général Grenier »; qu'alors je demandai à ce général sur quel point je devais arriver et à quelle heure; mais que, d'après sa réponse qu'il fallait être rendu le lendemain, à 11 heures du matin, à la gauche du village de Hohenlinden, j'avais fait l'observation que cela m'était impossible, en raison de la distance que j'avais à parcourir et de l'état des chemins; et que c'était tout au plus si, à 2 heures après midi, la tête de ma colonne pouvait être arrivée sur le terrain qui m'était indiqué, et dans le moment où l'on serait sans doute le plus fortement aux prises; que ce n'était certainement pas cela qu'il fallait, mais bien toute la division, pour pouvoir, au besoin, contribuer à porter le coup décisif; que le général Moreau, entendant mes observations, m'avait fait cette question : « Mais vous pourrez bien suivre le mouvement de Richepance? — Sur quel point, mon général, le dirigez-vous? — Mais, je le fais partir d'Ebersberg pour se porter par Christoph sur Maitenbeth. — Je suis on ne peut pas mieux placé pour suivre ce mouvement, mes troupes les plus éloignées n'étant qu'à trois lieues d'Ebersberg, et j'ai la chaussée pour m'y rendre, ce qui me facilitera de mar-

cher avec plus de rapidité et avec tout l'ensemble possible »;
qu'après m'avoir demandé si toute ma division serait réunie
dans la soirée, et que j'eus répondu affirmativement, mais à
500 hommes près qui, placés à des avant-postes éloignés, ne
rejoindraient que durant la nuit, le général Moreau avait dit :
« Eh bien! Je voulais faire tourner l'ennemi par 10 000 hommes;
il le sera alors par 20 000. Mais à quelle heure pourrez-vous arriver sur Christoph? — Je ne puis pas le préciser, mais je ferai
mon possible pour que la majeure partie de mes troupes y soient
avant midi »; enfin que le général Moreau avait décidé que je suivrais la division Richepance, et que des ordres m'avaient été donnés en conséquence.

Après ce préliminaire, je donnai mon explication en ces
termes : « L'archiduc Jean, nous croyant en pleine retraite tandis que nous nous préparions à lui livrer bataille, avait fait marcher son armée, par la vallée d'Isen et par la grande route de
Haag, sur Hohenlinden, et il avait dirigé une division sur son flanc
gauche par Albaching pour se porter par la route de Wasserburg
à Ebersberg. Le général qui la commandait avait mis du retard à
exécuter ses ordres, autrement il aurait pu inquiéter la droite de
la colonne Richepance qui avait laissé cette route pour prendre le
chemin de Christoph, et retarder son mouvement; et, ce que le
général autrichien n'avait pas fait contre cette colonne, il aurait
pu l'exécuter contre la mienne lorsque je lui fis prendre la même
direction. Cependant, au moment où la plus grande partie de
mes troupes était engagée sur cette nouvelle direction, mes éclaireurs avaient fait annoncer qu'ils avaient rencontré quelques
ennemis sur la route de Wasserburg, et j'avais envoyé un parti de
dragons et d'infanterie pour les observer en attendant l'arrivée
d'une partie de la brigade Debilly que j'avais laissée à Ebersberg
où elle devait être relevée par une des divisions de l'aile droite de
l'armée. Or, n'ayant pas d'inquiétude de la part de l'ennemi que
j'aurais eu à combattre s'il n'avait pas mis de retard à s'avancer,
j'avais hâté la marche de mes troupes pour arriver sur le plateau
de Christoph, parce qu'on se battait alors vivement vers Hohenlinden. »

Je ne fis pas le récit des différentes dispositions que j'avais
ordonnées, soit pour arriver sur le plateau de Christoph, soit pour

combattre les ennemis qui furent rencontrés à sa proximité, soit enfin pour rétablir la jonction d'une partie de la division Richepance que j'avais trouvée sur ce plateau et qui avait été séparée de l'autre partie, à la tête de laquelle ce général avait marché sur Maitenbeth, par des ennemis arrivés sur le flanc gauche de la colonne française et qui l'avaient coupée.

Mais je dis au Premier Consul que le général Kniaziewicz, avec une partie de la légion polonaise que j'avais dirigée sur la droite de Christoph pour contribuer à rétablir la jonction des troupes de Richepance, s'était trouvé en présence de ce corps de l'armée autrichienne que l'on aurait dû plus tôt rencontrer, et avec lequel les ennemis qui avaient coupé la colonne française voulaient opérer leur jonction : ce qui avait été contrarié par l'arrivée de mon avant-garde conduite par le chef de brigade Laffon, du 6e de chasseurs à cheval ; qu'il était résulté des dispositions que j'avais ordonnées, et du combat qui s'était engagé, que les troupes séparées de celles à la tête desquelles se trouvait le général Richepance l'avaient rejoint ; et que, bientôt après, la victoire s'était décidée en notre faveur car, de toutes parts, les troupes de ma division avaient amené des prisonniers, au moins 3 000, et sept pièces de campagne ; cependant, qu'on entendait encore une vive canonnade sur la gauche, et que j'avais envoyé la brigade Durutte du côté du feu pour être employée au besoin ; qu'ayant suivi le mouvement de cette brigade, j'avais aperçu, au moment qu'elle allait déboucher sur la grande route de Hohenlinden à Haag, la division Grouchy qui y poursuivait l'ennemi ; qu'ayant alors jugé, par la marche de cette division, que la gauche n'avait pas besoin de mon renfort, j'avais fait faire une contremarche à la brigade Durutte et pris la résolution de diriger la plus grande partie de mes troupes sur Haag en passant par Albaching, afin de couper autant que possible la communication de l'ennemi avec Wasserburg ; que, dans cette circonstance, le général Kniaziewicz, que j'avais chargé de rester sur Christoph pour couvrir mon flanc droit, m'ayant fait prévenir qu'il était vigoureusement attaqué par le corps devant lequel il était en observation, je lui fis annoncer que je marchais pour l'appuyer ; que le combat était sérieusement engagé et que ce général soutenait fort bien l'attaque ; mais que mon mouvement sur Albaching ayant menacé la droite de l'ennemi, il avait bientôt fait sa retraite; et qu'il avait été poursuivi jusqu'à la nuit, etc..., etc...

Le Premier Consul me témoigna qu'il était satisfait de mon explication.

Ayant appris l'arrivée du général Moreau à Paris, mais qu'il était parti de suite pour Orsay, château dont sa belle-mère avait fait, depuis peu de temps, l'acquisition, je m'empressai d'aller le saluer. Il me demanda si j'avais vu le Premier Consul. « Oui, il m'a fort bien reçu. — Il aurait été bien difficile. » Ce fut tout ce qu'il me dit à ce sujet.

Peu de jours après cette visite, étant allé voir le général Dessolle, je lui demandai si le général Moreau avait été voir Bonaparte. D'après sa réponse affirmative, je lui exprimai que j'aurais bien voulu être présent à l'entrevue. Il me dit qu'il l'avait accompagné, qu'on avait eu un abord assez froid; que, néanmoins, cela s'était bien passé.

Je me plaisais donc à penser que les nuages de mauvaise humeur qui s'étaient élevés entre ces deux généraux qui venaient de conquérir la paix, étaient totalement dissipés. Mais les intrigues, les jalousies et les indiscrétions de quelques personnes firent non seulement renaître leur mécontentement mutuel, mais encore elles le changèrent en une haine réciproque dont les effets furent, dans la suite, si funestes au général Moreau, et portèrent, je crois, préjudice aux destinées et aux intérêts de la France.

Ce général, qui avait pris la résolution de ne pas aller le dimanche aux Tuileries, comme tous les autres officiers généraux, sénateurs, etc., et qui, je crois, ne retourna plus voir Bonaparte, accepta un dîner qui lui fut offert par les Bretons alors à Paris. Je fus invité à ce dîner. Je comptais assister à une joyeuse fête de famille. Mais je fus tellement désappointé en voyant la manière embarrassée du héros de cette fête, ainsi que celle des convives, enfin de tout ce qui s'y passa, que je dis à quelqu'un qui m'en demanda des nouvelles que je n'y avais vu de chaleur et de vivacité que dans le feu d'artifice tiré par Ruggieri.

L'étonnante et si peu politique conduite du général Moreau ne laissait pas d'embarrasser les officiers qui avaient servi sous ses ordres. J'étais, certes, de ce nombre. Mais le bon accueil que m'avait fait le Premier Consul lorsque je lui avais été présenté et, ensuite, quand j'étais allé le voir, soit à la Malmaison, soit aux Tuileries, me faisait repousser les insinuations défavorables à son égard, surtout lorsqu'on me disait qu'il était plus qu'indifférent pour les officiers généraux de l'armée du Rhin, que je devais en juger par ce qui avait lieu à l'égard de Moreau, que c'étaient ceux qui avaient servi en Italie qui avaient et qui auraient toutes les faveurs.

Comme je ne trouvais rien d'extraordinaire que Bonaparte se fût entouré des généraux, ses compagnons d'armes en Italie, dont il avait apprécié le caractère, la capacité, le dévouement à sa personne, je ne voyais qu'une pomme de discorde dans ces insinuations. Je faisais des vœux pour qu'une prompte et parfaite réconciliation pût bientôt s'opérer, principalement dans l'intérêt de la chose publique, ainsi que pour dégager les officiers de l'armée du Rhin de la position équivoque dans laquelle la façon d'agir du général Moreau les avait placés entre lui et le chef du gouvernement. Mais je vis avec peine que ce général se laissait trop facilement influencer par son épouse et sa belle-mère, ainsi que par quelques autres personnes qui avaient su prendre un trop grand ascendant sur lui; et qu'il persistait dans sa résolution de se tenir à l'écart.

Avec cela, au lieu de se borner à ne recevoir, à la campagne, que quelques amis, il y avait, surtout le dimanche, un assez grand nombre de personnes qui allaient lui rendre visite, les unes, pour avoir seulement le plaisir de le voir, d'autres, par curiosité de savoir ce qui s'y passait, enfin les mécontents de l'époque, car il y en a sous tous les gouvernements, et, bien certainement, le lendemain, le Premier Consul était informé de ce qui avait été dit à son sujet, ainsi que des critiques exercées sur son administration, etc... etc...

A cet égard, le général Moreau n'étant pas très réservé, ce qui excitait le dire des mécontents ou de ceux qui voulaient le flatter, tout cela devait, naturellement, déplaire à Bonaparte.

Dans le public, on se demandait quelles pouvaient être les causes de mésintelligence entre deux hommes qui s'étaient si bien entendus pour faire triompher les armées de la République. Les uns répondaient : « Il faut l'attribuer à une mutuelle jalousie »;

d'autres disaient que Moreau avait à se plaindre des procédés du Premier Consul tant envers lui qu'à l'égard de son épouse : celle-ci étant allée un jour à la Malmaison, pendant que son mari était encore à l'armée, continuant ses opérations à la suite de la bataille de Hohenlinden, [Bonaparte] n'avait pas même daigné lui en demander des nouvelles ; et qu'une autre fois s'étant présentée avec sa belle-mère pour faire une visite à Mme Bonaparte, on n'avait pas voulu les recevoir.

J'ai entendu le général Moreau, étant encore à l'armée, se plaindre avec amertume du premier de ces griefs. Quant au second, il est positif que Mme Moreau et sa belle-mère s'étant présentées à la Malmaison pour voir Mme Bonaparte, n'ayant pas été admises sur-le-champ et s'en trouvant formalisées, elles s'en retournèrent, après avoir chargé de dire que la femme du général Moreau n'était pas faite pour attendre. Il est également certain que Mme Bonaparte était alors dans le bain, et qu'elle s'était même empressée d'en sortir quand on lui annonça ces deux orgueilleuses qui n'eurent pas la patience d'attendre qu'elle fût habillée pour les recevoir.

Ce sont cependant à des choses d'aussi peu d'importance que l'on doit attribuer les premières causes de rupture des liens d'union politique qui s'étaient formés entre Bonaparte et Moreau, à l'époque du 18 brumaire, et dont il résulta des propos et des expressions de mépris rapportées aux uns et aux autres par des gens trop officieux qui alimentèrent une haine réciproque qui, de plus en plus, devint implacable.

Le Premier Consul venant exactement tous les dimanches aux Tuileries pour la parade et pour y donner audience, j'y allais assez régulièrement et, chaque fois, Savary ou Rapp, ses aides de camp, que je connaissais depuis longtemps et qui savaient que le général Moreau m'avait toujours témoigné de l'amitié, venaient me demander des nouvelles de sa santé ou s'il était à Paris. Je leur répondais d'abord selon ce que j'avais appris. Mais ensuite, croyant qu'il y avait affectation de leur part et surtout d'ajouter à leur demande pourquoi on ne le voyait pas aux Tuileries, je leur dis que je l'ignorais et que, pour le savoir positivement, ils devaient aller le lui demander, ce qui vaudrait beaucoup mieux que de s'adresser à moi qui ne pouvais pas satisfaire leur curiosité.

Ces questions me déterminèrent d'aller à Orsay avec l'intention d'en faire part au général Moreau. Me trouvant, après le dîner, un moment seul avec lui, je lui dis : « Des aides de camp du Premier Consul m'ont demandé plusieurs fois des nouvelles de votre santé et si vous étiez à Paris. Mais comme ils ont ajouté pourquoi l'on ne vous voyait point aux Tuileries, je leur ai répondu que, pour le savoir, ils n'avaient qu'à vous en faire la demande. Néanmoins, s'il vous plaisait de me dire quelque chose à ce sujet, je vous assure que je le leur transmettrais exactement. » Je fus fort étonné de cette réponse : « *Je suis trop vieux pour me courber.* » Et le sentiment que j'en éprouvai me fit répliquer à l'instant : « Qui s'est courbé le premier? N'avez-vous pas reçu une paire de pistolets l'année dernière? N'êtes-vous pas un des principaux coopérateurs du 18 brumaire? Quoi! Parce que nous nous rapprochons du chef du gouvernement qui nous fait bon accueil, vous prétendez que nous fléchissons le genou? Qui, plus que vous, a contribué à l'élévation de Bonaparte et à consolider le gouvernement? Ne me dites-vous pas, l'année dernière, à Nymphenburg, à votre retour de Paris, lorsque je vous demandai comment le gouvernement marchait, que cela allait très bien, et qu'il n'y avait que Bonaparte capable de tirer la France de sa position difficile?... Quelles sont donc les causes de votre changement d'opinion? »

Le général Moreau se borna à me répondre que Bonaparte était fort mal entouré ; — il se servait même d'expressions méprisantes ; — et que les choses n'allaient pas comme elles devaient aller. Je lui répliquai : « Mais ce ne sera pas en vous tenant à l'écart et seulement en critiquant ce qui se fait que vous pourrez espérer qu'il sera remédié au mal dont vous vous plaignez. J'ignore si vous avez fait quelques conditions avec Bonaparte, avant de l'aider à *monter sur le trône;* mais, dans tous les cas, il me semble qu'il vous convient plus qu'à qui que ce soit de faire des représentations. Ce n'est donc qu'en vous rapprochant du gouvernement, et en lui faisant vos observations, qu'il pourra agir selon vos vues, et qu'il pourra être employé d'autres hommes que ceux que vous jugez incapables (1). » Il ne fut rien dit de plus, parce que plu-

---

(1) Decaen n'était pas seul à donner ce conseil à Moreau. Déjà, au commencement de novembre 1800, le général Sauviac engageait Moreau à embrasser le parti du Premier Consul, et souhaitait que l'inimitié qui, disait-il, par suite de faux rapports, les avait

sieurs personnes s'approchèrent de nous. C'était l'heure de monter en voiture pour retourner à Paris où je rentrai peu satisfait des singulières objections du général Moreau.

Ayant été invité de dîner aux Tuileries le jour anniversaire du 14 juillet, je me trouvai placé auprès de l'abbé Sieyès. Il me fit l'observation que, s'il y avait quelque chose d'extraordinaire dans cette réunion, où nombre de personnes devaient être étonnées de se trouver ensemble, c'était de ne pas y voir le général Moreau, et d'y apercevoir l'abbé Bernier. Et il ajouta : « Savez-vous la cause de l'absence du général? — C'est probablement, » lui dis-je, « parce que, depuis son retour de l'armée, il n'a pas voulu se présenter ici comme tout le monde. J'ignore les vraies causes de cette résolution de sa part. Et on ne l'aura pas invité. Mais vous me surprenez beaucoup en me disant que nous dînons avec l'abbé Bernier, l'un des principaux instigateurs et auteurs de la funeste guerre de la Vendée, qui a prêché et fanatisé le peuple de ce malheureux pays, qui a été le chef d'état-major de Stofflet, enfin qui a fait commettre toutes sortes d'horreurs sur les Républicains. — Vous l'auriez fait sans doute fusiller si vous aviez pu le prendre », me dit Sieyès. Lui ayant répondu affirmativement et que j'aurais certainement éprouvé le même sort si je fusse tombé au pouvoir de cet abbé : « Eh bien ! » me dit Sieyès, « voilà les révolutions : aujourd'hui vous dînez tous les deux à la même table. »

Plus la fausse politique du général Moreau et la maligne influence qu'on exerçait sur lui le faisaient persister dans son opposition, plus le Premier Consul témoignait de bienveillance aux généraux de l'armée du Rhin, et principalement à ceux qui s'étaient distingués pendant la dernière campagne. Comme chef du gouvernement, il était certes de son intérêt de les rallier à lui, et de dissiper les préventions de préférence qu'on lui avait supposées pour ceux de l'armée d'Italie : et c'est, sans doute, à cause de cela qu'il faisait un très bon accueil aux premiers, et qu'il avait pour eux beaucoup de prévenances, soit lors des visites particulières qu'on allait lui faire à la Malmaison, soit aux Tuileries, les jours de parade. Enfin, lorsqu'il nomma des inspecteurs d'in-

divisés, fît place à un rapprochement sincère (Sauviac à Moreau, sans indication de lieu, 14 brumaire an IX, armée du Rhin, Correspondance).

fanterie et de cavalerie, la majeure partie de ces inspections fut donnée à des généraux de l'armée du Rhin.

Je pensais que Bonaparte était bien contrarié de l'éloignement de Moreau. Je présumais qu'il désirait une réconciliation, car j'observais que, quand il apercevait le frère de ce dernier, alors tribun, il s'en approchait toujours pour causer avec lui.

Pour ce qui me concerne, je dirai, entre autres choses, qu'ayant fait la demande d'une place de conseiller à la cour d'appel de Caen pour un de mes meilleurs amis (M. Lasseret, avocat chez lequel j'étudiais au moment de mon départ pour l'armée en 1792, lorsque la Patrie fut déclarée en danger), cette nomination m'avait été accordée sur-le-champ, et que des demandes d'emploi que j'avais faites pour plusieurs autres personnes, cependant avec discrétion, furent également bien accueillies (1).

Le Premier Consul avait l'habitude, après les dîners, aux Tuileries, d'aller causer avec l'un ou l'autre ; et, un jour que je me trouvais auprès du général Gudin, il s'approcha de nous et nous demanda comment nous nous portions, si nous étions satisfaits? Après notre affirmation, le général Gudin lui ayant exprimé combien il était agréable aux officiers généraux de recevoir des témoignages de considération, Bonaparte nous dit : « J'espère bien que cette considération s'accroîtra de plus en plus. Mais nous avons encore deux choses qui nous embarrassent, les prêtres et les émigrés. Quant aux émigrés, s'ils ne se conduisent pas bien, nous les f... à la porte. Les prêtres, quoique je n'y tienne pas beaucoup, nous tâcherons de les faire vivre, parce qu'un grand nombre a servi la cause de la Révolution. Dans ce moment, je fais négocier avec Rome. » Ensuite il dit : « N'est-ce pas une chose monstrueuse que, depuis tant de siècles, la France soit dépendante de Rome, et qu'elle le soit aussi des consistoires d'Allemagne? Il y a encore des archevêques et des évêques qui prétendent à des droits spirituels. Mais je les mettrai aux prises avec le pape. »

A cette époque, l'opinion n'était favorable ni aux prêtres, ni aux émigrés. Je me permis de dire au Premier Consul que, si

---

(1) Sur le rapport qui lui signalait la demande faite par Decaen en faveur de Lasseret et porte la date du 13 prairial an IX (2 juin 1801), Bonaparte apposa la décision suivante : « Renvoyé au consul Cambacérès pour me faire connaître si ce citoyen a les qualités requises. Je désirerais déférer à la demande du général Decaen, qui est un officier d'un grand mérite *Signé :* Bonaparte. » (*Correspondance de Napoléon*, n° 5596).

c'était une chose indispensable d'entretenir des prêtres, il fallait bien le faire ; mais aussi, qu'il faudrait les organiser de manière à ce que l'on pût exercer sur eux une grande surveillance, car c'étaient des gens bien dangereux. J'ajoutai « : Si je m'exprime ainsi, c'est que j'ai le souvenir de leur conduite lorsqu'on leur demanda le serment, et de tout ce qu'ils ont fait dans la Vendée où j'ai fait la guerre. Enfin, j'ai recueilli dernièrement une preuve bien évidente de leur mauvaise volonté à se soumettre. Voici le fait : lorque j'entrai à Wels, en Autriche, à la fin de la dernière campagne, je fis prendre les dépêches au bureau de poste afin d'avoir des nouvelles ; et l'on trouva, parmi les lettres qui me furent apportées, une pièce signée de plusieurs archevêques et évêques émigrés, alors à Vienne. Je la remis au général Moreau qui l'aura sans doute envoyée au ministre de la police. Ces prélats, consultés par plusieurs prêtres s'ils pouvaient prêter le serment prescrit par la constitution de l'an VIII, décidaient que la puissance temporelle ne pouvait rien prescrire à la puissance spirituelle ; cependant, qu'il était des circonstances où l'Église militante permettait la soumission selon la nécessité ; que, dans ce cas, il fallait la faire, mais toujours avec une restriction mentale. « Et, comme des avocats, » dis-je, « ils citaient des autorités dans leur délibération, entre autres Thomas de Cantorbéry à l'occasion du schisme d'Angleterre. — Ils nous en font bien d'autres, » dit le Premier Consul. Je répliquai : « Eh bien ! il faudra les obliger à se marier, comme les ministres protestants, ce qui contribuera à une garantie de leur conduite. »

Je ne me suis pas écarté de la vérité en disant qu'à cette époque l'opinion n'était pas favorable aux prêtres catholiques romains. L'on appréhendait surtout et avec raison le rétablissement du haut clergé dont les membres, quelque surveillance qu'on pût exercer, rechercheraient, par tous les moyens qui leur sont propres, à ressaisir le degré de puissance dont ils avaient été déchus par l'effet de la Révolution. D'ailleurs, on était convaincu, par l'expérience de plusieurs années, que le ministère de ces prêtres titrés n'était nullement essentiel au bien-être de la nation et on avait encore le souvenir de leur luxe, de leur orgueil, de la conduite scandaleuse de la plupart d'entre eux, enfin de l'ambition de quelques-uns à s'initier dans les affaires temporelles pour parvenir aux premières ambassades et aux ministères des affaires civiles, moyens essentiels pour se faire nommer cardinaux.

D'un autre côté, il est constant que, pendant le temps que la France n'avait pas eu dans son sein tous ces officiers supérieurs de la milice romaine, les mœurs de ses habitants n'étaient pas plus relâchées qu'avant la Révolution. Je dis plus; c'est qu'en l'absence de ces hauts fonctionnaires et quoiqu'on n'eût même vu ni prêtres, ni moines pendant plusieurs années, les mœurs s'étaient beaucoup améliorées parce que l'amour du travail, l'industrie, l'instruction et l'obéissance aux lois avaient fait les plus grands progrès, et qu'ils servent plus efficacement à l'amélioration des mœurs que la paresse, l'ignorance, la superstition, la confession auriculaire, l'hypocrisie, la fréquentation journalière des églises pour assister à la célébration de mystères incompréhensibles, ou pour entendre des chants et des prières en langue latine que, souvent, le prêtre lui-même ne comprend pas.

L'opinion n'était pas plus favorable au retour des premiers émigrés surtout. Car on avait le pressentiment que, s'étant armés contre la Patrie et ayant fomenté contre elle des guerres extérieures et intestines, ils ne seraient dociles qu'en apparence; que leurs serments, comme celui des prêtres, ne seraient prêtés qu'avec une restriction mentale; qu'ils agiraient sourdement et de consort avec ces prêtres; et qu'ils saisiraient l'occasion qui pourrait se présenter pour opérer une contre-révolution : les uns, afin de reprendre leurs titres honorifiques et féodaux abolis par l'Assemblée Constituante, mais surtout leurs biens, confisqués en raison de leur félonie; les autres, leur influence religieuse, mais principalement une grande partie de leurs biens temporels dont cette même assemblée avait disposé pour les besoins de l'État.

Ayant, un jour, accompagné le général Oudinot qui voulait demander à Bonaparte l'inspection de la gendarmerie, et n'ayant pu, à notre arrivée à la Malmaison, lui être présentés, nous fûmes fort surpris, en rentrant à Paris, d'être atteints, dans les Champs-Élysées, par un courrier qui nous apportait l'invitation de retourner pour dîner avec le Premier Consul.

En me promenant avec lui, après le dîner, il me demanda où j'en étais pour ma fortune. Je lui répondis : « Mon général, j'ai mon épée pour le service de ma patrie. — C'est bien! Mais que voulez-vous faire? — Ce qu'il vous plaira. Mais comme je suis un des moins anciens généraux de division, il faudra probablement que je reste dans mes foyers. — Vous voudriez bien faire la guerre? — Certainement, mais on ne la fait plus. »

Enhardi par ces marques d'intérêt, je lui dis : « Comme j'espère que nos possessions dans l'Inde nous seront rendues, si vous faites aussi la paix avec l'Angleterre, je voudrais bien être trouvé digne de votre confiance. — Est-ce que vous avez été dans ce pays-là? — Non pas, mais je suis jeune et, désirant faire quelque chose d'utile, je voudrais bien remplir cette mission qui, je crois, ne sera pas briguée par beaucoup de personnes, attendu la distance entre la France et cette partie du monde. Et, s'il faut y passer dix années de ma vie pour attendre l'occasion favorable d'agir contre les Anglais, que je déteste à cause de tout le mal qu'ils ont fait à notre patrie, j'y suis, dès ce moment, déterminé avec la plus grande résignation. » Il me répondit que ce que je désirais pourrait bien m'être accordé. Je pris congé de lui, bien satisfait de tant de bienveillance.

Cette idée d'aller dans l'Inde m'avait été suggérée par la lecture des mémoires de La Bourdonnaye et de Dupleix, et par ce que j'avais entendu dire, dans ma jeunesse, des combats du bailli de Suffren; et je fus peut-être plus déterminé à en faire la demande parce que, la signature des préliminaires de paix avec l'Angleterre étant connue depuis quelques jours, on s'occupait déjà de la reprise de possession de nos colonies; et que je ne me souciais pas d'aller à Saint-Domingue avec le général Leclerc, que l'on fut aussi surpris de voir nommer pour commander cette expédition que l'on avait été étonné quand on avait appris sa nomination au commandement du corps d'armée qui avait été dirigé sur le Portugal, après la paix de Lunéville, parce qu'il y avait certainement un grand nombre de généraux qui devaient, sous tous les rapports, avoir la préférence. Mais il était le beau-frère du Premier Consul; et c'est à cette considération et peut-être plus encore aux sollicitations de sa femme devenue, depuis, princesse Borghèse, qu'il devait ces faveurs.

Je connaissais cet officier général qui avait commandé une division à l'armée du Rhin jusqu'à l'armistice après la bataille de Marengo. Il ne s'était non seulement pas distingué dans cette campagne, mais encore le général Moreau en faisait fort peu de cas. J'ai même entendu dire à ce général que Mme Leclerc, avec laquelle il était très bien, l'ayant prié de demander au Premier Consul que son mari fût employé à l'armée du Rhin, Bonaparte lui avait répondu : « Que voulez-vous en faire? Il n'est propre à rien »; que Mme Leclerc ayant pressé de nouveau le général Moreau de renouveler sa demande dans l'espérance que, servant sous ses ordres, son mari aurait l'occasion de faire revenir des fâcheuses préventions que Bonaparte, qui n'avait pas voulu l'emmener en Égypte, avait contre lui, puisqu'à son retour il lui avait demandé qui l'avait fait général de division; qu'enfin, Bonaparte avait cédé aux nouvelles instances du général Moreau, en lui disant : « Puisque vous voulez Leclerc, vous l'aurez. »

La réponse que m'avait faite le Premier Consul, lorsque je lui avais parlé de l'Inde, fut pour moi un encouragement de persister dans mon projet. Or, ayant appris que Bernadotte avait des vues pour cette mission, je voulus moi-même m'en assurer. J'allai le voir, je lui fis part de mes intentions et je lui dis que s'il avait les mêmes vues, je servirais avec plaisir sous ses ordres. Mais son intention était d'aller à la Louisiane. Il s'occupait alors de ce qu'il avait à proposer pour son établissement. Il me dit, entre autres choses, qu'il demandait 10 000 hommes de troupes.

Si Bernadotte fût allé gouverner ce beau pays, et qu'on lui eût fourni les moyens qu'il souhaitait, il aurait certainement attiré à la Louisiane un grand nombre de Français; et, dans peu d'années, nous y aurions possédé une superbe colonie. Mais il est assez probable qu'elle se serait déclarée indépendante lorsque Bonaparte se fit nommer empereur.

Étant allé aux Tuileries le jour même que le *Moniteur* contenait la constitution de Toussaint-Louverture, apportée au Premier Consul par le colonel Vincent, et y ayant aperçu le général Leclerc qui revenait du Portugal, je fus à lui. Je m'informai de sa santé. Après cette politesse, je lui demandai si ce qu'annonçait le *Moniteur* au sujet de Saint-Domingue ne changerait pas quelque chose aux dispositions pour la reprise de possession de cette colonie. Mais, avec un ton de suffisance, et en singeant Bonaparte en agitant, comme lui, ses doigts sur sa tabatière, il dit : « Je ne crois pas que cela puisse se passer sans tirer le canon. — Eh bien, répliquai-je, ce sera un grand malheur! Car vous aurez contre vous le ciel, la terre et les nègres. Et s'il faut que vous fassiez la guerre dans l'intérieur, vous aurez les plus grandes difficultés à faire vivre vos troupes. — Ah! quant aux subsistances, je ne puis pas avoir plus de difficultés que celles que je viens d'éprouver en Portugal; et, à Saint-Domingue, nous aurons les Américains qui aideront à nous approvisionner. — C'est vrai; mais avec de l'argent et de l'argent, ils vous apporteront des viandes salées et des farines; et en même temps, ils fourniront aux noirs de la poudre et du plomb. »

Le Premier Consul ayant paru dans le salon, je laissai le général Leclerc et, comme je n'étais pas satisfait de ce qu'il venait de me répondre, après avoir salué Bonaparte, je lui dis : « Je pense, mon général, que vous êtes satisfait des nouvelles de Saint-Domingue publiées par le *Moniteur*? — Sans doute; mais, dans ce pays-là, où nous n'avons pas pu nous présenter convenablement depuis longtemps, on a cru devoir y prendre des dispositions qui, je l'espère, seront facilement changées lorsque nous nous y présenterons avec des forces imposantes. » — Quelle différence entre cette réponse, faite avec complaisance, et ce que je venais d'entendre dire, d'un ton ridicule, au nouveau capitaine général! Il trouva malheureusement, quelques mois après, les obstacles et les maux que je lui avais prédits, et ses coups de canon ne purent les surmonter. Il ne tarda pas, lui-même, à être victime de la maladie qui, en peu de temps, dévora tant de braves.

Ce fut une grande faute d'entreprendre de soumettre Saint-Domingue par les armes. Après avoir fait d'immenses sacrifices d'hommes et d'argent, on se vit dans la nécessité d'abandonner aux noirs la partie française de cette île; et, plus tard, on fut expulsé de l'autre partie qui nous avait été cédée par l'Espagne. Tandis qu'en prenant les conseils d'une sage politique, on serait sans doute parvenu à rétablir, à Saint-Domingue, une domination convenable et analogue aux circonstances et aux changements qui s'y étaient opérés depuis la première insurrection. Mais on avait prétendu y rétablir l'esclavage! On manqua à la foi promise aux mulâtres; on s'irrita des dispositions faites par Toussaint-Louverture au lieu de le ménager et de prendre avec lui des tempéraments et de se servir de son influence qui, sans doute, aurait contribué efficacement à conduire et arriver au seul but qu'on devait alors se proposer, celui de conserver à la France la possession de cette grande et belle propriété coloniale dont la population, aidée du climat, après avoir combattu pour la liberté qu'on voulait lui ravir, termina sa lutte avec la métropole en proclamant son indépendance, et en prenant tous les moyens propres pour la défendre et la conserver.

Ce fut, sans doute, l'espoir déçu de soumettre Saint-Domingue aussi facilement qu'on se l'était persuadé et la prévision que, dans le cas d'une prochaine guerre avec l'Angleterre, nous ne pourrions pas soutenir la colonie de la Louisiane (les Espagnols nous l'avaient rétrocédée, et les Américains la voyaient avec inquiétude retournée en notre pouvoir), qui déterminèrent Bonaparte d'en faire la vente au gouvernement américain, lequel s'empressa de saisir l'occasion extraordinaire qui se présentait d'incorporer aux États-Unis ce vaste territoire dont la possession était pour eux d'une si haute importance sous tous les rapports.

Ainsi les fautes commises pour se rétablir à Saint-Domingue influèrent pour la cession de la Louisiane, et privèrent à la fois la nation française de la possession de deux immenses pays dont elle pouvait espérer des avantages incalculables.

Le général Moreau était rentré à Paris et j'allais assez souvent le voir. Quelques jours avant l'anniversaire de la mémorable bataille de Hohenlinden, 12 frimaire (3 décembre), il me dit qu'il se proposait de le célébrer en réunissant à dîner tous les officiers généraux alors à Paris qui étaient à cette bataille, et qu'il n'en inviterait point d'autres. J'acceptai de tout cœur cette invitation.

En causant avec lui avant de nous mettre à table, je lui rappelai qu'il m'avait dit que notre réunion ne devait être composée que de Hohenlindeux. — « Mais il n'y en a pas d'autres, excepté mon frère le tribun. — Ce n'est pas la présence de votre frère qui me fait faire cette remarque; c'est celle du ministre de la guerre Berthier. — Ah! je l'ai invité pour que l'on ne dise pas que nous faisons des conspirations. » Fort étonné de cette repartie, je lui dis : « Comment, mon général, pouvez-vous avoir une telle pensée? Je crois qu'il vaudrait beaucoup mieux vous rapprocher du gouvernement. — Moi, je n'ai rien à lui demander. — Vous êtes bien heureux! Mais, si ce n'est pas pour vous, vous devriez du moins le faire dans l'intérêt de la Patrie que vous avez toujours si bien servie, ainsi que pour l'avantage de tant d'officiers qui ont été sous vos ordres, et qui ne peuvent pas, comme vous, se passer d'être employés par le gouvernement. D'ailleurs, il en est un très grand nombre dont vous connaissez la modestie et qui attendent que vous fassiez valoir leurs services distingués et leur désintéressement. — Mes recommandations leur seraient plus nuisibles que favorables. — Je sais que c'est la réponse que vous avez faite à plusieurs qui vous ont demandé d'apostiller leurs mémoires : ils vous sont attachés et vous les forcerez de s'éloigner de vous et à s'adresser directement au Premier Consul. — C'est ce qu'ils ont à faire de mieux, car je ne puis rien. — Pardonnez-moi ; je crois que vous pourriez beaucoup, si vous le vouliez ; et je souhaite de tout mon cœur que tous ceux qui vous parlent le fassent avec autant de franchise que moi. »

CHAPITRE II

Decaen nommé inspecteur général d'infanterie. — Il se rend à Lyon, puis à Marseille. — Les dépouilles d'un pape sous une remise d'auberge. — De Marseille, Decaen se rend à Toulon. — Il a une discussion avec l'amiral Emmeriau. — Après son inspection, il rentre à Paris. — Le Premier Consul lui annonce qu'il ira dans l'Inde comme capitaine général. — Decaen va saluer Moreau. — Sa situation entre Bonaparte et Moreau est délicate. — Sa rectitude de conduite lui fait éviter tous les écueils. — Première entrevue de Decaen avec Decrès. — Accueil hautain que lui fait ce dernier. — Decaen s'en plaint à Bonaparte. — Sa deuxième entrevue avec Decrès. — Decaen prépare son expédition — Il soumet ses projets et ses plans au Premier Consul. — Composition de l'expédition, troupe et chefs. — Decaen expose à Dessolle ses idées sur la constitution des troupes indigènes. — Ses propositions sont adoptées, à quelques modifications près.

J'avais été nommé un des douze inspecteurs généraux d'infanterie. Je devais faire mon inspection dans la 8ᵉ division et en Corse. Mais, sur la demande que je fis au ministre de faire mettre un bâtiment à ma disposition pour passer dans cette île, ma mission fut bornée à la 8ᵉ division militaire.

L'objet le plus essentiel de cette inspection était de congédier un huitième des soldats de l'armée par réforme, retraite et congés absolus. Ce fut pour ce motif et celui de mettre l'armée sur le pied de paix que cette inspection générale se passa pendant l'hiver.

Je partis de Paris à la fin de décembre 1801, pour me rendre à Lyon où j'arrivai le même jour que le Premier Consul, qui y venait pour présider la Consulta italienne qui le nomma président de la République Cisalpine. Les Lyonnais lui exprimèrent toute leur joie de le voir au milieu d'eux. Je fus le saluer et lui demander ses ordres. Ensuite, je quittai Lyon pour aller à Marseille commencer mon inspection.

A l'auberge de la poste de..., où je m'étais arrêté, j'appris, de la maîtresse de cette auberge, que, peu de jours auparavant, les restes du pape Pie VI, décédé à Valence, transportés incognito à Marseille pour y être embarqués et conduits à Civita-Vecchia et, de là, à Rome, avaient été déposés sous la remise de cette auberge; et que les officiers municipaux de l'endroit, ayant appris fort tard que ces dépouilles mortelles étaient ainsi reléguées comme une voiture de bagages, avaient délibéré à ce sujet; qu'ensuite ils étaient venus offrir aux conducteurs leur église, lieu beaucoup plus convenable pour ce précieux dépôt, mais que ceux-ci, de fort mauvaise humeur qu'on les eût réveillés pour cette proposition, avaient répondu que le pape était très bien où il était pour y passer la nuit.

Après avoir inspecté les troupes en garnison à Marseille, je me rendis à Toulon. J'eus, dans cette ville, une discussion assez vive avec le contre-amiral Emmeriau, relativement aux prétentions que MM. les marins ont l'habitude de s'arroger, dans les ports de mer, à l'égard des troupes et des officiers de l'armée de terre. J'en informai le ministre de la guerre. Je ne fus point satisfait de la décision qu'il prit à ce sujet avec le ministre de la Marine, et je me réservai d'en parler au Premier Consul, à mon retour à Paris.

Après avoir inspecté les troupes en garnison à Draguignan, Antibes et Nice, je revins à Marseille. Ensuite, je fus inspecter celles stationnées à Aix, à Manosque, à l'Isle (1) et à Carpentras, et je terminai mon inspection par les troupes de la garnison d'Avignon où il n'y avait que quelques jours que le préfet, Pelet de la Lozère, protestant, avait installé l'évêque nommé pour ce diocèse depuis le Concordat.

L'examen que j'avais fait des comptabilités des corps que j'avais inspectés, dans le nombre desquels se trouvaient plusieurs demi-brigades qui venaient d'arriver d'Égypte, m'ayant donné lieu de remarquer beaucoup d'irrégularités, même des désordres et point d'uniformité en ce qui concernait la comptabilité de l'habillement, je proposai au ministre, dans mon rapport d'inspection, d'établir cette comptabilité selon le mode adopté pour la solde, et de ne fournir l'habillement que sur les journées de présence. Je démontrai qu'il en résulterait pour le gouvernement une économie annuelle de plusieurs millions. J'eus la satisfaction de voir que ce que j'avais proposé fut prescrit dans l'un des articles du nouveau règlement.

---

(1) Probablement l'Isle-sur-Sorgues, dans le département de Vaucluse.

Après avoir parcouru la Provence pendant plusieurs mois, je fis mon retour à Paris au mois de floréal.

Le lendemain de mon arrivée, j'allai à la Malmaison pour voir le Premier Consul. Il m'invita à déjeuner avec lui dans son cabinet. Après mes réponses à ses questions sur mon inspection, et lui avoir parlé de mon altercation avec le commandant de la marine à Toulon, dont MM. les ministres ne lui avaient rien dit, il me demanda si je pensais toujours à l'Inde; et, sur ma réponse affirmative, il me dit : « Eh bien! Vous irez. — En quelle qualité? — Mais, capitaine général. Allez voir le ministre de la marine. Dites-lui qu'il vous communique tous les documents relatifs à cette expédition. »

En rentrant à Paris, je fus souhaiter le bonjour au général Moreau qui, comme à son ordinaire, me fit un très bon accueil. Il y avait deux personnes avec lui. La conversation, interrompue à mon arrivée, reprit son cours. J'ignorais que, pendant mon absence de quatre mois de la capitale, l'inimitié ou plutôt la haine entre ce général et le Premier Consul s'était de plus en plus invétérée. Mais, entendant traiter celui-ci sans ménagement, je pensai qu'il me convenait, dans ma position, de ne pas y être indifférent. Alors je dis que je venais de déjeuner avec lui, et qu'il m'avait annoncé que je serais capitaine général à Pondichéry. « Ah! En voilà encore un d'exilé », dit le général Moreau. « Non pas, mon général : car avant d'être nommé inspecteur, j'avais témoigné à Bonaparte le désir d'aller aux Indes, lorsqu'un jour il me demanda ce que je voulais faire; et j'ai été fort surpris, ce matin, quand il m'a donné cette marque de son souvenir et de sa bienveillance. » Ce que je venais de dire et que la loyauté m'avait fait exprimer dans cette circonstance n'étonna point le général Moreau qui connaissait ma franchise et qui se souvenait sans doute des observations que je m'étais précédemment permis de lui faire, au sujet de la fâcheuse résolution qu'il avait prise de se tenir éloigné du chef du gouvernement.

Dans la soirée de ce même jour, j'allai au ministère de la Marine. Dès que j'eus salué le ministre Decrès, il m'engagea à passer dans une pièce voisine du salon où il recevait. Alors, sans préambule, son coude appuyé sur la cheminée, et d'un ton fort dégagé, il m'adressa cette interpellation : « C'est vous qui êtes allé à Toulon? » Je lui répondis, en le regardant de manière à lui faire sentir son impertinence : « Oui, c'est moi qui suis allé à Toulon! » Avec un ton moins brusque : « Vous n'étiez pas en uniforme quand vous vous êtes présenté pour entrer dans l'arsenal? — J'étais en uniforme. — On m'a cependant écrit le contraire. — Je n'ai pas pour habitude de mentir; et j'ai trouvé fort extraordinaire que vous et le ministre de la Guerre vous vous soyez permis de décider dans cette affaire que j'avais demandé de soumettre au Premier Consul, auquel je m'en suis plaint ce matin, et auquel j'ai dit que le poste à la porte de l'arsenal s'étant permis de vouloir m'en refuser l'entrée, j'avais passé outre; mais ce n'est pas pour cela que je suis venu : c'est pour vous prévenir que le Premier Consul m'a dit de vous demander communication des documents concernant Pondichéry et autres établissements dans l'Inde, où je dois aller capitaine général. »

Le ministre, quoiqu'il me parût fort surpris de cet avis, croyant sans doute que je ne m'en apercevais pas, me dit avec un ton de suffisance : « Le courrier Moustache ne m'a pas encore apporté d'ordre à ce sujet (ce courrier portait ordinairement les dépêches de Bonaparte aux ministres). — Eh bien! j'attendrai que vous ayez vu le courrier Moustache; et afin que vous puissiez m'en informer, je vais remettre mon adresse chez votre concierge. » En disant ces dernières paroles, je lui tournai le dos.

Dès le lendemain matin, j'allai à la Malmaison faire part au Premier Consul qu'il fallait que le courrier Moustache apportât un ordre au ministre de la Marine pour que je puisse avoir de lui les documents sur l'Inde. Et, dans la soirée de ce jour, je reçus une invitation de me rendre au ministère le lendemain, à 9 heures du matin. J'ignore si le courrier Moustache avait apporté au ministre Decrès une leçon de civilité, ou bien si elle lui avait été donnée verbalement, mais je n'eus alors qu'à me féliciter de son bon accueil et surtout de son empressement à me présenter les documents qu'il devait me communiquer. Après en avoir pris connaissance, j'adressai au Premier Consul la lettre suivante :

Je ne connais, mon général, les Indes Orientales que d'après les mémoires qui présentent notre situation militaire, politique et commerciale dans cette partie du monde avant et depuis 1789, et qui font connaître la puissance colossale de la nation anglaise, puissance dont les avantages ont tant influé dans la lutte terminée par le traité d'Amiens, qui stipule que seulement nos possessions territoriales au Bengale et aux côtes de Coromandel et de Malabar nous seront rendues.

Si l'île de Ceylan avait été restituée aux Hollandais, non seulement nous nous retrouverions dans l'état où nous étions avant la guerre, mais par notre alliance avec ceux-ci, quoique les Anglais aient anéanti Tippoo-Sahib, nous serions incontestablement bien plus puissants, soit pour notre existence pendant la paix, soit pour l'exécution des projets du gouvernement, s'il voulait attaquer le point le plus sensible de la nation anglaise.

Ceylan servait, par son port de Trinquemaley, pour l'abri des vaisseaux de commerce que l'hivernage surprenait à la côte de Coromandel, mais plus encore pour les vaisseaux de l'État qu'on laissait dans les mers de l'Inde. Le voisinage de l'île Ceylan était en outre d'une très grande ressource pour Pondichéry; et, en cas de guerre, il aurait été pour nous de la plus haute importance. Trinquemaley, devenu anglais, rend nos établissements à la côte de Coromandel encore plus précaires qu'ils n'ont jamais été, tandis que, dans cette possession, les Anglais trouvent un port et une relâche qu'ils n'avaient point. Il n'y a pas de doute que Trinquemaley ne devienne, pour les Anglais, un objet de la plus grande importance. On doit présumer qu'ils vont en faire un établissement de construction et un entrepôt principal de leur commerce des Indes et de la Chine.

Ceylan, devenant la clef et le boulevard des possessions anglaises au Bengale et à la côte de Coromandel, doit porter le gouvernement français à avoir un autre système pour la conservation de ses établissements, la protection de son commerce et ses vues ultérieures sur l'Inde.

Avant la guerre, le commandement de toutes les possessions françaises à l'est du cap de Bonne-Espérance était sous les ordres d'un seul chef qui faisait sa résidence habituelle à Pondichéry.

Dans les circonstances actuelles, convient-il de diviser ce commandement, c'est-à-dire que les îles de France, de Bourbon, Rodrigue, les Seychelles, et les établissements qu'on est dans le cas de faire sur l'île de Madagascar forment une de ces divisions? Et que Pondichéry, Chandernagor et autres possessions dans l'Inde forment l'autre division?

Je vais comparer l'état de ces établissements avant la guerre avec ce qu'ils sont à présent, et le rapport qui existait à cette époque entre l'île de France et Pondichéry, et celui que cette île doit avoir maintenant avec tous nos établissements sur le continent indien.

Pondichéry a été longtemps considéré comme lieu principal des opérations commerciales, politiques et militaires des Français dans cette partie du monde. C'était leur premier établissement; il avait servi de point d'appui, il avait été un moment respectable et respecté; le souvenir de sa splendeur et l'espoir, sans doute, de lui rendre son lustre l'ont toujours emporté sur la considération qu'on aurait dû avoir pour les événements qui avaient donné la prépondérance à la nation anglaise, et sans changer le système de vouloir toujours faire de Pondichéry une place d'armes.

Pondichéry était donc fortifié et approvisionné, mais toujours infructueusement, excepté quand il fut défendu par Dupleix.

L'île de France présentait des avantages inappréciables par ses ports, sa position et son voisinage de Madagascar. Mais, avec des avantages aussi marqués et aussi essentiels, on n'avait l'habitude de ne voir que Pondichéry et on ne voulait pas s'en départir.

Le gouvernement, en décidant que les fortifications de Pondichéry ne doivent plus être relevées, ne considère cet établissement et ceux de Karikal, Mahé et Chandernagor que comme des comptoirs et postes d'observation, ne voulant y établir de troupes que pour paraître tenir à la possession et protéger le commerce, reporte toutes ses vues sur l'île de France. Mais cette détermination doit-elle obliger à former deux divisions de commandement pour les possessions au delà du cap de Bonne-Espérance? Pour parvenir à la résolution de cette question, je vais faire les observations suivantes.

Dans les circonstances actuelles, un capitaine général dans l'Inde sera plus fort par les titres et par la confiance qui lui seront accordés par son gouvernement que par les soldats qu'il pourra avoir à sa disposition.

Les Anglais, qui sont toujours disposés à faire de mauvaises chicanes, mettraient sans doute bien moins de ménagements s'ils s'apercevaient que le capitaine général qui résiderait à Pondichéry n'aurait de rapports qu'avec son gouvernement en Europe, et que, par son isolement, il serait obligé d'attendre d'Europe ses instructions pour la conduite qu'il aurait à tenir, tandis que l'île de France serait toujours un porte-respect dès qu'on saurait se servir des moyens qui pourraient y être disponibles. D'un autre côté, si les intentions du gouvernement sont telles qu'il veuille que le capitaine général qu'il envoie dans l'Inde puisse lui servir pour des vues ultérieures, ne convient-il pas que ce capitaine général ait des rapports continuels avec le point principal, avec la place d'armes, s'il y a à préparer, s'il y a à surveiller?

Le gouvernement a peut-être quelques motifs qui le mettent dans le cas de former cette division. Sans vouloir les pénétrer, j'observe que, si ces motifs sont relatifs aux habitants des îles de France et Bourbon, il me semble qu'il y a possibilité de faire cette division, pour ce qui a rapport à l'administration civile, mais qu'il est essentiel de laisser ensemble tout ce qui a rapport au militaire. Je me suis borné à le présenter succinctement, parce qu'il est de principe que celui qui commande la place doit commander la citadelle; cette comparaison peut être énoncée pour l'île de France et nos possessions dans l'Inde.

Je vous demande donc, mon général, de vouloir bien prendre en considération mes observations, et de vouloir bien m'accorder un instant d'entretien pour cet objet. J'ai l'honneur, etc... »

Le Premier Consul, que j'eus l'honneur de voir quelques jours après lui avoir adressé cette lettre, me dit : « Il convient, quant à présent, que la division du commandement qui a été déterminée soit maintenue. Vous aurez assez à faire à Pondichéry. D'ailleurs, vous seriez trop éloigné de l'île de France, où il importe de changer au plus tôt le mode d'administration qui s'y est introduit depuis plusieurs années. Et comme il importe de faire rentrer incessamment cette colonie et ses dépendances sous la main du gouvernement, il est indispensable qu'un chef soit sur les lieux spécialement chargé de procéder à l'organisation qu'elles doivent recevoir, ainsi que pour surveiller ponctuellement l'exécution des nouvelles dispositions qui seront prescrites pour leur administration. »

Le ministre de la Marine m'adressa, avec une lettre en date du 3 messidor an X, un extrait des registres des délibérations des Consuls de la République, en date du 29 prairial, énonçant :

« Le général de division Decaen est nommé capitaine général des établissements français dans l'Inde, etc... »

Il avait d'abord été décidé que quatre vaisseaux de ligne, plusieurs frégates et quelques navires de transport seraient employés pour l'expédition ; que 2 400 hommes de troupes de différentes armes passeraient dans l'Inde, ainsi qu'un nombre d'officiers pour servir dans des bataillons de Cipayes qui devaient être levés.

Mais, pour ne pas donner d'ombrage aux Anglais, ces dispositions furent modifiées. Le Premier Consul, en m'annonçant le changement, me dit de m'occuper de mon expédition en ce qui concernait les troupes, les officiers et les fonctionnaires civils ; et, laissant le tout à mon choix, il me recommanda de la bien composer, qu'elle était peu nombreuse et que, dans le pays où je devais aller, il fallait donner une bonne opinion de notre nation ; qu'il ne fallait pas, comme autrefois, envoyer loin de la France des hommes tarés ; qu'il convenait beaucoup mieux de les y garder, parce qu'il était plus facile de les y surveiller.

L'expédition devant partir au commencement de l'automne, je m'occupai activement de ce que j'avais à faire.

Je présentai au Premier Consul l'exposé ci-après :

« J'ai l'honneur de vous présenter, mon général, d'après votre ordre, le projet pour l'expédition qui doit se rendre aux Indes Orientales, en vous priant de vouloir bien prononcer l'acceptation des différents articles proposés :

Article premier.

Ce sera du port de Lorient que partira l'expédition. Plusieurs causes militent pour cette préférence : 1° on n'aura, à Lorient, qu'à s'occuper de cet objet, tandis qu'à Brest, les occupations y sont multipliées pour les autres expéditions; 2° on a bien plus de connaissances et d'habitude à Lorient que dans les autres ports pour préparer celles destinées pour l'Inde; 3° il est certain que, l'armement se faisant à Lorient, les équipages seront mieux composés en matelots et particulièrement en officiers mariniers, ce qui est à prendre beaucoup en considération pour un voyage de long cours, et surtout pour les stations dans les mers de l'Inde. Les marins qui partent de ce port soutiennent mieux que les autres les longs voyages. Il y a encore d'autres causes que je crois inutile d'énoncer.

Article 2.

L'expédition devra mettre à la voile du 15 septembre au 1er octobre, époque de rigueur pour arriver dans l'Inde en bonne mousson.

Article 3.

La marine disposera les vaisseaux nécessaires pour le transport des troupes, agents civils, provisions, munitions, armes, etc... Ces vaisseaux seront en nombre suffisant pour ce transport et, entre autres choses, pour que le pavillon français reparaisse dans les mers de l'Inde avec un appareil respectable, ce qui est d'autant plus essentiel pour notre reprise de possession que cet appareil produira le meilleur effet surtout aux yeux des princes indiens. Il est aussi très convenable d'avoir égard au long voyage, pour que les vaisseaux ne soient point encombrés, un trop grand nombre d'hommes à bord étant nuisible à la santé des équipages et des passagers. Ainsi, pour qu'on puisse fixer le nombre des vaisseaux en raison des passagers, le nombre en est détaillé ci-après.

Savoir :

Un bataillon d'infanterie de ligne au complet de paix, et un bataillon d'infanterie légère pris, comme l'a décidé le Premier Consul, dans une des demi-brigades de cette arme dont l'effectif est faible. Ces deux bataillons ensemble ne formeront, pour être embarqués, officiers non compris, qu'un total de 900 hommes; car il faut supposer que, malgré qu'il sera recommandé aux demi-brigades d'extraire et de remplacer les hommes qui, par leur âge ou autres causes, ne seraient pas jugés capables d'être embarqués, la route, les maladies, etc., donneront un déficit qui, indubitablement, réduira ces deux bataillons à ce nombre, à l'époque de la revue d'embarquement. Ainsi il faut donc compter, en infanterie, à embarquer 900 hommes.

État-major pour ces deux bataillons et officiers des compagnies :

     1 chef de brigade,
     2 chefs de bataillon,
     1 quartier-maître,
     2 adjudants-majors,
     2 officiers de santé,
     2 adjudants sous-officiers,
     1 tambour-major,
     1 caporal tambour,
     4 maîtres ouvriers,
     8 musiciens,
Officiers : 18 capitaines,
     18 lieutenants,
     18 sous-lieutenants.
  Total... 78

J'insérai dans cet article un tableau détaillé de la solde annuelle pour ces deux bataillons, et, compris celles de l'état-major et des officiers des compagnies, elle s'élevait :

A la somme de..	273 687 fr. 75
Compagnie de gardes du capitaine général, composée de 3 officiers et de 60 sous-officiers, trompettes, chasseurs et hussards. Solde annuelle	15 412 fr. 15
Une compagnie d'artillerie légère, armée de ses pièces et wursts, composée de 4 officiers, 64 sous-officiers, trompettes et artilleurs, avec 12 soldats du train. Solde annuelle de cette compagnie	27 590 fr. 20
Il sera levé un bataillon de Cipayes composé de dix compagnies et organisé selon qu'on l'avait adopté précédemment. De ces dix compagnies, six seront levées à Pondichéry, deux à Chandernagor, une à Karikal, une à Mahé. La solde de ce bataillon, pour les naturels du pays, coûtera annuellement................	224 320 fr. »
[et] pour les officiers français qui formeront le cadre de ce bataillon, celle de.....................................	46 100 fr. »
Total de la solde de ce bataillon........	270 420 fr. »

Je présentai aussi un tableau indicatif de la solde annuelle attribuée à chaque grade et aux fusiliers du bataillon de Cipayes.

L'état-major de cette expédition sera composé selon le tableau suivant :

1 capitaine général.................	*Mémoire.*
2 généraux de brigade (solde du grade et moitié en sus)...............	45 000 fr.

ORGANISATION DE L'EXPÉDITION

		Report..........	45 000 fr.
	1	adjudant commandant (solde du grade et moitié en sus)..............	10 300
	10	aides de camp et adjoints (solde du grade et moitié en sus).........	32 625
	1	commissaire des guerres, non compris les frais de bureau............	6 000
	10	officiers à la suite pour être employés dans différents services (2 capitaines, 4 lieutenants et 4 sous-lieutenants), non compris les frais de bureau....................	18 750
TOTAL...	25	TOTAL........	112 675 fr.

Génie :

	1	chef de bataillon commandant......	6 750 fr.
	2	capitaines.....................	6 750
	2	lieutenants (dont un de 1re classe)...	4 200
TOTAL...	5	TOTAL........	17 700 fr.

Artillerie :

	1	chef de bataillon commandant......	6 700 fr.
	1	capitaine (2e classe).............	3 000
	1	lieutenant (1re classe)............	2 250
TOTAL...	3	TOTAL........	11 950 fr.

Officiers de santé :

	1	médecin.....................	3 000 fr.
	2	chirurgiens de 1re classe..........	4 500
	4	chirurgiens de 2e classe..........	7 500
	2	chirurgiens élèves...............	2 400
	1	pharmacien de 1re classe.........	2 250
	1	élève.......................	1 200
TOTAL...	11	TOTAL........	20 850 fr.

Principaux agents civils :

1 préfet colonial,
1 trésorier,
1 juge supérieur à Pondichéry,
1 juge de la Chauderie (pour les Indiens),
1 juge pour Chandernagor,
1 juge pour Mahé,
4 greffiers.

TOTAL... 10

Agents secondaires :

18 agents pour être placés dans les différents comptoirs, non compris les principaux établissements.

Comme il est nécessaire que quelques personnes passent dans l'Inde comme secrétaires et interprètes, on fixe leur nombre à

30

TOTAL... 48

Récapitulation du nombre des passagers d'après lequel on peut fixer celui des vaisseaux nécessaires au transport :

44..... État-major général, génie (direction), artillerie (direction), officiers de santé,
978..... Infanterie,
24..... Officiers pour les Cipayes,
80..... Artillerie,
63..... Cavalerie,
10..... Principaux agents civils,
48..... Agents secondaires.

TOTAL... 1 247 hommes.

J'observe, relativement au transport, qu'il est convenable de prendre en considération le nombre d'officiers et agents civils faisant partie de cette expédition qui doivent occuper plus de place sur le vaisseau que le soldat.

ARTICLE 4.

Les troupes ci-après seront celles auxquelles il sera donné des ordres pour faire partie de l'expédition :
Un bataillon de la 109e demi-brigade, en garnison à Metz ;
le 3e de la 24e légère, en garnison à Mantes ;
un détachement 6e chasseurs, en garnison à Brisach ;
un détachement 9e hussards, en garnison à Brisach ;
une compagnie du 6e régiment d'artillerie légère, en garnison à Rennes.
Chaque détachement de chasseurs et hussards sera composé ainsi :

1 sous-lieutenant,
2 maréchaux de logis,
2 brigadiers,
1 trompette,
25 cavaliers.

TOTAL... 31

Il sera particulièrement recommandé, dans l'ordre, que les officiers soient choisis tant pour leur constitution que pour leurs mœurs et leurs moyens, et qu'il n'en parte pas qui aient plus de trente-six ans ; que les sous-officiers et soldats soient également choisis et que les mauvais sous-officiers ne soient pas compris.

Il sera aussi recommandé que la masse soit remise pour chaque homme et qu'il soit habillé de neuf autant que possible et bien armé.

Des selles et des brides neuves pour les détachements de hussards et de chasseurs, et des harnais pour les chevaux de l'artillerie légère seront embarqués ainsi que 12 pièces d'artillerie :

4 obusiers,
4 pièces de 8,
4 pièces de 4,
6 wursts,
6 caissons.

Il sera embarqué provisoirement, avec cette artillerie, un approvisionnement double en munitions, surtout en fer coulé.

Deux mille fusils neufs pour armer les Cipayes et avoir des armes de rechange.

Six cents sabres pour le même objet.

La quantité de poudre et de balles n'est pas déterminée, ainsi que différents autres objets de détail et de rechange. Le directeur de l'artillerie en présentera l'état.

Il sera pourvu à l'approvisionnement en étoffes nécessaires pour l'habillement des Cipayes ainsi que pour celui des troupes européennes en drap de Lodève.

Il sera fourni aussi 1 200 gibernes complètes, 600 baudriers pour les sabres, et 30 caisses de tambour avec leurs colliers.

Au surplus, chaque chef présentera, pour sa partie, au ministre, les états détaillés des objets nécessaires.

Article 5.

Les officiers, militaires et civils ci-après désignés seront mis à la disposition du ministre de la Marine, afin qu'ils puissent recevoir leurs ordres et s'occuper des préparatifs pour ce qui regarde leurs emplois respectifs :

Le général de brigade Montigny, pour Chandernagor ;

le général de brigade Vandermaësen, pour Pondichéry ;

le chef de brigade Sainte-Suzanne, pour commander l'infanterie. (*Nota* : le Premier Consul a bien voulu me promettre que le citoyen Sainte-Suzanne, chef de bataillon de la 59e, serait élevé au grade de chef de brigade. Ce chef a déjà commandé les Cipayes. Il est âgé, mais il connaît les habitudes des Indiens) ;

le chef de bataillon Richemont, pour le génie ;

le citoyen Dupleix pour préfet colonial (le citoyen Dupleix a beaucoup d'instruction sur l'administration, la politique et le commerce de l'Inde ; il n'est pas un homme ordinaire ; la gloire de son pays l'anime ; neveu du célèbre Dupleix, il voudra marcher sur ses traces) ;

le citoyen Laurent-Dieudonné Martin pour juge supérieur à Pondichéry (Ce citoyen a été employé vingt-trois ans dans la judicature. Il a été procureur du roi pendant quatorze ans à Châlons-sur-Marne et, depuis la Révolution, il a constamment siégé dans divers tribunaux, et particulièrement au tribunal du département de la Seine).

J'aurai l'honneur, mon général, de vous présenter le tableau de proposition des officiers et agents que je n'ai pas indiqués, lorsque vous aurez porté votre décision sur les principales demandes que je vous soumets.

Aperçu de la dépense annuelle des troupes stationnées dans l'Inde et pour les différents établissements, dans lesquelles dépenses on ne comprend pas les frais de transport ni ceux de station pour les bâtiments de l'Etat.

État-major de la colonie.

Solde des différents officiers, en prenant pour base l'arrêté du... La somme de..................................	112 675 fr.
Le traitement du capitaine général et le supplément qui est nécessaire aux deux généraux de brigade, surtout pour celui qui réside à Chandernagor.	*Mémoire.*

Troupes.

Infanterie française..................	550 324	
Gardes................................	57 228	684 732 fr.
Artillerie.............................	77 180	
Génie, direction.....................		17 700
Artillerie, direction.................		11 950
Officiers de santé...................		20 850
Dans les sommes affectées à chaque arme, on comprend la solde, la subsistance (à raison de 0 fr. 50) — la ration étant composée de 16 onces de pain, 8 onces de riz, 12 onces de viande fraîche et compris l'eau et le bois, les ustensiles et fournitures habituellement faites aux troupes servant dans l'Inde — le logement, l'habillement, l'entretien, les fourrages, et les remontes d'après la fixation des masses affectées à chaque homme, ainsi que les journées d'hôpitaux, au dixième de l'effectif, à raison de 2 francs par jour.		
Corps de Cipayes.....................		270 420
Dans cette somme, on ne comprend que la solde, à laquelle on ne doit ajouter que celle de la dépense de l'habillement et du logement de ces troupes, auxquelles il n'est fourni aucune subsistance, qu'on peut évaluer à 30 francs par homme, et pour les 961 à		28 830
A reporter..........		1 147 157 fr.

DÉPENSES DE L'EXPÉDITION

Report............ 1 147 157 fr.

Achat de chevaux.

Dans les deux articles de dépense pour la cavalerie et l'artillerie, la somme comprise pour les remontes n'est que dans la proportion fixée pour les remplacements, l'achat des chevaux pour les deux armes à raison de 500 francs par cheval et, déduction faite du montant de la remonte, à la somme de 56 626

Et pour les 48 chevaux de trait qui n'ont été compris ni pour l'achat ni pour le remplacement aussi, à 500 fr. l'un.................... 24 000

Agents civils.

Préfet colonial....................		*Mémoire.*
Le trésorier....................	6 000	
Le préposé-receveur....................	2 400	16 800
Le préposé-payeur....................	2 400	
Au trésorier, frais de bureau....................	6 000	
Garde-magasin général....................	3 000	7 800
4 commis aux détails....................	4 800	
Garde-magasin, officier de port et employés de la marine....................		*Mémoire.*
Officiers de justice....................		20 000
État-major de place....................		4 000
Police....................		14 000
Grande voirie....................		10 000
Directeur de la Monnaie....................		2 400
Imprimeur....................		1 500
Total....................		1 304 283 fr.

Aux sommes à porter au présent état, on ajoutera celles portées pour mémoire seulement ainsi que ce qui sera fixé pour les dépenses générales qui doivent comprendre :

Les travaux de fortification, si on en rétablit.	*Mémoire.*
Les réparations des bâtiments militaires et civils et autres travaux publics, loyers de maisons, magasins et logements, en argent.	—
Transports dans les différents ports de l'Inde.	—
Supplément de dépense au grand prévôt.	—
Frais de voyage d'Inde en Inde.	—
Subsistance des officiers de marine et autres restés à terre.	—
Frais de journées d'hôpitaux pour les malades autres que les troupes.	—

Achat d'huile à brûler pour les troupes et entretien des armes.	*Mémoire.*
Dépenses politiques.	—
Frais au dehors.	—
Pensions des veuves et anciens militaires.	—
On porte également pour mémoire les frais d'établissement de Chandernagor, Karikal, Mahé et Yanaon ainsi que le traitement des agents employés dans les petits comptoirs cy.	—
On estime que pour faire face aux dépenses énoncées dans les deux précédents articles, il conviendrait d'allouer, pour la première année, une somme de 800 000 fr. qu'il faudrait augmenter si le but du gouvernement est de donner quelque présent de prix aux princes du pays et s'il veut qu'on acquitte les dettes contractées lors du siège, et les arrérages des pensions. S'il fallait fortifier, on suppléera provisoirement aux fortifications par l'artillerie légère.	800 000 fr.
Cette somme, réunie à celle ci-dessus, compose un total général de dépense de.................	2 104 283 fr.

J'ai l'honneur, etc... »

Le mode d'organisation des Cipayes, leur solde, etc., devant être réglés par le Conseil d'État, le général Dessolle, chargé du rapport, me demanda une note à ce sujet. Je lui écrivis, le 19 messidor :

Comme vous allez, mon cher général, vous occuper, au Conseil d'État, du mode d'organisation et de traitement pour les corps de Cipayes qui doivent servir dans nos établissements de l'Inde, je vous présente cette note contenant quelques observations qui, je crois, peuvent être prises en considération.

Dans un projet relatif à l'expédition, que j'ai remis au Premier Consul, j'avais compris l'organisation d'un bataillon de Cipayes à dix compagnies. Je n'avais pas, alors, acquis des renseignements que j'ai eus depuis; et j'ai reconnu avoir commis une erreur relativement au nombre d'officiers européens que je demandais pour former le cadre de ce bataillon, puisqu'il est indispensable de composer ainsi ce corps.

J'avais donné la préférence à un bataillon composé de 10 compagnies à deux bataillons de chacun 5 pour plusieurs motifs : entre autres, j'y trouvais plus d'économie; et, comme il est nécessaire d'avoir des Cipayes à Chandernagor, Karikal, Mahé, alors, dans chacun de ces établissements, on aurait levé des compagnies, deux dans le premier et une dans les deux autres, et six compagnies à Pondichéry; enfin, parce que j'avais pensé que le gouvernement ne voulait pas qu'il fût levé plus de 1 000 à 1 200 hommes.

Mais, si l'intention du gouvernement est de porter cette levée jusqu'à 1 800 ou 2 000 hommes, je pense, mon cher général, qu'on ne peut pas adopter un meilleur mode de formation que celui de deux bataillons de chacun neuf compagnies dont une de grenadiers.

Depuis que la France a eu des Cipayes à sa solde, les formations de ces corps ont varié, et surtout celles des compagnies. Comme je n'ai point été sur les lieux, je ne prononcerai point quelle a été la meilleure de celles adoptées, mais il me semble que, d'après l'expérience, on doit accorder la préférence à celle de 1792, en y apportant cependant quelques changements qui peuvent être préférables au bien de la chose, surtout en ne laissant exister, entre la formation de nos bataillons et celle des Cipayes, que la différence indispensable. Pous donner plus de clarté à ma proposition, j'ai cru qu'il convenait de mettre en parallèle l'organisation de 1792 et celle que je présente.

État-major selon la formation de 1792 :

Colonel commandant	8 000 fr.
Lieutenant-colonel	6 000
Lieutenant-colonel en second	5 000
Quartier-maître	1 800
1er rissaldar ou chef de bataillon indien	3 000
2e rissaldar	2 400
A chaque adjudant-major indien	1 200
lorsqu'il ne sera que gemnadar	1 050
Au chirurgien indien	1 500
Supplément pour remèdes	900
Deux adjudants de bataillon indiens à	500
Un tambour-major	450
Un caporal tambour	300
A chaque musicien	210
A chaque maître-ouvrier	210

État-major selon la formation proposée :

Un chef de brigade commandant	8 000 fr.
Un chef de bataillon	6 000
(Ce chef de bataillon serait chargé de l'administration, instruction, police et discipline ; enfin, il remplirait les fonctions de major).	
Un quartier-maître	1 800
1er rissaldar	3 000
2e rissaldar	2 400
A chaque adjudant-major indien	1 050
(Les adjudants-majors ne seraient que gemnadars ou lieutenants).	
Un chirurgien-major	1 500
Suppléments pour remèdes	900

Deux adjudants de bataillon à...............	500 fr.	
Un tambour-major......................	450	
Un caporal-tambour....................	300	
A chaque musicien.....................	210	(4 musiciens.)
A chaque maître-ouvrier.................	210	(3 maîtres-ouvr.)

Selon la formation de 1792, l'état-major des deux bataillons coûtait 34 270 francs.

L'état-major des deux bataillons de Cipayes composés comme ci-dessus coûterait, pour la solde annuelle, 32 920 francs, ce qui diminue la dépense de 1 350 francs par an.

Le chef de brigade et le chef de bataillon suffiraient pour la surveillance dans toutes les parties. On ne peut présenter d'objection que pour le commandement à la manœuvre. Mais, à cet égard, ce poste serait rempli par le capitaine de 1re classe de chaque bataillon.

La formation de 1792 n'adopte point d'adjudants-majors européens. Je les crois pourtant très nécessaires pour la surveillance des détails du service et de l'instruction, d'autant mieux encore que la formation proposée ne comprend point d'adjudants sous-officiers européens.

Les adjudants-majors indiens n'auraient que le grade de gemnadar ou lieutenant. Ils n'auraient leur avancement qu'en passant au grade de soubdars dans une compagnie. Je me propose de ne présenter que deux officiers indiens par compagnie : un soubdar ou capitaine, un gemnadar ou lieutenant. Comme on ne doit réellement considérer ces officiers [que] comme de premiers sous-officiers, il devrait paraître égal de n'employer par compagnie que deux gemnadars ou lieutenants; mais l'usage, et surtout ce grade existant dans les corps de Cipayes anglais, il convient de ne rien innover à cet égard. Mais on peut n'employer que ces deux officiers (un soubdar et un gemnadar) par compagnie, et remplacer le deuxième gemnadar par un sous-lieutenant européen; alors, on aurait quatre officiers européens par compagnie dont un capitaine, deux lieutenants, un sous-lieutenant. Il n'y aurait qu'un supplément à ajouter [à la solde] d'un gemnadar pour fournir celle du sous-lieutenant européen.

Plusieurs avantages résulteraient de cette formation; le service s'en ferait mieux; on aurait des officiers pour former des cadres au besoin; enfin, n'est-il pas plus convenable de favoriser des Français plutôt que des Cipayes, puisqu'à la rigueur on pourrait se dispenser d'avoir des officiers indiens, surtout des rissaldars ou chefs de bataillon? *Les Anglais n'en emploient point de ce grade.*

Je présume que ce qui a pu en faire créer pour le service français, c'était pour avoir des moyens de faire le recrutement.

Je vais maintenant présenter la formation que je crois qu'il convient d'adopter pour chaque compagnie :

>   1 capitaine européen,
>   1 lieutenant en 1er,

                    1 lieutenant en 2ᵉ,
                    1 sous-lieutenant,

                    1 soubdar,
                    1 gemnadar,
                    1 sergent-major indien,
                    4 sergents,
                    8 caporaux,
                    8 appointés,
                    80 fusiliers,
                    2 tambours,
                    1 écrivain.

TOTAL des Indiens...   106
                    4 officiers européens.
    TOTAL GÉNÉRAL ... 110

Il n'y a de changement, dans cette formation, avec celle de 1792 que l'augmentation du sous-lieutenant européen et la suppression du deuxième sergent-major qui serait remplacé par un écrivain dont la solde serait moindre de plus de la moitié; ces écrivains étaient employés avant la formation de 1792. Quoique les appointés ne soient plus employés dans la formation des bataillons européens, je crois qu'il faut en créer dans les bataillons cipayes. C'est un des moyens de les attacher au service français, surtout puisque ces hommes ne contractent point un service pour un temps déterminé et ne sont au service qu'autant qu'ils le veulent.

Enfin, si l'on adopte le quatrième officier européen par compagnie, on peut très bien composer ces compagnies de 88 fusiliers puisqu'entre autres choses les officiers sont en proportion.

Un bataillon de Cipayes dont les compagnies seraient composées comme je l'ai ci-devant exposé donnerait, sans l'état-major, un effectif de 990 hommes, officiers européens et indiens compris, qui coûterait annuellement, pour la solde, la somme de 265 480 francs.

En voici le détail par grade :

1 capitaine de grenadiers à 2 700..............	2 700 fr.
1 capitaine de 1ʳᵉ classe à 3 000..............	3 000
3 capitaines de 2ᵉ classe à 2 400.............	7 200
4 capitaines de 3ᵉ classe à 2 000	8 000
9 lieutenants à 1 600......................	14 400
9 lieutenants à 1 500......................	13 500
9 sous-lieutenants à 1 400..................	12 600
1 soubdar de grenadiers à 1 250	1 250
8 soubdars de fusiliers à 1 050	8 400
9 gemnadars dont 1 à 900 et 8 à 750.........	6 900
1 avaldar ou sergent-major de grenadiers à 540.	540

4 avaldars ou sergents de grenadiers à 450....	1 800 fr.
8 naicks ou caporaux de grenadiers à 300......	2 400
8 appointés de grenadiers à 240...............	1 920
2 tambours de grenadiers à 210...............	420
80 grenadiers à 210...........................	16 800
1 écrivain à 210..............................	210
8 premiers avaldars de fusiliers à 450........	3 600
32 avaldars à 360.............................	11 520
64 naicks ou caporaux à 240...................	15 360
64 appointés à 210............................	13 440
16 tambours à 180.............................	2 880
640 fusiliers à 180............................	115 200
8 écrivains à 180.............................	1 440
990 Effectif d'un bataillon = Dépenses.........	265 480 fr.
	× 2
Total pour deux bataillons....	530 960 fr.
Pour l'état-major des deux bataillons...........	32 920
Total général...............	563 880 fr.

Avec la solde affectée à chaque grade, on n'aura aucune indemnité à payer aux officiers français et indiens, mais on sera obligé, lors de la levée des bataillons, de faire l'avance, aux officiers indiens, de tout leur habillement et équipement, dont on exerce la retenue proportionnellement chaque mois. On fait aussi, aux officiers français, une partie de ces avances, surtout pour les effets d'Europe qui leur sont nécessaires, et dont la retenue s'exerce de la même manière. Ainsi, pour faire toutes ces fournitures, il y avait un magasin où tous ces effets étaient avancés au prix de facture, c'est-à-dire tous frais d'achat, transport, etc... comptés.

Les sous-officiers et soldats cipayes ne sont fournis d'aucune subsistance. Ils ne font point de dépenses d'hôpital ; on ne leur donne que le logement qui n'est pas très dispendieux.

Depuis que la France a pris des Cipayes à son service, on a toujours habillé et équipé les sous-officiers et soldats cipayes. L'habillement et équipement consistait :

Savoir :

Un habit de drap vert...................	17ˡ	10ˢ	»ᵈ
Deux gilets croisés de toile de coton.........	5	12	6
Un surtout de toile pinasse	6	5	»
Deux caleçons doublés en toile de coton	6	5	»
Une toque de bétille......................	6	17	6
Une ceinture de toile bleue................	3	2	6
Deux paires de sandales...................	3	15	»
	49ˡ	7ˢ	6ᵈ

Ces effets devaient durer trois ans et, pour être remboursé de cette fourniture, on exerçait une retenue de 15 deniers par jour ou de 1ˡ 17ˢ 6ᵈ par mois.

Je pense que, pour attacher les Cipayes au service français et en faciliter le recrutement, on doit rapprocher leur salaire de celui que donnent les Anglais, sans qu'il soit absolument nécessaire de porter ce salaire au taux de celui qu'ils donnent et qui consiste dans 6 roupies par mois (environ 15 francs), deux roupies et demie, lorsqu'ils quittent la garnison, en supplément; ils ont, en outre, une quantité de riz. Avec cette solde, les soldats cipayes anglais sont habillés et équipés de tout, sans qu'il leur soit exercé de retenue.

On fera la fourniture du premier habillement et de tout l'équipement ci-devant désigné aux Cipayes, et on n'exercera plus sur eux qu'une retenue de douze deniers au lieu de quinze, ce qui leur fera une augmentation de trois deniers de solde par jour.

Le Cipaye serait tenu de s'entretenir de caleçons et de sandales, effets qu'il use le plus; c'est ce que l'on considérerait comme petit équipement. Le sol de retenue fournirait à ce petit équipement; et tous les trois mois, on lui en ferait le décompte; mais, avant de lui faire le premier, il faudrait qu'il eût une masse de 18 francs. Ce moyen contribuerait encore à attacher le Cipaye au service, parce qu'on lui remettrait son décompte et sa masse lorsqu'il le quitterait, ou à sa famille, en cas de décès.

Je demande donc que le gouvernement affecte annuellement, pour cette dépense, les mêmes soldes qu'il passe annuellement à chaque soldat français pour sa masse d'habillement et d'entretien, dont une est de 25 francs, et l'autre de 8, en tout 33 francs : ce qui serait une dépense à ajouter à la solde des deux bataillons de 62 139 francs, et ferait un total de 625 019 francs, état-major compris, pour laquelle ces deux bataillons seraient fournis de tout, même du logement, excepté cependant la fourniture des fusils, sabres, gibernes et buffleterie qui sont envoyés d'Europe.

Les Anglais ajoutent aux avantages qu'ils donnent aux Cipayes celui d'adopter, par régiment, 160 enfants d'officiers, sous-officiers et Cipayes auxquels ils donnent, lorsqu'ils ont atteint l'âge de cinq ans, deux roupies et demie par mois et un petit habillement, jusqu'à ce qu'ils soient en âge d'être soldats.

On donne de l'instruction à ces enfants et ils deviennent de très bons sous-officiers et officiers. Je ne propose pas d'en accepter un tel nombre; mais ne conviendrait-il pas d'en adopter au moins quatre par compagnie? Cette méthode des Anglais me paraît très bonne à suivre.

Voilà, mon cher général, ce que j'ai pu à la hâte vous réunir sur ce corps de Cipayes. Contribuez, je vous prie, à ce qu'au moins une bonne partie de mes propositions soient admises.

Salut et amitié.

Le mode d'organisation que j'avais proposé dans cette lettre ainsi que la fixation de la solde furent adoptés, à quelques modifications près, et déterminés par un arrêté des Consuls du 28 fructidor an X.

Le nombre des grenadiers et fusiliers, pour chaque compagnie, ne fut porté qu'à 64 hommes au lieu de 80 que j'avais proposé. Ainsi la force de chaque compagnie fut fixée à 94 hommes, officiers compris, dont 4 européens, au lieu de 110; chaque bataillon, à 846, la demi-brigade de deux bataillons à 1 692, enfin, y compris l'état-major, à 1 713.

Quant à la solde, celle :

Du chef de bataillon européen fut réduite à..	5 000	au lieu de 6 000
Du 1er rissaldar à......................	2 400	— 3 000
Du 2e rissaldar à	1 800	— 2 400
Soubdars de grenadiers à................	1 200	— 1 250
Adjudant-major gemmadar	900	— 1 050
Sergent-major de grenadiers à...........	510	— 540
Sergents de grenadiers à................	420	— 450
Caporaux de grenadiers à...............	270	— 300
Maîtres-ouvriers de grenadiers à	180	— 210

Les augmentations ci-après eurent lieu :

Aux adjudants-majors européens.........	2 100	au lieu de 2 000
Capitaine de 3e classe..................	2 100	— 2 000
Aux adjudants et sous-officiers indiens......	575	— 500
Tambour de grenadiers	240	— 210
Écrivain-fourrier grenadier	300	— 210
Musicien..............................	270	— 210
Tambour de fusiliers	210	— 180
Fourrier-écrivain de fusiliers.............	270	— 180

Les masses d'habillement et d'entretien furent accordées, mais réduites, l'une, de 25 à 18 francs, et l'autre, de 8 à 6, 24 francs pour les deux au lieu de 33, pour chaque homme.

La retenue par jour fut fixée à 8 centimes au lieu de 12 deniers et la masse de 18 francs prescrite, ainsi que le décompte, comme j'avais proposé de les établir.

Ainsi, d'après les dispositions déterminées par l'arrêté des Consuls, la dépense pour les deux bataillons de Cipayes et leur état-major était réduite à la somme de 550 002 francs pour la solde et les masses d'habillement et d'entretien, au lieu de celle de 625 019 francs, énoncée et détaillée dans ma lettre au général

Dessolle, différence en moins de 75 017 francs, attendu la réduction de 16 hommes par compagnie.

L'admission de quatre enfants de Cipayes par compagnie fut adoptée. On leur accordait la demi-solde à l'âge de cinq ans. La préférence devait être donnée à ceux des soldats et ensuite des sous-officiers avant ceux des officiers.

CHAPITRE III

On accélère les préparatifs de l'expédition. — Démêlés de Decaen avec le ministre de la Marine. — Decaen en appelle au Premier Consul. — Il se charge d'emmener 600 noirs. — Nouvelle discussion de Decaen avec Decrès. — Decaen organise son bataillon africain. — État-major et fonctionnaires de Decaen. — Au cours d'un entretien avec Decaen, Bonaparte se plaint vivement de Moreau. — Ses reproches sur la conduite de celui-ci. — Decaen défend Moreau. — Bonaparte attribue la conduite de Moreau à l'influence de la femme et de la belle-mère de celui-ci et aux conseils de Lahorie, Fresnière et Normand. — Il semble encore porter quelque intérêt à Moreau. — Decaen lui insinue que Moreau pourrait être facilement ramené. — Réponse décourageante du Premier Consul : « C'est un sable mouvant ! » — Causes du mécontentement de Lahorie. — Dernières tentatives de Decaen pour rapprocher Moreau de Bonaparte.

Il fut décidé que l'expédition partirait de Brest, et que le vaisseau le *Marengo*, de 74, les frégates la *Belle-Poule*, l'*Atalante*, la *Sémillante* avec la flûte la *Nécessité* et quelques navires de commerce, transporteraient dans l'Inde les troupes, bagages, etc...

Savoir :

600 hommes, 3ᵉ bataillon de la 109ᵉ demi-brigade de ligne ;
320 hommes, bataillon d'infanterie légère, 3ᵉ de la 18ᵉ ;
100 hommes, compagnie d'artillerie légère du 6ᵉ régiment ;
60 hommes, garde du capitaine général, formée de détachements de chasseurs et hussards ;
16 ouvriers d'artillerie.

TOTAL......... 1 096

58 officiers de ces corps ;
78 pour les Cipayes ;
18 officiers généraux, d'état-major et des directions d'artillerie et de génie.

TOTAL GÉNÉRAL... 1 250

Et, avec le préfet, les fonctionnaires civils, les employés, les femmes et les enfants et, en outre, les domestiques, il y avait à transporter environ 1 400 personnes.

Les dispositions à faire par la marine pour le départ de l'expédition n'ayant pas été terminées afin de mettre à la voile au mois d'octobre, ce départ fut ajourné au printemps prochain.

Au mois de nivôse, je reçus une lettre du ministre de la Marine, datée du 13, m'annonçant que « l'intention du gouvernement étant que je me rendisse bientôt au poste qui m'était assigné, il s'empressait de me prévenir qu'il avait donné des ordres pour que je fusse payé, à Paris, de quatre mois d'avance sur mon traitement fixé à 70 000 francs. »

Alors, tous les préparatifs furent accélérés. Les troupes qui étaient déjà stationnées dans les environs de Brest reçurent des ordres pour y arriver, ainsi que les officiers, etc.., qui devaient s'y rendre; et tout ce qui devait faire partie de l'expédition en hommes et en matériel y arriva successivement.

J'allais assez souvent voir le Premier Consul, soit pour lui faire des demandes relativement à l'expédition, soit pour le prier de lever les difficultés que je rencontrais auprès du ministre de la Marine.

J'eus avec ce ministre une assez vive discussion parce qu'il avait fait remplacer la flûte qui devait être employée au transport par le navire la *Côte-d'Or*, affrété au commerce et qui offrait moins de capacité. Lui ayant fait, à cet égard, des représentations et qu'il n'y avait pas suffisamment de bâtiments pour transporter le personnel et le matériel, et que les troupes seraient trop mal à l'aise pour une aussi longue traversée, je lui dis qu'ennuyé des contradictions que j'éprouvais journellement, je finirais par prendre un parti; et, à sa réplique que je me conformerais sans doute aux ordres du gouvernement, je lui ripostai que je ne ferais que ce que je jugerais me convenir.

Peu de jours après cette discussion, étant allé voir le Premier Consul, il me dit : « Vous êtes donc en querelle avec le ministre de la Marine? — Oui, mon général, et cela ne peut pas être autrement, parce que, le ministre n'étant contredit par personne lorsqu'il vous soumet ses dispositions, vous lui accordez ce qu'il vous demande; et ce sera toujours de même si vous n'êtes pas mon avocat. » Il se mit à rire et me dit : « Eh bien! je serai votre défenseur. » Mes observations contribuèrent à faire ajouter à la *Côte-d'Or* deux autres navires.

Cependant, mon départ de Paris n'eut pas lieu aussi tôt que je l'avais présumé, attendu qu'étant allé voir le Premier Consul, il me dit : « Comme Richepance nous a embarrassés de 1 500 noirs qui sont arrivés à Brest, qu'il a extraits de la Guadeloupe et qu'il avait d'abord envoyés aux États-Unis, où l'on n'a pas voulu les recevoir, ces hommes ont été déposés au bagne en attendant qu'on leur donne une destination. Ne pourriez-vous pas nous débarrasser d'une partie? » Je répondis : « Mon général, je crois cela possible, du moins pour 600 dont je formerai un bataillon qui en remplacera un des deux de Cipayes que je dois lever à mon arrivée à Pondichéry. Si mon expédition était composée de plus d'Européens, je vous proposerais de me donner tous ces noirs, car je crois qu'en traitant bien ces hommes, on en tirera un aussi bon parti et, peut-être, meilleur que des Indiens. Je ne vous demande pas de remplacer le deuxième bataillon de ceux-ci par des Africains : parce que je crois qu'il est indispensable d'avoir aussi des troupes indiennes pour le service des établissements. C'est un usage établi qu'on ne peut pas s'empêcher de suivre, et qu'il est politique d'entretenir ; d'ailleurs, je crois que si l'on ne s'y conformait pas, cela pourrait produire un mauvais effet dans l'Inde, et que les Anglais n'en seraient pas fâchés. — C'est bien. Vos observations sont justes. Allez voir le ministre de la Marine et entretenez-vous de cela avec lui. »

Les noirs dont il s'agit avaient servi à la Guadeloupe pour repousser les Anglais et conserver cette colonie à la République. Je crois que si le Premier Consul avait été bien informé de ce qui s'était passé dans cette île, le général Richepance aurait reçu d'autres instructions que celles qui lui furent données. Mais on avait commis la même faute qu'à Saint-Domingue, de vouloir y rétablir le même régime qu'avant la Révolution.

Ce capitaine général, après avoir subjugué, à la Guadeloupe, les noirs qui s'étaient révoltés lorsque le contre-amiral Lacrosse (1), d'après les ordres du gouvernement, avait entrepris d'y rétablir l'esclavage, ce capitaine général, dis-je, avait considéré qu'il y aurait du danger à conserver dans cette colonie tous les noirs qui avaient fait partie de la force armée. Alors, il avait pris la

(1) Lacrosse, d'après l'état général de la marine de l'an XI, était contre-amiral depuis le 1ᵉʳ vendémiaire an V et avait été capitaine général de la Guadeloupe jusqu'en l'an XI.

résolution de faire expédier pour les États-Unis tous ces braves gens si mal récompensés de leurs services, croyant qu'on trouverait facilement à les vendre! Mais, la spéculation ayant été repoussée par les Américains, on se trouva forcé de faire voile pour un port de France.

Quelques mois auparavant qu'il fût question des noirs arrivés à Brest, j'étais allé à la Malmaison. Après avoir salué Bonaparte qui était dans le salon avec plusieurs personnes, entre autres l'amiral Truguet (1) et le général Vaubois (2), il me dit, d'un air fort satisfait : « J'ai reçu de bonnes nouvelles de Richepance. Il a eu du succès à la Guadeloupe. — Tant mieux, mon général. — Il ne lui reste plus qu'à soumettre quelques bandes de révoltés dont il espère pouvoir bientôt venir à bout. » Alors quelqu'un observa qu'on n'en pourrait finir qu'en les exterminant, et chacun fit des réflexions sur ce sujet, et énonçant que c'était le seul moyen à pratiquer. Je me permis d'exprimer mon opinion par ces seules paroles : « Et le sucre! Qui le produira, quand il n'y aura plus de nègres? » Alors Bonaparte tourna le dos et il ne fut plus question de la Guadeloupe, où les derniers 300 noirs, qui avaient combattu pour conserver leur liberté, préférèrent se faire sauter ensemble par l'explosion d'une mine plutôt que de reprendre les chaînes de l'esclavage!

Au sujet des noirs arrivés à Brest, j'allai, dès le même jour qu'il en avait été question avec le Premier Consul, pour en causer avec le ministre de la Marine. Mais ne l'ayant pas rencontré, j'y retournai le lendemain ; et il débuta ainsi : « C'est donc vous, général, qui avez dit au Premier Consul qu'on pouvait emmener à Pondichéry une partie des noirs venus de la Guadeloupe? — Oui, c'est moi, parce que je crois cela possible. — Mais vous n'avez pas réfléchi que si vous étiez obligé de revenir à l'île de France, vous ne pourriez pas y introduire ces noirs? — Il est certain que je n'ai pas eu cette idée. Cependant, si vous n'avez pas d'autre objection

---

(1) Truguet (Laurent-Jean-François) était vice-amiral depuis le 6 vendémiaire an III, et conseiller d'État (État général de la marine de l'an XI).

(2) Belgrand-Vaubois (Claude-Henri), né le 1er octobre 1748 ; élève d'artillerie, le 10 décembre 1769 ; lieutenant, le 7 juin 1770 ; capitaine, le 5 avril 1787 ; chef du 3e bataillon de la Drôme ; général de brigade, le 6 septembre 1793 ; général de division, le 19 floréal an IV ; commandant de Malte jusqu'au 9 floréal an VII ; entré au Sénat en brumaire an IX ; commandant d'une division de gardes nationales de réserve, à Ostende, le 15 août 1809 ; rentré au Sénat, le 20 septembre 1809, il mourut en 1839 (A. A. G.).

à me faire, vous ne changerez pas mon opinion : attendu que, si les circonstances voulaient mon retour de Pondichéry à l'île de France, il faudrait, pour l'effectuer, que la mer fût libre, et que j'eusse des bâtiments pour y embarquer ces noirs. Or, tant que la faculté existera de faire cette traversée, je ne vois pas qu'il y ait lieu de revenir dans cette colonie. Et en cas de guerre, si les Anglais voulaient prendre Pondichéry, comme ils ne l'attaqueraient qu'après l'avoir bloqué par mer, il n'y aurait pas à songer à une retraite sur l'île de France. — Mais, que ferez-vous dans ce cas? — Ah! c'est autre chose! J'agirai selon les circonstances. » Il ne fut alors rien dit de plus sur ce sujet. Mais, le jour suivant, je reçus le billet ci-après :

Paris, le 21 nivôse an XI de la République.

Le Ministre de la Marine et des Colonies…

Nous aurons 600 noirs pour le bataillon africain. Veuillez, mon cher général, travailler de suite à leur projet d'organisation, vêtements, etc…, et me faire un rapport. Venez dîner ce soir avec moi pour en causer.

Je m'occupai de suite du projet de l'organisation que j'avais jugé convenable de donner à ce bataillon. Je le remis au ministre et, le 30 nivôse, il m'adressa la lettre dont suit un extrait :

Le Premier Consul a approuvé, le 24 de ce mois, la formation d'un bataillon de chasseurs africains composé de 614 noirs qui faisaient autrefois partie de la force armée de la Guadeloupe, et qui doivent tenir lieu, jusqu'à concurrence de leur nombre, du corps de Cipayes que vous êtes autorisé à lever dans l'Inde.

L'intention du gouvernement est que vous vous occupiez sans délai de l'organisation de ce bataillon.

J'ai donné des ordres au préfet maritime du 3e arrondissement afin qu'il soit confectionné le plus tôt possible, pour chaque homme, un habit-veste sur le drap destiné aux Cipayes, et tous les accessoires de l'habillement seront achetés à Brest.

Tous les objets d'armement et d'équipement et de vêtement seront transportés à Pondichéry, avec le bataillon de chasseurs africains, sur des bâtiments qui vont être frétés à ce sujet, et qui seront escortés par le brick le *Bélier* de sorte que ce corps, à son débarquement, sera pourvu de tout ce qui lui est nécessaire pour être de suite en activité de service.

Aussitôt la réception de cette lettre, je mandai au général Vandermaësen, déjà arrivé à Brest depuis quelque temps, de s'occuper activement de la formation de ce bataillon et de tout ce qui lui était relatif, selon les instructions que je lui adressais ; et j'écrivis au préfet maritime pour l'inviter de vouloir bien faire tout ce qui lui serait possible pour que ces chasseurs fussent promptement habillés et équipés...

Vandermaësen était un excellent officier. Il avait servi avec moi à l'armée du Rhin, et il avait accepté la proposition que je lui avais faite de m'accompagner dans l'Inde. Destiné à commander les troupes, je l'avais chargé de recevoir le bataillon de la 109e et de l'inspecter, ainsi que d'organiser le bataillon d'infanterie légère et ma compagnie de gardes.

Le ministre de la Marine m'avait proposé le général Montigny (1) pour commander à Chandernagor. Cet officier général, déjà âgé, avait servi dans l'Inde pendant longtemps. Ayant acquis beaucoup de connaissances sur ce pays, il pouvait encore y être utile.

J'avais fait choix de l'adjudant commandant Binot (2) pour mon chef d'état-major. Cet officier était fort intelligent ; il avait surtout très bien servi en Égypte et il m'avait témoigné le désir de venir avec moi.

L'adjudant commandant Darsonval (3) m'avait aussi demandé d'être employé dans l'Inde. Je le proposai pour le commandement de Mahé, à la côte Malabar.

Le poste de Karikal, à la côte de Coromandel, fut destiné à un parent du chef de brigade Lauriston (4), qui m'avait prié de le

---

(1) Montigny (François-Emmanuel Dehaies), né le 7 août 1743 à Versailles ; sous-lieutenant, le 2 août 1768 ; lieutenant, le 17 juin 1770 ; capitaine, le 24 mars 1772 ; rang de major dans les troupes des colonies, le 28 janvier 1776 ; colonel, le 3 septembre 1778 ; général de brigade, le 21 germinal an VIII ; retraité, le 18 février 1812 ; mort le 27 juin 1819 (A. A. G.).

(2) Binot (Louis-François), né le 7 avril 1771, à Paris ; caporal au 9e bataillon de Paris, le 5 septembre 1792 ; sous-lieutenant, le 20 messidor an II ; lieutenant aide de camp, le 14 germinal an III ; capitaine, le 1er germinal an V ; chef d'escadrons à l'armée d'Orient, le 13 nivôse an VIII ; chef de brigade, le 1er fructidor an IX ; adjudant commandant, le 10 floréal an X ; employé aux Indes Orientales, le 10 thermidor an X ; employé au camp de Saint-Omer, le 11 ventôse an XIII ; général de brigade, le 22 novembre 1806 ; tué à Eylau, le 8 février 1807 (A. G.).

(3) Darsonval (Jean-François Angot), né le 1er décembre 1762, à Paris ; soldat dans Chartres-Infanterie, en 1777 ; sert aux Antilles, puis entre dans la légion belge, le 1er mars 1792 ; capitaine, le 1er novembre 1792 ; chef de bataillon, le 3e complémentaire an VII ; colonel, le 17 vendémiaire an VIII ; adjudant commandant, le 3 messidor an XII ; employé à l'Île de France, à la Grande Armée, en Espagne ; maréchal de camp, le 18 mars 1818 (A. A. G.).

(4) Lauriston (Jacques-Alexandre-Bernard Law de), né le 1er février 1768, à Pondichéry ; élève d'artillerie, le 1er septembre 1784 ; lieutenant, le 1er septembre 1785 ; capi-

demander au Premier Consul dont il était un des aides de camp et d'obtenir aussi le grade de chef de brigade pour ce parent, nommé de Kerjean, lequel, en qualité de lieutenant-colonel, avait commandé le régiment de Pondichéry et était resté dans cette ville depuis qu'elle était tombée de nouveau au pouvoir des Anglais. Cet officier me renvoya ses lettres de service, que je m'étais empressé de lui adresser dès mon arrivée sur la rade de Pondichéry, motivant son refus sur ce qu'il avait fait assurer sa vie par une compagnie anglaise qui avait entrepris ces sortes d'assurances.

Le général Marescot (1), inspecteur du génie, avait désigné le chef de bataillon Richemont pour sous-directeur, excellent officier et qui avait été très satisfait de sa nomination.

Les chefs de bataillon Duché et Lerch, bons officiers, commandaient les deux bataillons d'infanterie. Lorsque Vandermaësen avait passé l'inspection de celui de la 109e, il n'y avait admis que les soldats de bonne volonté et bien constitués. Celui d'infanterie légère avait aussi été formé de tous hommes partant volontairement. J'avais proposé, pour commander ces deux bataillons, le chef de bataillon Sainte-Suzanne, que j'avais fait nommer chef de brigade.

J'avais choisi, pour commander ma compagnie des gardes, le lieutenant Suchet, brave et bon officier de cavalerie. Il fut élevé au grade de capitaine et mon frère fut nommé son lieutenant. Cette compagnie fut formée de chasseurs et de hussards de bonne volonté détachés de divers régiments. Le capitaine Grosjean commandait la compagnie d'artillerie légère. C'étaient aussi tous hommes de bonne volonté du 6e régiment.

---

taine, le 22 août 1791; chef de brigade, le 7 février 1795; démissionnaire, le 5 avril 1796; remis en activité, le 5 mars 1800; aide de camp du Premier Consul la même année; général de brigade, le 13 septembre 1802; général de division, le 1er février 1805; ambassadeur en Russie, en 1811; commandant la 1re compagnie des mousquetaires gris, le 20 février 1815; ministre secrétaire d'État de la maison du roi, le 1er novembre 1820; maréchal de France, le 6 juin 1823; décédé à Paris, le 10 juin 1828 (A. A. G.).

(1) Marescot (Armand-Samuel), né le 1er mars 1758; sous-lieutenant à l'école de Mézières, le 1er janvier 1778; aspirant, le 1er janvier 1780; lieutenant, le 13 janvier 1784; capitaine, le 1er avril 1791; chef de bataillon, le 16 brumaire an II; chef de brigade, le 1er thermidor an II; général de brigade, le 15 fructidor an II; général de division, le 18 brumaire an III; commandant en chef le génie, à la Grande Armée; sert à l'armée de Portugal; destitué, le 7 septembre 1808; nommé premier inspecteur général du génie par le gouvernement provisoire, le 7 avril 1814; retraité du 18 octobre 1815 (A. A. G.).

Je n'eus de difficultés que pour avoir un sous-directeur d'artillerie, et je laissai à Brest le directeur désigné, le chef de bataillon Florence Dubois, parce qu'il voulait être nommé chef de brigade avant de monter à bord.

Le citoyen Léger, commissaire ordonnateur à Brest, qui avait été commissaire de la marine à Pondichéry, fut nommé préfet colonial.

Le contre-amiral Linois commandait les bâtiments de l'expédition.

Le ministre m'ayant prévenu, le 10 pluviôse, que, d'après le dernier rapport reçu de Brest, il était certain que tous les préparatifs concernant la marine seraient achevés pour que l'expédition mette sous voile dans les premiers jours de ventôse, et n'ayant plus que quelques objets à régler avec le ministre, je mandai au général Vandermaësen de réunir à Brest, pour le 1ᵉʳ dudit mois, tout le personnel qui avait reçu l'ordre de se diriger sur Morlaix, et je le prévins que je partirais de Paris dans les premiers jours de la troisième décade de pluviôse.

J'avais aussi à faire décider par le Premier Consul si la somme d'un million, destinée pour Pondichéry, serait fournie par le Trésor en piastres d'Espagne ou en lettres de change sur Madras, comme le prétendaient les ministres de la Marine et du Trésor, tandis que je soutenais qu'on devait embarquer des piastres, attendu qu'il pouvait arriver que les lettres de change ne fussent pas acquittées à Madras et qu'alors je me trouverais dans le plus grand embarras; d'ailleurs, qu'il était impolitique et peu convenable d'avoir recours aux Anglais pour un pareil service, et surtout pour commencer un établissement, ajoutant que, plus tard, on pourrait user de ce moyen pour nous faire des fonds, mais qu'il était prudent d'attendre que le préfet eût, sur les lieux, pris des renseignements et proposé les voies. Mes raisons prévalurent et l'ordre fut donné que le million en piastres fût envoyé à Brest.

J'avais encore à demander au Premier Consul s'il ne me donnerait pas des instructions particulières. Lorsque je lui en parlai, je lui dis que celles que le ministre devait me donner ne me paraissaient pas suffisantes, qu'elles seraient copiées sur celles qu'avait eues M. de Bellecombe en 1778 et que j'avais choisies comme les plus convenables de celles qui m'avaient été communiquées. Le

Premier Consul me répondit : « Mais tout cela n'est qu'un protocole! Mais quelles instructions [voulez-vous] que je vous donne pour agir à une distance aussi éloignée? Vous ferez pour le mieux, en raison des circonstances. » Je lui fis l'observation que je désirais avoir un aperçu de ma règle de conduite relativement à ses vues sur l'Inde. Il me dit qu'il me donnerait une instruction particulière.

Le ministre m'écrivit, le 19 pluviôse :

Le Premier Consul désirant, général, que toutes les personnes qui composent l'expédition de l'Inde soient rendues très incessamment au port d'embarquement, je vous invite à faire vos dispositions pour partir sans perte de temps. Vous trouverez ci-joint l'ordre de départ qui vous servira de passeport jusqu'à Brest.

Un des derniers jours que je restai à Paris, étant allé voir le Premier Consul pour lui parler encore de l'expédition de l'Inde, je fus très étonné de l'entendre me dire : « Decaen, le général Moreau se conduit mal; je serai forcé de le dénoncer à la France. » Ces paroles m'ayant ému jusqu'aux larmes, je répliquai : « Mon général, il y a des personnes qui vous trompent à l'égard du général Moreau; et d'autres qui lui disent du mal de vous. Tout cela est très fâcheux, mais il n'est pas possible qu'il agisse contre les intérêts de la République qu'il a si constamment bien servie. — Vous êtes bon, vous, et vous croyez que tout le monde vous ressemble. Moreau correspond avec Pichegru. — Mon général, cela n'est pas possible! — J'ai une lettre qui le prouve. L'on tient en prison un abbé David qui en était porteur. Je puis vous la montrer. — Comment! Après ce que le général Moreau avait écrit de Pichegru à l'époque de la journée du 18 fructidor? Je connais cet abbé David : il a fait imprimer une histoire de la campagne de Pichegru en Hollande. Il m'a toujours paru fort attaché à ce général. Je savais qu'il désirait beaucoup de le voir rentrer en France. Il vint chez moi l'année dernière pour m'en parler. Il me dit : « Eh bien! mon cher général, nous n'aurons donc point la satisfaction de voir rentrer Pichegru? Pourquoi cette exception? Ne faut-il pas à tout péché miséricorde? » Je lui dis que c'était très bien de pardonner les offenses, mais que Pichegru n'aurait pas dû aller chez les Anglais, nos implacables ennemis; que Barthélemy, Barbé-Marbois et autres n'avaient pas agi comme lui (et pourquoi n'avait-il pas cherché à rentrer en France après le 18 brumaire?); que Pichegru, ayant ainsi aggravé ses torts, il s'était mérité l'exception faite à son égard. [J'ajoutai] que l'abbé David ne fut sans doute pas satisfait de ma réponse car il ne vint plus me voir; que, probablement, le général Moreau avait accueilli ses sollicitations, appuyées de quelques mauvais conseils donnés par d'autres personnes, car j'avais entendu dire que ce n'était que par égard pour le général Moreau que Pichegru avait été compris sur la liste d'exception, et qu'alors on était parvenu à déterminer le premier à écrire à l'autre pour lui prouver que ce n'était pas lui qui était un obstacle à son retour en France.

Après ces observations de ma part, Bonaparte dit : « Convenait-il au général Moreau de se tenir éloigné du gouvernement, et d'affecter de ne pas être en uniforme quand il s'est présenté? Je n'aimais pas les membres du Directoire, mais j'ai toujours su me tenir dans les bornes du respect dû aux chefs du gouvernement. Le général Moreau a rendu de grands services, mais cela ne l'autorise pas à faire le frondeur, et à rallier autour de lui les personnes auxquelles le gouvernement s'est trouvé obligé de manifester son mécontentement. En agissant ainsi, le général Moreau ne montre-t-il pas qu'il donne son approbation à leur conduite? Cela ne peut produire que le plus mauvais effet. D'ailleurs n'est-il pas entretenu au service de la République? Il reçoit son traitement de général en chef, ses aides de camp lui sont conservés. Ainsi, ne devrait-il pas avoir plus de circonspection? Moi aussi, comme militaire, j'ai rendu des services et je ne crois pas qu'on ait, jusqu'à présent, de reproches à me faire de mon administration. On dit que je travaille pour les Bourbons : mais je ne suis pas tombé du ciel ici! Je sers ma gloire! Si le général Moreau peut avoir quelque sujet de se plaindre, ce n'est pas avec des mécontents qu'il doit s'en entretenir. Il a occupé un poste élevé qui lui donne de l'influence, et une mauvaise influence sur l'opinion entrave la marche du gouvernement. La France a besoin de repos.

« Le Concordat avec le pape lui a déplu. Je ne me soucie pas des prêtres, mais il y avait besoin et même nécessité de s'en occuper pour rétablir, de ce côté, la tranquillité. Le général Moreau ne vint point à la cérémonie de Notre-Dame; mais sa jeune femme s'y montra, affectant la moquerie. Et, le soir, il se présenta chez le ministre de la Guerre pour dîner avec tous les généraux qui avaient assisté à cette cérémonie, conduit par son inconséquence, pour se moquer aussi de leur condescendance. Mais il éprouva le désagrément de ne pas être admis, parce qu'il n'était pas en uniforme. Quand il y a des choses qui ne conviennent pas, on doit savoir prendre son parti. On n'agit point de cette manière; on s'éloigne entièrement. Enfin on n'affecte pas de se montrer comme un chef de frondeurs. Je voudrais que le général Moreau eût de l'ambition. Je voudrais qu'il fût comme Bernadotte. Eh bien! Je la servirais, cette ambition... Est-ce de l'argent qu'il lui faut? J'ai déjà laissé à sa disposition un cinquième de toutes les contributions qu'il a levées en Allemagne, et il lui en est resté quatre millions. Comme chef de l'État, je pourrais lui en demander compte et regarder comme insuffisant l'aperçu qu'il a adressé au ministre de la Guerre, qu'il a fait imprimer et dans lequel il a annoncé, avec trop de jactance, qu'il avait fait verser huit cent et quelques mille francs dans la caisse de Strasbourg. Pendant son séjour dans cette ville, il a donné des ordres, de sa seule autorité, et affecté des fonds pour ériger plusieurs monuments, ainsi que pour assurer le traitement des militaires invalides qui devaient en être les gardiens (1). »

Le général Moreau avait, effectivement, affecté des fonds pour réédifier, à Salzbach, le monument de Turenne, ainsi que pour en élever un, près du pont de Kehl, au général Desaix, tué à Marengo; un autre, à la plaine des Bouchers, près le polygone de Strasbourg, au général Kléber, assassiné en Égypte; un troisième, à Neuf-Brisach, au général Beaupuy, tué au combat d'Emmendingen, sur la rive droite du Rhin, près Fribourg, lors de la retraite du général Moreau en 1796; enfin un quatrième, à Huningue, au général Abbatucci, tué en défendant la tête de pont devant cette place en janvier 1797.

Le général Moreau avait ordonné, au sujet de ces monuments, des dispositions qu'il aurait dû préalablement faire agréer du gouvernement; mais il prétendait qu'il avait dû s'en dispenser, parce qu'il n'avait disposé que des fonds appartenant à son armée;

---

(1) Le 22 vendémiaire an IX, Moreau prit un arrêté relatif à la surveillance des monuments de Turenne, Kléber, Desaix et Beaupuy. Les gardiens des monuments devaient avoir un traitement de 500 francs (Arrêté de Moreau, 22 vendémiaire an IX, A. H. G.).

et que c'était au nom de cette armée, dont il était le chef, qu'il faisait ériger ces monuments à la mémoire et à la reconnaissance. Il était, à cet égard, dans l'erreur; car il ne pouvait pas, sans l'approbation du gouvernement, ordonner de telles dispositions dans l'intérieur de la République. D'ailleurs, la dislocation de l'armée était déjà ordonnée et exécutée.

Lorsque le Premier Consul eut fini d'exprimer ses griefs contre le général Moreau, je lui demandai s'il voulait me permettre quelques observations. Je lui dis d'abord qu'on avait été étonné qu'on n'eût pas fait une réception d'apparat à ce général lors de son retour de l'armée, tandis qu'à la même époque on avait remarqué qu'il avait été ordonné des dispositions pour bien recevoir l'ambassadeur de Russie; et que c'était probablement ce contraste qui avait été la cause que les amis du général Moreau s'étaient réunis pour lui offrir un dîner et une fête au jardin de Ruggieri, à laquelle j'avais été invité. (J'ai déjà eu l'occasion de parler de cette triste fête). Le général Bonaparte me répliqua : « Le général Moreau, après avoir repassé le Rhin, resta plusieurs jours à Strasbourg. Il en partit sans annoncer son départ, et il passa par Paris pour se rendre à son château d'Orsay, d'où il vint, en frac, m'annoncer son retour. Il était accompagné du général Dessolle. »

Je continuai en disant : « Mon général, on fut fort étonné, à l'armée, lorsqu'on apprit que plusieurs généraux, dont on savait que le général Moreau n'était pas satisfait, avaient été employés aussitôt leur arrivée à Paris; et l'on disait même : « Il paraît qu'il faut mal servir à cette armée pour s'assurer « la faveur du gouvernement. » Je vous prie de croire que je ne suis pas le délateur de mes camarades; je veux seulement vous entretenir de ce que je suppose avoir donné de l'humeur au général Moreau. Tout le monde savait que ce général avait plusieurs motifs d'être mécontent de la manière dont le général Gouvion Saint-Cyr avait servi depuis le commencement de la campagne. Je ne vous parlerai que de lui, et vous l'avez envoyé commander en Italie. — Si le général Moreau avait porté une plainte contre cet officier général et que, sans y avoir égard, le gouvernement lui eût confié un nouvel emploi, ce serait une juste observation; mais Saint-Cyr a présenté une lettre dans laquelle on faisait son éloge, et qui l'autorisait à quitter l'armée du Rhin pour raison de santé. Il n'y a pas eu non plus de plainte contre les autres généraux qui ont quitté cette armée. J'ai assez d'ennemis, je ne veux pas en augmenter le nombre. Je ne pouvais pas leur refuser de l'emploi, parce que le gouvernement ne doit pas faire attention à ce que des officiers généraux ont quelques différends entre eux parce qu'ils ne se conviennent pas, et ce n'est pas une raison pour qu'il se prive de leurs services. D'ailleurs, celui qui a des difficultés avec l'un sert souvent très bien avec l'autre. »

Je dis ensuite : « Le général Moreau a eu beaucoup d'humeur de ce que plusieurs nominations qu'il avait faites dans l'armée n'avaient pas été confirmées; que des récompenses qu'il avait demandées n'avaient point été accordées, et surtout que le ministre eût envoyé plusieurs officiers de son choix pour remplir des places vacantes dans plusieurs régiments; et sa mauvaise humeur était telle qu'après la bataille de Hohenlinden, il avait fait annoncer, par un ordre du jour, qu'il n'avait pas fait de demandes d'avancement, qu'il ne les adresserait que lorsque les antécédentes seraient accordées. — Je sais cela, et, à cet égard, il y a eu entre le ministre et le général une correspondance fort désagréable. Au reste, toutes les demandes faites par Moreau ainsi que ses nominations provisoires ont été accordées ou confirmées, et il n'y a eu qu'un très petit nombre d'officiers envoyés à l'armée du Rhin pour les emplois vacants. — Maintenant, mon général, il s'agit d'une chose beaucoup plus importante : j'ai entendu dire que, depuis le traité de Lunéville, le général Moreau avait eu l'intention de marcher avec son armée sur Paris pour renverser le gouvernement. Ce bruit n'a pu être répandu que par les ennemis de ce général pour vous irriter contre lui. D'abord, je suis certain qu'il n'a point eu cette pensée et je crois pouvoir vous le démontrer en vous disant : 1° Que j'étais assez dans son intimité pour ne m'être pas aperçu s'il avait eu l'idée d'une entreprise aussi extravagante. Non, il n'a jamais eu cette idée. Il a donné trop de preuves de son patriotisme, et il n'était pas dans son caractère de la concevoir. 2° Lorsque le général Moreau fit son retour de Paris, après avoir reçu de vous une paire de pistolets d'honneur, il vint résider au château de Nymphenburg. J'y avais mon quartier général; il voulut que je restasse avec lui. J'étais presque tous les jours son seul compagnon de chasse. A l'une de nos haltes, il me vint à l'idée de lui demander comment allait le gouvernement. Je n'avais l'honneur de vous connaître que par votre grande réputation. Il me répondit : « Decaen, cela va très bien, on ne peut pas « mieux ! Il n'y avait que Bonaparte qui pouvait tirer la France de « la position difficile dans laquelle elle se trouvait lorsqu'il a pris « les rênes de son gouvernement. » Et, pendant tout le temps de sa résidence à Nymphenburg, lorsqu'il était question de vous, il n'en parlait jamais qu'avec admiration. Ainsi, jusqu'à cette époque, on ne peut pas dire que le général Moreau avait de mauvaises intentions.

« Depuis la bataille de Hohenlinden, la dernière suspension d'armes et le traité de Lunéville, je me suis trouvé plusieurs fois en petit comité avec le général Moreau, mais je n'ai jamais entendu un seul mot qui pût faire pressentir qu'il eût jamais pensé à ce qu'on lui a si méchamment imputé. Mais je lui ai entendu dire, un jour que l'on causait sur le retour prochain de notre armée en France : « Je proposerai au Premier Consul une expédition « contre l'Angleterre, et je lui demanderai, pour cela, de choisir « 40 000 hommes de l'armée du Rhin. » — Tout ce que vous me dites là est vrai, mais il n'a plus été de même depuis l'arrivée de sa femme à Salzburg. Cependant, ce n'est pas à cette jeune femme que j'attribue son changement de conduite. C'est à l'influence de sa belle-mère, qui est intrigante, et aux conseils pernicieux de ces trois petits coquins de Lahorie, de Fresnière (1) et de Normand. Ce drôle, qui était du Conseil des Cinq-Cents, colportait, avant le 18 fructidor, en faveur des Bourbons. Toutes leurs intrigues et leurs mauvais conseils finiront par perdre Moreau. »

Après la finale de cette repartie, qui me sembla encore annoncer quelque intérêt pour ce général, j'allais demander à Bonaparte s'il voulait me permettre de prévenir le général Moreau qu'il lui importait d'adopter un autre système. Mais la prompte réflexion que celui-ci pourrait prendre en mauvaise part ce que je lui dirais, ou bien qu'il n'en ferait pas plus de cas que des observations que

---

(1) Fresnière était secrétaire de Moreau. Le 16 février 1804, Murat, alors gouverneu de Paris, donna l'ordre de l'arrêter. Mais Fresnière avait eu le temps de se mettre en sûreté. Moreau venait lui-même d'être arrêté et conduit au Temple (*Lettres et document pour servir à l'histoire de Joachim Murat,* publiés par le prince Murat, tome III, p. **26 et 27**).

je m'étais déjà permis de lui faire, me porta à substituer ces paroles : « Je suis persuadé, mon général, que s'il était possible que vous fassiez faire une démarche auprès du général Moreau, vous le ramèneriez facilement vers vous. » Il me répondit ces seuls mots : « C'est un sable mouvant! » J'en fus si atterré que je ne trouvai plus rien à dire.

Le général Moreau, qui aurait pu se permettre d'offrir ses hommages à une des personnes les plus distinguées de la capitale, ou plutôt de la France, fut engagé par les adroites intrigues de la dame Hulot, veuve d'un trésorier de la marine à l'île de France, à épouser sa fille. C'est à ce mariage, dont on fut fort étonné, que l'on a attribué, et je ne crois pas que l'on se soit trompé, le commencement de la mésintelligence entre ce général et le Premier Consul; car, après cette union, l'orgueil, la jalousie et la vanité excitèrent cette dame Hulot qui influença la jeune épouse jusqu'au point que ces dames eurent la prétention que la compagne du général Moreau devait jouir d'autant de considération que Mme Bonaparte. Au lieu d'étouffer les premiers germes de cette gloriole, le général Moreau s'en trouva artificieusement subjugué. De là, cet accroissement de mésintelligence et de haine qui conduisit ce célèbre général sur le banc des accusés; ensuite à implorer la clémence de Bonaparte, afin de pouvoir passer sur une terre étrangère, enfin à revenir en Europe pour y ternir ou plutôt y perdre tant de gloire et tant de reconnaissance qu'il avait acquise en combattant pour la Patrie, en s'abaissant jusqu'à devenir l'un des conseillers et l'un des conducteurs des cosaques qui vinrent, plus tard, en ravager le sol ; et qui, avant de revoir cette belle France qu'il aurait dû toujours défendre et qu'il venait désoler, termina sa vie par la plus terrible catastrophe, puisqu'il fut tué par un boulet français!!!

Lahorie était mécontent de ne pas avoir été nommé général de division. Il était de petite taille; sa physionomie était laide sans être repoussante. Mais il avait beaucoup d'esprit et de capacité. Il avait une grande ambition qu'il affectait de dissimuler. Il se jugeait utile et surtout propre à la diplomatie. Il avait acquis un grand empire sur le général Moreau; et c'était au point qu'il était parvenu à devenir, sans commission, le chef de l'état-major de l'armée, en supplantant le général Dessolle qui n'en remplissait plus les fonctions que pour ce qui était le moins important.

Je pensais que, si le Premier Consul eût nommé Lahorie général de division et employé aux affaires étrangères, surtout à une ambassade, objet de ses secrètes pensées, il l'aurait alors détaché du général Moreau.

On me dit, dans le temps, que Lahorie, ayant accompagné ce général dans un de ses voyages à Paris, avait déplu à Bonaparte parce qu'il avait voulu, auprès de lui, trop faire l'important, relativement aux opérations de l'armée; et surtout parce qu'ayant été secrétaire du général Beauharnais, au commencement de la guerre de la Révolution, il avait commis quelques indiscrétions à l'égard de la veuve, Joséphine, mariée à Bonaparte.

J'étais lié d'amitié avec Lahorie depuis plusieurs années. Lorsqu'il fut question du Consulat à vie, il me demanda si j'avais signé pour : « Oui », fut ma réponse. — « Eh bien! moi, j'ai signé non. — Tu aurais beaucoup mieux fait de ne rien signer, car ton opposition affectée ne servira qu'à t'attirer encore plus la haine de Bonaparte. »

L'adjudant commandant Normand se serait aussi détaché du général Moreau si on l'eût promu au grade de général de brigade. Il était bien loin de pouvoir être comparé à Lahorie pour l'esprit et les talents. Il se prévalait singulièrement d'avoir été membre du Conseil des Cinq-Cents et de ce qu'il avait une figure et une tournure à plaire aux dames. Aussi voulait-il passer pour homme à bonnes fortunes. Selon lui, il était vainqueur de toutes celles qu'il entreprenait de convoiter. Ce qu'il y a de plus réel, c'est qu'il était très propre à l'intrigue. Dans les premiers temps de mon retour de l'armée, il me proposa plusieurs fois des parties de campagne que je refusai parce que je ne voulais pas m'engager dans les coteries.

Lorsque j'eus une conversation aussi longue et aussi extraordinaire avec le Premier Consul, j'avais déjà pris congé du général Moreau; mais quand j'aurais encore eu à lui faire ma visite d'adieu, je n'aurais pas pu me permettre de lui dire un seul mot de cette conversation confidentielle, puisque Bonaparte ne m'avait point fait entendre qu'il m'y autorisait. D'ailleurs, si j'avais eu cette autorisation précise ou simplement implicite, l'esprit du général Moreau avait alors été élevé et était entretenu à un si haut degré de haine contre le Premier Consul qu'il aurait indubitablement fort mal accueilli mon message; et s'il en eût fait part à ses trop intimes conseillers, ils n'auraient pas manqué de lui répéter que c'était une nouvelle preuve qu'on le redoutait, car ils étaient parvenus à le persuader qu'on n'oserait jamais rien entreprendre contre lui.

Cependant mon attachement pour le général Moreau, me portant à désirer de pouvoir, avant de traverser la mer, lui transmettre un avis que l'orage le menaçait, j'allai voir le général Donzelot (1), alors adjoint du ministre de la Guerre et sur la prudence et la discrétion duquel je pouvais me reposer. Néanmoins, sans lui faire une entière confidence de ma conversation avec le Premier Consul, je lui en dis suffisamment pour qu'il fût pénétré de l'importance qu'il y avait que le général Moreau, auquel il était, comme moi, très attaché, fût prévenu de mettre plus de circonspection dans sa conduite. Je dis en outre au général Donzelot : « Comme, par votre position, vous pouvez savoir bien des choses, le général Moreau ne trouvera probablement pas extraordinaire que vous lui donniez cet avis; et, venant de vous, il ne fera sans doute pas mépris de ce que vous lui direz. » Donzelot me promit de faire la démarche et de bien s'acquitter du sujet.

Pour ne plus y revenir, je dirai qu'à mon arrivée à Brest, j'y trouvai le beau-frère du général Moreau, le lieutenant de vaisseau Hulot, commandant la corvette le *Bélier* qui devait faire partie de l'expédition de l'Inde. Il me demanda comment j'avais laissé sa famille et le général, à mon départ de Paris. Je lui répondis : « Tous jouissent d'une bonne santé. Mais je vous conseille d'écrire sur-le-champ à votre mère qu'elle use incessamment, ainsi que votre sœur, de toute l'influence qu'elles peuvent avoir sur l'esprit du général Moreau pour qu'il se rapproche au plus tôt du Premier Consul, autrement il se plongera dans des embarras et, peut-être, des malheurs que, trop tard, il ne lui serait plus possible d'éviter. »

---

(1) Donzelot (François-Xavier), né le 6 janvier 1764, à Mamirolle (Doubs); soldat au Royal-Marine Infanterie, le 28 octobre 1783; sous-lieutenant au 21ᵉ régiment de cavalerie, le 22 septembre 1792; lieutenant, le 24 mars 1793; adjudant général chef de bataillon, le 15 mai 1793; chef de brigade, le 16 prairial an II; nommé général de brigade par le général en chef de l'armée d'Orient, le 5 messidor an VII; général de division, le 6 décembre 1807; gouverneur des îles Ioniennes, en avril 1810; gouverneur de la Martinique, le 13 août 1817; retraité, le 1ᵉʳ mai 1832; mort à Ville-Evrard, le 11 juin 1843 (A. A. G.).

DÉPART POUR L'INDE

DÉPART POUR L'INDE

CHAPITRE PREMIER

Instructions du ministre de la Marine à Decaen. — Ordres pour la reprise de possession des établissements français de l'Inde. — Reconstitution des archives. — Renseignements et instructions sur ces établissements. — Pondichéry chef-lieu des possessions françaises. — La population. — Revenus et dépenses. — Bonaparte met 1 800 000 francs à la disposition de Decaen pour la première année, en plus des revenus du pays. — Troupes. — Fortifications. — Bonaparte projette de faire fortifier Pondichéry et Karikal. — Bâtiments civils et militaires. — Marine. — Commerce. — Justice. — La Chauderie. — Police. — Cultes. — Dispositions générales.

Tout étant disposé pour mon prochain départ, le ministre me remit un mémoire pour me servir d'instructions. Comme elles étaient fort étendues et en partie communes au préfet colonial, je vais seulement en relater les principales dispositions, et surtout les plus essentielles concernant la politique et la reprise de possession.

L'article 3 du traité d'Amiens restitue à la République française toutes les possessions et colonies qui lui appartiennent et qui ont été occupées ou conquises par les forces britanniques dans le cours de la guerre actuelle.

C'est d'après cette stipulation que doit s'opérer la reprise de possession des établissements français dans les Indes Orientales. Déjà le gouvernement britannique a donné des ordres pour lever toutes les difficultés sur cette rétrocession et le général Decaen, chargé par le Premier Consul de recevoir ces possessions, au nom de la République, est porteur d'une expédition des ordres adressés par lord Hobart tant au marquis de Wellesley qu'à l'amiral commandant les forces d'Angleterre en Asie.

On doit expliquer ici les établissements et dépendances dont la rétrocession doit s'opérer.

Le traité de paix ne les indiquant que sous la désignation générale *de ce qui appartenait à la France avant la dernière guerre*, on est obligé de remonter au traité de paix du 3 septembre 1783 qui, aux articles 13, 14, 15, relate notre propriété en Asie à cette époque.

On joint à ce mémoire un exemplaire du traité de paix lui-même qui est essentiellement nécessaire pour instruction au capitaine général. A la lecture des articles précités, on voit qu'ils forcent de remonter à la connaissance des possessions que la France avait avant la guerre de 1778.

A cette époque, les établissements français dans les Indes étaient :
1° Sur la côte de Coromandel : Pondichéry.
2° Karikal et les quatre *nangans* [?] qui l'avoisinent.

L'article 14 du traité de 1783 porte qu'il sera annexé à Pondichéry les deux districts de Velanour et de Bahour, pour lui servir d'arrondissement; et comme ces deux districts nous appartenaient avant la guerre dernière, nous devrons rentrer immédiatement dans leur possession.

A la côte de Malabar, nous possédons Mahé; au Bengale, Chandernagor.

La France avait aussi des loges ou factoreries, avec le droit d'entretenir des agents, à Yanaon et Masulipatam, sur la côte d'Orissa; à Calicut (côte Malabar); à Surate (golfe de Cambay); à Mascate (golfe Persique); à Moka (mer Rouge); et enfin dans les anciennes factoreries du Bengale désignées à l'article 4 de la convention signée à Versailles, le 31 août 1787, dont copie est jointe aux présentes instructions. Chacune de ses dispositions devra être suivie dans la présente rétrocession et dans chacune des relations ultérieures qui en résulteront.

Il est à observer que, par l'état actuel des choses, on ne présente le droit de la France à ces propriétés que sous le rapport de celui qui résulte de ses traités avec l'Angleterre.

Mais elle a des droits primitifs résultant de ses relations antérieures avec les princes d'Asie depuis qu'elle a acquis d'abord ces possessions.

Les titres originaux doivent être restés à Pondichéry, parce qu'il a été d'usage, dans chacune des guerres précédentes, que les archives ont été confiées à quelqu'un des notables du pays qui, à la paix, les réintègre entre les mains des agents délégués par le gouvernement.

Le défaut de toute relation avec nos établissements d'Asie, depuis la guerre dernière, laisse ignorer ce qui a eu lieu à cet égard, lors de leur occupation par les Anglais; mais on peut présumer que les moyens employés précédemment pour conserver les archives n'auront pas été négligés, et le premier soin du capitaine général et du préfet colonial devra être de faire les démarches nécessaires pour recouvrer ce dépôt.

La réintégration devient d'autant plus intéressante que copie de ces archives, qui avait été envoyée en Europe, se retrouverait aujourd'hui difficilement dans les bureaux du ministère où elles ont éprouvé divers déplacements dans le cours de la Révolution.

Pour tous les documents nécessaires à la réinstallation du gouvernement français dans ses établissements d'Asie, on ne peut, à défaut d'autres pièces, que renvoyer aux mémoires de Dupleix dont l'autorité est reconnue par les Anglais eux-mêmes, au point que la Cour des directeurs de la Compagnie, en donnant à la France les districts de Bahour et de Velanour, conformément à l'article 4 du traité de 1783, précise l'étendue de ces districts sur le texte des mémoires de Dupleix.

Il est à observer que la restitution qui eut lieu à cette époque porta sur 80 aldées, tandis qu'il semblerait, par le mémoire de Dupleix, que ces districts n'étaient composés que d'environ 76 aldées. Mais il est vrai qu'on retrouve, dans ce même mémoire, au n° 6, des pièces à l'appui que les districts dont il s'agit étaient composés de 80 aldées; et cette pièce est de toute authenticité : aussi, c'est le nombre de 80 aldées qui nous fut restitué à la paix de 1783 et qui doit nous être rendu dans la présente rétrocession.

Comme il est nécessaire de faire connaître au gouvernement chacun des détails relatifs à nos établissements d'Asie, le capitaine général et le préfet colonial devront adresser au ministre copie de toutes les pièces dont ils parviendront à recouvrer les originaux, avec les plans y relatifs, de manière à pouvoir reformer à Paris un nouveau dépôt d'archives sur cette partie.

Territoire et Population.

Pondichéry est le chef-lieu des établissements de la République en Asie et la résidence ordinaire du capitaine général. Son territoire s'étend au sud jusqu'à deux lieues, et environ une demi-lieue dans le nord.

La population, qui était, en 1776, de 50 000 Indiens et environ 1 000 Européens, a toujours diminué depuis cette époque; les malheurs de la guerre ayant porté atteinte au commerce, la population s'est réduite, avec les moyens d'industrie.

Jusqu'à ce que la France ait repris la consistance qu'elle avait autrefois dans cette contrée, le capitaine général et le préfet colonial ne peuvent en augmenter la population qu'en attirant les familles indiennes par l'équité de leur administration et la protection locale.

Le préfet colonial ne négligera pas de faire, chaque année, un recensement général, famille par famille, de tous les habitants des villes appartenant à la République. Il distinguera les Européens, Français ou autres, des Indiens et enverra le tout au ministre.

Karikal est situé à trente lieues au sud de Pondichéry.

Le territoire français, dans cette partie, est composé de quatre nangans [?] ou districts qui composent environ quatre lieues carrées.

La France possède Karikal à titre de concession de la part du roi de Tanjaour (1) depuis 1738.

L'article 14 du traité de 1783, nous en a rendu la propriété qui nous est garantie par celui d'Amiens.

Pour accroître sa population, on pourra attirer des Juifs dans cette ville, et la tolérance religieuse, ainsi que la douceur du gouvernement, favoriseront cette mesure.

L'établissement des Français à Mahé remonte à 1722.

Cette ville est la seule que la République possède à la côte de Malabar, distante d'environ 90 lieues à l'ouest de Pondichéry. Elle n'est pas moins importante pour le commerce que par son voisinage avec les états des Mahrattes. Elle l'était bien davantage quand Tippoo-Sultan était sur le

---

(1) Probablement Tanjore.

trône de Mysore. La mort de ce prince et le partage de ses états apportera des changements notables dans notre politique et nos relations commerciales dans cette partie.

On ne connait point le titre primitif en vertu duquel l'ancienne compagnie des Indes s'est établie à Chandernagor. On sait seulement, par des lettres patentes du mois de février 1701, qu'alors ce comptoir faisait partie des possessions françaises.

Chandernagor fut d'abord très négligé; mais, par les soins de Dupleix, il était parvenu à l'état le plus florissant avant que les Anglais eussent fait la conquête du Bengale.

Dans les trois dernières guerres, cette ville est tombée au pouvoir des Anglais et elle sera toujours dans l'impossibilité de se défendre parce que, non seulement elle est enclavée dans les possessions britanniques, mais encore parce que nous n'avons que la liberté de l'entourer d'un fossé pour l'écoulement des eaux (Art. 13 du traité de Versailles).

Quoique Chandernagor soit ainsi dans la dépendance des Anglais, ce n'est pas moins un point intéressant pour notre commerce et pour les revenus qu'il donne à la République.

Le voisinage de Calcutta permet aussi de se procurer des notions précieuses sur la conduite et les projets de nos rivaux et de connaître ainsi les phases de leur situation politique aux Indes.

Les loges, comptoirs et établissements du commerce français au Bengale relèvent tous de Chandernagor.

Tout ce qui concerne Chandernagor, loges et dépendances du Bengale, est déterminé par la convention du 31 août 1787, qui devra servir de règle au capitaine général pour les instructions que donnera le capitaine général à l'officier commandant ces établissements.

C'est là que, surtout, il faudra s'attacher à prévenir ou à arrêter, par des voies conciliatoires, les tracasseries qui pourraient avoir lieu soit relativement à des rapports de commerce, soit dans les affaires contentieuses.

Chandernagor, étant éloigné d'environ 400 lieues de Pondichéry et réunissant sous sa dépendance un assez grand nombre de loges et comptoirs, forme, pour ainsi dire, une colonie séparée, quoique le gouverneur en soit subordonné au capitaine général et qu'il ait également des instructions à recevoir du préfet colonial pour la partie administrative.

On compte, à Chandernagor, environ 130 Européens et 24 000 Indiens. La France, qui possédait autrefois les quatre *cercers* ou provinces du Nord, n'a plus, dans cette partie de l'Inde, que les deux loges Masulipatam et Yanaon.

Ces deux factoreries ont pour objet de protéger le commerce dans cette contrée. Le pavillon français est arboré dans ces loges, qui sont dirigées chacune par un agent français. A la loge de Yanaon est attachée une petite propriété dont les revenus peuvent couvrir les frais de l'établissement.

Les loges de Surate et de Calicut sont à la côte Malabar ce que Masulipatam et Yanaon sont à la côte Coromandel. On s'est procuré, sur la loge de Surate, une note qu'on joint pour information à ce mémoire. Cette note devra être vérifiée, et il est à désirer que le gouvernement en reçoive de pareilles sur chacun de nos établissements.

Quoique les agents français à Mascate et à Moka aient le titre de commissaires des relations commerciales, ces loges n'en dépendent pas moins des établissements de la République en Asie, et l'administration particulière doit en être immédiatement subordonnée à l'administration générale de l'Inde.

Ce principe est fondé sur ce qu'il se fait peu d'armements en Europe pour Moka et jamais pour Mascate, et qu'ainsi un des buts essentiels de ces comptoirs est de favoriser et soutenir le commerce d'Inde en Inde, lequel est sous l'administration spéciale de l'administration de Pondichéry.

On ne parle pas ici de la loge de Canton, non seulement parce qu'elle est très éloignée du chef-lieu de nos possessions dans l'Inde, mais encore parce que les armements pour la Chine se font en Europe et qu'il n'y a guère de communications entre Canton et Pondichéry. Il sera cependant ordonné à l'agent de la République en Chine de correspondre avec le capitaine général et le préfet colonial toutes les fois que l'occasion se présentera de leur rendre compte de l'état du commerce et des événements politiques de cette contrée.

Revenus et dépenses.

Ce mémoire contenait l'énonciation détaillée des domaines et revenus dans l'Inde dont le total était porté à 1 174 175 francs; et, à la suite, il était dit :

... On ne se dissimule pas que la somme de ce revenu ne sera pas, dans la première année, ce qu'elle était avant notre dépossession; et il sera important que le préfet fasse connaître les rentrées sur lesquelles on pourra compter, ainsi que l'aperçu de la dépense annuelle raisonnée et présentée dans la forme usitée d'un budget.

D'après les ordres du Premier Consul, chacune des personnes employées dans nos établissements partira de France avec six mois de son traitement, etc... Quant aux soldats, trois mois seulement leur seront payés avant de partir; les trois autres mois seront remis au conseil d'administration du corps pour assurer la solde du temps à courir sur ces avances après le débarquement.

Le Premier Consul, prenant en considération l'état des forces et de l'administration destinées à servir dans les mers d'Asie et les dépenses auxquelles donneront lieu leur solde et autres frais accessoires que nécessitera notre établissement en Asie, a ordonné que, pour y parvenir, 1 800 000 francs seront embarqués sur l'escadre destinée à la rétrocession, et mis à la disposition de l'administration. Cette somme, avec les revenus du pays, devra excéder la dépense de tous les établissements pendant une année à compter du jour du départ.

Le Premier Consul a décidé que, sur cette somme, 200 000 francs seraient employés aux fortifications extraordinaires, aux présents à faire aux gens du pays, aux frais de courrier et à toutes autres dépenses qui ne peuvent être prévues dans le cours ordinaire de l'administration. Ces fonds, comme tous les autres, devront être versés dans la caisse du payeur, et il ne pourra en être disposé que d'après les ordres du capitaine général et sur une ordonnance du préfet colonial.

Troupes.

Si l'on ne considérait les possessions de la République que comme des établissements purement commerciaux, quelques Européens avec un corps de Cipayes suffiraient pour la garde des premiers fonctionnaires et la police des villes. Mais comme la dignité de la République ne comporte pas une situation si précaire, qu'elle mettrait ses établissements à la merci de la moindre insurrection des natifs, l'intention du Premier Consul est d'entretenir, dès ce moment, à Pondichéry une force armée assez considérable, et qui puisse facilement s'accroître suivant les circonstances.

Les troupes destinées pour les garnisons de l'Inde sont...

(L'énumération en a été faite précédemment).

Le Premier Consul s'en rapporte, sur le rétablissement militaire de Karikal et de Mahé, à la sagacité du capitaine général, pour le nombre d'Européens et de Cipayes qui doivent en composer les garnisons; quant à Chandernagor, il ne peut y être entretenu que des Cipayes.

Le capitaine général se conformera, pour les nominations aux emplois vacants dans les troupes, à ce qui lui est prescrit dans l'arrêté du 28 fructidor an X.

Fortifications.

De toutes les places que la République possède aux Indes, Pondichéry est la seule qui, dans l'ancien système, ait été fortifiée; ce n'est pas que Mahé, le seul point d'appui que nous ayons à la côte Malabar, ne soit très important sous les points de vue militaire et politique; mais cette propriété secondaire isolée, ceinte par des nations que les Anglais dominent en maîtres, ne pourrait être mise en état de défense sans des sacrifices énormes et insuffisants en cas d'hostilités.

Il n'en est pas de même de Karikal; c'est encore un problème à résoudre de savoir si cette place ne serait pas préférable à Pondichéry pour être le chef-lieu de l'établissement français.

La plus grande étendue de son territoire, l'importance de ses revenus, les avantages militaires de sa situation, celui d'être située sur une rivière dans le voisinage d'un établissement neutre, semblent donner du poids à l'opinion de ceux qui pensent que cette place réclame la préférence sur

Pondichéry pour notre établissement militaire. Cependant, comme jusqu'à présent Pondichéry a été préféré, il serait inconvenant de changer de système à cet égard sans un profond examen. Le capitaine général devra donc éclairer cette question par lui-même, et il enverra au ministre un mémoire très détaillé à ce sujet pour être soumis à l'examen du Premier Consul.

Dans cet état de choses, Pondichéry sera, jusqu'à nouvel ordre, le chef-lieu des établissements français; mais il faudra se borner à fermer la ville d'un bon fossé pour la mettre à l'abri d'un coup de main, empêcher la désertion et donner protection aux Indiens qui viendraient s'y établir.

Quelle que soit l'opinion du capitaine général sur la préférence à accorder à Karikal sur Pondichéry, il fera dresser des plans exacts de ces deux places et de leur territoire; il fera dresser un système de défense qu'il jugera devoir être proposé pour l'une et l'autre de ces places. Ce projet, devant présenter l'état des travaux à faire et des dépenses qu'ils exigent, sera arrêté dans un conseil auquel seront appelés le préfet colonial, le général commandant les troupes, l'officier en chef du génie et le commandant de l'artillerie; et il en sera adressé une expédition au gouvernement.

Il est bien entendu que le capitaine général aura soin de réclamer l'exécution de l'article 13 du traité d'Amiens, relativement à la remise des fortifications et autres ouvrages existant dans les places de l'Inde au moment de la signature des préliminaires, ou construits depuis l'occupation de ces places par l'ennemi.

Bâtiments civils et militaires.

L'objet des bâtiments civils étant commun au capitaine général et au préfet colonial, ils prendront connaissance de ceux appartenant à la République; mais avant d'entreprendre de nouvelles constructions, le préfet fournira un recensement exact; il y joindra l'état de ceux que le capitaine général et lui penseront qu'il est nécessaire de construire ou d'augmenter, avec le devis de la dépense. Il adressera le tout au ministre qui fera passer les ordres du Premier Consul.

Marine.

Le capitaine général, le préfet colonial et le commandant des forces navales, en conservant chacun la portion d'autorité qui lui est attribuée, doivent toujours se réunir, toutes les fois qu'il s'agira de l'avantage du service, de l'honneur national et de l'affranchissement de la puissance française dans les Indes. Ils sentiront que ce but ne peut être atteint qu'autant qu'il régnera entre eux la plus parfaite harmonie.

Commerce.

Quoique le gouvernement n'ait pas encore statué sur la question de savoir comment se fera le commerce français de l'Inde, il est probable, cependant, qu'au moins pendant les premières années, il sera libre à tous les armateurs français. Si l'expérience fait ultérieurement prévaloir le système d'une compagnie, il sera donné des instructions spéciales à ce sujet. En attendant, il est expressément recommandé de donner au commerce français toute la protection et l'appui dont il a besoin à une distance éloignée de la métropole et dans les contrées soumises à une nation toujours prête à user exclusivement des moyens que lui donne l'exercice de la souveraineté.

Ils écarteront cependant avec sagesse les prétextes déplacés que pourraient élever les négociants.

Justice. Tribunal d'appel.

Depuis l'année 1701, il existait à Pondichéry un tribunal sous le titre de Conseil supérieur.

Ce conseil était présidé par les administrateurs en chef de la colonie et composé de négociants et notables français, lesquels étaient appelés en nombre suffisant pour rendre gratuitement la justice.

En 1776, on pensa qu'il serait plus convenable et plus avantageux de composer le conseil supérieur de magistrats titulaires, à l'instar de ceux des autres colonies; mais cette organisation ne dura que jusqu'en 1784. A cette époque, on reconnut que la nature des affaires et le peu d'étendue des propriétés que les individus possédaient aux Indes n'exigeaient point un établissement aussi considérable et aussi dispendieux, et, par l'édit du mois d'août de cette année, on remit à peu près en vigueur les dispositions de celui de 1701.

Cet ordre de choses devra être maintenu, sauf le titre de conseil supérieur qui sera remplacé par celui de tribunal d'appel, conformément à l'arrêté des Consuls du 29 prairial an X.

Le capitaine général occupera la place d'honneur au tribunal d'appel toutes les fois qu'il jugera convenable d'y prendre séance. Ce tribunal sera composé du préfet colonial qui le présidera ou, en son absence, de celui qui en remplira les fonctions, du plus ancien officier d'administration, pourvu qu'il soit âgé de vingt-cinq ans, et de négociants français ou notables habitants au moins du même âge.

Les juges seront au nombre de trois au moins, quand le tribunal jugera en matière civile, et de cinq au moins, en matière criminelle.

Un commissaire du gouvernement, choisi par le capitaine général et dont la nomination sera soumise au Premier Consul, exercera le ministère public. Les membres du tribunal et les greffiers seront aussi nommés par le capitaine général sur la présentation du préfet colonial. Ils prêteront tous entre ses mains la promesse de fidélité à la République française.

Quant à la distribution de la justice dans les établissements secondaires et comptoirs de l'Inde, elle continuera d'avoir lieu ainsi qu'il est prescrit par les édits de 1776 et d'août 1784. Dans tous les cas où l'appel des jugements rendus par le Conseil supérieur avait lieu en Europe, il sera porté devant les Consuls en Conseil d'État.

Dans le cas où le tribunal d'appel sortirait des bornes de ses pouvoirs soit en rendant des jugements sur des matières dont la connaissance appartiendrait au chef de l'administration, soit en prononçant sur des contestations qui ne seraient pas de sa compétence, le Premier Consul autorise le capitaine général, après avoir pris l'avis du préfet colonial, à suspendre provisoirement l'exécution de ces jugements. Il n'usera néanmoins de ce pouvoir que dans les circonstances où l'ordre public pourrait être compromis et où il y aurait du danger à attendre la décision du gouvernement. Il aura soin, au surplus, de rendre compte au ministre des motifs qui auront nécessité de pareilles mesures.

Le capitaine général a également le droit de faire surseoir à l'exécution de la peine de mort dans le cas où, nonobstant un jugement rendu, il penserait que le condamné est susceptible de grâce, ou d'une commutation de peine; mais, conformément à l'édit du mois d'août 1784, il sera tenu de prendre l'avis du préfet colonial et du commissaire du gouvernement, et le sursis aura lieu sur la décision, qu'il fera parvenir au gouvernement avec l'opinion motivée des deux magistrats précités, pour être soumise à l'examen et décision du Premier Consul.

Le préfet colonial apportera le plus grand soin dans le choix des notables qu'il présentera au capitaine général pour remplir les fonctions de juges. Avant de leur donner le droit de prononcer sur la fortune et l'existence des citoyens, il faut qu'ils offrent une garantie certaine pour leur moralité, leur expérience et la pratique des vertus publiques et privées. Mais, en même temps, il est nécessaire que le capitaine général et le préfet colonial environnent les juges de considération et d'égards, afin que leur caractère soit respecté par les habitants et qu'ils se pénètrent de la dignité de leurs fonctions.

Le capitaine général nommera de même, sur la présentation du préfet colonial, les notaires et huissiers, et délivrera des commissions aux titulaires.

Quoique le capitaine général ait le droit de siéger au tribunal d'appel, il ne doit prendre aucune part à ce qui concerne l'ordre judiciaire, afin qu'on ne puisse même supposer que le tribunal soit influencé par la première autorité de la colonie. Il se renfermera dans les attributions qui lui sont dévolues tant par l'arrêté d'organisation du 21 fructidor an X que par les présentes instructions, de manière que la force armée n'intervienne jamais que pour prêter main-forte à l'exécution des jugements, maintenir les égards dus aux magistrats, et assurer le cours de la justice.

Chauderie.

Indépendamment de tous les tribunaux établis, il en est un connu sous le nom de Chauderie, destiné à rendre la justice aux Malabars et aux autres noirs indiens.

Ce tribunal sera présidé par un magistrat que nommera le capitaine général sur la présentation du préfet colonial.

Les Indiens portent à la Chauderie toutes les contestations qui s'élèvent entre eux, et quelquefois, même, celles qu'ils peuvent avoir avec les Européens.

Aucun règlement ne donne au président de la Chauderie le droit de juger en dernier ressort; mais les Indiens, qui tiennent plus à leurs usages qu'à toutes les lois écrites, appellent rarement de ses jugements. Mais toutes les fois qu'il y aura lieu à une peine afflictive, l'affaire devra être révisée par le tribunal d'appel, soit sur la demande des parties, soit sur l'intervention du commissaire du gouvernement.

L'importance réelle de la Chauderie et la considération que l'opinion donne à ce tribunal font sentir la nécessité de n'en donner la direction qu'à un homme dont l'intégrité soit bien connue et qui soit instruit des lois et coutumes des Indiens. Il serait même à désirer qu'il sût leur langue, et s'il n'est pas possible de trouver ces qualités réunies dans la même personne, on doit au moins s'attacher à faire un choix qui excite la confiance et commande les égards des indigènes comme des Européens.

Police.

La police générale s'exerce par le capitaine général et le préfet colonial.

La police particulière est attribuée, sous leur autorité, au commissaire général de police, sauf l'appel à l'administration ou aux tribunaux.

Il remplit les fonctions attribuées en Europe aux commissaires généraux de police, juges de paix et magistrats de sûreté, en tout ce qui n'est pas contraire aux usages du pays.

Indépendamment de ces attributions, le commissaire général de police est chargé de constater les naissances, mariages, décès des Européens établis à Pondichéry, à tenir les registres à cet effet, d'en délivrer des extraits; et sa signature, avec le contre-seing d'un commis greffier ad hoc nommé par le préfet colonial, équivaudra à celle des officiers à ce préposés dans les municipalités de la République.

Le commissaire général de police est nommé par le capitaine général sur la présentation du préfet colonial.

Les premiers fonctionnaires de la colonie doivent surveiller avec la plus grande attention la conduite du commissaire général de police. Les abus qui excitent ordinairement le plus de réclamations et qui entraînent le plus d'inconvénients sont les dénis de justice, la lenteur des décisions, les acceptions de personnes, la facilité de recevoir des présents et la mise à prix de la justice.

Culte.

Les dispositions essentielles relatives au culte catholique sont déterminées par l'arrêté des Consuls du 13 messidor an X, dont l'application aux colonies orientales est prescrite par l'arrêté du 12 frimaire an XI.

Mais, s'il est une région où la tolérance religieuse soit nécessaire, c'est particulièrement dans les Indes.

Dispositions générales.

Les habitants européens des colonies orientales ne sont pas assez nombreux pour être représentés et administrés par des magistrats pris parmi les citoyens. Ce qui s'est passé en 1790 à Pondichéry et Chandernagor démontre évidemment que l'autorité supérieure doit être concentrée entre le capitaine général et le préfet colonial pour l'avantage public et privé En effet, les magistratures civiles qui s'étaient formées à cette époque envahirent bientôt toutes les attributions du gouverneur et de l'intendant; et, sous le prétexte d'établir de l'ordre et de la surveillance, elles désorganisèrent toutes les parties du service et bouleversèrent la colonie.

Il n'y aura donc point d'administration municipale dans les villes françaises de l'Inde.

Les fonctions exercées en France par les maires et les adjoints pour donner une forme légale aux actes civils seront remplies par le commissaire général de police assisté d'un commis greffier, sous l'autorité du préfet colonial. Il se conformera, pour les diverses formalités à suivre en cas de naissance, mariage et décès, ainsi que pour la rédaction de ces actes, aux dispositions des lois et arrêtés actuellement en vigueur ou qui pourraient être promulgués ultérieurement.

Quant aux Indiens, ils conserveront leurs usages civils et ne dépendront, pour la police générale ou particulière, que du capitaine général et du préfet colonial, suivant la nature des affaires qui exigeront l'intervention de leur autorité ou celle de leur préposé à la police, et conformément à ce qui a eu lieu dans les temps antérieurs.

Il est spécialement recommandé au capitaine général et au préfet colonial d'empêcher le commerce illicite des enfants des Indiens que l'on a souvent dérobés à leurs familles, ou que l'on a même obtenus à prix d'argent de parents avides pour les réduire en esclavage. L'intention du gouvernement est que les Indiens qui seraient convaincus d'avoir fait cet infâme trafic soient sévèrement punis.

L'usage de la presse doit être interdit toutes les fois qu'elle pourrait servir d'instrument à la calomnie et à la sédition et lorsque les écrivains attenteraient aux bonnes mœurs et aux ménagements que la politique commande. Le préfet colonial défendra expressément d'imprimer sans autorisation tout écrit. Les délinquants seront punis selon la gravité des cas.

Le capitaine général et le préfet colonial surveilleront avec le plus grand soin toutes les personnes qui viendront s'établir dans l'Inde; ils prendront des renseignements positifs sur leur situation, leur profession, leur état de fortune et leurs vues, et déploieront toute la sévérité nécessaire contre ceux dont la conduite l'exigera.

D'un autre côté, le capitaine général ne doit délivrer qu'avec beaucoup de réserve des passeports pour l'intérieur. Il pourra même désavouer publiquement, s'il le juge à propos, les Français établis auprès des princes de l'Inde. Ces précautions sont d'autant plus nécessaires que l'inconséquence ou l'ambition de quelques particuliers pourraient donner lieu à des soupçons, peut-être même, à des réclamations de la part des puissances voisines.

Il n'y a point d'émigrés dans nos établissements de l'Inde.

Le capitaine général proclamera, en arrivant, l'amnistie générale pour la désertion.

Si des particuliers, de quelque état et qualité qu'ils fussent, fomentaient des divisions dans la ville et tentaient de troubler l'ordre et la tranquillité publique ou qu'ils entretinssent au dehors des intelligences suspectes, le capitaine général et le préfet colonial sont autorisés à les renvoyer en France, à la charge, par eux, de motiver l'ordre qui serait expédié à cet effet et d'en rendre compte au ministre.

Le capitaine général étant chargé des relations extérieures et recevant des instructions particulières sur cet objet, le Premier Consul l'autorise à disposer annuellement d'un fonds spécial qui ne pourra excéder 200 000 francs, et il rendra compte au Ministre de l'emploi qu'il en aura fait.

Au surplus, la situation de la France aux Indes exigeant que les dépositaires de l'autorité paraissent se borner à diriger l'administration et protéger le commerce, il est essentiel de n'entretenir au dedans et au dehors qu'un très petit nombre d'agents du pays.

Le capitaine général et le préfet colonial ont la faculté de se transporter dans les divers établissements de l'Inde, mais ils sentiront que la distance des lieux et l'absence de l'autorité de la ville principale ne leur permettent point d'entreprendre ces voyages à moins d'utilité reconnue.

Les présentes instructions devront servir de base à celles que le capitaine général et le préfet colonial remettront aux chefs des établissements secondaires. Ce qui leur est prescrit sous le point de vue général doit être particulièrement exécuté dans tous les lieux soumis à la domination de la République, et il est indispensable que les comptes soient rendus partout de la même manière, afin que le compte général qui sera envoyé au ministre soit en même temps précis et méthodique.

Le Ministre de la Marine,
Signé : Decrès.

P.-S. — Le contre-amiral commandant les forces navales stationnées dans les mers d'Asie vous communiquera ses instructions et devra se concerter avec vous sur tous les objets qui pourront intéresser les intérêts de nos établissements, ceux de vos opérations et de votre correspondance avec la métropole ou tout autre lieu.

Signé : Decrès.

CHAPITRE II

Decaen prend congé de Bonaparte. — Instructions particulières du Premier Consul. — Bonaparte prévoit le cas d'une guerre avec l'Angleterre dans un avenir rapproché. — L'adjudant commandant Binot précédera, dans l'Inde, le gros de l'expédition de Decaen. — Instructions qu'il reçoit de celui-ci. — Decaen quitte Paris. — Premiers démêlés avec le contre-amiral Linois. — Decaen déclare au préfet maritime de Brest qu'il refuse de voyager sur le vaisseau amiral. — Le préfet maritime tranche le différend. — Les troupes s'embarquent. — Ordre du jour de Decaen. — L'expédition quitte Brest. — Parcimonie de Linois. — Les troupes souffrent de la soif. — Decaen veut faire augmenter la ration d'eau. — Ses instances auprès de Linois qui se retranche derrière le règlement. — Linois cède enfin. — Arrivée au Cap de Bonne-Espérance.

Ayant demandé au Premier Consul à présenter, avec mon épouse, nos hommages à Mme Bonaparte et prendre congé, nous fûmes invités à venir déjeuner à Saint-Cloud ; et le lendemain, lorsque je fus aux Tuileries pour recevoir ses derniers ordres, il me remit les instructions que je relaterai ci-après. Il m'embrassa en me souhaitant bon voyage et du bonheur. Après l'avoir remercié, je lui témoignai le désir d'avoir son portrait qu'il me promit ; et je le reçus à l'île de France.

Enfin je demandai au Premier Consul la permission de lui écrire directement pour les choses que je croirais ne devoir communiquer qu'à lui seul : il me donna cette autorisation.

INSTRUCTIONS DU PREMIER CONSUL
AU NOM DU PEUPLE FRANÇAIS

Du 11 nivôse, l'an XI
de la République une et indivisible.

Bonaparte, Premier Consul de la République, au capitaine général des possessions françaises dans les Indes.

Le ministre de la Marine a remis au capitaine général des instructions sur l'administration de l'Inde, et sur les différents droits et prérogatives dont nos établissements et notre commerce doivent jouir dans cette contrée; mais le Premier Consul a cru devoir signer lui-même les instructions servant de base à la direction politique et militaire qui doit être observée.

Le capitaine général arrivera dans un pays où nos rivaux dominent, mais où ils pèsent également sur tous les peuples de ces vastes contrées.

Il doit donc s'attacher à ne leur donner aucun sujet d'alarme, aucun motif de dissension, et à dissimuler le plus possible les vues du gouvernement.

Il doit s'en tenir aux relations indispensables pour la sûreté et l'approvisionnement de nos établissements; et il s'étudiera à ne mettre aucune affectation dans les communications qu'il aura avec les peuples ou les princes qui supportent avec le plus d'impatience le joug de la Compagnie anglaise et à ne lui donner aucune inquiétude. Les Anglais sont les tyrans des Indes. Ils sont inquiets et jaloux : il faut s'y comporter avec douceur, dissimulation et simplicité.

Six mois après son arrivée, le capitaine général expédiera en France, avec ses dépêches, un des officiers ayant le plus sa confiance, pour faire connaître, dans un mémoire détaillé, tout ce qu'il aura recueilli sur la force, la situation et la disposition d'esprit des différents peuples de l'Inde ainsi que sur la force et la situation des divers établissements anglais. Il présentera ses vues et les espérances qu'il pourrait avoir de trouver de l'appui, en cas de guerre, pour pouvoir se maintenir dans la presqu'île, en indiquant la quantité et la qualité de troupes, d'armements et de provisions dont il aurait besoin pour nourrir la guerre pendant plusieurs campagnes au centre des Indes. Il doit apporter la plus grande attention dans la rédaction et les expressions de ce mémoire, parce que tous les termes en seront pesés, et que ses expressions pourront servir à décider, dans des circonstances imprévues, la marche et la politique du gouvernement.

Pour nourrir la guerre aux Indes pendant plusieurs campagnes, il faut raisonner dans l'hypothèse que nous ne serions pas les maîtres de la mer, et que nous aurions à espérer peu de secours considérables.

Il paraîtrait difficile qu'avec un corps d'armée, on pût longtemps résister aux forces nombreuses que peuvent opposer les Anglais, si l'on n'a des alliances et une place servant de point d'appui où, dans un cas extrême, on pût capituler et se ménager ainsi la faculté de se faire transporter en France ou à l'île de France avec armes et bagages, sans être prisonniers, sans compromettre l'honneur, et sans se priver d'un corps considérable de Français.

Un point d'appui doit avoir le caractère d'une place forte : il doit avoir aussi un port ou une rade où des frégates et des bâtiments de commerce soient à l'abri d'une force supérieure. Quelle que soit la nation à laquelle appartînt cette place, portugaise, hollandaise ou anglaise, le premier projet paraît devoir tendre à s'en emparer, dès les premiers mois, en calculant sur l'effet d'une force européenne si inattendue et indéterminée. Après avoir fait un plan d'alliance et de guerre avec une force demandée, il faudrait établir ce que croirait devoir faire le capitaine général si, au lieu de cette force entière, on ne lui en envoyait que la moitié.

Après avoir pensé aux alliances et à un point d'appui, les objets qui intéressent le plus une armée, dans une campagne, sont les vivres et les munitions de guerre, objets que le capitaine général traitera également dans le plus grand détail.

Six mois après cet envoi, le capitaine général, dans un nouveau mémoire, traitera les mêmes questions en y ajoutant les nouvelles connaissances qu'il aura pu acquérir.

Ainsi, il est établi que, tous les six mois, le capitaine général enverra en France des officiers sûrs, avec des mémoires traitant toujours les mêmes questions et confirmant, modifiant ou contredisant les idées des mémoires précédents.

Si la guerre venait à se déclarer entre la France et l'Angleterre avant le 1er vendémiaire an XIII, et que le capitaine général en fût prévenu avant de recevoir les ordres du gouvernement, il a carte blanche et est autorisé à se replier sur l'île de France et le Cap, ou à rester dans la presqu'île, suivant les circonstances où il se trouvera et les espérances qu'il pourrait concevoir, sans cependant exposer notre corps de troupes à une capitulation honteuse et notre armée à jouer un rôle qui ajouterait à notre discrédit aux Indes, et sans diminuer, par l'anéantissement de nos forces, la résistance que peut présenter l'île de France en s'y repliant.

On ne conçoit pas, aujourd'hui, que nous puissions avoir la guerre avec l'Angleterre sans y entraîner la Hollande.

Un des premiers soins du capitaine général sera de s'assurer de la situation des établissements hollandais, portugais, espagnols, et des ressources qu'ils pourraient offrir.

La mission du capitaine général est d'abord une mission d'observation sous les rapports politiques et militaires, avec le peu de forces qu'il réunit, et une simple occupation de comptoirs pour notre commerce. Mais le Premier Consul, bien instruit par lui et par l'exécution ponctuelle des instructions qui précèdent, pourra le mettre à portée d'acquérir un jour cette gloire qui prolonge la mémoire des hommes au delà de la durée des siècles.

Le Premier Consul,

Signé : Bonaparte.

Une frégate devait être détachée de la division pour la précéder au Cap de Bonne-Espérance et dans l'Inde, ayant à son bord le préfet colonial qui devait préparer des rafraîchissements au premier lieu, et faire, à son arrivée à Pondichéry, des dispositions pour les logements et la subsistance des troupes. Mon chef d'état-major devait aussi s'embarquer sur cette frégate pour recevoir la rétrocession de ce principal établissement.

Avant mon départ de Paris, je rédigeai l'instruction ci-après pour l'adjudant commandant Binot; et elle fut datée à bord du *Marengo*, le 14 ventôse :

La frégate de la République la *Belle-Poule,* sur laquelle vous êtes embarqué, citoyen commandant, est désignée pour arriver à Pondichéry avant la division que le gouvernement envoie aux Indes Orientales pour l'exécution de l'article 3 du traité d'Amiens, en date du 4 germinal an X, ainsi conçu :

« Sa Majesté Britannique restitue à la République française et à ses alliés savoir : Sa Majesté Catholique et la République batave, *toutes les possessions et colonies qui leur appartiennent respectivement ou qui ont été occupées ou conquises par les forces britanniques dans le cours de la guerre actuelle, etc...* »

En conséquence de ce traité et en vertu des pouvoirs qui m'ont été donnés par le Premier Consul, je vous ai choisi, citoyen, pour recevoir du commandant de Sa Majesté Britannique à Pondichéry la restitution de cet établissement.

Je me borne, quant à la restitution, à cette disposition générale parce que le citoyen Léger, préfet colonial, que vous accompagnez, est revêtu d'une autorité avec laquelle il vous donnera tous les renseignements et documents qui vous seraient utiles; mais encore, sur le rapport que vous lui feriez d'obstacles qui vous seraient présentés, ce que je suis loin de prévoir, il pourra traiter directement avec le gouverneur de Madras et avec le gouverneur général à Calcutta, auxquels vous ferez parvenir, aussitôt votre arrivée à la côte de Coromandel, les lettres que je vous remets pour ces gouverneurs, dans lesquelles je leur annonce le caractère dont vous êtes revêtu.

Vous êtes en outre chargé, citoyen commandant, des dispositions militaires nécessaires pour recevoir les troupes destinées à former la garnison de Pondichéry et de celles qui devront être réparties plus tard dans nos autres établissements. Ces dispositions consistent particulièrement dans la reconnaissance des localités convenables pour les loger. Pour cela, encore, vous ferez votre rapport au préfet colonial qui ordonnera les dispositions subséquentes.

Le capitaine du génie Dehon, qui vous accompagne, préparera, à cet égard, tout ce que la nature des lieux et l'état actuel des établissements militaires lui offriront.

Aussitôt votre débarquement, vous vous occuperez de la levée de deux compagnies de Cipayes auxquelles vous attacherez provisoirement les officiers destinés pour ce corps, et qui passent également sur la frégate. Vous trouverez à Pondichéry un nombre plus que suffisant de Cipayes et d'officiers précédemment au service de la France pour entrer dans la formation provisoire que je vous prescris. Ainsi, il faudra fixer votre choix de manière que, lors de l'organisation définitive, ces hommes ne puissent point être réformés. Je me repose au surplus sur votre zèle et vos talents pour tout ce que je n'aurai pas prévu, dans la présente, sur la mission dont je vous charge.

Je vais de suite transcrire les lettres annoncées dans cette instruction.

L'une, au marquis de Wellesley, gouverneur général des possessions anglaises dans l'Inde, datée de Brest, le 13 ventôse an XI :

Milord,

J'ai l'honneur d'annoncer à Votre Excellence qu'en m'honorant du commandement général des établissements français aux Indes Orientales, le Premier Consul de la République m'a donné ses ordres pour suivre l'exécution du traité d'Amiens et des conventions respectives entre nos deux nations.

C'est dans ces dispositions, Milord, que la frégate de la République la *Belle-Poule* se présentera à la côte de Coromandel.

Le citoyen Léger, préfet colonial, et le colonel Binot, adjudant commandant, qui me précèdent, sont directement autorisés pour recevoir la restitution de Pondichéry et de ses dépendances, ainsi que de faire préparer tout ce qui est nécessaire pour la réception des troupes que le gouvernement français envoie dans cette partie du monde.

Je charge le colonel Binot de vous faire parvenir la présente, à laquelle je joins un paquet qui a été envoyé par ordre de Sa Majesté Britannique.

J'ai aussi l'honneur de prévenir Votre Excellence que, successivement, j'enverrai, dans chacun des établissements qui doivent être rendus à la France des personnes autorisées pour reprendre possession. Je me persuade facilement que vos ordres préviendront toutes difficultés à cet égard.

Je suis infiniment flatté que le Premier Consul m'ait mis dans le cas d'avoir des rapports avec vous. Je vous prie d'être persuadé que je m'occuperai sans cesse des moyens qui peuvent contribuer à entretenir la plus parfaite harmonie et à rendre durable l'amitié qui doit exister entre nos deux nations.

Recevez, Milord, l'assurance de ma haute considération.

L'autre lettre était adressée :

Au gouverneur du fort Saint-Georges, à Madras, et Président en Conseil, etc...

Brest, 13 ventôse an XI.

Monsieur le Gouverneur,

Le Premier Consul, en m'honorant du commandement des établissements français aux Indes Orientales, m'a donné ses ordres pour suivre l'exécution du traité d'Amiens et des conventions respectives entre nos deux nations.

C'est d'après ces dispositions que j'ai l'honneur de vous annoncer que la frégate de la République la *Belle-Poule* se présentera à la côte de Coromandel...

Le surplus du contenu de cette lettre était dans les mêmes termes que dans la précédente.

Enfin je partis de Paris le 27 pluviôse, avec mon épouse accompagnée d'une de ses sœurs. Croyant la paix assurée pour longtemps, il y avait dix-huit mois que je m'étais marié.

J'arrivai à Brest le 3 ventôse. La marine s'occupait des derniers préparatifs pour que l'expédition mette sous voile dès que les vents seraient favorables.

Je passai la revue des troupes. Je les trouvai bien sous tous les rapports et surtout bien disposées à entreprendre leur long voyage. Je vis aussi les chasseurs africains. Ce bataillon était superbe. C'étaient tous hommes de taille de grenadiers. Ils étaient presque tous créoles de la Guadeloupe, et presque tous mulâtres de deuxième, troisième et quatrième génération. C'était, à peu d'hommes près, plutôt une troupe blanche qu'une noire. Ils étaient parfaitement exercés, ayant été enregimentés dans cette colonie.

Le préfet Caffarelli avait secondé le général Vandermaësen en tout ce qu'il avait désiré pour le choix des hommes, les habiller, coiffer, armer et équiper. L'uniforme que j'avais proposé leur allait à merveille. Enfin, ce bataillon pouvait être mis en parallèle avec ceux d'ancienne formation, et tous ces hommes paraissaient satisfaits et reconnaissants du changement à leur précédente et malheureuse situation, et qu'on les eût ainsi organisés. Les officiers attachés à ce bataillon de chasseurs les commandaient avec plaisir.

Comme c'était à moi qu'il appartenait de désigner les troupes qui devaient être embarquées sur chacun des bâtiments de l'expédition, selon le nombre qu'ils pouvaient en contenir, je fus en rade pour reconnaître dans chacun d'eux les emplacements destinés aux passagers. J'étais accompagné du préfet maritime, du préfet colonial et du général Vandermaësen. Je fus convaincu que les représentations que je n'avais cessé de faire au ministre de la Marine sur l'exiguïté des moyens de transports, étaient fondées; et que, par conséquent, ces bâtiments contiendraient trop de monde pour y être au moins passablement pour un aussi long voyage. Mais il fallait partir et s'arranger alors pour le mieux, sauf les inconvénients qui pourraient résulter de l'encombrement.

Je n'avais pas, non plus, été satisfait de la part de logement que le contre-amiral Linois m'indiqua pour moi et ma famille, à bord du *Marengo* : l'on n'y avait fait aucune disposition particulière, ainsi que cela avait eu lieu à bord des vaisseaux sur lesquels les autres capitaines généraux s'étaient embarqués, parce que ces arrangements, principalement pour le général Leclerc, avaient été trouvés trop dispendieux. C'était une singulière parcimonie du ministre de la Marine, et surtout d'avoir prescrit cette lésinerie pour la dernière expédition : de sorte que je fus obligé de faire l'acquisition, à Brest, des lits, meubles, linge, couverts et ustensiles qui m'étaient nécessaires, quoique le ministre m'eût assuré, avant mon départ, que je trouverais, à bord du vaisseau, tout ce qu'il me faudrait, et que l'amiral Linois était chargé de pourvoir à tout ce qui convenait pour le logement et la table.

De retour de cette visite peu satisfaisante, on se réunit chez le préfet maritime pour procéder à la répartition des passagers sur chacun des bâtiments. Quoique j'eusse pris la résolution d'éviter toute altercation avec le commandant de la marine employée à cette expédition, voulant faire exception avec les commandants de terre et de mer des autres expéditions qui avaient eu entre eux de vives contestations, la manière dont le contre-amiral Linois m'avait indiqué mon logement et la part peu convenable qu'il en avait faite me forcèrent d'oublier ce que je m'étais promis : je débutai par dire que je m'embarquerais à bord du transport la *Côte-d'Or*, avec les passagers que pourrait contenir ce bâtiment. Cette déclaration causa une vive surprise. Le préfet Cafarelli m'en ayant demandé la raison et ajouté que cela ne pouvait être ainsi, attendu que le *Marengo* avait été destiné pour mon passage, je lui répliquai : « Comme vous avez vu la part du logement qu'on m'a faite, et la manière dont on m'en a donné l'indication, en commençant par me faire voir, non sans affectation, la chambre du contre-amiral, celle du capitaine de vaisseau, et ensuite, ce qui m'était réservé, je suis persuadé que je serai beaucoup mieux à bord du navire du commerce que je viens de citer, mais surtout que son capitaine aura pour moi des égards. » Alors, le contre-amiral Linois, sur qui les coups avaient porté, prit la parole pour dire que je n'avais fait nulle observation à son bord. — « Non ! Je n'en ai point fait, parce que ce n'était pas le moment ; et d'ailleurs, je ne voulais pas y élever de discussion sur ce sujet. Mais vous voyez, à présent qu'il s'agit de s'en occuper, que, depuis ce matin, je n'ai rien oublié. »

Le contre-amiral aurait peut-être pu mieux sortir d'embarras, mais il s'y enfonça davantage en me disant : « Nos règlements portent que lorsque les vice-amiraux ou contre-amiraux monteront un vaisseau, les capitaines céderont leur chambre, la première de tribord, et ils passeront dans la première de bâbord. — Je n'entends point contester vos règlements, et vous le voyez par le parti que j'ai pris et que je viens d'annoncer. Cependant, je dois vous dire que, pouvant avoir la prétention fondée d'avoir la première place à bord du vaisseau, on ne pourrait pas du moins me contester la seconde. Mais il ne s'agit plus de cela, puisque je suis décidé à m'embarquer sur la *Côte-d'Or* et à vous laisser jouir de toute la plénitude de vos règlements, et de votre vaisseau. » Alors le préfet, qui n'avait pas vu avec plaisir les dispositions de Linois et qui était contrarié de ne pas avoir été autorisé à faire pour moi ce qu'il avait précédemment ordonné pour les autres capitaines généraux, représenta qu'il était impossible que je tienne à ma résolution, parce qu'il serait singulier et même ridicule qu'un capitaine général fût embarqué sur un navire de commerce, tandis qu'il y avait un vaisseau et des frégates, et qu'il ne pouvait pas y condescendre, qu'il en recevrait des reproches du ministre. « Mais ne m'a-t-on pas obligé à prendre ce parti ? Au reste, comme je serais fâché qu'il vous fût adressé le moindre reproche, je vais envoyer sur-le-champ un de mes aides de camp à Paris porter une lettre au Premier Consul, dans laquelle je le prierai de vouloir bien donner une décision qui règle comment le contre-amiral Linois doit loger ma famille et moi sur le vaisseau qui a été destiné pour me transporter dans l'Inde, à moins que, pour ne pas retarder le départ de l'expédition, vous ne preniez sur vous de donner une décision. D'ailleurs, il y a des antécédents ; et je ne prétends pas exiger pour moi plus qu'il n'a été fait pour les autres capitaines généraux. Enfin, il ne s'agit que de chambres sans le moindre ameublement. »

Le préfet, qui avait voulu sans doute laisser l'initiative au contre-amiral sur le parti qu'il y avait à prendre, pour lui procurer l'occasion de réparer son inconséquence du matin, à laquelle il venait d'ajouter son observation réglementaire, et qui, depuis, avait gardé le silence, le préfet, dis-je, prononça que je devais occuper la première chambre de bâbord destinée au capitaine du vaisseau et celles sur le même côté qui m'étaient indispensables et, en outre, la moitié de la grande chambre dans laquelle on établirait une séparation, si je ne voulais pas la laisser commune entre moi et le contre-amiral.

Ce premier point ainsi déterminé, on procéda à la répartition des troupes et des autres passagers sur chaque bâtiment.

Comme il avait été décidé qu'une des frégates précéderait l'expédition et en serait détachée quand nous serions arrivés à la hauteur des Canaries pour se rendre d'abord au Cap de Bonne-Espérance et ensuite à Pondichéry (on ne devait pas relâcher à l'île de France) pour préparer tout ce qui pouvait être nécessaire pour le rafraîchissement des troupes et et des équipages au Cap et pour les premières dispositions d'établissement dans l'Inde, la *Belle-Poule* fut désignée. Elle était commandée par le capitaine de vaisseau Bruilhac. Le préfet colonial s'y embarqua avec sa famille, ainsi que l'adjudant général Binot, mon chef d'état-major, auquel je donnai des instructions (1) pour la reprise de possession de Pondichéry, avec des lettres que j'adressai à ce sujet aux gouverneurs anglais de Madras et de Calcutta. Mon aide de camp Lefebvre s'embarqua aussi sur cette frégate.

Le général Vandermaësen fut embarqué sur la frégate la *Sémillante*, commandée par le capitaine de frégate Motard, le général Montigny, sur l'*Atalante*, commandée par le capitaine de frégate Beauchêne.

Les troupes et les autres passagers furent répartis sur le vaisseau et les frégates en raison de leur capacité, ainsi que le transport la *Côte-d'Or* où fut embarqué le colonel Sainte-Suzanne. Il y avait encore un transport, la *Marie-Françoise*, pour porter des vivres et divers autres objets, sur lequel on mit aussi quelques passagers. Enfin, les chasseurs africains devaient partir sur des

---

(1) « Ces instructions et les lettres ont déjà été transcrites » (Note de Decaen).

navires du commerce qui ne devaient pas tarder à mettre sous voile et qui seraient convoyés par la corvette le *Bélier* commandée par le lieutenant de vaisseau Hulot.

Les troupes s'embarquèrent le 10 ventôse et les autres passagers, le lendemain.

Le 13, j'écrivis au ministre de la Marine la lettre suivante :

Brest, le 13 ventôse an XI.

J'ai l'honneur de vous annoncer, citoyen ministre, que je me rends à bord du *Marengo*, puisque les vents sont favorables et qu'enfin les préparatifs sont achevés. Je présume que nous n'aurons pas d'obstacles pour nous empêcher d'appareiller aujourd'hui même. Depuis mon arrivée à Brest, je n'ai point eu le plaisir de correspondre avec vous parce que j'ai su que, par chaque courrier, vous aviez connaissance de l'état des choses. J'avais cependant beaucoup à vous dire. Le premier objet, c'était de réunir mes observations à celles que je pense vous avoir été faites par le préfet maritime et par le contre-amiral Linois sur l'encombrement inévitable qui a lieu à bord des bâtiments destinés pour l'expédition, vu leur capacité pour tant d'hommes et tant d'effets. La *Côte-d'Or* est surtout celui qui me présente plus d'inquiétude pour la santé de la quantité de soldats qu'on y a embarqués. Je n'ajoute rien de plus sur cet objet, puisque le conseiller d'État Cafarelli vous instruira de tout lorsqu'il aura le plaisir de vous voir. Il a bien voulu se charger d'une lettre que j'adresse au Premier Consul, dans laquelle, entre autres choses, je fais une demande dont j'espérais vous entretenir au moment même si le temps me l'avait permis.

Cette demande est relative à ce que j'ai eu l'honneur de vous dire de la part du Premier Consul, lorsque je vous fis mes adieux, sur ce que mes instructions ne disent rien de mes rapports avec l'île de France. Je remets à votre souvenir que vous me promîtes une solution que je pense m'être indispensable. Vous avez aussi oublié d'annoncer, dans vos instructions, qu'une corvette serait à ma disposition spéciale. Je vous prie de m'adresser un ordre afin qu'il ne naisse aucune difficulté à cet égard, puisqu'il a été décidé que cela était nécessaire.

J'ai l'honneur de vous adresser tous les états de situation, selon vos ordres, avec un mot que j'ai mis à l'ordre pour les troupes, dont l'esprit est excellent. Je joins, à divers rapports, plusieurs demandes que je vous prie d'accueillir favorablement. Ne trouvez pas de trop, citoyen ministre, que je vous prie de faire, des Indiens, un objet de vos sollicitudes et de leur en donner une preuve, dès le mois de septembre, en leur adressant ce qui sera nécessaire à leurs besoins. Si le capitaine Barré, désigné précédemment pour être du premier voyage, était choisi à cette époque pour nous apporter des nouvelles, ce serait encore une preuve de vos excellentes dispositions que je vous prie de faire précéder d'un ordre positif pour que le deuxième convoi qui doit se rendre dans l'Inde soit au plus tôt sous voile.

Agréez, etc...

Voici ce que j'avais dit aux troupes par l'ordre du jour, le 12 ventôse :

Vous quittez la France pour vous rendre dans ses possessions les plus éloignées. Le Premier Consul a mesuré la distance qui va nous séparer de lui. Sans cesse occupé du bonheur du grand peuple, il ne peut oublier que vous êtes de la famille. Attentif à prévenir vos besoins, je le seconderai de tout mon pouvoir; mais n'oubliez jamais que votre bonne conduite peut seule réaliser les espérances du gouvernement. Soldats, montrez-vous toujours dignes de vous-mêmes, toujours Français! Les enfants de la victoire doivent être les amis du bon ordre et de la paix.

Enfin, nous mîmes à la voile dans l'après-midi du 15 ventôse (5 mars 1803). Après être sortis de la rade de Brest, nous trouvâmes la mer fort agitée : le vent soufflait avec violence; les marins disaient que c'était une brise carabinée, mais nous faisions bonne route. Le mal de mer ne tarda pas à accabler tous les passagers, même la plupart des officiers de la marine et la plus grande partie de l'équipage. Le contre-amiral et le capitaine de vaisseau Larue furent plus de vingt-quatre heures sans pouvoir sortir de leur lit. Moi, je n'eus que de légers symptômes d'indisposition; j'attribuai de n'être pas malade comme tant d'autres aux soins que je pris de mon épouse, ainsi qu'à mon occupation pour contenir dans nos chambres tous les objets que le grand roulis du vaisseau aurait dérangés de leur place et brisés; et surtout, parce que je montais fréquemment sur le pont pour voir ce qui s'y passait.

On ne peut pas se faire l'idée des effets divers produits par le mal de mer sur l'équipage et les passagers pendant les premiers jours de navigation, par un gros temps, et surtout le spectacle qu'offrait le *Marengo,* où nous étions plus de 1 100 personnes.

Pendant la première nuit, malgré tous les signaux de conserve faits à bord du *Marengo,* la frégate l'*Atalante* et les deux transports se séparèrent de la division, et nous n'en eûmes de nouvelles que longtemps après.

Le vent s'étant calmé, nos malades reprirent successivement de la nourriture et leur gaîté, surtout après que nous eûmes doublé le cap Finisterre.

Je dirai, en passant, que le contre-amiral Linois, notre conducteur et notre chef de pension, n'avait ordonné ses provisions que pour nous faire servir une table très mesquine, quoiqu'il eût reçu une indemnité fort raisonnable et que le ministre, auquel j'avais demandé si je devais m'occuper en quelque chose de cet objet, principalement à cause des dames, m'eût dit de ne pas y penser, qu'il était persuadé que le contre-amiral ferait les choses au mieux. Mais Linois, d'une avarice extrême, avait plus songé à ses bénéfices qu'à bien traiter ses pensionnaires.

Cependant, il voulut s'excuser sur le mauvais temps que nous avions essuyé en partant, attendu que ses grandes provisions avaient été diminuées par la perte d'une très maigre et très petite vache bretonne et de quelques volailles chétives, qui n'avaient pas survécu au mal de mer. Il attribuait à cette fatalité, inouïe pour lui, la disette qu'il nous fit éprouver dès les premiers jours de notre navigation. Ainsi, en raison d'une perte aussi sensible pour ce contre-amiral, qui l'avait sans doute prévue et qui n'avait rien fait pour y suppléer, il fut certes bien aise de pouvoir commencer à nous habituer au bœuf et au lard salé, aux fèves et aux haricots, enfin, à peu de chose près, aux vivres de l'équipage. Néanmoins, pour nous faire passer le temps que nous demeurions à table, il eut recours aux paroles de consolation en nous faisant valoir, avec un ton d'assurance et en voulant que nous en fussions persuadés comme lui, qu'il se proposait, pour nous dédommager, de renouveler ses provisions au Cap de Bonne-Espérance, où il en ferait d'abondantes, parce que tout y était à fort bon marché.

Afin de s'assurer si sa table était assez grande, il la vérifia lui-même avec des assiettes et des chaises qu'il plaça autour; mais, après les avoir éloignées et rapprochées plusieurs fois et bien acquis la conviction qu'il n'arriverait pas à y placer tout son monde, il eut recours au charpentier, auquel il recommanda la plus grande exactitude pour que cette table ne contînt que dix-sept couverts, dont dix pour les passagers qui, par leurs grades militaires, ou qui y sont assimilés en raison de leurs fonctions, pouvaient, ainsi que leurs femmes, être admis à ce qu'on appelle la première table. Mes frère et beau-frère en furent exclus parce qu'ils n'étaient pas officiers supérieurs : l'un était capitaine et l'autre, lieutenant. Je n'avais pas prévu, à Paris, cette exception singulière, car j'aurais demandé qu'il fût donné pour eux une indemnité au contre-amiral qui fit valoir, à leur égard, les règlements. Avec les dix passagers, il faut le compter et ses deux adjudants, ainsi que le capitaine du vaisseau et son second, le capitaine de frégate Vrignaud, le meilleur et le plus capable de tous les officiers de la marine qui étaient à bord. Enfin, le nombre dix-sept était complété, chaque jour, par deux invités qui venaient prendre leur part d'un dîner qui ne valait guère mieux que celui dont on les dérangeait : car l'officier de la marine chargé de pourvoir à la subsistance des passagers admis à la seconde table n'avait pas non plus très bien pourvu aux approvisionnements; mais, du moins, il pouvait s'excuser sur ce que l'indemnité accordée pour ses hôtes était loin d'égaler celle que le contre-amiral avait reçue pour les siens, auxquels il avait bien soin d'annoncer que certaines choses servies sur la table devaient y reparaître tel nombre de fois.

Son vin ordinaire allait de pair avec le reste, et l'extraordinaire, qu'il était allé chercher au meilleur marché et dont il offrait quelques bouteilles, était de la plus mauvaise qualité. Mais heureusement que je pus y suppléer par une partie de celui que j'avais fait embarquer pour mon usage à Pondichéry.

Lorsque nous fûmes par la hauteur des Canaries, la *Belle-Poule* se sépara de la division pour nous précéder au Cap de Bonne-Espérance. Quelques jours de calme nous contrarièrent pour passer la ligne équinoxiale. Il ne tombait pas de pluie, et l'excessive chaleur faisait beaucoup souffrir de la soif ceux qui n'avaient que leur ration d'eau. Quelques soldats crurent pouvoir se désaltérer avec de l'eau de mer, mais ils en furent très incommodés.

Dès que je fus informé que l'on souffrait beaucoup d'être privé d'un supplément d'eau, j'avais demandé au contre-amiral d'en ordonner la distribution : il m'avait opposé les règlements. Je lui avais fait quelques observations que j'avais cru suffisantes pour l'engager à passer outre, et j'avais cru l'avoir déterminé. Mais cette distribution n'ayant point eu lieu, je lui renouvelai plus vivement ma réclamation. Je lui dis que les hommes ne devaient point souffrir d'une soif extrême qui en contraignait quelques-uns à vouloir l'apaiser avec de l'eau de mer, quand il n'y avait pas nécessité absolue de s'en tenir à la stricte exécution de ses règlements; d'ailleurs, qu'il y avait à bord beaucoup plus d'eau qu'il n'en fallait pour arriver jusqu'au Cap de Bonne-Espérance, où il la remplacerait si facilement; et que, quand bien même il n'y aurait que le nécessaire, on ne devait pas refuser ce supplément, sauf à le retrouver soit par la pluie qui tomberait, soit en diminuant la ration ordinaire, si cela devenait indispensable, lorsque nous aurions atteint une latitude où la chaleur ne mettrait plus les hommes dans l'état de souffrance où ils étaient et qu'on pouvait calmer et faire cesser par quelques gouttes d'eau que je demandais de leur faire distribuer.

Ces nouvelles remontrances eurent leur effet. On donna de l'eau en quelque sorte à discrétion, pendant plusieurs jours, et la consommation qu'exigea ce supplément ne fut pas considérable. Je crois que la privation contribue à exciter le besoin, lorsqu'on pense que ceux qui peuvent contribuer à le satisfaire en ont les moyens, mais qu'ils s'y refusent par mauvaise volonté.

Le soixantième jour de notre départ de Brest, nous étions en vue du Cap de Bonne-Espérance. Nous ne pouvions pas, dans cette saison, jeter l'ancre à Table Bay, près de la ville. On fit donc route pour doubler le cap, afin d'aller dans la baie de False où nous n'entrâmes que le soixante-quatrième jour. Avant d'atteindre le mouillage de Simon's Bay, nous fûmes au moment d'être jetés à la côte par l'ignorance du contre-amiral et de ses officiers sur la localité, et nous ne fûmes préservés de ce danger que parce qu'heureusement le vent changea subitement et on ne peut pas plus à propos.

CHAPITRE III

Decaen débarque et se rend au Cap. — Le gouverneur du Cap, Janssens, est en voyage dans l'intérieur de la colonie. — Decaen va visiter les vignobles de Constance. — Les militaires ayant causé quelques désordres à Simon's Bay, Linois leur défend de descendre à terre. — Decaen trouve cette défense excessive. — Il prie Linois de révoquer son ordre. — Un rapport de Decaen au ministre de la Marine sur l'Inde. — D'autres notes politiques de Decaen sur la colonie du Cap. — Nouvelle d'une prochaine rupture entre la France et l'Angleterre. — Cependant Decaen ne peut y croire. — Notes détaillées sur le Cap. — Conquête des Anglais. — Reprise de possession du Cap par les Hollandais. — Rôle de l'agent anglais Pringle. — Les fonctionnaires hollandais. — Le capitaine du transport la *Côte-d'Or* se plaint des officiers passagers. — Les hommes ayant causé du scandale dans une escale à Ténériffe, Decaen prie Vandermaësen de sévir. — L'expédition quitte le Cap de Bonne-Espérance. — Les amours et le mariage de l'évêque Talleyrand. — Un amusant incident égaie la traversée. — Linois fait des économies sur ses pensionnaires. — L'expédition en vue de l'île de France. — Linois, se retranchant derrière ses ordres, refuse de communiquer avec la terre. — Arrivée de Decaen devant Pondichéry. — La frégate la *Belle-Poule* s'y trouve déjà, mais encadrée entre deux vaisseaux anglais. — Inquiétudes de Decaen.

Le *Marengo* ne fut pas plus tôt à l'ancre que le contre-amiral, qui craignait de faire trop de dépense à nous donner quelques vivres rafraîchissants, me demanda si je me proposais de bientôt descendre à terre. Je lui répondis que, puisque nous devions faire quelques jours de relâche, je n'y descendrais probablement que le surlendemain, le 21 floréal, parce que j'irais de suite à Table Bay où j'allais envoyer à l'avance me préparer un logement. Il ne fut pas joyeux de cette réponse. Néanmoins, il fit les choses grandement pour le déjeuner : on ajouta au service ordinaire quelques radis et deux œufs pour chacun des convives ; mais il ne manqua pas de leur apprendre que les œufs frais étaient hors de prix à False, puisqu'il avait fallu les payer dix liards pièce. Je ne donne ces détails que pour m'amuser des souvenirs qui me sont restés de son incomparable ladrerie, en attendant que j'aie à raconter des choses beaucoup plus intéressantes.

Le lendemain de l'arrivée, une partie des troupes et des équipages ayant été autorisés de descendre à terre, quelques-uns d'entre eux y firent quelques sottises. Des plaintes ayant été portées, je prescrivis d'infliger une punition aux délinquants qui étaient militaires, et j'ordonnai des dispositions qui réglaient le nombre de ceux qui pourraient chaque jour descendre à terre pendant la durée de la relâche (les officiers pouvaient y aller selon leur volonté), ainsi que les mesures à prendre à terre pour le maintien du bon ordre ; et je donnai communication au contre-amiral de ce que j'avais ordonné, en l'invitant de faire, de son côté, ce qu'il jugerait convenable relativement aux hommes des équipages.

Je quittai ensuite le *Marengo* avec ma famille et mes aides de camp pour nous rendre à Simon's Bay où nous dînâmes et passâmes la nuit ; et le 22, dès le matin, nous nous mîmes en route sur des voitures du pays attelées chacune de huit chevaux, selon l'usage, qui nous menèrent avec célérité à la ville du Cap. Nous descendîmes à la maison de la famille française Delaître, où mon logement avait été disposé, parce qu'au Cap de Bonne-Espérance il n'y avait point d'auberges et que ses habitants se faisaient un plaisir de donner l'hospitalité aux voyageurs et de les bien héberger et alimenter moyennant une raisonnable rétribution pour le temps de la résidence.

Le général Janssens était en voyage dans l'intérieur. Je fus présenter mes hommages à Madame et faire une visite à M. Demist, commissaire général chargé de l'organisation de la colonie. Nous n'eûmes qu'à nous féliciter de l'excellent accueil qu'on s'empressa de nous témoigner. On nous [donna] plusieurs fêtes à la ville et à la campagne. Nous allâmes aussi à Constance. M. Klontz, propriétaire du vignoble qui produit ce vin délicieux si renommé, nous fit la meilleure réception : il nous engagea à visiter sa belle cave ainsi que ce précieux mais très petit vignoble avec lequel il remplit ses tonneaux : on a voulu l'accroître en plantant de la même vigne sur les terrains contigus, mais on n'y récolte que des vins d'une qualité inférieure, ainsi que dans les autres endroits où l'on a cherché à recueillir de ce vin de Constance de première qualité.

Je fis l'acquisition de quelques alverames [?] (l'alverame contient 80 bouteilles) de rouge et d'autres de blanc, — je donne la préférence au dernier, — au prix de 75 piastres l'une. Nous fûmes ensuite visiter le propriétaire Colins, qui récolte aussi du vin de Constance. Après son bon accueil, il nous montra ses vignes et ses tonneaux, et nous engagea de goûter ses vins excellents. J'en achetai deux alverames, mais au prix de 60 piastres l'une, attendu la différence avec le vrai Constance : néanmoins il en vendit une plus grande quantité que M. Klontz à des personnes de ma société.

Cependant, toutes ces agréables distractions ne m'empêchèrent pas de faire quelques observations, ainsi que de prendre et de faire prendre divers renseignements dont il sera question plus loin. Il faut auparavant dire que, dès le jour de mon arrivée à la ville, je fus informé que le contre-amiral avait, depuis mon départ, refusé l'autorisation de transporter à terre les militaires qui devaient y descendre, tandis que les marins continuaient à jouir de cette faveur. Je reçus aussi une lettre dans laquelle il me faisait part de sa résolution et de ses motifs. Alors je lui mandai ce qui suit :

J'ai vu, par votre lettre, que vous aviez prononcé, d'après la demande du commandant des troupes bataves à Simon's Bay, la défense de descendre à terre. Cette défense est bien rigoureuse si elle est sans exception pour aucun des passagers et surtout si, comme me l'a rapporté le général Vandermaësen, votre ordre annonce *que les hommes des équipages, n'ayant point pris part aux désordres qui ont eu lieu, ne sont point compris dans cette mesure,*

Je ne vous dirai pas que, par le résultat d'un examen fait de la conduite des uns et des autres, on aurait certainement trouvé que les hommes des équipages descendus à terre ont aussi fourni des ivrognes et des tapageurs ; mais je vous observerai qu'un ordre qui établit une telle distinction peut très bien rompre les liens qui tenaient en harmonie les équipages et les troupes, ce qui serait bien plus désagréable que l'infraction à la discipline par quelques hommes ivres de mauvaises boissons.

Il est vrai que tous les délits commis à bord, sans distinction de personne sont réprimés d'après les lois maritimes. Mais la circonstance présente n'offre-t-elle pas quelque exception? Le délit, s'il en existe qui puisse entraîner peine afflictive, a été commis à terre : je crois donc que ceux qui en sont soupçonnés, dépendant directement de l'autorité qui m'est confiée, doivent, dans ce cas, y être soumis; car je ne pense pas, comme vous, *que tous les individus embarqués pèsent sur votre responsabilité;* et j'en ai toujours été tellement convaincu que j'ai fait ce que les circonstances m'ont prescrit. L'ordre du jour dont je vous adresse de nouveau copie vous en fournira une nouvelle preuve. Je pense que, d'après cette petite explication, à laquelle je me suis cru obligé, votre ordre d'hier n'aura pas tout son effet, car il arriverait que le plus grand nombre d'hommes descendus à terre, et beaucoup d'autres qui n'y sont pas encore allés, seraient privés d'un agrément salutaire.

Aussitôt la réception de cette réponse, le contre-amiral révoqua son ordre trop sévère et qui n'était pas équitable, et les dispositions que j'avais prescrites ayant été bien exécutées, il n'y eut plus de plaintes.

Le contre-amiral m'ayant prévenu qu'il y avait, sur la rade de Simon's Bay, un navire danois auquel il croyait pouvoir confier ses dépêches pour le ministre, et que les préparatifs pour la continuation de notre voyage ne tarderaient pas à être terminés, et donné en même temps quelques nouvelles, je lui écrivis, le 26 floréal :

> Je vous remercie, mon cher général, de la note que vous aviez jointe à votre lettre, que j'ai reçue aujourd'hui.
>
> D'après vos conjectures sur la *Belle-Poule*, il faudra bien prendre le parti de continuer notre voyage sans l'attendre plus longtemps, c'est-à-dire ne pas retarder plus que l'époque que vous présumez suffisante pour que l'eau et les provisions soient faites, d'autant mieux que les nouvelles que vous m'annoncez et qui me confirment celles qui m'avaient été déjà très assurées, mais dont j'attends de plus grands détails, nécessitent notre plus prompte apparition à cause des motifs que je vous communiquerai lorsque j'aurai le plaisir de vous voir, ce que j'espère pour le 29 au plus tard. Je vais aussi avoir terminé ma correspondance avec le ministre, que mon séjour ici rendra un peu étendue, et je la remettrai, comme vous, au Danois qui est en rade. Cependant, j'aurais désiré avoir une occasion plus prompte et même plus sûre.

Après avoir fait nos adieux et nos remerciements, surtout à Mme Janssens, nous quittâmes la ville du Cap de Bonne-Espérance le jour précité, pour retourner à Simon's Bay ; et le lendemain, je fermai ma dépêche pour le ministre de la Marine, datée du *Marengo*, en rade de False Bay, le 30 floréal an XI. En voici le contenu :

> CITOYEN MINISTRE,
>
> J'ai l'honneur de vous annoncer que, le 19 floréal, soixante-quatrième jour de notre départ de Brest, le vaisseau le *Marengo* et la frégate la *Sémillante* ont mouillé dans la rade de Simon's Bay. Dès le 15, nous avions reconnu le cap de Bonne-Espérance.
>
> La traversée a été on ne peut pas plus heureuse. Le contre-amiral Linois vous en donnera les détails. J'ajouterai seulement que nous n'avons eu de maladies que quelques indispositions.
>
> Il me serait infiniment agréable de pouvoir vous donner d'aussi bonnes

nouvelles de toute la division; mais, depuis la sortie de Brest, les transports la *Côte-d'Or* et la *Marie-Françoise* sont restés ignorés.

La frégate l'*Atalante* était aussi restée constamment séparée; mais nous l'avons trouvée au mouillage de Simon's Bay où elle était du jour précédant notre arrivée.

Le général Montigny est à bord de cette frégate; sa santé, altérée par les suites de l'accident qui lui a fait perdre un doigt, devient de jour en jour meilleure. Ce général vous a instruit lui-même de cet accident, lors de sa relâche à Sao Thiago. Au reste, cette frégate a aussi été très heureuse dans son voyage.

Selon vos instructions, citoyen ministre, la frégate la *Belle-Poule*, à bord de laquelle est le préfet, qui devait nous précéder tant au Cap de Bonne-Espérance qu'à Pondichéry, reçut l'ordre de se séparer de la division le 19 germinal. Nous nous trouvions alors par la hauteur des Canaries; mais la *Belle-Poule* n'a pas encore paru; et nous nous trouverons sans doute obligés de quitter ces parages sans en avoir de nouvelles. J'en aurais encore beaucoup plus d'inquiétude si le contre-amiral ne présumait pas que, contrariée par les vents, cette frégate aurait été empêchée de venir à l'un ou à l'autre mouillage du Cap de Bonne-Espérance, ce qu'elle avait cependant ordre de faire puisque, entre autres choses, on devait laisser au Cap un agent provisoire en attendant le citoyen Broussonet, nommé à cette place; et que le préfet devait y faire les dispositions que vous lui avez prescrites, tant pour fournir aux besoins que la relâche pourrait nécessiter que pour ceux des bâtiments de la deuxième division qui, j'aime à le croire, ne sont pas éloignés d'arriver. Autrement ce serait encore une contrariété fort désagréable, puisque beaucoup d'objets de première nécessité pour notre établissement sont restés pour être chargés sur ces bâtiments, vu que ceux de la première division n'avaient pu les contenir.

J'avais pris le parti de désigner un officier supérieur pour accompagner le préfet, afin de traiter, dès son arrivée à la côte de Coromandel, de la remise de Pondichéry, et à cet effet, je lui avais remis une lettre pour le gouverneur des établissements anglais, avec celle à son adresse dont vous m'aviez chargé en me donnant vos derniers ordres. Entre autres motifs qui m'avaient fait prendre ce parti, lequel je crois que vous trouverez convenable, c'était celui de ne point être retardé, pour le débarquement des troupes, aussitôt leur arrivée, par des délais que pourrait entraîner la reprise de possession. Je joins copie de la lettre écrite au gouvernement de Calcutta, et des instructions données à l'adjudant général Binot. La non apparition de la *Belle-Poule* au Cap de Bonne-Espérance me fait craindre qu'elle ne soit en retard pour l'exécution des premières dispositions.

Conformément à vos ordres, j'ai adressé au général Magallon le paquet que vous m'aviez envoyé pour lui. J'ai profité du départ de la goélette l'*Aigle*, venant de Marseille, du port de 70 tonneaux, seule occasion que j'aie trouvée pour l'île de France.

Lorsque ce rapport vous parviendra, vous aurez sans doute été informé directement qu'un envoyé de l'iman de Mascate était venu à l'île de France, où il était arrivé le 16 pluviôse dernier ; que l'objet de sa mission était de demander l'amitié du gouvernement français et des secours en hommes, armes et munitions, parce que l'iman craignait les Anglais ; que cet envoyé avait fait présent, de la part de l'iman, de plusieurs chevaux arabes, et qu'après avoir resté un mois à l'île de France, où il avait été fort bien traité, il était reparti pour Mascate, très satisfait, emportant avec lui des canons de divers calibres. Je tiens ce rapport du capitaine du navire le *Mentor,* de Bordeaux, en relâche actuellement à False Bay d'où il doit se rendre au Sénégal.

En adressant votre lettre au général Magallon, je l'ai invité à me faire connaître quel avait été l'objet de la démarche qu'avait fait faire l'iman de Mascate, en le prévenant que je devais envoyer un commissaire des relations commerciales auprès de lui, afin que je puisse, vu cette démarche, prescrire, plus particulièrement qu'on n'avait pu le faire en Europe, la règle de conduite qu'on doit tenir à Mascate.

Le capitaine du *Mentor* a aussi rapporté qu'on était très tranquille à l'île de France, mais que les affaires commerciales y étaient dans un très mauvais état ; que les marchandises de l'Inde y étaient à très haut prix ; qu'il y avait des projets d'armements pour divers endroits de cette partie du monde, mais que la crainte de la guerre faisait suspendre toutes les opérations. La nouvelle de l'arrivée de la division va rassurer à cet égard. J'ai en outre annoncé au général Magallon que j'espérais arriver à la côte de Coromandel pour la fin de juillet. On nous fait même espérer que nous y serons plus tôt, parce que la mousson nous est favorable. J'ai aussi invité ce général d'en prévenir le commerce.

A ces nouvelles de l'île de France, se réunit celle du retour du bataillon qui était à Batavia. Mais une nouvelle d'une très haute importance et dont le Premier Consul est sans doute déjà informé, puisqu'un bâtiment anglais a été expédié pour l'annoncer au cabinet de Saint-James, c'est la guerre entre les Mahrattes et les Anglais : guerre qu'on attribue, d'une part, à l'extrême ambition de lord Wellesley ; et de l'autre, à la crainte que les Français, retournant dans l'Inde, n'eussent le projet de rechercher l'alliance des Mahrattes pour agir de concert contre la puissance anglaise.

Il est possible encore que la régence de Bombay, jalouse d'égaler en puissance et en gloire les deux autres présidences, et qui convoitait depuis longtemps le Guzarate, dont la possession la rendrait au moins égale aux deux autres, n'ayant pu trouver le moyen d'arriver à son but, pendant l'existence de Nannah-Furnareze, un des ministres les plus habiles qu'ait fournis l'Hindoustan, et auquel sont dus en grande partie les progrès de la nation confédérée qu'il dirigeait, que cette régence ait saisi l'occasion de la mort de ce ministre pour donner un nouveau développement à sa politique.

Holkar et Scindiah étaient puissants ; ils étaient même redoutés des

Anglais; mais on savait que Scindiah avait l'ambition de remplacer Nannah-Furnaveze au ministère de Poonah (1), et l'opposition qu'y mettait Holkar. Rien ne pouvait donc être plus favorable que de telles circonstances ou de tels prétextes pour faire accéder le marquis de Wellesley au but qu'on s'était proposé; on a donc entretenu la mésintelligence. Enfin tout a été tellement conduit que Holkar et Scindiah en sont venus aux mains à quelques milles de Poonah, où leurs deux armées s'étaient rassemblées, pour faire valoir leurs prétentions. Scindiah a été tellement battu que le Peschwah, qui est revêtu du titre de chef de la confédération et qui n'est réellement qu'un mannequin au nom duquel tous les actes d'autorité sont faits, et qui était protégé par Scindiah qui prétendait être son ministre, a été obligé de fuir de Poonah, et de se sauver à Basain (2), sous la protection des Anglais qui, dès lors, se sont déclarés ouvertement pour Scindiah, et ont fait avec lui un traité par lequel ils se sont obligés de faire régner le Peschwah qu'ils ont maintenant sous leur protection; d'aider de tous leurs moyens Scindiah pour combattre Holkar, aux conditions qu'ils auront, pour leur part des fruits de cette guerre, la possession entière du Guzarate; qu'il y aura une garnison anglaise de 10 000 hommes dans Poonah; enfin que la province de Cattak, qui sépare leurs possessions du Bengale de celle de la côte d'Orissa, leur sera remise en toute propriété.

Toutes réflexions que je me permets de faire en ce moment, c'est que le retour du pavillon français dans les mers de l'Inde, si notre traversée est courte, peut contribuer, par l'effet seul du hasard, à faire une diversion avantageuse en faveur de Holkar, parce que les Anglais, qui sont naturellement ombrageux de leur haute puissance, ne se dégarniront peut-être pas autant qu'ils l'auraient fait si nous étions encore éloignés, pour réunir plus de moyens et donner suite à leurs projets pour la fin desquels il ne leur manque plus qu'une scène à jouer, celle de détruire Holkar. Sans m'écarter de la marche qui m'est tracée, aussitôt mon arrivée à la côte Coromandel, et même plus tôt, si les circonstances me le permettent ou quelques nouvelles avantageuses m'y engagent, je me hâterai d'expédier pour Surate : c'est maintenant le point le plus intéressant pour avoir des nouvelles, puisque c'est, à n'en plus douter, dans cette partie de l'Hindoustan que la compagnie anglaise va s'élever au plus haut degré auquel son ambition ait pu prétendre, ou préparer sa chute. De telles circonstances, citoyen ministre, me font apprécier de plus en plus combien serait utile un nombre de bâtiments légers pour être employés à se porter avec célérité sur les points intéressants; et dès ce moment, si la division avait une corvette, on n'aurait pas pu l'employer plus utilement que de la faire partir de suite pour la côte Malabar et le golfe de Cambay.

J'ai profité du séjour de la division à la baie de False pour aller visiter a ville du Cap de Bonne-Espérance, rendue aux Hollandais, le 17 février

---

(1) Ou **Poona**.
(2) Ou **Bassein**.

dernier. J'ai été fort bien reçu du commissaire général chargé de l'organisation de la colonie, et du gouverneur par intérim, le gouverneur Janssens étant allé depuis un mois dans l'intérieur du pays pour rétablir l'harmonie entre les Cafres et les colons des possessions hollandaises, qui sont souvent en querelle. Ce gouverneur, qui doit visiter toute la colonie, ne doit être de retour que dans deux mois. Comme j'ai beaucoup à vous dire sur cet établissement hollandais, je joins des notes à la présente à laquelle j'ajoute que les autorités et les habitants de la colonie ont montré beaucoup de prévenance et d'obligeance pour les Français.

Comme, dans ce moment, il n'y a pas, en rade de Simon's Bay, de bâtiments destinés pour un port de France, mais seulement un danois en retour de Manille pour Copenhague, qui n'espère appareiller que dans dix à douze jours, et une corvette hollandaise qui ne doit être expédiée pour l'Europe que dans trois semaines, je ne peux pas vous annoncer par quelle voie mes dépêches vous parviendront. Je les laisse en duplicata à M. Dumesny, capitaine de port à Simon's Bay, dont le contre-amiral vous entretient particulièrement ; il les remettra aux premiers bâtiments qui appareilleront, autant néanmoins que les occasions seront sûres...

Le capitaine danois a rapporté qu'à son départ de Manille, on n'avait encore rien reçu pour les besoins de cette colonie ; qu'elle paraissait fort négligée ; qu'il n'y avait aucun moyen de défense, surtout en approvisionnements ; qu'il était présumable qu'on y trouverait un grand nombre de défenseurs parmi les gens du pays, mais qu'il y avait dénuement d'officiers ; et que le gouveneur était très âgé.

Il a ajouté que les Anglais n'avaient rien entrepris contre cette possession de l'Espagne, pendant la dernière guerre, et qu'il n'y avait, dans la rade de Manille, ni dans les parages, aucun bâtiment de guerre.

J'ai l'honneur d'être, etc...

Dans une lettre de même date que la précédente, je dis au ministre :

J'ai l'honneur de vous adresser particulièrement une note contenant quelques renseignements sur les principaux agents du gouvernement batave au Cap de Bonne-Espérance ainsi que sur un M. Pringle, laissé par les Anglais lors de leur départ, personnage qu'il est nécessaire d'éloigner, à cause de son influence.

J'ai aussi l'honneur de vous prévenir qu'en causant avec le commissaire général de l'arrivée du citoyen Broussonet pour commissaire des relations commerciales, il m'a fait part de la disposition dans laquelle il était de le bien recevoir quant à sa personne, mais qu'il était impossible qu'il fût accueilli pour le titre que lui a conféré le gouvernement français, attendu que, depuis plus de deux siècles, les Hollandais s'étaient fait une règle de n'avoir dans leurs colonies aucuns agents envoyés par les gouvernements étrangers ; qu'il tiendrait à cette disposition si le citoyen Broussonet ne lui représentait point l'aveu du gouvernement batave, ou si lui-même ne recevait point des ordres à cet égard. Il a ajouté qu'en agissant ainsi il ne ferait que suivre le parti qu'il avait déjà adopté envers ce M. Pringle, qui avait déjà fait plusieurs démarches pour être reconnu comme agent du gouvernement anglais; je laisse ici un mot à M. Broussonet pour lui annoncer que je vous informe de la difficulté qu'on se propose de lui élever lorsqu'il se présentera dans cette colonie. J'ai l'honneur, etc...

Supplément à cette lettre :

Le commissaire général Demist a jugé sans doute insuffisant tout ce qu'il m'a dit dans notre conversation à l'égard de M. Broussonet : il m'a remis, à mon départ, la note dont je vous adresse aussi une copie. Je n'ai pas cru qu'il fût nécessaire d'y répondre, d'autant mieux qu'il m'a paru inutile d'entamer une discussion politique qu'on n'aurait pu résoudre ici ; que, d'un autre côté, je n'avais point de rapports directs avec le Cap de Bonne-Espérance, ni reçu de vous aucune instruction particulière pour cette colonie. Je me suis donc borné à faire apercevoir au commissaire général que ce M. Pringle, qu'il ne prétend considérer que comme simple particulier chargé d'affaires de commerce, recevait, en public, de lui et de plusieurs membres formant l'autorité, des égards tellement marqués que je m'étais persuadé qu'il était un agent accrédité; que cette persuasion ne m'était pas seulement personnelle; qu'elle était partagée par beaucoup d'habitants du Cap; enfin que, lorsqu'on parlait de M. Pringle, on ne le qualifiait pas autrement que de commissaire anglais. Je n'ai pas non plus laissé ignorer à M. Demist que Pringle faisait autre chose que de recueillir des fonds pour ses commettants; qu'une de ses principales occupations était d'y répandre des nouvelles qu'on lui adressait d'Europe; que, pendant mon séjour au Cap, il avait osé donner pour nouvelle certaine que la guerre allait être bientôt déclarée entre la France et l'Angleterre; qu'un bâtiment parti de Londres le 4 mars lui avait annoncé que, décidément, Malte devait rester aux Anglais, etc... J'ai observé à M. le commissaire général que ces nouvelles ne tendaient qu'à alarmer les colons et empêcher les relations commerciales, enfin à tenir dans l'inquiétude ces mêmes colons auxquels il faut des idées plus riantes sur l'avenir, et qui les éloignent du désagrément qu'ils ont éprouvé pendant la guerre.

Je n'avais pas dû croire à la véracité de cette nouvelle d'une prochaine déclaration de guerre, et elle devait me paraître supposée, parce que le navire par lequel on citait qu'elle avait été apportée était parti de Londres le 4 mars, et que nous avions mis à la voile le 5; et que je devais penser que si, alors, il eût existé entre la France et l'Angleterre des contestations telles qu'on eût dû prévoir une guerre imminente, le départ de notre expédition aurait été prudemment suspendu.

Ce qui avait contribué encore plus à ne pas me faire croire à cette nouvelle, et même à ne pas me causer la moindre incertitude dans mon opinion, c'était ce qu'on avait dit au sujet de Malte, attendu que j'avais appris du Premier Consul que les Anglais, ayant élevé quelques difficultés pour rendre cette île ainsi que le Cap de Bonne-Espérance, s'étaient enfin décidés à exécuter l'article du traité d'Amiens concernant leur remise, et qu'ils ne garderaient ni Malte, ni le Cap de Bonne-Espérance; ainsi, en voyant qu'ils avaient rendu cette colonie aux Hollandais, depuis que la difficulté élevée avait été aplanie, je pouvais bien me persuader que l'île de Malte devait aussi être rendue à la Russie qui, selon le traité de paix, devait l'occuper.

Il n'y avait donc que des nouvelles d'Europe postérieures au 4 mars et transmises autrement que celle qu'on avait répandue qui pouvaient m'apprendre si la guerre devait recommencer et, dans ce cas, m'engager à prendre un parti : soit de rester au Cap de Bonne-Espérance, soit d'aller à l'île de France, et d'attendre à l'un ou à l'autre endroit de nouveaux ordres, si j'avais aperçu que l'expédition pouvait être compromise en continuant notre voyage pour arriver à Pondichéry.

Notes sur la colonie du Cap de Bonne-Espérance adressées au Ministre.

N'ayant point eu le temps suffisant pour acquérir tout ce que l'on pouvait désirer sur la totalité de la colonie, et que, d'ailleurs, on m'a assuré qu'il y avait eu, jusqu'à présent, fort peu de changement pour l'intérieur du pays depuis les derniers renseignements qu'on doit trouver dans nos archives, et particulièrement dans le voyage de John Barrow, traduit de l'anglais par Grandpré, ces notes contiennent plus particulièrement ce qui est relatif à la presqu'île, à l'état militaire et politique actuel de la colonie.

J'ajouterai ce que j'ai appris sur ce qui s'est passé lorsqu'elle est tombée au pouvoir des Anglais, ainsi que pendant le temps qu'ils l'ont eue en leur possession; enfin les causes pour lesquelles elle n'a pas été restituée aux Hollandais aussitôt qu'ils s'y sont présentés.

La presqu'île, dont la pointe la plus Sud est le cap de Bonne-Espérance, est formée par la baie de Table et la baie de False qui ne laissent entre elles qu'un isthme assez étroit qui ne présente qu'une grève très basse et presque de niveau, et qui permettrait de croire que la mer la couvrit autrefois. Le reste de la péninsule est traversé, dans sa plus grande longueur, par une chaîne de montagnes d'où se détachent différents contreforts.

C'est sur la plage la plus Sud de la baie de la Table qu'est assise la ville du Cap. A peu de distance en arrière, s'élève, presque à pic, la montagne de la Table dont l'extrémité orientale n'est séparée de la montagne du Diable que par un ravin étroit et de difficile accès, tandis que l'extrémité occidentale laisse entre elle et la Tête du Lion un col assez large et très praticable, dont les pentes, du côté de la haute mer, conduisent à la petite baie de Van Camps.

Toutes les fortifications permanentes de cette place consistent en une forteresse située sur le bord de la mer, à droite de la ville, et une batterie casematée placée à sa gauche...

Je ne cite pas tout le contenu du rapport sur la reconnaissance de ces fortifications que je fis faire par des officiers du génie alors avec moi, et inséré dans mes notes. Je me borne à en extraire ce qui suit :

... Cette forteresse, appelée le château de Bonne-Espérance, est en général de fort mauvaise défense. Sa maçonnerie a beaucoup de relief au-dessus de la fausse braie et peut être ruinée de fort loin.

Les bastions en sont très petits, et le terre-plein de la fausse braie est si étroit qu'on peut à peine y manœuvrer une pièce. Les fossés ne sont ni assez larges ni assez profonds. Indépendamment de tous ces inconvénients, elle est dominée à portée de canon par une hauteur qui est un contrefort de la montagne du Diable.

L'intérieur est occupé par des bâtiments militaires et par la maison du gouverneur.

La batterie dite d'Amsterdam, construite à grands frais, avait été jugée aussi défectueuse dans son tracé que dans sa construction.....

Après la description de cet ouvrage et le développement des causes de sa défectuosité, il est dit, dans ce rapport :

Le mauvais emplacement de cette batterie et son insuffisance ont déterminé les Hollandais à placer sur sa gauche, en se rapprochant de l'entrée de la baie, une seconde batterie dans le terre-plein de laquelle est un gril à rougir les boulets. Elle a l'avantage de voir l'ennemi de plus loin, et de l'avoir plus longtemps sous son feu. Cette batterie est, pour le moment, mal tenue et en mauvais état. Elle est construite en terre. Entre la batterie d'Amsterdam et la ville, se trouve une première batterie de 16 pièces. Le reste de la plage, jusqu'à l'entrée de la baie offre encore deux batteries, l'une de 10 pièces et l'autre de 8.

A la droite de la forteresse commence une ligne continue, tracée en crémaillère le long de la baie, et garnie de canons de distance en distance. A 600 toises, à peu près, elle s'appuie à un fort étoilé armé d'artillerie. Sa direction devient alors perpendiculaire à la mer; elle s'élève vers la montagne du Diable, et va se terminer à un petit village à 600 toises environ du fort étoilé. Elle ne présente, dans cet espace, que des lignes droites flanquées par des redans fermés à la gorge, formant des espèces de redoutes carrées, enfilées par les angles opposés. Comme la droite de ces lignes n'aboutit point à la montagne, on a cherché à l'appuyer par une forte batterie placée en avant d'elle sur la croupe d'un contrefort. Cette batterie a un réduit palissadé d'un double rang de palissades inclinées.

Les Anglais ont encore jeté, en avant de cet ouvrage, en s'élevant jusqu'au sommet du dernier contrefort qui aboutit à la grève qui communique de False à Table Bay, quelques autres batteries auxquelles ils ont ajouté, pour la sûreté de leurs gardes, des réduits en maçonnerie appelés *bloc-haus*. Ils sont crénelés et la porte en est défendue par des mâchicoulis en bons madriers qui reposent sur des poutrelles avancées.

Hors des lignes, en avant du fort étoilé dont il a été question plus haut, se trouvent encore deux batteries avec *bloc-haus*, pour la défense du fond de la baie; presque toutes ces différentes batteries sont munies d'un gril à rougir les boulets.

Telles sont en partie les dispositions défensives prises contre un débarquement effectué au fond de la rade ou à False Bay : elles supposent nécessairement l'impossibilité de tourner les lignes et, de plus, une garnison assez nombreuse pour bien garder un développement aussi considérable. Les Anglais paraissent avoir senti cet inconvénient. On remarque, fort en arrière des lignes, dans l'espace compris entre la citadelle et la montagne du Diable, deux grands bastions qui ne sont point terminés, et dont la position annonce évidemment l'intention de se concentrer dans une enceinte plus resserrée, à moins qu'ils n'aient voulu en faire des points de retraite ou de protection dans le cas où les lignes auraient été forcées.

Ces lignes, à les considérer telles qu'elles sont, sans même avoir égard à leur trop grand développement, paraissent être fort mal appuyées à leur droite; il serait facile de pénétrer entre leur extrémité et la grande batterie qui la protège. Cette batterie elle-même est mal défendue, et à de trop grandes distances, par les *bloc-haus* qui ne se soutiennent que faiblement entre eux. Au reste, les rades de False Bay et de Table Bay ne sont pas les seuls points où l'on ait à redouter un débarquement. Au revers des montagnes se trouve la petite baie de Van Camps où il serait facile de jeter des troupes qui pourraient pénétrer par le col qui se trouve entre la Table et la Tête du Lion, ou longer la côte et arriver derrière la croupe, ou même passer entre la croupe et la Tête du Lion. Ce point était d'une trop grande importance pour échapper à la surveillance des Hollandais. Ils se sont emparés de la position du col par quelques batteries placées sur le revers à différentes hauteurs, et en ont établi deux autres sur la plage même. Ces ouvrages sont extrêmement imparfaits.

Entre Van Camps Bay et False Bay, il en existe une autre appelée Hout Bay. Elle est beaucoup plus spacieuse que celle de Van Camps. Son entrée est au sud-est. Il peut y mouiller dix vaisseaux, qui se trouvent abrités par un crochet formé par la pointe ouest. A l'extrémité de cette pointe est une batterie placée sur la côte de l'est. Cette baie se trouve renfermée entre deux chaînes de montagnes qui la séparent de Van Camps Bay et de False Bay. La première chaîne n'a point de débouchés dans la baie de Van Camps. Les communications de la seconde descendent dans la vallée qui se trouve entre le défilé de Muizenberg et l'extrémité du bassin de Constance. Les batteries dont cette anse est armée sont insuffisantes pour empêcher un débarquement; mais le col qui forme la communication dont nous venons de parler doit offrir une position aisée à défendre, ce qui deviendrait plus facile encore si l'on choisissait pour position centrale l'emplacement d'un ancien camp anglais qu'on juge comme la position la plus convenable à occuper pour un corps mobile, pour se porter, de là, sur les points de la presqu'île qui pourraient être attaqués et même pour agir contre un corps qui, ayant débarqué sur une autre partie de la côte s'avancerait dans la presqu'île.

Si la presqu'île présente autant de points accessibles et, dans ce moment, si peu de moyens de défense, la côte orientale et occidentale de la colonie offre aussi plusieurs points de débarquement, entre autres : la baie de Saldagne qui n'est qu'à 30 lieues du Cap, et dans laquelle la flotte aux ordres de l'amiral Lucas se rendit aux Anglais, et la baie de Rio dal Goa (1) ou la baie de la Tête-Noire, entre le 27e et le 28e degré de latitude (2).

La baie de Rio dal Goa est jugée la meilleure de toute la côte de la colonie à l'est du cap de Bonne-Espérance. Il faut que les Anglais aient espéré en tirer parti car, pendant leur séjour, ils l'ont souvent visitée. Ils y avaient fait construire des batteries, placé des troupes et élevé un *bloc-haus* construit entre les deux rivières qui se jettent dans cette baie, pour se garantir des attaques des Cafres. Les Hollandais n'avaient jamais placé de poste dans cet endroit quoique, dans le voisinage, il y ait un assez bon nombre de colons. Mais, depuis leur reprise de possession, ils y ont envoyé 115 hommes de troupes européennes et 24 canonniers.

Le général Dundas, qui commandait les troupes anglaises, avait encore été visiter la baie de Rio dal Goa depuis que la paix était connue.

D'un autre côté, cette baie était un objet de la sollicitude des Anglais, car ils craignaient que les colons, très peu satisfaits de leurs nouveaux maîtres, ne réunissent des moyens pour les inquiéter. Les Anglais avaient cependant un assez bon nombre de troupes pour la garde de la colonie, puisqu'ils ont constamment entretenu 7 à 8 000 hommes ; et il faut réellement entretenir une force armée considérable si l'on veut se garantir contre une grande entreprise. Un état militaire de 6 000 hommes n'aurait rien de

---

(1) Peut-être Delagoa Bay, ou plus vraisemblablement **Algoa Bay**.

(2) Delagoa Bay se trouve vers le 26e degré de latitude, et **Algoa Bay** à la même latitude que le Cap, entre le 23e et le 24e degré de longitude est.

superflu ; encore faudrait-il que celui qui serait chargé de leur commandement entendît parfaitement la tactique convenable au genre de défense qu'il faut employer sur ce théâtre.

Un objet non moins important à prendre en considération, c'est celui d'un établissement autre que toutes les fortifications actuelles, qui sont absolument nulles ; et surtout qu'il soit déterminé un plan pour ce poste qui sera, naturellement, en cas de rupture, recherché par les Anglais qui en ont senti plus que qui que ce soit toute l'importance, puisqu'ils en avaient fait un lieu de dépôt pour acclimater les troupes qu'ils faisaient passer dans l'Inde ; que c'était ce même dépôt qui avait fourni 3 000 hommes pour augmenter le corps d'armée qui avait marché contre Tippoo-Sahib, et qu'on avait eu pour expérience que les troupes ainsi acclimatées avaient perdu beaucoup moins, par le climat de l'Inde, que celles qui étaient arrivées directement d'Europe.

Le gouvernement batave a besoin d'être pressé pour qu'il s'occupe de ce point important, car sa situation militaire au Cap de Bonne-Espérance n'est rien moins que respectable. On met sous les yeux l'état des troupes employées dans ce moment à la garde de la colonie (1).

L'effectif de toutes armes n'était que de 2 172 hommes.

Tous ces corps sont formés, à l'exception des dragons — 240 —, d'étrangers, la plupart Allemands, Hongrois, Polonais et quelques Français.

Le gouvernement batave avait sans doute présumé qu'on retrouverait au Cap toute l'artillerie qui y était lorsque cette colonie fut prise par les Anglais ; mais ceux-ci n'ont laissé que de très mauvaises pièces, des affûts et des fers coudés qui ne valent pas mieux. Ils ont emporté toutes les pièces de métal, entre autres celles de 24 qui étaient dans la batterie couverte du fort d'Amsterdam. On observe enfin qu'il n'y a pas un seul officier du génie d'arrivé.

Avant de faire connaître l'esprit qui règne au Cap de Bonne-Espérance, on va rapporter ce qui se passa lorsque les Anglais s'en emparèrent en 1795, et ce qui a eu lieu quand les Hollandais ont voulu, d'après le traité d'Amiens, en reprendre possession.

Conquête des Anglais.

Les Anglais ont débarqué à Simon's Bay, le 16 de juin 1795, sans aucune résistance. Le général Craig fit dire au gouverneur hollandais qu'il venait au secours de cette colonie pour la conserver au stathouder. Le gouvernement délibéra quelque temps sur cette étrange proposition et, à la fin, refusa d'y souscrire. Les Anglais étaient déjà arrivés devant le défilé de Muizenberg gardé par une force suffisante, et il ne tenait dans cette occasion [qu']au gouvernement hollandais de les anéantir, n'étant qu'une poignée d'hommes, la plupart des recrues destinées pour l'Inde. Cependant des renforts parvenus aux Anglais les mirent bientôt en état de forcer ce

---

(1) « Cet état désignait les noms des différents corps et leurs forces » (Note de Decaen).

passage, si fort par lui-même. Ils arrivèrent devant la ville du Cap et, après plusieurs pourparlers, ils prirent possession du fort et de toute la ville, le 21 de septembre.

Ils doivent une conquête si aisée à la lâcheté et à la trahison de quelques individus corrompus par un certain M. Pringle, alors agent de la Compagnie anglaise. Le commandant hollandais, le colonel Gordon, Écossais de nation, se brûla la cervelle à cette occasion. Le gouverneur fut conduit en Angleterre d'où il passa en Hollande, sans avoir jamais essuyé le moindre désagrément.

Les Anglais ne furent pas sitôt maîtres de la ville que l'amiral hollandais Lucas arriva avec 6 ou 7 bâtiments dans la baie de Saldagne où il se laissa prendre par l'ennemi en lui abandonnant toute sa flotte. C'est dans cette occasion que M. Glaris, alors commandant en second et maintenant capitaine de port, a si puissamment secondé les Anglais.

Bientôt après, lord Macartney arriva pour établir une nouvelle organisation dans cette colonie. C'est à lui que les colons doivent la prospérité dont ils ont joui depuis; car, dans l'intention de garder cette colonie, il avait donné de la force aux lois et accordé de la protection aux propriétés. L'importation des marchandises anglaises était libre de tout impôt : on n'exigeait que 8 pour 100 de toutes les autres. Les traites sur l'Angleterre ne perdaient que 6 à 8 pour 100, tandis qu'aujourd'hui, on paie, pour toutes les marchandises, 10 pour 100, et les traites sur l'Angleterre perdent 25 à 30 pour 100.

Reprise de possession.

L'escadre hollandaise, chargée des troupes qui devaient reprendre possession du Cap de Bonne-Espérance, arriva le 24 septembre. Le général anglais, qui avait reçu ses ordres, déclara aussitôt qu'il était disposé à évacuer la citadelle et les forts, ce qu'il exécuta même en ne laissant que quelques hommes dans la citadelle. Mais l'autorité chargée par le gouvernement batave de reprendre cette possession crut qu'il était important, pour donner plus de solennité, de remettre au 1er janvier 1803. Sur ces entrefaites, le contre-ordre arriva. Ce fut la veille même du jour fixé pour la reddition. Cet ordre avait été expédié en *triplicata*. Ce fut le dernier qui arriva le premier. Le général Dundas fit débarquer ses troupes, dans la nuit même, et fit reprendre les postes qu'il avait abandonnés, sans aucune opposition. Les Hollandais se trouvèrent réduits à camper. Ils formèrent leur camp à Wynberg, à gauche de la route qui conduit du Cap à Simon's Bay, presque en face de Constance, où ils restèrent jusqu'à ce qu'on eût reçu d'Europe de nouveaux ordres. Enfin, ces ordres étant arrivés, les Anglais évacuèrent tout le territoire de la colonie, le 21 février dernier, rendant les fortifications, les magasins, les bâtiments, les jardins, etc., dans le plus mauvais état.

A ces cadeaux, ils ont joint celui d'un rassemblement de Hottentots, qu'ils avaient fait plutôt pour un but politique que militaire, quoiqu'il eût l'apparence d'un corps, puisqu'ils y avaient attaché des officiers européens et qu'ils avaient armé une partie de ce rassemblement, dont le nombre, d'environ 900, était composé d'un tiers de femmes et d'enfants. On prétend qu'ils comptaient, en cas d'attaque, lâcher ce rassemblement pour engager les Hottentots de l'intérieur à se soulever contre les paysans hollandais, afin que ceux qui auraient agi au nom du gouvernement batave n'eussent pu en tirer aucun service.

Il y avait cinq ans que les Anglais entretenaient ce rassemblement, qui leur a fait une excessive dépense, puisque chaque Hottentot était payé à 16 s. (1) de France par jour, une livre et demie de viande, une livre de pain, et autres avantages ; aussi, ils se les étaient fortement attachés.

Les Hollandais n'ont pu se dispenser de continuer, dans le premier moment, à traiter les Hottentots comme l'avaient établi les Anglais ; mais la dépense étant excessive, et ne pouvant tirer aucun service de cette troupe dont l'esprit ne vaut absolument rien, ne pouvant pas cependant les licencier, dans la crainte que, réunis en bandes, ils ne commissent des désordres, le gouvernement a pris le parti de les entretenir sur le même pied, jusqu'à ce qu'il ait pu parvenir à les faire prendre comme domestiques par les colons, ce qui s'exécute journellement, car déjà plus de 300 sont renvoyés.

J'ai vu le reste de ce rassemblement. Il ne s'y trouve plus que quelques vrais Hottentots, et peu d'hommes capables de porter les armes. Les officiers qui les commandent leur reconnaissent deux qualités bien contraires à ce qui constitue l'homme de guerre : ils sont ivrognes et paresseux. On assure cependant que quelques-uns d'eux sont bons chasseurs, et qu'ils sont surtout excellents pour être guides dans l'intérieur du pays. Les Hollandais, précédemment, en entretenaient pour cela un certain nombre, ce qu'ils comptent faire encore, mais sur un pied moins dispendieux que celui établi par les Anglais. On m'a assuré que les Anglais, pendant qu'ils ont possédé le Cap de Bonne-Espérance, ont fait une dépense qui se monte à plus de 10 millions de livres sterling.

L'esprit de parti, la méfiance dans la plupart des chefs, le manque d'union même entre les Hollandais venus d'Europe et ceux qui sont nés dans le pays, les intérêts divisés des colons composés d'hommes de différentes nations, surtout l'influence que les Anglais paraissent avoir sur cette colonie,... toutes ces causes doivent faire adopter au gouvernement batave un système propre à diriger cet établissement et à le conserver. On est loin de penser que le commissaire chargé maintenant de l'organisation de cette colonie puisse remplir cet objet.

Enfin, on croit avoir le droit de dire que les Anglais ont une grande influence en Europe sur plusieurs membres du gouvernement actuel de la République batave (gouvernement dans lequel on ne paraît pas avoir

---

(1) Le manuscrit porte : « 16ᵉ de France. » Peut-être faut-il lire : Sols.

beaucoup de confiance à cause de la manière dont le pouvoir exécutif est organisé) par la nomination qu'on a faite de plusieurs personnes pour occuper des emplois dans la colonie.

Il y a également très peu de confiance dans la force militaire : les hommes qui la composent sont presque tous étrangers ; mais surtout parce que, depuis qu'elle est arrivée, il y a eu plusieurs révoltes : on vient de condamner trois hommes à la mort pour ce fait, exemple qui ne peut cependant pas produire l'effet qu'exige la discipline, parce que le jugement doit être envoyé en Europe pour être sanctionné.

Notes particulières.

L'opinion publique à l'égard du gouvernement actuel du Cap de Bonne-Espérance est très partagée à cause des différents partis qui règnent actuellement et dont chacun est guidé par un intérêt particulier.

Le gouverneur Janssens jouit de peu de confiance de la part des colons, comme homme d'État, mais il est recommandable par son patriotisme et son attachement au gouvernement. Il est vrai que ce gouverneur, étant lié par la présence du commissaire général Demist, n'a pu encore donner aucune preuve de ses talents administratifs. Ce gouverneur est maintenant dans l'intérieur. On prétend qu'il n'a entrepris si promptement cette course que dans l'intention d'acquérir un poids aux yeux du gouvernement batave, afin de contre-balancer l'autorité du commissaire général, ou même de l'éloigner de la colonie le plus tôt possible. Le but de son voyage est de terminer les différends qui existent entre les Cafres et quelques peuples voisins, de réprimer les incursions des premiers qui ont déjà enlevé une grande quantité de bestiaux sur le territoire de la colonie; et même de rétablir les anciennes relations entre les colons et les Cafres qui paraissent n'avoir plus la même amitié envers les Hollandais, depuis la conquête des Anglais.

M. Demist, commissaire général, passe pour un homme doué de grands talents et consommé dans l'administration civile. Revêtu d'une autorité presque illimitée, il est plus craint qu'il n'est aimé. On attendrait beaucoup de son habileté dans l'administration si, d'un autre côté, il ne rencontrait pas la jalousie du gouverneur; car l'on a remarqué, dès l'arrivée de ces deux personnages, une froideur et une mésintelligence réciproques qui mettent beaucoup d'entraves aux vues que l'on suppose au gouvernement batave. Ce commissaire est taxé généralement d'être la cause si la colonie n'a pas été remise plus tôt par les Anglais, pour avoir voulu différer jusqu'au 1er janvier afin qu'il y eût plus de solennité.

M. de Salis, premier conseiller et, en l'absence du gouverneur, chargé de ses fonctions, parait plus uni avec le commissaire général qu'il ne l'est avec le gouverneur. Il passe, d'après la voix générale, pour un zélé partisan des Anglais. Tous les emplois de sa compétence sont conférés à ceux qui les ont servis avec le plus de zèle; il est très lié avec tous ceux qui sont connus pour avoir favorisé la conquête de ceux-ci.

Ceux qui ne sont pas ici à la disposition des Anglais disent que rien ne pouvait mieux manifester l'influence qu'on avait, en Europe, sur quelques membres du gouvernement batave qu'en envoyant pour commandant du port un M. Glaris qui contribua puissamment à la reddition de la flotte hollandaise aux ordres de l'amiral Lucas dans la baie de Saldagne. Ce Glaris paraît extrêmement lié avec Pringle dont je parle ci-après.

Il y a environ douze ans que M. Pringle habite le Cap : avant la conquête de cette colonie, il était l'agent de la Compagnie anglaise ; il avait beaucoup contribué à la facilité de cette conquête en travaillant l'esprit des chefs et en les corrompant par divers moyens. Pendant le séjour des Anglais, il a été constamment le commissaire de leurs troupes ; aussi a-t-il beaucoup gagné. Depuis leur départ, il a repris son premier emploi, mais il conserve toujours une très grande influence qui ne saurait diminuer, vu les égards marqués que M. Demist, commissaire général, et M. de Salis, gouverneur *par intérim,* s'empressent de lui témoigner.

Je terminai ma correspondance avec le ministre par cette lettre, datée du 1er prairial :

En vous annonçant mon départ de cette rade, citoyen ministre, j'ai l'honneur de vous renouveler ma prière de ne pas perdre de vue *la famille indienne ;* les circonstances la rendent de plus en plus un objet particulier de votre sollicitude. J'aime à me persuader que vous avez pris en considération les différentes demandes que j'ai eu l'honneur de vous faire, lors de mon départ de Brest. Si mes notes sur le Cap de Bonne-Espérance méritent quelque approbation, vous m'obligerez beaucoup de ne pas les laisser ignorer au Premier Consul ; vous ajouterez, citoyen ministre, aux témoignages d'intérêt que vous m'avez déjà donnés.

Agréez, etc...

Tout étant disposé pour mettre à la voile au premier bon vent, j'écrivis au général Janssens, le 4 prairial, la lettre suivante :

Monsieur le Gouverneur,

Pendant le séjour que je viens de faire dans le chef-lieu de votre gouvernement, il n'a manqué, pour compléter ma satisfaction, que celle de vous y voir. Je ne quitterai point la colonie sans vous en témoigner mes regrets : si quelque chose peut les diminuer, c'est l'accueil vraiment obligeant que nous avons reçu de Mme Janssens. Ses honnêtetés multipliées m'ont fait agréablement préjuger de vos intentions personnelles. Nos Français ont été généralement bien accueillis par vos habitants ; il m'est doux, en partant, d'emporter de nouvelles preuves de l'amitié réciproque de nos nations. Une fois installé à Pondichéry, je désire bien sincèrement, Monsieur le Gouverneur, que quelques relations politiques ou commerciales me mettent à même de resserrer encore les liens qui unissent la France et la Hollande, et de vous donner particulièrement des témoignages de ma haute considération.

J'ai l'honneur, etc...

P.-S. — Trouvez bon, Monsieur le Gouverneur, qu'en payant un tribut d'estime aux personnes que j'ai eu l'avantage de connaître, je vous rappelle particulièrement MM. Dumesny, employé à Simon's Bay, et Henry, commandant les troupes au Cap. Je me plais à penser que ces deux messieurs ont acquis des droits à votre confiance.

Ayant reçu, ce même jour, une lettre de M. le commissaire général Demist, au sujet de M. Broussonet, je lui fis cette réponse :

Monsieur le Commissaire,

En faisant part au gouvernement français de notre conversation à l'égard de M. Broussonet, j'avais prévu le désir que vous me témoignez dans votre lettre. Ce que vous m'aviez fait l'honneur de me dire de vive voix m'avait paru plus que suffisant pour chercher à prévenir cette difficulté et épargner, sous ce rapport, un désagrément à M. Broussonet. Je me flatte, cependant, que nos relations commerciales ne pourront en souffrir, et que, le gouvernement français ayant prévu tout incident de cette nature, son envoyé se présentera muni, au moins, des titres qui ont jusqu'à présent suffi pour faire reconnaître nos agents commerciaux dans votre colonie.

Agréez, etc...

Le transport la *Côte-d'Or* arriva dans cette journée au mouillage de Simon's Bay : il avait fait une relâche à Ténériffe. Le capitaine de ce navire, ayant à remplacer son eau, à faire des provisions et quelques travaux indispensables, il ne pouvait partir avec nous qu'autant que le vent serait contraire durant la relâche dont il avait besoin. Ainsi le contre-amiral lui donna l'ordre de ne pas perdre de temps, afin de continuer incessamment sa route pour arriver à Pondichéry.

Le contre-amiral m'ayant transmis les justes plaintes que le capitaine de la *Côte-d'Or* lui avait portées au sujet des passagers qu'il avait à son bord, j'écrivis au général Vandermaësen ce qui suit :

Si j'ai eu lieu d'être mécontent du peu de caractère du chef de brigade Sainte-Suzanne pendant la traversée de la *Côte-d'Or*, pour n'avoir pas mis fin à des tracasseries qui n'auraient jamais dû naître entre les officiers passagers et le capitaine de ce bâtiment parce que, si les officiers avaient quelques sujets de mécontentement, le chef de brigade devait prendre à cet égard les mesures convenables pour les faire cesser, et surtout empêcher des correspondances et des délibérations que n'autorise point la discipline, j'ai encore un sujet de mécontentement beaucoup plus vif à manifester.

Le chef de brigade ne devait pas consentir, lors de la relâche à Ténériffe, que le bataillon descendît à terre pour y séjourner pendant le temps qu'on serait au mouillage; et encore, dans ce cas répréhensible, il ne paraît point avoir pris les mesures convenables pour maintenir la discipline et l'ordre, si essentiels pour inspirer le respect qu'on doit avoir pour les troupes de la République. Ces fautes ont produit le plus mauvais effet. Les soldats de ce bataillon ont commis des excès, et ont laissé à Ténériffe la plus mauvaise réputation. On est doublement coupable lorsqu'on se conduit mal chez les étrangers; on viole le droit le plus sacré, celui de l'hospitalité. Faites connaître, mon cher général, au chef de brigade, aux officiers et sous-officiers du bataillon de la 18e, que j'étais loin de m'attendre, de leur part, à cette manière d'agir. Faites-vous rendre compte de tout ce qui s'est passé.

Le chef de brigade Sainte-Suzanne m'a annoncé qu'en partant de Ténériffe, dix hommes lui manquaient à l'appel, et que cinq étaient restés à l'hôpital. Faites-vous représenter les ordres donnés pour prévenir, empêcher et arrêter les désordres, ainsi que les preuves qui constatent les démarches qu'on a faites pour avoir les dix hommes qui manquent. Faites-vous rendre compte du motif qui a obligé de laisser cinq hommes à l'hôpital de Ténériffe. Inspectez ce bataillon et assurez-vous, je vous prie, si, pendant la traversée, on s'est occupé de l'instruction, de l'entretien des armes, habillement, etc... Si, de tous les renseignements que je vous invite de prendre, vous n'avez pas un résultat favorable, punissez sévèrement ceux qui sont coupables. Mais comme il n'est que trop réel que ce bataillon s'est fort mal conduit à Ténériffe, vous ordonnerez qu'il ne descendra à terre, pendant la relâche de la *Côte-d'Or* sur cette rade, que le nombre d'hommes nécessaires pour rapporter aux autres les objets qui leur sont absolument indispensables. Mais, dans aucun cas, il ne pourra être envoyé à la fois plus de quatre hommes par compagnie; encore faudra-t-il qu'ils soient en bonne tenue, sans armes, et accompagnés de sous-officiers qui en seront responsables. Un officier sera de police pour la surveillance, et, à la moindre plainte, on sera privé de descendre à terre. Vous ordonnerez au chef de brigade, au chef de bataillon, à l'adjudant-major et aux capitaines les arrêts pendant deux jours, sauf l'augmentation de cette punition contre ceux que vous en trouverez susceptibles.

Enfin, le 7 prairial, nous mîmes à la voile pour sortir de la baie de False; et le 8, nous voguâmes avec bon vent vers notre destination.

En parlant de la ville de Bonne-Espérance, j'ai omis de dire que j'y avais vu M. Grantz, dont la femme, née à Chandernagor, était devenue la maîtresse du ci-devant évêque d'Autun, le citoyen Talleyrand de Périgord, ministre des affaires étrangères de la République française sous le Directoire et l'empereur Napoléon. J'avais trouvé fort singulier que ce M. Grantz, après avoir fait de fort mauvaises affaires au Bengale, d'ailleurs fort peu intéressant par lui-même, fût devenu un des conseillers de la régence de la colonie quoique, dans le conseil, toutes les affaires s'y traitassent en hollandais dont il ne savait pas un mot; mais il devait cet emploi à la protection de l'évêque-ministre, qui tenait éloigné, par une place honorable et lucrative, son très complaisant protégé, afin de jouir plus à son aise de tous les charmes de la belle Indienne que Monseigneur posséda ensuite conjugalement. Il fut autorisé à cette fin respectable par le Très Saint-Père, qui combla ce très cher fils de ses bénédictions, après avoir annulé sa bulle épiscopale et lui avoir donné l'absolution de toutes ses fornications, en l'exhortant à mener à l'avenir une vie plus régulière et surtout moins scandaleuse.

On peut ignorer si cet évêque métamorphosé en mari a commis des infidélités à sa belle et tendre moitié ; mais ce que tout le monde sait, c'est que Mme Grantz, devenue femme d'évêque par l'autorité du Saint-Siège, a été répudiée par la seule volonté de son très cher époux, après le retour des Bourbons. Il s'était adroitement persuadé qu'il ne pouvait pas cumuler les fonctions de mari, après avoir été évêque, avec celles de premier ministre du roi Louis XVIII, au retour duquel il avait tant contribué... en calculant probablement que ses services seraient récompensés par une nouvelle faveur *papale* qui le purifierait de ses nouvelles iniquités... en les couvrant du chapeau de cardinal ! Mais, jusqu'à présent, les considérations pour les sacrements de l'ordre et du mariage, ou d'autres causes, n'ont pas permis à ce caméléon de subir cette autre métamorphose.

La faveur des vents réguliers nous aurait fait faire plus de chemin chaque 24 heures si le capitaine du *Marengo* avait eu plus d'expérience et surtout moins d'inquiétude quand les officiers de quart faisaient porter de la voile. Sa crainte qu'il n'arrivât des avaries à la mâture lui avait fait prendre tant de précautions pour la bien tenir que le gréement n'ayant plus l'élasticité nécessaire à la marche du vaisseau, il cessa tout à coup d'avancer, quoiqu'il fût couvert de voile et que le vent fût toujours le même.

Les marins expérimentés savaient bien à quoi attribuer cette immobilité ; mais le capitaine prétendit qu'elle provenait d'une autre cause. Il ordonna des changements dans l'arrimage, il fit transporter le lest volant d'une place à l'autre et conduire des canons de l'arrière à l'avant. Tout cela n'aboutit qu'à donner de la gaieté aux soldats et aux matelots ; elle éclata encore plus, lorsqu'ils virent qu'une augmentation de voilure, ordonnée par le capitaine, n'influait pas plus que le déplacement des canons, etc., à activer le mouvement de ce vaisseau. Enfin cet inhabile conducteur fut se coucher. Nos deux frégates se mirent en panne pour nous attendre.

Cependant, dès qu'on eut préjugé que le capitaine s'était endormi, son second ordonna de dérider les haubans, et alors le *Marengo* reprit son allure qui égalait assez souvent celle des frégates, qu'il dépassait même, selon les officiers de quart, et lorsqu'ils osaient se permettre de faire porter plus de voile pendant que leur chef dormait.

Son réveil fut suivi d'une scène quasi tragi-comique lorsque, le matin, il se présenta sur le pont. D'abord, il exprima sa joie en voyant le *Marengo* cingler avec célérité, et il devint encore bien plus joyeux quand on lui rendit compte de sa marche durant la nuit ; et chacun riait de son apparente persuasion que c'était à lui qu'on devait l'heureux dénouement survenu pendant qu'il s'était abandonné aux douceurs du sommeil. Mais cette joie si vive n'eut qu'un moment. Elle se changea en une espèce de fureur, qui fit rire encore plus, lorsqu'il apprit ce qu'on avait osé faire sans sa permission et qu'il n'en avait pas fallu davantage pour remettre le vaisseau en activité. Une pareille infraction fut brusquement réprimandée, et son auteur fut condamné aux arrêts, levés cependant à l'heure du déjeuner, parce que le contre-amiral était parvenu à calmer le furieux et à le convaincre qu'il fallait pourtant continuer notre route et qu'il était tout naturel d'avoir eu recours au seul moyen propre à faire cesser l'obstacle. Il ajouta que le capitaine Vrignaud n'avait agi sans en prévenir son supérieur que parce qu'il n'avait pas voulu troubler son repos, mais que ce qu'il avait ordonné était si simple et si nécessaire qu'il n'avait pas eu l'idée qu'on dût s'en fâcher, et surtout lui infliger une punition.

Le contre-amiral se bornait à prescrire la route, mais les détails de la manœuvre étaient réservés au capitaine du vaisseau, responsable, et aux officiers sous ses ordres immédiats.

Nous n'éprouvâmes plus de contrariétés dans notre navigation. Je dirai encore, en passant, que Linois ne manqua pas de nous annoncer qu'il avait fait, à Simon's Bay, d'immenses provisions qui lui avaient coûté beaucoup d'argent, ce que nous eûmes lieu d'apprécier durant le voyage. Cependant nous eûmes sous nos yeux ce qu'après la volaille mise dans les cages, il y avait de plus remarquable : c'étaient quelques boisseaux d'oignons et des potirons logés dans un filet attaché en dehors de la galerie du vaisseau. Une dame ayant cru apercevoir des melons en témoigna sa satisfaction au contre-amiral. « Comment, Madame? Mais ce sont des potirons! J'avais déjà fait assez de dépense, sans acheter des melons qui n'étaient pas à bon marché. Croiriez-vous que ce que vous voyez dans ce filet me coûte...? » Je ne me rappelle plus la somme; c'était quelques florins.

Les passagers nourris à la seconde table manifestèrent un grand mécontentement; et ils en avaient le sujet. L'officier de marine chargé de l'entretenir n'avait fait que fort peu de provisions. Quand on s'en aperçut, on voulut en connaître le motif. Pour s'excuser, il prétendit qu'on lui avait volé au Cap la plus grande partie de l'argent qu'il devait employer. On en vint à l'examen de ses comptes dont le résultat fut moins que satisfaisant; et on s'arrêta au soupçon assez fondé qu'il avait joué cet argent. On lui adressa assez de reproches de ce qu'il n'avait pas fait connaître en temps opportun qu'il avait perdu l'argent de la communauté; car alors on aurait pu y remédier. Mais comme c'était la seule satisfaction qu'on pouvait se donner, quelques officiers passagers se réservèrent d'en obtenir une d'un autre genre, lorsqu'on descendrait à terre. Il fallut donc se résigner à supporter avec patience les privations occasionnées par le déficit et la mauvaise gestion.

Ce qui était arrivé au sujet de l'immobilité du *Marengo,* les débats relatifs au mauvais pourvoyeur, une comédie jouée par des timonniers et des sous-officiers, les amusements que le bon vent et le beau temps permettaient aux soldats et aux matelots, enfin un peu de musique tous les soirs dans la grande chambre, tout cela faisait diversité, durant une navigation en pleine mer fort ennuyeuse et qui n'offrait pour aspect que le ciel et l'eau; monotonie qui n'était troublée que par quelques oiseaux qui parcouraient l'espace, ou par des requins qu'on apercevait à la surface de l'onde et dont on attrapait quelques-uns. Alors, grande fête pour ceux qui aimaient à s'en rassasier. Le contre-amiral voulut un jour orner sa table d'un plat de requin; mais il fut si bien accueilli qu'on n'en vit plus reparaître.

Nous eûmes la satisfaction d'arriver en vue de l'île Bourbon et d'en approcher pour bien voir sur le rivage sans recourir aux lunettes. Quoique le ministre eût prescrit de ne point relâcher à l'île de France, le contre-amiral aurait bien pu prendre sur lui de suspendre, pendant quelques heures, le cours du voyage, sans y jeter l'ancre, pour quérir quelques provisions rafraîchissantes. Mais il répondit négativement à plusieurs passagers qui lui demandèrent si cela aurait lieu, attendu, disait-il, qu'il ne pourrait pas faire communiquer avec cette île sans que cela lui occasionne une grande dépense. Néanmoins, en voyant le vaisseau contourner d'assez près une grande partie de l'île, on espérait que le contre-amiral prendrait la résolution d'ordonner de s'arrêter lorsqu'on serait vis-à-vis un point favorable à la communication. Mais la route fut continuée et la direction prise à travers l'archipel des Seychelles, navigation moins ennuyeuse à cause de l'aspect des îles. Nous approchâmes de très près celle de Galega. De là, nous allâmes pour traverser les Maldives, par le canal du Neuf (1). Après ce passage, nous ne tardâmes pas à respirer les émanations balsamiques de Ceylan. Enfin, après avoir doublé la pointe méridionale de cette île, nous nous trouvâmes, à la pointe du jour, le 22 messidor, à l'atterrage de Porto-Novo où une escadre anglaise était au mouillage et qui détacha deux bâtiments pour venir nous reconnaître; nous prîmes notre direction sur celui de Pondichéry.

Je devais me croire au terme de notre long et heureux voyage. Cependant, cette escadre anglaise, que j'étais étonné de voir alors dans ces parages, me donna un défavorable pressentiment qui ne

---

(1) Probablement le canal du 9° degré.

put que s'accroître lorsqu'en approchant de la côte, je vis que la frégate la *Belle-Poule,* malgré la grande satisfaction de la voir arrivée dans la rade de Pondichéry, y était mouillée entre un vaisseau et une frégate des Anglais, et, en outre, que le pavillon de cette nation flottait encore sur notre possession.

Le contre-amiral, qui se réjouissait et surtout d'être bientôt débarrassé de ses passagers pour avoir plus de profit, m'ayant demandé si je comptais descendre à terre aussitôt que le vaisseau serait à l'ancre, je lui manifestai mon pressentiment en lui répondant : « **Je n'entrerai à Pondichéry que lorsque le pavillon français y sera arboré.** »

CHAPITRE IV

Lettre de Decaen au ministre. — Arrivée à Pondichéry. — Decaen écrit au gouverneur de Madras pour demander l'exécution des clauses du traité d'Amiens. — L'escadre anglaise se met sous voiles. — Elle mouille au vent de la division française. — Arrivée inattendue du *Bélier* — Il apporte à Decaen l'ordre de rallier l'île de France en cas de rupture entre la France et l'Angleterre. — Devant les mesures que prennent les Anglais, Decaen décide de se rendre immédiatement à l'île de France. — Ses ordres à l'adjudant commandant Binot. — Abnégation du préfet colonial Léger qui abandonne sa famille. — Les bâtiments de Linois échappent pendant la nuit à la surveillance de la flotte anglaise. — Arrivée à l'île de France. — La *Belle-Poule* échappe aux Anglais. — La *Côte-d'Or*, capturée par eux, est rendue. — Difficultés qu'éprouve Decaen à faire parvenir ses rapports en France. — Nouvelles instructions à Binot.

Ce qui eut lieu ensuite est énoncé dans la lettre ci-après, que j'adressai au ministre, sauf quelques détails et quelques faits que je pourrai rapporter à la suite de cette lettre, et que je ne jugeai pas à propos d'y insérer ou que je ne crus pas nécessaire de transmettre. Cette lettre était sous la date du 10 fructidor :

Citoyen Ministre,

Si je n'avais qu'à vous annoncer mon arrivée à la côte de Coromandel, mon rapport aurait été on ne peut pas plus satisfaisant. Mais les événements qui se sont succédé ont extrêmement influé sur le plaisir que je devais naturellement éprouver d'être arrivé à une destination aussi éloignée avec des troupes jouissant de la meilleure santé.

Il aurait été bien favorable que le *Bélier* fût arrivé deux jours plus tôt dans la rade de False Bay, où la contrariété des vents avait retenu la division jusqu'au 7 prairial, ou qu'au moins il eût pu nous atteindre avant Pondichéry.

Auparavant de vous entretenir du parti que j'ai dû prendre, lorsque votre dépêche du 20 ventôse m'a été remise, je vais vous faire un exposé de la situation des choses à mon arrivée à la côte Coromandel.

Le contre-amiral Linois, en vous rendant un compte particulier des mouvements de la division, vous annonce que, le 22 messidor au point du jour, nous nous trouvâmes à l'atterrage devant Porto-Novo, où l'escadre anglaise était au mouillage. Aussitôt que cette escadre nous aperçut, il en fut détaché deux bâtiments pour nous reconnaître. Nous fûmes bientôt en vue de Pondichéry où je vis flotter encore le pavillon anglais et, avec étonnement, la *Belle-Poule* mouillée entre un vaisseau et une frégate de cette nation.

Je crus d'abord que la frégate la *Belle-Poule* n'était en rade que depuis quelques jours, et à cela j'attribuai le retard de la reprise de possession. Mais aussitôt les rapports qui me furent faits de ce qui s'était passé depuis l'arrivée de cette frégate (1), je ne jugeai pas qu'il fût convenable de rester plus longtemps dans un tel état d'incertitude. Je demandai au contre-amiral d'expédier la *Belle-Poule* pour Madras afin qu'un de mes aides de camp remît au gouverneur la lettre dont copie est ci-jointe n° 4. En voici contenu :

A bord du *Marengo*, en rade de Pondichéry,
le 22 messidor an XI.

Monsieur le Gouverneur,

J'avais eu l'honneur de vous annoncer, par ma lettre du 13 ventôse apportée à la côte Coromandel par la frégate française la *Belle-Poule*, que, pour l'exécution du traité d'Amiens, j'avais chargé le colonel Binot de reprendre possession de Pondichéry. Il m'était naturel de penser que la restitution de cet établissement n'éprouverait point de retard, vu le temps écoulé depuis le traité d'Amiens, vu l'exécution de ce traité, en Europe, dans toutes ses parties, et surtout que quelques difficultés qui avaient paru s'élever sur des objets relatifs à ce même traité étaient absolument aplanies lorsque le Premier Consul m'a ordonné de venir reprendre possession des établissements français aux Indes orientales.

La frégate la *Belle-Poule* est depuis vingt-cinq jours en rade de Pondichéry, et en arrivant aujourd'hui avec la division, je vous avoue, Monsieur le Gouverneur, que j'ai éprouvé de l'étonnement de ce que la restitution n'avait point encore eu lieu. L'obstacle seul qu'on me présente est l'attente des ordres de Son Excellence le gouverneur du fort William. J'ai pensé, Monsieur le Gouverneur, que vous pourriez anticiper sur cette réponse d'autant mieux que, Pondichéry se trouvant à la proximité du fort Saint-Georges, on avait précédemment l'usage de traiter avec ce gouvernement pour tous les rapports relatifs à la côte Coromandel. S'il y a d'autres considérations qui peuvent empêcher la restitution, ce qui serait contre mon attente, je vous prie de vouloir bien me les communiquer. En vous faisant mes remerciments, Monsieur le Gouverneur, de tous

---

(1) « Le préfet vous en avait informé par ses dépêches dont je vous adresse des copies sous les numéros 1, 2, 3. Nota : Elles sont transcrites à la fin de ce cahier et cotées A. » (Note de Decaen) Voir ces lettres p. 379 à 381.

les bons procédés que vous avez ordonnés pour les Français précédemment arrivés à cette côte, j'ai l'honneur de vous assurer de ma haute considération.

P.-S. — Désirant avoir une prompte réponse, j'ai pris le parti de vous envoyer un de mes aides de camp pour porter cette lettre.

Le motif de cette démarche avait pour but d'avoir une réponse prompte et suffisante pour que je puisse en induire et, de là, prétexter, s'il y avait lieu, au refus de l'exécution du traité d'Amiens, afin de faire de suite rembarquer tout ce qu'avait apporté la *Belle-Poule (débarquement qu'une première note du conseil de Madras, n° 5 (1), et l'imprévoyance d'une nouvelle aussi inattendue que la supposition d'une rupture prochaine avaient pu engager à exécuter)* pour, d'après ces dispositions, agir selon que les circonstances ultérieures l'auraient ordonné.

Les évolutions faites par l'escadre anglaise qui se mit, quelques heures après notre arrivée, toute sous voile, escadre qui n'était sortie de Trinquemalé et n'avait paru à la côte que depuis quelques jours, l'annonce que nous fit le capitaine du vaisseau anglais, en nous rendant visite, que l'amiral Rainier devait venir le soir même au mouillage, avec toute son escadre dans la rade de Pondichéry, la situation dans laquelle nous avions trouvé la *Belle-Poule* qui était, en effet, tenue en surveillance, le temps qui s'était écoulé depuis la demande de reprendre possession, les bruits de guerre, etc., etc…, tout enfin militait pour faire faire des conjectures dont il était réellement difficile d'entrevoir le résultat.

Cependant l'escadre anglaise, à laquelle s'étaient ralliés le vaisseau et la frégate que nous avions dans la rade de Pondichéry, mouilla entièrement à la fin du jour, mais seulement à trois quarts de lieue au vent à nous, ce qui me fit croire alors que si l'amiral anglais ne détournait pas ses idées d'une rupture, sur laquelle on avait pu lui donner l'éveil, il paraissait au moins disposé à mettre quelque procédé dans sa manière d'agir.

Comme je devais rendre à cet amiral le paquet de son gouvernement que vous m'aviez remis, citoyen ministre, je le lui envoyai avec la lettre n° 6, présumant que cela pourrait ralentir son zèle observateur jusqu'à ce que j'eusse une réponse de Madras qui me mit à même d'exécuter ce que je vous ai précédemment annoncé. L'amiral me fit dire que j'aurais sa réponse le lendemain. Je lui avais écrit ce qui suit :

A bord du *Marengo*, en rade de Pondichéry,
le 23 messidor an XI.

Monsieur l'Amiral,

J'ai l'honneur de vous adresser une lettre qui me fut remise en Europe par ordre de S. M. Britannique. Quoique cette lettre soit

---

(1) **Voir cette note p. 385.**

d'une date éloignée, je puis vous assurer qu'aucune des dispositions qu'elle contient n'a éprouvé de changement et que nos deux gouvernements ont de plus en plus resserré les liens de paix et d'amitié qu'ils s'étaient promis par le traité d'Amiens et que je m'empresserai d'entretenir dans cette partie du monde. Agréez, etc...

Mais, sur ces entrefaites, le brick le *Bélier* fut signalé, le *Bélier* que je ne devais voir arriver qu'avec les Africains, etc.!...

Aussitôt qu'il eut mouillé, son commandant vint à bord et remit vos ordres. En voici la transcription :

Paris, le 20 ventôse an XI de la République française,
à 11 heures du soir.

Le Ministre de la Marine et des Colonies au général Decaen.

Le gouvernement, Général, apprend que l'Angleterre fait un armement extraordinaire. Ce n'est pas une rupture, mais cela jette un nuage sur ses intentions. Dans cet état de choses, l'expédition ne doit pas aller à Pondichéry s'exposer inconsidérément aux chances des événements : le contre-amiral Linois reçoit l'ordre de la conduire à l'île de France. Vous y débarquerez et attendrez les ordres que je vous adresserai incessamment d'après les circonstances.

Mais, dans le cas d'hostilités, il serait possible que les bâtiments porteurs de mes dépêches fussent interceptés : dans ce cas, dès que la rupture entre la France et l'Angleterre vous serait connue d'une manière authentique, quoique par voie indirecte, vous remettrez au général Magallon la lettre ci-jointe, à cachet volant, et vous vous ferez reconnaître pour capitaine général des îles de France et de la Réunion, et le citoyen Léger, pour préfet colonial.

Je joins ici deux exemplaires de l'organisation de ces deux îles, arrêtée par le gouvernement le 13 pluviôse dernier.

Le général Magallon servira sous vos ordres à l'île de France comme votre lieutenant général ; mais vous observerez que ces dispositions doivent rester secrètes jusqu'à leur exécution, et que cette exécution ne doit avoir lieu qu'autant que vous aurez connaissance certaine d'une rupture entre la France et l'Angleterre.

Le contre-amiral Linois vous donnera connaissance des instructions que je lui donne sur la direction des forces confiées à son commandement.

Je désire que le brick le *Bélier*, qui vous remettra ces dépêches, vous rallie assez tôt pour pouvoir m'être renvoyé ; dans le cas contraire, il restera à vos ordres.

Je vous transmettrai le plus tôt possible des avis sur l'état des choses, et ils seront accompagnés des ordres du gouvernement sur l'époque à laquelle vous devrez quitter l'île de France, s'il y a lieu, pour suivre votre destination primitive.

Signé : Decrès.

Dans un tel état de choses, citoyen ministre, il fallait prendre un parti relatif à notre situation dont un exposé succinct est nécessaire pour justifier la célérité du départ de la division et les autres mesures qui ont précédé ce mouvement.

D'abord, vos ordres; en second lieu, l'escadre anglaise, forte de cinq vaisseaux de ligne, trois frégates et deux corvettes, se tenant, depuis notre arrivée, à trois quarts de lieue au vent à nous, ayant continuellement plusieurs de ses bâtiments sous voile, en un mot, étant dans un état absolu de surveillance et paraissant attendre la première occasion pour agir offensivement; enfin, qu'il n'était pas prudent, d'après de telles dispositions de l'amiral anglais, vu aussi le retard mis à la restitution de Pondichéry, ainsi que le renvoi d'un jour à l'autre pour avoir la réponse du marquis de Wellesley, laquelle devait déjà être arrivée (car le colonel Cullen, qui avait été désigné comme commissaire pour la restitution des établissements à la côte Coromandel et qui était venu, le matin, me rendre visite, m'avait flatté de me remettre cette réponse avant même de retourner à terre, en annonçant qu'il espérait qu'on allait la lui apporter), qu'il n'était pas prudent, dis-je, d'attendre, sur la rade de Pondichéry, le dénouement de nos incertitudes sur la paix ou sur la guerre; convaincu, surtout, que, par le moyen de la caravane, les Anglais seraient les premiers informés, je pensai donc qu'il fallait au plus tôt se diriger sur l'île de France.

Le préfet colonial se trouvant à bord au moment de la réception de vos dépêches, réuni au contre-amiral Linois, je leur présentai ce parti comme le plus convenable, surtout si son exécution était prompte et secrète.

Il fallait de la promptitude, parce que si les Anglais recevaient, d'un moment à l'autre, l'annonce d'une rupture, notre embarras devenait de plus en plus extrême.

Il fallait du secret pour ne point être empêché dans l'appareillage. Vous savez, citoyen ministre, que les Anglais ne sont point scrupuleux, et surtout dans l'Inde, pour commettre des hostilités lors même que la guerre n'est point déclarée; et je regarde bien comme une insulte le mouillage du vaisseau et de la frégate de cette nation à tribord et à bâbord de la *Belle-Poule.*

Il fallait du secret afin de n'être pas observés dans notre marche et laisser l'amiral anglais dans l'incertitude de notre direction.

Le contre-amiral Linois aura l'honneur de vous donner de plus amples détails sur l'attitude, les démarches et les actions de l'escadre anglaise. Mais la surveillance exercée par cette escadre jusqu'à faire traverser, pendant la nuit, notre mouillage par des canots à la voile, la rencontre faite par la division de deux avisos sous le vent de Pondichéry, dont un signala notre marche en brûlant un artifice (signal auquel l'escadre anglaise répondit par deux coups de canon suivis, un instant après, d'un troisième coup, pour faire sans doute appareiller cette escadre), enfin une telle conduite qui n'était pas, à coup sûr, celle d'un état de paix, m'a prouvé de plus en plus qu'il fallait agir promptement et secrètement.

D'après cette détermination, je donnai donc l'ordre ci-joint, n° 7, à l'adjudant commandant Binot. Le préfet colonial laissa une instruction au citoyen Mottet qui fut désigné pour chef d'administration, et le contre-amiral se disposa pour faire appareiller le soir même.

Ordre dont il s'agit :

A bord du *Marengo*, en rade de Pondichéry, le 23 messidor.

Aujourd'hui, mon cher Binot, quelques circonstances changeant les dispositions du Premier Consul et m'obligeant de changer votre emploi, je vous adresse des lettres de service pour prendre le commandement en chef de Pondichéry et pour y suivre la reprise de possession de cet établissement conformément au traité d'Amiens, c'est-à-dire recevoir la réponse du gouverneur général des établissements anglais, réponse qui est attendue depuis l'arrivée de la frégate la *Belle-Poule* dans cette rade.

Si cette réponse est favorable, vous suivrez tout ce qui sera nécessaire pour terminer cette reprise de possession. Je vous laisse les troupes précédemment débarquées; elles serviront à la garde du pavillon de l'établissement. Toutes les instructions relatives à ce que devait en faire le capitaine général et le préfet colonial vous sont aussi remises pour que vous agissiez selon les vues du gouvernement. Le citoyen Mottet remplacera provisoirement le préfet colonial.

Toutes ces dispositions, mon cher Binot, ne sont que momentanées; cependant s'il arrivait que, contre mon attente, il y eût une reprise d'hostilités, et que, de quelque manière que ce soit, vous en fussiez prévenu authentiquement, vous entreriez en arrangement avec le gouverneur anglais, afin d'obtenir la capitulation la plus honorable. Il faudrait faire en sorte de vous faire transporter, avec votre détachement, à l'île de France, ou au moins en France.

Vous m'adresserez à l'île de France votre correspondance, parce que j'ai donné des ordres pour que, de là, on me fasse parvenir vos dépêches. Vous allez recevoir une note particulière pour l'emploi que vous devez faire des fonds qui seront laissés à Pondichéry, parce que je [ne] donne à personne connaissance du mouvement que j'opère.

Il faudra faire cesser les travaux, qui ne seront repris qu'après de nouveaux ordres.

Je sens bien, mon cher Binot, que cette situation sera pour vous très désagréable, mais les événements me conduisent. Croyez aux regrets que j'éprouve en me séparant de vous de cette manière.

Vous trouverez, j'espère, un dédommagement dans votre zèle et dans le service important que ces circonstances inattendues vous feront rendre à votre pays. Je vous salue. »

Pour agir ainsi, je raisonnai dans cette hypothèse : si la guerre n'a point lieu, la chose est toujours égale pour Pondichéry, puisque le commandant Binot continuera de suivre la restitution de cet établissement, et le mouvement rétrograde de la division ne pourra, dans tous les cas, être considéré que comme une mesure de prudence; si, au contraire, il existe déjà une rupture en Europe, on ne peut pas trop accélérer le départ pour se rendre à l'île de France, puisque ce sera exécuter à la lettre les ordres du gouvernement, etc., etc...

Ainsi, ce raisonnement joint aux circonstances que je vous ai précédemment exposées me conduisirent à ne point même tenter de faire rembarquer ceux qui étaient descendus à terre, le préfet colonial excepté : il avait, comme moi, sa destination éventuelle.

Ensuite, des dispositions furent faites pour qu'on ne connût, à Pondichéry, le départ de la division que lorsqu'elle ne serait plus dans la rade. Car si, par la moindre démarche ostensible, notre projet de départ avait été dévoilé, l'escadre anglaise y aurait probablement apporté des entraves.

Si encore il y avait eu possibilité d'embarquer avec célérité ce qu'il y avait à terre !... Mais, citoyen ministre, vous connaissez la côte Coromandel : il y avait tout au plus douze *schellingues* pour le service de la rade de Pondichéry, et encore ne pouvait-on disposer de ces moyens de transport que d'après l'autorisation du capitaine de port anglais.

Il a donc fallu s'éloigner de ce théâtre où la division n'avait pas, heureusement, encore effectué en entier son débarquement. Car, citoyen ministre, dans quelle situation plus fâcheuse encore ne me serais-je pas trouvé, puisque, après ce qu'on m'avait assuré à Brest, que la moitié au moins de ce qui était nécessaire était embarqué, j'ai vu, à mon grand étonnement, que le vaisseau et les frégates n'avaient rien transporté de ces effets, ayant tout au plus l'emplacement nécessaire pour les vivres et les passagers. Les canons, les armes, les munitions, effets d'habillement, d'équipement, etc..., les équipages du préfet et les miens sont restés, pour la plus grande partie, à Brest : ils devaient être transportés par la deuxième expédition. La *Côte-d'Or* et la *Marie-Françoise* étaient chargées de la première partie.

Par ma dépêche qui vous annonce l'arrivée de la division à l'île de France, j'ai l'honneur de vous rendre compte des événements ultérieurs à notre départ de la rade de Pondichéry...

Je vais compléter cet exposé par le récit de quelques détails que je ne jugeai pas à propos d'y insérer.

Dès que la corvette qui nous apportait des dépêches fut reconnue, par les signaux d'usage, pour être le *Bélier* qu'on n'attendait pas aussi tôt, nous en augurâmes qu'il devait être chargé d'une mission très extraordinaire.

Le contre-amiral fit donner de suite les signaux de mouillage à distance et de défense de communiquer avec le bâtiment arrivant. Aussitôt qu'il fut à l'ancre, le signal fut donné à son commandant de se rendre à bord du *Marengo*, et, dès qu'il y fut monté, son canot en fut éloigné.

Dans mon rapport au ministre, j'ai énoncé notre étonnement de l'arrivée de cette corvette et de l'objet de sa mission, notre embarras et ses causes, quel était le parti qui avait été pris et les ordres que j'avais donnés en conséquence, enfin notre départ.

Mais j'ai encore à dire que, pour parvenir au dénouement, je commençai par demander au contre-amiral Linois s'il croyait possible de faire rembarquer les troupes et autres personnes descendues à terre, quoique je fusse convaincu de l'impossibilité : j'en ai déduit les raisons dans mon rapport, et la *Belle-Poule* n'était même plus là pour les reprendre à son bord. Mais il fallait commencer par dire quelque chose pour arriver à une solution.

A cette question, le contre-amiral répondit, sans préambule : « Je ne dois pas compromettre les bâtiments de ma division pour m'occuper de ce rembarquement. » Extrêmement surpris d'une pareille réponse, je répliquai : « Il me semble, et je crois Monsieur le préfet de mon avis, que nous ne devons pas laisser à Pondichéry ceux qui, malheureusement, y sont débarqués, sans avoir préalablement bien considéré quels moyens on pourrait employer pour les rembarquer, et sans être bien convaincus de l'impossibilité de les emmener avec nous, attendu que vous devez, comme moi, mettre autant d'intérêt au salut des troupes et des passagers qui sont maintenant à Pondichéry que j'en porte à la conservation des bâtiments que vous commandez. »

Le contre-amiral, pressé par cette observation assaisonnée d'un peu d'humeur, ne trouva d'autre parti à m'offrir que de convoquer un conseil où il allait appeler les capitaines des frégates. Je relevai vivement cette proposition par ces paroles : « Un conseil !... C'est moi qui suis le conseil !... Pouvez-vous mettre à la voile à minuit? Si vous le prévoyez, ordonnez vos dispositions en conséquence. »

Je ne pouvais exprimer rien qui dût le tirer plus promptement de son extrême embarras : aussi ne fit-il pas longtemps attendre sa réponse affirmative.

Ce parti pris, je dis à M. Léger : « Je viens de vous communiquer les intentions du gouvernement qui vous concernent. Vous allez avoir un grand sacrifice à faire, celui de vous séparer de votre famille, sans même pouvoir lui faire part que vous êtes obligé de l'abandonner à Pondichéry avec tous ceux qu'à notre grand regret nous nous voyons forcés d'y laisser. Mais, dans la position difficile où les circonstances nous ont placés, la Patrie réclame de vous un nouveau service. Je suis trop persuadé de votre dévouement à ses intérêts pour avoir le moindre doute de votre courageuse résignation. »

Le préfet m'ayant répondu qu'il était très flatté de la bonne opinion que j'avais conçue de lui, et qu'il était disposé à faire tout ce qui pouvait être utile, je lui dis : « Voici ce dont il s'agit. L'adjudant commandant Binot est ici dans ce moment, mais je ne crois pas convenable de l'informer, quant à présent, de la part qui lui est réservée dans ce fâcheux état de choses, ainsi qu'à votre chère famille et à nos autres intéressants délaissés. Ils n'apprendront que trop tôt cette accablante nouvelle ! Or, je vais de suite écrire les ordres que j'ai à donner à l'adjudant commandant. Je vais vous les remettre. Vous allez retourner à terre où vous dresserez des instructions pour la personne que vous voulez désigner pour chef de l'administration. Ensuite, vous mettrez vos ordres et les miens dans un tiroir dont vous rapporterez la clef après avoir dit, chez vous, que vous dînerez à bord, ayant à nous entretenir ensemble des dispositions relatives à notre prochain débarquement, et qu'à ce sujet vous êtes venu chercher des documents indispensables que vous aviez oublié d'apporter avec vous. Enfin, il faut que vous ameniez quelqu'un sur qui vous pouvez compter, qui ne quittera le *Marengo* qu'à l'instant où on aura mis sous voile : alors il reportera votre clef, avec un mot de lettre, à une autre personne de confiance à laquelle vous recommanderez ponctuellement de n'ouvrir le tiroir que demain au jour, d'y prendre les ordres que vous allez y serrer, et de les porter ou envoyer à leur adresse, à moins que vous ne jugiez plus à propos de confier toute la mission à celui que vous allez ramener avec vous. »

Lorsque j'eus donné au préfet ce que j'avais à lui remettre, il s'en alla à terre pour s'occuper des dispositions convenues, accompagné du commandant Binot qui était venu me voir lorsqu'il avait aperçu le *Bélier* à l'ancre. Je n'avais heureusement pas eu lieu de l'engager à dîner, parce qu'il m'avait dit que le commissaire anglais l'avait invité. Cette circonstance m'avait mis un peu à l'aise : mais j'éprouvai un sentiment très pénible, au moment de me séparer de cet intéressant et brave officier (1), en pensant qu'il me quittait avec la confiance de revenir à bord le lendemain matin, tandis que, probablement, je serais déjà fort loin de lui, et qu'alors il éprouverait la plus grande consternation que nous fussions ainsi disparus, enfin qu'il serait dans l'embarras et abandonné à lui-même, sans en avoir été autrement prévenu que par l'ordre qu'il recevrait, et dont le préfet, avec lequel il retournait à Pondichéry, était porteur.

M. Léger revint à bord pour l'heure du dîner, accompagné de son confident. Il n'avait même pas voulu ajouter un mouchoir à celui qu'il avait dans sa poche, et il avait quitté sa famille en lui disant qu'il serait rentré en ville avant la nuit.

A peine le *Marengo* avait-il été au mouillage que Mme Léger avait envoyé complimenter Mme Decaen, en lui faisant annoncer qu'elle désirait et espérait la voir bientôt descendre à terre, et qu'elle lui offrait à dîner dès ce jour. J'aurais bien pu engager mon épouse à partager ma résolution de n'aller à Pondichéry que lorsque le pavillon français y serait arboré, mais je n'avais pas jugé, pour autres que pour moi, les circonstances suffisantes pour s'abstenir d'aller à terre passer quelques heures, attendu qu'on en ressent le désir et le besoin, surtout après un long voyage. Néanmoins, d'après mes pressentiments, je dis à ma dame que je désirais sa promesse de revenir dès le lendemain matin, et elle m'en donna l'assurance. Cependant elle n'était pas encore de retour quand je lus la dépêche apportée par le *Bélier*. J'éprouvai donc une assez vive inquiétude, causée par la crainte qu'elle n'eût cédé aux pressantes instances qu'on aurait pu lui faire de rester plus longtemps à la ville, parce que je prévoyais que je ne pourrais pas l'empêcher de satisfaire à cet engagement, puisqu'en l'envoyant

---

(1) « Je n'ai point eu la satisfaction de le revoir : nommé général de brigade à son retour en Europe, il fut tué sur le champ de bataille » (Note de Decaen).

chercher à l'improviste, c'était donner lieu à des conjectures, mais en outre à l'éveil qu'il était si important de suspendre.

Mon inquiétude ne fut, heureusement, que passagère, car je ne tardai pas à éprouver la seule satisfaction qui pouvait la faire cesser par le retour si désiré.

Après le coucher du soleil, je demandai au contre-amiral de me faire disposer une embarcation, parce que je désirais aller à bord de chacun des bâtiments de la division. Il me proposa de m'accompagner. Il avait déjà donné ses ordres pour les préparatifs préliminaires du départ.

Je fis cette démarche pour prévenir moi-même les commandants des troupes d'annoncer, le lendemain matin, à leurs subordonnés que nous étions en route pour l'île de France, où nous serions allés directement si le *Bélier*, qui m'en avait apporté l'ordre, nous eût rejoints au Cap de Bonne-Espérance, et que c'était en raison de cet ordre, dont l'exécution avait été ainsi retardée, que nous étions si subitement partis de la rade de Pondichéry. Je chargeai ces commandants de leur exprimer de ma part que, persuadé de leur bon esprit et de leur courage, je ne doutais pas qu'ils supporteraient avec patience et résignation les privations qui résulteraient de la contrariété de n'avoir pu faire aucune provision pour la nouvelle traversée.

J'avais considéré comme chose essentielle de faire cette communication afin de tranquilliser autant que possible, en indiquant ainsi le but de notre marche rétrograde sans en faire connaître la vraie cause : attendu que, probablement, nous serions encore plus d'un mois à la mer avant d'arriver à notre nouvelle destination, et qu'il importait de ne pas laisser les esprits dans l'incertitude ainsi que de prévenir l'ennui qui serait résulté de trop de circonspection et aurait influé sur la santé qu'assez d'autres causes pouvaient contribuer à altérer.

Après être allé à bord des frégates, je montai sur le *Bélier* pour annoncer à son commandant de se préparer à suivre la division, ainsi que pour le prévenir que, jusqu'à nouvel ordre, il se conformerait à ceux qui lui seraient transmis par le contre-amiral.

La chaleur de la journée avait été excessive. Ayant descendu dans la petite chambre de cette corvette pour nous entretenir avec son commandant, j'y éprouvai un malaise qui se dissipa lorsque je fus redescendu dans le canot.

Pendant notre course, la brise du soir, journalière dans cette saison, s'était levée, et elle était devenue tellement forte que quand nous arrivâmes au *Marengo*, il y eut impossibilité de pouvoir remonter à bord par les côtés du vaisseau. Nous fûmes donc obligés d'avoir recours à l'échelle de poupe; mais, par le défaut d'usage de grimper de cette manière et, en outre, soit que je me ressentisse de mon malaise à bord du *Bélier*, soit que mes bras fussent trop comprimés dans mon habit, ce ne fut qu'avec la plus grande difficulté que je parvins à franchir une partie des enfléchures de cette échelle à pic et vacillante. Enfin, lorsque j'eus atteint la galerie de la dunette, je dis à un des timoniers qui étaient venus pour m'aider de bien me saisir au collet pour que je puisse entrer dans cette galerie. Ce secours me vint fort à propos, car je serais peut-être tombé à la mer. Mes forces étaient tellement épuisées que je fus forcé d'aller de suite sur mon lit pour me remettre de ma fatigue.

Pendant notre absence du *Marengo,* on s'était occupé à lever les ancres. Mais, à l'heure fixée pour mettre à la voile, on n'avait pas pu, malgré tous les efforts, parvenir à *déraper* la dernière; alors, le contre-amiral ordonna de couper le câble. Cette opération ne fut pas plus tôt faite que le messager, porteur de la clef du tiroir, descendit dans son embarcation, après avoir été chargé de nos compliments de condoléances pour tous ceux que nous délaissions; et déjà le vaisseau s'éloignait de Pondichéry et de l'escadre anglaise. Elle nous aurait extrêmement embarrassés, si elle avait plus tôt découvert nos intentions et si, surtout, elle eût tenté d'en entraver l'exécution (1), car nous n'aurions pu lui résister longtemps : non seulement parce qu'elle était très supérieure, mais encore parce que nos bâtiments n'étaient armés que sur le pied de paix, et qu'ils étaient très encombrés; enfin, qu'on n'avait eu le temps que de faire des dispositions très incomplètes pour soutenir un combat.

Nous étions donc, sous ce rapport, dans une situation très fâcheuse puisqu'en cas d'agression il fallait ou nous y dérober par la fuite, ce qui était honteux! ou bien, pour l'honneur du pavillon,

---

(1) « J'ai dit, dans mon rapport au ministre, ce qu'elle fit quand elle eut le premier avis de notre départ » (Note de Decaen).

recevoir, avec le plus grand désavantage, un combat qui ne pouvait être que de courte durée mais qui, sans doute, aurait été pour nous très meurtrier, attendu la quantité d'hommes qui se trouvaient sur nos bâtiments.

Cet armement sur pied de paix, et surtout pour se rendre à une distance aussi éloignée, était bien inconsidéré. Rien ne l'a mieux justifié que la position difficile dans laquelle nous nous sommes trouvés, sur la rade de Pondichéry, et de laquelle nous nous sommes si heureusement débarrassés.

Cet exemple aura probablement fait abolir cet usage dans notre marine, en lui donnant une preuve aussi palpable qu'un bâtiment de guerre ne doit jamais sortir du port sans son armement complet : puisqu'il peut être surpris, à la mer ou en relâche en pays étranger, par la nouvelle d'une guerre prochaine ou déclarée, et que, dans ce cas, le vaisseau, son commandant et l'équipage se trouvent exposés à être tous compromis.

Un bâtiment de guerre ne doit pas non plus être autant encombré de troupes et de passagers que l'étaient ceux de notre division : car ce sont des économies qui peuvent produire les plus funestes résultats.

Je rendis compte au ministre de notre traversée de Pondichéry à l'île de France, par la lettre ci-après dans laquelle j'informai de la réunion de la *Belle-Poule* à la division, ainsi que des nouvelles que j'avais reçues du commandant Binot :

J'ai l'honneur de vous annoncer que, le 26 thermidor, après une traversée de trente-quatre jours, la division a mouillé au port nord-ouest de cette colonie, où la *Belle-Poule* était arrivée le matin.

Nous avions tous besoin d'une relâche. Les circonstances avait rendu la traversée pénible : car c'était le sixième mois de mer. Aussi le scorbut se manifestait-il d'une manière à inquiéter si nous eussions été forcés de la tenir plus longtemps.

Cependant, malgré tout, j'ai l'avantage de vous annoncer que, des suites de cette maladie, nous n'avons perdu que trois militaires ; les marins n'ont pas été plus malheureux.

Selon vos instructions, j'ai fait opérer le débarquement des troupes qui sont ici établies tant bien que mal. Dans les lettres communes que le préfet colonial et moi avons l'honneur de vous adresser, vous avez le tableau de notre situation et celui des îles de France et Bourbon lequel, quant aux **ressources**, est analysé dans le rapport de l'ordonnateur Chanvallon, fait **dans une conférence** tenue à notre arrivée. Ce rapport est joint à ma lettre.

Avant de vous exposer, citoyen ministre, quelle conduite j'ai tenue à l'île de France depuis que j'y fais mon séjour (ce qui fera l'objet d'une lettre particulière), je vais vous rendre compte de ce qui s'est passé à la côte Coromandel depuis le départ de la division, d'où vous conclurez si nos conjectures étaient fondées et si les circonstances qui m'ont fait agir permettaient de prendre un autre parti.

La *Belle-Poule,* sortie de la rade de Pondichéry le 22 messidor au soir, y était arrivée le 23 au matin. Mon aide de camp avait dû en revenir par terre, parce qu'il avait été supposé que ce serait plus prompt qu'avec la *Belle-Poule* qui se trouva cependant le 26, à 7 heures du matin, en vue de Pondichéry, où le capitaine Bruilhac reconnut au mouillage une partie de l'escadre anglaise dont le commandant faisait des signaux d'après lesquels un vaisseau et deux frégates appareillèrent pour lui donner chasse.

Mais comme la *Belle-Poule* avait une marche supérieure, cette division anglaise ne fut plus aperçue le lendemain.

Le contre-amiral Linois vous donne à cet égard tous les détails qui le concernent, et vous fera connaître les motifs qui ont empêché que la *Côte-d'Or* n'eût fait route avec la division depuis la sortie de Brest.

C'est sur ce bâtiment que le commodore Rainier a exercé l'hostilité la plus complète. Comme les moindres détails de cette affaire doivent vous être connus, je vous adresse toutes les pièces qui en font foi (1).

Aussitôt que je fus informé de cet acte d'hostilité qui ne laissait plus d'incertitude sur la cause de la conduite précédente de ce commodore (c'était le jour même du mouillage de la division à l'île de France qu'un brick, parti le 30 messidor de la rade de Pondichéry et à bord duquel s'étaient embarqués furtivement les citoyens Cavaignac, Bruix et deux autres personnes, m'en apporta la nouvelle), je jugeai prudent, après en avoir conféré avec le contre-amiral Linois et le préfet colonial, de demander au gouvernement de l'île de France de mettre un embargo provisoire sur tous les bâtiments anglais qui seraient ou viendraient au mouillage; et il fut de suite exécuté.

Pouvait-on supposer que la conduite hostile du commodore n'était pas le résultat d'ordres reçus et que, pour en avoir agi ainsi, il n'y avait pas de déclaration de guerre en Europe ou au moins indubitable; et qu'à cet égard, le gouvernement anglais de l'Inde n'avait pas reçu des avis?...

Mais il en a été tout autrement, citoyen ministre.

La *Côte-d'Or* est entrée à l'île de France le 3 fructidor.

Dans le nombre des pièces que m'a adressées le commandant Binot, la lettre du commodore Rainier est digne de fixer votre attention et donne une bien juste idée de la position dans laquelle nous nous trouvions, dans la rade de Pondichéry, lorsque le capitaine du *Bélier* m'y remit vos ordres.

Si la mauvaise foi anglaise n'était pas à son terme, il ne faudrait réflé-

---

(1) « Elles sont transcrites à la fin de ce cahier et cotées B. C. » (Note de Decaen). Voir ces lettres p. 387 à 392.

chir qu'un moment sur la conduite des agents de cette nation dans l'Inde pour être convaincu qu'elle a réellement atteint le plus haut degré. Je ne veux faire qu'une observation pour le démontrer.

Le gouvernement de Madras s'est déclaré incompétent pour rendre Pondichéry (voir la pièce n° 1); il a répété cette même déclaration dans sa réponse à ma dépêche (n° 2); et ce même gouvernement, qui avait prétendu n'avoir aucun droit à exercer, a pu obliger le commodore Rainier à annoncer que sa conduite était désapprouvée et conséquemment à relâcher la *Côte-d'Or*, qui fut néanmoins escortée par une frégate anglaise jusqu'à la ligne (1).

Cette disposition du gouvernement de Madras coïncidant avec ce que les papiers publics m'avaient appris sur ce qui se passait en Europe, c'est-à-dire qu'il y avait toujours incertitude sur la paix ou sur la guerre (incertitude qui n'empêchait cependant pas les bâtiments du commerce d'entrer dans les ports ou d'en sortir, quoiqu'il y eût des croisières) et d'après les rapports apportés par la *Côte-d'Or*, l'embargo fut aussitôt levé.

Les troupes embarquées sur ce bâtiment se portaient bien. Elles descendirent à terre le lendemain. On s'est occupé, depuis, de débarquer les effets qui étaient à son bord. Il y avait, sur ce navire, bien peu de choses pour les besoins de l'établissement.

J'ai beaucoup à me plaindre de la manière dont l'embarquement a été ordonné, puisque les objets les plus nécessaires sont restés à Brest, excepté une partie embarquée sur la *Marie-Françoise* qu'on ne peut présumer que perdue. Le *Malabar*, arrivé ici le 14 fructidor et parti de Brest six semaines après la division, n'en a pas apporté de nouvelles.

C'est vraiment ridicule qu'on ait pu fréter un si petit navire que la *Marie-Françoise* et surtout qu'on l'ait chargé d'armes et de munitions ainsi que d'autres objets qui étaient indispensables, soit que j'eusse descendu à Pondichéry, soit que vous m'eussiez ordonné d'autres dispositions que celle de me rendre à l'île de France.

J'ai l'honneur, etc...

Cette lettre, écrite le 20 fructidor, ne put partir qu'à la fin de brumaire, quoique j'eusse recherché, par plusieurs propositions au contre-amiral, de faire parvenir nos dépêches en France beaucoup plus tôt.

Je lui avais écrit, le 7 fructidor, ce qui suit :

La conférence que nous avons eue avec le capitaine Baudin nous a assurés qu'il n'a plus, pour avoir terminé sa mission, qu'à opérer son retour en France : mais aussi il nous a prévenus que deux obstacles s'opposaient à ce qu'il l'entreprît bientôt directement. L'un, c'est le manque de quelques approvisionnements indispensables, qu'il n'espère pas obtenir

---

(1) « Voir à la fin de ce cahier les deux pièces dont il s'agit, cotées à la marge B et D » (Note de Decaen). Voir ces pièces p. 385 et 397.

dans cette colonie à l'époque qu'il avait précédemment fixée pour son départ, vu l'état actuel des ressources de l'administration, laquelle, annonce-t-il, ne lui fournit pas même les besoins journaliers, ce qui l'oblige par conséquent à consommer, dans cette station, les approvisionnements de mer qu'il a à son bord. L'autre, c'est, dit-il, que la saison actuelle n'est pas celle qui lui en procurera une favorable pour transporter en France les animaux et plantes vivantes qu'il a recueillis dans le cours de son voyage. Le capitaine Baudin paraît se proposer de parer à ces deux inconvénients en quittant au plus tôt ce port pour se rendre au Cap de Bonne-Espérance où, par son crédit, il s'approvisionnera et attendra, dans cette relâche, l'époque convenable pour les objets qu'il transporte.

La mission du capitaine Baudin le rend probablement, sous quelques rapports, indépendant de votre commandement. Mais, général, dans les circonstances présentes qu'il est de la plus grande nécessité que le gouvernement soit informé des événements qui ont eu lieu à la côte Coromandel, ainsi que de notre retour à l'île de France, et de ce qui s'est passé ultérieurement, je pense que, puisque le bâtiment monté par le capitaine Baudin est en état de reprendre la mer, aux obstacles près qu'il nous a présentés, il y aurait possibilité que ce capitaine pût rendre un très grand service à la chose publique : d'abord nous serions assurés de la remise de nos dépêches, dans quelque état que soit la politique de l'Europe; en second lieu elles arriveraient plus tôt que par tout autre moyen à employer puisque les bâtiments auxquels vous pourriez donner cette destination et le *Marengo* même ne seront pas encore, de quelque temps, en état de remettre à la voile. Ainsi, s'il n'y a réellement que le défaut de quelques approvisionnements et la raison convenable pour les objets vivants qui empêcheraient le capitaine Baudin de se rendre au plus tôt en France, je crois qu'il est très facile de le tranquilliser à cet égard et de le mettre à même de partir.

Le rapport de nos dépêches en France est certes assez important pour qu'on puisse bien le préférer au transport de quelques animaux, etc... qui pourront aussi bien être transportés plus tard, et auxquels on pourra donner ici tous les soins nécessaires.

Vous pouvez assurer le capitaine Baudin que je ne négligerai rien à cet égard.

Quant à l'autre obstacle, il peut être également aplani par la fourniture de quelques objets d'approvisionnement, d'autant mieux qu'il a apporté la meilleure volonté à remettre, pour votre division, plusieurs choses qu'il avait en superflu, disposition qui me persuade que cet officier ajoutera à son zèle et à son dévouement en se préparant à partir dans peu de jours pour se rendre en Europe avec toute la diligence possible.

Voilà ce que j'ai cru devoir répondre à votre lettre d'hier, au lieu de faire une invitation officielle au capitaine Baudin auquel il convient plutôt, je crois, que vous communiquiez vous-même les motifs sur lesquels je repose mes sollicitations pour qu'il porte au plus tôt à notre gouvernement des dépêches essentielles et qui vous intéressent comme moi.

J'ai l'honneur, etc...

Le contre-amiral Linois m'ayant fait une communication de laquelle il résultait que je ne pouvais pas compter sur le départ du *Géographe*, je lui fis cette réponse :

Eh bien! Puisque la communication que le capitaine Baudin vous a faite de ses instructions vous a porté à une détermination autre que celle que vous aviez d'abord jugée possible, et que vos réflexions vous ont fait peser pour ne pas compromettre votre responsabilité, je supposerai, pour le moment, qu'il n'a pas même été question que le *Géographe* aura pu être dans le cas d'anticiper son retour en France.

Cependant, je vous annonce que je ne suis point d'accord avec vous dans la supposition que vous faites que nos dépêches pour rendre compte de ce qui s'est passé à la côte Coromandel, etc., ne sont pas d'une importance et d'un assez grand intérêt politique pour que le capitaine Baudin, si son vaisseau eût été prêt à reprendre la mer et se rendre au Cap de Bonne-Espérance, ainsi qu'il vous l'avait exposé, n'eût pas absolument pu changer sa direction, hâter son retour et nous laisser la certitude de rendre nos rapports.

Le premier aperçu que vous me donnez de la dépense qu'auraient occasionnée, pour le fret seulement, les plantes vivantes et les animaux qu'aurait laissés le capitaine Baudin à l'île de France, s'il avait été dans le cas de partir de suite pour l'Europe, présente effectivement une somme considérable.

Mais je vous prie de me croire assez disposé à la défense des intérêts de l'État pour ne pas lui faire faire de dépenses inutiles, et surtout pour empêcher qu'on lui en occasionne légèrement de déplacées. Au reste, toutes ces idées de faire partir le capitaine Baudin doivent s'évanouir, puisque vous m'annoncez que son navire ne sera prêt que dans un mois.

Je suis fort aise que les deux avisos soient bientôt dans le cas d'appareiller; mais au lieu d'en expédier un à l'époque que vous le jugez disponible, le 20 de ce mois, si le *Marengo*, qui doit retourner en France d'après les instructions du ministre, peut être mis dans le cas d'opérer son retour, je trouve qu'il est inutile de le faire devancer par une corvette qui, sous beaucoup de rapports, peut nous être utile dans ces mers, et particulièrement le *Bélier*.

J'ai l'honneur, etc...

Le général Magallon (1) m'ayant prévenu qu'un navire de commerce était prêt à partir pour l'Inde, je désignai un officier pour

---

(1) Alors gouverneur de l'île de France. Cf. : H. Prentout, *l'Ile de France sous Decaen*.

s'y embarquer et pour porter une dépêche au commandant Binot. Je remis à cet officier la lettre suivante pour le général Anker, gouverneur de Tranquebar, établissement danois, dont j'avais déjà reçu des offres de service :

9 fructidor.

Je regrette, Monsieur le Gouverneur, que les circonstances m'aient privé de vous annoncer plus tôt combien il me sera agréable d'avoir avec vous des rapports et d'entretenir les liens d'amitié qui unissent nos deux nations. J'espère comme vous, Monsieur le Gouverneur, que les différends qui se sont élevés entre la République française et le gouvernement anglais seront terminés sans une nouvelle guerre, et malgré le commodore Rainier qui n'est pas probablement sans se repentir d'un acte d'hostilité tel que celui qu'il a fait commettre sur le bâtiment français la *Côte-d'Or*.

Comme je suis encore ici dans l'attente du dénouement de la lutte qui existe en Europe, le bâtiment qui porte ma dépêche se rendra à Tranquebar afin de s'assurer, avec protection, Monsieur le Gouverneur, s'il lui est possible d'arriver jusqu'à Pondichéry. Si l'impossibilité existait, obligez-moi, Monsieur le Gouverneur, de faire procurer à l'officier que j'ai chargé de se présenter devant vous pour vous assurer de ma haute considération les moyens nécessaires pour qu'il puisse se rendre auprès du colonel Binot que j'ai chargé de suivre les négociations pour la restitution de nos établissements. Ce service que vous rendrez à la République française, je vous en aurai une reconnaissance particulière. Agréez, etc…

Voici ce que j'écrivis, le 10 fructidor, au commandant Binot :

J'ai reçu, mon cher colonel, les dépêches que vous m'avez adressées par l'*Alfred* et la *Côte-d'Or*. Ce dernier bâtiment a mouillé au port nord-ouest de l'île de France, le 3 de ce mois, où la division était arrivée avec la *Belle-Poule*, le 28 thermidor, après une traversée favorable.

Je suis on ne peut pas plus satisfait de votre manière d'agir dans la position extraordinaire où vous a mis le prompt départ de la division, et surtout la conduite de l'amiral anglais Rainier.

Je me trouve encore ici dans l'incertitude de la paix ou de la guerre puisque je n'ai pas reçu, à l'île de France, de nouvelles dépêches du gouvernement. Le *Malabar* seulement, qui devait faire partie de la seconde expédition, nous a apporté des vivres. Il est sorti de Brest le 7 floréal. C'est par ce bâtiment que sont arrivés les lettres et les journaux que je vous envoie.

Cependant, j'aime à me persuader que la paix sera maintenue, si on peut se fonder, pour cette conjecture, sur le laps de temps qui s'est déjà écoulé depuis le commencement des discussions entre notre gouvernement et celui d'Angleterre, sur la médiation de la Prusse et de la Russie annoncée par les journaux, sur la difficulté qu'éprouve le cabinet de Saint-James pour renouer une coalition sur le continent, sur l'attitude imposante et les ressources de notre nation; à moins que le Premier Consul ne juge qu'il appartient à l'honneur du peuple français de tirer une vengeance de la conduite de l'amiral Rainier tant envers la division que pour les hostilités qu'il a ordonné de commettre sur la *Côte-d'Or*, quoique la conduite de cet amiral ait déjà été désapprouvée par le gouvernement de Madras qui, je crois aussi, ne s'est ainsi comporté que parce qu'il lui sera arrivé, par la caravane, des nouvelles d'Europe autres que celles qu'il avait quand je suis arrivé à la côte Coromandel.

Pour l'un et l'autre cas, mon cher colonel, il n'y a point de doute que vous ne soyez informé avant moi de ce qui aura été décidé en Europe, car les Anglais ont, par terre, leur correspondance prompte et très active.

Par l'instruction que je vous ai laissée, le 23 messidor, le cas de guerre est prévu. Je sais bien que, si cet événement avait lieu, votre position serait difficile; cependant il faudrait faire tous vos efforts pour avoir le meilleur traitement : obtenir, en autres choses, votre transport aux îles de France ou Bourbon, et le pis aller, en France. En conservant l'énergie que vous avez montrée à ces messieurs en leur représentant que c'est sur leur foi particulière que vous avez été mis dans le cas de débarquer avec vos troupes, puisqu'ils étaient comme vous confiants dans l'exécution du traité d'Amiens, en continuant de vivre dans la meilleure intelligence avec le colonel Cullen, placé pour être l'intermédiaire entre vous et le gouvernement de Madras, je ne rejette pas l'idée qu'on n'eût la prétention de vouloir montrer un caractère de loyauté. Mais aussi, mon cher colonel, il faudra bien surveiller la discipline de vos troupes; empêchez les indiscrétions; je suis fâché de celle qui a été commise par le sous-lieutenant Muller et que vous avez autorisée; ceci pourrait vous être très préjudiciable dans le cas dont il est question, et même si cet indiscret venait à être arrêté, il faudrait absolument le désavouer (1). J'aurais voulu également que vous n'eussiez pas retenu autant d'officiers de Cipayes, et que vous eussiez pris le parti de profiter de la *Côte-d'Or* pour renvoyer tous ceux des officiers qui n'avaient point débarqué avec vous. C'est un embarras que vous vous êtes laissé, et une diminution de vos moyens d'existence.

J'aime pourtant à croire que nous ne tarderons pas encore longtemps sans avoir un parti décisif. Si les différends qui se sont élevés en Europe étaient terminés et que, par suite, le gouvernement anglais de l'Inde vous fît la restitution de Pondichéry, de concert avec le chef d'administration Mottet, et en vous conformant aux instructions qui vous ont été laissées, vous feriez provisoirement tout ce qu'il serait essentiel de faire; et comme il n'est pas douteux que j'aurais aussi bientôt des nouvelles officielles de notre gouvernement, je vous laisserais le moins possible dans l'incertitude.

---

(1) « Cet officier était parti de Pondichéry pour aller chez les Mahrattes » (Note de Decaen).

Vous étendriez, s'il y a lieu, vos dispositions sur Karikal, car il est extrêmement utile qu'on occupe cet établissement puisqu'il fournit des ressources.

C'est le capitaine Saint-Mihiel qui vous rendra mes dépêches, dans lesquelles vous trouverez l'exemplaire d'un roman qui doit vous servir pour m'annoncer ce que vous auriez de secret à m'apprendre, parce qu'il est, sous tous les rapports, nécessaire de mettre la correspondance politique à l'abri de toute connaissance des Anglais que vous avez dû reconnaître pour être extrêmement ombrageux (1).

Vous joindrez à vos premières dépêches un état de situation des militaires et employés civils qui sont à Pondichéry.

D'après la situation de vos finances, vous déterminerez provisoirement le traitement de chacun. Vous savez que la nourriture et la solde des troupes doivent être en privilège. Tous ceux qui sont descendus à terre des bâtiments de la division autres que la *Belle-Poule* ne recevront de traitement qu'autant que vous serez assuré de six mois de ressources pour les troupes; et même, il ne faudra donner, provisoirement, à tous les officiers et employés, que le traitement simple. Le supplément sera acquitté quelques jours plus tard.

Le *Diligent,* qui n'avait été expédié que pour m'apporter des dépêches, ayant appris à Tranquebar que la division avait quitté la rade de Pondichéry, est rentré aujourd'hui.

Dans les journaux que je vous envoie, les articles *Variétés* (n°s 28 et 30, mois de ventôse) sont intéressants : ils vous donneront une idée de l'Angleterre. Vous connaîtrez l'état de la France par l'arrêté du gouvernement qui a ordonné l'exposé de la situation de la République.

Il ne sera pas mal que, sans affectation, vous fassiez connaître ces pièces importantes que la *Gazette de Madras* n'annoncera pas. Dites à ceux qui vous environnent que je suis bien impatient de me trouver au milieu d'eux. Adieu, mon cher Binot.

(1) « J'indiquai la manière de se servir de ce roman pour la correspondance » (Note de Decaen).

CHAPITRE V

La mission de Cavaignac à Mascate. — Decaen veut rétablir l'autorité du gouverneur de l'île de France. — Linois s'y montre assez peu disposé. — Mesures que prescrit Decaen. — Recommandations de Decaen à Cavaignac. — L'*Atalante* transportera Cavaignac à Mascate. — Cette frégate fera aussi une reconnaissance des côtes de l'Inde et de la situation politique. — Decaen rend compte au ministre de la Marine du sort de la *Côte-d'Or*. — Pénurie de ressources à l'île de France. — Une lettre de Linois au ministre de la Marine. — Cavaignac chargé de faire parvenir de Mascate à Constantinople et à Paris des lettres de Decaen. — Correspondance du préfet colonial Léger avec le ministre à son arrivée à Pondichéry. — Correspondance échangée entre Binot et les Anglais, le gouverneur du fort Saint-Georges et l'amiral Rainier et Decaen.

Dès les premiers jours de mon arrivée à l'île de France, j'avais témoigné au contre-amiral Linois mon désir qu'il désignât et fît préparer la frégate qui devait porter le résident destiné pour Mascate; et, le 12 fructidor, je lui adressai cette demande officielle :

J'ai eu le plaisir de m'entretenir avec vous sur l'utilité qu'il y avait qu'une frégate de la division pût mettre au plus tôt sous voile afin de transporter à la côte d'Arabie le citoyen Cavaignac, nommé par le Premier Consul résident auprès de l'iman de Mascate. Veuillez bien me faire connaitre pour quelle époque les dispositions préparatoires de la frégate que vous avez désignée seront terminées, parce qu'il est essentiel, sous beaucoup de rapports, que cet agent du gouvernement soit au plus tôt rendu à sa destination. J'ai l'honneur, etc...

Ayant eu lieu de faire l'observation que les capitaines des navires arrivant dans la colonie ne paraissaient devant le gouverneur qu'après avoir été conduits, pour faire leur déclaration, devant des membres de l'assemblée coloniale qui en composaient le Directoire, je jugeai convenable de faire entendre que ce n'était pas ce mode qui devait être suivi : il en résulta bien un changement, mais les nouvelles dispositions n'étant pas encore celles qui devaient être pratiquées, je mandai au contre-amiral ce qui suit :

15 fructidor.

Si les temps antérieurs ont pu préjudicier à l'autorité des gouverneurs, à l'île de France, et qu'il ait été possible qu'on l'ait même méconnue jusqu'à usurper leurs pouvoirs, les circonstances actuelles, les intentions de notre gouvernement, que vous connaissez comme moi, nous préviennent des dispositions qu'il est essentiel d'exécuter.

Vous savez quel étonnement j'ai marqué, en entrant dans cette colonie, de voir qu'on s'attribuait un pouvoir qui n'appartient qu'au gouverneur, en recevant avant lui les déclarations des capitaines des navires arrivant au mouillage, tandis qu'on ne devrait exercer qu'une police particulière sous l'autorité de ce même gouverneur.

Mes remarques, suivies d'observations, ont bien apporté un changement ; mais, avec les nouvelles dispositions, que le journal d'hier seul m'a fait connaître, on n'a point encore atteint le but, et il ne peut l'être qu'autant que la mesure proposée sera exécutée. Je vous avais demandé, et je vous renouvelle ma demande que, comme commandant des forces navales, vous ne permettiez pas que qui que ce soit, excepté le pilote qui sera cependant encore tenu de se rendre au vaisseau amiral pour y recevoir des ordres avant d'aller à bord du navire arrivant, de communiquer avec aucun bâtiment reconnu pour venir d'Europe, du Cap de Bonne-Espérance, de l'Amérique ou de l'Inde, avant qu'un officier de votre commandement n'ait reçu le rapport du capitaine sur la situation des affaires politiques entre la France et l'Angleterre, parce qu'il est de toute nécessité que, dans le cas où la guerre viendrait à être déclarée, la nouvelle en soit donnée à la colonie d'une manière qui ne puisse troubler la tranquillité.

Dans ce cas, toute communication devra être interdite avec le bâtiment qui apporterait cette nouvelle jusqu'au moment où je vous préviendrais qu'il n'y aurait pas d'inconvénient de lever la défense.

L'importance de mes demandes me persuade que vos ordres seront le plus tôt possible donnés pour l'exécution de cette urgente mesure.

J'ai l'honneur, etc...

Le contre-amiral, qui ne voyait pas les choses comme moi, et qui, d'ailleurs, s'était laissé aller à l'influence de quelques personnes, c'est-à-dire des meneurs qui s'étaient arrogé le pouvoir et qui prétendaient le conserver, m'ayant notifié son refus de faire ce que je lui avais demandé, je lui écrivis de nouveau à ce sujet, le 18 fructidor, et je lui marquai :

Je suis fâché que vous donniez à la proposition que je vous ai faite une toute autre interprétation que celle qui réellement lui convient. Une mesure commandée par les circonstances n'aurait apporté aucun changement dans les règlements sanitaires ; et assurément la première visite à bord des navires arrivant, faite de la manière et pour les causes que je vous ai expliquées, n'aurait pas été préjudiciable à l'autorité, et ne vous aurait pas fait sortir de vos attributions.

Mais votre refus peut fournir des résultats fort désagréables et nuire aux intérêts de la République.

Les instructions qu'on nous a données doivent sans doute diriger notre conduite, mais il arrive bien souvent qu'elles n'ont point prévenu sur des événements qu'on doit prendre pour régulateurs, et nous sommes dans ce cas. Enfin si, malgré mes observations, vous tenez toujours à l'inexécution de ce que je vous ai proposé, je vous demande que, dans le cas de nouvelles authentiques qui annonceraient la guerre, toutes les personnes qui auront communiqué avec les bâtiments qui les auront apportées soient retenues à votre bord, que toute communication avec la terre leur sera interdite, ainsi qu'au bâtiment arrivant. Je vous demande, en outre, qu'aussitôt que ces nouvelles vous seront connues, de ne les faire parvenir qu'à moi seul : jugez maintenant si je puis, et si je dois conférer, sur de telles dispositions, avec le gouverneur de cette colonie dont l'autorité est toujours entravée.

J'ai l'honneur, etc...

Il me fut assuré que ces nouvelles dispositions seraient ponctuellement exécutées.

En attendant d'être informé du jour où la frégate l'*Atalante* pourrait sortir du port pour aller à Mascate, j'écrivis, le 19 fructidor, au citoyen Cavaignac qu'elle devait y transporter :

Lorsque le Premier Consul vous a donné la mission honorable de résident auprès de l'iman de Mascate, on ignorait alors que ce prince avait envoyé auprès du gouverneur de l'île de France. Vous étiez chargé d'assurer l'iman des intentions du premier magistrat du peuple français, qui a voulu lui donner une marque de sa haute considération en lui envoyant une personne distinguée pour entretenir plus particulièrement les rapports d'amitié et les relations de commerce qui n'ont jamais été troublées, entre les Français qui ont fréquenté la côte d'Arabie et ses habitants, que par des corsaires qui, se trouvant éloignés de la surveillance et du frein, se sont portés à quelques excès. Vous deviez commencer vos relations avec l'iman en lui donnant un témoignage bien marqué de la pensée du gouvernement de France à l'égard des pirateries exercées sur le commerce d'une nation avec laquelle il ne veut avoir que des rapports d'amitié, puisque vous avez été chargé spécialement de prendre des informations et donner des renseignements qui puissent mettre à même d'indemniser des pertes réellement éprouvées. La démarche qu'a fait faire l'iman de Mascate contribue à rendre votre mission bien plus agréable, puisque vous ne pouvez pas douter de recevoir le meilleur accueil. Le gouverneur de l'île de France vous a préparé cet avantage par les rapports qu'il a eus avec l'iman et la réception qu'il a faite à son envoyé.

C'est donc sous ces auspices, citoyen résident, que vous allez vous rendre à un poste qui peut présenter beaucoup d'intérêt, et dont vous pourrez sur les lieux apprécier beaucoup mieux l'importance. La frégate qui doit vous transporter à votre résidence sera prête à mettre sous voile dans peu de jours.

Si les instructions qui vous ont été données, lesquelles, sans doute, ne vous laissent rien à désirer, ne vous disent pas que vous devez correspondre autant avec moi qu'avec le ministre des relations extérieures et celui de la marine, je vous préviens que les intentions du gouvernement sont telles qu'il est indispensable que vos rapports soient avec moi comme si j'étais le seul avec lequel vous dussiez être en relation, Mascate étant compris dans la dépendance du commandement dont je suis honoré.

Comme, jusqu'à ce jour, on n'a eu, sur la puissance de l'iman de Mascate, que des notions très imparfaites, et qu'il est important d'avoir le plus tôt possible des données certaines afin de pouvoir statuer quels peuvent être effectivement les avantages que la France peut retirer de ses rapports avec ce prince d'Arabie dont il faut connaître le pays, les peuples, les richesses, les forces de terre et de mer, les relations commerciales, etc., etc., j'ai choisi le citoyen Mécusson, officier du génie, pour vous accompagner et participer à recueillir tous ces renseignements essentiels.

Je lui remettrai une note pour les objets dont il aura principalement à s'occuper. Vous voudrez bien, par votre crédit, faciliter à cet officier tous les moyens nécessaires pour remplir sa mission.

J'ai l'honneur, etc...

Le contre-amiral Linois m'ayant annoncé, le 23 fructidor, que l'*Atalante* serait prête à partir le 26, je lui mandai de suite :

Puisque la frégate l'*Atalante* pourra appareiller le 26 de ce mois, je serai fort aise qu'elle ne retarde pas son départ car, avec l'utilité qu'il y a que la personne que le Premier Consul a choisie pour résider auprès de l'iman de Mascate soit au plus tôt rendue à son poste, il y a encore plusieurs considérations qui me portent à désirer qu'une frégate française paraisse dans ces mers. Je m'en suis particulièrement entretenu avec vous.

Le séjour de cette frégate dans la rade de Mascate ne doit y être prolongé que le temps nécessaire à l'agrément et à la réception du résident. Mais quoiqu'il y ait utilité que l'*Atalante* ne mette pas trop de retard à se rallier à votre division, il est néanmoins fort important que le capitaine Beauchêne reçoive de vous des instructions qui le mettent à même de porter quelques regards sur les côtes de l'Hindoustan. Ce qui est relatif à la marine anglaise est certainement un objet d'attention ; mais des renseignements bien nécessaires encore dans les circonstances actuelles, c'est de savoir dans quelle position politique les Anglais sont à l'égard des Mahrattes, Holkar et Scindiah ; s'ils continuent d'être en guerre avec eux, et en faveur de qui les avantages se sont prononcés.

Si le capitaine Beauchêne peut arriver jusqu'aux côtes de Guzarate, soit dans le golfe de Kutch, ou dans celui de Cambay, il acquerrait certainement beaucoup, non seulement sur les Mahrattes et les Anglais, mais encore sur les dispositions de paix ou de guerre des différents peuples du nord de l'Hindoustan, et notamment de Mahmoud Schah, roi des Afghans, qui domine sur presque tous les peuples entre l'Indus et la Perse.

Si la mousson ou quelques autres obstacles trop difficiles à vaincre ne permettaient pas d'arriver sur le Guzarate, l'*Atalante* éprouverait peut-être moins de difficultés à le faire depuis Surate jusqu'à Goa, côte qu'il serait aussi très essentiel de visiter, dans le cas même où elle aurait pu atteindre le premier but. Après avoir ainsi montré le pavillon français vers les dominations anglaise et mahratte, ce qui, sous beaucoup de rapports, n'est pas indifférent, il conviendrait encore, si les difficultés de la navigation ne s'y opposent point, que l'*Atalante* revînt à Mascate pour y prendre les dépêches du résident auquel le capitaine Beauchêne communiquera les nouvelles politiques qu'il aura pu recueillir à la côte opposée, afin que le citoyen Cavaignac en rende compte directement en France.

A Mascate, le capitaine Beauchêne pourra, par le moyen du résident, avoir à son bord un homme parlant la langue des côtes qu'il entreprendra de visiter (1).

La pénurie dans laquelle les circonstances nous mettent, surtout relativement aux vivres de bord, me fait aussi vous proposer de diriger, s'il n'y a pas d'impossibilité trop grande, la frégate l'*Atalante* sur une des relâches de Madagascar, parce que, là, elle se procurerait des vivres frais et à bon compte, ce qui ajoutera à son approvisionnement, sera une économie et lui donnera par conséquent des moyens de plus pour remplir sa mission.

Le préfet doit vous écrire pour vous faire part des propositions que je lui ai faites à ce sujet et pour Mascate, si on ne peut aller à Madagascar.

Il ne me reste plus qu'à vous demander de donner les ordres pour l'embarquement du résident auprès de l'iman de Mascate et des personnes qui l'accompagnent, au nombre de deux, selon l'état ci-joint.

La qualité du citoyen Cavaignac détermine le traitement et la considération dont il doit jouir, mais je vous recommande particulièrement le capitaine du génie Mécusson que je charge d'accompagner le résident. Je désire qu'il soit traité comme officier supérieur. Je vous préviens aussi qu'il est possible qu'il fasse son retour avec l'*Atalante*.

J'ai l'honneur, etc...

Je chargeai le citoyen Cavaignac de faire parvenir, par la voie de Constantinople, une dépêche pour le ministre de la Marine (elle était en chiffres). Dans cette dépêche, j'analysai mon rapport

---

(1) « Mais c'était chose plus facile à indiquer qu'à trouver : il aurait fallu avoir le hasard de rencontrer quelque renégat français ou autre Européen qui eût parlé l'hindoustani ou le maure. Cependant, avec le portugais qu'on parle dans l'Inde, on pouvait se procurer des renseignements » (Note de Decaen).

de ce qui s'était passé depuis notre départ de False Bay, jusqu'à notre arrivée à l'île de France, et j'y ajoutai ce qui suit :

Ile de France, le 28 fructidor.

La *Côte-d'Or*, étant arrivée deux jours après notre départ, fut sommée d'aller mouiller à côté de l'escadre anglaise. Le commandant Binot témoigna à l'amiral sa surprise d'une telle violation des traités : il en reçut une réponse hautaine, qui ne l'empêcha cependant pas de donner l'ordre au capitaine d'appareiller pour se rendre à l'île de France, ce qui fut exécuté, le 26 messidor, quoique ce bâtiment fût très surveillé. Mais chassé et atteint à quelques milles, il fut sommé de se rendre et, sur son refus, canonné de plusieurs bordées à portée de pistolet accompagnées de feu de mousqueterie. La *Côte-d'Or*, forcée de se rendre, fut dirigée sur Pondichéry où, de nouveau, elle mouilla portant pavillon anglais.

Cet acte de l'amiral anglais est bien l'hostilité la plus caractérisée; mais le lord Clive, président du conseil de Madras, auquel s'adressa le colonel Binot pour savoir dans quel état il devait se considérer afin d'agir selon les circonstances et les instructions que je lui avais remises, a désapprouvé la conduite de l'amiral qui, lui-même, annonça qu'on l'avait désavoué et il s'exprime ainsi, dans une lettre en date du 20 juillet :

> « J'ai la satisfaction de vous annoncer que le vaisseau la *Côte-d'Or* est dans ce moment à votre disposition, le gouvernement du fort Saint-Georges m'ayant, par sa dépêche du 10 du présent, que je n'ai reçue que ce matin par un exprès, signifié son entière désapprobation de la détention de ce vaisseau, en réponse à la lettre que j'écrivis pour soumettre à ses sages et respectables conseils ma conduite dans cette mesure, immédiatement après que je l'eus adoptée, etc., etc... »

Enfin la *Côte-d'Or* est entrée à l'île de France, le 3 fructidor. Une frégate l'avait escortée jusqu'à la ligne.

Avec l'incertitude sur ce qui se passe en Europe et les pouvoirs éventuels que vous m'avez adressés, je suis ici, citoyen ministre, dans une situation fort désagréable.

Il y a beaucoup à dire sur la mauvaise administration de cette colonie : nous avons trouvé de la bonne volonté de la part du gouverneur et de l'ordonnateur; mais, toujours dépendants de l'assemblée, ils n'ont rien à leur disposition. Celle-ci, dont on est fort las, s'attend néanmoins à quitter d'un jour à l'autre sa puissance, l'organisation et les administrateurs étant annoncés par les derniers *Moniteurs* parvenus.

Ce nouvel ordre de choses est désiré avec bien de l'impatience par les bons colons. Au reste, les meneurs et les intrigants seront tenus très facilement aussitôt qu'on réunira justice et sévérité.

Si le moyen que j'emploie pour vous faire parvenir ce rapport avait été plus facile, je serais entré dans quelques détails que vous aurez plus tard. Je vais seulement vous observer, avec M. Léger qui, dans ces nouvelles circonstances, a donné encore une grande preuve de son zèle et de son dévouement en s'embarquant, n'emportant rien avec lui et ayant laissé sa famille à Pondichéry afin de se rendre à l'île de France pour y attendre, comme moi, vos instructions ultérieures, quoiqu'il n'ait point connaissance des dispositions que vous m'avez communiquées.

Nous vous observons donc, citoyen ministre, qu'en arrivant à l'île de France nous avons trouvé les magasins vides, le gouvernement sans ressources et sans crédit, ses premiers agents annulés et réduits à l'humiliation de recevoir, mois par mois, de faibles secours, pour le prêt des troupes et pour eux-mêmes, d'une assemblée coloniale qui continue abusivement d'exercer la souveraineté qu'elle a usurpée, percevant des impôts qu'elle a établis et des droits qui entraient autrefois dans la caisse de la marine.

Ce n'est pas seulement dans les magasins du service que l'on éprouve le désastreux effet de l'état actuel de la colonie. L'assemblée, qui ne peut se dissimuler qu'elle ne devrait pas exister, n'a pris aucune mesure pour employer les ressources dont elle dispose à former des approvisionnements pour la garnison.

Nous sommes forcés d'acheter le blé, chez les particuliers, au prix exorbitant de 27 fr. 50 le quintal. La viande, que nous nous procurons au jour le jour, coûte 55 centimes la livre, et il résulte de tous les besoins du soldat qu'un homme coûte ici plus que deux dans l'Inde.

Si nous sommes retenus ici encore quelques mois, et que la colonie ne fournisse à aucune partie de nos dépenses, nos ressources se trouveront absorbées, et à notre retour dans l'Inde, nous serons hors d'état de suffire au service.

La *Belle-Poule* avait porté à Pondichéry 36 400 piastres Ces fonds y ont été laissés pour faire exister, jusqu'à décision, les troupes et les agents civils débarqués dans l'Inde, et pour subvenir au paiement des premières dispositions qu'on avait commencées pour la reprise de possession.

Cette distraction d'environ 200 000 francs nous a laissé 720 000 francs de disponible, sur quoi il a fallu prendre les dépenses extraordinaires de l'établissement momentané que nous faisons ici, et quoique nous nous bornions à la solde des salariés et aux fournitures pour les troupes, nous sommes forcés de vous faire remarquer que, nos dépenses devant augmenter avec l'épuisement successif des objets de consommation dont le remplacement ne paraît assuré ni par l'état des récoltes, ni par la situation de la colonie en bestiaux, il deviendra indispensable de faire de nouveaux fonds pour le service de l'Inde bien plus tôt que vous ne l'aviez calculé, puisque les ressources locales, sur lesquelles vous aviez compté, n'ont pas lieu. Nous sommes menacés de voir sous peu la livre de viande à plus de 20 sols. Le prix du pain s'élèvera de même en raison du déficit de la récolte qui, dans plusieurs cantons, ne donnera pas même la semence.

Il serait utile d'envoyer acheter des blés au Cap de Bonne-Espérance ou dans le golfe Persique; mais le commerce n'en n'offre aucun moyen depuis longtemps : il est paralysé par l'abus de l'admission des navires anglais et américains qui font même le cabotage dans les deux îles. Quoique vous ayez exprimé l'intention précise de faire subsister la division des forces navales par des envois assortis de vivres, il arrive cependant qu'on est obligé de lui faire des fournitures prises dans la colonie. L'envoi par le *Malabar* n'a pas procuré de secours en farines, et si les vaisseaux doivent reprendre la mer avant l'arrivée d'un nouvel envoi, on sera forcé d'en acheter des Américains qui, depuis longtemps, sont les seuls qui en apportent. Ce sont des opérations ruineuses, et il est douteux qu'on puisse les faire à crédit. Mais on doit espérer de voir rentrer bientôt dans les mains du gouvernement les ressources et l'autorité qu'une assemblée sans aveu emploie depuis la Révolution sans en rendre compte.

J'ai pensé, citoyen ministre, qu'il convenait que le résident destiné pour Mascate fût au plus tôt à son poste où, sous beaucoup de rapports, il peut être très utile. C'est aussi un moyen de vous donner de nos nouvelles car le citoyen Cavaignac entreprendra de vous faire parvenir cette dépêche. Il peut y réussir si, comme j'aime à le croire, l'iman est toujours dans les bonnes intentions qu'il a dernièrement manifestées.

S'il est nécessaire que vous soyez informé de notre situation et des événements dont j'ai l'honneur de vous faire un rapport, il n'est pas non plus indifférent que le Premier Consul sache que la puissance anglaise éprouve, dans ce moment, une commotion telle que, si elle avait des suites et qu'on augmentât d'efforts, il en pourrait bien résulter des événements fâcheux pour cette puissance dont la force sur ce théâtre éloigné de l'œil observateur ne m'a pas paru, au premier aperçu, aussi formidable qu'on la suppose. Je voudrais bien avoir séjourné quelques mois sur ce continent! Qu'il m'aurait été favorable qu'à l'époque où je suis abordé à la côte Coromandel, la division eût été de 3 à 4 vaisseaux de ligne, avec le même nombre de frégates, et 3 000 Européens aussi bien portants et d'aussi bonne volonté que ceux qui m'accompagnaient! J'y suis arrivé à l'instant où les Anglais avaient été obligés de diriger tous leurs moyens vers le nord pour y soutenir contre les Mahrattes une guerre qu'ils termineront peut-être, mais qui aurait pu prendre un tout autre caractère dans un moment où les habitants de l'île de Ceylan, déjà fatigués du joug, ont égorgé toutes les troupes anglaises qui avaient été établies dans l'intérieur de l'île, et surtout à Kandy. On en évalue le nombre à 1 800, dont beaucoup d'Européens, ce qui, joint aux pertes occasionnées par les maladies, donnait beaucoup d'embarras aux différentes présidences et surtout au gouverneur Wellesley.

Si, dans les circonstances présentes, on pouvait, par la voie de Constantinople, faire faire des démarches auprès de Mahmoud Schah, dont la résidence est à Caboul, — il est de la secte d'Omar, — ce serait une facilité pour l'engager à la guerre. Il règne sur les Afghans et les Abdallis, et sa puissance est de plus en plus redoutée des Anglais qui, dans leurs gazettes, lui donnent beaucoup de louanges. Il est présumable que, dans ce moment difficile, ils font négocier auprès de lui. Ils ont fait partir un nouvel ambassadeur pour la Perse, mais on m'a assuré que ce pays est toujours semé de divisions. Par l'ambassade qu'ils envoyèrent, lorsque le Premier Consul fit la conquête de l'Égypte, ils demandèrent au roi régnant (c'était alors Babakan Serdar) de faire alliance avec lui, de ne jamais donner passage aux Français, et que toutes les fois que Zeman Schah, auquel Mahmoud Schah a succédé, marcherait vers l'Inde, de l'attaquer du côté de l'ouest pour l'obliger à retourner sur ses pas. Cette démarche n'eut pas alors le succès attendu.

Si la guerre était inévitable, je serais bien fâché de rester dans l'inaction, surtout aussi peu éloigné d'un théâtre où je pourrais si utilement servir. Veuillez bien dire au Premier Consul, citoyen ministre, que j'oserais bien porter la guerre dans l'Hindoustan l'année prochaine avec une certitude de succès si, avec six vaisseaux de ligne, on apportait à l'île de France 3 000 hommes de troupes choisies, dont deux compagnies d'artillerie légère, 500 hommes de cavalerie et le reste en infanterie, payés de six mois de leurs appointements, et si, avec les munitions, etc., il y avait quatre millions. Je donnerai à cet aperçu le développement convenable.

Vous avez sans doute reçu mes dépêches adressées du Cap de Bonne-Espérance : elles vous annonçaient que ce poste n'était pas suffisamment défendu et que les Anglais y conservent une grande influence.

Pour espérer les succès dans une correspondance par terre, il serait bien essentiel que nous eussions un agent à Bassora, car un second suffirait à Bagdad.

J'ai l'honneur, etc...

J'ajoutai à cette dépêche la copie de la lettre ci-après du contre-amiral Linois au ministre de la Marine, datée du 17 fructidor :

GÉNÉRAL MINISTRE,

Me référant à la lettre du général Decaen, je me borne à vous faire connaître le dénûment extrême de la colonie. Il est indispensable que vous envoyiez, pour la division, des salaisons, farines, vins. N'envoyez plus de biscuit : il peut avec avantage se confectionner ici. Nous avons encore pour soixante jours de vivres arrivés par le *Malabar*. Il est urgent de nous faire passer des câbles et munitions navales de toutes espèces, à l'exception d'ancres, de poudre et boulets. J'ai deux mois de solde pour les équipages. Ces fonds employés, il ne me reste rien ; je ne puis compter sur les ressources de la colonie. Point de nouvelles de la *Marie-Françoise*. L'*Atalante* transporte à Mascate l'agent Cavaignac.

Salut respectueux.

Signé : Linois.

Enfin, je remis au citoyen Cavaignac les lignes ci-après que j'adressai au général Brune, ambassadeur de la République française à Constantinople :

26 fructidor an XI, île de France.

Je vous prie, mon cher général, de faire parvenir cette dépêche au ministre de la Marine par un courrier extraordinaire.

Recevez, etc., etc...

Postérieurement au départ du résident pour Mascate, j'écrivis encore au ministre, au sujet de l'iman, la lettre suivante, datée du 30 fructidor :

J'ai déjà eu l'honneur de vous prévenir, citoyen ministre, que j'avais demandé au contre-amiral Linois d'expédier une frégate pour Mascate, afin de porter à son poste le résident que le Premier Consul a choisi pour être auprès de l'iman. Vous avez aussi été informé par le général Magallon de la démarche que ce prince avait faite auprès de lui; mais ce n'est pas le seul motif qui m'a fait souhaiter que nous ayons quelqu'un à Mascate car, d'après les pièces que le général Magallon m'avait adressées par le *Diligent* qu'il jugea nécessaire de m'expédier, plus particulièrement encore pour me faire part des bruits de guerre, je n'ai pas vu plus de désirs, de la part de l'iman, d'avoir des rapports avec les Français que ceux que lui et ses prédécesseurs avaient manifestés. L'envoyé de l'iman est plutôt venu à l'île de France pour des réclamations de navires capturés que pour des raisons politiques. J'en ai jugé par la note secrète que vous a annoncée le général Magallon dans sa lettre du 26 ventôse; en voici la traduction :

« Au nom de Dieu,

« L'exposition de la demande est pour faire rendre les navires qui ont été pris, l'un appartenant au nommé Djouher, et l'autre surnommé le *Bédouin*, ainsi que 13 000 piastres qui furent prises sur ces deux navires. Cette demande est fondée sur ce que nous avons étant à vous, par la bonne intelligence qui règne entre nous, quiconque se déclare notre ennemi, en enlevant ou en prenant notre bien, doit être aussi le vôtre, de même que vos amis sont les nôtres. Si vous désirez envoyer à Zanzibar ou à Mascate un agent chargé de vos affaires, qu'il y vienne. L'amitié sera encore plus stable et plus sincère des deux côtés. L'ennemi ne doit être que l'ennemi pendant la guerre, de même que l'ami est toujours véritable ami.

« Salut. »

Cette note est sans signature, et n'est vraiment autre chose qu'un souvenir que cet envoyé a laissé pour qu'on n'oublie pas les intérêts de son maître. J'ai donc été plus déterminé, pour hâter l'arrivée du citoyen Cavaignac, par les anciennes relations avec l'iman, par la belle situation de Mascate et de son port, par les intentions du gouvernement d'y avoir un agent, enfin, par la nécessité que m'ont présentée les circonstances.

D'abord la saison était la plus favorable, puisque la frégate l'*Atalante*, partie le 26 de ce mois, arrivera à la côte d'Arabie au commencement du renversement de la mousson et à une époque où l'escadre anglaise n'aura pas encore effectué son retour de la côte Coromandel. Cette frégate pourra donc aussi, en outre la mission dont elle est chargée, être dirigée vers le Guzarate, Bombay et la côte Malabar jusqu'à Goa; montrer le pavillon français; avoir des renseignements sur les forces navales anglaises, apprendre des nouvelles sur la situation de la guerre entre les Mahrattes et les Anglais et sur les divers événements qui ont eu lieu dans cette partie du monde, ainsi que sur les dispositions de guerre ou de paix dans lesquelles peuvent être les peuples du nord de l'Inde; rapporter ces nouvelles au résident à Mascate, qui fera encore son possible pour vous les transmettre; car j'aime à me persuader qu'il réussira à vous faire parvenir les dépêches intéressantes dont je l'ai chargé. L'espoir de ce succès a encore été une des causes qui m'a fait le plus désirer que cette expédition ne soit point retardée.

Mais s'il y a une importance majeure de pouvoir disposer l'iman à nous être utile pour parvenir à correspondre par la voie de terre ainsi que pour avoir des renseignements sur ce qui se passe dans l'Inde et à vous en tenir informé, il n'est pas moins intéressant, dans le cas où la guerre serait inévitable, d'avoir un lieu sur lequel on puisse avoir quelque confiance, et duquel on tirerait pour l'île de France des grains, du soufre et du salpêtre, etc..., enfin tous les secours et moyens qu'il peut offrir.

Mais comme, malgré mes recherches, je n'ai pu acquérir que des notions très imparfaites sur la puissance réelle de l'iman, j'ai fait passer à Mascate le capitaine du génie Mécusson; il y fera une reconnaissance telle qu'avec les notes qu'adressera le résident Cavaignac, il ne restera plus, je l'espère, rien à désirer sur ce que l'on doit attendre de nos rapports avec cette partie du monde.

Comme j'ai déjà eu l'honneur de vous dire, citoyen ministre, que, pour avoir une correspondance par terre avec espérance de succès, il conviendrait que nous eussions un agent à Bassora, il est possible que du ministère des relations extérieures on vous réponde qu'il y a toujours eu quelqu'un à cette destination, ce qui est vrai; mais le citoyen Rousseau, qui était chargé de cette mission, et auquel son fils a succédé, faisait, comme celui-ci, sa résidence à Bagdad, et n'avait qu'un agent à Bassora; tandis que, sous tous les rapports, il conviendrait beaucoup mieux que l'agent principal fût résident à Bassora et qu'il y eût un agent secondaire à Bagdad. Je vous prie de prendre ceci en considération.

J'ai l'honneur, etc...

COPIES DES LETTRES DU PRÉFET COLONIAL

ANNEXÉES SOUS LES NUMÉROS 1, 2 ET 3

A MA LETTRE AU MINISTRE DE LA MARINE SOUS LA DATE
DU 10 FRUCTIDOR AN XI.

A   N° 1

A Pondichéry, le 9 messidor an XI.

Léger, préfet colonial des établissements français dans l'Inde, au général Decrès, ministre de la Marine et des colonies.

GÉNÉRAL,

Un petit bâtiment part pour l'île de France : j'en profite pour rendre compte à Votre Excellence de notre heureuse arrivée à Pondichéry. La traversée n'a été que de dix-neuf jours depuis Madagascar : nous sommes arrivés le 15 juin, 26 prairial, sans accident et sans perte d'homme.

Les lettres de créance données par le capitaine général au commandant Binot pour réclamer la remise de la place ont été remises à l'officier anglais qui commande à Pondichéry; et, sur l'envoi qui en a été fait à Madras, le gouverneur a répondu qu'il ne pouvait faire la remise avant d'avoir reçu les ordres du gouverneur général de Calcutta.

Mais, en attendant cette réponse, on a permis le débarquement des troupes; et des ordres ont été donnés au colonel Cullen, nommé commissaire britannique pour la remise, de s'occuper des détails préparatoires et d'avoir pour nous tous les égards possibles. Je n'ai qu'à me louer, en effet, des procédés de ce commissaire.

Toutes facilités me sont données pour préparer les logements des troupes, les hôpitaux, et pour assurer les subsistances.

On espère que la réponse sera prompte et conforme à nos désirs. Je dois cependant vous observer qu'on attribue le retard de la remise à des alarmes occasionnées par des dépêches du 11 mars, reçues par Constantinople. On a paru, un moment, craindre de voir recommencer les hostilités. Depuis deux jours, on est plus calme, et les gens qui raisonnent s'élèvent au-dessus des murmures populaires qui tendaient à donner une méfiance très dangereuse.

Le capitaine Bruilhac, en raison de ces premiers bruits, a demandé à retenir à bord une partie des troupes passagères, se trouvant trop faiblement armé. C'est une petite augmentation de dépense, puisque les soixante hommes qu'il a retenus consomment à bord une ration de vin qu'ils n'auront point à terre. J'ai cru devoir consentir à cette disposition qui met cette frégate dans un état de force.

Il est impossible de se faire une idée de l'état de destruction de toutes les propriétés nationales. Le gouvernement seul a été conservé. Les autres maisons nationales ne pourront être réparées qu'à grand frais. On a détruit...

Le surplus de cette lettre annonçait quelques dispositions provisoires pour le logement des troupes, etc... « Je prévoyais bien », disait le préfet, « que notre position serait peu agréable dans les commencements ; mais je ne croyais pas trouver ces établissements publics si complètement détruits. » Enfin, il terminait cette lettre par le paragraphe suivant :

... Je suis trop peu fixé encore sur le motif de l'expédition militaire des Anglais à Poonah pour hasarder d'en donner des détails. Le fait est qu'ils sont à Poonah comme auxiliaires ou gardes d'honneur du peschwah. L'expérience fait connaître ce que cette expression signifie. Bientôt le peschwah sera pensionné, c'est-à-dire prisonnier. D'autres chefs mahrattes sont mécontents. L'arrivée de la division peut donner de l'inquiétude aux Anglais.

Salut, etc...

Signé : Léger.

A N° 2.

Pondichéry, le 19 messidor.

Léger, préfet, etc., au ministre de la Marine.

Depuis le 9 de ce mois, date de la lettre que j'ai eu l'honneur de vous écrire pour rendre compte de notre arrivée, notre position n'a pas changé.

Le gouvernement de Madras n'a pas encore reçu de réponse du gouverneur général de Calcutta.

Le commissaire délégué à Pondichéry a fait toutes les dispositions pour améliorer en ce qui le concerne l'exécution de la remise.

Il n'existait ni pavillon anglais ni mât pour la place. Il a fait rétablir le mât qui existait anciennement, et le pavillon britannique qui flotte sur la ville indique que nous n'en avons pas encore pris possession.

Le courrier de Madras nous apprit hier que de nouveaux paquets, reçus par la caravane, datés de Londres du 26 mars paraissaient augmenter l'inquiétude générale à Madras sur la durée de la paix. On parle d'une alliance de la France avec la Russie, et du dessein manifesté de partager l'empire de la Turquie. Votre Excellence conçoit combien ces nouvelles rendent notre situation fâcheuse.

Les on-dit ne doivent pas m'empêcher de continuer les dépenses pour les hôpitaux et pour le logement des troupes. Si les affaires politiques avaient changé en Europe, vous ne nous abandonneriez certainement pas; mais il est bien différent d'être protégé ou d'être vengé.

Sans doute, si la guerre se déclarait, et si des forces un peu marquantes nous arrivaient en ce moment, il ne serait peut-être pas difficile de faire une révolution dans l'Inde. La guerre des Anglais contre les Mahrattes a créé un allié puissant. Ce serait à la côte de Bombay qu'il faudrait opérer le débarquement. On assure que Holkar s'est raccommodé avec Scindiah; ces deux chefs réunis et soutenus par la France pourraient faire changer la situation des Anglais. Une circonstance particulière peut faire croire qu'ils en auraient la crainte.

La *Gazette de Madras,* qui ne manque jamais d'annoncer les plus petits événements, qui rapporte scrupuleusement l'arrivée des plus petits bâtiments, n'a rien dit de l'arrivée de la frégate française : la remarque en a été faite même par les Indiens, et le silence affecté de la *Gazette* produira l'effet contraire. Les bruits populaires grossissent le nombre des vaisseaux et des soldats attendus.

La division anglaise qui était à Trinquemalé est mouillée en ce moment sur Gondelore (1). Ce voisinage a paru inquiéter le capitaine Bruilhac qui désirerait recevoir en soldats son complet d'armement. Si j'aperçois quelques dispositions qui doivent donner des craintes, je ne balancerai pas à l'armer de manière à ce qu'il ait toutes les chances possibles pour échapper à l'ennemi. Mais j'avoue que je répugne à l'idée de voir la frégate appareiller sur des craintes qui n'ont encore d'autre fondement que des bruits populaires.

J'ai fait ces observations au capitaine, mais je ne puis m'opposer à son départ si des manœuvres douteuses de la part de la division anglaise le mettaient dans le cas de se voir menacé.

Le citoyen Bruix désirait se rendre à Tranquebar. J'ai fait la demande d'un passeport pour lui au commissaire anglais : il me l'a refusé en me montrant l'article de ses instructions qui lui défend de donner des passeports aux étrangers, qui doivent s'adresser à Madras pour les obtenir. Je cite cette circonstance pour que vous jugiez des mesures de rigueur qui annoncent autant de crainte qu'elles prouvent de despotisme politique.

Salut, etc...

Signé : Léger.

A

N° 3.

Léger, préfet, etc..., au ministre de la Marine, etc...,
datée du 21 messidor.

Nous avons, depuis trois jours une escadre anglaise mouillée en rade de Gondelore (2). Elle est forte de cinq vaisseaux de ligne et de quatre frégates.

(1) Cuddalore.
(2) *Id.*

Le vaisseau le *Trident*, détaché de cette escadre, vint mouiller avant-hier soir, à 7 heures, en rade de Pondichéry, près de la frégate la *Belle-Poule*. Le capitaine Bruilhac s'était rendu à bord aussitôt qu'on avait reconnu le projet du capitaine anglais de venir en rade. Les choses se sont passées avec décence, et aucune démarche de part ni d'autre n'a été dans le cas d'altérer la bonne harmonie dont nous éprouvons les heureux effets dans nos rapports avec l'agent du gouvernement anglais.

Le capitaine de la *Belle-Poule* prend toutes les mesures commandées par la prudence, mais je désire qu'il n'y mette aucune affectation qui puisse être regardée comme un acte de méfiance.

Rien jusqu'ici ne peut en inspirer, et j'ai des preuves que l'ordre a été donné à tous les agents répandus dans la province de nous donner toutes facilités pour nos approvisionnements.

Il existe, à la vérité, des usages qui procurent aux chefs anglais certains avantages pécuniaires et dont le montant se paie, en dernier résultat, par le consommateur. Ce serait en vain que j'en demanderais la suppression. Il vaut mieux se résigner à cette petite exaction que de faire une fausse démarche.

Signé : Léger.

Je vais aussi transcrire la lettre que je reçus de l'adjudant commandant Binot, aussitôt que le *Marengo* fut à l'ancre sur la rade de Pondichéry.

Pondichéry, le 22 messidor an XI.

Mon Général,

J'ai l'honneur de vous rendre compte qu'après une relâche de 7 jours dans la rade de Foulpointe, île de Madagascar, la frégate est arrivée le 26 prairial devant Pondichéry, sans avoir éprouvé aucune contrariété ni perdu un seul homme, ayant seulement de malades, dans le détachement, un officier et trois soldats. Aussitôt le mouillage opéré, j'ai envoyé près le commandant de Pondichéry le capitaine Lefebvre, votre aide de camp, pour lui porter la lettre, dont vous avez copie sous le n° 1.

Dans la même journée, le lieutenant-colonel Demeuron, commandant les troupes britanniques, me répondit (Voyez le n° 2).

Après avoir communiqué au préfet colonial la réponse du commandant de Pondichéry, il fut arrêté qu'afin de pouvoir nous occuper de suite des préparatifs nécessaires pour la réception des troupes, nous débarquerions le lendemain avec le capitaine du génie Dehon.

Les visites d'usage rendues au commandant de Pondichéry et au lieutenant-colonel Cullen, commissaire du gouvernement anglais, chargé de la remise des possessions françaises dans l'Inde, nous sommes allés reconnaître les établissements convenables au logement des troupes.

Le 30, nous avons arrêté : 1° que l'église des capucins servirait à loger le bataillon de la 109e ; 2° que le magasin général et le hangar des Cipayes anglais, situé au bord de la mer, seraient disposés pour le bataillon de la 18e légère ; 3° que les hangars situés près l'hôtel de la Monnaie serviraient à la compagnie des gardes et à celle de l'artillerie légère ; 4° que le ci-devant atelier du génie logerait l'escouade d'ouvriers d'artillerie ; 5° qu'il serait construit des hangars, dans l'enclos des missionnaires, pour recevoir 200 malades.

Les devis faits par le capitaine du génie ont été remis au préfet colonial ; les travaux ont été commencés de suite et s'activent le plus possible.

Le même jour, j'ai reçu de Madras la lettre (Voyez le n° 3). Les nouvelles difficultés qu'on apportait à me rendre Pondichéry m'engagèrent à en référer sur-le-champ au préfet colonial, conformément à vos instructions.

Les gazettes anglaises, arrivées le même jour, apportèrent des bruits de guerre que les Anglais ne manquèrent pas d'accréditer parmi les habitants, tout en nous disant, à nous, qu'ils n'en croyaient rien : ceci me fit consentir, d'après l'avis du préfet, à la demande du capitaine commandant la frégate la *Belle-Poule* de lui laisser à son bord la moitié du détachement, afin de porter son équipage au complet de guerre.

Le 2 messidor, moitié du détachement débarqua, au contentement du préfet et à l'étonnement des officiers anglais qui ne s'attendaient pas à voir des troupes aussi bien portantes et en aussi bonne tenue. Pendant la traversée et depuis le débarquement, je n'ai eu qu'à me louer de l'ordre et de la discipline de ce détachement.

A la tête des officiers de la 109e et de ceux des Cipayes, nous avons été saluer M. Demeuron qui, le même jour, nous invita à dîner.

Les deux colonels anglais Demeuron et Cullen cherchent, par tous les procédés les plus honnêtes, à nous faire oublier le retard que le gouvernement de Madras apporte à nous rendre Pondichéry. Ils donnent pour raison que le lord Clive n'a pu ordonner que cette place me fût rendue avant que les lettres dont j'étais porteur pour M. le marquis de Wellesley ne fussent parvenues au conseil de Calcutta, d'où les ordres seront donnés au conseil de Madras pour la restitution de nos établissements.

Le 8, le lieutenant-colonel Cullen nous a donné un dîner où il a porté un toast au Premier Consul, tout le monde debout et découvert. J'y répondis par un autre à Sa Majesté Britannique. Au dîner, à un bal et souper qu'avait donnés antérieurement M. le colonel Demeuron, les toasts par lui portés avaient toujours été insignifiants ; m'étant aperçu qu'il affectait de ne pas vouloir en porter un au Premier Consul, je me suis cru dispensé de répondre.

Satisfait que le colonel Cullen ait rendu à notre premier magistrat ce que l'honnêteté exige, et connaissant le désir qu'il avait de posséder une médaille représentant le Premier Consul, je lui en adressai une le lendemain. Il m'en témoigna de suite sa reconnaissance dans une lettre dont vous avez copie (n° 4)

Le citoyen Lefebvre vous fera connaître les bruits de guerre répandus par les Anglais, le prétendu blocus du port de Brest par une escadre anglaise. J'attends d'ici à demain la réponse du lord Wellesley. Si elle tardait plus longtemps, il y aurait lieu de croire qu'ils apportent de la mauvaise volonté à nous rendre nos établissements.

Je vous prie, mon général, de me faire connaître vos ordres sur le débarquement, surtout de vos malades, afin qu'ils trouvent tout disposé pour les recevoir.

Renvoyez-nous le plus tôt possible votre aide de camp, pour que nous sachions si vous avez fait une heureuse traversée et si vous jouissez, ainsi que votre famille, d'une bonne santé.

J'ai l'honneur, etc...

Signé : Binot.

Suivent les copies des lettres jointes à la précédente.

LETTRE n° 1.

En rade de Pondichéry le 26 prairial,
an XI de la République.

L'adjudant commandant Binot, etc..., à Monsieur le commandant des troupes de Sa Majesté Britannique à Pondichéry.

Le général Decaen, capitaine général des établissements français aux Indes Orientales, en m'ordonnant de m'embarquer sur la frégate de la République la *Belle-Poule* qui précède l'arrivée de la division française à la côte de Coromandel, m'a muni de pouvoirs nécessaires pour recevoir la restitution de l'établissement de Pondichéry, suivant le traité d'Amiens.

Je vous envoie, en conséquence, le citoyen Lefebvre, aide de camp du capitaine général, afin de connaître le jour où je pourrai faire débarquer les troupes à mes ordres et les envoyer relever celles de Sa Majesté Britannique dans les différents postes de la ville.

Je charge le citoyen Lefebvre de vous remettre un paquet à l'adresse de M. le gouverneur de Madras, qui mérite d'autant plus d'être recommandé qu'il contient des dépêches de votre gouvernement et du capitaine général Decaen à M. le marquis de Wellesley.

Je suis flatté, Monsieur, que cette heureuse circonstance me procure l'avantage de faire votre connaissance et de vous assurer de mes très humbles civilités.

Pour copie conforme :
L'adjudant général : *Signé :* Binot.

Lettre n° 2.

Pondichéry, le 15 juin 1803.

Au général L. Binot, chef de l'état-major de l'expédition des Indes Orientales, à bord de la frégate la Belle-Poule, *en rade de Pondichéry.*

Général,

Votre aide de camp, citoyen Lefebvre, m'a remis, avec la lettre dont vous m'honorez, un paquet pour le gouvernement de Madras. Je l'adresse au Très Honorable Gouverneur en Conseil, en demandant ses ordres qui fixeront le jour auquel les troupes sous vos ordres pourront débarquer et prendre possession de l'établissement. Je ne puis le permettre plus tôt, n'étant muni d'aucun pouvoir à cet effet.

Je crois néanmoins ne pas m'écarter des intentions du gouvernement britannique en prenant sur moi de permettre que tous les officiers, civils et militaires, qui auront votre approbation, descendent pour leurs affaires particulières.

Je donne des ordres pour que vos officiers de santé trouvent tous les secours qu'on peut leur donner pour l'établissement temporaire de leur hôpital, dont les malades peuvent descendre dès aujourd'hui.

Un logement provisoire se prépare pour vous, Général, et je ferai tout ce qui dépendra de moi pour que tout ce qui est sous vos ordres souffre le moins possible de l'état inévitable qu'occasionne la distance d'ici à Madras.

Je suis, avec la plus haute considération, etc...

Signé : Demeuron, lieutenant-colonel commandant.

Pour copie conforme :

Signé : L. Binot.

Lettre n° 3 (date omise).

B *Au général Binot, commandant les troupes françaises à Pondichéry.*

Monsieur,

Paragraphe 1er. — J'ai l'honneur de vous accuser la réception de la dépêche adressée par vous au Très Honorable Lord Clive, et des dépêches incluses envoyées de la part de Son Excellence le général Decaen, et je suis chargé de vous féliciter de la part de Sa Seigneurie le Gouverneur en Conseil sur votre arrivée dans l'Inde, à l'effet de recevoir la restitution des possessions qui doivent être rendues à la République de France, conformément aux termes du traité de paix définitif conclu à Amiens.

2e. — J'ai l'honneur de vous faire savoir, de la part du Très Honorable Gouverneur en Conseil, que la dépêche adressée par Son Excellence le général Decaen à Son Excellence le Très Noble marquis de Wellesley a été envoyée en conséquence à Son Excellence, au fort William; et qu'aussitôt que les ordres de Son Excellence en Conseil auront été reçus pour effectuer la restitution des possessions françaises sur les côtes de Coromandel et de Malabar, les arrangements nécessaires seront pris à cet effet par le Gouvernement du fort Saint-Georges, sans aucun délai.

3e. — Je suis chargé de vous informer que, jusqu'à ce que ces ordres aient été reçus de la part de Son Excellence le Très Noble Gouverneur en Conseil, l'officier commandant à Pondichéry a reçu des ordres pour vous aider de tout son pouvoir à l'effet d'accommoder aussi convenablement que possible les troupes qui sont sous vos ordres dans cette place.

4e. — Le Très Honorable Gouverneur du fort Saint-Georges en Conseil ayant pris la résolution de nommer le lieutenant-colonel Cullen commissaire de la part du Gouvernement britannique pour effectuer la restitution des établissements de Pondichéry et de Karikal, aussitôt que les ordres et les instructions de Son Excellence le Très Noble Gouverneur général en Conseil auront été reçues pour ce sujet, j'ai l'honneur de vous informer de la part de Sa Seigneurie en Conseil que toutes les communications qui auront rapport à ce sujet vous seront faites par le canal de cet officier.

J'ai l'honneur d'être, etc...

Signé : G. Buchan, secrétaire en chef.

Pour traduction conforme :
Signé : Lefebvre.

Pour copie conforme :
Signé : Binot.

Lettre n° 4.

Pondichéry, le 28 juin 1803.

A Monsieur Binot, adjudant commandant.

Monsieur,

J'ai eu l'honneur de recevoir votre lettre avec la médaille du Premier Consul.

Je ne puis vous exprimer combien je suis flatté de cette marque de votre considération et de votre estime. Je la conserverai avec ce soin qui est dû à la ressemblance de l'un des plus grands hommes qui aient existé dans les temps anciens et modernes, et comme un gage de l'amitié personnelle qui règne entre nous.

J'ai l'honneur d'être, etc...

Signé : Cullen, lieutenant-colonel
et commissaire britannique.

Pour copie conforme :
Signé : L. Binot.

Pièces annexées à la lettre écrite au ministre de la Marine, le 20 fructidor an XI, et relatives au navire la *Côte-d'Or*, arrêté et ensuite relâché par les Anglais.

Pondichéry, le 28 messidor an XI.

B. C. *L. Binot, adjudant commandant, etc...*
au général Decaen, etc...

J'ai eu l'honneur de vous informer, mon Général, par le vaisseau la *Côte-d'Or*, de tout ce qui s'est passé depuis votre départ et de la réponse que j'ai reçue du lord Clive à votre adresse.

J'attends toujours la décision du conseil de Calcutta ; le colonel Cullen m'assure qu'elle doit arriver incessamment.

L'amiral Rainier, auquel je me suis plaint de l'arrestation de la *Côte-d'Or* (voir n° 1), m'ayant répondu d'une manière insignifiante (n° 2), je lui ai de nouveau écrit pour lui faire sentir combien son procédé était déplacé, en le prévenant qu'aussitôt que ce vaisseau aurait pris des vivres, je lui donnerais des ordres pour une nouvelle destination (voir le n° 3).

Le même jour, je me suis empressé de communiquer au capitaine de la *Côte-d'Or* l'ordre que m'avait laissé l'amiral Linois ; dans la même nuit, il a reçu son exécution.

Les Anglais qui, selon toute apparence, n'ont aucune envie d'agir ostensiblement envers nous, ont laissé partir notre vaisseau de nuit, quoique pouvant bien l'en empêcher, et se sont contentés de le faire suivre par deux frégates. J'espère qu'il sera assez heureux pour arriver à sa destination.

Il paraît que l'amiral anglais est furieux de ne pouvoir retenir nos bâtiments. Il me fit dire, le matin du départ de la *Côte-d'Or*, par le colonel Cullen, combien il était surpris que je donnasse des ordres aux bâtiments qui étaient dans la rade, et que, bientôt, je verrais les frégates anglaises ramener notre bâtiment.

J'ai répondu que je désirais que Monsieur l'amiral m'adresse par écrit ce qu'il pensait de ma conduite et de ce qu'il avait dessein de faire envers nos bâtiments, et qu'enfin il me tardait d'apprendre si nous avions la paix ou la guerre.

La flotte anglaise est toujours en rade, forte de cinq vaisseaux et trois frégates.

Le citoyen Bruix m'ayant témoigné le plus grand désir d'aller vous rejoindre, connaissant son zèle pour tout ce qui peut intéresser son pays, je lui ai permis de partir et je l'ai chargé de mes paquets.

J'ai l'honneur, etc...

Signé : BINOT.

B. C.   N° 1.

Au quartier général, à Pondichéry,
le 24 messidor an XI.

L'adjudant commandant L. Binot, chef de l'état-major de l'expédition des Indes Orientales, à Monsieur l'amiral Rainier, commandant les forces navales de Sa Majesté Britannique dans les mers de l'Inde.

Ce n'est pas sans le plus grand étonnement que je me trouve forcé de vous demander quelle peut être la raison qui vous a engagé à faire mouiller près de vos vaisseaux un bâtiment de la République française qui se dirigeait sur Pondichéry, lieu de sa destination.

J'étais loin de m'attendre, Monsieur, à pareil procédé de votre part au moment où je suis sur le point de reprendre possession de la ville.

Pour copie conforme :

Signé : BINOT.

B. C.   N° 2.

A bord du *Centurion*, en rade de Poudichéry,
le 14 juillet 1803.

MONSIEUR,

Avant de faire une réponse directe à votre lettre où vous me demandez si péremptoirement la raison qui m'a fait mouiller le transport français la *Côte-d'Or* près de mon pavillon, hier soir, je vous prie de me faire la grâce de m'informer par quelle autorité vous faites usage du style que vous avez employé en vous adressant à moi, à cette occasion, vu que je ne puis reconnaître aucun autre quartier général à Pondichéry que celui qui y est établi par le gouvernement britannique du fort Saint-Georges, jusqu'à ce que ce gouvernement vous ait mis en pouvoir de reprendre possession de cet établissement de la République française à laquelle l'arrestation du susdit transport ne causera point, je vous assure, le moindre délai.

J'ai l'honneur d'être, etc...

Signé : Peter RAINIER,
Vice-amiral et commandant en chef l'escadre
de Sa Majesté Britannique aux Indes Orientales.

A Monsieur Binot, adjudant commandant, etc...

B. C. N° 3.

Au quartier général de Pondichéry,
le 26 messidor an XI.

L'adjudant commandant Binot, etc., à Monsieur l'amiral Rainier.

J'ai l'honneur de vous observer, Monsieur, que d'après des pouvoirs qui m'ont été donnés par le capitaine général des établissements français dans l'Inde pour en recevoir la restitution, et l'agrément que m'a donné le gouvernement britannique du fort Saint-Georges de m'établir à Pondichéry avec les troupes sous mes ordres, je me trouve suffisamment autorisé pour y prendre mon quartier général, quoique en y reconnaissant la souveraineté anglaise.

Quant à l'arrestation du vaisseau la *Côte-d'Or,* je vous répéterai que rien ne me paraît plus extraordinaire que votre procédé, et que vous persistiez à le tenir sous votre surveillance.

Je vous préviens donc, Monsieur, qu'aussitôt que ce bâtiment aura pris des vivres, je lui donnerai des ordres pour une nouvelle destination.

Pour copie conforme :
Signé : L. BINOT.

Pondichéry, 29 messidor.

B. C. *L. Binot, adjudant commandant, etc..., au général Decaen,*
capitaine général, etc...

J'ai l'honneur de vous rendre compte qu'en conséquence des ordres de l'amiral Linois, la *Côte-d'Or* avait quitté la rade de Pondichéry le 26 messidor. Elle vient d'être ramenée en rade par les Anglais, après avoir été traitée de la manière la plus hostile, comme vous le verrez par le rapport ci-joint. Je n'ai que le temps d'envoyer furtivement ce paquet à bord de l'*Alfred* où déjà le citoyen Bruix est embarqué.

J'adresse de nouvelles plaintes au conseil de Madras contre l'amiral Rainier et je demande : comment dois-je considérer ma position à Pondichéry après un acte d'hostilité aussi marqué ?

Le colonel Cullen est toujours à me répéter que rien n'est moins probable que la guerre. Je voudrais, de bien bon cœur, qu'il dise vrai, mon Général, car nous ne tarderions pas à vous revoir, et moi, je serais le plus heureux des hommes puisque je me trouverais hors des mains de la nation la plus perfide.

Je vous prie de ne pas oublier celui qui vous est bien sincèrement attaché.

Signé : L. Binot.

B. C.   *Rapport du commandant de la* Côte-d'Or.

Le 24 messidor an XI de la République française.

A 3 heures, j'ai eu connaissance des navires mouillés devant Pondichéry, au nombre de trois et un brick. En même temps, j'ai eu connaissance de trois bâtiments au vent à moi, dont un grand par mon travers et un quatrième à terre de moi, cherchant à me rencontrer. J'ai pris ces vaisseaux pour des bâtiments de la Compagnie. Mais, à une lieue et demie des vaisseaux mouillés, je les ai reconnus anglais, et le pavillon anglais sur Pondichéry. J'ai été bien surpris de ne pas y trouver la division, d'après ce que m'avait dit un petit bâtiment français que j'avais rencontré et qui s'était trouvé avec la division, le 12 de ce mois, par le 61e de longitude et par [le] 4e de latitude nord. Mes ordres portant de me rendre à Pondichéry, j'ai continué ma route.

Le vaisseau qui était à terre de moi a viré de bord, arboré son pavillon et assuré d'un coup de canon. J'ai cru que c'était pour me faire mettre le mien, ce que j'ai fait. Mais, ma route me faisant passer devant lui, j'ai vu avec surprise que, quand il a été dans mes eaux, il a laissé porter à courir comme moi. Si nous eussions été en guerre, tous ces vaisseaux n'auraient pas mieux fait pour m'empêcher de leur échapper.

J'ai passé à la poupe du général anglais qui m'a dit de mouiller derrière lui, ce que j'ai fait, croyant que la rade où ils étaient était celle des gros bâtiments. Aussitôt mouillé, un officier du vaisseau amiral est venu à bord et m'a dit qu'il y avait deux jours que la division était partie, composée du *Marengo*, de l'*Atalante*, de la *Sémillante* et du *Bélier* ; que la *Belle-Poule* était partie le même jour pour Madras, et qu'il ignorait où était allé le général et la division ; que le général Linois avait prié le général anglais de me dire de mouiller pour l'attendre.

Mais quelle a été ma surprise de voir revenir au mouillage les vaisseaux qui étaient dehors, et de les voir mouiller l'un à tribord et l'autre à bâbord, le troisième derrière!

Le vaisseau qui était derrière m'a envoyé un officier me dire, de la part du général, que je pouvais aller mouiller demain devant Pondichéry, par six brasses, en face de la ville; que j'y resterais, d'après les ordres du général Linois, sous les ordres du général de mer et que le colonel Sainte-Suzanne serait, d'après les ordres du général Decaen, sous les ordres du colonel Cullen, commandant à Pondichéry; qu'il n'y avait pas encore d'ordre pour remettre la place, et qu'il n'y avait que les malades et les femmes qui étaient à terre. A 7 heures, je me suis rendu, avec le colonel Sainte-Suzanne, à bord de l'amiral pour avoir quelques détails : mais, en nous recevant très honnêtement, on nous a dit que l'amiral se couchait de très bonne heure et qu'il reposait.

Le 25 messidor.

Le lendemain matin à 8 heures, le petit bâtiment français que j'avais rencontré, deux jours avant, a passé le long de mon bord, et m'a dit qu'on avait voulu l'arrêter à Gondelore (1), mais qu'il avait continué sa route et qu'on n'avait pas employé la force pour l'y contraindre. J'ai appareillé et mouillé, par huit brasses, vis-à-vis de Pondichéry, le pavillon au O.-N.-O. Il était alors 11 heures. Il est venu une schellingue de la terre qui nous a dit que le général Binot était à terre avec les troupes qu'avait apportées la *Belle-Poule*. Aussitôt nous avons reçu l'invitation de descendre, M. Sainte-Suzanne et moi. Nous nous sommes rendus chez le général Binot qui nous a dit que tout ce que nous avaient dit les Anglais était faux, que le général Linois, la nuit de l'arrivée du *Bélier*, avait appareillé : il m'a remis un ordre, pour copie conforme, du général Linois avec injonction de l'exécuter; mais la grande surveillance des chaloupes des vaisseaux qui étaient venus au même mouillage que moi, et disposés de manière qu'ils étaient depuis le N.-E. au S.-S.-O., en outre, calme, je n'ai pu l'exécuter.

Du 26 messidor.

Sur les 10 heures du soir, j'ai mis une embossure sur mon câble, et à 11 heures, je l'ai fait couper; faible brise du S.-S.-E. J'ai abattu sur bâbord, fait mettre le petit foc et la grande voile d'étai, le cap au nord, j'ai tiré le foc de derrière, après avoir dépassé le vaisseau le plus près de moi, j'ai laissé tomber la misaine. J'avais fait au plus un quart de lieue que j'ai vu des coups de fusil qu'on tirait du rivage, et des signaux à bord des vaisseaux. J'ai alors fait toutes voiles le long de la côte que je côtoyais de très près, où, de distance en distance, il y avait des embarcations d'où partaient des coups de fusil, et une qui nous suivait et tirait aussi fréquem-

(1) Cuddalore.

ment. Vers minuit, la brise a pris faveur. Cinglé à l'E.-N.-E., tout en voiles et bonnettes; à 3 heures, j'ai distingué une frégate qui était dans mes eaux.

A 5 heures et demie, elle était dans ma hanche du vent, et m'a hélé en arborant son pavillon. J'ai mis le mien. Voici le pourparler :

Demande du capitaine anglais. — L'amiral anglais vous fait dire de virer de bord et de revenir au mouillage.

Réponse. — Je ne peux pas, je suis ma destination; je n'ai point d'ordres à recevoir de l'amiral anglais, étant en paix avec sa nation.

Demande. — Répétition de la sommation de virer de bord et de le suivre; qu'il m'y forcerait et qu'il m'en arriverait malheur.

Réponse. — Que je ne pouvais faire ce qu'il désirait.

Demande. — Répétition de la même menace; que c'était pour la dernière fois, oui ou non.

Réponse. — Non, non.

Aussitôt, il a tiré un coup de pistolet (nous étions à cette portée). La mousqueterie et son artillerie font feu sur moi et à dessein de me couler, puisqu'un boulet a porté à fleur d'eau, un autre dans le corps du vaisseau et les autres dans les voiles. J'ai fait amener le pavillon. La frégate a continué de tirer. J'ai fait amener mes perroquets et carguer mes basses voiles et mis en panne. Alors le feu a cessé. Deux officiers sont venus à bord et m'ont dit que le capitaine m'ordonnait de retourner à Pondichéry. J'ai demandé : « Avons-nous la guerre? » [L'un] a répondu : « Je ne crois pas. — Vous avez tiré sur moi quoique nous ne soyons pas en guerre; mon navire ne m'appartient plus. J'en fais l'abandon à votre capitaine : il peut en disposer à son gré. » Il m'a dit qu'il allait rester à bord et qu'il me priait de faire manœuvrer pour retourner à Pondichéry : craignant de nouvelles violences et voulant éviter de nouveaux malheurs, et l'usage étant que, lorsqu'un vaisseau est amené, il est sous les ordres de celui qui l'a forcé, j'ai fait voile pour Pondichéry, escorté par la frégate la *Terpsichore*.

Signé : Dufresne-Laigle.

Nous, soussignés, certifions le contenu véritable. En foi de quoi nous avons signé pour servir où besoin sera.

En rade de Pondichéry, le 29 messidor an XI.

Signé : Sainte-Suzanne, chef de bataillon;
Cavaignac, résident à Mascate;
Lerch, chef de bataillon.

Pour copie conforme :
L'adjudant commandant : *Signé :* L. Binot.

B. C.

A bord de la *Côte-d'Or*, le 27 messidor an XI.

Le chef de brigade Sainte-Suzanne, commandant l'infanterie française de l'expédition de l'Inde, à Monsieur l'amiral Rainier, commandant les forces navales anglaises.

Je suis étonné de l'acte hostile que vous venez de faire exercer envers la *Côte-d'Or* à bord duquel je commande trois cents hommes, sous le prétexte inouï qu'il était parti de la rade de Pondichéry sans vos ordres.

Depuis quand, Monsieur l'Amiral, les vaisseaux et les soldats français sont-ils sous les ordres des généraux de l'Angleterre? Et pourquoi, lorsque nos deux nations sont en paix, s'est-on permis à notre égard des mesures hostiles et une violation ouverte du droit des gens? Nous naviguions sous la foi des traités et nous étions loin de penser que nous avions en vous des ennemis. Je n'ai cédé, Monsieur l'Amiral, qu'à la fusillade et à plusieurs bordées à la portée du pistolet, parce que, comme vous le savez bien, je n'avais ni canons, ni cartouches; et que votre frégate, maîtresse de ses manœuvres et de la marche sur un bâtiment de commerce, s'est prudemment placée sur le vent à nous. C'est ainsi que cet officier s'est procuré une gloire facile sur un bâtiment non armé et sur des hommes sans défense.

Étant votre prisonnier, ainsi que ma troupe, je vous prie, Monsieur l'Amiral, de vouloir bien donner des ordres pour son débarquement et sa subsistance.

Pour copie conforme :
Le chef de bataillon : *Signé* : Sainte-Suzanne.

Pour copie conforme :
L'adjudant commandant : *Signé* : L. Binot.

Pondichéry, le 4 thermidor an XI.

L. Binot, adjudant commandant, au général Decaen, capitaine général, etc...

J'avais eu l'honneur, mon Général, de vous accuser la réception de vos instructions, en date du 23 messidor dernier, par le transport la *Côte-d'Or* lorsqu'il partit de cette rade, dans la nuit du 26 au 27, en exécution des ordres de l'amiral Linois dont je lui avais adressé copie. Mais la conduite hostile des Anglais envers ce bâtiment, ayant forcé le capitaine d'amener son pavillon et de se considérer comme prisonnier, obligea le colonel Sainte-Suzanne à jeter une dépêche à la mer : elle contenait les copies ci-jointes de ma lettre au colonel Cullen, dans laquelle je lui faisais connaître les nouveaux pouvoirs dont vous m'aviez revêtu, de sa réponse (n° 1), de deux autres lettres, dont une à l'amiral Rainier et l'autre au colonel Cullen, relative à l'arrestation de la *Côte-d'Or* (voir le n° 2).

J'ai à vous rendre compte de ce qui s'est passé depuis le 29 messidor que la *Côte-d'Or* a été ramenée de force au mouillage de Pondichéry par une frégate anglaise.

Le citoyen Bruix, que j'ai fait partir sur le bâtiment marchand l'*Alfred*, le 30 du mois dernier, vous porte le rapport du capitaine sur l'insulte faite à notre pavillon. J'en joins ici une autre copie (n° 3).

Au moment où l'*Alfred* a appareillé, la *Côte-d'Or* était encore retenue par l'amiral anglais, et je venais, en conséquence, de lui écrire la lettre dont copie sous le n° 4; et au lord Clive, à Madras, celle dont la copie porte le n° 5.

Le colonel Sainte-Suzanne, prévenu que je le considérais, ainsi que sa troupe, comme prisonnier des Anglais, d'après l'hostilité commise envers le bâtiment qu'il montait, était au moment de recevoir de l'amiral Rainier et du colonel Cullen tous les secours que je m'obstinais à lui refuser ouvertement, lorsque, le 1er thermidor, il est arrivé de Madras, à l'amiral Rainier, une dépêche portant désapprobation de sa conduite envers le transport la *Côte-d'Or*, ce qui l'a obligé de m'écrire, le lendemain, la lettre dont copie n° 6.

J'ai de suite ordonné au capitaine Dufresne de repartir pour l'île de France. Mais, sur l'observation qu'il n'avait pas d'eau, je lui ai permis d'en faire, en lui enjoignant d'y apporter la plus grande célérité.

J'attends une réponse à la lettre que j'ai écrite à Madras.

Je suis presque assuré que le conseil enverra des commissaires pour réparer l'insulte faite à notre pavillon, et j'ose croire que, cette circonstance ne faisant qu'accélérer la reddition de la place, nous serons assez heureux pour vous voir revenir sous deux mois.

J'aurais bien désiré que, dans vos instructions, l'arrivée de la *Côte-d'Or* y eût été prévue car en l'envoyant à l'île de France, n'est-ce pas lui faire faire un faux mouvement? Je ne puis cependant point prendre sur moi de lui ordonner de rester ici, d'après l'ordre du contre-amiral Linois. Lefebvre, que j'ai chargé d'entretenir quelques relations avec des personnes sûres, tant à Madras qu'à Tranquebar, vous donne quelques détails sur ce qui se passe dans l'Hindoustan. Il paraît que tout ce qu'il y a de petites fortifications sur la côte va être démoli et même jusqu'à 30 ou 40 lieues dans les terres. Il y a, dans ce moment, à Gondelore (1), un officier du génie chargé de la démolition de son mauvais fort. Cette mesure paraît dictée par la nécessité où sont les Anglais de mettre en campagne le plus de troupes possible.

J'ai l'honneur, etc...

Signé : L. BINOT.

---

(1) **Cuddalore.**

N° 4.

Pondichéry, le 29 messidor an XI.

L. Binot, adjudant commandant, à Monsieur l'amiral Rainier.

D'après le compte que vient de me rendre le chef de brigade Sainte-Suzanne, commandant l'infanterie française de l'expédition de l'Inde, sur la conduite hostile qu'a tenue, envers le transport la *Côte-d'Or*, une des frégates à vos ordres, je n'ai plus lieu de douter que la guerre ne soit déclarée entre nos deux nations.

Je vous préviens donc qu'en conséquence de ce malheureux événement, je considère les troupes françaises à bord de la *Côte-d'Or* comme prisonnières, et que tant que vous vous opposerez à leur départ, je cesserai de m'occuper de leurs besoins en tout genre.

Il me reste, Monsieur l'Amiral, à vous prier de vouloir bien adoucir la captivité des troupes françaises en donnant vos ordres pour qu'il leur soit fourni les rafraîchissements dont elles ont grand besoin. Je vous en aurai une obligation toute particulière.

Pour copie conforme :
Signé : L. Binot.

N° 5.

A Pondichéry, le 29 messidor an XI.

L'adjudant commandant Binot, chef de l'état-major de l'expédition de l'Inde, à Monsieur le Gouverneur du fort Saint-Georges, président du conseil de Madras.

J'ai l'honneur de témoigner à Votre Excellence mon étonnement sur l'acte d'hostilité qui a été exercé envers le vaisseau de la République française la *Côte-d'Or*, chargé de trois cents hommes de ses troupes.

Ce bâtiment, ayant appareillé dans la nuit du 25 au 26 du courant, de la rade de Pondichéry, pour se rendre à une destination que m'avait chargé de lui donner le capitaine général Decaen, a été arrêté dans sa marche, à environ 40 milles de Pondichéry, par une frégate envoyée à sa poursuite par Monsieur l'amiral Rainier.

Le capitaine de la frégate, après l'avoir atteint, l'a sommé de revenir à Pondichéry. Sur le refus fait par le capitaine du vaisseau de se rendre à cette sommation, et après avoir répondu qu'il n'avait point d'ordres à recevoir de M. l'amiral anglais, et qu'il suivrait sa destination, la sommation répétée une deuxième et troisième fois, même refus de la part du capitaine du vaisseau de s'y rendre, il a été fait sur lui, à portée de pistolet, une décharge de mousqueterie et d'artillerie dirigée de manière qu'un boulet est entré à fleur d'eau dans le corps du bâtiment, le reste de la bordée, dans les voiles.

Le capitaine ayant fait amener son pavillon, le feu n'a pas moins continué, et ce n'est qu'après que le bâtiment a été mis en panne que la frégate a cessé son feu : deux officiers anglais arrivés à bord, le capitaine leur a remis son vaisseau qu'ils ont dirigé sur Pondichéry.

Le chef de brigade Sainte-Suzanne s'est constitué prisonnier ainsi que la troupe sous ses ordres.

D'après un acte aussi hostile, je ne doute nullement que la guerre ne soit déclarée entre nos deux nations.

Monsieur l'amiral Rainier n'a rien respecté. J'ai eu l'honneur de le prévenir, par ma lettre du 25 courant, qu'aussitôt que ce bâtiment aurait pris des vivres, il partirait pour une nouvelle destination. Qui a donc pu porter Monsieur l'amiral à agir aussi hostilement envers la nation française, arrivant ici sur la foi des traités? Je viens en conséquence de le prévenir que je considérais le vaisseau comme prise faite par la nation anglaise et la troupe, prisonnière; que je cessais, dès ce moment, de m'occuper de ses besoins.

J'ose me flatter qu'il aura pour elle tous les égards qu'elle mérite.

Ce malheureux événement me met dans le cas de demander à Votre Excellence une explication sur ma position ici.

Je suis venu, d'après les ordres du capitaine général, pour recevoir la restitution des établissements français à la côte de Coromandel. Je suis débarqué avec un détachement de 200 hommes, sur l'invitation du colonel Demeuron, commandant alors à Pondichéry, et sur la promesse que m'a donnée Monsieur le lieutenant-colonel Cullen, commissaire de Sa Majesté Britannique, de me remettre sous peu nos établissements. Depuis plus d'un mois, j'attends votre réponse et l'exécution de la promesse : j'ai tout lieu de croire qu'elle ne sera pas satisfaisante, et avec d'autant plus de raison que des hostilités ont été commises envers un vaisseau chargé de troupes de la République française.

Le général Decaen, capitaine général, avant son départ, m'ayant remis ses instructions pour attendre la restitution des établissements français, je prie Son Excellence de vouloir bien me dire si elle aura lieu, et si la conduite de l'amiral Rainier envers les représentants de la République française dans l'Inde a été commandée et approuvée par vous, Monsieur le Gouverneur.

J'ai l'honneur, etc...

Pour copie conforme :
Signé : L. BINOT.

N° 6.

A bord du *Centurion*, en rade de Pondichéry,
le 20 juillet 1803.

*A l'adjudant commandant L. Binot, chef de l'état-major français
à Pondichéry.*

MONSIEUR,

J'ai à vous annoncer la réception de votre lettre d'hier, en réponse à laquelle j'ai la satisfaction de vous annoncer que le vaisseau la *Côte-d'Or* est, dès ce moment, à votre disposition, le gouvernement du fort Saint-Georges m'ayant, par sa dépêche du 16 du présent, que je n'ai reçue que ce matin par un exprès, signifié son entière désapprobation de la détention de ce vaisseau, en réponse à la lettre que j'écrivis pour soumettre à ses sages et respectables conseils ma conduite dans cette mesure, immédiatement après que je l'eus adoptée.

Vous calculerez l'espace de temps que j'ai attendu pour cette décision, et soyez assuré que je n'ai pas eu d'autre motif pour ramener la *Côte-d'Or* en rade, et pour sa courte et subséquente détention. Telle est également la nature de l'explication que j'ai annoncée dans ma réponse à la lettre que m'écrivit hier le chef de brigade Sainte-Suzanne.

J'ai l'honneur d'être, etc...

Signé : Peter RAINIER.

Pour traduction conforme :
Signé : L. BINOT.

---

*A Son Excellence le Général Decaen, capitaine général
des établissements français dans les Indes orientales, etc...*

MONSIEUR,

Paragraphe Ier. — J'ai eu l'honneur de recevoir la lettre qui m'a été remise par l'aide de camp de Votre Excellence, qui est arrivé au fort Saint-Georges ce matin ; et j'ai aussi l'honneur de profiter de cette occasion pour vous accuser la réception de la lettre de Votre Excellence qui m'a été transmise à l'arrivée du colonel Binot à Pondichéry.

2e. — J'ai profité de la première occasion pour faire écrire au colonel Binot, à l'effet de faire savoir à cet officier que la dépêche adressée par Votre Excellence à Son Excellence le Très Noble marquis de Wellesley a été envoyée de suite au fort William, et de lui faire connaître la nécessité où j'ai été de m'adresser à Son Excellence le Gouverneur Général en Conseil, à l'effet de recevoir les instructions de Son Excellence pour tout ce qui concerne la restitution des établissements coloniaux français dans l'Inde.

3°. — En me référant, en conséquence, à une explication à ce sujet, j'espère que Votre Excellence ne trouvera pas mauvais que, l'exécution de la teneur du traité d'Amiens dépendant des ordres du gouvernement suprême du Bengale, il ne me sera pas possible d'anticiper les ordres que j'attends de Son Excellence le Très Noble Gouverneur Général en Conseil à ce sujet, et tandis que je regrette le désagrément que Votre Excellence peut éprouver du retard de la restitution de l'établissement de Pondichéry sous l'autorité de la République française, j'espère que Votre Excellence sera assurée qu'aucun délai n'a eu lieu qu'il ait été possible au gouvernement de l'Inde d'éviter.

4°. — J'aurai l'honneur de communiquer à Son Excellence le Très Noble Gouverneur Général en Conseil copie de la dépêche que j'ai récemment reçue de Votre Excellence.

5°. — En transmettant à Votre Excellence l'expression de mes félicitations sur son arrivée dans l'Inde à l'effet de prendre le commandement des possessions qui sont sur le point d'être rendues à la République française, conformément à la teneur du traité d'Amiens, je prends la liberté d'assurer Votre Excellence que j'ai éprouvé la plus grande satisfaction des sentiments qu'exprime Votre Excellence relativement aux soins qu'il nous a été possible d'avoir pour le détachement de troupes arrivé sur la frégate la *Belle-Poule*, conformément aux ordres que j'ai fait donner aux officiers anglais à Pondichéry à ce sujet ; et je me flatte que Votre Excellence sera assurée de la satisfaction que j'éprouverai en continuant à [maintenir] les relations d'amitié entre les gouvernements de nos états respectifs dans l'Inde.

6°. — J'ai l'honneur de faire savoir à Votre Excellence que j'ai donné des instructions au lieutenant-colonel Cullen, que j'ai nommé commissaire de la part du gouvernement britannique pour effectuer la restitution des établissements de Pondichéry et de Karikal, pour qu'il continue, par tous les moyens qui seront en son pouvoir, à accommoder les troupes qui sont arrivées à Pondichéry sous les ordres de Votre Excellence.

7°. — Je prie Votre Excellence de recevoir l'assurance de ma haute considération, et j'ai l'honneur d'être, etc...

Signé : CLIVE.

Fort Saint-Georges, le 12 juillet 1803.

Lettre de mon aide de camp.

MON GÉNÉRAL,

J'avais déjà eu l'honneur de vous écrire par la *Côte-d'Or* lorsqu'elle partit pour la première fois de la rade de Pondichéry. Mais son retour extraordinaire et son séjour de quelques jours ici me fournissent les moyens de recommencer ma lettre et d'ajouter quelque chose à ce que je vous mandais.

Conformément aux ordres que je reçus de vous, le 22 messidor, pour porter vos dépêches à Madras, je me suis rendu à bord de la *Belle-Poule* qui a mis à la voile entre 8 et 9 heures du soir. Nous avons mouillé, le lendemain 23, en rade de Madras, après douze heures de traversée. Le capitaine Bruilhac m'envoya à terre dans son canot.

Je me rendis d'abord chez le major de place, et de suite chez le lord Clive qui était à la campagne. Je lui remis la dépêche dont vous m'aviez chargé et me disposai de suite à me remettre en route, par terre, pour vous rapporter la réponse que je n'avais pu avoir que le lendemain à midi.

Je ne perdis pas un instant pour me conformer à l'ordre que vous m'aviez donné de faire toute la diligence possible.

Je repartis de Madras immédiatement et j'arrivai à Pondichéry le 25, à 5 heures du soir. Je remis à l'adjudant commandant Binot la lettre de lord Clive en lui témoignant combien je regrettais de ne pas pouvoir vous la donner moi-même.

Ma première question, en apprenant le départ de la division, fut de m'informer si vous aviez eu la bonté de penser à moi en partant, et si vous aviez laissé quelque instruction, à mon égard, au général Binot. Mais votre départ précipité n'a sûrement pas permis que je fusse excepté de vos dispositions générales; en conséquence, je ne puis m'empêcher de me regarder toujours comme à mon poste auprès de celui que vous avez revêtu de tous vos pouvoirs, puisque le motif qui vous détermina à m'envoyer avec lui en avant était l'utilité qu'il pouvait tirer de quelques connaissances que j'ai du pays où nous sommes maintenant.

Permettez, mon Général, qu'en regrettant l'événement qui me sépare de vous une seconde fois, je me recommande à votre souvenir : je profiterai de la première occasion pour me rendre à votre quartier général, dès que le général Binot voudra bien m'expédier près de vous. La circonstance est trop délicate et trop critique pour que je puisse penser à l'abandonner dans ce moment; et je m'estimerai toujours très heureux de partager avec lui toutes les chances bonnes ou mauvaises qu'il pourra courir, persuadé qu'en cherchant à me rendre utile, je me conformerai à vos intentions et que c'est le seul moyen de me conserver des titres à votre bienveillance.

Depuis que je vous ai écrit par le brick l'*Alfred*, les nouvelles politiques n'ont pas changé de caractère. Il est certain que le général Perron, qu'on croyait à Calcutta, est toujours au camp de Scindiah, et il paraît que la réconciliation de ce prince avec Holkar n'est plus douteuse. Moodajee Boucelah [?] tient sur pied une armée formidable et l'on s'attend à chaque instant à une déclaration positive de sa part en faveur de la régence de Poonah, si les Anglais ne se désistent pas de leurs prétentions sur les rives du Toombudra (1). Il y a apparence que Boucelah envahira le Bengale,

---

(1) Le Tungabhadra.

tandis que Scindiah et Holkar réunis pourront dicter à l'armée de Poonah les lois qu'ils jugeront convenables.

Les Anglais, à la côte, sont loin d'être tranquilles; ils démolissent toutes leurs forteresses à 30 milles dans l'intérieur, probablement dans la crainte que les Français, en cas d'hostilité, ne fassent un débarquement sur quelque point de la côte, où ils se maintiendraient aisément, puisque la présidence de Madras n'a pas mille Européens disponibles depuis la côte d'Orissa jusqu'au cap Comorin.

La démolition du fort de Gondelore se poursuit avec beaucoup d'ardeur et est sur le point d'être achevée.

Le général Binot vous donnera les détails de toutes nos transactions avec le gouvernement de Madras; c'est pourquoi je ne vous en entretiendrai pas.

J'ai l'honneur, etc...

Signé : Stanislas LEFEBVRE (1).

---

(1) Pour le séjour de Decaen à l'Ile de France, voir la remarquable thèse de H. PRENTOUT, *l'Ile de France sous Decaen*.

CONCORDANCE

DES

CALENDRIERS RÉPUBLICAIN ET GRÉGORIEN

CONCORDANCE DES ANNÉES

CORRESPONDANTS pour les quatre derniers mois de l'année grégorienne (quatre premiers de l'année républicaine) aux années grégoriennes	ANS	CORRESPONDANTS pour les huit premiers mois de l'année grégorienne (huit derniers de l'année républicaine) aux années grégoriennes
A		B
1793	II	1794
1794	III	1795
1795	IV	1796
1796	V	1797
1797	VI	1798
1798	VII	1799
1799	VIII	1800
1800	IX	1801
1801	X	1802
1802	XI	1803
1803	XII	1804
1804	XIII	1805
1805	XIV	»

CONCORDANCE DES MOIS ET DES JOURS

ANS II, III, V, VI, VII

JOURS RÉPUBLICAINS	A				B							
	Vendémiaire	Brumaire	Frimaire	Nivôse	Pluviôse	Ventôse	Germinal	Floréal	Prairial	Messidor	Thermidor	Fructidor
1	22 septembre	22 octobre	21 novembre	21 décembre	20 janvier	19 février	21 mars	20 avril	20 mai	19 juin	19 juillet	18 août
2	23	23	22	22	21	20	22	21	21	20	20	19
3	24	24	23	23	22	21	23	22	22	21	21	20
4	25	25	24	24	23	22	24	23	23	22	22	21
5	26	26	25	25	24	23	25	24	24	23	23	22
6	27	27	26	26	25	24	26	25	25	24	24	23
7	28	28	27	27	26	25	27	26	26	25	25	24
8	29	29	28	28	27	26	28	27	27	26	26	25
9	30	30	29	29	28	27	29	28	28	27	27	26
10	1er octobre	31	30	30	29	28	30	29	29	28	28	27
11	2	1er novembre	1er décembre	31	30	1er mars	31	30	30	29	29	28
12	3	2	2	1er janvier	31	2	1er avril	1er mai	31	30	30	29
13	4	3	3	2	1er février	3	2	2	1er juin	1er juillet	31	30
14	5	4	4	3	2	4	3	3	2	2	1er août	31
15	6	5	5	4	3	5	4	4	3	3	2	1er septembre
16	7	6	6	5	4	6	5	5	4	4	3	2
17	8	7	7	6	5	7	6	6	5	5	4	3
18	9	8	8	7	6	8	7	7	6	6	5	4
19	10	9	9	8	7	9	8	8	7	7	6	5
20	11	10	10	9	8	10	9	9	8	8	7	6
21	12	11	11	10	9	11	10	10	9	9	8	7
22	13	12	12	11	10	12	11	11	10	10	9	8
23	14	13	13	12	11	13	12	12	11	11	10	9
24	15	14	14	13	12	14	13	13	12	12	11	10
25	16	15	15	14	13	15	14	14	13	13	12	11
26	17	16	16	15	14	16	15	15	14	14	13	12
27	18	17	17	16	15	17	16	16	15	15	14	13
28	19	18	18	17	16	18	17	17	16	16	15	14
29	20	19	19	18	17	19	18	18	17	17	16	15
30	21	20	20	19	18	20	19	19	18	18	17	16

CONCORDANCE DES MOIS ET DES JOURS
(Suite)

JOURS RÉPUBLICAINS	AN IV — A				AN IV — B							
	Vendémiaire	Brumaire	Frimaire	Nivôse	Pluviôse	Ventôse	Germinal	Floréal	Prairial	Messidor	Thermidor	Fructidor
1	23 septembre	23 octobre	22 novembre	22 décembre	21 janvier	20 février	21 mars	20 avril	20 mai	19 juin	19 juillet	18 août
2	24	24	23	23	22	21	22	21	21	20	20	19
3	25	25	24	24	23	22	23	22	22	21	21	20
4	26	26	25	25	24	23	24	23	23	22	22	21
5	27	27	26	26	25	24	25	24	24	23	23	22
6	28	28	27	27	26	25	26	25	25	24	24	23
7	29	29	28	28	27	26	27	26	26	25	25	24
8	30	30	29	29	28	27	28	27	27	26	26	25
9	1er octobre	31	30	30	29	28	29	28	28	27	27	26
10	2	1er novembre	1er décembre	31	30	29	30	29	29	28	28	27
11	3	2	2	1er janvier	31	1er mars	31	30	30	29	29	28
12	4	3	3	2	1er février	2	1er avril	1er mai	31	30	30	29
13	5	4	4	3	2	3	2	2	1er juin	1er juillet	31	30
14	6	5	5	4	3	4	3	3	2	2	1er août	31
15	7	6	6	5	4	5	4	4	3	3	2	1er septembre
16	8	7	7	6	5	6	5	5	4	4	3	2
17	9	8	8	7	6	7	6	6	5	5	4	3
18	10	9	9	8	7	8	7	7	6	6	5	4
19	11	10	10	9	8	9	8	8	7	7	6	5
20	12	11	11	10	9	10	9	9	8	8	7	6
21	13	12	12	11	10	11	10	10	9	9	8	7
22	14	13	13	12	11	12	11	11	10	10	9	8
23	15	14	14	13	12	13	12	12	11	11	10	9
24	16	15	15	14	13	14	13	13	12	12	11	10
25	17	16	16	15	14	15	14	14	13	13	12	11
26	18	17	17	16	15	16	15	15	14	14	13	12
27	19	18	18	17	16	17	16	16	15	15	14	13
28	20	19	19	18	17	18	17	17	16	16	15	14
29	21	20	20	19	18	19	18	18	17	17	16	15
30	22	21	21	20	19	20	19	19	18	18	17	16

CONCORDANCE DES MOIS ET DES JOURS
(Suite)

ANS VIII, IX, X, XI, XIII, XIV

JOURS RÉPUBLICAINS	Vendémiaire	Brumaire	Frimaire	Nivôse	Pluviôse	Ventôse	Germinal	Floréal	Prairial	Messidor	Thermidor	Fructidor
	A				**B**							
1	23 septembre	23 octobre	22 novembre	22 décembre	21 janvier	20 février	22 mars	21 avril	21 mai	20 juin	20 juillet	19 août
2	24	24	23	23	22	21	23	22	22	21	21	20
3	25	25	24	24	23	22	24	23	23	22	22	21
4	26	26	25	25	24	23	25	24	24	23	23	22
5	27	27	26	26	25	24	26	25	25	24	24	23
6	28	28	27	27	26	25	27	26	26	25	25	24
7	29	29	28	28	27	26	28	27	27	26	26	25
8	30	30	29	29	28	27	29	28	28	27	27	26
9	1er octobre	31	30	30	29	28	30	29	29	28	28	27
10	2	1er novembre	1er décembre	31	30	1er mars	31	30	30	29	29	28
11	3	2	2	1er janvier	31	2	1er avril	1er mai	31	30	30	29
12	4	3	3	2	1er février	3	2	2	1er juin	1er juillet	31	30
13	5	4	4	3	2	4	3	3	2	2	1er août	31
14	6	5	5	4	3	5	4	4	3	3	2	1er septembre
15	7	6	6	5	4	6	5	5	4	4	3	2
16	8	7	7	6	5	7	6	6	5	5	4	3
17	9	8	8	7	6	8	7	7	6	6	5	4
18	10	9	9	8	7	9	8	8	7	7	6	5
19	11	10	10	9	8	10	9	9	8	8	7	6
20	12	11	11	10	9	11	10	10	9	9	8	7
21	13	12	12	11	10	12	11	11	10	10	9	8
22	14	13	13	12	11	13	12	12	11	11	10	9
23	15	14	14	13	12	14	13	13	12	12	11	10
24	16	15	15	14	13	15	14	14	13	13	12	11
25	17	16	16	15	14	16	15	15	14	14	13	12
26	18	17	17	16	15	17	16	16	15	15	14	13
27	19	18	18	17	16	18	17	17	16	16	15	14
28	20	19	19	18	17	19	18	18	17	17	16	15
29	21	20	20	19	18	20	19	19	18	18	17	16
30	22	21	21	20	19	21	20	20	19	19	18	17

CONCORDANCE DES MOIS ET DES JOURS
(Suite)

JOURS RÉPUBLICAINS	AN XII — A				AN XII — B							
	Vendémiaire	Brumaire	Frimaire	Nivôse	Pluviôse	Ventôse	Germinal	Floréal	Prairial	Messidor	Thermidor	Fructidor
1	24 septembre	24 octobre	23 novembre	23 décembre	22 janvier	21 février	22 mars	21 avril	21 mai	20 juin	20 juillet	19 août
2	25	25	24	24	23	22	23	22	22	21	21	20
3	26	26	25	25	24	23	24	23	23	22	22	21
4	27	27	26	26	25	24	25	24	24	23	23	22
5	28	28	27	27	26	25	26	25	25	24	24	23
6	29	29	28	28	27	26	27	26	26	25	25	24
7	30	30	29	29	28	27	28	27	27	26	26	25
8	1er octobre	31	30	30	29	28	29	28	28	27	27	26
9	2	1er novembre	1er décembre	31	30	29	30	29	29	28	28	27
10	3	2	2	1er janvier	31	1er mars	31	30	30	29	29	28
11	4	3	3	2	1er février	2	1er avril	1er mai	31	30	30	29
12	5	4	4	3	2	3	2	2	1er juin	1er juillet	31	30
13	6	5	5	4	3	4	3	3	2	2	1er août	31
14	7	6	6	5	4	5	4	4	3	3	2	1er septembre
15	8	7	7	6	5	6	5	5	4	4	3	2
16	9	8	8	7	6	7	6	6	5	5	4	3
17	10	9	9	8	7	8	7	7	6	6	5	4
18	11	10	10	9	8	9	8	8	7	7	6	5
19	12	11	11	10	9	10	9	9	8	8	7	6
20	13	12	12	11	10	11	10	10	9	9	8	7
21	14	13	13	12	11	12	11	11	10	10	9	8
22	15	14	14	13	12	13	12	12	11	11	10	9
23	16	15	15	14	13	14	13	13	12	12	11	10
24	17	16	16	15	14	15	14	14	13	13	12	11
25	18	17	17	16	15	16	15	15	14	14	13	12
26	19	18	18	17	16	17	16	16	15	15	14	13
27	20	19	19	18	17	18	17	17	16	16	15	14
28	21	20	20	19	18	19	18	18	17	17	16	15
29	22	21	21	20	19	20	19	19	18	18	17	16
30	23	22	22	21	20	21	20	20	19	19	18	17

CONCORDANCE DES JOURS COMPLÉMENTAIRES

JOURS complémentaires	An II 1794	An III 1795	An IV 1796	An V 1797	An VI 1798	An VII 1799	An VIII 1800	An IX 1801	An X 1802	An XI 1803	An XII 1804	An XIII 1805
					SEPTEMBRE							
1er	17	17	17	17	17	17	18	18	18	18	18	18
2e	18	18	18	18	18	18	19	19	19	19	19	19
3e	19	19	19	19	19	19	20	20	20	20	20	20
4e	20	20	20	20	20	20	21	21	21	21	21	21
5e	21	21	21	21	21	21	22	22	22	22	22	22
6e	»	22	»	»	»	22	»	»	»	23	»	»

INDEX ALPHABÉTIQUE

POUR LES TOMES I ET II

Aach, I, 199, 217 à 225, 228, 229, 300.
Aach (l'), I, 224, 225.
Aalen, I, 117, 122 à 127; II, 32, 33, 77.
Aarau, I, 283, 290.
ABANCOURT (D'). II, 82, 83, 87.
ABBATUCCI, I, 85 à 92, 97; II, 58, 288.
ABDALLIS (les), II, 375.
Abersdorf, II, 142, 145.
Aber-See, II, 180, 182, 185.
Abreschwiller, I, 10.
Abtsdorfer-See, II, 168.
Achenbach, II, 149, 152.
Achen-See, II, 91.
Achen-Thal, II, 109.
Achkarren, I, 275, 276.
Adelshofen, I, 388, 391.
Adersbach, I, 366, 368, 388.
Adige (l'), I, 303.
Adlwang, I, 203.
Affenthal, I, 104.
AFGHANS (les), II, 375.
Ager (l'), II, 22, 222.
Ahlen, I, 161, 162,
Aibling, II, 62, 68, 70, 90, 99, 109, 129 à 132, 154, 156 à 158.
Aichach, II, 37 à 39.
Ain (Volontaires de l'), I, 10, 12, 75, 79.
Aislingen, II, 22 à 24.
Aisne, I, 211.
Aix, II, 257.
Alais, I, 7.
Albaching, II, 146, 147, 149, 241, 242.
Albeck, II, 28.
Albert (Cuirassiers d'), I, 334, 378.
ALBITTE, I, 4.
Aldingen, I, 170.
Alendorf, II, 194.
Alençon, I, 202, 366, 367.
Aletshausen, II, 10.

Alfred (l'), II, 366, 399.
Algérie, I, 261; II, 9.
Allemagne, I, 207; II, 101, 116, 117.
Allemagne (Armée d'), I, 11, 116, 173, 196, 200, 213, 240, 328; II, 11.
Alleshausen, I, 159, 161.
Allier (Département de l'), II, 15.
Alm (l'), II, 203, 212.
Almendshofen, I, 171.
Alpes (Armée des), I, 35.
Alpes (Légion des), I, 328.
Alpirsbach, I, 196.
Alsace, I, 6, 323.
Alsace (Régiment d'), I, 328.
Alsheim, I, 347.
Altdorf, I, 329.
Altenbruck, I, 376, 383, 391, 394, 395, 398.
Altenmarkt, II, 161, 163, 164, 226.
Altering, II, 165, 168, 174.
Altheim, II, 107.
Altikon, I, 285 à 287.
Altkirch, I, 283.
Altmühl (l'), I, 150.
Alt-Oetting, II, 79, 81, 107.
Alxing, II, 95, 120, 121, 126, 132, 135.
Alz (l'), II, 161, 162, 164, 165.
Amboise, I, 65.
Amerang, II, 160, 161.
Amérique, I, 6, 7.
Amertshofen, I, 138, 153.
Amiens, I, 9, 71; II, 260, 297, 299, 303, 312, 314, 332, 366.
Amis de la République (les), I, 11, 73, 78, 79.
Ammer See, II, 39, 42, 60, 76, 97.
Amper (l'), II, 41, 42, 51, 54.
Ampfing, II, 106, 132.
Amsterdam, I, 194.

Amsterdam (Batterie d'), II, 333, 334, 336.
Amstetten, II, 217.
Andalousie, I, 114.
Andelfingen, I, 285, 286, 287, 288, 309.
Angers, I, 20, 54, 81, 82.
Angleterre, I, 400; II, 43, 45, 53, 117, 291, 335 à 401.
Angleterre (Armée d'), I, 9, 189, 190.
ANGOULÊME (DUC D'), 1, 12.
Anhausen (8 km. E.-S.-E. de Günzburg), II, 17.
Anhausen (8 km. S. de Heidenheim), II, 31.
Anjou (Régiment d'), I, 11, 38.
ANKER, II, 366.
Anselfingen, I, 199, 217.
Anspach, I, 103.
Anspach (Cuirassiers d'), I, 95, 102, 167, 387, 393.
Anthering, II, 177, 178, 184.
Antibes, II, 257.
Anvers, I, 90, 148, 328.
Anzing, II, 62, 90, 121, 128, 130, 134, 135, 148, 240.
Appenweier, I, 97, 98 à 101.
Aquitaine (Régiment d'), I, 109.
Arabie, II, 370 à 373, 378.
Ardennes, I, 244, 247.
Ardennes (Armée des), I, 23, 313.
Ardennes (Volontaires des), I, 247.
Argentat, I, 105.
Ariège, I, 194.
Arles, I, 35.
Arras, II, 231.
Artois (Régiment d'), I, 129.
Asbach, I, 136, 338.
Aschau, II, 148, 149.
Aschheim, II, 56, 63 à 65.
Assemblée Législative, I, 3, 4, 9.
Assmannshardt, I, 159.
Atalante (l'), II, 278, 370 à 372, 378, 390.
Attel, II, 130, 132, 138, 150, 153, 154, 157.
Attenweiler, I, 159.
AUBERT-DUBAYET (Voir DUBAYET).
Auch, I, 399; II, 20.
Auenheim, I, 345, 356 à 358, 409, 415, 416.
Auernheim, II, 31, 32.
Auerstaedt, II, 8.
Aufhausen, I, 125.
Aufhofen, I, 159.
AUGEREAU, II, 191, 198.
Augsbourg, I, 136 à 138, 151, 154; II, 11, 13, 18, 26, 34 à 38, 41, 42, 49, 51, 52, 54, 71, 77, 81, 102, 114, 119, 212, 224, 227 à 231, 233, 234.
Aunis (Régiment d'), I, 11, 54.

Autriche, I, 7, 90, 430; II, 6, 100, 105, 130, 187, 188, 191, 193, 204, 224.
Auxonne, I, 12.
Avignon, II, 257.
AZINCOURT (D'), I, 10, 15, 25, 59.

Babenhausen, II, 5, 6, 8, 10 à 13.
Bacharach, I, 5.
Bächingen, II, 28.
Baden, I, 106, 283 à 285, 290.
Bagdad, II, 376, 378.
Bahlingen, I, 172, 180 à 182.
Bahour, II, 298.
Baierbrun, II, 54 à 57, 60, 61.
Baiersdorf, II, 198.
Baierthal, I, 339, 341, 393, 402, 405.
BAILLET, I, 157, II, 165.
Baldingen, I, 171, 198.
Bâle, I, 194, 274, 282, 283, 288, 296, 305, 308, 311, 312, 443.
Balzfeld, I, 401, 402.
Balzheim, II, 4.
Balzhofen, I, 104.
Bamberg (Dragons de), I, 331.
Bandegg, I, 294, 307.
Bannal (Régiment de), II, 13.
Bära, I, 167, 168, 201.
Baraguey d'Hilliers, I, 327, 328, 330.
BARBÉ-MARBOIS, II, 286.
Barcelone, I, 360.
Barco (Hussards de), I, 294, 298, 307; II, 57.
Bärenthal, I, 167.
BARÈRE, I, 57, 58, 68, 69, 71.
BARRAS, I, 317, 319 à 322.
BARRÉ, II, 318.
BARRIS, I, 11.
BARROW (John), II, 332.
BARTHÉLEMY, I, 20, 23.
BARTHÉLEMY (Directeur), I, 322; II, 286.
Basadingen, I, 286, 289, 291.
Bas-Rhin I, 167.
Bas-Rhin (Division du), I, 307.
Bas-Rhin (Volontaires du), I, 10, 75, 77, 79.
Bassein, II, 329.
Bassigny (Régiment de), I, 9.
Bassora, II, 376, 378.
Batavia, II, 328.
Batavie, I, 90, 114.
Batavie (Armée de), I, 368.
Batzenhofen, II, 229.
BAUDIN, II, 364, 365.
Baumgarten, II, 22, 23.
Baumkirchen, II, 55.
Bauschlott, I, 118.
Bavarois, II, 100, 116, 165, 227, 228.

INDEX ALPHABÉTIQUE

Bavière, II, 33, 41, 43, 45, 48, 51, 52, 54, 83, 85, 86, 114, 117 à 119, 200, 207, 221, 224, 227.
BAZIRE, I, 68.
Béarn (Régiment de), I, 339.
BEAUCHÊNE, II, 317, 371, 372.
BEAUFILS, I, 133.
Beaujolais (Régiment de), I, 261.
BEAUHARNAIS, II, 293.
BEAUHARNAIS (HORTENSE DE), II, 214, 215, 293.
BEAUHARNAIS (JOSÉPHINE DE) (Voir JOSÉPHINE).
BEAUPUY, 20, 24, 25, 49, 54, 55, 80, 84, 94 à 96, 104, 130, 132 à 137, 140 à 147, 151, 152, 160 à 164, 168, 170, 173 à 177, 179, 239, 317, 438; II, 288.
BEAURGARD, I, 415.
Beauvaisis (Régiment de), I, 9.
BEC-DE-LIÈVRE, I, 92, 118.
BÉCHOT, I, 132, 145, 173, 181.
BECKER, I, 203, 238, 251, 254, 255, 261 à 265, 270, 281, 418, 425, 427, 428, 434.
BECQUET, I, 418.
Beiharting, II, 129 à 135, 154, à 157, 239.
Belfort, I, 109.
Bélier (le), II, 351, 356 à 362, 390.
BELLAVÈNE, I, 85, 89, 96, 106, 108.
BELLECOMBE (DE), II, 285.
Belle-Poule (la), II, 278, 324, 347 à 368, 382 à 399.
Bellheim, I, 347, 349, 353.
Bender (Régiment de), II, 122, 158.
Benedictbeuern, II, 57, 60, 91.
Benfeld, I, 194.
Bengale, II, 260, 298, 299, 329, 343.
Benken, I, 288, 289, 291, 294.
Benjowsky (Régiment de), II, 178, 179.
BENZEBENE, I, 223, 237, 238, 240, 242, 243, 245 à 248, 252 à 264, 269, 305, 417 à 419, 423 à 427, 432 à 436, 439.
Bera, I, 145.
BÉRARD, I, 173.
Berchtesgaden, II, 212 à 214.
BERCKHEIM, II, 133.
Bergenweiler, II, 29.
Berghausen, I, 347.
Bergheim, II, 177, 178, 180.
Berghofen, II, 66.
Bergstrasse (la), I, 360, 389, 399, 400.
BÉRIL, I, 70.
Berlin, I, 328.
BERNADOTTE, I, 303, 315, 317, 318, 322; II, 252, 254, 288.
BERNARD, II, 172.
BERNIER, II, 247.
BERRY (DUC DE), I, 134, 173.
BERTIN, I, 401.

BERTRAND, I, 247, 261 à 264, 267, 275, 281 à 284, 292, 295, 304, 307; II, 231.
Besançon, I, 240.
BESSIÈRES, I, 248.
Bettighofen, I, 159.
Betzenweiler, I, 160.
Beuren, I, 125; II, 33.
BEURMANN, I, 10.
BEURMANN (jeune), I, 29.
Beutelsbach, I, 121.
Biber (la), I, 155.
Biberach, I, 100, 151, 159, 161, 203, 221, 264; II, 4.
Bidassoa (la), I, 145.
Biebrich, I, 8, 15, 16.
Biegelhof, I, 388.
Bierbaum, II, 187.
Bietingen, I, 294.
Billenhausen, II, 13, 14 à 16.
Bingen, I, 5, 167.
BINOT, II, 283, 312, 313, 317, 327, 353 à 368, 372, 379, 382 à 398.
Bischheim, I, 194.
BIRKENFELD (M. DE), II, 58.
Bischmannshausen, I, 160.
Bischweier, I, 109.
Bissingen, I, 135.
Bittelbrunn, I, 219.
Blaichen, II, 8.
Blamont, I, 200.
BLANCHARD, I, 25.
Blankenburg, I, 136.
Blankenloch, I, 375.
Blankenstein (Hussards de), I, 357, 386, 387; II, 10, 12, 17, 30, 40, 64, 68.
Bläsheim, I, 194.
Blau (la), I, 156, 157.
Blaubeuren, II, 4, 77.
Blindheim, I, 136; II, 23, 24.
Blois, I, 65.
BLOSS, I, 80.
BLOU (DE), I, 6, 8, 29, 35, 70.
Blumberg, I, 198.
Böbingen, I, 122.
Bodersweier, I, 195, 356.
Bodman, I, 223, 227.
BOUSON, II, 190.
Bogenhausen, II, 55, 59, 61.
Bohême, I, 3; II, 98, 100, 101, 104, 107, 110, 115.
BOISGÉRARD, I, 32, 89, 320, 321.
Bolbec, I, 400.
Bolsenheim, I, 194.
Bolzhurst, I, 101, 103, 194.
Bombach, I, 172.
Bombay, II, 328, 378, 381.
Bombel, I, 349.

BONAPARTE, I, 359, 360, 374; II, 6, 44,
  46, 88, 96, 100, 105, 108, 129, 214,
  215, 238, 247 à 248, 250, 252, 254,
  256 à 259, 262, 263, 271, 278 à 282,
  284 à 287, 289, 291, 292, 293, 294,
  301 à 305, 308 à 311, 316, 318, 328,
  332, 340 à 400.
BONAPARTE (Madame) (Voir JOSÉPHINE).
BONET, I, 366, 368, 376, 386, 388, 391,
  401, 403, 405, 411; II, 6, 157.
BONNAMY, I, 415.
Bonne-Espérance (Cap de), II, 260, 311,
  317.
Boos, I, 25, 59.
Bopfingen, I, 124, 125, 127; II, 32, 77.
Bordeaux, I, III; II, 37, 328.
BORGHÈSE (PRINCESSE), II, 251.
BORDESOULLE, I, 173.
Bormio, II, 199.
Böttingen, I, 167.
Böttmingen, I, 283.
Botzen, II, 199.
BOUBERT, I, 181.
Bouchers (plaine des), II, 288.
BOUCLAND, I, 151, 165.
Boulogne (Camp de), I, 11.
Bourbon (île), II, 260, 291, 346, 367.
BOURCIER, I, 167; II, 92.
Bourg-Libre, I, 283.
Bourgneuf, I, 134.
Bourgogne (Régiment de), II, 37.
Boussay, I, 89.
BOYÉ, II, 37 à 39.
BRABECK (baron DE), I, 84.
Brackenheim, I, 368.
Brastelburg, I, 125.
BRAUN, I, 91.
Braunau, II, 54, 55, 57, 59, 61 à 63, 76,
  80, 87, 89, 90, 107, 115, 200, 208, 220.
Braunegken, II, 80.
Bräunlingen, I, 237.
Bregenz, I, 153.
Breitenthal, II, 12.
Bremgarten, I, 314.
Brenz, II, 26 à 29.
Brenz (la), II, 25, 27, 29, 31.
Brest, II, 263, 279, 280 à 282, 285, 286,
  294, 313, 314, 315, 318, 319, 322,
  327, 340, 384.
Brest (Armée des côtes de), I, 80, 83;
  II, 8.
Bretagne (Régiment de), I, 38.
Bretten, I, 327, 333, 334, 336, 340, 342,
  343, 345, 360, 365, 367 à 369, 377,
  379, 387, 388, 390.
Bretzenheim, I, 8.
Briançon, I, 328.

Brie, I, 194.
Brienne, I, 65; II, 9.
Brigach (la), I, 235, 237.
Brisach, I, 173, 184, 260, 420; II, 3,
  230, 267.
Brisgau, II, 232.
Brixen, II, 199.
Brogen, I, 197, 246, 249.
BROUSSONET, II, 327, 330, 331, 341.
Bruchhausen, I, 410.
Bruchhauserhof, I, 410, 411, 412.
Bruchsal, I, 327, 331 à 335, 340, 341,
  343 à 345, 359 à 365, 367, 369, 371,
  372, 374, 375, 377 à 394, 397.
Bruck (sur l'Amper), II, 51, 53, 121.
Bruck (9 km. S.-O. d'Ebersberg), II, 95,
  129.
Bruck (en Autriche, 15 km. E. de Leoben), II, 199.
Bruckhausen, II, 130.
Brugg, I, 283, 284, 290, 311.
Brühl, I, 411.
BRUILHAC, II, 317, 379 à 382, 399.
BRUIX, II, 362, 381, 388, 390, 396.
BRUNE, II, 209, 377.
BRUNSWICK (DUC DE), I, 3.
Bubesheim, I, 154.
Buch, II, 131, 135.
BUCHAN, II, 386.
Buchau, I, 160, 161.
Büchenau, I, 368, 369, 380, 382, 384.
Buchersried, I, 139.
Buchholz, I, 181.
Buchthalen, I, 294.
Buchtung, I, 105.
Budenheim, I, 5, 7.
Bühl, I, 97, 99, 104, 105, 264.
Bulach, I, 117.
BUQUET, I, 12, 49.
Burgau, I, 154, 155; II, 3, 11, 12, 15,
  16, 18 à 21, 23, 24.
Burgberg, II, 28.
Burghagel, II, 28, 29.
Burgos, I, 11.
Burghausen, II, 164, 165, 178, 179, 224,
  225.
Burgweiler, I, 203, 209.
Burkheim, I, 276.
Burrenhof, I, 161.
Burtenbach, I, 154; II, 15, 16.
Busenbach, I, 117.
Bussen, I, 159, 161, 166.

Cabin, II, 197.
Caboul, II, 375.
Cadix, I, 114, 400.
Caen, I, 1, 4, 84, 94, 185, 190.

INDEX ALPHABÉTIQUE

Caffarelli, II, 314, 318.
Cafres, II, 335, 338, 339.
Cajazzo, I, 32.
Calcutta, II, 300, 312, 317, 327, 379 à 399.
Calicut, II, 298, 301.
Calvados, I, 3, 4.
Calvados (Volontaires du), I, 3, 4, 5, 7, 10, 73, 94.
Cambay (golfe de), II, 298, 329, 371.
Canada, I, 217.
Canaries, II, 317, 321, 327.
Canclaux, I, 80.
Canstatt, I, 117, 119, 120; II, 77.
Canton, II, 301.
Cap de Bonne-Espérance (Ville du), I, III, II, 260 264, 311, 317, 320, 322 à 324, 326 à 345, 359.
Cap de Bonne-Espérance (Colonie du), II, 321, 375.
Cardenau, I, 358.
Carmagnole (île de la), I, 13.
Carinthie, II, 199.
Carnot, I, 146, 322.
Carpentras, II, 257.
Carrion-Nisas, II, 15.
Cassel, I, 10, 59.
Catalogne (Armée de), I, III, 35, 195, 328; II, 8.
Cattak, II, 329.
Caulaincourt (général en 1791), II, 44.
Caulaincourt (Duc de Vicence, Armand-Augustin-Louis de), II, 44, 53 à 55, 60, 61.
Caulaincourt (Auguste-Jean-Gabriel de), I, 211.
Caulaincourt, I, 211; II, 44, 67, 68.
Cavaignac, II, 362, 368 à 378, 392.
Cazeneuve, II, 172.
Cent Jours (les), I, 173.
Centre (Légion du), I, 328.
Cetto (de), II, 43, 49, 50.
Cévennes (Chasseurs des), I, 20.
Ceylan (Ile de), II, 260, 346, 375.
Chabot, I, 67, 71.
Chadelas, I, 7, 23, 49, 72.
Chalbos, I, 108, 126, 145, 159.
Châlons-sur-Marne, II.
Champagne, I, 3, 4.
Chandernagor, II, 265, 267, 270, 283, 298, 299, 302, 307, 343.
Chanvallon, II
Charente, I, 158.
Charente-Inférieure, I, 97.
Charles (Archiduc), 91, 92, 93, 104, 108, 110, 114, 115, 147, 153, 157, 161, 162, 165, 168, 181, 202, 207, 209, 212, 220, 224, 256, 299, 307, 332, 343, 345, 353 à 356, 368, 384, 387, 391, 392, 398, 399, 414; II, 115, 187, 191, à 193, 196, 198, 200, 217.
Charmes, I, 12, 362.
Chassiecq, I, 158.
Châteaubriand, I, 82.
Château-Gontier, I, 80.
Châtellerault, I, 20.
Chauchard, II, 199.
Chauderie (la), II, 265.
Chef de Bois, I, 20.
Cherbourg, I, 190, 320.
Cherbourg (Armée des Côtes de), I, 9, 83.
Chérin, I, 288, 299, 303, 307, 309 à 311, 313, 314.
Chevardin, I, 10.
Chiem See, II, 160.
Chine, II, 301.
Chollet, I, 288.
Chouans, I, II.
Chouard, II, 111.
Christoph, II, 137, 138, 140, 142 à 144, 145 à 148, 240 à 242.
Civita-Vecchia, II, 256.
Clairval (Mlle de), I, 81.
Claparède, II, 166.
Claro, II 300.
Clémencet, I, 206.
Clisson, I, 80.
Clive (Lord), II, 373, 383 à 400.
Closterholz, I, 153.
Closterhoflingen, I, 157.
Cobenzl, II, 101, 102, 194.
Cobourg (Dragons de), I, 299, 307, 332.
Coehorn, I, 108, 116, 125, 137, 145, 210, 226.
Coffin, I, 21.
Colaud, I, 185, 307, 327 à 337, 340 à 348, 351 à 359, 374 à 378, 384 à 392, 395, 397 à 399, 401, 402, 405 à 407, 409 à 413; II, 4.
Colins, II, 324.
Colli, II, 6.
Colmar, I, 190, 193, 194.
Colombes, I, 4.
Colloredo, II, 107.
Colonel-Général (Régiment), I, 116, 338.
Comité de Salut public, I, 49, 51, 52, 53, 57, 59, 69, 82, 84.
Commercy, II, 231.
Comorin (Cap), II, 400.
Compère, I, 220.
Condé, I, 57.
Condé (Prince de), II, 98, 99, 109, 130, 158.
Condom, I, 126.
Conflans (Régiment de), II, 37.

Constance, I, 201, 203, 216, 226, 228, 343, 430.
Constance (près le *Cap*), II, 323 à 325, 335, 337.
Constantinople, I, 9; II, 372, à 379.
Convention (la), I, 5, 6, 9, 12, 18, 24, 25, 46, 50 à 52, 57, 59 à 71.
Copenhague, II, 330.
CORNILLE, II, 146, 172, 173.
Corny, I, 12, 104.
Coromandel (Côte de), II, 260, 283, 298, 312 à 314, 327 à 329, 348 à 400.
Corrèze, I, 105, 196.
Corrèze (Volontaires de la), I, 105, 196.
Corse, I, 89; II, 256.
COSTE, I, 219, 220, 290, 300, 304.
CÔTEBOEUF, II, 147.
Côte-d'Or, I, 296.
Côte-d'Or (la), II, 279, 316, 341, 362 à 400.
Côte-d'Or (Volontaires de la), I, 129, 287, 352.
Couronne (Régiment de la), I. 193.
COURVILLE, I, 183.
CRAIG, II, 336.
Croates (Régiment des), I, 226; II, 57.
Croatie, II, 101.
Croix-Chapeau, I, 97.
Cuddalore, II, 381.
CUENOT, I, 115.
CULLEN, II, 352, 366, 379 à 400.
CUNÉO, I, 115.
CUSTINE, I, 5, 25, 54, 57 à 61, 68.

Dachau, II, 37 à 43, 48, 49, 51, 53, 60 à 62, 228.
Dachenheim, I, 297.
Dachsen, I, 289 à 292, 297.
DACLON, I, 392, 394.
Dalheim, I, 3, 12 à 14.
Dalmatie, I, 90; II, 101.
DAMAS, I, 24, 49.
DAMPIERRE (PICOT DE), I, 23.
DANIEL, II, 106.
DANTON, I, 60.
Danube (le), I, 128, 136, 137, 139, 140, 146 à 148, 151, 154 à 159, 162, 166, 167, 191, 193, 199, 201, 204, 205, 216, 243, 325, 327, 430; II, 3, 4, 19, 22, 24, 26 à 28, 31, 35, 45, 98, 158, 197, 198, 202, 203, 229, 233.
Danube (Armée du), I, 199, 201, 203, 218, 220 à 222, 225, 226, 228, 234, 238, 253 à 255, 261, 262, 266, 268, 281, 296, 304, 305, 307, 310, 311, 316, 317, 417, 418, 423, 429, 430, 439, 443, 444.
Danzig, I, 247.

Darching, II, 93.
DARSONVAL, II, 203.
Dasing, II, 37.
Datessen, II, 174.
Datthausen, I, 159.
Dauchingen, I, 169, 197.
Daudenzell, I, 338.
DAULTANNE, I, 208, 213, 418, 420.
DAVID, II, 286, 287.
Dax, I, 358.
DEBILLY, II, 3, 8 à 11, 16, 17, 20, 22, 23, 26 à 35, 38 à 44, 48, 53, 55, 61 à 67, 70, 71, 75, 79, 92 à 94, 106, 120 à 122, 126, 127, 135, 142, 143, 146 à 150, 152 à 157, 162, 163, 241.
DEBRY, I, 307
DECAEN (Madame), II, 358, 359.
Decize, I, 281
DECRÈS, II, 268, 269, 278, 308, 348 à 352.
DEDON, I, 89, 292, 300.
Deyggingen, I, 135.
Deggendorf, II, 98.
Dehlingen, I, 128.
DEHON, II, 312, 382.
Deisenhausen, II, 3, 10, 11, 13, 14.
Deisslingen, I, 198.
DELABORDE, I, 352, 359 à 367, 374, 375.
DELAITRE, II, 324.
DELAURIERS, I, 11.
DELELÉE, II, 7, 145.
Delle, I, 189.
DELMAS, I, 105, 106, 108, 115, 121, 122, 130, 138 à 140, 151; II, 6, 9, 14.
DEMEURON, II, 382 à 386, 394.
DEMIST, II, 324, 331, 339 à 348.
DENIS, II, 21.
Denkingen, I, 202, 210, 211.
DEPREZ-CRASSIER, I, 5.
DESAIX, I, 94 à 97, 100, 102, 104, 107, 109, 110, 114, 115, 119, 123, 132, 136, 139 à 152, 160, 162 à 167, 170, 175 à 185, 189, 239, 317, 438; II, 288.
DÉSENFANS, I, 247, 252, 256, 264, 267, 271, 286 à 288, 290, 291 à 298, 356, 424, 426, 433, 435, 441.
DESFRANCS, I, 10.
DESMARRES, I, 82.
DESMOITIERS, I, 405.
DESNOYERS, I, 109.
DESSOLLE, II, 6, 20, 75, 81, 86 à 88, 95, 105, 106, 110 à 114, 137, 162, 195, 197, 238, 240, 243, 271, 278, 289, 292.
Deutwang, I, 201.
Deux-Ponts, I, 188.
DEUX-PONTS (DUC DE), II, 43, 107, 116.
DEVARAT, I, 376.
DEVAUX, I, 418.

INDEX ALPHABÉTIQUE 413

Deuay, I, 101, 162.
Devillers, I, 115, 126, 132.
Diable (Montagne du), II, 333, 334.
Diekehof, I, 289.
Dielheim, I, 337, 339, 400, 402.
Diessen, II, 54, 76.
Diessenhofen, I, 287, 290, à 299.
Dietach, II, 193.
Dietersheim, II, 56, 60.
Dietingen, I, 156.
Dijon, I, 287, 352.
Diligent (le), II, 367, 378.
Dillingen, I, 321, 325, 327.
Dilsberg, I, 338.
Dinkelsbühl, II, 77.
Directoire (le), I, 85, 109, 111, 112, 115, 118, 120, 133, 135, 137, 141, 143, 145, 146, 153, 160, 165, 176, 179 à 189, 197, 220, 221, 234, 253, 280, 296, 309, 310, 313 à 324, 359, 360, 417, 429, 431, 432, 438, 443, 444; II, 287.
Dirwald, II, 93.
Dol, I, 80.
Donaueschingen, I, 170, 171, 198, 230, 232, 235, 236, 237, 251, 299, 423, 425, 434; II, 4, 233.
Donauwörth, I, 128, 135, 153; II, 36, 49, 50, 77, 224.
Donzelot, II, 293.
Dordogne, I, 54.
Dorf, I, 167.
Dorfen, II, 131.
Dornach, II, 64.
Douai, I, 145; II, 9.
Douay, I, 46, 48, 49, 66.
Double-Tenaille, I, 48.
Doubs (Volontaires du), I, 38.
Draguignan, II, 257.
Dreisam (la), I, 184.
Drouet (d'Erlon), I, 261; II, 144 à 146.
Drouot, I, 95.
Druisheim, I, 136.
Dubayet, I, 9, 15, 16, 19, 24, 26, 28, 33, 46, 49, 51, 52, 61 à 65, 69, 80, 83; II, 44.
Dubreton, I, 11, 42, 49.
Ducassou, I, 115, 137, 145, 163, 181.
Duché, II, 284.
Dufour, I, 190.
Dufresne-Laigle, II,
Duhesme, I, 128, 134, 135, 152.
Dulaurens, I, 11.
Duménieux, I, 119.
Dumesny, II, 341.
Dumoulin, I, 10.
Dundas, II, 335, 337.
Dumouriez, I, 25.
Dunkerque, I, 200, 367.

Düntlingen, I, 149.
Dupleix, II, 251, 261, 267, 298, 300.
Dupleix, II, 267.
Dupont, I, 277.
Dupouy, I, 228.
Durlach, I 117, 333, 344, 361 à 363, 367 à 369, 372, 375, 378, 382.
Dürmentingen, I, 159, 165.
Dürrheim, I, 198.
Durtal, I, 20, 81.
Durutte, II, 9 à 11, 13, 16, 17, 20, 23, 30 à 32, 35, 38, 39, 44, 53, 55, 60 à 65, 67, 73, 75, 79, 92, 94, 106, 120, 121, 123, 126, 127, 129, 130, 135, 142, 143, 146, 147, 149, 152, 155, 161 à 163, 169, 170, 172, 174, 175 à 177, 181, 182, 185, 187, 192, 194, 202, 204 à 206, 219, 221, 222, 224 à 226, 249, 232, 242.
Duvaldreux, II, 173.
Duvignau, I, 186.

Ebelsberg, II, 193, 194.
Ebersberg, II, 57, 66, 68, 69, 88 à 90, 92, 94, 95, 120, 128, 131, 134, 135, 137, 140, 142, 144 à 146, 148, 149, 152, 153 à 157, 206, 219, 240, 241.
Ebershausen, II, 9 à 11, 13 à 15.
Ebingen, I, 167, 230.
Eblé, I, 114; II, 106, 216.
Ebnat, I, 117, 123, 124, 125.
Ebnet, I, 172.
Ebrach (l'), II, 150.
Echlishausen, I, 155.
Echsheim, I, 138.
Edenhausen, II, 14.
Edingen, I, 412.
Edling, II, 150 à 152, 157.
Eger (l'), II, 77, 115.
Eggelburg, II, 66.
Eglfing, II, 62.
Egtharting, II, 66, 95.
Eglisau, I, 290.
Égypte, I, 96; II, 102, 283, 288.
Ehekirchen, I, 152.
Ehingen, I, 217, 223, 228; II, 76.
Ehrenbreitstein, II, 37.
Ehrstädl, I, 388.
Eichelberg, I, 146, 397.
Eichstätt, I, 139, 147 à 150.
Eichstetten, I, 178, 184, 275, 276.
Eigeltingen, I, 199, 216, 223 à 226, 228.
Eisenerz, II, 198.
Elbe (Corps d'observation de l'), I, 352.
Elbe, II, 9, 106.
Elchingen, I, 125.
Electeur Palatin, II, 43, 45 à 47, 49 à 51,

72, 73, 76, 79, 99, 108, 116, 117, 119, 227.
ÉLECTEUR DE BAVIÈRE (Voir le précédent).
Elgersweier, I, 195.
Ellgau, I, 137.
Ellikon, I, 290, 291, 297.
Ellmendingen, I, 118.
Elsenz, I, 388, 390, 391.
Elsenz (l'), I, 339, 361, 393, 395 à 397, 402.
Ellwangen, I, 123, 124; II, 32, 33, 77.
Elz (l'), I, 172, 175, 176, 178 à 181.
Elzach, I, 238 à 241, 246, 251, 253, 255, 260, 261, 263, 264, 270, 418, 419, 421, 423, 425, 427, 434, 439.
Emmendingen, I, 172, 175, 176, 178 à 180; II, 288.
EMMERIAU, II, 257.
Endersbach, I, 120.
Endingen, I, 172.
Enfer (Val d'), voir *Val d'Enfer*.
Engen, I, 193, 199, 216 à 219, 223, 227 à 229, 299; II, 4, 76.
ENGHIEN (DUC D'), II, 109, 158.
Enzhoffen, I, 167.
Enns, II, 79, 185, 193 à 195, 202, 203, 207, 215, 216, 219, 221.
Enns (l'), II, 193, 194, 196, 197, 202, 219.
Ensishaufen, I, 167.
Ensisheim, I, 167.
Enz (l'), I, 118, 368.
Eppingen, I, 334, 336, 361 à 363, 365, 367, 368, 388, 391.
Erbach, I, 158; II, 4, 232.
Erbesbüdesheim, I, 5.
Erching, II, 58.
Erding, II, 58 à 63, 64, 66, 67, 88, 89, 90, 92.
Erlach, I, 101, 102.
Erlangen, II, 198.
Erlauf (l'), II, 199.
Erlenrhein, I, 90, 91, 184.
ERNOUF, I, 197, 201, 204, 208, 210, 215, 223, 226, 231, 233, 239, 242, 247, 249, 252 à 257, 259, 260 à 266, 268 à 271, 288, 296, 303 à 306, 310, 311, 316, 319, 321, 324, 327, 400, 417 à 422, 424 à 428, 429, 431 à 438, 440, 442 à 444.
Ersingen, I, 118, 159.
Erstein, I, 267, 271, 275, 312.
Erzherzog Carl (Régiment), I, 307.
Escaut (l'), I, 90.
Eschau, I, 194.
Esenhausen, I, 203, 209, 210.
Espagne, I, 97, 116, 195, 196, 232, 415; II, 285.
Espagne (Armée d'), I, 96, 134, 145, 167,
173, 195, 200, 211, 213, 261, 285, 288, 338, 352, 367; II, 11, 21, 37.
ESPAGNE, I, 365, 399.
Espalais, I, 11.
Essling, I, 399.
Esterhazy (Régiment d'), I, 96; II, 165.
États-Unis, I, 10; II, 280, 281.
Etival, I, 10.
Ettal, II, 76, 79, 106, 112.
Ettenbeuren, II, 3, 15 à 18.
Ettlingen, I, 109, 111, 112, 115, 117, 386.
Eurasburg, II, 52, 54.
Eure (Volontaires de l'), I, 10.
Eutingen, I, 118.
Eylau, I, 198.

False Bay, II, 322, 323, 326, 328, 329, 332, 333, 335, 342, 378.
Falspach, II, 187.
Famars, I, 23.
FALCONNET, I, 96, 99, 100, 102, 133, 145, 148 à 150, 164, 166, 178.
Favorite (Bois de la), I, 106.
Fédérés nationaux, I, 11, 74, 77.
Feder See, I, 159.
Fegersheim, I, 194.
Feldkirch, II, 153.
Feldkirchen (15 km. N. de Rosenheim), II, 133.
Feldkirchen (24 km. O.-N.-O. de Rosenheim), II, 130.
Feldkirchen (12 km. E. de Munich), II, 62, 63.
Feldkirchen (3 km. N.-O. de Trostberg), II, 161, 163.
Feldkirchen (24 km. E. de Wasserburg), II, 165.
FERAI, I, 20.
Ferdinand (Dragons de), II, 59.
Ferdinand (Régiment d'infanterie), II, 178, 179.
Ferdinand (Hussards de), I, 153, 154, 249, 279, 298; II, 12 à 14, 17, 30, 39, 40, 64, 66, 67, 165.
FÉRINO, I, 90, 92, 100, 137, 150, 161, 181, 194, 198, 206, 211, 217, 222, 223, 225, 226 à 232, 237, 246, 255, 307, 314, 420; II, 58.
Finisterre (Cap), II, 320.
Fischbachau, II, 90, 91.
Feuerbach, I, 120.
Feuerthalen, I, 287 à 290.
Fils, II, 77.
Finstermünz, II, 200, 201.
Flandre, II, 173.
Flehingen, I, 343.
Fleinheim, II, 31.

INDEX ALPHABÉTIQUE 415

Flocelière (La), voir *la Flocelière*.
FLORENCE DUBOIS, II, 285.
Flurlingen, I, 287, 289.
FONTAINE, I, 209.
Fontainebleau, II, 8.
Förch, I, 104, 106.
Forêt-Noire, I, 166, 168, 195, 223, 296, 417, 418, 430.
Forst, I, 362, 365, 369, 370, 376, 391, 397, 398, 402.
Forstenried, II, 54.
FOUCHER, I, 11, 214.
Foulpointe, II,
Fraberstham, II, 160.
Francfort, I, 25, 48, 62, 314, 330, 376.
FRANÇOIS II, II, 99, 100.
Franconie, II, 4, 77, 116, 119, 199, 200, 224.
Francs (Les chasseurs), I, 80.
Francs (Légion des), I, 15, 17, 20 à 22, 26, 33, 34.
Frankenburg, II, 185.
Frankenmarkt, II, 185 à 187, 206, 221, 222, 225.
Frankenthal, I, 84.
Frauenfeld, I, 287, 288, 295, 297.
Frauenriedhausen, II, 27.
Freinhausen, I, 143.
Freising, II, 44, 50, 52 à 54, 56 à 61, 67, 69, 71, 89, 92, 97, 139, 224.
FRESNIÈRE, II, 278, 291.
Freudenstadt, I, 196, 198, 420.
FREYTAG, I, 377.
Fribourg, I, 172, 177, 179, 255, 272 à 276, 279, 281, 420; II, 4, 216, 232, 233.
Friedberg, I, 137; II, 34, 36 à 39, 220, 229, 230.
FRIEDELSHEIM, I, 219.
Friedelsheim, I, 84.
FRIDINGEN, I, 167, 201; II, 76.
Friedolfing, II, 168.
FRIMONT, I, 113.
Frioul, I, 340.
FRIRION (FRANÇOIS-JOSEPH), II, 14,
FRIRION, II, 15.
FRÖHLICH, I, 199.
FROMENT, I, 300
Fronweiler, I, 203.
Fugger (Chevau-légers de), II, 107.
Fürfeld, I, 367, 368.
FURSTENBERG (PRINCE DE), I, 212.
Fürstenfeld, II, 51.
Fürstenried, II, 54.
Furtwangen, I, 170, 223, 238 à 243, 245, 246, 249, 250 à 255, 263, 269, 270, 423, 425, 426, 434, 435, 437, 439, 441.

Gabions (Redoute des), I, 36, 37, 38.
Gaden, I, 146.
Gaggenau, I, 117.
Galicie, II, 116,
Gambsheim, I, 93, 94.
Garching, II, 61.
GARNIER, I, 69.
Gars, II, 157.
Gartenfeld, I, 12.
Gaudensdorf, II, 163.
GAUDIN, I, 35.
Gauangelloch, I, 393, 395, 396.
GAUTIER, II, 213.
GAZAN, I, 98, 102, 105 à 110, 112, 115, 117, 118, 122 à 131, 136, 139 à 149, 154, 160, 162, 171, 172, 175 à 181.
GAZZI, II, 73, 82, 92.
Gehering, II, 159.
Geisenfeld, I, 139 à 146; II, 52, 77.
Geisingen, I, 168, 198, 199, 216, 228, 232; II, 4, 76.
GEIST, I, 186.
Gelting, II, 67.
Gemmingen (Régiment de), I, 165.
Genappe, I, 134.
Genève, I, 10.
Gengenbach, I, 195, 263, 264, 316, 420 429; II, 234.
GENGOULT, II, 30.
GENTIL, I, 284.
Géographe (le), II, 364.
GÉRARD, I, 300.
Germersheim, 347 à 349.
Gernsbach, I, 117.
Gerstheim, I, 267.
Giengen, II, 25, 29 à 31.
Giesenhard, I, 291, 297.
Giesing, II, 55.
Giffanont, I, 338.
GILLARD, II, 189.
GIRARD, I, 231, 232.
Gironde (Armée de la), I, III.
Girone, I, 104.
GLARIS, II, 337.
Gleimk, II, 192.
Glogau, I, 314.
Glon (la), II, 37, 38, 93,
Glonn (la), II, 82, 95, 121, 125, 126, 129, 130, 132, 134.
Glotter (la), I, 181, 182.
Glurns, II, 199.
Gmünd, I, 121, 122; II, 77.
Gmund, II, 71, 78, 91.
Gmunden, II, 185, 186 à 188, 222, 223.
Goa, II, 372, 378.
Gochsheim, I, 343, 360, 361, 363, 365 à 368, 370, 377, 388 à 390.

Gorfeld, I. 5.
Gollingkreut, I. 152.
Gondelsheim, I. 334.
Gondreville, I. 113.
Gonsenheim, I. 22.
Göppingen, I. 121.
GORDON, II, 337.
Gorgon (la), I, 400.
Gorheim, I, 167.
Göstling, II, 198.
GOULUS, I, 194, 199, 219, 224, 242, 247, 248, 424, 440, 441.
GOUVION SAINT-CYR, I, 117 à 119, 121, 122, 125 à 132, 134, 137, 145, 150 à 152, 156 à 161, 164 à 166, 169 à 172, 185, 187, 195 à 199, 204, 211, 216 à 220, 226, 230, 232, 420 ; II, 3 à 7, 289.
GOUV, I, 10.
Graben (10 km. S.-S.-E. de Philippsburg), I, 361, 362, 367, 396 ; II, 159.
Graben (3 km. N.-E. de Rosenheim), II, 159.
Gradisca (Régiment de), I, 226, 379.
Grafing, II, 94, 95, 142.
Grande-Armée (la), I, 94, 116, 145, 167, 195, 196, 198, 213, 228, 240, 247, 261, 285, 288, 314, 328, 338, 360, 352, 373, 399, 400 ; II, 9, 21, 37.
GRANDJEAN, II, 11, 12, 13, 15, 18, 22, 23, 25, 27 à 29, 32, 51, 52, 59, 61 à 63, 65, 69, 77, 93, 121, 136, 141.
GRANDPRÉ, II, 332.
GRANTZ, II, 343.
Grasse, I, 98.
Graveggia, I, 90.
Gravelle (la), I, 82.
Greding, I, 148.
GRELEY, I, 205
GRENIER, II, 5, 15 à 18, 21, 26 à 29, 32, 51, 76, 92, 95, 106, 128, 136, 137, 139, 157, 160, 164, 186, 188, 189, 197, 202, 224, 239, 240.
Grenz (Hussards de), I, 226, 299 ; II, 38, 40, 53, 122, 128, 130, 171, 177, 179.
Griesheim, I, 98, 139, 146.
GRIMAUD, I, 190.
Grisons, I, 197, 407, 430 ; II, 199, 200.
Grisons (Armée des), II, 191.
Grombach, I, 364, 367 à 369, 380 à 382, 388.
Gronsdorf, II, 63.
GROSJEAN, II, 284.
Gross-Keppach, I, 121.
Gross-Huchen, I, 125 à 127.
Gross-Sorheim, I, 135.
Grossstadelhofen, I, 210, 211.
GROUCHY, II, 139, 147 à 149, 154, 157 à 159,

161, 163, 164, 167, 170, 179, 185 à 188, 193, 197, 217, 220, 240, 242.
Grötzingen, I, 117,
Grub, II, 125.
Grunbach, I, 121.
GRUNBERG, II, 83.
Grünburg, II, 202.
Grüningen, I, 171, 237.
GRÜNNE, II, 57, 192, 196, 198, 201.
Grün-Wettersbach, I, 117.
Guadeloupe, I, 201 ; II, 280 à 282, 314.
GUDIN, I, 365, 373, 413 ; II, 52, 87, 89, 248.
GUÉRIN, I, 38.
Gundelfingen, I, 156 ; II, 25 à 27.
Gundelsdorf, I, 138, 153.
Gündlingen, I, 275 à 277.
Gunskirchen, II, 187, 188.
Guntalingen, I, 287.
Guntersblum, I, 6.
Günz (la), I, 151, 154, 155 ; II, 8, 12, 13, 20.
Günzburg, I, 151, 154, 155 ; II, 11, 12, 17, 19, 20, 229.
Gustavs-Burg, I, 17, 31.
Gutach, I, 195.
Gutach (la), I, 263.
Gutenzell, II, 6.
Gutershofen, I, 161.
Guttenhofen, II, 197, 202.
GUYOT, II, 91, 167, 170, 174.
Guzarate, II, 328, 329, 371, 372.
GYULAI, I, 94, 436 ; II, 11 à 13, 58, 70, 73.
Gyulai (Régiment de), I, 226.
GZYSZKOWSKI, II, 174.

Haar, II, 62 à 64, 95, 121, 131.
Haag, II, 66, 89, 106, 108, 128, 132 à 135, 138, 142, 147 à 149, 150 à 154, 157, 186, 239, 240 à 242.
Hagenbach, I, 351.
Hagelhausen, II, 91.
Haquenau, I, 85.
Haidhausen, II, 53, 61, 62, 71, 121.
Hall (7 km. E -S.-E. de Kremsmünster), II, 203.
Hall (60 km. N.-E. de Stuttgart), II, 224.
Hall (12 km. E.-N.-E. d'Innsbruck), II, 91, 109.
Hainaut (Volontaires du), I, 9, 134.
Halfing, II, 159, 161.
Hallein, II, 182, 210, 212.
Hambrücken, I, 360 à 362, 365, 385, 396.
HAMELINAYE, II, 25.
Hammerstetten, II, 17.
Haraucourt, I, 129.
Harburg, II, 32.

INDEX ALPHABÉTIQUE

Hardt, I, 197.
Hardy, II, 134.
Hargelsberg, II, 194.
Harting, II, 165.
Hasel Bach, II, 7.
Häsingen, I, 283.
Haslach, I, 195, 254, 255, 260 à 263, 268, 298, 305, 419, 420, 421, 427, 444.
Hasselbach, I, 388.
Hastrel, I, 217, 254, 418.
Hattingen, I, 199, 216.
Haueneberstein, I, 106.
Haunsheim, II, 29.
Hauptstein (Fort), I, 12, 48.
Hausach, I, 195, 254, 260, 261, 262.
Haunstetten, I, 137.
Haute-Garonne (Département), II, 8.
Haute-Saône (Département), II, 15, 91.
Haute-Saône (Volontaires de la), I, 10, 73, 75, 77 à 79,
Haut-Palatinat, II, 79, 83.
Hautpoul (d'), I, 198, 231, 315, 316, 331, 344, 345, 364, 385, 386, 391, 392, 398 à 400, 402, 405, 406, 408 à 413 ; II, 69, 77.
Haut-Rhin, I, 189 ; II, 133.
Haut-Rhin (Corps du), I, 102, 103.
Haut-Rhin (Volontaires du), I, 5, 10, 12, 73, 75, 77.
Hauwald, I, 349.
Haxo, I, 10, 80.
Hayange, I, 213.
Hebsack, I, 121.
Hechtsheim, I, 8.
Hechenkirchen, II, 93.
Hecklingen, I, 173.
Heideck, I, 149.
Heidelberg, I, 334, 407, 412 ; II, 107.
Heidelsheim, I, 366, 367, 383, 384, 386, 388, 389, 392 à 394.
Heidenheim, I, 156.
Heilberg, I, 362.
Heilbronn, 331, 334 à 368, 372, 388.
Heiligenberg, I, 210.
Heimbach, I, 172, 175.
Helfendorf, II, 68, 70, 77, 88, 90 à 94, 120 à 126, 128, 129.
Helmsheim, I, 383.
Helmstadt, I, 338, 393.
Helvétie, I, 90, 221, 344, 354.
Helvétie (Armée d'), I, 198, 272, 281, 297, 316, 332, 429, 430.
Helvétie (Division d'), I, 307.
Hemishofen, I, 214.
Henriot, I, 157, 158, 163, 170, 171, 371, 373.
Henry, II, 341.

Hérault (Département de l'), II, 30.
Herblingen, I, 294.
Herbrechtingen, II, 30, 31.
Herdtfeldhausen, I, 132, 133 ; II, 32.
Heretsham, II, 163.
Hermaringen, II, 27, 29, 31,
Hertling (baron d'), II, 45.
Herxheimweiher, I, 348.
Hesse-Cassel, I, 66.
Hesse-Darmstadt, II, 54.
Hesse-Homburg, II, 165.
Heubach, I, 122.
Heudelet, I, 287, 290, 297, 307, 308.
Hilsbach, I, 362, 366, 368, 388, 391, 393, 401.
Hindoustan, II, 328, 329, 371 à 400.
Hirschhorn, I, 338, 339.
Hobart, II, 297.
Hochberg, I, 117, 120.
Hoche, I, 83, 186, 415.
Hochemmingen, I, 198.
Hochheim, I, 8, 15.
Höchstädt, II, 21, 22, 34, 35, 132.
Hochstetten, I, 274 à 277, 281.
Hochwang, II, 18.
Hockenheim, I, 342, 384, 391, 402.
Hoerdt, I, 348, 349, 351.
Hof, II, 182.
Hoffenheim, I, 339, 402.
Hofkirchen, II, 203.
Hofweier, I, 195.
Högling, II, 130.
Hohen-Altheim, I, 135.
Hohen-Asperg, I, 119.
Hohenberg, I, 146 ; II, 33.
Hohengöft, I, 5.
Hohenlinden, I, 340 ; II, 61, 89, 90, 92, 95, 121, 135 à 148, 202, 209, 238, 240 à 242, 245, 254, 290, 291.
Hohenlohe (Prince de), I, 50, 58, 367, 368, 399 ; II, 165.
Hohen-Raunau, II, 13.
Hohenreichen, I, 136.
Hohen-Schäftlarn, II, 55.
Hohenthann, I, 131.
Hohentwiel, I, 199, 287, 294.
Hohenwart, I, 138.
Holchen (la), I, 99, 101, 102.
Holkar, II, 328, 329, 371, 381, 399, 400.
Hollande, I, 44, 126, 173, 189, 211, 213, 296, 376, 382, 397 ; II, 9, 286, 331 à 341.
Hollande (Armée de), I, III.
Höllenthal (Voir *Val d'Enfer*).
Hollossy, I, 387.
Holzen, I, 136, 153.
Holzen (la), I, 420 ; II, 155.

Holzing, II, 194.
Holzkirchen, II, 106, 120.
Holzhausen, I, 184.
Hongrie, I, 3; II, 98, 101, 103, 104, 107, 110; II, 336.
Hoppingen, I, 135.
Hörlkofen, II, 90.
Horb, I, 230.
Hout Bay, II, 335.
Hornberg, I, 195 à 197, 231, 237 à 239, 244 à 263, 269, 270, 298, 305, 306, 418 à 421, 425, 426, 433 à 444.
Horrenberg, I, 337, 339, 393, 395, 396, 400 à 403.
Hosskirch, I, 209.
Hottentots, II, 337.
Hotze, I, 115.
Houchard, I, 57.
Hoüy (Pierre d'), II, 11.
Huard, I, 314.
Hüfingen, I, 233.
Hügelshart, II, 39.
Hugo, II, 7.
Hulot, II, 214, 292.
Hulot (Lieutenant de vaisseau), II, 294, 318.
Hulot (Madame), II, 215, 292, 294.
Hulot (Mademoiselle), II, 214, 292, 294.
Humbert, I, 10, 82, 83, 297, 320.
Hundspfot, I, 349.
Huningue, I, 90, 153, 185, 282 à 284, 304, 308; II, 230, 288.
Hussenet, I, 371, 373.
Huttenheim, I, 375, 391, 395, 396.
Hyères, I, 195.

Iatingen (V. *Jettingen*).
Ichenhausen, II, 15, 16.
Ihringen, I, 274 à 276, 279.
Ilching, II, 95, 132.
Ile de France, I, III; II, 262, 310, 311, 318, 328, 332, 346, 352 à 355, 360 à 400.
Iller (l'), I, 153; II, 4, 6, 9, 76, 77.
Illingen, I, 118.
Illkirch, I, 194, 267.
Illmensee, I, 203, 210.
Ill-Wickersheim, I, 194.
Ilm (l'), I, 145, 146.
Ilmendorf, I, 146.
Indes, I, III, 145; II, 251, 260, 263, 278, 286, 297 à 319, 328, 336, 340 à 400.
Indre (Département de l'), I, 173, 198, 282.
Indre (Volontaires de l'), I, 198.
Ingerkingen, I, 159.
Ingolstadt, 139, 140, 143, 146, 148 à 150; II, 34, 37, 44, 48, 50, 54, 96.
Ingstetten, II, 15.

Inn, II, 62, 69, 80, 82, 87, 96, 98, 104, 107, 109, 115, 128, 130, 132 à 136, 149, 150, 151, 153, 154, 156, 157 à 159, 160, 162, 224, 225, 226, 239.
Innsbruck, II, 62, 79 à 81, 90, 91.
Inzigkofen, I, 166, 167.
Irlande, I, 10, 320.
Irnharting, II, 187.
Isar (l'), II, 42, 44, 45, 49, 52 à 57, 59 à 62, 71, 76, 82, 87, 88 à 97, 106, 115, 120, 134, 136, 227, 228, 239.
Ischl, II, 182.
Isen, II, 69, 70, 88, 135, 239, 241.
Isle (l'), II, 257.
Ismaning, II, 56, 58.
Italie, I, 90, 213, 221, 318, 355; II, 129, 201, 209, 244, 289.
Italie (Armée d'), I, 12, 35, 90, 134, 158, 189, 194, 196, 296, 303, 321, 328, 427, 430; II, 5, 9, 33, 100, 101.
Ihlingen, I, 388.
Ivisen, II, 147.

Jachen, II, 71.
Jakobsberg, II, 130.
Janssens, II, 323 à 326, 330, 339, 340.
Jardon, I, 267, 273.
Javron, II, 7.
Jean (Archiduc), II, 115, 165, 178, 180, 239.
Jean (Capitaine), II, 172, 173.
Jean Bon Saint-André, I, 68.
Jersey, I, 126.
Jettingen, I, 155; II, 15, 16.
Joba, I, 104, 109, 117, 122, 127, 149, 167, 375, 396.
Jobert, I, 96, 104, 109.
Jobin, I, 119.
Jöckgrim, I, 348.
Jöhlingen, I, 377, 386.
Joinville, I, 65.
Jordy, I, 415.
Joséphine, II, 309.
Josephsburg, II, 55.
Joubert, II, 215.
Jourdan, I, 193, 199, 202 à 204, 206 à 208, 211, 212, 218, 220 à 223, 225, 227 à 236, 240, 242, 244, 246, 247, 252, 255, 259, 268 à 272, 281, 296, 303, 306, 310, 316, 319, 321, 327, 400, 420, 424 à 426, 428 à 436, 438, 439, 441.
Julien, I, 188.
Jungnau, I, 166.
Jura, I, 90, 109, 296.
Jura (Corps d'observation du), I, 248.
Jura (Volontaires du), I, 10, 74, 75, 77 à 79, 109, 145.

Kaiser (Carabiniers), I, 378.
Kaiser (Hussards), I, 298, **388**, 393; II, 57 à 59.
Kaiser (Régiment), I, 165; II, 62.
Kaiserslautern, I, 50.
Kalkreute, I, 202.
KALKREUTH, I, 23 à 25, 27, 48, 49.
Kammlach (la), I, 154; II, 10, 12, **13**, **16**, 18, 20.
Kandy, II, 375.
Kanning, II, 202.
Kanzach (la), I, 159.
Kappel, I, 104.
Karikal, II, 261, 270, 283, 297 à 299, 302, 303.
Karlsdorf, I, 376, 391, 394, 395, 398.
Karlsruhe, I, 117.
Kartung, I, 105.
Kastel, I, 5, 6, 8, 9, 15, **16** à **18**, 25, 26, 42, 46, 48, 72, 74, 76, 78, 355.
Kastel (Légion de), I, 15, 17, 26, 31, 33.
Kaunitz (Régiment de), II, 158.
Kavanagh (Cuirassiers de), I, 89, 95, 99.
Kehl, I, 11, 89, 90, 92 à 94, 134, 175, 184, 185, 195, 266, 267, 297, 327, 345, 352, 355 à 357, 359, 371, 414, 415, 420, 428; II, 3, 234, 238, 288.
Kellmünz, II, 6, 76, 77, 193.
Kematen, II, 192, 194.
Kenzingen, I, 166, 172, 173, 176 à 179.
KERJEAN (DE), II, 284.
Kerzfeld, I, 194.
Kesselostheim, I, 135.
Ketsch, I, 331, 411.
Kettershausen, II, 3, 7 à 10, 12, 13.
KIENMAYER, I, 307; II, 3, 99, 178.
Kieselbronn, I, 118.
KILMAINE, I, 190.
Kinsky (Régiment de), II, 33, 62, 106.
Kinzig (la), I, 94, 97, 100, 103, 168, 255, 261, 263, 298, 299, 305, 358, 416, 419, 421; II, 233.
Kirchardt, I, 388.
Kirchdorf, I, 197, 198.
Kirchhaslach, II, 8.
Kirchheim (5 km S.-O. de Heidelberg), I, 411.
Kirchheim (15 km. N. de Mindelheim), II, 10, 12, 63, 64, 65.
Kirnachthal, I, 241.
Kirchsecon, II, 66.
Kirchtrudering, II, 62, 63, 67.
Kirchweiler, I, 86.
Klagenfurt, II, 183, 199.
KLÉBER, I, 3, 5 à 7, 9, 11 à 16, 21, 22, 25, 26, 30, 31, 33, 35, 37 à 43, 49, 51, 52, 59, 80, 82, 84, 189, 317, 438; II, 288.

KLEIN (général), I, 200, 307.
KLEIN (historien), I, 25, 41.
Klein-Beuren, II, 16, 17, 19.
Kleinenfeld, II, 92.
Klein-Heppach, I, 121.
Klein-Holland, I, 344.
Klein-Salvator, I, 139, 140.
Klein-Sorheim, I, 135.
Kleinstenbach, I, 118.
KLENAU, II, 81.
KLINGLER, I, 9.
KLONTZ, II, 324, 325.
Klosterholz, I, 136.
Kloster-Medlingen, II, 27.
Klosterzimmern, II, 77.
KNIAZIEWICZ, II, 127, 135, 143, 146 à 148, 152, 153, 155, 169, 171, 174, 186, 194, 203, 204, 216, 242.
Kniebis, I, 195.
Knittlingen, I, 334, 368, 379.
Knöringen, I, 154, 173; II, 17 à 20.
Kobel, II, 157.
Kocher (la), I, 122, 123.
Kogelsbach, II, 198.
KOLLOWRATH, II, 108.
Königsbach, I, 118.
Königsberg, I, 114.
Königsbronn, I, 123, 127.
Konigs-See, II, 213, 214.
Konzenberg, I, 168.
Kork, I, 89, 94, 130, 195, 357.
Kornwestheim, I, 120.
KOSPOTH, I, 162.
Kostheim, I, 9, 15 à 17, 20, 63.
KOUHEICS, II, 116.
Krafft, I, 267.
Kraiburg, II, 98, 99, 105, 164.
Kraich (la), I, 367, 369, 384, 385, **388**, 391.
KRAY, II, 4, 6, 26, 33, 49, 50, 58, 59, 63, 64, 66, 68, 69, 73, 79, 80, 81, 88.
Kremsdorf, II, 194.
Kremsmünster, II, 185, 187 à 193, 197, 203, 221.
Kronau, I, 347, 360, 362, 383, 401 à 403.
Kronstorf, II, 203.
Krumbach, I, 203, 210; II, 3, 8 à 15, 19.
Krummenschiltach, I, 238, 243, 246, 254, 298.
Kuhardt, I, 349.
Kundolfingen, I, 288, 289.
Kuppenheim, I, 106 à 108.
Kufstein, II, 81, 90, 117, 200, 201.
Kutch (golfe de), II, 371.

Lauber, II, 198.
LABISSE, II, 174.

LABOISSIÈRE, I, 158, 173.
LABOUILLERIE, II, 231.
LA BOURDONNAYE, II, 251.
LACOMBE, I, 358.
LACOMBE SAINT-MICHEL, II, 360.
LACOSTE, I, 340 à 342, 363, 365, 366, 368, 370, 376, 383, 386 à 394, 396 à 403, 405, 408, 410, 411, 413.
LACOUR, I, 242, 244; II, 152, 162, 163, 177, 192 à 195, 203, 221, 223, 225.
LACROIX, I, 67, 68, 383, 395, 398.
LACROSSE, II, 280.
Lacy (Régiment de), I, 307.
LAFFON, II, 14, 126 à 130, 132, 133, 135, 143, 145 à 147, 149 à 152, 155, 160, 161, 163, 168, 171, 177, 180, 193, 194, 203, 209, 219, 221, 225, 228, 229, 242.
La Flocelière, I, 415.
LAHORIE, II, 7 à 10, 12, 13, 17 à 27, 29, 34 à 36, 39, 40, 42, 49, 52 à 54, 56 à 60, 65, 66, 95, 96, 120, 127, 128 à 138, 141, 148, 152, 153 à 155, 157, 159, 160, 162, 164, 170, 178, 186, 187, 192 à 197, 201, 204 à 207, 209, 210, 212, 215 à 223, 225, 229 à 231, 233, 278, 291, 292, 293.
Laim, 54, 60.
La Marck (Régiment d'infanterie de), II, 133.
Lambach, I, 340; II, 187, 219, 221.
LAMBERT, I, 129 à 131, 139, 147, 167.
LAMBESC (PRINCE DE), I, 378.
La Mobile, I, 9.
Lampferding, II, 132.
Lampoding, II, 165.
LAMURE, I, 10.
La Naudière, I, 80.
Landau, I, 5, 6, 9, 10, 17, 60, 66, 67, 345, 347, 351, 352, 392.
Landeck, I, 172, 175.
Landershofen, I, 150.
Landes (Volontaires des), I, 26, 339.
Landsberg, II, 37, 54, 55, 60, 76.
Landshausen, (15 km. E.-N.-E. de Bruchsal), I, 390, 391, 394.
Landshausen (15 km. S. de Neresheim), II, 31.
Landshut, II, 45, 50, 53, 55 à 59, 61, 76, 77.
Langenau, I, 155; II, 25, 28.
Langenbrück, I, 139, 141 à 143.
Langenbrücken, I, 331, 332, 364, 399, 401, 402.
Langendorf, II, 171.
Langenenslingen, I, 166.
Langenhaslach, II, 16.
Langenmoosen, I, 153.

Langensteinbach, I, 116, 118.
Langhurst, I, 195.
Languedoc (Régiment de), II, 14, 30.
Langweid, I, 137, 138; II, 230.
Langwiesen, I, 288 à 290.
LANNES, I, 362.
LANOUGARÈDE, I, 386.
Lansrucht, II, 197.
LAREVELLIÈRE-LÉPEAUX, I, 146, 322.
LA RIBOISIÈRE, I, 48, 49.
LAROCHE, I, 122, 126, 268, 311, 312, 331, 332, 335, 337, 338, 346, 353.
La Rochelle (Armée des Côtes de), I, 10, 80.
LARUE, I, 20.
LARUE (Capitaine de vaisseau), II, 319.
LASSERET, I, 4; II, 248.
LA TOUR, I, 99, 103, 139, 144, 145, 150, 161, 168.
La Tour (Dragons de), I, 226, 299, 307; II, 66, 163, 165, 169.
Laubbach, I, 203.
Lauchheim, I, 123; II, 32, 77.
LAUER, II, 96, 116.
Laufen, I, 287, 293, 295; II, 165, 167 à 171, 172, 174, 175, 177, 179, 184, 195, 219, 222, 223.
Lauffen, I, 198, 368, 372.
Lauingen, II, 15, 19, 23, 24, 26, 27, 29.
Laupheim, I, 159.
LAURENT-DIEUDONNÉ MARTIN, II, 268.
LAURISTON, II, 283.
Lausanne, I, 96.
Lauterbach, I, 136, 196.
Lauterbourg, I, 351.
LAVAL, I, 287.
Laval, I, 80, 82.
LEBARBIER, I, 266.
LEBARON, I, 225.
LEBEL, I, 393.
Lech (le), I, 128, 135 à 138, 151, 153; II, 34, 37, 50, 76, 229.
Lechhausen, II, 37, 39.
LECLERC, II, 12, 13, 15, 16, 25, 27, 29, 31, 32, 51, 52, 61, 69, 71, 77, 251, 252, 253, 315.
LECOINTRE, I, 4.
LECOURBE, I, 109, 307, 327, 329, 345, 357, 359 à 361, 372, 379, 386, 387, 392, 397, 398, 406, 407, 408, 409, 412, 413, 414; II, 3, 6, 9, 11, 15, 16, 19 à 25, 26, 31, 32, 34, 37 à 39, 42, 48, 52, 54, 56, 57, 66, 71, 73, 76, 77, 87, 94, 95, 97, 125, 132, 138, 142, 148, 152 à 158, 159, 160, 161, 164, 167, 169, 176, 180, 181 à 183, 184, 186, 206, 229.
LE DIEUDEVILLE, I, 25.

INDEX ALPHABÉTIQUE

LEFAJURE, I, 37.
LEFEBVRE (général), I, 198 à 200, 202 à 204, 206, 208 à 212.
LEFEBVRE, II, 317, 382 à 386, 391, 396 à 400.
LEFÈVRE, I, 418, 422.
LEFOL, I, 338, 339.
LEFRANC, I, 339, 344.
Legelshurst, I, 194.
LEGENDRE, I, 67.
LÉGER, II, 285, 312, 313, 356, 357, 374, 379 à 383.
Légion des Montagnes, II, 20.
Légion Polonaise, II, 127, 143, 144, 145, 147, 152 à 155, 157, 174, 209.
LEGRAND, I, 307, 352, 359; II, 9, 18 à 20, 27.
LEGRAS, I, 108.
LEHONGRE, I, 278.
LEHRBACH (comte DE), I, 338; II, 93, 96, 98, 100.
Leimen, I, 411.
Leimersheim, I, 348, 349.
Lein (la), I, 121.
Leinheim, I, 155; II, 17, 20.
Leipheim, I, 155, 156.
Leipzig, I, 105, 116, 248.
Leizach (la), II, 90.
LE LOUP, I, 357.
Le Loup (Chasseurs de), I, 116, 130, 286, 294; II, 17.
LEMAIRE, I, 306.
LEMALE, II, 172, 173.
LEMOINE, I, 190.
Lengdorf, II, 69, 70.
Lenggries, II, 91, 125.
LENORMAND (voir NORMAND).
Leoben, II, 101, 198.
Leombach, II, 190, 192, 193.
Leopoldstein, II, 198.
LERCH, II, 284, 392.
Le Teil, I, 8, 90.
LETH, I, 392.
Le Texel, I, 90.
Leutesheim, I, 356.
LEVAL, I, 200, 212, 331 à 335, 342, 346.
LEVASSEUR, I, 40, 49, 94, 99, 102, 104, 109, 119, 145, 147.
Levenehr (Chevau-légers de), I, 130.
LEVRAULT, I, 243, 250, 356, 440.
Lichtenau, II, 50.
LIEBENOW, II, 91, 93.
LIECHTENSTEIN, I, 117, 122, 123; II, 187.
Liehenbach, I, 104.
Lienz, II, 79, 199.
Liggersdorf, I, 201.
Lille, I, 148.
Limbourg, I, 328.

Limmat (la), I, 355.
Lindach, II, 94, 123, 128.
Lingenfeld, I, 345, 347, 349.
Lingolsheim, I, 194.
LINK, II, 51.
LINOIS, II, 285, 315 à 400.
Linsenberg (Fort), I, 48.
Linx, I, 89, 94, 97.
Linz, II, 81, 183, 189, 204 à 206, 220.
Lipsheim, I, 194.
Liptingen, I, 220, 305, 316, 417, 444.
Lobkowitz (Chevau-légers de), I, 122.
Löffingen, I, 232.
Loire (la), I, 65, 195, 240, 367.
Loisach, II, 71, 76, 77, 112.
Loitersdorf, II, 131.
Lonthal, II, 28.
Loppenhausen, II, 8.
LÖPPER, II, 186.
Lorch, I, 121.
LORGE, I, 188, 307.
Lorient, II, 263.
Lörrach, I, 274, 298.
Lorraine, I, 16.
Lorraine-Cuirassiers, II, 59.
Losensteinleiten, II, 203.
Lot-et-Garonne, I, 12.
LOTHRINGEN (CARL), I, 391, 399.
LOTTIN, II, 8.
Loudéac, II, 213.
Loudon (Chasseurs de), I, 298.
LOUIS-FERDINAND DE PRUSSE, I, 24, 26, 27.
LOUIS XVI, II, 100.
Louisiane, I, 9; II, 252, 254.
Lubersac, I, 196.
LUCAS, II, 335, 337, 340.
Lucerne, I, 329.
Luchon, I, 328.
Ludwigsburg, I, 117, 119, 120.
Lugano, I, 10.
Lunéville, I, 89; II, 101, 105, 108, 204, 209, 218, 223, 251, 290, 291.
LUTZ, II, 116.
Luxembourg, I, 9.
Luxembourg (Légion de), I, 126.
Luxembourg (Palais du), I, 359.
Luzeret, I, 173.
Lyon, I, 193; II, 256.

MACARTNEY (Lord), II, 337.
MACDONALD, II, 191.
MACK, II, 110, 177, 179.
Mack (Cuirassiers de), I, 299.
Mâcon, II, 206.
Madagascar, II, 261, 372, 379, 382.
Madras, II, 285, 313, 317, 349 à 400.
MAGALLON, II, 327, 328, 364, 377.

Magdebourg, I, 114.
Mahé, II, 261, 267, 270, 283, 298, 299, 302, 303.
Mahlsletten, I, 167.
Mahmoud Schah, II, 372, 376.
Mahrattes, II, 299, 328, 366, 371 à 381.
Mailand (Cuirassiers de), I, 378, 393.
Mailetskirchen, II, 89, 120.
Maillebois (Légion de), I, 189.
Maillezais, I, 415.
Mailling, II, 131, 132.
Main (le), I, 8, 16 à 20, 31, 63, 100.
Mainburg, I, 139, 146 ; II, 77.
Maitenbeth, II, 137, 139, 142, 143, 145, 146, 148, 240, 242.
Maine (Régiment de), II, 7.
Mainoni, I, 10.
Malabar (Côte de), II, 260, 283, 298 à 303, 329, 365, 375 à 378, 386.
Malaga, I, 340.
Maldives (Iles), II, 346.
Malet, II, 7.
Malines, I, 134.
Maljean, II, 208.
Malmaison (la), II, 214, 238, 244, 245, 247, 249, 258, 259, 261.
Malsch, I, 104, 109 à 115, 340, 363, 389, 403.
Malte, II, 331, 332.
Malterdingen, I, 172.
Malzhausen, I, 153.
Mamirolle, II, 294.
Manching, I, 141, 143.
Mändling, II, 198.
Manfredini (Régiment), I, 226 ; II, 56, 57.
Mangfall (la), II, 90, 91, 93, 130.
Mangin, I, 12, 25, 412.
Manille, II, 330.
Mannheim, I, 6, 296, 307, 319, 324, 328 à 331, 345 à 347, 353 à 360, 365, 368, 375, 379, 387, 397, 407 à 415.
Manosque, II, 257.
Manteaux-Rouges, I, 249, 250, 298, 368, 369, 379, 386 ; II, 22, 29, 64, 66.
Mantes, II, 266.
Mantoche, II, 91.
Mantoue, I, 10 ; II, 5.
Marais, I, 300.
Marawitzky (comte), II, 45.
Marbach, I, 135, 197, 198, 231.
Marceau, I, 82, 317, 438.
Marchthal, I, 162.
Marengo, II, 33, 251, 288.
Marengo (le), II, 278, 312, 315, 323 à 326, 343 à 349, 353 à 359, 363, 364, 382, 390.
Marktl, II, 107.

Marcognet, I, 97, 104, 108, 110, 111, 115, 121, 122, 125, 126, 133, 139, 140, 144, 145, 149, 164 ; 74.
Marescot, II, 284.
Mariazell, I, 197.
Maribon-Montaut (Voir Montaut).
Marie-Françoise (la), II.
Marienberg, II, 132.
Marienborn, I, 8, 15, 22, 24 à 27, 29, 34, 36, 46, 48, 50, 62.
Marigny (Bouin de), I, 15, 20 à 22, 24, 26, 80, 81, 380, 383.
Marillac, I, 10, 12.
Marktgaming, II, 198.
Markolsheim, I, 272.
Marlen, I, 420.
Marmont, II, 209.
Marne, I, 338.
Marne (Volontaires de la), I, 338.
Marons, I, 292.
Mars (Fort de), I, 16, 20, 32, 48, 72, 74, 76, 78.
Marseille, II, 256, 257, 327.
Marthalen, I, 287, 289 à 292, 297.
Martin, I, 20.
Martinique (la), II, 294.
Mas, I, 108, 115, 145, 165.
Mascate, II, 298, 301, 328, 368, 370 à 372, 375 à 378.
Massard, II, 146, 189.
Masse (Jean), II, 188.
Masséna, I, 197, 230, 272, 280 à 283, 288, 300, 303, 304, 306, 307, 309, 311 à 314, 318, 319, 324, 332, 354, 355, 368, 384, 387, 398, 420, 423 ; II, 100, 213.
Masulipatam, II, 298, 300, 301.
Mathieu, II, 205.
Mathieu-Faviers, II, 113, 114.
Mauenheim, I, 199.
Matzelsdorf, II, 194, 203.
Mauerham, II, 165.
Mauern, I, 146, 147.
Maure, I, 63.
Maximilien-Joseph II (Voir Électeur Palatin).
Mayence, I, II, 1 à 13, 15 à 31, 34 à 36, 45 à 50, 52 à 68, 70 à 74, 76 à 78, 80, 94, 103, 185, 187, 247, 317, 329, 355, 397, 398.
Mayence (Armée de), I, 11, 65, 68 à 70, 80, 83, 190, 201, 328.
Mayenne (Département de la), II, 7.
Mayenne (Volontaires de la) II, 7.
Mayenne-et-Loire (Volontaires de), I, 288.
Meaux, I, 4.
Mechtenheim, I, 344.
Mécusson, II, 371, 372, 378.

INDEX ALPHABÉTIQUE

Meczery, II, 187.
Mehrenstetten, II, 23.
Melas, II, 80, 81.
Mello, II, 144.
Melun, I, 240.
Memmingen, II, 4, 6, 12.
Mengen, I, 199, 204, 205.
Mentor (le), II, 328.
Menzingen, 359 à 368, 389, 391.
Meran, II, 199.
Merdingen, I, 275, 276.
Mergentheim, II, 224.
Merishausen, I, 294.
Merlin de Thionville, I, 3, 5, 9, 13, 14, 21, 24, 26, 28, 40, 49, 50, 52, 60 à 62, 67, 68 à 71, 83, 84, 230, 232, 236 à 238, 240, 241, 246, 253, 417, 423, 434, 439.
Merlin (Redoute), I, 40, 42.
Mertingen, I, 136, 153.
Merveldt, I, 436; II, 26, 40, 42, 45, 49, 50, 52, 55 à 57, 59.
Mesnard, I, 307.
Messkirch, I, 200, 201; II, 3, 4, 7.
Meszaros (Régiment de), I, 226; II, 38, 40, 53, 128.
Metz, 1, 5, 9, 47, 49, 53, 56, 57, 58, 352, 415; II, 230, 266.
Meurthe, I, 10, 129, 200.
Meurthe (Volontaires de la), I, 10, 74, 77, 362; II, 30.
Meuse, I, 89, 148, 187, 188.
Meusnier, I, 8, 15, 17 à 19, 29, 31, 63.
Meusnier (Ile), I, 63
Meyer, I, 299.
Mézières, I, 8.
Michaud, II, 174, 190.
Michel Wallis (Voir Wallis).
Miesbach, II, 90.
Mignotte, I, 12, 49, 50, 53.
Mihanovich (Régiment de), II, 13, 17.
Mincio, II, 191.
Mindel (la), I, 151, 154, 155; II, 12, 13, 16, 19, 77.
Mindelheim, II, 10, 76, 77.
Mindelzell, II, 13, 14.
Minderreuti, I, 161.
Mingolsheim, I, 331 à 333, 335, 364, 368, 389, 395, 398, 400 à 403.
Missire, I, 108, 113, 115, 129, 132, 140, 142, 145, 175, 176, 181.
Mitrowsky (Régiment de), I, 226.
Mittenwald, II, 90, 91.
Mitter-Au, II, 202.
Mixich, II, 109.
Möckenlohe, I, 148, 150.
Modène (Duc de), II, 232.

Mohrenhausen, II, 10.
Möhringen, I, 168, 198.
Moka, II, 228, 301.
Molitor, I, 213; II, 158.
Mombach, I, 7, 21, 22.
Mönchweiler, I, 170, 171, 197, 198, **238**.
Monheim, II, 77.
Monsieur (Régiment de), I, 126.
Montagnes-Noires (Voir *Forêt-Noire*).
Montargis, I, 65, 373.
Montauban (Ille-et-Vilaine), II, 67.
Montaulon, II, 30, 43, 122, 146, 147, **159** à 163, 179, 189, 227, 229.
Montaut, I, 57, 58, 65, 67, 68, 69.
Mont-de-Marsan, I, 339.
Montélimar, I, 340.
Montfort, I, 35.
Montigny, II, 266, 267, 283, 317, 327.
Montrichard, I, 89, 90, 91, 92, 118, **120**, 156; II, 3, 10, 58 à 61, 114, **127** à 131, 148, 153, 186, 187, 196.
Mont-Terrible, I, 84.
Montvoisin, I, 145.
Moocajee Boucelah, II, 399.
Moosach, II, 43, 53, 90, 120, 121, **126**, 129, 131, 135.
Moosach (la), II, 129.
Moosburg, II, 69.
Moravie, II, 101, 115.
Moreau, I, 85, 89, 90, 93, 95 à 97, **100**, 107, 109, 111 à 115, 118, 120, **128** à 130, 132 à 135, 137, 141, 143, 145 à 147, 150, 151, 153, 157, 160, 161, **165** à 167, 170, 176, 195, 203, 221, **231**, 238, 303, 317, 318, 321, 323, 324, 359, 371, 374, 433, 438; II, 4 à 7, 15, **21**, 24, 25 à 29, 31 à 34, 38, 39, 41, 42, 45 à 64, 66 à 76, 78 à 92, 100, 102, 115, 121, 129 à 132, 136 à 139, 148 à 152, 154, 158, 164, 170, 175, 183, 186 à 190, 192, 195, 196, 198, 205 à 208, 209 à 220, 224, 226 à 228, 231, 237 à 241, 243 à 245, 247 à 249, 252, 254, 258, 259, 278, 286 à 294.
Morlaix, II, 285.
Mortières, II, 174.
Mösbach, I, 104.
Mosel, I, 96, 98, 109, 119, 131, **144**, 181, 183.
Moselle, I, 12, 104, 114, 187, 188, **213**, 376.
Moselle (Armée de la), I, 5, 6, 26, 49, **57**, 59, 65.
Moselle (Volontaires de la), I, 213, **232**.
Moskowa (la), I, 211; II, 8.
Motard, II, 317.
Mottet, II, 353, 366.

MOULIN, I, 83.
MOUSTACHE, II, 253.
Muggensturm, I, 109, 110.
Mühldorf, II, 98, 99, 105 à 107, 116, 134, 135, 148, 149, 159, 160, 164, 224, 225, 238.
Mühlhausen, I, 169.
Mühlheim, I, 168, 217, 224.
Mühlthal, II, 109.
Muizenberg, II, 335.
MULLER, II, 82, 92.
MULLER (Léonard), I, 327, 330, 343, 345, 354, 357.
MULLER (sous-lieutenant), II, 366.
Müllheim, I, 287.
Münchmünster, I, 146.
Munderkingen, I, 159.
Mundingen, I, 179.
Munich, II, 26, 33 à 36, 38 à 62, 64 à 75, 80, 82 à 90, 92 à 97, 105, 109 à 112, 117, 120 à 123, 127, 131, 135, 139, 206 à 212, 216, 218 à 228, 238.
Münster (23 km. S.-E. de Munich), II, 123.
Münster, I, 15.
Münster (Dragons de), II, 158.
Münzesheim, I, 343, 359, 365, 366, 367, 370, 389, 390, 392.
Munzingen, I, 279.
Murg (la), II, 198.
MURAT, II, 7, 291.
Murg (la), I, 108, 117.
Murnau, II, 71, 76 à 78, 91, 106.
Mutschelbach, I, 118.
Mutterstadt, I, 329, 347.
Mysore, II, 299.

NAGLE, I, 108, 115, 145, 155, 163, 181.
Nagold (la), I, 118.
NANNAH FURNAVEZE, II, 328, 329.
Nancy, I, 49, 56, 57, 60, 61, 65, 68 ; II, 11, 230.
NANSOUTY, II, 37 à 39, 42, 47, 54 à 56.
Nantes, I, 80.
Naples, I, 90, 96, 195.
NAPLES (ROI DE), II, 207.
Naples (Armée de), I, 134, 145, 189 ; II, 5.
Nasenbach (le), II, 149.
Nassau (Cuirassiers de), I, 299.
Nassau-Infanterie (Régiment de), I, 8 ; II, 5.
Nassenfels, I, 147 à 149.
Nattenhausen, II, 11.
NATTES (DE), I, 11, 40, 49.
Nauders, II, 200.
NAUENDORF, I, 155, 157, 168, 202, 224, 307 ; II, 25.

Navarre (Régiment de), I, 7.
Nécessité (la), II, 278.
Neckar (le), I, 119, 120, 168, 196, 197, 198, 335, 338, 339, 353, 397, 430 ; II, 233.
Neckarau, I, 346, 353, 354, 376, 381, 407, 412.
Neckarbischofsheim, I, 366, 368, 388, 393.
Neckargemünd, I, 334, 338.
Neckarsteinach, I, 338.
Negrellos, I, 268.
Nennslingen, I, 139, 149.
NEIGRE, II, 174.
Nenzingen, I, 199, 216, 223, 227, 233, 307.
Neresheim, I, 126 à 128, 130 à 133, 135 ; II, 26, 31 à 33, 35.
Neubeuern, II, 152, 156, 158.
Neubrunn, I, 203, 210, 211.
Neuburg, I, 137, 139, 147 à 152 ; II, 11, 15, 16, 37, 48 à 52, 64, 77.
Neudorf, II, 283, 391.
Neuenburg, I, 343.
Neuf-Brisach, I, 9, 267, 278, 279, 282 ; II, 288.
Neuhaus, II, 180, 182, 185.
Neuhausen (10 km. Nord de Villingen), I, 197.
Neuhausen (3 km. Sud d'Engen), I, 217 à 220.
Neuhausen (6 km. O.-N.-O. de Munich), II, 53, 62.
Neuhofen, I, 190 à 194, 219.
Neukirchen, II, 121, 135.
Neumarkt, II, 139.
Neumarkt (21 km. N.-E. de Salzburg), II, 107, 175, 177 à 183, 185, 186, 198, 222, 223, 225, 226.
Neumühl, I, 89, 94, 195, 345, 356 à 358.
Neu-Oetting, II, 98.
Neupfot, I, 349.
Neustadt (Palatinat bavarois), I, 6, 186 à 188, 347.
Neustadt (entre Ingolstadt et Kelheim), I, 129, 140, 146, 147 ; II, 48.
Neustadt (entrée du Val d'Enfer), I, 170 à 172, 198, 229, 230 ; II, 4.
Neuthor, I, 48.
NEVEU, II, 82, 84 à 86.
NEY, I, 307, 331, 334 à 337, 339, 345, 346, 356, 361 à 363, 365 à 368, 375, 384 à 387, 389, 390, 391, 393, 395 à 397, 399 à 406, 409, 413 ; II, 6, 9, 29, 32, 33.
Nice, II, 257.
NICEVILLE, I, 12.
Niclasreuth, II, 131.

INDEX ALPHABÉTIQUE

Nieder-Arnbach, I, 138.
Niedereschach, I, 197.
Nieder-Ingelheim, I, 5.
Nieder-Marthalen, I, 287.
Nieder-Raunau, II, 3, 10, 12.
Nieder-Rimsingen, I, 279.
Nieder-Sand, I, 194.
Nieder-Schönenfeld, I, 137.
Nieder-Schöpfheim, I, 195.
Niederweier, I, 109.
Nièvre, I, 285.
Nièvre (Volontaires de la), I, 75, 79.
Nimburg, I, 175, 180 à 184.
Nimis, I, 186, 187.
Nogaret, I, 386.
Noizet, I, 398.
Nord (Département du), I, 247.
Nord (Armée du), I, 5, 23, 82, 96, 114, 145, 196, 198, 200, 340.
Nord (Légion du), I, 104.
Nord (Volontaires du), I, 247.
Nordendorf, I, 136.
Nordhausen, I, 267.
Nördlingen, I, 125, 131, 132, 135; II, 25, 31 à 33, 35, 77, 224.
Normand, II, 164, 278, 291, 293.
Nostitz, I, 161.
Nourry, II, 216.
Nouvelle-Orléans (la), I, 10.
Nouvion, I, 307.
Nüremberg, I, 148; II, 198.
Nusplingen, I, 167.
Nussbach, I, 240, 244, 245, 250, 251, 257, 426, 435, 439, 440.
Nussloch, I, 403 à 405, 407, 408.
Nymphenburg, II, 26, 48, 49, 51, 53, 54, 58, 60, 61, 63, 72, 75, 88, 92, 93, 95, 96, 246, 290.

Ober-Acker, I, 383, 389, 390, 392, 394, 401.
Ober-Arnbach, I, 138.
Ober-Baldingen, I, 199.
Ober-Bechingen, II, 29.
Oberberg, II, 28.
Ober-Bergheim, II, 29.
Ober-Biegelhof, I, 388.
Ober-Blaichen, II, 10, 14.
Ober-Böbingen, I, 122.
Ober-Derdingen, I, 390.
Oberdorf, I, 125.
Oberehnheim, I, 194.
Obereschach, I, 197.
Obergrombach, I, 361, 382, 383.
Oberkirch, I, 102, 104, 195, 420.
Ober-Kirneck, I, 121.
Ober-Kochen, I, 123.

Ober-Laus, II, 90, 125.
Ober-Medlingen, II, 3, 25.
Oberndorf (15 km. N.-N.-O. de Rottweil), I, 196, 198, 230.
Oberndorf (5 km. S.-O. de Rain), I, 153.
Oberndorf (10 km. E. de Munich), II, 49, 63.
Oberndorf (11 km. S. de Hohenlinden), II, 57, 142, 143, 145.
Ober-Pframern, II, 125.
Ober-Riffingen, I, 125, 130; II, 32.
Ober-Rimsingen, I, 275, 279.
Ober-Roth (8 km. N.-E. de Kellmünz), II, 9.
Ober-Roth (9 km. N.-O. de Dachau), II, 41, 54.
Ober-Rott, II, 156.
Ober-Sendling, II, 61.
Oberstadion, I, 159.
Oberstein, I, 159.
Ober-Stetten, I, 199.
Ober-Thürheim, I, 154.
Ober-Urbach, I, 121.
Ober-Walling, II, 197, 202.
Oberweier, I, 109.
Oberwil, I, 283.
Obing, II, 159, 162.
Océan (Armée des Côtes de l'), I, 9, 198, 340.
Ochsenbach, I, 202.
Odenheim, I, 343, 360, 361, 363, 365 à 367, 370, 387, 389, 390 à 394, 396, 399 à 401.
O'Donel (Chasseurs d'), I, 298, 307.
Oensbach, I, 103, 104.
Oerlingen, I, 291, 297.
Oestringen, I, 333, 343, 363, 370, 387, 389, 394, 398, 400 à 403.
Oetting, II, 116.
Oewisheim, I, 386, 389, 394.
Offenburg, I, 97 à 100, 103, 195, 254, 264 à 266, 269, 298, 306, 356, 368, 420, 427, 437, 443, 444; II, 234.
Offingen, II, 20, 22.
Oftersheim, I, 331, 332, 346, 405, 407, 410, 411.
Oggelshausen, I, 162.
Oggenhausen, II, 31.
Oggersheim, I, 329.
Ohlsbach, I, 195.
Ohmenheim, I, 128, 130; II, 35.
Oise (Département de l'), I, 352.
Olgishofen, II, 10.
Oos, I, 104, 105.
Oosbach, I, 105, 106.
Orissa, II, 298, 329, 400.
Orléans, I, 65, 68 à 71.

Orne (Volontaires de l'), I, 201, 366.
Orsay, II, 289.
Orsingen, I, 222, 226, 307.
Ortenberg, I, 195.
Orthofen, II, 40.
Ossingen, I, 291, 297.
Ostendorf, I, 137.
Ostrach, I, 203, 205, 207 à 213, 417.
Ostrach (l'), I, 205, 206, 208.
Ostwald, I, 194.
Otterbach (l'), I, 349.
Otterswcier, I, 105.
Ottmarsheim, I, 282.
OUDINOT, I, 181, 287, 296, 297, 307, 327, 328; II, 250.
Ouest (Armée de l'), I, 9, 10, 54.
Ourthe, I, 267.
OVRÉ (D'), I, 5, 7, 8, 14 à 16, 18, 20, 22, 24 à 38, 41 à 49, 58, 59, 66.

Paar (la), I, 138, 139, 142, 143, 147; II, 34, 37 à 39, 42.
PAILLARD, I, 285, 286, 291, 293, 296, 297.
PAJOL, I, 240, 241, 245, 249, 250, 251, 275, 276, 279, 300, 425, 439, 441.
Palatinat, I, 185, 321; II, 199.
PAQUET, I, 179.
Paradies, I, 287 à 289, 295, 298, 301, 307; II, 3.
Paris, I, 3, 23, 25, 51, 57, 61, 82, 84, 89, 90, 96, 103, 118, 159, 188, 196, 200, 213, 220, 232, 288, 296, 315 à 330, 322 à 324, 327, 328, 352, 359, 431, 444; II, 31, 37, 43, 74, 133, 206, 214.
Paris (Chasseurs de), I, 10, 195.
Paris (Volontaires de), I, 200.
Parsberg, II, 194.
Parsdorf, II, 49, 55, 63 à 69, 90, 121.
PASCAL, I, 20, 27.
Pasing, II, 54.
Passau, II, 57, 79, 98, 100, 108, 115.
Passy, I, 96.
PATISSIER, I, 371.
Pellegrini-Infanterie (Régiment de), I, 110.
PELLET, II, 257.
Perlach, II, 57, 62, 63.
PERCY, II, 73.
PERQUIT, I, 96.
PERRIN, I, 210, 240, 241, 251, 253, 257, 259, 260, 418, 421, 425, 434 à 442.
PERRIN (adjudant général), II, 22.
PERRIN (chasseur), II, 172, 17, 3.
PERRON, II, 399.
Perse, II, 372, 376.
Persique (Golfe), II, 375.
PESCHWAH (LE), II, 329, 380.
Peterzell, I, 243, 245, 246, 249.

Petit-Koblenz, I, 287.
Petite-Pierre (la), I, 167.
PETRASCH, I, 166, 168.
Petting, II, 166.
Pfaffenhofen, I, 141, 143, 145, 146; II, 52, 53, 57.
Pfaffenweiler, I, 236, 237.
Pfaffing, II, 162.
Pfalzpaint, I, 149.
Pfersbach, I, 121.
Pfohren, I, 171, 198, 199, 232.
Pforzheim, I, 117, 118, 333, 372, 378.
Pfrungen, I, 203, 206, 207, 209.
Pfuhl, I, 157, 158.
Pfullendorf, I, 193, 197, 199 à 208, 210 à 212, 214, 220 à 222, 226, 430.
Pfünz, I, 150.
Phalsbourg, I, 5.
Philippsburg, I, 221, 327, 331, 332, 335 à 344, 354, 355, 365, 375, 384, 385, 388, 391, 397, 398, 414; II, 82, 96.
PICARD (COMMANDANT), II, 150.
Picardie (Régiment de), I, 8.
PICHEGRU, I, 84, 90, 324; II, 286, 287.
PIE VI, II, 256.
Piëtenfeld, I, 148, 149, 150.
Pillnitz, I, 3.
PINARD, I, 97.
PINCHON, I, 277.
Pithiviers, I, 65.
PLACE, I, 103.
Plankstadt, I, 331.
Plankstadterebene, I, 412.
PLAUZONNE, II, 8, 13, 17, 18, 24, 58, 69, 70, 92, 133, 147, 148, 153, 159, 173, 229.
Pleikartsforst, I, 412.
Plessier (le), I, 352.
Pliening, II, 58, 67.
Plobsheim, I, 194, 267.
Ploërmel, I, 11.
Plüderhausen, I, 121.
Pobenhausen, I, 138.
Pöbenhausen, I, 146.
POISSON, I, 358.
Poitou (Régiment de), I, 200.
Poivre, I, 11.
Poligny, I, 10.
Poméranie, I, 213.
POMMIER, II, 5.
PONCE, I, 145, 183.
Pondichéry, I, III; II, 258 à 262, 265, 267, 270, 280 à 282, 284, 285, 294, 298 à 304, 306, 307, 311 à 313, 317, 321, 327, 332, 340, 341, 346, 347, 349 à 360, 365 à 369, 374 à 400.
Pont-à-Mousson, I, 56; II, 14, 230.

Pont Couvert, I, 312.
Pont-des-Morts, I, 32, 63.
Pontoise, I, 4; II, 12.
Pontorson, I, 80.
Poonah, II, 329, 380, 399, 400.
Pörnbach, I, 140, 143; II, 57.
Portet, II, 8.
Porto-Novo, II, 346, 348.
Portugal, I, 96, 195, 268; II, 253.
Portugal (Armée de), I, 114, 196.
Pöttmes, I, 138, 150, 152, 153; II, 51, 52.
Prague, II, 98, 100.
Prentout, II, 364, 400.
Prez-en-Pail, II, 7.
Prieur, I, 68, 81.
Pringle, II, 323, 330, 331, 337, 340.
Provence, II, 258.
Prudhomme, I, 10.
Prusse, I, 9, 362, 365.
Prusse (Roi de), I, 30, 41.
Pühring, II, 194.
Purschhütte, II, 91.
Puster Thal, II, 80.
Pyrénées (Armée des), I, 173.
Pyrénées-Occidentales (Armée des), I, 126.
Pyrénées-Orientales (Armée des), I, 111, 189, 194.

Québec, I, 217.
Querbach, I, 195, 356.

Rabenden, II, 161 à 163.
Radolfzell, I, 208, 216, 227.
Raglovich, I, 93.
Rain, I, 128, 136 à 138, 150, 151, 153; II, 39, 50, 224.
Rain (12 km. O.-N.-O. de Rosenheim), II, 132.
Rainier (Amiral), II, 350, 361 à 397.
Raismes, I, 23.
Ramering, II, 148, 149.
Ramersdorf, II, 55.
Ramsau, II, 149.
Rapatel, I, 103; II, 195, 232.
Rapp, II, 245.
Rastatt, I, 104 à 113, 303, 306, 356, 386.
Rathhaus, I, 275, 276.
Ratisbonne, I, 145, 146, 148, 150; II, 44, 104, 115, 198.
Rattenberg, II, 80.
Rauenberg, I, 339 à 341, 343, 363.
Rauenthal, I, 109.
Ravensburg, I, 203, 206 à 208.
Rechberg, I, 122.
Rechtmering, II, 153.
Redl, II, 186.

Rednitz (la), II, 76, 77.
Regau, II, 186.
Rehrosbach, II, 39, 40.
Reichenhall, II, 224.
Reichertsheim, II, 148, 149.
Reichertshofen, I, 139, 142, 143, 147.
Reihen, I, 368, 388.
Reims, I, 261.
Reims (Chasseurs de), I, 261.
Reisensburg, II, 17, 20.
Reinhart (Baron de), II, 81.
Reisensburg, II, 17, 20.
Reiset, 144.
Reithaslach, I, 200.
Reitmehring, II, 153.
Remberweiller, I, 204.
Remeltshofen, I, 156.
Rems (la), I, 117, 121, 122; II, 77.
Rémy, I, 172.
Rench (la), I, 99, 100, 102, 103.
Renchen, I, 98 à 101, 104.
Rennes, I, 103; II, 67.
Renquishausen, I, 167.
Républicains (Les chasseurs), I, 10, 74, 78.
République Cisalpine, II, 116.
République (Volontaires de la), I, 10.
Rettigheim, I, 343, 363.
Reubell, I, 5, 9, 14, 24, 25, 28, 35, 49, 50, 52, 59, 61, 62, 67 à 71, 146, 189, 319 à 322, 324.
Réunion (Ile de), II, 351.
Reuss (Prince de), II, 50, 56, 58, 79, 81.
Reutte, II, 87, 97, 103.
Revigny, I, 148.
Reynier, I, 85, 96, 151, 167, 170, 180, 184, 185.
Rheinau, I, 290 à 292, 297.
Rheinfelden, I, 84, 283, 284, 312.
Rheingau, I, 15.
Rheinklingen, I, 286, 287, 292 à 295, 301; II, 3.
Rheinwald, I, 314.
Rheinzabern, I, 345, 347, 348, 349.
Rhin, I, 5, 8, 13 à 20, 29, 44 à 49, 60, 67, 70, 85, 89 à 94, 104, 119, 131, 166 à 175, 184 à 194, 221, 242, 256, 267, 270, 272, 273, 276, 282, 285 à 287, 289 à 300, 307, 310, 325, 327 à 335, 344 à 355, 372 à 387, 397, 407, 412 à 414, 416, 420, 430; II, 3, 100, 101, 191, 199 à 201, 218, 229 à 234, 289.
Rhin (Armée du), I, 5, 6, 8, 15, 26, 49, 51, 57, 59, 61, 67, 94, 134, 186, 303, 317, 318, 320 à 324, 345; II, 1 à 247, 251, 252, 254, 283, 288 à 291.
Rhin (Chasseurs du), I, 90.
Rhin (Corps d'observation du), I, 367.

Rhin-et-Moselle (Armée de), I, 8, 11, 54, 57, 84, 85, 87, 89, 96, 114, 115, 136, 138, 157, 162, 169, 170, 178, 181, 183, 185, 187.
Ribeauvillé, II, 133.
RICHARD, I, 81.
RICHEMONT, II, 283.
Richen, I, 388.
RICHEPANCE, I, 190; II, 3, 4, 6, 77, 93, 94, 114, 120, 121, 123, 126, 128, 130, 131, 134 à 138, 139 à 146, 148, 149, 159, 160, 164, 167, 170, 177, 178, 185, 187, 190, 191, 193, 194, 196, 197, 205, 206, 218, 219, 220, 223, 239, 240, 241, 242, 280, 281.
Rieblingen, II, 35, 38.
Ried, II, 107.
Rieden, I, 154.
Riedhausen (7 km. N. de Günzburg), I, 155; II, 28.
Riedhausen (7 km. S.-E. d'Ostrach), I, 203, 209.
Riedlingen, I, 166; II, 4, 76.
RIEFFEL, I, 50.
RIEG (COMTE DE), II, 119.
Riegel, I, 172.
Riem, II, 55, 58, 63, 68, 120.
Rietheim, I, 168, 236.
Riexing, II, 67.
Riexingen, I, 119.
RIGNIER, II, 189.
Rinenthal, II, 39.
Ringgenweiler, I, 204.
Rio del Goa, II, 335.
Riom, I, 228.
Riss (la), I, 159.
Riss, II, 91.
Ristissen, I, 159.
RITAY, II, 8.
RIVET, I, 145, 176, 181.
Rödersheim, I, 347.
ROEDERER, I, 319.
Röfingen, II, 23.
Rohrbach, I, 245, 388, 391, 407, 411.
Rodrigue (île), II, 260.
Rohrenfels, I, 151.
Rohrsdorf, II, 129, 130.
Röhrwangen, I, 159.
Roi (Dragons du), I, 328.
Rome, II, 257.
Rome (Armée de), I, 145, 195.
ROSCHOWSKY, II, 165.
ROSENBERG, II, 59, 67, 69, 70.
ROSENBUSCH, I, 149.
Rosenheim, II, 62, 79, 87, 89, 90, 93 à 95, 98, 99, 109, 120 à 122, 127 à 129, 130 à 132, 153, 156, 157 à 159, 160, 164.

Rossbach, II, 40, 41.
ROSSIGNOL, I, 80.
Rottenmann, II, 180.
Roth, I, 186, 188, 332, 345, 362, 364, 384, 395, 402, 403.
Roth (la), I, 156.
Röthenbach, I, 171.
Rothenberg, I, 343.
Rothenhausen, II, 107.
Rothweil, I, 276.
Rott, II, 90, 94, 95, 121, 122, 129, 130, 132 à 135, 138, 239.
Rott (la), I, 153, 154.
Rottum (la), I, 159.
Rottweil, I, 168, 170, 196, 197, 198, 230, 232; II, 76, 233, 234.
Rouge (Mer), II, 298.
ROVEREDO (DE), II, 81.
Rouen, I, 190; II, 144.
ROUSSEAU, II, 378.
ROUSSEL, I, 359, 362, 363, 366, 369, 370 à 372, 378, 379 à 384, 392, 402, 405 à 407, 411, 413; II, 123, 125.
Royal-Lorraine (Régiment), II, 144.
RUBY, I, 198, 229, 230.
RUDLER, I, 186, 187.
Rudolfingen, I, 290 à 292.
Ruffey-sur-Seille, I, 109.
RUFFIN, I, 400.
RUGGIERI, II, 243, 289.
RUHL, I, 67.
Rülzheim, I, 348, 349.
Ruschweiler, I, 203, 208 à 210.
Russheim, I, 391, 395.
RUSSES, II, 100, 101, 116.
Russie, I, 96, 114; II, 332, 365, 380.

Saal (la), I, 367, 369, 383.
Saalach (la), II, 166, 226.
Sachsenhausen, II, 27 à 30.
SAHUC, II, 144, 145, 229, 233.
Saint-Chamans (Régiment de), I, 5.
Saint-Charles (Fort), I, 11, 39, 41 à 43, 48.
Saint-Cloud, II, 309.
Sainte-Croix, I, 8, 29, 39.
SAINT-CYR (Voir GOUVION).
SAINT-DIZIER, II, 95, 142, 143, 155.
Saint-Domingue, I, 11; II, 12, 252, 253, 280, 281.
Sainte-Elisabeth (Fort), I, 12, 29, 33, 39, 43, 48.
SAINTE-SUZANNE (BRUNETEAU DE), I, 11, 37, 42, 49, 89, 94, 97, 99 à 104, 108, 110, 113 à 115, 119, 120, 123, 125, 128, 132, 136, 137, 140, 143, 151 à 154, 157, 161, 166, à 168, 170 à 172, 176, 183, 186, 188, 239; II, 3, 4, 6, 48, 77, 231, 267, 284, 317.

INDEX ALPHABÉTIQUE

SAINTE-SUZANNE, II, 267, 284, 317, 341, 342, 391 à 397.
Saint-Georges, II, 349, 373, 386 à 397.
Saint-James (Cabinet de), II, 328, 366.
Saint-Jean (île), I, 33.
Saint-Jean de Rohrbach, I, 114.
Saint-Joseph (Fort), I, 11, 14, 38, 40, 43.
Saint-Julien, I, 314.
SAINT-JULIEN (COMTE DE), II, 95.
Saint-Louis, I, 283.
Saint-Médard de Limeuil, I, 54.
Saint-Michel, I, 360.
SAINT-MIHIEL, II, 367.
Saint-Nabord, I, 10.
Saint-Domingue, II, 251, 254.
Saintonge (Régiment de), I, 10.
Saint-Philippe (Fort), I, 11, 29, 33, 36, à 43, 48.
Saint-Pierre (île), I, 15, 16, 33, 44, 48, 72, 75, 76, 79.
Saint-Rémy-Chaussée, I, 247.
SAINT-SULPICE, I, 405.
Salaberg, II, 196.
Saldagne, II, 335, 340.
Salem, I, 203, 210 226.
Salette, I, 198.
SALIS (DE), II, 339, 340.
Salis (Corps de), II, 53.
Salmansweil, I, 203, 226.
SALM, I, 343.
Salmdorf, II, 63.
Salm-Salm (Régiment de), I, 10, 29.
Salzach (la), I, 12 ; II, 152, 164 à 180, 184, 194, 196, 202, 223 à 226.
Salzbach, II, 288.
Salzburg, I, 12 ; II, 81, 107, 158 à 171, 175, 178 à 187, 196, 198, 202 à 212, 214 à 216, 219, 221 à 226, 291.
Sambre-et-Meuse (Armée de), I, 139, 144, 147, 185, 198, 328.
Sand, I, 89, 97, 98.
Sandizell, I, 152.
Sandweier, I, 105, 106.
Sankt-Florian, II, 203.
Sankt-Georgen, I, 238, 240 à 255, 269, 418, 419, 421, 425 à 427, 434, 435, 439, 440.
Sankt-Kastl, I, 141, 142.
Sankt-Katharinenthal, I, 282, 286, 292, 294, 301, 307, 428.
Sankt-Leon, I, 384.
Sankt-Ludwig, I, 283.
Sankt-Märgen, I, 171.
Sankt-Marien, II, 194.
Sankt-Marin, II, 199.
Saône-et-Loire (Département de), I, 134.
Saône-et-Loire (Volontaires de), I, 10, 73, 99, 133.

Sao Thiago, II, 327.
Sarre (Département de la), I, **314**.
Sarre (la), I, 49.
Sarrelouis, I, 19, 49 à 51, 57, 61 ; II, 5.
Sasbach, I, 104.
SAURAU, II, 100.
SAVARY, I, 80, 190 ; II, 7, 245.
Saxe, I, 96, 195.
SCALFORT, I, 145, 155.
SCHAAL, I, 8, 15, 26, 33, 46, 49.
Schabenhausen, I, 197.
Schaffhouse, I, 229, 230, 285 à 290, 294, 295, 298 à 300, 306, 308 ; II, 4.
Schäftlarn, II, 49, 54 à 57, 60, 61.
Schammach, I, 161.
Schärding, II, 107, 108, 115.
Scharnitz, II, 200, 201.
Schatthausen, I, 402.
Schauernheim, I, **347**.
Scheer, I, 166.
SCHEGLINSKY, I, 8, 9.
Schemmerberg, I, **159**.
Schechen, II, 132.
SCHÉRER, I, 189, 190, **444**.
Schergendorf, II, 203.
Schiltach, I, 196, 254, **433**.
Schiltach (la), I, 419.
Schiltigheim, I, **185**.
SCHINER, I, 392.
Schlacht, II, 123, 126.
Schladen (Régiment), I, 37.
Schallt, I, 288, 289.
Schleissbach, I, 146.
Schleissheim, II, 52.
Schlestadt, I, 8, 9, 96, 193, 194, 267, 272.
Schmidhausen, II, 130.
SCHMIDT (GÉNÉRAL), II, 116.
SCHMIDT, II, 188.
SCHMITZ, I, 126, 127.
Schmutter (la), I, 136, 153.
Schnaitsee, II, 163.
SCHNEIDER, II, 73.
Schonach, I, 240, 246, 249, 251, 425, **439**.
Schonberg (Régiment de), I, 5.
Schönenbach, I, 241, 245, 250.
Schongau, II, 57.
Schönram, II, 165, 169.
Schönwald, I, 240, 246, 251, 434, 439.
Schörfling, II, 222, 223.
Schorndorf, I, 117, 121 ; II, 77.
Schramberg, I, 196, 197, 230, 246, 263, 433.
Schrobenhausen, I, 138, 152, 153 ; II, 39, 42, 51, 52, 77.
Schuttenwald, I, 195.
Schutter (la), I, **420**.
Schwaben, II, 92.

Schwabering, II, 159, 160.
Schwaig, I, 146.
Schwanenstadt, II, 186, 187, 206, 219, 221, 223, 225.
Schwarzbach (la), I, 338.
Schwarzau, II, 163.
Scharzenwang, II, 28.
Schwaz, II, 80, 81.
Schwendi, II, 4.
Schwenningen, I, 167, 169, 170, 197, 198.
Schwetzingen, I, 327, 331, 332, 335, 337, 339, 345, 346, 376, 405 à 413.
Schwieberdingen, I, 117, 118, 119.
SCINDIAH, II, 328, 330, 371, 381, 399, 400.
SEBASTIANI, II, 209.
Sedan, I, 7
Seebruck, II, 160, 161.
Seekirch, I, 161, 162; II, 177, 178, 179.
Segré, I, 82, 84.
SEGUIN, I, 37.
Seifertshofen, II, 10, 11.
Seine, I, 96.
Seine-et-Oise, I, 89.
Seine-et-Oise (Volontaires de), I, 10, 75 ; II, 12.
Seine-Inférieure, I, 400.
Seine-Inférieure (Volontaires de la), I, 415.
Seitenstetten, II, 196, 219.
Seitingen, I, 168.
Selgetsweiler, I, 201.
Selz, I, 306, 352.
Sémillante (la), II, 278, 326, 390.
SENARENS, I, 373.
Sendling, II, 53.
Sénégal, II, 328.
Sens, I, 65, 68, 69.
Seychelles (îles), II, 260, 346.
Servian, II, 30.
Sickingen, I, 368.
Sierning, II, 202, 203
SIEYÈS, I, 316, 318 ; II, 247.
Sigmaringen, I, 166, 167, 201, 204 ; II, 209, 233.
Silésie, I, 314.
SIMARDET, I, 181.
Simmisweiler, I, 125.
Simon's Bay, II, 322 à 330, 336 à 345.
Simonswald, I, 176.
Singen, II, 294, 299, 307.
Sinsheim, I, 327, 331, 332, 334 à 340, 366, 393.
Sinzheim, I, 106.
Sion, I, 392.
Sipbachzell, **II, 190, 192.**
Sissach, I, 283.
Smolensk, I, 373.
Söflingen, I, 157.

SOLANO, I, 114.
Söllheim, II, 182.
SOLMIAC, I, 300.
Sommerau, I, 245, 251, 252, 426, 435.
Sondernheim, I, 349.
Sontheim (15 km. O. de Laupheim), I, 159.
Sontheim (13 km. N.-E. de Langenau), II, 26, 27, 29.
Souabe, II, 82, 117, 119, 199, 220, 231.
SOUBRANY, I, 57, 58.
SOUHAM, I, 193, 196, 197, 202 à 204, 207, 208, 210, 213, 215 à 219, 222 à 248, 254, 259, 268 à 271, 304, 306, 307, 327, 356, 379, 424, 428, 433, 440, 441 ; II, 3, 4.
Souilhe, II, 14.
SOULT, I, 193, 203, 205, 206, 208, 212, 214, 217 à 220, 230, 238, 246, 253, 254, 256, 260 à 269, 287, 290, 307, 319, 324, 419, 422, 427, 433.
SOUVOROF, I, 355
Spaichingen, I, 168.
SPANNOCHI, II, 146, 150.
Spire, I, 6, 342, 345, 347, 376.
Spittal, II, 199.
Spleny (Régiment de), I, 226 ; II, 103.
Splügen, II, 76.
Spöck, I, 202, 205, 211.
SPORK, II, 6.
Stadelhofen, I, 101, 211.
Stadion, I, 159, 161.
Stadt-am-Hof, II, 198.
Staffel-See, II, 76.
Stafflangen, I, 162.
Stain (Régiment de), II, 178.
STARCK, I, 306.
Starnberg, II, 55-57.
Slätzling, II, 37.
Staude, I, 250.
Steibsbach, II, 198.
Stein (sur le Rhin, 20 km. E.-S.-E. de Schaffhouse), I, 285, 287, 291, 293, 294, 296, 297, 298, 300, 301.
Stein (3 km. N. de Steyr), II, 192, 193.
Steinach, I, 195, 261, 262, 420.
Steinbach, I, 105.
Steinbach (Haute-Autriche), II, 206.
Steingriff, I, 138, 153.
Steinhausen, I, 161, 162.
Steinheim, I, 156.
Steinhöring, II, 142, 143, 145.
Steinkirchen, II, 61.
Steinsfurth, I, 336, 366, 368, 388, 393.
Steisslingen, I, 220, 228, 233, 307.
Stenay, II, 231.
Stengelhof, I, 412.
Stephanskirchen, II, 158.

INDEX ALPHABÉTIQUE

Stetten (5 km. N.-O. de Neresheim), I, 125 à 128.
Stetten (10 km. N.-E. de Tuttlingen), I, 166, 168.
Stetten (17 km. O. de Heilbronn), I, 368.
Stetten (9 km. N.-E. de Langenau), II, 28, 29.
Stettfeld, I, 332.
Steyr, II, 191, 193 à 197, 201 à 206, 219.
Steyr (la), II, 202, 203.
STIPSICS, II, 116.
Stockach, I, 165, 193, 199 à 201, 208, 213 à 222, 225, 226, 298, 299, 307, 430; II, 4, 76, 212.
STOFFLET, II, 247.
Stotzingen, II, 25, 28, 30.
Strasbourg, I, 10, 84, 94, 116, 184, 186, 189, 190, 196, 240, 254, 259, 267 à 271, 296, 303, 306, 309 à 319, 324, 327, 328, 345, 347, 352, 353, 355, 356, 358, 359, 374, 409, 414, 415, 429; II, 4, 86, 209, 212, 215, 230 à 232, 234, 237, 238, 288, 289.
Strass, I, 156.
Strassberg, I, 167.
Strasstrudering, II, 63.
Strasswalchen, II, 185, 186, 221.
Straubing, II, 95, 115.
Stuttgart, I, 120, 314; II, 77, 230 à 232.
Styrie (la), II, 204.
SUCHET, II, 284.
Suffersheim, I, 148.
SUFFREN (BAILLI DE), II, 251.
Suisse, I, 84, 356, 392, 407.
Sulgen, I, 196.
Sulz, I, 196, 230.
Sundheim, I, 92, 185, 195.
Sunthausen, I, 198.
Surate, I, 298, 301, 329, 372.
Szekler (Hussards), I, 99, 101, 102, 110, 306, 331 à 335, 338, 343, 377, 392, 393; II, 157.
SZTARAY, I, 101 ; II, 25.
Sztaray (Régiment de), I, 294, 298, 342, 378, 384, 387, 414.

Table-Bay, II, 322, 323, 332 à 334.
Tafertshofen, II, 10.
TALLEYRAND, II, 323, 343.
Tanjore, II, 298.
TARGE, I, 20 à 22.
Tarn (Département du), I, 198, 360.
Tarn-et-Garonne, I, 11, 12.
TATTENBACH (COMTE DE), II, 47.
Taxelberg, II, 188.
Tegern-See, II, 71, 78, 87, 90, 91, 122.

Teisendorf, II, 165, 170, 175, 179, 182.
Ténériffe, II, 323, 341, 342.
Tengling, II, 165.
Terpsichore (la), II.
Tête du Lion, II, 333, 335.
Tête Noire (Baie de la), II, 335.
Thaingen, II, 4.
Thanhausen, II, 11, 12.
Thann, II, 156, 194.
Thannheim, I, 237.
THARREAU, I, 227, 288, 290, 307, 409, 414 à 416 ; II, 3.
Thengen, I, 198, 294, 307.
Theningen, I, 172, 175 à 181, 184.
Thiengen, I, 274.
Thionville, I, 232, 330.
Thoirette, I, 90.
THOMAS DE CANTORBÉRY, II, 190, 249.
Thorn, I, 10, 200.
THUGUT, II, 80, 98, 100.
Thuningen, I, 198.
Thur (la), I, 285 à 287, 290, 293, 297.
THURIOT, I, 61, 67.
Thurn-Infanterie (Régiment de), I, 84.
Tiefenbach, I, 162, 397.
Tippoo-Sahib, II, 260, 299, 336.
Tittingen, I, 149.
Tittmoning, II, 163, 165, 168, 171.
Tölz, II, 56, 90, 91, 106, 120.
Tonnerre, I, 32.
TÖRRING (COMTE DE) II, 45.
Töss (la) II, 297, 298.
Toul, I, 113, 195; II, 30.
Toulon, II, 258, 259.
Toulouse, I, 71.
Tours, I, 8, 65.
TOUSSAINT, I, 107.
TOUSSAINT-LOUVERTURE, II, 252.
Tranquebar, II, 365, 367, 381, 396.
Traun (la), II, 187, 188, 190, 203, 208, 218, 219.
Traunstein, II, 161, 162, 164, 165, 167.
TRAVOT, I, 10.
Trévise, II, 209.
Triberg. I, 170, 223, 237 à 245, 249 à 263, 268 à 270, 283, 303, 305, 316, 418 à 429, 432, 444.
Trident (le), II, 382.
Trinquemalé, II, 260, 350, 381.
Trochtelfingen, I, 125 ; II, 33.
Trossingen, I, 169.
Trostberg, II, 161, 163.
Troyes, I, 65.
TRUGUET, II, 281.
Trüllikon, I, 290, 291, 294.
Truttikon, I, 297.
Tuileries (Palais des) II, 244 à 248, 252, 309.

Tulling, II, 140, 149, 150, 153.
Tungabhadra, II, 399.
Tuntenhausen, II, 154.
TURENNE, II, 288.
Turquie, II, 380.
TURREAU, I, 81.
TURSKI (ALBERT), II, 127.
Tuttlingen, I, 167, 198, 208, 216, 220, 230; II, 76, 209, 233.
Tyrol, II, 34, 52 à 59, 79 à 81, 90, 100 à 103, 112, 116, 130, 199 à 201.
Tyroliens (Chasseurs), II, 10.

Ubstadt, I, 332, 342, 361, 364, 366, 369, 370, 379, 384, 385, 388, 389, 391, 392, 394, 395, 397, 399.
Ueberlingen, I, 226.
Uhwiesen, I, 286 à 290, 295, 308.
Ulm, I, 151, 153, 156, 157, 158; II, 4, 18, 25 à 27, 31, 77, 82, 96, 209, 212, 233, 234.
Unadingen, I, 230.
Unsern-Herrn, I, 139.
Unter-Baldingen, I, 199.
Unter-Biegelhof, I, 388.
Unter-Bissingen, I, 135.
Unter-Blaichen, II, 10.
Unter-Grombach, I, 378, 380, 382 à 386.
Unter-Kochen, I, 123.
Unteröwissheim, I, 370, 392, 394, 395, 399.
Unter-Riffingen, I, 128, 130; II, 32.
Unter-Sendling, II, 53, 54, 61.
Untingen, I, 149.
Urach, II, 77.
Urloffen, I, 99, 101.
Ursberg, II, 14.
URSCHNEIDER, II, 82, 92.
Utrecht, I, 392.
Uttenheim, I, 194.
Uttenweiler, I, 159 à 161.

VACHOT, I, 82.
Vaiblingen, I, 121.
Vaihingen, I, 118, 120, 368, 369.
VAILLANT, I, 215, 233.
Valaques (Régiment de), I, 226, 368, 375; II, 12.
Val d'Enfer, I, 166, 170, 172, 255, 420; II, 3.
VALÉE, II, 9, 95, 121, 174.
Valence, I, 12; II, 256.
Valenciennes, I, 11, 26, 57, 67.
Valley, II, 71, 89 à 91, 93, 94.
Valognes, I, 94.
Valverde, I, 415.
Van-Camps (baie de), II, 333 à 335.

VANDAMME, I, 152, 167, 171, 184, 190, 201, 254, 259 à 269, 272, 273, 275 à 285, 287, 288, 290 à 299, 301, 303, 304, 306 à 309, 420, 428.
VANDERMAËSEN, I, 145, 152, 173, 420; II, 262, 267, 283 à 285, 314, 317, 325, 341.
Var (Volontaires du), I, 98.
Varsovie, I, 9.
Vaterstetten, II, 64.
VATRIN, I, 388.
VAUBOIS, II, 281.
Vaucluse, I, 213.
Vaugirard, I, 97.
Vecsey (Hussards), I, 226, 298, 307, 378, 393, 401.
Velanour, II, 298.
Vendée, I, II, 12, 49, 60, 63, 64, 68, 69, 71, 415.
Vendôme, I, 20.
Venise, I, 328.
Verdun, I, 89.
VÉRINE, I, 18, 32, 48, 49, 70.
Veringen, I, 166.
Veringendorf, I, 167.
VERNANGE, I, 20, 22, 29, 34.
Vérone, II, 199.
Versailles, I, 11, 145, 217; II, 298, 300.
Verviers, I, 267.
VIALLANES, I, 218.
VIDALOT DU SIRAT, I, 11, 49, 57 à 59.
Vienne, I, 250; II, 54, 55, 81, 97, 98, 100 à 102, 116, 189, 205, 207, 213, 217, 218, 249.
Vieux-Brisach, I, 184, 267, 271 à 274, 278.
Vieux-Wiesloch, I, 340.
Village-Neuf, I, 283.
Villedieu, I, 198.
Villingen, I, 166, 168 à 171, 193, 196, à 198, 223, 229 à 231, 233 à 238, 316, 387, 429, 433, 441; II, 209, 212, 223, 234.
Vils (la), II, 69, 70, 89.
Vilsbiburg, II, 69, 70, 76, 88, 92,
Vilshofen, II, 108.
VIMEUX, I, 9, 49, 80.
Vincennes, II, 7.
VINCENT, II, 252.
Vireux, I, 247.
Vitré, I, 82.
Vivarais, I, 8.
Vöcklabruck, I, 340; II, 186, 221, 225.
Vöcklamarkt, II, 185, 186.
Vohburg, I, 140, 146.
Vöhrenbach, I, 170, 171, 198, 230, 232, 237, 238, 241, 243, 245, 250 à 252, 419, 421, 423, 426, 434, 435.
Voitsdorf, II, 203.

INDEX ALPHABÉTIQUE

Volontaires du siège de Mayence, I, 20 79.
Volturne, I, 32.
Vorchdorf, II, 203.
Vordernberg, II, 198.
Vosges, I, 10, 12, 362.
Vosges (Volontaires des), I, 10, 12, 73 à 75, 77 à 79.
VRIGNAUD, II, 321, 344.

Wagenhofen, I, 151.
Waghaüsel, I, 361, 364, 374, 376, 395, 403.
Waging, II, 152, 164, 165, 168, 171, 206, 219, 226.
Wagram, I, 244.
Wagshurst, I, 103.
Waibstadt, I, 337, 393
Wain, II, 4.
Walchen See, II, 91, 125.
Waldbeuren, I, 193, 203, 206 à 209, 210.
Waldeck (Régiment de), II, 165.
Waldhausen, I, 123 à 125, 209.
Waldkirch, I, 181, 238, 241, 246, 249, 251, 255, 263, 419, 421, 423, 426, 435.
Waldmössingen, I, 196.
Wall, II, 146.
Waller See, II, 178.
Walldorf, I, 327, 332, 335, 339, 345, 360, 361, 384, 389, 391, 395, 396, 398 à 403.
Wallis (Régiment Olivier), I, 212.
Wallis (Régiment Michel), I, 173.
Walpertskirchen, II, 90.
Waltenberg, II, 10, 13, 14.
Waltenhausen, II, 10.
Waltersweier, I, 195.
Warasdin (Régiment de), I, 226.
Wartenberg, I, 198, 199.
Wasselonne, I, 5.
Wasser, I, 172, 176, 180.
Wasserburg, II, 61 à 63, 68, 87, 89, 90, 93, 94, 99, 105, 106, 109, 115, 127 à 129, 131 à 134, 138, 140 à 142, 145 à 155, 157 à 162, 163, 206, 219, 224, 226, 239, 241, 242.
Weiching, II, 155.
Weier, I, 195.
Weigheim, I, 198.
Weiher, I, 332, 360 à 362.
Weiler, I, 393, 397.
Weilheim (7 km. N.-O. de Tuttlingen), I, 167, 221.
Weilheim (12 km. S. de l'Ammer-See), II, 54, 76, 78, 106.
Weinberg, II, 197.

Weingarten, I, 359, 361, 363, 369, 372, 375, 377, 380, 386 à 388, 390.
Weisenau, I, 8, 9, 11, 17, 39, 62.
Weisingen, II, 23.
Weissenburg, I, 148, 149.
Weissenfeld, II, 64, 65.
Weissenkirchen, I, 147, 148, 150.
Weissenthal, I, 365.
Weisskirchen, II, 203.
WELLESLEY, II, 297, 312, 328, 329, 352, 375, 383 à 386, 397, 398.
Wels, II, 108, 115, 187 à 195, 198, 202 à 204, 206, 212, 215, 219, 249.
Welsche (Fort), I, 12, 41, 43, 48.
Welschingen, I, 217.
Wemding, I, 135.
Wengenhausen, II, 77.
Wenkheim, II, 108, 179.
Wertingen, I, 153, 154; II, 35, 38, 77.
Westendorf, 136.
WESTERMANN, I, 81, 82.
Westphalie, I, 114.
Wettenhausen, II, 15, 17 à 19.
Weyarn, II, 90, 91.
WEYROTHER, II, 116, 196, 198, 201.
Widen, I, 291.
Wieblingen, I, 412.
Wiesbaden, I, 48.
Wiesenthal, I, 331, 332.
Wiesloch, I, 327, 334, 335, 337, 339 à 346, 363, 383, 384, 387, 389, 391, 395, 396, 398 à 405, 408, 414.
Wildenbusch, I, 289, 291, 292.
William (fort), II, 349, 386, 397.
Winden, I, 138.
Willstätt, I, 89, 94 à 97, 193 à 195, 264 à 266, 420.
Winterthur, I, 282 à 285, 290, 309, 420, 422.
Wittislingen, II, 27, 35.
Wohlfartsweier, I, 117.
Wolfach, I, 195, 196, 254, 260.
Wolfern, II, 192.
WOLF, I, 393.
WOLF, II, 50.
WOLF, II, 73.
Wolfangstein, II, 203.
Wolfratshausen, II, 53, 55 à 60, 89, 91, 106, 120.
Wolterdingen, I, 231 à 233, 237.
Wörgl, II, 109.
Worms, I, 6.
Wörnitz (la), II, 77.
Wurm (la), I, 118.
Würm (la), II, 57, 61.
Würm See, II, 55, 57.
Wurtemberg, I, 379; II, 4, 119.
WURTEMBERG (PRINCE DE), I, 368.

Wurtembergeois (Chasseurs), II, 13.
Wurtembergeois (Dragons), II, 22.
Würzburg, II, 115, 191, 200.

Yanaon, II, 270, 298, 300, 301.
Ybs, II, 196, 203.
Wynberg, II, 337.

Zahlbach, I, 37, 38.
Zaisenhausen, I, 390.
Zaisering, II, 159.
Zumdorf, II, 55.
Zanzibar, II, 377.
Zastrow (de), I, 25, 59.
Zach (baron de), II, 209.
Zatzenhausen, I, 119, 120.
Zeiskam, I, 348.
Zell (dans la vallée de la Kinzig), I, 259, 262, 264.
Zell (12 km. O.-N.-O. de Wasserburg), II, 146.

Zeman Schah, II, 376.
Zeuthern, I, 332, 370, 389, 394, 399, 401.
Zicavo, I, 89.
Ziegelei, I, 396.
Zimmerhof, I, 368.
Zimmern, I, 199.
Zinneberg, II, 93 à 95, 106, 120, 121, 123, 129 à 132, 134, 154, 157.
Zorneding, II, 63, 64, 66, 90, 93, 95. 120, 121, 123 à 129, 131, 132, 134 à 138, 139 à 141, 143, 145, 239, 240.
Zöschingen, II, 31.
Zuchering, I, 138, 139.
Zunsweier, I, 195.
Zurich, I, 282 à 285, 303, 307 à 313, 332.
Zusam (la), I, 136, 153 ; II, 15, 77.
Zusamzell, I, 153, 154.
Zusmarshausen, I, 153 ; II, 11, 15, 16, 69, 77.
Zuzenhausen, I, 337, 400.

TABLE DES MATIÈRES

pages.

Introduction.. I

ARMÉE DU RHIN

CHAPITRE PREMIER

Decaen nommé divisionnaire. — Il succède à Richepance à la tête d'une division de la réserve. — Un commissaire des guerres fusillé. — Vandamme et Gouvion Saint-Cyr quittent l'armée. — Rôle de Gouvion Saint-Cyr à Messkirch. — Composition et emplacements de la division Decaen le 18 prairial. — Le quartier général à Kettershausen. — Decaen relève Montrichard vers Krumbach et Nieder-Raunau. — Debilly attaqué à Deisenhausen. — Decaen perd 143 hommes à Krumbach. — Il se porte sur Ettenbeuren. — Combats d'avant-postes. — Decaen s'avance sur Burgau. — Lecourbe tente le passage du Danube. — Decaen, chargé de le soutenir, est irrité de ses procédés. — La division Decaen franchit le Danube à Dillingen. — Succès des Français. — Decaen s'établit à Ober-Medlingen.. 3

CHAPITRE II

Le 6ᵉ chasseurs enlève deux colonnes d'équipages autrichiens. — L'armée du Rhin à la poursuite de l'ennemi. — Elle se porte sur Neresheim. — Lecourbe attaque l'arrière-garde autrichienne. — Kray propose un armistice. — Moreau le refuse. — Decaen, chargé d'aller occuper Munich, s'y rend à marches forcées. — Entrée de Decaen à Augsbourg. — Le corps de Merveldt refoulé. — Debilly enlève Dachau. — Les Autrichiens se retirent vers Munich. — La population de cette capitale se porte au-devant des Français. — Entrée de Decaen à Munich. — Il prend possession de la ville. — Ses égards pour le gouvernement provisoire laissé par l'Electeur. — Decaen établit son quartier général à Nymphenburg.... 26

CHAPITRE III

Moreau félicite Decaen de son rapide succès. — Réquisitions imposées à la ville de Munich. — Sur l'invitation de Moreau, Decaen retire une contribution en argent. — Moreau arrive à Nymphenburg. — La brigade Debilly sur la rive droite de l'Isar. — Merveldt pousse 600 chevaux à Parsdorf. — Leur attaque sur Riem échoue. — La division Decaen s'étend, au sud, jusque vers Schäftlarn. — Merveldt reste vers Oberndorf. — L'armée autrichienne en retraite. — La division Decaen passe en entier sur la rive droite de l'Isar. — Mauvais traitements infligés par les Autrichiens à des officiers français. — Plaintes de Moreau à Kray à ce sujet. 49

CHAPITRE IV

Le quartier général autrichien établi à Haag. — Kray demande une suspension d'armes. — Moreau l'accorde. — Armistice de Parsdorf. — Satisfaction des troupes françaises à cette nouvelle. — L'armée du Rhin occupe la Bavière. — Decaen reste à Munich où il réprime des abus. — Singulière demande de Lecourbe à Moreau. — Decaen conseille à Moreau de la refuser. — Néanmoins Moreau cède aux instances de Lecourbe. — Le gouvernement pourvoit aux emplois vacants à l'armée du Rhin. — Cette mesure indispose Moreau qui entend les réserver aux officiers qui ont fait la campagne. — Certains émigrés demandent à rentrer en France. — On le leur refuse. — Emplacements des troupes françaises. — Renseignements recueillis par Decaen sur l'armée de Kray.. 66

CHAPITRE V

Moreau veut faire lever la carte de la Bavière. — Il décide la formation d'une commission de routes. — Decaen notifie cette décision au gouvernement électoral provisoire. — Mauvaise volonté des membres de ce gouvernement. — La mission du commissaire Neven. — Protestation du gouvernement électoral. — Fermeté de Decaen. — Les membres du gouvernement électoral s'exécutent. — On prévoit la rupture de l'armistice. — Decaen chargé de reconnaître un camp pour l'armée entre l'Isar et l'Inn. — Il rend compte de sa mission à Moreau. — Il propose la position de Hohenlinden. — Ses raisons. — Les troupes de Decaen s'établissent vers Helfendorf. — L'armistice prolongé. — L'empereur cède Ulm, Philippsburg et Ingolstadt. — Renseignements fournis par Decaen sur les Autrichiens. — La reprise des hostilités semble probable. — Une adresse somme l'Électeur de mettre un terme à la guerre............................... 82

CHAPITRE VI

Decaen chargé de fournir de nouveaux renseignements. — La guerre va recommencer. — Des rapports précis et détaillés ne permettent plus d'en douter. — Préparatifs des Autrichiens. — Ils fortifient la ligne de l'Inn. — Emplacements de leurs troupes. — Les hostilités doivent reprendre le 7 frimaire. — Pour presser la rentrée des réquisitions, Decaen place des garnisaires chez dix notables de Munich. — Le gouvernement électoral lui fait des représentations — Decaen en reconnaît le bien fondé. — Son irritation contre le commissaire Mathieu-Faviers. — Les troupes de Montrichard appuient vers leur gauche. — La division Decaen se resserre. — Les rapports annoncent de constants mouvements des Autrichiens vers l'Inn. — Le mécontentement en Bavière. — On y est disposé à un soulèvement contre l'Électeur. — Projet d'une république bavaroise sous l'égide de la France. — On demande à Decaen de le favoriser. — Il refuse. — Raisons qu'il en donne. — Moreau les approuve. — Composition de la division Decaen au 1er frimaire. — L'aile droite française serre sur le gros de l'armée. — Légers dissentiments entre Decaen et Debilly............................... 104

CHAPITRE VII

La brigade Debilly placée en seconde ligne. — La légion polonaise de Kniaziewicz est mise sous les ordres de Decaen. — Reconnaissance de Montrichard sur Aibling. — Pointe poussée par Laffon sur Beiharting. — Les Autrichiens sont fort peu nombreux devant Decaen. — La reconnaissance de Montrichard s'arrête à un quart de lieue d'Aibling — Les troupes du corps de Condé signalées vers Rosenheim. — La gauche de l'armée doit se porter en avant le 10 frimaire. — L'arrivée de la légion polonaise porte l'effectif de la division Decaen à 10 000 hommes. — Decaen chargé de reconnaître l'Inn et ses points de passage. — Combat d'Ampfing. — Decaen sans nouvelles. — Son inquiétude. — Des ordres lui arrivent enfin. — Cause de ce retard. — Decaen doit se rassembler sur Zorneding. — Il se rend à Anzing auprès de Moreau. — Accueil flatteur de ce dernier. — Decaen mis sous les ordres de Grenier. — Ses observations. — Il est chargé de suivre, le lendemain, le mouvement de Richepance sur Hohenlinden. — Confiance des généraux français dans le succès. — Bataille de Hohenlinden. — Rapport de Decaen. — Decaen chargé d'envelopper la tête de pont de Wasserburg.. 127

CHAPITRE VIII

La division Decaen investit la tête de pont de Wasserburg. — Emplacement des troupes de cette division. — Decaen reçoit l'ordre de se porter sur la Glonn. — Lecourbe va tenter le passage de l'Inn. — Les divisions Decaen et Grouchy sont mises à sa disposition. — Debilly observe Wasserburg. — Decaen se rend d'Ebersberg à Beiharting. — En attendant les ordres de Lecourbe, il fait rassembler sa division dès le lever du jour. — Il ne reçoit des nouvelles de Lecourbe qu'à midi. — Lecourbe lui annonce qu'il va tenter le passage de l'Inn vis-à-vis Neubeuern. — Il juge inutile que Decaen le suive vers Neubeuern. — Decaen se porte sur Aibling. — Sur l'ordre de Moreau, il va passer l'Inn à Neubeuern, derrière Lecourbe. — Decaen chargé de se placer en réserve de Lecourbe. — Debilly quitte la division Decaen. — Lacour le remplace. — Lecourbe marche sur la Salzach. — Decaen arrive à Waging. — Moreau fait protéger les salines... 152

CHAPITRE IX

Decaen chargé de reconnaître la Salzach vers Laufen. — Son initiative est couronnée de succès. — Ses troupes franchissent la Salzach à Laufen. — Le pont est réparé pendant la nuit. — Moreau à Laufen. — Canonnade violente vers Salzburg. — Inquiétude de Moreau. — La brigade Durutte sur la rive droite de la Salzach. — Elle est dirigée immédiatement sur Salzburg. — Combat d'Authering. — Decaen pousse un détachement vers Seekirchen. — Il est arrêté par la nuit devant Bergheim. — Des rapports annoncent la retraite des Autrichiens. — Dès le jour, Montaulon se porte vers Salzburg. — L'armée autrichienne se retire sur Neumarkt. — Decaen lance à sa poursuite Laffon avec tout son régiment. — Il entre à Salzburg avant Lecourbe, et le fait sentir à ce dernier. — Durutte nommé commandant de Salzburg. — Devant Moreau, Decaen se fait un malin plaisir de confondre Lecourbe.. 167

CHAPITRE X

Durutte reste à Salzburg. — Decaen suit Richepance sur Vöcklamarkt. — Decaen à Vöcklamarckt. — La poursuite des Autrichiens continue. — Richepance culbute leur arrière-garde à Schwanenstadt. — Decaen se dirige sur Wels. — Combat de Wels — Succès de Laffon. — Decaen passe sur la rive droite de la Traun. — L'archiduc Charles propose à Moreau une suspension d'hostilités. — Decaen conseille à ce dernier de la refuser et de marcher sur Vienne. — Belle réponse de Moreau. — La marche vers l'est continue. — Decaen à Kremsmünster. — Il y apprend la suspension des hostilités. — Excès de confiance de Richepance. — Decaen à Neuhofen — L'archiduc Charles tardant à répondre, l'armée française continue son mouvement en avant. — Grünne, Weyrother et Laborie discutent les conditions d'un armistice. — Convention de Steyr. — Decaen s'établit à Enns. — Il va passer quelques jours à Munich....................... 185

CHAPITRE XI

Decaen va voir Moreau à Salzburg. — Visite à la saline de Hallein. — La légion polonaise dirigée sur Strasbourg. — Moreau et Decaen visitent la mine de sel de Berchtesgaden — Une agréable surprise. — Une chasse au cerf sur le Königs Sec. — Comment s'était conclu le mariage de Moreau. — Un *on-dit* tendancieux. — Remarques blessantes de Moreau sur la famille du Premier Consul. — Un propos de la belle-mère de Moreau sur les Bonaparte. — Decaen retourne à Enns. — L'armée se prépare à rentrer en France. — On attend les ordres du gouvernement à ce sujet. — La division Decaen se dirige sur Munich. — Gratifications accordées aux généraux. — Durutte demande à rester à la division Decaen. — Demande peu délicate de l'Électeur de Bavière. — Sur les instances de Decaen, elle est rejetée par Moreau. — Laffon refuse le brevet de général de brigade pour conserver son régiment. — Les troupes françaises vont repasser le Rhin. — Decaen à Ulm. — Il se dirige sur Strasbourg par Sigmaringen, Tuttlingen, Donaueschingen, Villingen et la vallée de la Kinzig. — Il va rendre compte à Moreau, dès son arrivée à Strasbourg, de l'exécution des ordres qu'il avait reçus... 209

BONAPARTE ET DECAEN

CHAPITRE PREMIER

De Strasbourg, Decaen se rend à Paris. — Dessolle le présente à Bonaparte. — Sur la demande de celui-ci, Decaen expose à sa façon la bataille de Hohenlinden. — Il fait ressortir les talents et la sagacité de Moreau. — Moreau tient un conseil de guerre avant la bataille. — On y prédit la victoire. — Rôle de la division Decaen. — Conduite peu politique de Moreau à l'égard de Bonaparte. — Origine des dissentiments entre Bonaparte et Moreau. — Susceptibilités et jalousies féminines. — Decaen cherche à rapprocher Moreau du Premier Consul. — Singulières objections de Moreau. — Decaen les réfute avec sa brusquerie et sa franchise habituelles. — Un dîner aux Tuileries le 14 juillet. — De fougueux Vendéens y coudoient de purs républicains. — Prévenances de Bonaparte pour les officiers de l'armée du Rhin. — Appréciations de Bonaparte sur les émigrés et les prêtres. — Decaen lui cite un exemple frappant de restriction mentale. — Il se montre surtout hostile aux grands prélats et aux hauts fonctionnaires ecclésiastiques de l'ancien régime. — Decaen exprime à Bonaparte le désir d'aller dans l'Inde. — Appréciations de Moreau et de Bonaparte sur Leclerc. — Démarche loyale de Decaen auprès de Bernadotte. — Réflexions de Decaen sur la perte de Saint-Domingue et de la Louisiane. — Moreau fête par un dîner l'anniversaire de Hohenlinden. — Decaen en profite et fait une nouvelle tentative pour le rapprocher du Premier Consul.. 237

CHAPITRE II

Decaen nommé inspecteur général d'infanterie. — Il se rend à Lyon, puis à Marseille. — Les dépouilles d'un pape sous une remise d'auberge. — De Marseille, Decaen se rend à Toulon. — Il a une discussion avec l'amiral Emmeriau. — Après son inspection, il rentre à Paris. — Le Premier Consul lui annonce qu'il ira dans l'Inde comme capitaine général. — Decaen va saluer Moreau. — Sa situation entre Bonaparte et Moreau est délicate. — Sa rectitude de conduite lui fait éviter tous les écueils. — Première entrevue de Decaen avec Decrès. —

Accueil hautain que lui fait ce dernier. — Decaen s'en plaint à Bonaparte. — Sa deuxième entrevue avec Decrès. — Decaen prépare son expédition. — Il soumet ses projets et ses plans au Premier Consul. — Composition de l'expédition, troupe et chefs. — Decaen expose à Dessolle ses idées sur la constitution des troupes indigènes. — Ses propositions sont adoptées, à quelques modifications près 256

CHAPITRE III

On accélère les préparatifs de l'expédition. — Démêlés de Decaen avec le ministre de la Marine. — Decaen en appelle au Premier Consul. — Il se charge d'emmener 600 noirs. — Nouvelle discussion de Decaen avec Decrès. — Decaen organise son bataillon africain. — État-major et fonctionnaires de Decaen. — Au cours d'un entretien avec Decaen, Bonaparte se plaint vivement de Moreau. — Ses reproches sur la conduite de celui-ci. — Decaen défend Moreau. — Bonaparte attribue la conduite de Moreau à l'influence de la femme et de la belle-mère de celui-ci et aux conseils de Lahorie, Fresnière et Normand. — Il semble encore porter quelque intérêt à Moreau. — Decaen lui insinue que Moreau pourrait être facilement ramené. — Réponse décourageante du Premier Consul : « C'est un sable mouvant! » — Cause du mécontentement de Lahorie. — Dernières tentatives de Decaen pour rapprocher Moreau de Bonaparte 278

DÉPART POUR L'INDE

CHAPITRE PREMIER

Instructions du ministre de la Marine à Decaen. — Ordres pour la reprise de possession des établissements français de l'Inde. — Reconstitution des archives. — Renseignements et instructions sur ces établissements. — Pondichéry chef-lieu des possessions françaises. — La population. — Revenus et dépenses. — Bonaparte met 1 800 000 francs à la disposition de Decaen pour la première année, en plus des revenus du pays. — Troupes. — Fortifications. — Bonaparte projette de faire fortifier Pondichéry et Karikal. — Bâtiments civils et militaires. — Marine. — Commerce. — Justice. — La Chauderie. — Police. — Cultes. — Dispositions générales 297

CHAPITRE II

Decaen prend congé de Bonaparte. — Instructions particulières du Premier Consul. — Bonaparte prévoit le cas d'une guerre avec l'Angleterre dans un avenir rapproché — L'adjudant commandant Binot précédera, dans l'Inde, le gros de l'expédition de Decaen. — Instructions qu'il reçoit de celui-ci. — Decaen quitte Paris. — Premiers démêlés avec le contre-amiral Linois. — Decaen déclare au préfet maritime de Brest qu'il refuse de voyager sur le vaisseau amiral. — Le préfet maritime tranche le différend. — Les troupes s'embarquent. — Ordre du jour de Decaen. — L'expédition quitte Brest. — Parcimonie de Linois. — Les troupes souffrent de la soif. — Decaen veut faire augmenter la ration d'eau. — Ses instances auprès de Linois qui se retranche derrière le règlement. — Linois cède enfin. — Arrivée au Cap de Bonne-Espérance 309

CHAPITRE III

Decaen débarque et se rend au Cap. — Le gouverneur du Cap, Janssens, est en voyage dans l'intérieur de la colonie. — Decaen va visiter les vignobles de Constance. — Les militaires ayant causé quelques désordres à Simon's Bay, Linois leur défend de descendre à terre. — Decaen trouve cette défense excessive. — Il prie Linois de révoquer son ordre. — Un rapport de Decaen au ministre de la Marine sur l'Inde. — D'autres notes politiques de Decaen sur la colonie du Cap. — Nouvelle d'une prochaine rupture entre la France et l'Angleterre. — Cependant Decaen ne peut y croire. — Notes détaillées sur le Cap. — Conquête des Anglais. — Reprise de possession du Cap par les Hollandais. — Rôle de l'agent anglais Pringle. — Les fonctionnaires hollandais. — Le capitaine du transport la *Côte-d'Or* se plaint des officiers passagers. — Les hommes ayant causé du scandale dans une escale à Ténériffe, Decaen prie Vandermaësen de sévir. — L'expédition quitte le Cap de Bonne-Espérance. — Les amours et le mariage de l'évêque Talleyrand. — Un amusant incident égaie la traversée. — Linois fait des économies sur ses pensionnaires — L'expédition en vue de l'île de France. — Linois, se retranchant derrière ses ordres, refuse de communiquer avec la terre. — Arrivée de Decaen devant Pondichéry. — La frégate la *Belle-Poule* s'y trouve déjà, mais encadrée entre deux vaisseaux anglais. — Inquiétudes de Decaen... 323

CHAPITRE IV

Lettre de Decaen au ministre. — Arrivée à Pondichéry. — Decaen écrit au gouverneur de Madras pour demander l'exécution des clauses du traité d'Amiens. — L'escadre anglaise se met sous voiles. — Elle mouille au vent de la division française. — Arrivée inattendue du *Bélier*. — Il apporte à Decaen l'ordre de rallier l'île de France en cas de rupture entre la France et l'Angleterre. — Devant les mesures que prennent les Anglais, Decaen décide de se rendre immédiatement à l'île de France. — Ses ordres à l'adjudant commandant Binot. — Abnégation du préfet colonial Léger qui abandonne sa famille. — Les bâtiments de Linois échappent, pendant la nuit, à la surveillance de la flotte anglaise. — Arrivée à l'île de France. — La *Belle-Poule* échappe aux Anglais. — La *Côte-d'Or*, capturée par eux, est rendue — Difficultés qu'éprouve Decaen à faire parvenir ses rapports en France. — Nouvelles instructions à Binot........................ 348

CHAPITRE V

La mission de Cavaignac à Mascate. — Decaen veut rétablir l'autorité du gouverneur de l'île de France. — Linois s'y montre assez peu disposé. — Mesures que prescrit Decaen. — Recommandations de Decaen à Cavaignac. — L'*Atalante* transportera Cavaignac à Mascate. — Cette frégate fera aussi une reconnaissance des côtes de l'Inde et de la situation politique. — Decaen rend compte au ministre de la Marine du sort de la *Côte-d'Or*. — Pénurie de ressources à l'île de France. — Une lettre de Linois au ministre de la Marine. — Cavaignac chargé de faire parvenir de Mascate à Constantinople et à Paris des lettres de Decaen. — Correspondance du préfet colonial Léger avec le ministre à son arrivée à Pondichéry. — Correspondance échangée entre Binot et les Anglais, le gouverneur du fort Saint-Georges et l'amiral Rainier et Decaen............ 368

CONCORDANCE DES CALENDRIERS RÉPUBLICAIN ET GRÉGORIEN......... 401

INDEX ALPHABÉTIQUE................................. 407

TABLE DES MATIÈRES................................ 435

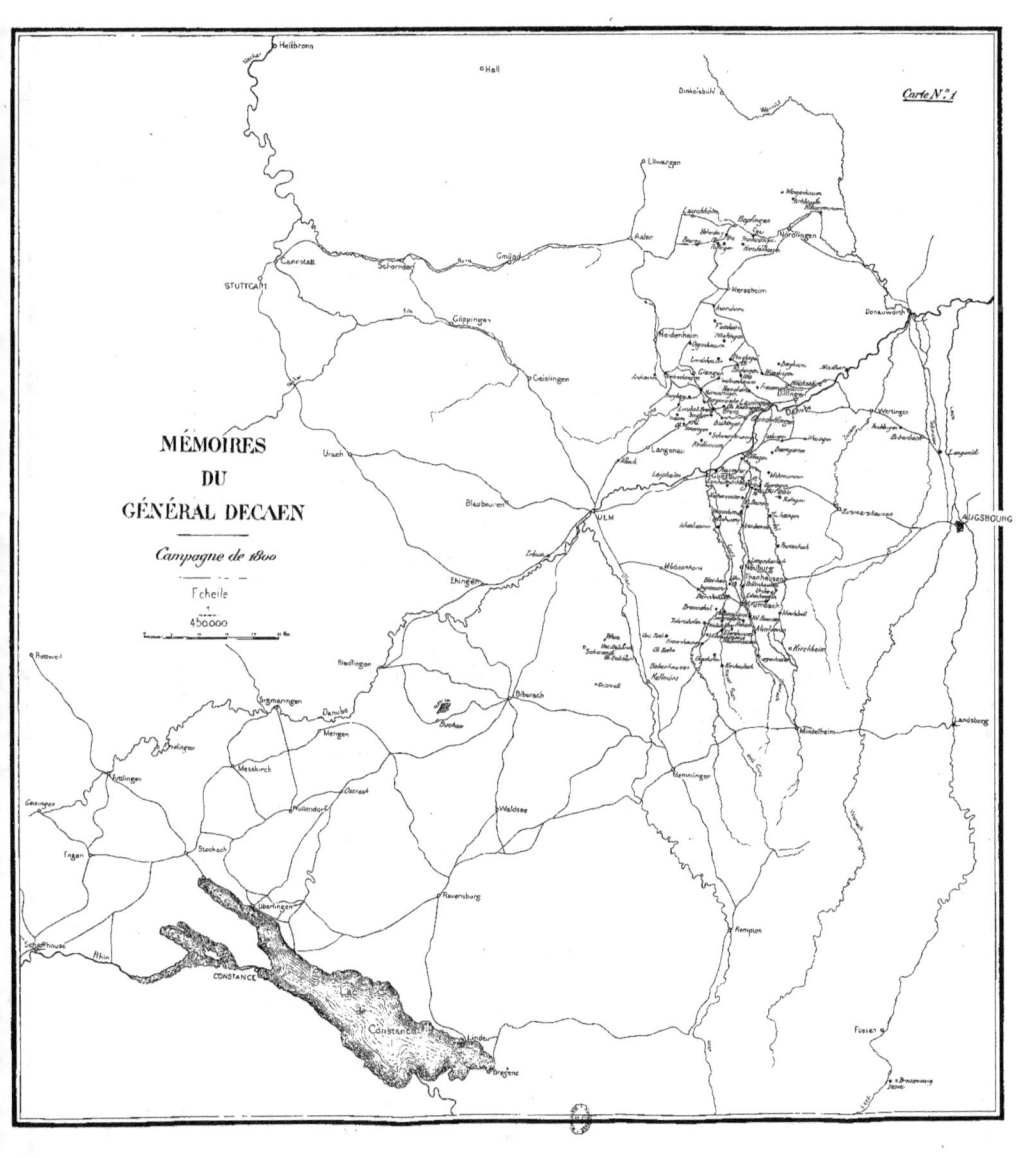

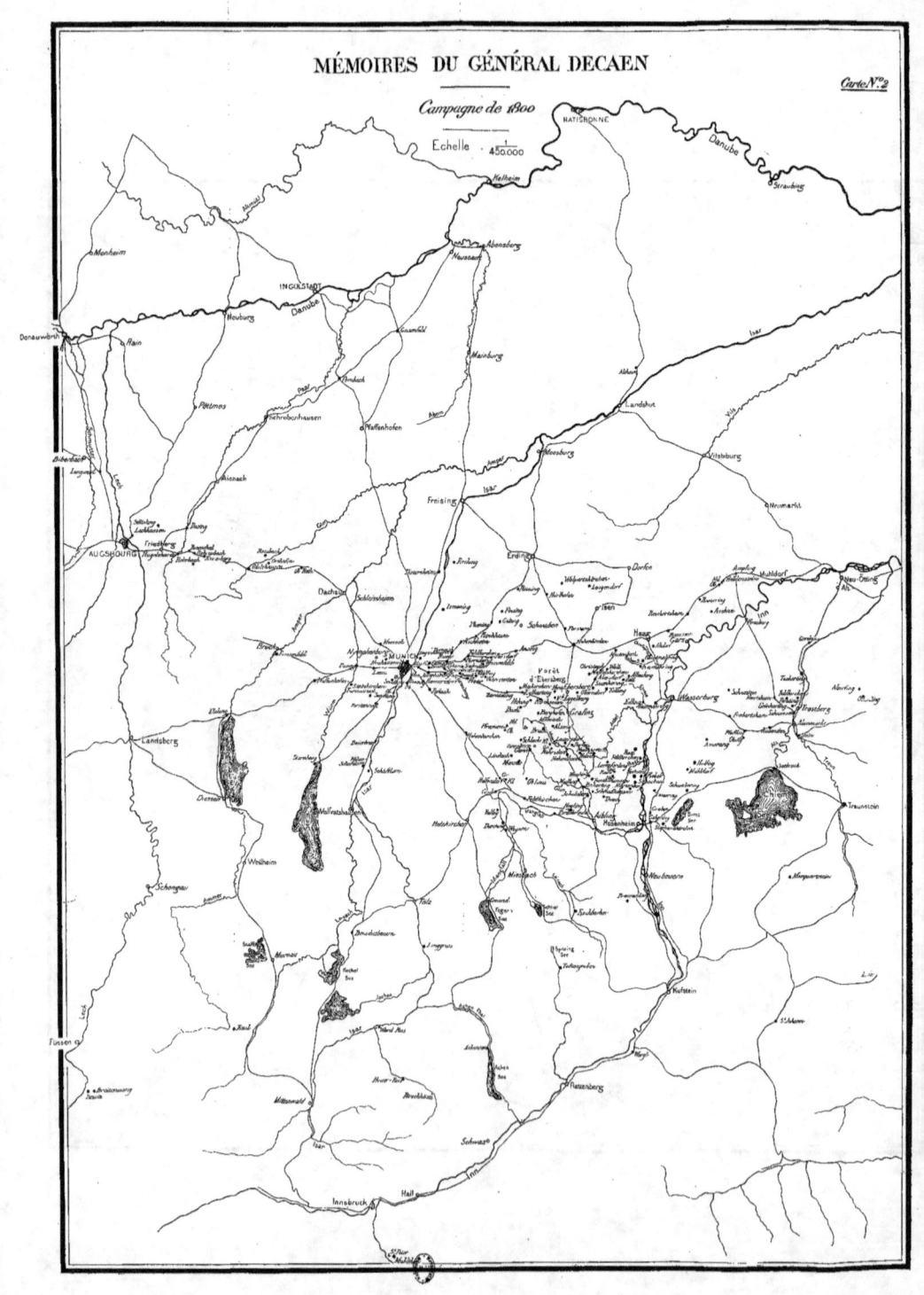

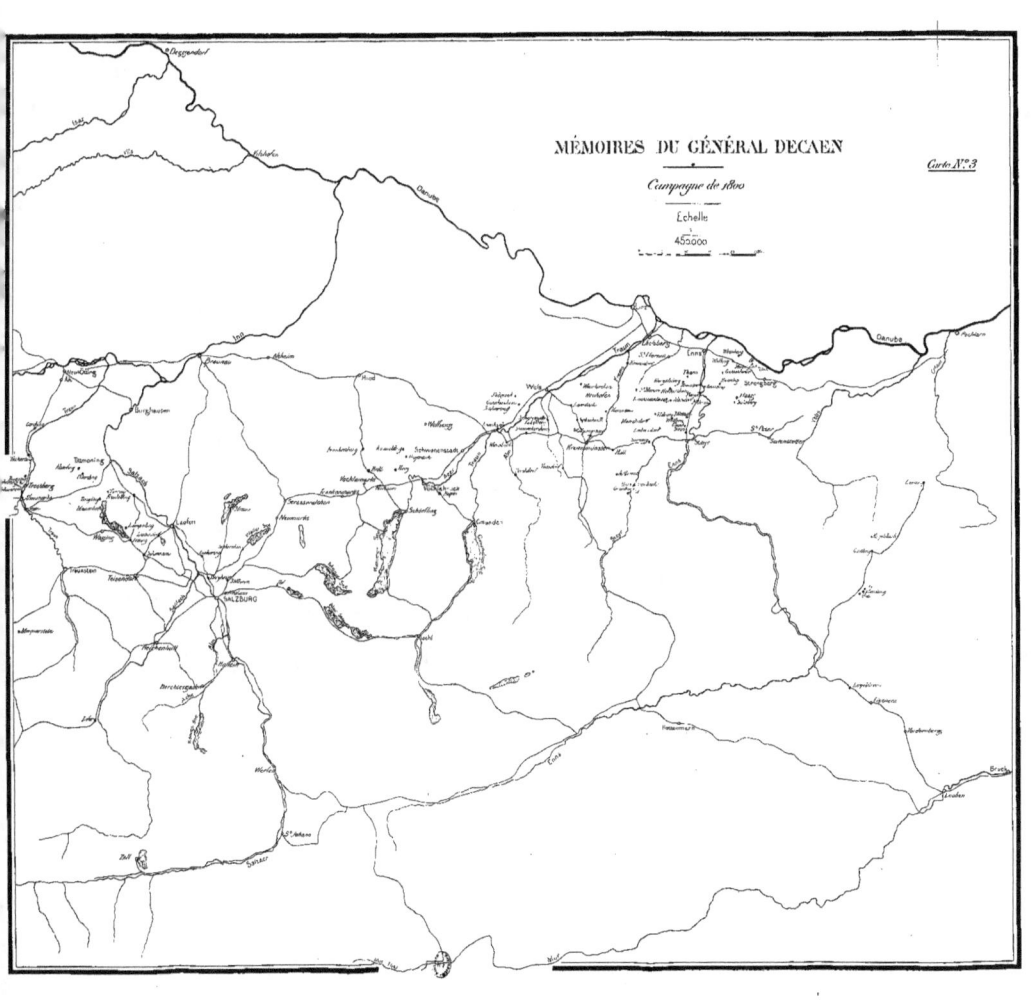

A LA MÊME LIBRAIRIE

Lettres et documents pour servir à l'histoire de Joachim Murat (1767-1815). I. *Lettres de jeunesse.* — *Campagnes d'Italie et d'Egypte.* — *Corps et armée d'observation du Midi.* 2ᵉ édition. Un vol. in-8°, avec portrait et fac-similés. . . . . 7 fr. 50

II. *Armée d'observation du Midi* (suite). — *République cisalpine.* — *République italienne* (1801-1803). Un vol. in-8° avec portrait et fac-similés. 7 fr. 50

III. *Gouvernement de Paris* (1804-1805). Un volume in-8°, avec un portrait. . . . . 7 fr. 50

IV. *Campagne d'Autriche* (1805). — *Gouvernement de Paris.* — *Duchés de Clèves et de Berg.* — *Grand-Duché de Berg.* — *Campagne de Prusse* (1806). Un vol. in-8° avec portrait et fac-similé . . . . 7 fr. 50

Mémoires du commandant Persat (1806-1844), publiés avec une introduction et des notes, par G. Schlumberger. Un vol. in-8°. Prix. 7 fr. 50

Conspirateurs et gens de police. **La Mystérieuse affaire Donnadieu (1802)**, par Gilbert Augustin-Thierry. 2ᵉ édition. Un vol. in-16. . 3 fr. 50

Mémoires du baron Fain, premier secrétaire du cabinet de l'Empereur, publiés par [ses arrière-petits-fils, avec une introduction et des notes par P. Fain, chef d'escadron d'artillerie. 3ᵉ édition. Un vol. in-8° avec un portrait en héliogravure. 7 fr. 50

Souvenirs de la comtesse Golovine, née princesse Galitzine (1766-82), avec une préface et des notes par K. Waliszewski. — 3ᵉ édition. Un vol. in-8° avec un portrait en héliogravure. . . . . 7 fr. 50

Souvenirs militaires du baron de Bourgoing (1791-1815), publiés par le baron Pierre de Bourgoing. Un volume in-18 avec un portrait . . . . 3 fr. 50

Mes Souvenirs sur Napoléon, par le comte Chaptal, précédés d'une autobiographie de l'auteur, publiés par son arrière-petit-fils, le vicomte An. Chaptal. secrétaire d'ambassade. In-8°, accompagné d'un portrait en héliogr. 7 fr. 50

Mémoires du colonel Combe sur les campagnes de Russie 1812, de Saxe 1813, de France 1814 et 1815. Nouvelle édition. Un volume in-18. 3 fr. 50

Correspondance du maréchal Davout, prince d'Eckmühl. Ses commandements, son ministère (1801-1815), avec Introduction et Notes par Ch. de Mazade, de l'Académie française. Quatre vol. in-8°. . . . . . 30 fr.

Un général hollandais sous le premier Empire. **Mémoires du général baron de Dedem de Gelder** (1774-1825). Un volume in-8° avec un portrait en héliogravure. . . . . 7 fr. 50

Journal de voyage du général Desaix. Suisse et Italie (1797), publié avec introduction et notes, par Arthur Chuquet, professeur au Collège de France. 2ᵉ édition. Un vol. in-16 avec un portrait et une gravure. 3 fr. 50

Mémoires du général baron Desvernois, publiés sous les auspices de sa nièce, Mme Boussu-Desvernois, d'après les manuscrits originaux, avec une Introduction et des Notes, par Albert Dufourcq, ancien élève de l'Ecole normale supérieure, ancien membre de l'Ecole française de Rome, agrégé d'histoire (1789-1815). *L'Expédition d'Egypte.* — *Le Royaume de Naples.* Un vol. in-8° avec un portrait en héliogravure et une carte. . . . . . 7 fr. 50

Récits de guerre et de foyer. **Le Maréchal Oudinot, duc de Reggio**, d'après les Souvenirs inédits de la maréchale, par Gaston Stiegler. Préface de M. le marquis Costa de Beauregard. 9ᵉ édition. Un volume in-8° avec deux portraits. . . . . 7 fr. 50

Correspondance militaire de Napoléon Iᵉʳ, extraite de la Correspondance générale et publiée par ordre du ministre de la guerre. Dix vol. in-18. Prix de chaque volume. . . . . 3 fr. 50

Paris sous Napoléon. I. *Consulat provisoire et Consulat à temps.* — II. *Administration.* — *Grands Travaux.* — III. *La Cour et la Ville.* — *La Vie et la Mort.* — IV. *La Religion.* — V. *Assistance et Bienfaisance. Approvisionnement*, VI. *Le Monde des affaires et du travail*, par L. de Lanzac de Laborie. Six vol. in-8° écu. 2ᵉ édition. Prix de chaque volume . . . . 5 fr.

(Couronné par l'Académie des sciences morales et politiques, prix Berger, et par l'Académie française, grand prix Gobert.)

PARIS. — TYP. PLON-NOURRIT ET Cⁱᵉ, 8, RUE GARANCIÈRE. — 14628.